譯註 禮記集說大全

昏義

編　陳澔(元)

附　正義・訓纂・集解

譯註 禮記集說大全

昏義

編　陳澔(元)

附　正義·訓纂·集解

鄭秉燮 譯

역자서문

『예기』「혼의(昏義)」편은 『의례』「사혼례(士昏禮)」편의 내용 중 일부를 해설한 문헌이다. 「혼의」편의 기술 방식과 『의례』와의 연관성에 대해서는 『예기』「관의(冠義)」편의 서문에서 이미 설명했으므로, 여기에서는 생략한다.

다시 한권의 책을 내놓는다. 부끄러운 실력에 번역의 완성도를 자부할 수 없지만, 이 책을 발판으로 더 좋은 역서와 연구가 진행되었으면 하는 바람이다. 이 책에 나오는 오역은 전적으로 역자의 실력이 부족해서이다. 본 역서에 나온 오역과 역자의 부족함에 대해 일갈을 해주실 분들이 있다면, bbaja@nate.com 으로 연락을 주시거나 출판사에 제 연락처를 문의하셔서 가르침을 주신다면, 부족한 실력이지만 가르침을 받도록 최선을 다할 것이다.

역자는 성균관 대학교에서 유교철학(儒教哲學)을 전공했으며, 예악학(禮樂學) 전공으로 박사논문을 작성했다. 역자가 본격적으로 유가경전을 읽기 시작한 것은 경서연구회(經書硏究會)의 오경강독을 통해서이다. 이 모임을 만들어 후배들에게 경전에 대한 이해를 넓혀주신 임옥균 선생님, 경서연구회 역대 회장님인 김동민, 원용준, 김종석, 길훈섭 선배님께도 감사를 드리고, 역자의 뒤를 이어 경서연구회 현 회장으로 활동하고 있는 손정민 동학께도 감사를 드린다. 끝으로 「혼의」편을 출판할 수 있도록 허락해주신 학고방의 하운근 사장님께도 감사를 전한다.

일러두기

1. 본 책은 역주서(譯註書)로써, 『예기집설대전(禮記集說大全)』의 「혼의(昏義)」편을 완역하고, 자세한 주석을 첨부했다. 송대(宋代) 이전의 주석을 포함하고자 하여, 『예기정의(禮記正義)』를 함께 수록하였다. 그리고 송대 이후의 주석인 청대(淸代)의 주석을 포함하고자 하여 『예기훈찬(禮記訓纂)』과 『예기집해(禮記集解)』를 함께 수록하였다.

2. 『예기』 경문(經文)의 경우, 의역으로만 번역하면 문장을 번역한 방식을 확인하기 어렵고, 보충 설명 없이 직역으로만 번역하면 내용을 이해하기 힘들다. 따라서 경문에 한하여 직역과 의역을 함께 수록하였다. 나머지 주석들에 대해서는 의역을 위주로 번역하였다.

3. 『예기』 경문에 대한 해석은 진호의 『예기집설』 주석에 근거하였다. 경문 해석에 있어서, 『예기정의』, 『예기훈찬』, 『예기집해』마다 이견(異見)이 많다. 『예기집섭대전』의 소주(小註) 또한 진호의 주장과 이견을 보이는 곳이 있고, 소주 사이에도 이견이 많다. 따라서 『예기』 경문 해석의 표준은 진호의 『예기집설』 주석에 근거했으며, 진호가 설명하지 않은 부분들은 『대전』의 소주를 참고하였다. 또한 경문 해석에 있어서 『예기정의』, 『예기훈찬』, 『예기집해』에 나타나는 이견들은 특별한 경우를 제외하고는 각각의 문장을 읽어보면, 경문에 대한 이견을 알 수 있기 때문에, 이러한 경우에는 주석처리를 하지 않았다.

4. 본 역서가 저본으로 삼은 책은 다음과 같다.

- 『禮記』, 서울 : 保景文化社, 초판 1984 (5판 1995)
- 『禮記正義』 1~4(전4권, 『十三經注疏 整理本』 12~15), 北京 : 北京大學出版社, 초판 2000
- 朱彬 撰, 『禮記訓纂』 上·下(전2권), 北京 : 中華書局, 초판 1996 (2쇄 1998)
- 孫希旦 撰, 『禮記集解』 上·中·下(전3권), 北京 : 中華書局, 초판 1989 (4쇄 2007)

5. 본 책은 『예기』의 경문, 진호의 『집설』, 호광 등이 찬정한 『대전』의 세주, 정현의 주, 육덕명의 『경전석문』, 공영달의 소, 주빈(朱彬)의 『훈찬』, 손희단(孫希旦)의 『집해』 순으로 번역하였다.

6. 본래 『예기』「혼의」편은 목차가 없으며, 내용 구분에 있어서도 학자들마다 의견차이가 있다. 또한 내용의 연관성으로 인하여, 장과 절을 나누기가 애매한 부분이 많다. 본 책의 목차는 역자가 임의대로 나눈 것이며, 세세하게 분절하여, 독자들이 관련내용들을 찾아보기 쉽게 하였다.

7. 본 책의 뒷부분에는 《昏義 人名 및 用語 辭典》을 수록하였다. 본문에 처음으로 등장하는 용어 및 인명에 대해서는 주석처리를 하였다. 이후에 같은 용어가 등장할 때마다 동일한 주석처리를 할 수 없어서, 뒷부분에 사전으로 수록한 것이다. 가나다순으로 기록하여, 번역문을 읽는 도중 앞부분에서 설명했던 고유명사나 인명 등에 대해서 쉽게 찾아볼 수 있도록 하였다.

【691b】

昏禮者, 將合二姓之好, 上以事宗廟, 而下以繼後世也, 故君子重之.

【691b】 등과 같이 【 】 안에 숫자가 기입되어 있는 것은 『예기』의 '경문'을 뜻한다. '691'은 보경문화사(保景文化社)판본의 페이지를 말한다. 'b'는 b단에 기록되어 있다는 표시이다. 밑의 그림은 보경문화사판본의 한 페이지 단락을 구분한 표시이다.

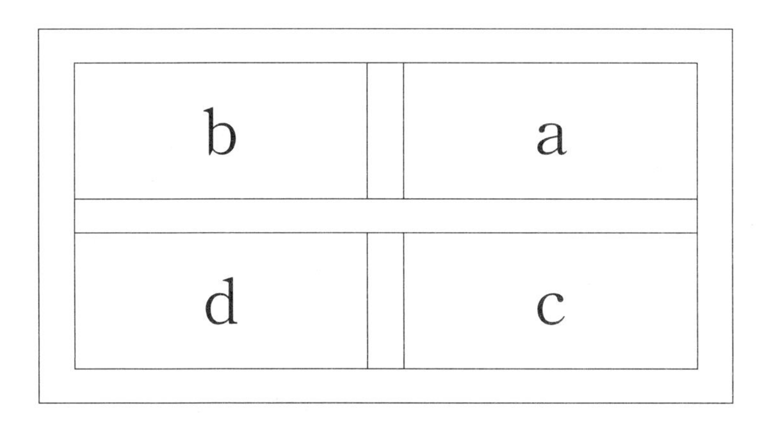

◆ 集說 方氏曰: 納采者, 納雁以爲采擇之禮也.

"集說"로 표시된 것은 진호(陳澔)의 『예기집설(禮記集說)』 주석을 뜻한다.

◆ 大全 藍田呂氏曰: 有夫婦然後有父子, 故天地不合, 萬物不生, 大昏, 萬世之嗣也.

"大全"으로 표시된 것은 호광(胡廣) 등이 찬정(撰定)한 『예기집설대전』의 세주(細註)를 뜻한다.

◆ 鄭注 聽命, 謂主人聽使者所傳婿家之命.

"**鄭注**"로 표시된 것은 『예기정의(禮記正義)』에 수록된 정현(鄭玄)의 주(注)를 뜻한다.

◆**釋文** 昏者, 一本作"昏禮者", 婚禮用昏, 故經典多止作昏字.

"**釋文**"으로 표시된 것은 『예기정의』에 수록된 육덕명(陸德明)의 『경전석문(經典釋文)』을 뜻한다. 『경전석문』의 내용은 글자들의 음을 설명하고, 간략한 풀이를 한 것인데, 육덕명 당시의 음가로 기록이 되었기 때문에, 현재의 음과는 맞지 않는 부분이 많다. 단순히 참고만 하기 바란다.

◆**孔疏** ●"昏禮"至"禮也". ○正義曰: 此一節總明昏禮之義.

"**孔疏**"로 표시된 것은 『예기정의』에 수록된 공영달(孔穎達)의 소(疏)를 뜻한다. 공영달의 주석은 경문과 정현의 주에 대해서 세분화하여 기록되어 있다. 따라서 '●'으로 표시된 부분은 공영달이 경문에 대해 주석을 한 부분이고, '◎'으로 표시된 부분은 정현의 주에 대해 주석을 한 부분이다. 한편 '○'으로 표시된 부분은 공영달의 주석 부분이다.

◆**訓纂** 賈氏儀禮疏曰: 納幣五兩, 十端也.

"**訓纂**"으로 표시된 것은 『예기훈찬(禮記訓纂)』에 수록된 주석이다. 『예기훈찬』 또한 기존 주석들을 종합한 책이므로, 『예기집설대전』 및 『예기정의』와 중복되는 부분은 생략하였다.

◆**集解** 呂氏大臨曰: 物不可以苟合, 必受之以賁.

"**集解**"로 표시된 것은 『예기집해(禮記集解)』에 수록된 주석이다. 『예기집해』 또한 기존 주석들을 종합한 책이므로, 『예기집설대전』 및 『예기정의』와 중복되는 부분은 생략하였다.

◆ 원문 및 번역문 중 '▼'로 표시된 부분은 한글로 표기할 수 없는 한자를 기록한 부분이다. 예를 들어 '▼(冏/皿)'의 경우 맹(盟)자의 이체자인데, '明'자 대신 '冏'자가 들어간 한자를 프로그램상 삽입할 수가 없어서, '▼(冏/皿)'으로 표시한 것이다. 즉 '▼(A/B)'의 형식으로 기록된 경우, A에 해당하는 글자가 한 글자의 상단 부분에 해당하고, B에 해당하는 글자가 한 글자의 하단 부분에 해당한다는 표시이다. 또한 '▼(A+B)'의 형식으로 기록된 경우, A에 해당하는 글자가 한 글자의 좌측 부분에 해당하고, B에 해당하는 글자가 한 글자의 우측 부분에 해당한다는 표시이다. 또한 '▼((A-B)/C)'의 형식으로 기록된 경우, A에 해당하는 글자에서 B 부분을 뺀 글자가 한 글자의 상단 부분에 해당하고, C에 해당하는 글자가 한 글자의 하단 부분에 해당한다는 표시이다.

목차

그림목차

경문목차

【691a】

昏義 第四十四/「혼의」 제44편

集說 疏曰: 謂之昏者, 娶妻之禮, 以昏爲期, 因名焉. 必以昏者, 取陽往陰來之義.

번역 공영달[1]의 소에서 말하길, '혼(昏)'자를 붙여서 부르는 이유는 아내를 맞이하는 예가 저녁을 기점으로 삼기 때문에 그에 따라 명칭을 정한 것이다. 반드시 저녁을 기점으로 삼는 이유는 양(陽)이 가고 음(陰)이 찾아온다는 뜻에서 취한 것이다.

集說 呂氏曰: 物不可以苟合而已, 故受之以賁, 天下之情, 不合則不成, 而其所以合也敬則克終, 苟則易離, 必受之以致飾者, 所以敬而不苟也. 昏禮者, 其受賁之義乎?

번역 여씨[2]가 말하길, 사물은 구차하게 합치될 수 없을 따름이다. 그렇기 때문에 비괘(賁卦)로써 받는 것이고,[3] 천하의 모든 실정상 합치되지 않는다면 완성을 이루지 못하니, 합치하는 것이 공경스러우면 끝맺음을 잘 할 수 있고, 구차하다면 쉽게 떨어지니, 반드시 지극한 문식으로써 받는 것이 바로 공경스러우면서도 구차하지 않는 방법이다. 이것이 '혼례(昏禮)'라는 것을 비괘로 받은 뜻이 아니겠는가?

---

1) 공영달(孔穎達, A.D.574~A.D.648) : =공씨(孔氏). 당대(唐代)의 경학자이다. 자(字)는 중달(仲達)이고, 시호(諡號)는 헌공(憲公)이다. 『오경정의(五經正義)』를 찬정(撰定)하는데 중심적인 역할을 했다.
2) 남전여씨(藍田呂氏, A.D.1040~A.D.1092) : =여대림(呂大臨)·여씨(呂氏)·여여숙(呂與叔). 북송(北宋) 때의 학자이다. 이름은 대림(大臨)이고, 자(字)는 여숙(與叔)이며, 호(號)는 남전(藍田)이다. 장재(張載) 및 이정(二程)형제에게서 수학하였다. 저서로는 『남전문집(藍田文集)』 등이 있다.
3) 『역』「서괘전(序卦傳)」: 物不可以苟合而已, 故受之以賁, 賁者飾也.

孔疏 陸曰: 鄭云: "昏義者, 以其記娶妻之義, 內教之所由成也."

번역 육덕명[4]이 말하길, 정현[5]은 "'혼의(昏義)'라는 편명은 처를 맞이하는 의미를 기록하였기 때문이니, 집안의 가르침은 이를 통해 완성된다."라고 했다.

孔疏 正義曰: 按鄭目錄云: "名曰昏義者, 以其記娶妻之義, 內教之所由成也. 此於別錄屬吉事也." 謂之"昏"者, 按鄭昏禮目錄云: "娶妻之禮, 以昏爲期, 因名焉." 必以"昏"者, 取其陰來陽往之義. 日入後二刻半爲昏. 以定稱之, 婿曰昏, 妻曰姻, 故經解注云"婿曰昏, 妻曰姻", 是也. 謂婿以昏時而來, 妻則因之而去也. 若婿之與妻之屬, 名婿之親屬名之曰姻, 女之親屬名之爲昏, 故鄭注昏禮云"女氏稱昏, 婿氏稱姻". 爾雅"婿之父爲姻, 婦之父爲婚", 又云"婿之黨爲姻兄弟, 婦之黨爲婚兄弟", 是也. 其天地初分之後, 遂皇之時, 則有夫婦. 故通卦驗云"遂皇始出, 握機矩", 是法北斗七星而立七政. 禮緯·斗威儀之篇, 七政, 則君臣父子夫婦及政等. 旣稱夫婦, 是始自遂皇也. 譙周云"太昊制嫁娶, 儷皮爲禮", 是儷皮起於太昊也. 其媒官之義, 具於月令疏. 孟子云"舜不告而娶", 是娶告父母, 亦起於五帝也. 其五帝以前爲昏, 不限同姓異姓. 三王以來, 文家異姓爲昏, 質家同姓爲昏. 其昏之年幾, 按異義, 大戴說: 男三十·女二十有昏娶, 合爲五十, 應大衍之數, 自天子達於庶人, 同一也. 古[6]春秋左氏說, "國君十五而生子, 禮也"; 二十而嫁, 三十而娶, 庶人禮也. 禮, 爲夫姊[7]之長

---

4) 육덕명(陸德明, A.D.550 ~ A.D.630) : =육원랑(陸元朗). 당대(唐代)의 경학자이다. 이름은 원랑(元朗)이고, 자(字)는 덕명(德明)이다. 훈고학에 뛰어났으며, 『경전석문(經典釋文)』 등을 남겼다.

5) 정현(鄭玄, A.D.127 ~ A.D.200) : =정강성(鄭康成)·정씨(鄭氏). 한대(漢代)의 유학자이다. 자(字)는 강성(康成)이다. 『주역(周易)』, 『상서(尙書)』, 『모시(毛詩)』, 『주례(周禮)』, 『의례(儀禮)』, 『예기(禮記)』, 『논어(論語)』, 『효경(孝經)』 등에 주석을 하였다.

6) '고(古)'자에 대하여. '고'자는 본래 '고(故)'자로 기록되어 있었는데, 손이양(孫詒讓)의 『교기(校記)』에서는 "'고(故)'자를 진씨(陳氏)의 『소증(疏證)』에서는 '고(古)'자로 기록했는데, 이 기록이 옳다."라고 했다.

7) '위부자(爲夫姊)'에 대하여. '위부(爲夫)'는 본래 '부위(夫爲)'로 기록되어 있었고, '자(姊)'자는 본래 '부(婦)'자로 기록되어 있었는데, 손이양(孫詒讓)의 『교기(校記)』에서는 "『의례』「상복(喪服)」편에는 '시마삼월(緦麻三月)'장이 있고, 그 조목

殤, 長殤十九至十六, 知夫年十四·十五, 見士昏禮也. 許君謹按: 舜三十不娶, 謂之鰥; 文王十五而生武王, 尙有兄伯邑考, 知人君早娶, 不可以年三十, 所以重繼嗣也. 若鄭意, 依正禮, 士及大夫皆三十而後娶. 及禮云"婦爲夫長殤[8]"者, 關異代也. 或有早娶者, 非正法矣. 天子·諸侯昏禮則早矣. 如左氏所釋, 毛詩所用家語之說, 以男二十而冠, 女十五而笄, 自此以後, 可以嫁娶, 至男三十, 女二十, 是正昏姻之時, 與家語異也.

번역 『정의』[9]에서 말하길, 정현의 『목록』[10]을 살펴보면, "편명을 '혼의(昏義)'라고 지은 것은 처를 맞이하는 뜻을 기록했기 때문이니, 집안의 가르침은 이를 통해 완성된다. 「혼의」편을 『별록』[11]에서는 '길사(吉事)' 항목에 포함시켰다."라고 했다. '혼(昏)'자를 붙여서 부르는 이유에 대해, 정현의 『혼례목록』을 살펴보면, "처를 맞이하는 예에서는 저녁을 기점으로 삼으니, 이러한 이유 때문에 명칭으로 정한 것이다."라고 했다. 반드시 저녁에 하는 이유는 음(陰)이 오고 양(陽)이 가는 뜻에서 취한 것이다. 해가 저문 뒤 2.5각(刻)[12]이 되면 저

중에는 '부위부지고자매지장상(婦爲夫之姑姊妹之長殤)'이 있으니, 이곳 기록은 '자(姊)'자를 '부(婦)'자로 잘못 기록한 것이고, 또한 문장을 뒤바꾸어 기록하였다. 따라서 진공보(陳恭父)의 주장에 따라 글자를 수정하였다."라고 했다.

8) '부위부장상(婦爲夫長殤)'이라는 말은 본래 '부위부장상(夫爲婦長殤)'으로 기록되어 있었는데, 앞서 손이양(孫詒讓)의 『교기(校記)』에서 지적한 것에 따라 글자를 수정하였다.

9) 『정의(正義)』는 『예기정의(禮記正義)』 또는 『예기주소(禮記注疏)』를 뜻한다. 당(唐)나라 때에는 태종(太宗)이 공영달(孔穎達) 등을 시켜서 『오경정의(五經正義)』를 편찬하였는데, 이때 『예기정의』에는 정현(鄭玄)의 주(注)와 공영달의 소(疏)가 수록되었다. 송대(宋代)에는 『오경정의』와 다른 경전(經典)에 대한 주석서를 포함한 『십삼경주소(十三經注疏)』가 편찬되어, 『예기주소』라는 명칭이 되었다.

10) 『목록(目錄)』은 정현이 찬술했다고 전해지는 『삼례목록(三禮目錄)』을 가리킨다. 『십삼경주소(十三經注疏)』에서 인용되고 있지만, 이 책은 『수서(隋書)』가 편찬될 당시에 이미 일실되어 존재하지 않았다. 『수서』「경적지(經籍志)」편에는 "三禮目錄一卷, 鄭玄撰, 梁有陶弘景注一卷, 亡."이라는 기록이 있다.

11) 『별록(別錄)』은 후한(後漢) 때 유향(劉向)이 찬(撰)했다고 전해지는 책이다. 현재는 일실되어 존재하지 않으며, 『한서(漢書)』「예문지(藝文志)」편을 통해서 대략적인 내용만을 추측해볼 수 있다.

12) 각(刻)은 시간의 단위이다. 고대에는 물통에 작은 구멍을 내서, 물이 떨어진 양을 보고 시간을 헤아렸다. 하루를 100'각'으로 나누었는데, 한(漢)나라 애제(哀帝)

녁이 된다. 정식 명칭으로 지칭한다면 남편의 입장에서는 '혼(昏)'이라 부르고 아내의 입장에서는 '인(姻)'이라 부른다. 그렇기 때문에 『예기』「경해(經解)」편에 대한 정현의 주에서, "남편은 '혼(昏)'이라 부르고, 아내는 '인(姻)'이라 부른다."[13]라고 한 것이다. 즉 남편은 저녁 때 찾아오고 부인의 경우에는 그에 따라 떠나가게 된다는 뜻이다. 만약 남편이나 처의 친속인 경우라면, 남자 쪽 친속들은 '인(姻)'이라 부르고, 여자 쪽 친속들은 '혼(昏)'이라 부르게 된다. 그렇기 때문에 『의례』「사혼례(士昏禮)」편에 대한 정현의 주에서는 "여자 집안은 '혼(昏)'이라 부르고, 남자 집안은 인(姻)이라 부른다."[14]라고 한 것이다. 『이아』에서는 "남편의 부친은 '인(姻)'이 되고, 부인의 부친은 '혼(婚)'이 된다."[15]라고 했고, 또 "남편의 친족은 인형제(姻兄弟)가 되며, 부인의 친족은 혼형제(婚兄弟)가 된다."[16]라고 했는데, 이 말이 바로 이러한 사실을 나타낸다. 천지가 처음 갈라진 이후 수황(遂皇)[17]이 통치하던 시기에 이르게 되면 부부(夫婦)라는 제도가 생겨난다. 그렇기 때문에 『통괘험』에서는 "수황이 처음 세상에 나올 때 기구(機矩)를 손에 쥐고 있었다."라고 한 것이니, 이것은 북두칠성을 본받아서 칠정(七政)을 세웠다는 사실을 나타낸다. 『예』의 위서(緯書)인 「두위의(斗威儀)」편에서는 '칠정(七政)'은 군(君)·신(臣)·부(父)·자(子)·부(夫)·부(婦) 및 정(政) 등을 뜻한다고 했다. 이 기록에서 이미 부부(夫婦)를 지칭하고 있으니, 이 말은 곧 부부의 제도가 처음 생긴 것은 수황(遂皇)으로부터 비롯되

건평(建平) 2년(-5년) 때에는 20'각'을 더해서, 하루의 길이를 총 120'각'으로 정하였다. 『한서(漢書)』「애제기(哀帝紀)」편에는 "漏刻以百二十爲度."라는 기록이 있는데, 이에 대한 안사고(顔師古)의 주에서는 "舊漏晝夜共百刻, 今增其二十."이라고 풀이하였다. 그리고 남북조(南北朝) 시기 양(梁)나라 무제(武帝)는 8'각'을 1진(辰)으로 정하여, 낮과 밤의 길이를 각각 12'진' 96'각'으로 정하였다.

13) 이 문장은 『예기』「경해(經解)」편의 "故朝覲之禮, 所以明君臣之義也. …… 以舊禮爲無所用而去之者, 必有亂患."이라는 기록에 대한 정현의 주이다.

14) 이 문장은 『의례』「사혼례(士昏禮)」편의 "若不親迎, 則婦入三月, 然後壻見, 曰, 某以得爲外昏姻, 請覿."이라는 기록에 대한 정현의 주이다.

15) 『이아』「석친(釋親)」: 壻之父爲姻, 婦之父爲婚.

16) 『이아』「석친(釋親)」: 婦之黨爲婚兄弟, 壻之黨爲姻兄弟.

17) 수황(遂皇)은 곧 삼황(三皇) 중 하나인 수인씨(燧人氏)를 뜻한다. 수(遂)자는 수(燧)자와 통용된다. 참고적으로 '삼황'은 수인(遂人), 복희(伏義), 신농(神農)을 가리킨다. '복희'는 희황(戲皇)이라고 부르며, '신농'은 농황(農皇)이라고 부른다.

었음을 뜻한다. 초주[18]는 “태호(太昊)[19]가 혼인하는 제도를 만들었으며, 한 쌍의 사슴 가죽을 예물로 정했다.”라고 했으니, 이것은 예물로 한 쌍의 사슴 가죽을 사용한 것이 태호로부터 기원했음을 뜻한다. 혼인을 주관하는 매관(媒官)의 뜻에 대해서는 『예기』「월령(月令)」편의 소에 자세히 설명했다. 『맹자』에서는 “순임금은 부친에게 아뢰지 않고 아내를 들였다.”[20]라고 했는데, 이것은 곧 아내를 들일 때 부모에게 아뢰는 일이 또한 오제(五帝)[21] 때로부터 기원했음을 뜻한다. 즉 오제 이전에는 혼례를 치르면서, 동성(同姓)인지 또는 이성(異姓)인지에 대한 제한을 두지 않았다. 삼왕(三王)[22] 이래로 문식을 중시하던

---

18) 초주(譙周, A.D.201? ~ A.D.270) : 삼국시대(三國時代) 때의 학자이다. 자(字)는 윤남(允南)이다. 『논어주(論語注)』, 『삼파기(三巴記)』, 『초자법훈(譙子法訓)』, 『고사고(古史考)』, 『오경연부론(五更然否論)』 등의 저술을 남겼다.

19) 태호(太皞)는 태호(太昊)라고도 부른다. ‘태호’는 복희(伏犧)를 가리킨다. 오행(五行)으로 구분했을 때 목(木)을 주관하며, 계절로 따지면 봄을 주관하고, 방위로 따지면 동쪽을 주관하는 자이다. 『여씨춘추(呂氏春秋)』「맹춘기(孟春紀)」편에는 “其帝, 太皞, 其神, 句芒.”이라는 기록이 있고, 이에 대한 고유(高誘)의 주에서는 “太皞, 伏羲氏, 以木德王天下之號, 死祀於東方, 爲木德之帝.”라고 풀이했다.

20) 『맹자』「이루상(離婁上)」 : 孟子曰, “不孝有三, 無後爲大. 舜不告而娶, 爲無後也, 君子以爲猶告也.”

21) 오제(五帝)는 전설시대에 존재했다고 전해지는 다섯 명의 제왕(帝王)을 뜻한다. 그러나 다섯 명이 누구였는지에 대해서는 이설(異說)이 많다. 첫 번째 주장은 황제(黃帝: =軒轅), 전욱(顓頊: =高陽), 제곡(帝嚳: =高辛), 당요(唐堯), 우순(虞舜)으로 보는 견해이다. 『사기정의(史記正義)』「오제본기(五帝本紀)」편에는 “太史公依世本·大戴禮, 以黃帝·顓頊·帝嚳·唐堯·虞舜爲五帝. 譙周·應劭·宋均皆同.”이라는 기록이 있고, 『백호통(白虎通)』「호(號)」편에도 “五帝者, 何謂也? 禮曰, 黃帝·顓頊·帝嚳·帝堯·帝舜也.”라는 기록이 있다. 두 번째 주장은 태호(太昊: =伏羲), 염제(炎帝: =神農), 황제(黃帝), 소호(少昊: =摯), 전욱(顓頊)으로 보는 견해이다. 이 주장은 『예기』「월령(月令)」편에 나타난 각 계절별 수호신들의 내용을 종합한 것이다. 세 번째 주장은 소호(少昊), 전욱(顓頊), 고신(高辛), 당요(唐堯), 우순(虞舜)으로 보는 견해이다. 『서서(書序)』에는 “少昊·顓頊·高辛·唐·虞之書, 謂之五典, 言常道也.”라는 기록이 있다. 또 『제왕세기(帝王世紀)』에는 “伏羲·神農·黃帝爲三皇, 少昊·高陽·高辛·唐·虞爲五帝.”라는 기록이 있다. 네 번째 주장은 복희(伏羲), 신농(神農), 황제(黃帝), 당요(唐堯), 우순(虞舜)으로 보는 견해이다. 이 주장은 『역』「계사하(繫辭下)」편의 내용에 근거한 주장이다.

22) 삼왕(三王)은 하(夏), 은(殷), 주(周) 삼대(三代)의 왕을 뜻한다. 『춘추곡량전』

나라에서는 이성끼리 혼인을 맺었고, 질박함을 추구하던 나라에서는 동성끼리 혼인을 맺었다. 혼인을 맺는 연령에 대해서 『오경이의』[23]를 살펴보면, 『대대례기』[24]의 주장에 따르면 남자는 30세 여자는 20세 때 혼례를 치렀으니, 두 사람의 나이를 합치면 50이 되어, 대연(大衍)의 수에 호응하게 되니,[25] 천자로부터 서인에 이르기까지 모두가 동일하였다고 했다. 한편 고문인 『춘추좌씨』의 주장에서는 "제후국의 군주는 15세에 자식을 낳는 것이 예법에 맞는 것이다."[26]라고 했다. 20세에 시집을 가고 30세에 아내를 맞이하는 것은 서인들이 따르는 예법이다. 예법에 따르면 남편의 누이 중 장상(長殤)[27]인 자들을 위해서 상복을 입는다고 했는데,[28] '장상(長殤)'은 19세로부터 16세 사이에 요절한 자를 뜻하므로, 남편의 나이가 14세 및 15세에 해당했다는 사실을 알 수 있으니, 이것은 『의례』「사혼례(士昏禮)」편에" 나온다. 나 허신[29]이 살펴보니, 순임금은 30세

「은공(隱公) 8年」편에는 "盟詛不及三王."이라는 기록이 있고, 이에 대한 범녕(範寧)의 주에서는 '삼왕'을 하나라의 우(禹), 은나라의 탕(湯), 주나라의 무왕(武王)을 지칭한다고 풀이했다. 그리고 『맹자』「고자하(告子下)」편에는 "五覇者, 三王之罪人也."이라는 기록이 있고, 이에 대한 조기(趙岐)의 주에서는 '삼왕'을 범녕의 주장과 달리, 주나라의 무왕 대신 문왕(文王)을 지칭한다고 풀이했다.

23) 『오경이의(五經異義)』는 후한(後漢) 때의 학자인 허신(許愼)이 지은 책이다. 유실되었는데, 송대(宋代) 때 학자들이 다시 모아서 엮었다. 오경(五經)에 관한 고금(古今)의 유설(遺說)과 이의(異義)를 싣고, 그에 대한 시비(是非)를 판별한 내용들이다.

24) 『대대례기(大戴禮記)』는 『대대례(大戴禮)』·『대대기(大戴記)』라고도 부른다. 대덕(戴德)이 편찬한 예(禮)에 대한 서적이다. 당시 사람들은 그를 대대(大戴)라고 불렀고, 그의 조카 대성(戴聖)을 소대(小戴)라고 불렀기 때문에, 이러한 명칭이 생겨났다. '대성'이 편찬한 『소대례기(小戴禮記)』는 성행을 하였지만, 『대대례기』는 성행하지 못하여, 많은 편들이 없어졌다. 현재는 단지 삼십여 편만이 남아 있다. 정현(鄭玄)의 『육예론(六藝論)』에서는 그가 85편을 전수하였다고 기록하고 있는데, 현재 남아 있는 기록 중에는 1편부터 38편까지의 내용이 모두 없어져서 남아 있지 않다. 남아 있는 편들은 39번 째 「주언(主言)」편부터 81번째 「역본명(易本命)」편까지인데, 그 중에서도 43~35편, 61편이 없어졌으며, 73편은 특이하게도 2편으로 구성되어 있다.

25) 『역』「계사상(繫辭上)」: 大衍之數五十, 其用四十有九.

26) 『춘추좌씨전』「양공(襄公) 9년」: 國君十五而生子, 冠而生子, 禮也.

27) 장상(長殤)은 16~19세 사이에 요절한 자를 뜻한다. 『의례』「상복(喪服)」편에 "年十九至十六爲長殤."이라는 기록이 있다.

28) 『의례』「상복(喪服)」: 夫之姑姊妹之長殤.

때 아내를 들이지 않았으니 그를 '환(鰥)'이라 불렀고, 문왕은 15세가 되어 무왕을 낳았는데, 오히려 무왕의 형인 백읍고도 두고 있었으므로, 군주는 일찍 아내를 맞이한다는 사실을 알 수 있는데, 나이가 30세가 될 때까지 기다릴 수 없는 것은 지위를 계승하는 일을 중시했기 때문이다. 만약 정현의 의중에 따른다면, 정규 예법에 의거하니 사 및 대부들은 모두 30세가 된 이후에 아내를 맞이하는 것이다. 그리고 『의례』에서 "부인은 남편의 누이 중 장상인 자들을 위해서 상복을 입는다."라고 한 말은 다른 시대의 예법과 관련된 것이다. 그것이 아니라면 간혹 일찍 장가를 든 것이니 정규 예법은 아니다. 천자와 제후의 혼례는 일찍 시행된다. 예를 들어 『좌전』에서 풀이하는 것과 『모시』에서 인용하고 있는 『공자가어』[30]의 주장에서는 남자는 20세 때 관례(冠禮)를 치르고 여자는 15세 때 계례(笄禮)를 치르니, 이 시기로부터 그 이후에는 장가를 가거나 시집을 갈 수 있는데, 남자는 30세 여자는 20세 때가 혼인을 해야 하는 적정 시기이니, 『공자가어』의 기록과는 차이난다.

集解 此篇釋儀禮士昏禮之義. 自篇首至"禮之大體也", 明昏禮之重. 自"夙興"以下四節, 明婦事舅姑之義. "古者婦人先嫁三月"一節, 言婦順由於教成. "古者天子"以下, 又因昏義而廣言之也.

번역 「혼의」편은 『의례』「사혼례(士昏禮)」편의 의미를 풀이한 것이다. 편의 첫 구문으로부터 "이것이 바로 예의 대체(大體)이다."[31]라는 구문까지는

29) 허신(許愼, A.D.30 ~ A.D.124) : 후한(後漢) 때의 학자이다. 자(字)는 숙중(叔重)이다. 『설문해자(說文解字)』의 저자로 널리 알려져 있으며, 다른 저서로는 『오경이의(五經異義)』가 있으나 산일되었다. 『오경이의』는 송대(宋代) 때 다시 편찬되었으나 진위를 따지기 힘들다.

30) 『공자가어(孔子家語)』는 공자(孔子)의 언행 및 제자들과의 일화를 기록한 문헌이다. 전한(前漢) 초기에 공안국(孔安國)이 이 책을 편집했다는 학설도 있지만, 현존하는 『공자가어』는 일반적으로 왕숙(王肅)의 위작으로 인식된다.

31) 『예기』「혼의」【692c~d】 : 敬愼重正而后親之, 禮之大體而所以成男女之別, 而立夫婦之義也. 男女有別, 而後夫婦有義; 夫婦有義, 而後父子有親; 父子有親, 而後君臣有正, 故曰昏禮者, 禮之本也. 夫禮始於冠, 本於昏, 重於喪祭, 尊於朝聘, 和於射鄉, 此禮之大體也.

혼례의 중대성을 나타내고 있다. "아침 일찍 일어난다."[32]라고 한 구문으로부터 그 이하의 네 구절은 며느리가 시부모를 섬기는 의미를 나타내고 있다. '고대에는 딸아이가 시집가기 3개월 전에'[33]라고 시작되는 한 구절은 며느리가 순종하는 것은 가르침이 완성된 것에서 비롯됨을 설명한 것이다. '고대에 천자'[34]라는 구문으로부터 그 이하의 내용은 또한 혼례의 의미를 기술한 것에 따라 폭넓게 설명한 것이다.

참고 『역』「서괘전(序卦傳)」 기록

전문 嗑者, 合也. 物不可以苟合而已, 故受之以賁. 賁者, 飾也.

번역 '합(嗑)'은 합함이다. 사물을 구차하게 합할 수 없을 따름이다. 그렇기 때문에 비괘(賁卦)로 받았다. '분(賁)'은 꾸밈이다.

王注 物相合則須飾, 以脩外也.

번역 사물이 서로 합하게 된다면 꾸며야 하니, 이를 통해 외형을 수식한다.

---

32) 『예기』「혼의」【693a】: 夙興, 婦沐浴以俟見. 質明, 贊見婦於舅姑, 婦執笲棗栗段脩以見. 贊醴婦, 婦祭脯醢, 祭醴, 成婦禮也. 舅姑入室, 婦以特豚饋, 明婦順也.

33) 『예기』「혼의」【694b】: 是以古者婦人先嫁三月, 祖廟未毁, 教于公宮. 祖廟既毁, 教于宗室. 教以婦德·婦言·婦容·婦功. 教成祭之, 牲用魚, 芼之以蘋藻, 所以成婦順也.

34) 『예기』「혼의」【694c~d】: 古者天子后立六宮·三夫人·九嬪·二十七世婦·八十一御妻, 以聽天下之內治, 以明章婦順, 故天下內和而家理. 天子立六官·三公·九卿·二十七大夫·八十一元士, 以聽天下之外治, 以明章天下之男教, 故外和而國治. 故曰天子聽男教, 后聽女順; 天子理陽道, 后治陰德; 天子聽外治, 后聽內職. 教順成俗, 外內和順, 國家理治, 此之謂盛德.

참고 『예기』「경해(經解)」 기록

경문-590b~c 故朝覲之禮, 所以明君臣之義也; 聘問之禮, 所以使諸侯相尊敬也; 喪祭之禮, 所以明臣子之恩也; 鄕飮酒之禮, 所以明長幼之序也; 昏姻之禮, 所以明男女之別也. 夫禮, 禁亂之所由生, 猶坊止水之所自來也. 故以舊坊爲無所用而壞之者, 必有水敗; 以舊禮爲無所用而去之者, 必有亂患.

번역 그러므로 조근(朝覲)[35]의 의례는 군신관계의 도의를 밝히는 방법이다. 빙문(聘問)[36]의 의례는 제후들끼리 서로 존경하도록 만드는 방법이다. 상례와 제례는 신하와 자식에게 있는 은정을 밝히는 방법이다. 향음주례는 장유관계의 질서를 밝히는 방법이다. 혼인(昏姻)의 의례는 남녀의 유별함을 밝히는 방법이다. 무릇 예(禮)라는 것은 혼란이 생겨나는 원인을 금지하는 것이니, 물이 넘치는 것을 제방이 방지함과 같다. 그러므로 예전의 제방을 쓸데없는 것이라고 여겨서 무너트리는 자에게는 반드시 수재가 발생할 것이고, 예전의 예법을 쓸데없는 것이라고 여겨서 없애는 자에게는 반드시 혼란과 우환이 발생할 것이다.

鄭注 春見曰朝, 小聘曰問, 其篇今亡. 昏姻, 謂嫁取也. 婿曰昏, 妻曰姻. 自, 亦由也.

번역 봄에 찾아뵙는 것을 '조(朝)'라 부르고, 작은 규모로 찾아가 만나보는

---

35) 조근(朝覲)은 군주가 신하를 만나보는 예법(禮法)을 뜻한다. 군주가 신하를 만나보는 예법에는 조(朝), 근(覲), 종(宗), 우(遇), 회(會), 동(同) 등이 있었는데, 이것을 총칭하여 '조근'으로 부르기도 한다. 한편 '조근'은 신하가 군주를 찾아뵙는 예법을 뜻하기도 한다. 고대에는 제후가 천자를 찾아뵐 때, 각 계절별로 그 명칭을 다르게 불렀다. 봄에 찾아뵙는 것을 조(朝)라고 부르며, 여름에 찾아뵙는 것을 종(宗)이라고 부르고, 가을에 찾아뵙는 것을 근(覲)이라고 부르며, 겨울에 찾아뵙는 것을 우(遇)라고 부른다. '조근'은 이러한 예법들을 총칭하는 말이다.

36) 빙문(聘問)은 국가 간이나 개인 간에 사람을 보내서 상대방을 찾아가 안부를 묻는 의식 절차를 통칭하는 말이다. 또한 제후가 신하를 시켜서 천자에게 보내, 안부를 묻는 예법을 뜻하기도 한다.

것을 '문(問)'이라 부르는데, 관련된 『의례』의 편들은 현재 망실되어 남아있지 않다. '혼인(昏姻)'은 장가들고 아내를 들인다는 뜻이다. 남편의 입장에서는 '혼(昏)'이라 부르고, 아내의 입장에서는 '인(姻)'이라 부른다. '자(自)'자 또한 '~로부터[由]'라는 뜻이다.

孔疏 ◎注"婿曰昏, 妻曰姻". ○正義曰: 按爾雅·釋親云: "婿之父爲姻, 婦之父爲婚." 此云"婿曰昏, 妻曰姻"者, 爾雅據男女父母, 此據男女之身. 婿則昏時而迎, 婦則因而隨之, 故云"婿曰昏, 妻曰姻".

번역 ◎鄭注: "婿曰昏, 妻曰姻". ○『이아』「석친(釋親)」편을 살펴보면, "남편의 부친은 '인(姻)'이 되고, 부인의 부친은 '혼(婚)'이 된다."라고 했다. 이곳 주석에서는 "남편의 입장에서는 '혼(昏)'이라 부르고, 아내의 입장에서는 '인(姻)'이라 부른다."라고 하여 차이를 보이고 있다. 그 이유는 『이아』의 기록은 남녀의 부모에 기준을 둔 것이고, 이곳 주석은 남녀 본인에 기준을 둔 것이기 때문이다. 사위는 혼례를 치를 때 아내의 집에 가서 아내를 맞이하고, 며느리는 남편이 찾아와 맞이하는 것에 따라 그를 따라간다. 그렇기 때문에 "남편의 입장에서는 '혼(昏)'이라 부르고, 아내의 입장에서는 '인(姻)'이라 부른다."라고 했다.

참고 『의례』「사혼례(士昏禮)」 기록

기문 若不親迎, 則婦入三月然後婿見, 曰, "某以得爲外昏姻, 請覿."

번역 만약 친영(親迎)을 하지 않는다면 신부가 신랑의 집으로 온 후 3개월 뒤에 신랑은 신부의 부모를 찾아뵈며 "아무개는 아내를 얻어 외혼인의 인척관계를 맺을 수 있었으니, 만나 뵙기를 청합니다."라고 말한다.

鄭注 女氏稱昏, 婿氏稱姻. 覿, 見.

번역 신부측 집안은 '혼(昏)'이라 부르고 신랑측 집안은 '인(姻)'이라 부른다. '적(覿)'자는 뵙는다는 뜻이다.

賈疏 ●"若不"至"請覿". ○釋曰: 上已言親迎, 自此已下至篇末論婿不親迎, 過三月及婿往見婦父母事也. 必亦待三月者, 亦如三月婦廟見, 一時天氣變, 婦道成. 故見外舅姑, 自此至"敢不從", 並是婿在婦家大門外與擯者請對之辭.

번역 ●記文: "若不"~"請覿". ○앞에서는 이미 친영에 대해 설명했으니, 이곳 구문으로부터 그 이하로 「사혼례」편의 마지막 구문까지는 신랑이 친영을 하지 않았을 때, 3개월이 지나면 신랑이 찾아가 신부의 부모를 찾아뵙는 사안을 논의하였다. 반드시 3개월을 기다리는 이유는 3개월이 지난 뒤 신부가 신랑 집안의 종묘에서 조상들을 알현하는 것과 같은데, 한 계절이 지나면 천기가 변화하여 부인의 도가 완성되는 것과 같다. 그렇기 때문에 신부의 부모를 찾아뵙는 것이며, 이곳 구문으로부터 "감히 따르지 않을 수 있겠습니까."라고 한 구문까지는 신랑이 신부 집의 대문 밖에서 의례의 진행을 돕는 자에게 청하고 대답하는 말들에 해당한다.

賈疏 ◎注"女氏"至"覿見". ○釋曰: "女氏稱昏, 婿氏稱姻"者, 爾雅·釋親文. 所以別男女, 則男曰昏, 女曰姻者, 義取婿昏時往娶, 女則因之而來. 及其親, 則女氏稱昏, 男氏稱姻, 義取送女者昏時往男家, 因得見之故也.

번역 ◎鄭注: "女氏"~"覿見". ○정현이 "신부측 집안은 '혼(昏)'이라 부르고 신랑측 집안은 '인(姻)'이라 부른다."라고 했는데, 이것은 『이아』「석친(釋親)」편의 기록이다. 남녀를 구별하여 남자의 입장에서 혼사를 '혼(昏)'이라 부르고 여자의 입장에서 '인(姻)'이라 부르는 것은 신랑이 저녁 때 찾아와 신부를 들이고 신부는 그에 따라 신랑의 집으로 간다는 것에서 의미를 취했기 때문이다. 부모의 입장에 따르면 신부측 집안은 '혼(昏)'이라 부르고 신랑측 집안은 '인(姻)'이라 부르니, 딸자식을 전송할 때 저녁에 신랑측 집으로 떠나고, 그에 따라 만나볼 수 있는 것에서 의미를 취했기 때문이다.

참고 『이아』「석친(釋親)」 기록

경문 婦稱夫之父曰舅, 稱夫之母曰姑. 姑舅在, 則曰君舅·君姑; 沒, 則曰先舅·先姑①. 謂夫之庶母爲少姑, 夫之兄爲兄公②, 夫之弟爲叔, 夫之姊爲女公, 夫之女弟爲女妹③. 子之妻爲婦, 長婦爲嫡婦, 衆婦爲庶婦. 女子子之夫爲壻. 壻之父爲姻, 婦之父爲婚. 父之黨爲宗族, 母與妻之黨爲兄弟. 父之父母·壻之父母相謂爲婚姻. 兩壻相謂爲亞④. 婦之黨爲婚兄弟, 壻之黨爲姻兄弟⑤. 嬪, 婦也⑥. 謂我舅者, 吾謂之甥也. 婚姻.

번역 아내는 남편의 부친을 지칭하며 '구(舅)'라고 부르고, 남편의 모친을 지칭하며 '고(姑)'라고 부른다. 시어미와 시아비가 생존해 계시다면 '군구(君舅)'와 '군고(君姑)'라고 부르며, 돌아가셨을 때에는 '선구(先舅)'와 '선고(先姑)'라고 부른다. 남편의 서모(庶母)[37]는 '소고(少姑)'가 되고, 남편의 형은 '형공(兄公)'이 되며, 남편의 동생은 '숙(叔)'이 되고, 남편의 누이는 '여공(女公)'이 되며, 남편의 여동생은 '여매(女妹)'가 된다. 자식의 처는 '부(婦)'가 되가 되는데, 자식의 본처는 '적부(嫡婦)'가 되며, 자식의 나머지 처들은 '서부(庶婦)'가 된다. 딸자식의 남편은 '서(壻)'가 된다. 사위의 부친은 '인(姻)'이 되고, 며느리의 부친은 '혼(婚)'이 된다. 부친의 친족은 '종족(宗族)'이 되고, 모친과 처의 친족은 '형제(兄弟)'가 된다. 부친의 부모와 사위의 부모는 상호 '혼인(婚姻)'이

---

37) 서모(庶母)는 부친의 첩(妾)들을 뜻한다. 『의례』「사혼례(士昏禮)」편에는 "庶母及門內施鞶, 申之以父母之命."이라는 기록이 있는데, 이에 대한 정현의 주에서는 "庶母, 父之妾也."라고 풀이했다. 한편 '서모'는 부친의 첩들 중에서도 아들을 낳은 여자를 뜻하기도 한다. 『주자전서(朱子全書)』「예이(禮二)」편에는 "庶母, 自謂父妾生子者."라는 기록이 있다.

라 한다. 두 사위는 서로에 대해서 '아(亞)'라고 한다. 며느리의 친족은 '혼형제(婚兄弟)'가 되고, 사위의 친족은 '인형제(姻兄弟)'가 된다. '빈(嬪)'은 아내가 되게 한다는 뜻이다. 아구(我舅)를 나는 생(甥)이라고 부른다. 혼인(婚姻)에 대한 것이다.

郭注-① 國語曰: 吾聞之先姑.

번역 『국어』에서 말하길, 내가 선고께 들었다고 했다.[38]

邢疏 ◎注"國語曰: 吾聞之先姑". ○釋曰: 魯語: 季康子問於公文伯之母曰: "主亦有以語肥也." 對曰: "吾能老而已, 何以語子?" 康子曰: "雖然, 肥願有聞於主." 對曰: "吾聞諸先姑曰: '君子能勞, 後世有繼.'" 子夏聞之曰: "善哉! 商聞之曰: '古之嫁者, 不及舅·姑, 謂之不幸.' 夫婦, 學於舅姑者也."是矣.

번역 ◎郭注: "國語曰: 吾聞之先姑". ○『국어』「노어(魯語)」편에서는 계강자가 공문백의 모친에게 묻기를 "그대께서도 저에게 가르침을 주실 말씀이 있습니까."라고 하자 "난 늙었을 따름인데 무엇으로 그대를 가르치겠습니까?"라고 대답했다. 계강자는 "그렇다 하더라도 저는 그대께 말씀을 듣고자 원합니다."라고 하자 "내가 선고(先姑)께 들었는데 '군자는 자신을 낮춰 수고롭게 일을 할 수 있어야만 후세에 자손들이 이어진다.'라고 했습니다."라고 했다. 자하가 그 말을 듣고는 "좋구나! 내가 듣기로 '옛날에는 시집을 왔을 때 시부모를 뵙지 못한 것을 불행하다고 부른다.'라고 했다. 며느리란 시부모에게서 배우는 자이다."라고 했으니, 이것이 바로 그 기록에 해당한다.

郭注-② 今俗呼兄鐘, 語之轉耳.

번역 현재 세속에서는 형종(兄鐘)이라고 부르는데, 그것은 말이 전이된 것일 뿐이다.

---

38) 『국어(國語)』「노어하(魯語下)」: 對曰, "吾聞之先姑曰, '君子能勞, 後世有繼.'"

郭注-③ 今謂之女妹是也.

번역 현재 여매(女妹)라고 부르는 대상이 이에 해당한다.

郭注-④ 詩曰: "瑣瑣姻亞." 今江東人呼同門爲僚壻.

번역 『시』에서는 "평범하고 용렬한 인아(姻亞)여."[39]라고 했다. 현재 강동 사람들은 동문을 '요서(僚壻)'라고 부른다.

邢疏 ◎注"詩曰: 瑣瑣姻亞". ○釋曰: 小雅·節南山文也. 劉熙釋名云: "'兩壻相謂爲亞'者, 言每一人取姊, 一人取妹, 相亞次也. 又並來女氏, 則姊夫在前, 妹夫在後, 亦相亞也."

번역 ◎郭注: "詩曰: 瑣瑣姻亞". ○이것은 『시』「소아(小雅)·절남산(節南山)」편의 기록이다. 유희의 『석명』[40]에서는 "'두 사위는 서로에 대해서 아(亞)라고 한다.'라고 했는데, 어떤 한 사람이 언니를 아내로 들이고 또 다른 한 사람이 언니의 동생을 아내로 들였을 때에는 서로 서열을 정한다. 또한 둘이 함께 아내의 집으로 오게 되면 언니의 남편은 앞에 위치하고 여동생의 남편은 뒤에 위치하며 또한 상호 아(亞)가 된다."라고 했다.

郭注-⑤ 古者皆謂婚姻爲兄弟.

번역 고대에는 모두 혼인(婚姻)의 관계에 있으면 형제(兄弟)라고 했다.

邢疏 ◎注"古者皆謂婚姻爲兄弟". ○釋曰: 禮記, "曾子問曰: '昏禮既納幣, 有吉日, 女之父母死, 則如之何?' 孔子曰, '壻使人弔, 如壻之父母死, 則女之

---

39) 『시』「소아(小雅)·절남산(節南山)」: 弗躬弗親, 庶民弗信. 弗問弗仕, 勿罔君子. 式夷式已, 無小人殆. 瑣瑣姻亞, 則無膴仕.

40) 『석명(釋名)』은 후한(後漢) 때의 학자인 유희(劉熙)가 지은 서적이다. 오래된 훈고학 서적의 하나로 꼽힌다.

家亦使人弔.'" 鄭注云, "必使人弔者, 未成兄弟." 又云, "父喪稱父, 母喪稱母, 父母不在, 則稱伯父・世母. 壻已葬, 壻之伯父致命女氏曰: '某之子有父母之喪, 不得嗣爲兄弟, 使某致命.' 女氏許諾而弗敢嫁, 禮也." 是古者謂昏姻爲兄弟, 以夫婦有兄弟之義. 或據壻於妻之父母有緦服, 故得謂之兄弟也.

번역 ◎郭注: "古者皆謂婚姻爲兄弟". ○『예기』에서는 "증자가 '혼례를 치를 때, 이미 신부 집안에 폐물을 보냈고, 혼인할 날짜도 정해져 있는데, 신부의 부모가 죽게 된다면, 어찌해야 합니까?'라고 묻자 공자는 '신랑될 사람의 집에서는 사람을 시켜서 조문을 하고, 만약 신랑될 사람의 부모가 죽게 된다면, 신부 집안에서도 또한 사람을 시켜서 조문을 한다.'"라고 했고, 정현의 주에서는 "반드시 사람을 시켜서 조문을 하는 이유는 아직 부부의 인연을 맺은 상태가 아니기 때문이다."라고 했다. 또 "상대측 부친의 상에서는 본인의 부친 이름으로 조문하고, 상대측 모친의 상에서는 본인의 모친 이름으로 조문한다. 부모가 이미 죽었거나 다른 곳에 있는 경우에는 백부나 백모의 이름으로 조문한다. 신랑될 사람이 부모에 대한 장례를 마치게 되면, 신랑 집안의 백부가 신부 집안에 사양하는 말을 전달하며, '아무개의 아들이 부모의 상중에 있어서, 부부가 되는 인연을 계속 진행할 수가 없으므로, 아무개를 시켜서 사양하는 말을 전달합니다.'라고 한다. 그러면 신부 집안에서는 허락을 하되 딸을 감히 다른 곳으로 시집보내지 않는 것이 올바른 예법이다."[41]라고 했다. 이것은 고대에 혼인으로 맺어진 것을 형제(兄弟)라고 부른다는 사실을 나타내니 부부 사이에는 형제의 도의가 포함되어 있기 때문이다. 혹자는 남편은 아내의 부모에 대해서 시마복(緦麻服)[42]을 착용하는 것에 근거하여, 이러한 이유 때문에 형제라 부를 수

---

41) 『예기』「증자문(曾子問)」【231b~c】: 曾子問曰, "昏禮, 旣納幣, 有吉日, 女之父母死, 則如之何?" 孔子曰, "壻使人弔, 如壻之父母死, 則女之家亦使人弔. 父喪, 稱父, 母喪, 稱母. 父母不在, 則稱伯父・世母. 壻已葬, 壻之伯父致命女氏曰, '某之子, 有父母之喪, 不得嗣爲兄弟, 使某致命' 女氏許諾, 而弗敢嫁, 禮也. 壻免喪, 女之父母, 使人請, 壻弗取, 而后嫁之, 禮也."

42) 시마복(緦麻服)은 상복(喪服) 중 하나로, 오복(五服)에 속한다. 가장 조밀한 삼베를 사용해서 만든다. 이 복장을 입게 되는 기간은 상황에 따라서 차이가 있지만, 일반적으로 3개월이 된다. 친족의 백숙부모(伯叔父母)나 친족의 형제(兄弟)들 및 혼인하지 않은 친족의 자매(姊妹) 등을 위해서 입는다.

있다고 주장한다.

郭注-⑥ 書曰: 嬪于虞.

번역 『서』에서 말하길, 우의 아내가 되게 하였다고 했다.[43]

邢疏 ◎注"書曰: 嬪于虞". ○釋曰: 按堯典, 群臣共擧舜於帝, "帝曰: '我其試哉!女于時, 觀厥刑于二女.' 釐降二女于嬀汭, 嬪于虞." 孔安國注云: "降, 下. 嬪, 婦也. 舜爲匹夫, 能以義理下帝女之心於所居嬀水之汭, 使行婦道於虞氏."是也.

번역 ◎郭注: "書曰: 嬪于虞". ○『서』「요전(堯典)」편을 살펴보면 뭇 신하들이 모두 요임금에게 순을 천거하니, "요임금은 '내가 그를 시험해보겠다! 그에게 딸을 시집보내어, 두 딸에게서 그 법을 살펴보겠다.'라고 했다. 그리고는 두 딸을 규예로 보내 순의 아내가 되게 하였다."라고 했고, 공안국의 주에서 "강(降)은 낮춘다는 뜻이다. '빈(嬪)'은 아내가 되게 하였다는 뜻이다. 순임금은 필부였음에도 그가 거처하고 있는 규수의 물굽이에서 의로움에 따라 제왕 여식의 마음을 다스려 순임금 집안에서 아녀자의 도를 실천토록 할 수 있었다."라고 한 말이 이러한 사실을 나타낸다.

邢疏 ●"婦稱"至"婚姻". ○釋曰: 此別夫婦婚姻之名也. 說文云: "婦, 服也. 從女持帚灑埽也." 白虎通云: "夫婦者何謂也? 夫者扶也, 以道扶接. 婦者服也, 以禮屈服." "謂之舅姑者何? 舅者舊也. 姑者故也. 舊·故, 老人稱也. 夫之父母謂舅姑何? 尊如父而非父者舅也, 親如母而非母者姑也." 鄭注喪服傳云: "女子子者, 子女也, 別於男子也." 說文云: "壻, 女之夫也. 從士從胥." 聞一知十爲士. 胥者, 有才知之稱. 故謂女之夫爲壻. 廣雅云: "壻謂之倩." 方言云: "東齊之間, 壻謂之倩." 白虎通云: "婚姻者何謂? 昏時行禮, 故曰婚. 婦

43) 『서』「우서(虞書)·요전(堯典)」: 帝曰, 我其試哉, 女于時, 觀厥刑于二女, 釐降二女于嬀汭, 嬪于虞. 帝曰, 欽哉.

人因夫而成, 故曰姻."

번역 ●經文: "婦稱"~"婚姻". ○이것은 남편과 부인의 혼인(婚姻)에 대한 명칭을 구별한 것이다. 『설문』에서는 "'부(婦)'자는 복종한다는 뜻이다. 여(女)자 부수를 따르며 빗자루를 잡고 있는 형태로 청소하는 것을 뜻한다."라고 했다. 『백호통』에서는 "'부부(夫婦)'란 무엇을 말하는가? 부(夫)자는 붙든다는 뜻으로 도를 통해 붙들고 있는 것이다. 부(婦)자는 복종한다는 뜻으로 예를 통해 복종하는 것이다."라고 했다. 또한 "'구고(舅姑)'라고 부르는 것은 어째서인가? 구(舅)는 오래되었다는 뜻이다. '고(姑)'자는 오래되었다는 뜻이다. 구(舊)와 고(故)는 노인을 지칭하는 말이다. 남편의 부모를 구고(舅姑)라고 부르는 것은 어째서인가? 존귀함은 자신의 부친과 같지만 자신의 부친이 아니므로 구(舅)라고 부르며, 친애함이 자신의 모친과 같지만 자신의 모친이 아니므로 고(姑)라고 부른다."라고 했다. 『의례』「상복(喪服)」편의 전문에 대해 정현의 주에서는 "여자자(女子子)는 자식 중 딸을 가리키니, 남자와 구별하기 위해서 이처럼 부른다."라고 했다. 『설문』에서는 "'서(壻)'는 딸자식의 남편이다. 사(士)자와 서(胥)자로 구성되어 있다."라고 했다. 한 가지를 들으면 열 가지를 아는 것이 사(士)이다. 서(胥)는 재주와 지혜를 갖춘 자를 부르는 명칭이다. 그렇기 때문에 딸자식의 남편을 서(壻)라고 부른다. 『광아』[44]에서는 "서(壻)는 천(倩)이라고 부른다."라고 했다. 『방언』[45]에서는 "동제(東齊) 지역에서는 서(壻)를 천

---

44) 『광아(廣雅)』는 위(魏)나라 때 장읍(張揖)이 지은 자전(字典)이다. 『박아(博雅)』라고도 부른다. 『이아』의 체제를 계승하고, 새로운 내용을 보충하여, 경전(經典)에 기록된 글자들을 해석한 서적이다. 본래 상·중·하 3권으로 구성되어 있었지만, 수(隋)나라 조헌(曺憲)이 재차 10권으로 편집하였다. 한편 '광(廣)'자가 수나라 양제(煬帝)의 시호였기 때문에, 피휘를 하여, 『박아』라고 부르게 되었다.

45) 『방언(方言)』은 『유헌사자절대어석별국방언(輶軒使者絶代語釋別國方言)』·『별국방언(別國方言)』이라고도 부른다. 한(漢)나라 때의 학자인 양웅(揚雄)이 편찬했다고 전해지는 서적이다. 총 13권으로 구성되어 있었으며, 각 지방에서 온 사신들의 방언을 모았다는 뜻에서, 『유헌사자절대어석별국방언』이라는 제목으로 출간되었고, 또 이 말을 줄여서 『별국방언』·『방언』이라고 부르게 되었다. 현존하는 『방언』은 곽박(郭璞)의 주(注)가 붙어 있는 판본이다. 그러나 『한서(漢書)』 등의 기록에는 양웅의 저술 목록에 『방언』이 포함되어 있지 않으므로, 편찬자에 대한 의혹이 끊임없이 제기되었다.

(倩)이라 부른다."라고 했다. 『백호통』에서는 "혼인(婚姻)이란 무엇을 말하는가? 저녁에 의례를 시행하기 때문에 '혼(婚)'이라 부른다. 아내는 남편으로 인해 완성되기 때문에 '인(姻)'이라 부른다."라고 했다.

참고 『맹자』「이루상(離婁上)」 기록

경문 孟子曰, 不孝有三, 無後爲大①. 舜不告而娶, 爲無後也, 君子以爲猶告也②.

번역 맹자가 말하길, 불효에는 세 가지가 있는데 후손이 없는 것이 가장 크다. 순임금이 부모에게 아뢰지 않고 장가를 든 것은 후손이 없게 될까를 염려했기 때문이니, 군자는 이를 두고 아뢴 것과 같다고 여긴다.

趙注-① 於禮有不孝者三事, 謂阿意曲從, 陷親不義, 一不孝也. 家窮親老, 不爲祿仕, 二不孝也. 不娶無子, 絶先祖祀, 三不孝也. 三者之中, 無後爲大.

번역 예법에 따르면 불효에는 세 가지가 있는데 부모의 뜻에 맞추기만 하고 굽히며 따라서 부모를 불의에 빠트리는 것이 첫 번째 불효이다. 가산이 궁핍하고 부모가 연로한데도 벼슬에 나아가지 않는 것이 두 번째 불효이다. 아내를 들이지 않아 자식이 없어 선조의 제사를 끊게 만드는 것이 세 번째 불효이다. 세 가지 불효 중에 후손이 없는 것이 가장 큰 불효이다.

趙注-② 舜懼無後, 故不告而娶. 君子知舜告焉不得而娶, 娶而告父母, 禮也; 舜不以告, 權也. 故曰猶告, 與告同也.

번역 순임금은 후손이 없게 될까를 염려했기 때문에 아뢰지 않고 장가를 들었던 것이다. 군자는 순임금이 아뢰었다면 장가를 들 수 없었다는 사실을 알았는데, 장가를 들 때 부모에게 아뢰는 것이 정식 예법이고, 순임금이 아뢰지 않았던 것은 권도에 해당한다. 그렇기 때문에 '유고(猶告)'라고 했으니, 아뢴 것과 같다는 뜻이다.

孫疏 ●"孟子曰"至"君子以爲猶告也". ○正義曰: 此章指言量其輕重, 無後爲不孝之大者也.

번역 ●經文: "孟子曰"~"君子以爲猶告也". ○이 문장은 경중을 헤아려야 하며 후손이 없는 것은 불효 중에서도 큰 것임을 나타내고 있다.

孫疏 ●"孟子曰: 不孝有三, 無後爲大"者, 言不孝於禮有三, 惟先祖無以承, 後世無以繼, 爲不孝之大者, 而阿意曲從, 陷親於不義, 家貧親老, 不爲祿仕, 特不孝之小而已.

번역 ●經文: "孟子曰: 不孝有三, 無後爲大". ○예법에 따르면 불효에는 세 가지가 있는데, 선조를 계승하지 못하고 후세를 이을 수 없게 되는 것이 불효 중에서도 큰 것이며, 부모의 뜻에 맞추기만 하고 굽히며 따라서 부모를 불의에 빠트리는 것이나 가산이 궁핍하고 부모가 연로한데도 벼슬에 나아가지 않는 것은 단지 불효 중에서도 작은 것일 뿐임을 나타내고 있다.

孫疏 ●"舜以不告而娶, 爲無後也, 君子以爲猶告也", 故孟子乃言此, 以謂舜受堯之二女, 所以不告父母而娶, 是爲其無後也, 告之則不得娶故也. 君子於舜不告而娶, 是亦言舜猶告而娶之也. 以其反禮而合義, 故君子以爲不告猶告也.

번역 ●經文: "舜以不告而娶, 爲無後也, 君子以爲猶告也". ○그러므로 맹자는 다음과 같이 말한 것이니, 순임금이 요임금의 두 딸을 맞이한 것은 부모에게 아뢰지 않고 장가를 든 것이지만, 이것은 후손이 없게 될까를 염려해서이니, 만약 알렸다면 장가를 들 수 없었기 때문이다. 군자는 순임금이 아뢰지 않고 장가를 든 것에 대해서 또한 순임금은 아뢰고 장가를 든 것과 같다고 말했다. 순임금의 행동은 예법에 위반되었으나 도의에 합치되었기 때문에 군자가 아뢰지 않은 것을 아뢴 것과 같다고 여긴 것이다.

集註 舜告焉則不得娶, 而終於無後矣. 告者禮也. 不告者權也. 猶告, 言與告同也. 蓋權而得中, 則不離於正矣.

번역 순임금이 부모에게 아뢰었다면 장가를 들 수 없어서 끝내 후손이 없게 되었을 것이다. 아뢰는 것은 예에 맞는 행동이다. 아뢰지 않은 것은 권도에 해당한다. '유고(猶告)'는 아뢴 것과 같다는 뜻이다. 권도를 발휘하여 시중에 맞았기 때문에 정도에서 벗어나지 않았다.

集註 范氏曰: 天下之道, 有正有權. 正者萬世之常, 權者一時之用. 常道人皆可守, 權非體道者不能用也. 蓋權出於不得已者也, 若父非瞽瞍, 子非大舜, 而欲不告而娶, 則天下之罪人也.

번역 범씨가 말하길, 천하의 도에는 정도가 있고 권도가 있다. 정도라는 것은 영원토록 항상된 것이며, 권도라는 것은 특정 시기에 쓰이는 것이다. 항상된 도는 사람들이 모두 지킬 수 있지만, 권도라는 것은 도를 체득하지 않은 자라면 사용할 수 없다. 권도는 부득이한 상황에서 발생하기 때문이다. 만약 부친이 고수가 아니고 자식이 순임금이 아닌데도 아뢰지 않고 장가를 들고자 했다면, 천하의 죄인이 될 것이다.

참고 『역』「계사상(繫辭上)」 기록

전문 大衍之數五十, 其用四十有九.

번역 대연의 수는 50이고, 그 씀은 49이다.

王注 王弼曰: 演天地之數, 所賴者五十也. 其用四十有九, 則其一不用也. 不用而用以之通, 非數而數以之成, 斯易之太極也. 四十有九, 數之極也. 夫無不可以無明, 必因於有, 故常於有物之極, 而必明其所由之宗也.

번역 왕필[46]이 말하길, 천지의 수를 헤아려보면 의뢰하는 것은 50이다. 그 씀은 49이니, 그 중 1은 씀이 되지 않는다. 씀이 되지 않으면서도 씀이 되는 것은 이를 통해 통하고, 셈이 되지 않으면서도 셈이 되는 것은 이를 통해 완성되니, 이것은 『역』의 태극이다. 49라는 것은 수의 극이다. 무(無)는 밝음이 없어서는 안 되니, 반드시 유(有)에서 기인한다. 그렇기 때문에 유물의 지극함에 항상되면서도 반드시 말미암게 되는 종주를 밝혀야 한다.

孔疏 ●"大衍"至"有九". ○正義曰: 京房云: "五十者, 謂十日·十二辰·二十八宿也, 凡五十. 其一不用者, 天之生氣, 將欲以虛來實, 故用四十九焉." 馬季長云: "易有太極, 謂北辰也. 太極生兩儀, 兩儀生日月, 日月生四時, 四時生五行, 五行生十二月, 十二月生二十四氣. 北辰居位不動, 其餘四十九轉運而用也." 荀爽云: "卦各有六爻, 六八四十八, 加乾·坤二用, 凡有五十. 乾初九'潛龍勿用', 故用四十九也." 鄭康成云: "天地之數五十有五, 以五行氣通. 凡五行減五, 大衍又減一, 故四十九也." 姚信·董遇云: "天地之數五十有五者, 其六以象六畫之數, 故減之而用四十九." 但五十之數, 義有多家, 各有其說, 未知孰是. 今按王弼云"演天地之數, 所賴者五十", 據王弼此說, 其意皆與諸儒不同. 萬物之策, 凡有萬一千五百二十. 其用此策推演天地之數, 唯用五十策也. 一謂自然所須策者唯用五十, 就五十策中, 其所用揲蓍者, 唯用四十有九. 其一不用, 以其虛無, 非所用也, 故不數之. 顧懽同王弼此說. 故顧懽云: "立此五十數, 以數神, 神雖非數, 因數而顯. 故虛其一數, 以明不可言之義." 只如此意, 則別無所以, 自然而有此五十也. 今依用之.

---

46) 왕필(王弼, A.D.226 ~ A.D.249) : =왕보사(王輔嗣). 삼국시대 위(魏)나라의 학자이다. 자(字)는 보사(輔嗣)이다. 저서로는 『노자주(老子注)』·『주역주(周易注)』 등이 있다.

번역 ●傳文: "大衍"~"有九". ○경방[47]은 "50이란 10일, 12진, 28수를 합하면 총 50이 된다는 뜻이다. 그 중 1은 사용하지 않는데, 하늘의 낳는 기운은 비어 있음으로 채움으로 오고자 하기 때문에 49를 쓴다."라고 했다. 마계장[48]은 "『역』에는 태극이 있으니, 이것을 북극성이라 부른다. 태극은 양의를 낳고 양의는 일월을 낳으며 일월은 사계절을 낳고 사계절은 오행을 낳으며 오행은 12개월을 낳고 12개월은 24기를 낳는다. 북극성은 자신의 자리에 위치하여 움직이지 않고 나머지 49는 운행하며 쓰임이 된다."라고 했다. 순상[49]은 "괘에는 각각 육효가 있고, 6곱하기 8은 48이 되며, 거기에 건괘와 곤괘의 두 쓰임을 합하면 총 50이 된다. 건괘 초구에서는 '잠겨 있는 용은 쓰지 말아야 한다.'[50]라고 했기 때문에 쓰임은 49가 된다."라고 했다. 정강성은 "천지의 수는 55가 있으니, 오행으로 기를 통하게 한다. 오행으로 인해 5를 감하고 대연은 또한 1을 감한다. 그렇기 때문에 49가 된다."라고 했다. 요신[51]과 동우[52]는 "천지의 수는 55가 있는데 6으로는 육획의 수를 상징한다. 그렇기 때문에 그것을 감하여 씀은 49가 된다."라고 했다. 다만 50이라는 수에 있어서 그 의미에 대해서는 다양한 학자들이 각기 다른 주장을 했지만 누구의 주장이 옳은지는 모르겠다. 현재 왕필의 주장을 살펴보면 "천지의 수를 헤아려보면 의뢰하는 것은 50이다."라고

---

47) 경방(京房, B.C.77 ~ B.C.37) : 전한(前漢) 때의 학자이다. 성(姓)은 이씨(李氏)이며, 자(字)는 군명(君明)이다. 역학(易學)에 뛰어났다.

48) 마융(馬融, A.D.79 ~ A.D.166) : =마계장(馬季長). 후한대(後漢代)의 경학자(經學者)이다. 자(字)는 계장(季長)이며, 마속(馬續)의 동생이다. 고문경학(古文經學)을 연구하였으며, 『주역(周易)』, 『상서(尙書)』, 『모시(毛詩)』, 『논어(論語)』, 『효경(孝經)』 등을 두루 주석하고, 『노자(老子)』, 『회남자(淮南子)』 등도 주석하였지만 현재 전해지지 않는다.

49) 순상(荀爽, A.D.128 ~ A.D.190) : 후한(後漢) 때의 학자이다. 자(字)는 자명(慈明)이다. '순상'을 포함하여, 그의 형제 8명이 모두 재능이 뛰어나서, 당시 사람들은 '순씨팔룡(荀氏八龍)'이라고 칭송하였다. 『예(禮)』, 『역전(易傳)』, 『시전(詩傳)』 등에 대해 저술을 하였다.

50) 『역』「건괘(乾卦)」: 初九, 潛龍勿用.

51) 요신(姚信, ? ~ ?) : 삼국시대 때 오(吳)나라의 학자이다. 자(字)는 원직(元直)이다. 저서로는 『역주(易注)』 등이 있다.

52) 동우(董遇, ? ~ ?) : 삼국시대 때 위(魏)나라의 학자이다. 자(字)는 계직(季直)이다. 저서로는 『주역장구(周易章句)』 등이 있다.

했으니, 왕필의 이러한 주장에 따른다면 그 의미는 모두 여러 학자들과는 달라진다. 만물의 책수는 총 11,520이 된다. 이러한 책수를 이용해서 천지의 수를 헤아려보면 오직 50책수만을 사용한다. 1에 있어서는 자연히 책수에 따르는 것은 50을 쓰게 되는데, 50책수에서 설시(揲蓍)로 사용되는 것은 단지 49만을 쓴다. 1을 쓰지 않는 것은 허무하여 쓸 수 있는 것이 아니기 때문이다. 그래서 셈하지 않는다. 고환은 왕필의 이러한 주장에 동의했다. 그렇기 때문에 고환은 "이러한 50이라는 수를 세워서 신을 셈하는데, 신은 비록 셈할 수 있는 대상이 아니지만 이러한 수를 통해서 드러난다. 그렇기 때문에 1이라는 수를 비워두어 말로 표현할 수 없는 뜻을 드러내었다."라고 했다. 다만 이러한 주장에 따른다면 별도로 그렇게 되는 이유가 없으니, 자연히 이러한 50이라는 수가 있게 된다. 이곳에서는 그에 따른다.

참고 『춘추좌씨전』 양공(襄公) 9년 기록

전문 公送晉侯. 晉侯以公宴于河上, 問公年. 季武子對曰, "會于沙隨之歲, 寡君以生①." 晉侯曰, "十二年矣, 是謂一終, 一星終也②."

번역 양공이 진나라 후작을 전송하였다. 진나라 후작은 양공을 위해 하수에서 연회를 베풀었는데, 양공의 나이를 물었다. 계무자는 "사수에서 회합을 가졌던 해에 저희 군주께서 태어나셨습니다."라고 대답했다. 진나라 후작은 "12살이 되었구나. 이것은 한 주기가 끝난 것이니 일성(一星)이 한 주기를 끝낸 것이다."라고 했다.

杜注-① 沙隨在成十六年.

번역 사수에서의 회합은 성공 16년에 있었다.

杜注-② 歲星十二歲而一周天.

번역 세성(歲星)은 12년이 지나 하늘을 한 바퀴 일주한다.

孔疏 ◎注"歲星"至"周天". ○正義曰: 直言"一星終", 知是歲星者, 以古今歷書推步五星, 金·水日行一度; 土三百七十七日, 行星十二度; 火七百八十日, 行星四百一十五度. 四者皆不得十二年而一終. 唯木三百九十八日, 行星三十三度, 十二年而彊一周. 擧其大數, 十二年而一終, 故知是歲星.

번역 ◎杜注: "歲星"~"周天". ○단지 '일성종(一星終)'이라고 했는데, 이것이 세성(歲星)을 뜻한다는 사실을 알 수 있는 이유는 고금의 역법서들을 통해 오성(五星)[53]의 운행을 계산해보면, 금성과 수성은 하루에 1도를 운행하고, 토성은 377일이 되면 12도를 움직이며, 화성은 780일이 되면 415도를 운행한다. 이러한 네 행성은 모두 12년을 주기로 하늘을 일주할 수 없다. 오직 목성만이 398일이 되면 33도를 운행하니, 12년이 되면 대략 하늘을 일주하게 된다. 큰 수만을 기준으로 한다면 12년이 되면 하늘을 일주한다. 그렇기 때문에 이것이 세성에 해당함을 알 수 있다.

전문 "國君十五而生子, 冠而生子, 禮也①. 君可以冠矣. 大夫盍爲冠具?" 武子對曰, "君冠, 必以祼享之禮行之②."

번역 계속하여 진나라 후작은 "제후국의 군주는 15세가 되면 자식을 낳으니, 관례를 치르고 난 뒤에 자식을 낳는 것이 예법에 맞다. 그대의 군주는 관례를 치러도 되는 나이이다. 그런데 대부들은 어찌하여 관례를 준비하지 않는가?"라고 했다. 계무자는 "군주의 관례는 반드시 관향(祼享)[54]의 예법으로 시행합니다."라고 대답했다.

---

53) 오성(五星)은 목성(木星), 화성(火星), 토성(土星), 금성(金星), 수성(水星)의 다섯 행성(行星)을 가리킨다. 『사기(史記)』「천관서론(天官書論)」편에는 "水火金木塡星, 此五星者, 天之五佐."라는 기록이 있다. 방위와 이명(異名)으로 설명하자면, '오성'은 동쪽의 세성(歲星: =木星), 남쪽의 형혹(熒惑: =火星), 중앙의 진성(鎭星: =塡星·土星), 서쪽의 태백(太白: =金星), 북쪽의 진성(辰星: =水星)을 가리킨다.

54) 관향(祼享)은 종묘(宗廟)의 제례 절차 중 하나이다. 땅에 향기로운 술을 뿌려 신(神)을 강림시키는 의식을 뜻한다.

杜注-① 冠, 成人之服, 故必冠而後生子.

번역 관을 쓰는 것은 성인(成人)의 복장이다. 그렇기 때문에 반드시 관례를 치른 뒤에 자식을 낳아야 한다.

杜注-② 祼謂灌鬯酒也. 享, 祭先君也.

번역 '관(祼)'은 울창주를 땅에 붓는다는 뜻이다. '향(享)'은 선대 군주에게 제사지내는 것이다.

孔疏 ◎注"祼謂"至"祭先君也". ○正義曰: 周禮·大宗伯: "以肆獻祼享先王." 鬱人: "凡祭祀之祼事, 和鬱鬯以實彝而陳之." 鄭玄云: "鬱, 鬱金, 香草也. 鬯, 釀秬爲酒, 芬香條暢於上下也. 築鬱金煮之, 以和鬯酒." 郊特牲云: "灌用鬯臭." 鄭玄云: "灌謂以圭瓚酌鬯, 始獻神也." 然則祼卽灌也, 故云"祼謂灌鬯酒也". 祼是祭初之禮, 故擧之以表祭也. 周禮"祭人鬼曰享", 故云"享, 祭先君也". 劉炫云: "冠是大禮, 當徧告群廟."

번역 ◎杜注: "祼謂"~"祭先君也". ○『주례』「대종백(大宗伯)」편에서는 "사(肆)[55]·헌(獻)[56]·관(祼)[57]으로 선왕에게 제사지낸다."[58]라고 했고, 『주례』「울인(鬱人)」편에서는 "모든 제사에서 관(祼)의 절차를 치르게 되면 울금초를 창주에 섞어 맛을 낸 뒤 이것을 술동이에 채우고 진설한다."[59]라고 했으며, 정현의 주에서는 "울(鬱)은 울금이라는 것으로 향기를 내는 풀이다. 창(鬯)

---

55) 사(肆)는 육향(六享)의 첫 번째 제사에 속하는 것으로, 희생물의 몸체를 해체하여 바친다는 뜻으로, 익힌 고기를 바치는 때를 의미한다.

56) 헌(獻)은 육향(六享)의 첫 번째 제사에 속하는 것으로, 단술을 따라서 바친다는 뜻으로, 희생물의 피와 생고기를 바치는 때를 의미한다.

57) 관(祼)은 육향(六享)의 첫 번째 제사에 속하는 것으로, 울창주를 땅에 부어 강신제를 한다는 뜻으로, 처음 시동에게 술을 따라 신이 강림하길 바라는 때를 의미한다.

58) 『주례』「춘관(春官)·대종백(大宗伯)」: 以肆獻祼享先王, 以饋食享先王, 以祠春享先王, 以禴夏享先王, 以嘗秋享先王, 以烝冬享先王.

59) 『주례』「춘관(春官)·울인(鬱人)」: 凡祭祀·賓客之祼事, 和鬱鬯, 以實彝而陳之.

은 검은 기장을 발효시켜 만든 술인데, 그 향기가 상하로 두루 퍼지게 된다. 울금초를 다지고 삶아서 창주에 섞은 것이다."라고 했다. 또 『예기』「교특생(郊特牲)」편에서는 "술을 땅에 부어서 신을 강림시킬 때에는 창주의 향기로운 냄새를 사용했다."[60]라고 했고, 정현의 주에서는 "'관(灌)'은 규찬(圭瓚)으로 창주를 따라서 처음으로 신에게 바친다는 뜻이다."라고 했다. 그렇다면 관(祼)은 곧 관(灌)에 해당한다. 그렇기 때문에 "'관(祼)'은 울창주를 땅에 붓는다는 뜻이다."라고 했다. 관(祼)은 제사 초반부에 시행하는 예법이다. 그렇기 때문에 이 말을 제시하여 제사를 드러낸 것이다. 주나라의 예법에 따르면 "인귀에게 제사지내는 것을 향(享)이라고 부른다."라고 했다. 그렇기 때문에 "'향(享)'은 선대 군주에게 제사지내는 것이다."라고 했다. 유현[61]은 "관례는 성대한 의례이니 마땅히 종묘에 있는 뭇 묘들에 대해 두루 알려야만 한다."라고 했다.

전문 "以金石之樂節之①, 以先君之祧處之②."

번역 계속하여 계무자는 "쇠와 돌로 된 악기를 연주하여 절도를 맞추고, 시조의 묘(廟)에서 치르는 것입니다."라고 했다.

杜注-① 以鍾磬爲擧動之節.

번역 종과 경을 연주하여 거동의 절도로 삼는다는 뜻이다.

杜注-② 諸侯以始祖之廟爲祧.

번역 제후는 시조의 묘(廟)를 조(祧)로 삼는다.

---

60) 『예기』「교특생(郊特牲)」【339d~340a】: 周人尙臭, 灌用鬯臭, 鬱合鬯, 臭陰達於淵泉. 灌以圭璋, 用玉氣也. 旣灌然後迎牲, 致陰氣也.

61) 유현(劉炫, ? ~ ?): 수(隋)나라 때의 학자이다. 자는 광백(光伯)이며, 경성(景城) 출신이다. 태학박사(太學博士) 등을 지냈다. 『논어술의(論語述義)』, 『춘추술의(春秋述義)』, 『효경술의(孝經述義)』 등을 저술하였다.

孔疏 ◎注"諸侯"至"爲祧". ○正義曰: 祭法云: "遠廟爲祧. 天子有二祧." 鄭玄云: "祧之言超也, 超, 上去意也. 諸侯無祧." 聘禮云: "不腆先君之祧." 是謂始祖廟也. 聘禮注云: "天子七廟, 文·武爲祧." 諸侯五廟. 則祧始祖也, 是亦廟也. 言祧者, 祧尊而廟親, 待賓客者上尊者. 然則彼以始祖之尊, 故特言祧耳. 昭元年傳云"敢愛豐氏之祧". 大夫之廟, 亦以祧言之, 是尊之意也. 不待至魯而假於衛者, 及諸侯賓客未散故也.

번역 ◎杜注: "諸侯"~"爲祧". ○『예기』「제법(祭法)」편에서는 "대수가 먼 나머지 묘는 조묘(祧廟)[62]가 된다. 천자에게는 2개의 조묘가 있다."[63]라고 했고, 정현은 "조(祧)자는 초(超)자의 뜻이니, '초(超)'는 뛰어넘어 위로 간다는 뜻이다. 제후에게는 조묘가 없다."라고 했다. 『의례』「빙례(聘禮)」편에서는 "선군의 조(祧)가 변변치 못합니다."[64]라고 했으니, 이것은 시조의 묘를 뜻한다. 「빙례」편의 주에서는 "천자는 7개의 묘를 세우고 문왕과 무왕의 묘를 조묘로 삼는다."라고 했다. 제후는 5개의 묘를 세우니, 시조의 묘를 조묘로 삼는 것이며, 이 또한 묘(廟)에 해당한다. 그런데도 '조(祧)'라고 부르는 이유는 조(祧)는 상대적으로 존귀한 의미이며, 묘(廟)는 상대적으로 친근한 의미이니, 빈객을 대우하는 일을 지극히 높인 것일 뿐이다. 그러므로 「빙례」편에서는 시조의 존

---

62) 조묘(祧廟)는 천묘(遷廟)와 같은 뜻이다. '천묘'는 대수(代數)가 다한 신주(神主)를 모시는 묘(廟)를 뜻한다. 예를 들어 天子의 경우, 7개의 묘(廟)를 설치하는데, 가운데의 묘에는 시조(始祖) 혹은 태조(太祖)의 신주(神主)를 모시며, 이곳의 신주는 다른 곳으로 옮기지 않는 불천위(不遷位)에 해당한다. 그리고 좌우에는 각각 3개의 묘(廟)를 설치하여, 소목(昭穆)의 순서에 따라 6대(代)의 신주를 모신다. 현재의 천자가 죽게 되어, 그의 신주를 묘에 모실 때에는 소목의 순서에 따라 가장 끝 부분에 있는 묘로 신주가 들어가게 된다. 만약 소(昭) 계열의 가장 끝 묘에 새로운 신주가 들어서게 되면, 밀려나게 된 신주는 바로 위의 소 계열 묘로 들어가게 되고, 최종적으로 밀려나서 더 이상 갈 곳이 없는 신주는 '천묘'로 들어가게 된다. 또한 '천묘'는 위에서 서술한 것처럼 신구(新舊)의 신주가 옮겨지게 되는 의식 자체를 지칭하기도 하며, '천묘'된 신주 자체를 가리키기도 한다. 주(周)나라 때에는 문왕(文王)과 무왕(武王)의 묘를 '천묘'로 사용하였다.

63) 『예기』「제법(祭法)」【549a】: 是故王立七廟, 一壇一墠, 曰考廟, 曰王考廟, 曰皇考廟, 曰顯考廟, 曰祖考廟, 皆月祭之; 遠廟爲祧, 有二祧, 享嘗乃止; 去祧爲壇, 去壇爲墠, 壇墠有禱焉祭之, 無禱乃止; 去墠曰鬼.

64) 『의례』「빙례(聘禮)」: 至于朝. 主人曰, "不腆先君之祧, 旣拚以俟矣."

귀함으로 인해 특별히 '조(祧)'라고 말한 것일 뿐이다. 소공 1년에 대한 전문에서는 "감히 풍씨의 조(祧)를 아끼겠는가."[65]라고 했다. 이것은 대부의 묘(廟)에 대해서도 조(祧)라고 부른다는 뜻을 나타내는데, 이것은 존귀하다는 뜻에 해당한다. 노나라에 당도할 때까지 기다리지 않고 위나라에서 도구를 빌려 관례를 치른 것은 제후와 빈객들이 아직 해산하지 않았기 때문이다.

孔疏 ●"君冠"至"處之". ○正義曰: 冠是嘉禮之大者, 當祭以告神, 故有祼享之禮, 以祭祀也. 國君無故不徹縣, 故有金石之樂, 行冠禮之時, 爲擧動之節也. 冠必在廟, 故先君之祧處之也. 旣行祼享, 祭必有樂. 所言金石節之, 謂冠時之樂, 非祭祀之樂也. 諸侯之冠禮亡, 唯有士冠禮在耳. 其禮亦行事於廟, 而不爲祭祀. 士無樂可設, 而唯處祧同耳. 士冠必三加: 始加緇布冠, 次加皮弁, 次加爵弁. 公則四, 大戴禮·公冠篇於士三冠後, 更加玄冕是也. 按此傳文, 則諸侯十二加冠也. 文王十三生伯邑考, 則十二加冠, 親迎于渭, 用天子禮. 則天子十二冠也. 晉語柯陵會, 趙武冠見范文子, 冠時年十六七, 則大夫十六冠也. 士庶則二十而冠, 故曲禮云"二十曰弱冠"是也.

번역 ●傳文: "君冠"~"處之". ○관례는 가례(嘉禮) 중에서도 성대한 것이니 마땅히 제사를 지내서 신에게 그 사실을 아뢰어야 한다. 그렇기 때문에 관향(祼享)의 예법이 포함되며 이를 통해 제사를 지낸다. 제후국의 군주는 특별한 사유가 없으면 걸어두는 악기를 치우지 않는다. 그렇기 때문에 쇠나 돌로 만든 악기가 포함되는 것이며, 관례를 치를 때 이를 연주하여 거동의 절도로 삼는다. 관례는 반드시 종묘에서 치르기 때문에 시조의 묘에서 시행한다. 이미 관향의 절차를 시행하였다면 제사에는 반드시 음악이 포함된다. 쇠나 돌로 된 악기로 절도를 맞춘다고 했는데, 관례를 치를 때의 음악을 뜻하는 것이지, 제사를 지낼 때의 음악을 뜻하는 것은 아니다. 제후의 관례에 대한 기록은 없어졌고 오직 사 계층의 관례를 수록한

---

65) 『춘추좌씨전』「소공(昭公) 1년」: 子羽曰, "小國無罪, 恃實其罪. 將恃大國之安靖己, 而無乃包藏禍心以圖之? 小國失恃, 而懲諸侯, 使莫不憾者, 距違君命, 而有所壅塞不行是懼. 不然, 敝邑, 館人之屬也, 其敢愛豐氏之祧?"

『의례』「사관례(士冠禮)」편만이 남아있을 따름이다. 그 예법에서도 역시 종묘에서 의례를 진행하지만 제사는 지내지 않는다. 사는 설치할 수 있는 악기가 없고 오직 조(祧)에서 치르는 것만이 동일할 따름이다. 사의 관례에서는 반드시 삼가(三加)[66]를 시행하니, 처음에는 치포관(緇布冠)을 씌워주고, 그 다음으로 피변(皮弁)을 씌워주며, 그 다음으로 작변(爵弁)을 씌워준다. 제후의 경우는 4차례 관을 씌워주게 되어 있으니, 『대대례기』「공관(公冠)」편에서 사의 3차례 관 씌워주는 것 이후 재차 현면(玄冕)을 씌워준다고 한 기록[67]이 바로 이러한 사실을 나타낸다. 그런데 이곳 전문을 살펴보면 제후는 12살에 관례를 치른다고 했다. 문왕은 13세 때 백읍고를 낳았으니 12살에 관례를 치른 것이고 위수에서 친영(親迎)을 하며 천자의 예법에 따랐다. 따라서 천자도 12살에 관례를 치르는 것이다. 『국어』「진어(晉語)」편에서는 가릉의 회합에서 조무가 관례를 치르고 범문자를 만나보았다고 했으니,[68] 관례를 치른 시기는 그의 나이 16~17세 때이므로, 대부는 16세 때 관례를 치르는 것이다. 사와 서인의 경우라면 20세가 되어서야 관례를 치른다. 그렇기 때문에 『예기』「곡례(曲禮)」편에서는 "20세가 되면 아직 장성한 것이 아니기 때문에 약(弱)이라 부르고 관례를 치러준다."라고 한 것이다.

전문 "今寡君在行, 未可具也. 請及兄弟之國而假備焉." 晉侯曰, "諾." 公還, 及衛, 冠于成公之廟.

번역 계속하여 계무자는 "지금 저희 군주께서는 여정 중에 계시니 아직 관

---

66) 삼가(三加)는 세 개의 관(冠)을 준다는 뜻이다. 관례(冠禮)를 시행할 때, 처음에 치포관(緇布冠)을 주고, 그 다음에 피변(皮弁)을 주며, 마지막으로 작변(爵弁)을 주기 때문에, '삼가'라고 부른다.

67) 『대대례기(大戴禮記)』「공관((公冠)」: 公冠, 四加玄冕.

68) 『국어(國語)』「진어육(晉語六)」: 趙文子冠, 見欒武子, 武子曰, "美哉! 昔吾逮事莊主, 華則榮矣, 實之不知, 請務實乎." 見范文子, 文子曰, "而今可以戒矣, 夫賢者寵至而益戒, 不足者爲寵驕. 故興王賞諫臣, 逸王罰之. 吾聞古之王者, 政德旣成, 又聽於民, 於是乎使工誦諫於朝, 在列者獻詩使勿兜, 風聽臚言於市, 辨祆祥於謠, 考百事於朝, 問謗譽於路, 有邪而正之, 盡戒之術也. 先王疾是驕也."

례의 준비를 할 수 없습니다. 청컨대 형제의 나라에 도착하면 도구를 빌려서 준비하겠습니다."라고 했다. 진나라 후작은 "알았다."라고 했다. 양공은 돌아오는 길에 위나라에 이르자 위나라 성공의 묘에서 관례를 치렀다.

杜注 成公, 今衛獻公之曾祖. 從衛所處.

번역 '성공(成公)'은 현재 위나라 헌공의 증조부이다. 위나라에서 처리하는 바에 따른 것이다.

孔疏 ◎注"成公"至"所處". ○正義曰: 成公是獻公曾祖, 衛世家文也. 服虔以成公是衛之曾祖, 卽云"祧謂曾祖之廟"也. 曾祖之廟, 何以獨有祧名? 王制: "大夫三廟, 一昭一穆, 與太祖之廟爲三." 鄭之豐氏, 豈得立曾祖之廟乎, 而亦謂之祧也. 杜言"從衛所處", 意在排舊說也. 以晉悼欲速, 故寄衛廟而假鍾磬. 其祼享之禮, 歸魯乃祭耳.

번역 ◎杜注: "成公"~"所處". ○성공은 헌공의 증조부이니, 이것은 『사기』「위세가(衛世家)」편의 기록이다. 복건은 성공은 위나라 헌공의 증조부이니, "조(祧)는 증조부의 묘를 뜻한다."라고 했다. 그런데 증조부의 묘에 대해서 어찌하여 유독 '조(祧)'라는 명칭이 있을 수 있겠는가? 『예기』「왕제(王制)」편에서는 "대부는 3개의 묘를 두니, 1개의 소묘 1개의 목묘가 있으며 태조의 묘와 더불어 3개가 된다."[69]라고 했다. 그렇다면 정나라의 풍씨는 어찌 증조부의 묘를 세울 수 있어서, 이것을 '조(祧)'라고 부를 수 있었단 말인가. 두예가 "위나라에서 처리하는 바에 따른 것이다."라고 했는데, 그 의도는 옛 학설을 비판하는데 있다. 진나라 도공은 신속히 치르게 하고자 했기 때문에 위나라의 묘에서 거행하며 종과 석경을 빌린 것이다. 관향(祼享)의 의례는 노나라에 되돌아가서야 시행하여 제사를 지냈던 것일 뿐이다.

---

69) 『예기』「왕제(王制)」【159a】: 天子七廟, 三昭三穆, 與大祖之廟而七, 諸侯五廟, 二昭二穆, 與大祖之廟而五, 大夫三廟, 一昭一穆, 與大祖之廟而三, 士一廟, 庶人祭於寢.

전문 假鍾磬焉, 禮也.

번역 종과 경을 빌렸으니, 예법에 맞는 일이다.

참고 『의례』「상복(喪服)」 기록

경문 夫之姑姊妹之長殤. 夫之諸祖父母, 報.

번역 남편의 고모와 자매 중 장상인 자를 위해서 시마복(緦麻服)을 3개월 동안 착용한다. 남편의 여러 조부모를 위해서 시마복을 3개월 동안 착용하니, 그들이 자신을 위해 상복 착용하는 것에 보답하는 것이다.

鄭注 諸祖父者, 夫之所爲小功, 從祖祖父母, 外祖父母. 或曰曾祖父母. 曾祖於曾孫之婦無服, 而云報乎? 曾祖父母正服小功, 妻從服緦.

번역 여러 조부들은 남편이 소공복(小功服)[70]을 착용해야 하는 대상들이니, 종조조부모와 외조부모가 이에 해당한다. 혹자는 증조부모라고도 주장한다. 증조는 증손자의 부인에 대해서 상복을 착용하지 않는데 어찌 보(報)라고 할 수 있겠는가? 증조부모에 대한 정복(正服)[71]은 소공복이니, 처는 종복(從服)[72]을 하여 시마복(緦麻服)을 착용한다.

---

70) 소공복(小功服)은 상복(喪服) 중 하나로, 오복(五服)에 속한다. 조밀한 삼베를 사용해서 만들며, 대공복(大功服)에 비해서 삼베의 재질이 조밀하기 때문에, '소공복'이라고 부른다. 이 복장을 입게 되는 기간은 상황에 따라 차이가 생기지만, 일반적으로 5개월이 된다. 백숙(伯叔)의 조부모나 당백숙(堂伯叔)의 조부모, 혼인하지 않은 당(堂)의 자매(姊妹), 형제(兄弟)의 처 등을 위해서 입는다.

71) 정복(正服)은 본래의 상례(喪禮) 규정에 따른 정식 복장을 뜻한다. 친족 관계에서는 각 등급에 따른 상례 절차가 규정되어 있으므로, '정복'이라는 것은 규정에 따른 상복(喪服)을 착용하는 것뿐만 아니라, 상(喪)을 치르는 기간과 각종 부수적 기물(器物)들에 대해서도 규정대로 따르는 것을 뜻한다.

72) 종복(從服)은 고대에 상복(喪服)을 착용했던 여섯 가지 방식 중 하나이다. '종복'

賈疏 ◎注"諸祖"至"服緦". ○釋曰: 夫之姑姊妹, 成人婦爲之小功, 長殤降一等, 故緦麻也. 云"諸祖父者, 夫之所爲小功"者, 妻降一等, 故緦麻者. 以其本疏, 兩相爲服, 則生報名. 云"從祖祖父母, 外祖父母"者, 此依小功章, 夫爲之小功者也. 云"或曰曾祖父母"者, 或人解諸祖之中兼有夫之曾祖父母, 凡言"報"者, 兩相爲服. 曾祖爲曾孫之婦無服, 何得云報乎? 鄭破或解也. 云"曾祖父母正服小功, 妻從服緦"者, 此鄭旣破或解, 更爲或人而言. 若今本不爲曾祖齊衰三月, 而依差降服小功, 其妻降一等, 得有緦服. 今旣齊衰三月, 明爲曾孫妻無服.

번역 ◎鄭注: "諸祖"~"服緦". ○남편의 고모와 자매에 대해서 그들이 성인(成人)이 된 뒤에 죽었다면 부인은 그들을 위해 소공복(小功服)을 착용하고, 장상(長殤)을 했다면 1등급을 낮춘다. 그렇기 때문에 시마복(緦麻服)을 착용하는 것이다. 정현이 "여러 조부들은 남편이 소공복을 착용해야 하는 대상들이다."라고 했는데, 처는 1등급을 낮추기 때문에 시마복을 착용하는데, 본래의 관계가 소원하지만 서로를 위해 상복을 착용하므로 보(報)라고 부른다. 정현이 "종조조부모와 외조부모가 이에 해당한다."라고 했는데, 이것은 『의례』「상복(喪服)」편 '소공장(小功章)'에 따른 것으로 남편은 그들을 위해서 소공복을 착용한다. 정현이 "혹자는 증조부모라고도 주장한다."라고 했고, 혹자는 제조(諸祖) 안에 남편의 증조부모도 포함된다고 풀이했는데, '보(報)'라고 말한 것은 양쪽에서 서로를 위해 상복을 착용하는 경우이다. 증조는 증손자의 부인에 대

은 남을 따라서 상복을 착용한다는 뜻으로, '종복'에도 속종(屬從)·도종(徒從)·종유복이무복(從有服而無服)·종무복이유복(從無服而有服)·종중이경(從重而輕)·종경이중(從輕而重)이라는 경우가 있다. '속종'은 친속 관계에 따라 상복을 착용하는 경우이다. '도종'은 공허하게 남을 따라서 친속 관계가 없는 자에 대해 상복을 착용하는 경우이다. '종유복이무복'은 상복을 착용해야 하는 자를 따라서 상복을 착용해야 하지만 실제로 상복을 착용하지 않는 경우이다. '종무복이유복'은 상복을 착용하지 않아야 하는 자를 따라서 상복을 착용하지 않지만 실제로 상복을 착용하는 경우이다. '종중이경'은 수위가 높은 상복을 입는 자를 따라서 상복을 착용하지만, 수위가 낮은 상복을 착용하는 경우이다. '종경이중'은 수위가 낮은 상복을 입는 자를 따라서 상복을 착용하지만, 수위가 높은 상복을 착용하는 경우이다.

해서 상복을 착용하지 않는데 어떻게 '보(報)'라고 할 수 있겠는가? 따라서 정현은 혹자의 해석을 논파한 것이다. 정현이 "증조부모에 대한 정복(正服)은 소공복이니, 처는 종복(從服)을 하여 시마복을 착용한다."라고 했는데, 정현은 혹자의 견해를 논파한 뒤 재차 혹자를 위해 이처럼 설명해준 것이다. 본래부터 증조부모를 위해 자최복(齊衰服)[73]으로 3개월 동안 복상하지 않는다면 차등에 따라 강복(降服)[74]하게 되어 소공복을 착용한다. 그리고 그의 부인은 다시 1등급을 낮추니 시마복을 착용할 수 있다. 자최복으로 3개월을 치르는 경우를 언급했으니, 증손자의 아내가 상복을 착용하지 않는다는 사실을 나타낸다.

---

73) 자최복(齊衰服)은 상복(喪服) 중 하나로, 오복(五服)에 속한다. 거친 삼베를 사용해서 만들며, 자른 부위를 꿰매어 가지런하게 정리하기 때문에, '자최복'이라고 부른다. 이 복장을 입게 되는 기간에도 여러 종류가 있는데, 3년 동안 입는 경우는 죽은 계모(繼母)나 자모(慈母)를 위한 경우이고, 1년 동안 입는 경우는 손자가 죽은 조부모를 위해 입는 경우와 남편이 죽은 아내를 입는 경우 등이다. 그리고 1년 동안 '자최복'을 입는 경우, 그 기간을 자최기(齊衰期)라고도 부른다. 또 5개월 동안 입는 경우는 죽은 증조부나 증조모를 위한 경우이며, 3개월 동안 입는 경우는 죽은 고조부나 고조모를 위한 경우 등이다.

74) 강복(降服)은 상(喪)의 수위를 본래의 등급보다 한 등급 낮추는 일에 해당한다. 예를 들어 자식은 부모에 대해 삼년상을 치러야 하지만, 다른 집의 양자로 간 경우라면 자신의 친부모에 대해 삼년상을 치르지 않고, 한 등급 낮춰서 1년만 치르게 된다. 이것은 상(喪)의 기간에만 해당하는 것이 아니라, 상복(喪服) 및 상(喪)을 치르며 부수적으로 갖추게 되는 기물(器物)들에도 적용된다.

그림 0-1 ▣ 시마복(緦麻服)

※ 출처: 『삼재도회(三才圖會)』「의복(衣服)」 3권

그림 0-2 ■ 소공복(小功服)

※ 출처: 『삼재도회(三才圖會)』「의복(衣服)」 3권

그림 0-3 ■ 자최복(齊衰服)

※ 출처: 『삼재도회(三才圖會)』「의복(衣服)」 3권

• 제 1 절 •

혼례(昏禮)를 중시하는 이유

【691b】

昏禮者, 將合二姓之好, 上以事宗廟, 而下以繼後世也, 故君子重之. 是以昏禮納采, 問名, 納吉, 納徵, 請期, 皆主人筵几於廟, 而拜迎於門外, 入, 揖讓而升, 聽命於廟, 所以敬愼重正昏禮也.

직역 昏禮者는 將히 二姓의 好를 合하여, 上으로 이로써 宗廟를 事하고, 下로 이로써 後世를 繼라, 故로 君子가 重이라. 是以로 昏禮에는 采를 納하고, 名을 問하며, 吉을 納하고, 徵을 納하며, 期를 請하니, 皆히 主人히 廟에 筵几하고, 門外에서 拜하며 迎하고, 入하여, 揖讓하여 升하고, 廟에서 命을 聽하니, 昏禮를 重正하고 敬愼하는 所以이다.

의역 혼례(昏禮)라는 것은 장차 성(姓)이 다른 두 집안의 우호를 결합하는 것으로, 위로는 이를 통해 종묘에 안치된 조상을 섬기고, 아래로는 이를 통해 후손을 잇는다. 그렇기 때문에 군자가 그 예를 중시했던 것이다. 그리고 이러한 까닭으로 혼례에서는 납채(納采)·문명(問名)·납길(納吉)·납징(納徵)·청기(請期)를 하게 되니, 이 모든 절차에 있어서 주인은 종묘에 대자리와 안석을 설치하고, 문밖에서 절을 하며 맞이하고, 안으로 들어와서는 읍과 사양을 하여 당에 오르고, 종묘에서 명(命)을 받들게 되니, 혼례에 대해서 공경하고 신중히 하며 중시하고 바르게 하는 것이다.

集說 方氏曰: 納采者, 納雁以爲采擇之禮也. 問名者, 問女生之母名氏也. 納吉者, 得吉卜而納之也. 納徵者, 納幣以爲昏姻之證也. 請期者, 請昏姻之期日也. 夫采擇自我, 而名氏在彼, 故首之以納采, 而次之以問名, 此資人謀以達之也. 謀旣達矣, 則宜貴鬼謀以決之, 故又次之以納吉焉. 人謀鬼謀皆恊從矣, 然後納幣以徵之, 請日以期之, 故其序如此.

번역 방씨[1]가 말하길, '납채(納采)'[2]라는 것은 기러기를 예물로 보내어서 아내 될 여자를 선택하는 예로 삼는 것이다. '문명(問名)'[3]이라는 것은 아내 될 여자를 낳은 모친의 이름과 씨(氏)를 묻는 것이다. '납길(納吉)'[4]은 길한 점괘를 얻어서 알리는 것이다. '납징(納徵)'[5]은 폐백을 보내서 혼인의 증표로 삼는 것이다. '청기(請期)'[6]는 혼인할 시일을 청해서 묻는 것이다. 무릇 채택하는 것은 나로부터 비롯되지만, 이름과 씨(氏)가 어떻다는 것은 상대방에게 달려 있다. 그렇기 때문에 먼저 납채를 하고 그 다음에야 문명을 하니, 이것은 사람이 수립한 계획에 바탕을 두고 전달하는 것이다. 계획이 전달되었다면, 마땅히 귀신이 세운 계획을 존귀하게 받들어서 결정해야 한다. 그렇기 때문에

---

1) 엄릉방씨(嚴陵方氏, ? ~ ?) : =방각(方慤)·방씨(方氏)·방성부(方性夫). 송대(宋代)의 유학자이다. 이름은 각(慤)이다. 자(字)는 성부(性夫)이다. 『예기집해(禮記集解)』를 지었고, 『예기집설대전(禮記集說大全)』에는 그의 주장이 많이 인용되고 있다.
2) 납채(納采)는 혼인과 관련된 육례(六禮) 중 하나이다. 청원을 하며 여자 집안에 예물을 보내는 일을 뜻한다.
3) 문명(問名)은 혼례와 관련된 육례(六禮) 중 하나이다. 여자의 이름 및 출생일 등에 대해서 묻는 절차를 뜻한다.
4) 납길(納吉)은 혼인과 관련된 육례(六禮) 중 하나이다. 납징(納徵)을 하기 이전에 남자 집안에서는 이번 혼인이 어떠한가를 종묘(宗廟)에서 점을 치게 되고, 길(吉)한 징조를 얻게 되면, 혼인을 최종적으로 결정하여, 여자 집안에 알리게 된다. 혼인은 이 시기부터 확정이 된다. 『의례』「사혼례(士昏禮)」편에는 "納吉用鴈, 如納采禮."라는 기록이 있는데, 이에 대한 정현의 주에서는 "歸卜於廟, 得吉兆, 復使使者往告, 婚姻之事於是定."이라고 풀이했다.
5) 납징(納徵)은 납폐(納幣)라고도 부른다. 혼인과 관련된 육례(六禮) 중 하나이다. 혼인 약속을 증명하기 위해, 여자 집안에 폐백을 보내는 일을 뜻한다.
6) 청기(請期)는 혼례 절차 중 하나이다. 남자 집안에서 여자 집안에 예물을 보낸 뒤에, 혼인하기에 좋은 길일(吉日)을 점치게 된다. 길(吉)한 날을 잡게 되면, 여자 집안에 통보를 하며 가부(可否)를 묻게 되는데, 이 절차가 바로 '청기'이다.

또한 그 다음으로 납길을 하는 것이다. 사람의 계획과 귀신의 계획이 모두 맞아서 따르게 된 이후에는 납폐를 하여 징험을 해야 하고, 날짜를 청해 물어서 시일을 정한다. 그렇기 때문에 그 순서가 이와 같은 것이다.

大全 藍田呂氏曰: 有夫婦然後有父子, 故天地不合, 萬物不生, 大昏, 萬世之嗣也. 此昏禮, 所以不可不敬也, 故曰: "將合二姓之好, 上以事宗廟, 下以繼後世也." 昏禮之節, 納采・問名・納吉・納徵・請期・親迎, 其別有以必至於六者, 敬則不苟, 別則致詳也. 納采者, 昏禮下達, 男先下女, 媒妁之言旣達, 則女先許之矣, 男不敢必也, 故納采擇之禮以求之, 故曰納采. 其禮用雁, 五禮皆用之. 雁, 大夫之摯也, 士昏禮而用大夫之摯, 攝盛也, 猶乘墨車而迎也. 其辭曰: "吾子有惠, 貺室某也, 某有先人之禮, 使某也請納采." 言有惠貺室, 則知女氏之前許也. 旣納采, 遂問名者, 不敢必主人之女, 問名, 將卜之也, 故其辭曰: "某旣受命, 將加諸卜, 敢請女爲誰氏?" 對曰: "吾子有命, 且以備數而擇之, 某不敢辭." 則告之矣. 納吉者, 旣問名, 而男氏以吉卜告女氏也. 其辭曰: "吾子有貺命, 某加諸占曰吉, 使某也敢告." 納徵者, 納幣以聘之也. 古之聘士聘女, 皆以幣交, 恭敬不可以虛拘也. 正潔之女, 非禮則不行, 猶正潔之士, 非其招則不往也, 故以聘士之禮聘之, 是以有儷皮束帛, 以摯見之禮見之, 是以用雁敬之如此, 其至則夫婦之不正未之有也. 徵, 成也, 證也, 所以成其信而不渝也. 聘禮, 皆以束帛, 故無過五兩, 諸侯天子至於用玉, 則又所以重其禮也. 請期者, 男氏請昏期於女氏也. 昏期主於男氏, 而必請於女氏, 女氏固辭, 然後告期者, 賓主之義, 不敢先也. 此五者, 行乎親迎之前, 又皆男女受命於廟, 女氏聽命於廟, 筵几以敬神, 拜迎揖讓以敬賓, 至繁縟也, 至重愼也, 皆所以敬而不苟也.

번역 남전여씨가 말하길, 무릇 부부관계가 성립된 이후에야 부자관계가 성립된다. 그렇기 때문에 천지가 합치되지 않으면 만물이 생겨나지 않는다. 따라서 천지를 상징하는 남녀는 성대한 혼례를 치름으로써 만세를 잇는다.[7] 그러므

7) 『예기』「애공문(哀公問)」【594d】: 孔子曰, "天地不合, 萬物不生. 大昏, 萬世之嗣也, 君何謂已重焉?"

로 혼례라는 것은 공경스럽게 치르지 않을 수 없는 것이다. 그래서 "장차 성(姓)이 다른 두 집안의 우호를 합하여, 위로는 종묘를 섬기고 아래로는 후세를 잇는다."라고 말한 것이다. 혼례의 절차에는 납채(納采)·문명(問名)·납길(納吉)·납징(納徵)·청기(請期)·친영(親迎)[8]이 있으니, 그 구별에 따르면 반드시 이러한 여섯 단계를 거치게 되므로, 공경스럽게 치른다면 구차하지 않게 되고, 분별한다면 지극히 세밀해진다. '납채(納采)'라는 것은 혼례의 절차가 밑으로 내려가는 것으로, 남자가 먼저 여자보다 낮추니, 중매를 하는 자의 말이 전달된다면 여자 쪽에서는 먼저 허락하니 남자는 감히 기필할 수가 없다. 그렇기 때문에 폐물을 보내서 채택하는 예에 따라 요구하는 것이다. 그렇기 때문에 '납채(納采)'라고 부른다. 그 예물에 있어서는 기러기를 사용하는데, 혼례의 다섯 가지 의례 절차에서는 모두 이 예물을 사용한다. 기러기는 본래 대부가 예물로 사용하는 것인데, 사 계급의 혼례에서 대부가 사용하는 예물을 사용하는 것은 그 예법을 융성하게 끌어올리는 것이니, 마치 묵거(墨車)[9]를 타고 맞이하는 경우와 같다. 그리고 전달하는 말에 있어서는 "그대께서 은혜를 베푸셔서 아무개에게 따님을 처로 주셨습니다. 아무개는 조상께서 시행하던 예법이 있어, 아무개를 시켜서 납채(納采)의 의례를 시행하고자 청합니다."[10]라고 말하게 된다. 은혜를 받아서 처를 들이게 되었다고 했다면, 여자 쪽 집안에서 앞서 허락했다는 사실을 알 수 있다. 납채를 끝낸 뒤 이어서 문명(問名)을 하는 것은 감히 주인의 여식이라 기필할 수 없기 때문이다. 이름을 묻는 것은 장차 점을 치기 위해서이다. 그렇기 때문에 전달하는 말에서는 "아무개는 이미 허락의 명령을 받았는데, 장차 점을 치고자 하니, 감히 청컨대 여식은 무슨 씨입니까?"

---

8) 친영(親迎)은 혼례(婚禮)에서 시행하는 여섯 가지 예식(禮式) 중 하나이다. 사위될 자가 여자 집에 가서 혼례를 치르고, 자신의 집으로 데려오는 예식을 뜻한다.

9) 묵거(墨車)는 별다른 장식을 하지 않고, 흑색으로 칠하기만 한 수레를 뜻한다. 주(周)나라 때에는 주로 대부(大夫)들이 탔다. 『주례』「춘관(春官)·건거(巾車)」편에는 "大夫乘墨車."라는 기록이 있고, 이에 대한 정현의 주에서는 "墨車, 不畫也."라고 풀이했다.

10) 『의례』「사혼례(士昏禮)」: 昏辭曰, "吾子有惠, 貺室某也, 某有先人之禮, 使某也, 請納采." 對曰, "某之子惷愚, 又弗能教. 吾子命之, 某不敢辭." 致命曰, "敢納采."

라고 말하고, 대답하는 말에서는 "그대께서 명령을 내려 채택을 하시니 또한 그 수효를 채워 택하시는 것이라 아무개는 감히 사양하지 못하겠습니다."라고 말하게 되니,[11] 이러한 사실을 아뢰는 것이다. '납길(納吉)'이라는 것은 문명을 끝내고 남자 집안에서 길한 점괘가 나왔음을 여자 집안에 알리는 것이다. 전달하는 말에서는 "그대께서 따님의 이름을 알려주셔서 아무개가 점을 쳤는데 점괘에서 길하다고 했습니다. 그래서 아무개를 시켜서 감히 아룁니다."[12]라고 말하게 된다. '납징(納徵)'은 폐백을 전달하며 빙문을 하는 것이다. 고대에 사 및 여자에게 빙문을 할 때에는 모든 경우에 있어서 폐백을 가지고 교류하였으니, 공경스럽게 행동하여 감히 허망한 예법으로 시행할 수 없기 때문이다. 올바르고 정결한 여인은 예가 아니라면 행동하지 않으니, 마치 올바르고 정결한 사가 초빙을 하지 않았다면 찾아가지 않는 것과 같다. 그렇기 때문에 사를 빙문하는 예법에 따라서 찾아가는 것이니, 이러한 까닭으로 한 쌍의 사슴 가죽과 속백(束帛)[13]을 포함시켜서 선물을 가지고 찾아뵙는 예법에 따라 찾아뵙는 것이며, 이러한 까닭으로 기러기를 사용하여 상대방을 공경함이 이와 같은 것이니, 지극히 시행한다면 부부가 올바르지 않게 되는 일은 발생하지 않는다. '징(徵)'자는 "이루다[成]."는 뜻이며, "증험한다[證]."는 뜻이니, 그 신의를 이루어 바꾸지 않는 것이다. 빙례(聘禮)[14]에서는 모든 경우에 있어서 속백을 폐물로 사용하였기 때문에 5양(兩)을 넘는 일이 없었는데, 제후와 천자가 옥(玉)을 사용하는 경우에 있어서는 또한 그 예법을 더욱 중시하는 방법이 된다. '청기(請期)'라

---

11) 『의례』「사혼례(士昏禮)」: 問名曰, "某旣受命, 將加諸卜, 敢請女爲誰氏?" 對曰, "吾子有命, 且以備數而擇之. 某不敢辭."

12) 『의례』「사혼례(士昏禮)」: 納吉曰, "吾子有貺命, 某加諸卜, 占曰吉, 使某也敢告." 對曰, "某子之不敎, 唯恐弗堪. 子有吉, 我與在, 某不敢辭."

13) 속백(束帛)은 한 묶음의 비단으로, 그 수량은 다섯 필(匹)이 된다. 빙문(聘問)을 하거나 증여를 할 때 가져가는 예물(禮物) 등으로 사용되었다. '속(束)'은 10단(端)을 뜻하는데, 1단의 길이는 1장(丈) 8척(尺)이 되며, 2단이 합쳐서 1권(卷)이 되므로, 10단은 총 5필이 된다. 『주례』「춘관(春官)·대종백(大宗伯)」편에는 "孤執皮帛."이라는 기록이 있고, 이에 대한 가공언(賈公彦)의 소(疏)에서는 "束者十端, 每端丈八尺, 皆兩端合卷, 總爲五匹, 故云束帛也."라고 풀이했다.

14) 빙례(聘禮)는 제후들이 서로 찾아가서 만나보는 예법을 뜻한다. 또한 제후 이외에도 각 계층에서 상대방에게 찾아가서 안부를 여쭙는 예법을 빙문(聘問)이라고 부르는데, '빙례'는 이러한 '빙문' 등의 예법을 총칭하는 용어이다.

는 것은 남자 집안에서 혼례를 치르는 기일을 여자 집안에 청해서 묻는 것이다. 혼례를 치르는 기일은 남자 집안에서 주관하게 되지만 반드시 여자 집안에 청해서 묻게 되니, 여자 집안에서 자신들이 정하기를 끝까지 사양하게 된 이후에야 기일을 정해서 알리는 것은 빈객과 주인의 도리에 따른 것으로 감히 상대방보다 먼저 정할 수 없기 때문이다. 이러한 다섯 가지 절차들은 친영(親迎)을 하기 이전에 시행하고, 또한 모든 절차에 대해서 남자와 여자 집안에서는 묘(廟)에서 명(命)을 받들게 되며, 여자 집안에서는 묘에서 명을 듣고, 대자리와 안석을 설치하여 신을 공경스럽게 대하며, 절을 하여 맞이하고 읍과 사양을 하여 빈객을 공경스럽게 대하니, 지극히 복잡하며 지극히 중시하고 신중히 한 것이니, 모든 경우에 대해서 공경스럽게 대하며 구차하게 하지 않았던 것이다.

鄭注 聽命, 謂主人聽使者所傳婿家之命.

번역 '청명(聽命)'은 심부름하는 자가 사위될 집안의 명령 전달한 것을 주인이 듣는다는 뜻이다.

釋文 昏者, 一本作"昏禮者", 婚禮用昏, 故經典多止作昏字. 合, 如字, 徐音閤. 好, 呼報反. 采, 七在反, 采擇也. 期, 徐音情, 又如字. 筵音延. 使, 色吏反. 傳, 直專反.

번역 '昏者'를 다른 판본에서는 '昏禮者'로도 기록하는데, '혼례(婚禮)'에서 '혼(昏)'자를 사용하기 때문에, 경전에서는 대부분 '昏'자로만 기록한다. '合'자는 글자대로 읽으며, 서음(徐音)은 '閤(합)'이다. '好'자는 '呼(호)'자와 '報(보)'자의 반절음이다. '采'자는 '七(칠)'자와 '在(재)'자의 반절음이며, 채택한다는 뜻이다. '期'자의 서음은 '情(정)'이고, 또한 글자대로 읽기도 한다. '筵'자의 음은 '延(연)'이다. '使'자는 '色(색)'자와 '吏(리)'자의 반절음이다. '傳'자는 '直(직)'자와 '專(전)'자의 반절음이다.

孔疏 ●"昏禮"至"禮也". ○正義曰: 此一節總明昏禮之義, 而拜迎於門外, 揖讓而升, 自從始至終也.

번역 ●經文: "昏禮"~"禮也". ○이곳 문단은 혼례(昏禮)의 의미를 총괄적으로 나타내고 있고, 문밖에서 절을 하며 맞이하고, 읍과 사양을 하여 오른다는 것은 시작으로부터 끝까지를 나타낸다.

孔疏 ●"納采"者, 謂采擇之禮, 故昏禮云: "下達, 納采, 用鴈也." 必用鴈者, 白虎通云: "鴈, 取其隨時而南北, 不失節也. 又是隨陽之鳥, 妻從夫之義也."

번역 ●經文: "納采". ○채택하는 예를 뜻한다. 그렇기 때문에 『의례』「사혼례(士昏禮)」편에서는 "여자 집안에 의사를 묻고 납채(納采)를 하며 기러기를 사용한다."[15]라고 한 것이다. 반드시 기러기를 사용하는 이유에 대해서, 『백호통』[16]에서는 "기러기는 시기에 따라서 남쪽이나 북쪽으로 떠나가는데, 그 절도를 잃지 않는다는 뜻에서 의미를 취한 것이다. 또한 기러기는 양(陽)을 따르는 조류이니, 부인이 남편을 따른다는 뜻에도 해당한다."라고 했다.

孔疏 ●"問名"者, 問其女之所生母之姓名, 故昏禮云"爲[17]誰氏", 言母之女何姓氏也. 此二禮一使而兼行之.

번역 ●經文: "問名". ○여자를 낳은 모친의 성(姓)과 이름을 묻는다는 뜻이다. 그렇기 때문에 『의례』「사혼례」편에서는 "어느 씨(氏)인가?"[18]라고 말한

---

15) 『의례』「사혼례(士昏禮)」: 昏禮. 下達. 納采用鴈.

16) 『백호통(白虎通)』은 후한(後漢) 때 편찬된 서적이다. 『백호통의(白虎通義)』라고도 부른다. 후한의 장제(章帝)가 학자들을 불러 모아서, 백호관(白虎觀)에서 토론을 시키고, 각 경전 해석의 차이점을 기록한 서적이다.

17) '운위(云爲)'에 대하여. '위(爲)'자는 본래 '위(謂)'자로 기록되어 있었는데, 완원(阮元)의 『교감기(校勘記)』에서는 "『고문(考文)』에서 인용하고 있는 송(宋)나라 때의 판본에서는 '운위(云謂)'를 '거위(去爲)'로 기록하였다. 살펴보니, '위(爲)'자로 기록하는 것은 옳지만, '거(去)'자는 잘못된 기록이며, 위씨(衛氏)의 『집설(集說)』에도 또한 '운위(云爲)'라고 기록되어 있다."라고 했다.

18) 『의례』「사혼례(士昏禮)」: 問名曰, "某旣受命, 將加諸卜, 敢請女爲誰氏?" 對曰,

것이니, 이 말은 모친인 여자 쪽이 어느 성씨(姓氏)인가를 묻는다는 뜻이다. 이러한 두 가지 예법 절차는 한 차례 사람을 보내면서 함께 시행한다.

孔疏 ●"納吉"者, 謂男家旣卜得吉, 與女氏也.

번역 ●經文: "納吉". ○남자 집안에서 이미 점을 쳐서 길한 점괘를 얻었다면, 여자 집안에 보낸다는 뜻이다.

孔疏 ●"納徵"者, 納聘財也. 徵, 成也. 先納聘財, 而后昏成, 春秋則謂之"納幣". 其庶人則緇帛五兩; 卿大夫則玄纁, 玄三纁二, 加以儷皮; 及諸侯加以大璋, 天子加以穀圭, 皆具於周禮經·注也.

번역 ●經文: "納徵". ○빙문을 하며 재물을 보낸다는 뜻이다. '징(徵)'자는 "이루다[成]."는 뜻이다. 앞서 빙문을 하며 재물을 보내고 그 이후에야 혼례가 성사되니, 『춘추』에서는 '납폐(納幣)'라고 하였다.[19] 서자(庶子)인 경우에는 치백(緇帛) 5양(兩)을 사용하게 되고, 경과 대부인 경우에는 현훈(玄纁)을 사용하는데, 현(玄)은 3양을 사용하고, 훈(纁)은 2양을 사용하며, 한 쌍의 사슴 가죽을 더하게 되고, 제후는 거기에다가 대장(大璋)을 더하게 되며, 천자는 곡규(穀圭)를 더하게 되니, 이 모두는 『주례』의 경문과 정현의 주석에 자세히 기록되어 있다.

孔疏 ●"請期"者, 謂男家使人請女家以昏時之期, 由男家告於女家. 何必"請"者, 男家不敢自專, 執謙敬之辭, 故云"請"也. 女氏終聽男家之命, 乃告之. 納吉·納徵·請期每一事, 則使者二人行. 惟納徵無鴈, 以有幣故, 其餘皆用鴈.

번역 ●經文: "請期". ○남자 집안에서 사람을 시켜 여자 집안에 혼례 치르는 시기에 대해서 청해 묻는다는 뜻인데, 남자 집안에서 여자 집안에 알리는

"吾子有命, 且以備數而擇之. 某不敢辭."

19) 『춘추』「장공(莊公) 22년」: 冬, 公如齊納幣.

것이다. 그런데 어찌하여 기어코 "청하다[請]."라고 말한 것인가? 남자 집안에서는 감히 자기 마음대로 결정할 수 없으므로, 겸손하게 상대방을 공경하는 말을 전달하게 된다. 그렇기 때문에 "청하다[請]."라고 말한 것이다. 여자 집안에서 최종적으로 남자 집안에서 알려온 말을 따르게 된다면, 곧 상대방에게 알리게 된다. 납길(納吉)·납징(納徵)·청기(請期)는 각각 한 가지 사안마다 심부름꾼 2명이 시행하게 된다. 오직 납징을 할 때에만 예물로 가져가는 기러기가 없게 되니 폐백이 포함되었기 때문이며, 그 나머지 경우에는 모두 기러기를 사용하게 된다.

孔疏 ●"主人筵几於廟"者, 謂行此等之禮. 主人, 謂女父母設筵几於禰廟. 此等皆據士昏禮而知之也.

번역 ●經文: "主人筵几於廟". ○이러한 절차의 예법을 시행한다는 뜻이다. '주인(主人)'은 여자 쪽 부모를 뜻하니, 그들이 녜묘(禰廟)[20]에 대자리와 안석을 설치한다는 의미이다. 이러한 절차들은 모두 『의례』「사혼례(士昏禮)」편의 기록을 통해서 알 수 있다.

孔疏 ●"聽命於廟"者, 謂女之父母, 聽受婿之使者之命於廟堂之上兩楹之間也.

---

20) 녜묘(禰廟)는 부친의 묘(廟)를 뜻한다. 따라서 부묘(父廟)라고도 부른다. 한편 죽은 부친을 뜻하는 고(考)자를 붙여서 '고묘(考廟)'라고도 부른다. 『춘추좌씨전』「양공(襄公) 12년」편에는 "凡諸侯之喪，異姓臨於外，同姓臨於宗朝。同宗於祖廟，同族於禰廟."라는 기록이 있는데, 이에 대한 두예(杜預)의 주에서는 "父廟也."라고 풀이했다. 또한 『춘추좌씨전』「양공(襄公) 13년」편에는 "所以從先君於禰廟者."라는 기록이 있는데, 이에 대한 공영달(孔穎達)의 소(疏)에서는 "祭法云, 諸侯立五廟, 曰考廟·王考廟·皇考廟·顯考廟·祖考廟. 此云禰廟, 卽彼考廟也. …… 禰, 近也. 於諸廟, 父最爲近也."라고 풀이했다. 즉 『예기』「제법(祭法)」편의 기록에 따르면, 제후(諸侯)의 경우 5개의 묘(廟)를 세우게 되는데, 고묘(考廟)·왕고묘(王考廟: 조부의 묘)·황고묘(皇考廟: 증조부의 묘)·현고묘(顯考廟: 고조부의 묘)·조고묘(祖考廟: 시조의 묘)이다. '녜묘'라는 것은 곧 '고묘'에 해당한다. '녜(禰)'자는 "가깝다[近]."는 뜻으로, 제후에게 있어서, 조상들 중 부친이 가장 가까운 존재이기 때문에, 부친의 묘를 '녜묘'라고 부르는 것이다.

번역 ●經文: "聽命於廟". ○여자의 부모는 묘당(廟堂)의 양쪽 기둥 사이에서 사위 집안의 심부름꾼이 전달한 명령을 받는다는 뜻이다.

訓纂 賈氏儀禮疏曰: 納幣五兩, 十端也. 必言兩者, 欲得其配合之名. 十象五行, 十日相成也. 問名者, 問母之姓氏. 故昏禮問名辭云, "敢請女爲誰氏?" 鄭云, "誰氏者, 謙也. 不必其主人之女."

번역 가공언의 『의례소』에서 말하길, 납폐(納幣)에서는 5양(兩)을 사용한다고 했는데, 이것은 10단(端)[21]에 해당한다. 반드시 '양(兩)'이라고 부르는 것은 서로 짝한다는 명칭에 따르고자 했기 때문이다. 10은 오행을 상징하니, 10일이 되면 서로 완성시켜준다. '문명(問名)'이라는 것은 신부의 모친 성씨를 묻는 것이다. 그렇기 때문에 혼례에서 문명을 할 때의 말에서는 "감히 청컨대 여자 쪽은 어느 씨입니까?"라고 했고, 정현은 "어느 씨냐고 묻는 것은 겸사에 해당한다. 주인의 여식이라 기필할 수 없기 때문이다."라고 했다.

訓纂 春秋莊二十二年穀梁傳: 禮有納采, 有問名, 有納徵, 有告期, 四者備而後娶, 禮也.

번역 『춘추』 장공 22년에 대한 『곡량전』에서 말하길, 예에는 납채(納采)가 있고 문명(問名)이 있으며 납징(納徵)이 있고 고기(告期)가 있으니, 이 네 가지가 갖춰진 이후에야 아내를 들이는 것이 예법에 맞다.[22]

集解 呂氏大臨曰: 物不可以苟合, 必受之以賁. 蓋天下之情, 不合則不成, 而其所以合也, 敬則能終, 苟則易離. 必受之以致飾者, 所以敬而不苟也. 昏禮者, 其受賁之義乎. 故自納采至親迎, 皆男先乎女, 所以別疑遠恥, 成婦之順正也.

번역 여대림이 말하길, 만물은 구차하게 합할 수 없기 때문에 반드시 비괘

---

21) 단(端)은 견직물에 대한 단위이다. 1단의 길이는 1장(丈) 8척(尺)이다.
22) 『춘추곡량전』「장공(莊公) 22년」: 冬, 公如齊納幣, 納幣, 大夫之事也, 禮有納采, 有問名, 有納徵. 有告期, 四者備. 而後娶, 禮也, 公之親納幣, 非禮也. 故譏之.

(賁卦)로 받는다. 천하의 실정에 있어서 합치되지 않는다면 완성되지 않으니, 합함에 있어서 공경한다면 마무리를 잘 할 수 있고, 구차하게 한다면 쉽게 떨어지게 된다. 반드시 장식을 지극히 하는 것으로 받는 것은 공경하며 구차하게 하지 않기 위해서이다. 이것이 혼례에 있어서 비괘로 받는 뜻이 아니겠는가. 그러므로 납채(納采)로부터 친영(親迎)에 이르기까지 남자가 여자보다 먼저 시행하니, 의심스러운 것을 구별하고 치욕을 멀리하여 신부될 여자의 순종과 정직함을 완성시키기 위해서이다.

集解 朱子曰: 男女居室, 人之至近, 而道行乎其間. 幽暗之中, 衽席之上, 人或褻而慢之, 則天命有所不行矣. 然非知幾愼獨之君子, 其孰能體之? 易首乾坤, 而中於咸恒, 禮謹大昏, 而詩以二南爲正, 其以此與.

번역 주자가 말하길, 부부는 같은 방에 거주하여 매우 가까운 관계이며 도는 그 사이에서 시행된다. 그윽하고 어두운 가운데 또 잠자리 위에서 혹여 무람되어 태만하게 군다면 천명에 있어서 시행하지 못하는 점이 발생한다. 그러므로 그 기미를 알고 홀로 됨을 삼가는 군자가 아니라면 그 누가 이를 체현할 수 있겠는가? 『역』에서는 건괘와 곤괘를 처음에 두었고, 함괘와 항괘를 중간에 두었으며, 『예』에서는 성대한 혼례를 신중히 처리한다고 했고, 『시』에서 주남(周南)과 소남(召南)을 바름으로 삼았던 것도 바로 이러한 뜻 때문일 것이다.

集解 愚謂: 問名者, 問女之名, 將以加諸卜也. 故曲禮曰, "男女非有行媒, 不相知名." 士昏記問名辭云, "敢請女爲誰氏?" 謙不敢質言, 故言誰氏. 疏家疑婦人不以名通, 故孔氏謂"問其母所生之姓名", 賈氏又謂"問女之姓氏", 皆非也. 旣已納采, 固無不知其姓氏之理, 而母所生之女, 非止爲一人, 而姓氏者尤非一人之所專也, 將何以卜其吉凶乎?

번역 내가 생각하기에, '문명(問名)'이라는 것은 신부가 될 여자의 이름을 묻는 것으로, 장차 거북점을 치기 위해서이다. 그렇기 때문에 『예기』「곡례(曲禮)」편에서는 "남자와 여자 집안 사이에 중매가 오고가는 일이 없다면 서로 이름을 알지 못한다."[23]라고 한 것이다. 『의례』「사혼례(士昏禮)」편에서는 문명을 하는 말에서 "감히 청컨대 여(女)는 무슨 씨입니까?"라고 했는데, 겸손하게 해서 감히 직접적으로 말하지 않은 것이다. 그렇기 때문에 '수씨(誰氏)'라고 했다. 주소가들은 이것이 신부가 될 여자의 이름을 알리는 것이 아니라고 의심했다. 그렇기 때문에 공영달은 "그녀를 낳은 모친의 성과 이름을 묻는 것이다."라고 했고, 가공언 또한 "여자의 성씨를 묻는 것이다."라고 했는데, 이 모두는 잘못된 주장이다. 이미 납채(納采)를 했다면 진실로 그 여자의 성씨를 모르는 이치란 없고, 모친이 낳은 딸은 단지 한 명으로 그치는 것이 아니며, 성씨라는 것은 더욱이 한 사람의 전유물이 아닌데, 어떻게 이것을 가지고 길흉에 대해 점을 칠 수 있겠는가?

참고 구문비교

예기 · 혼의 昏禮者, 將合二姓之好, 上以事宗廟, 而下以繼後世也, 故君子重之.

예기 · 애공문(哀公問) 孔子愀然作色而對曰, 合二姓之好, 以繼先聖之後, 以爲天地 · 宗廟 · 社稷之主, 君何謂已重乎?

대대례기 · 애공문어공자(哀公問於孔子) 孔子愀然作色而對曰, 合二姓之好, 以繼先聖之後, 以爲天地 · 社稷 · 宗廟之主, 君何謂已重乎?"

공자가어 · 대혼해(大婚解) 孔子愀然作色而對曰, 合二姓之好, 以繼先聖之後, 以爲天下 · 宗廟 · 社稷之主, 君何謂已重焉?

춘추곡량전 · 환공(桓公) 3년 孔子曰, 合二姓之好, 以繼萬世之後, 何謂已重乎?

---

23) 『예기』「곡례상(曲禮上)」【24b】: 男女非有行媒, 不相知名, 非受幣, 不交不親.

참고 『예기』「애공문(哀公問)」

기록 경문-594c 公曰, "寡人願有言. 然冕而親迎, 不已重乎?" 孔子愀然作色而對曰, "合二姓之好, 以繼先聖之後, 以爲天地·宗廟·社稷之主, 君何謂已重乎?" 公曰, "寡人固. 不固, 焉得聞此言也? 寡人欲問, 不得其辭, 請少進."

번역 애공이 "과인은 그에 대한 설명을 듣고자 원합니다. 그러나 면복(冕服)을 입고 친영(親迎)을 하는 것은 지나치게 중시 여기는 것이 아닙니까?"라고 묻자, 공자는 송구스럽게 생각하며 낯빛을 고치고 "두 성씨의 우호를 합하여, 선성의 후사를 잇고, 이를 통해 천지·종묘·사직의 제사를 지내는 주인으로 삼는 일인데, 군주께서는 어찌 지나치게 중시 여긴다고 하십니까?"라고 대답했다. 애공이 "과인은 고루한 사람입니다. 만약 고루하지 않았다면 어찌 이러한 말을 들을 수 있었겠습니까? 과인은 묻고자 했는데 아직 그 말을 이해하지 못했으니, 청컨대 나를 가르쳐서 조금이라도 진척이 되도록 해주시오."라고 했다.

鄭注 已, 猶大也. 怪親迎乃服祭服. 先聖, 周公也. 固不固, 言吾由鄙固故也. 請少進, 欲其爲言以曉已.

번역 '이(已)'자는 너무[大]라는 뜻이다. 친영(親迎)을 할 때 제사 복장을 착용해야 한다는 것을 괴이하게 여긴 것이다. '선성(先聖)'은 주공(周公)을 뜻한다. 고루하거나 고루하지 않다는 말은 나의 고루함에서 비롯되었기 때문임을 뜻한다. '청소진(請少進)'은 말을 해서 자신을 깨우쳐주기 바란다는 뜻이다.

孔疏 ●"冕而親迎, 不已重乎"者, 冕則祭服也, 天子則袞冕, 諸侯以下各用助祭之服, 故士昏禮主人爵弁服是也. 已, 猶大也. 君身著祭服而親迎, 不亦大重乎!

번역 ●經文: "冕而親迎, 不已重乎". ○면복(冕服)[24]은 제사를 지낼 때의

---

24) 면복(冕服)은 대부(大夫) 이상의 계층이 착용하는 예관(禮冠)과 복식을 뜻한다.

복장으로, 천자는 곤면(袞冕)[25]에 해당하고, 제후로부터 그 이하의 계층은 각각 제사를 도울 때 착용하는 복장을 이용한다. 그렇기 때문에 『의례』「사혼례(士昏禮)」편에서 주인은 작변복(爵弁服)[26]을 착용한다고 한 것이다.[27] '이(已)'자는 너무[大]라는 뜻이다. 군주 본인이 제사 복장을 착용하고서 친영(親迎)을 하는 것은 너무 중시 여기는 것이 아니냐는 뜻이다.

孔疏 ◎注"怪親迎乃服祭服". ○正義曰: 昏禮迎婦, 二傳不同. 春秋公羊說自天子至庶人皆親迎; 左氏說天子至尊無敵, 故無親迎之禮, 諸侯有故, 若疾病, 則使上卿逆, 上公臨之. 許氏謹按: "高祖時, 皇太子納妃, 叔孫通制禮, 以爲天子無親迎, 從左氏義." 玄駁之云: "大姒之家在渭之涘, 文王親迎於渭, 卽天子親迎明文也." 引禮記: "'冕而親迎', '繼先聖之後, 以爲天地·宗廟·社稷之主', 非天子則誰乎?" 如鄭此言, 從公羊義也. 又詩說云: "文王親迎於渭, 紂尙南面, 文王猶爲西伯耳." 以左氏義爲長, 鄭駁未定.

번역 ◎鄭注: "怪親迎乃服祭服". ○혼례에서 부인을 맞이하는 것에 대해

무릇 길례(吉禮)를 시행할 때에는 모두 면류관[冕]을 착용하는데, 복장의 경우에는 시행하는 사안에 따라서 달라진다.

25) 곤면(袞冕)은 곤룡포와 면류관을 뜻한다. 본래 천자의 제사복장으로, 비교적 중요한 제사 때 입는다. 윗옷과 아랫도리에 새겨진 무늬 등은 9가지이다. 『주례』「춘관(春官)·사복(司服)」편에는 "享先王則袞冕."이라는 기록이 있다. 이에 대한 정현의 주에서는 "冕服九章, 登龍於山, 登火於宗彝, 尊其神明也. 九章, 初一曰龍, 次二曰山, 次三曰華蟲, 次四曰火, 次五曰宗彝, 皆畫以爲繢. 次六曰藻, 次七曰粉米, 次八曰黼, 次九曰黻, 皆希以爲繡. 則袞之衣五章, 裳四章, 凡九也."라고 풀이했다. 즉 '곤면'의 윗옷에는 용(龍), 산(山), 화충(華蟲), 화(火), 종이(宗彝) 등 5가지 무늬를 그려놓고, 아랫도리에는 조(藻), 분미(粉米), 보(黼), 불(黻) 등 4가지를 수놓았다.

26) 작변(爵弁)은 고대의 예관(禮冠) 중 하나로, 면류관[冕] 다음 등급에 해당한다. '작(爵)'자는 관의 모습이 참새의 머리처럼 생겼기 때문에 붙여진 명칭이다. 적색과 은미한 흑색이 나는 30승(升)의 포(布)로 만든다. 또한 '작변'은 작변복(爵弁服)을 지칭하기도 한다. 예복(禮服)의 경우 착용하는 관(冠)에 따라서 그 복장의 명칭을 붙이기도 하기 때문이다. '작변복'은 작변의 관, 분홍색의 하의, 명주로 만든 상의, 검은색의 대(帶), 매겹(韎韐)이라는 슬갑을 착용한다.

27) 『의례』「사혼례(士昏禮)」: 主人爵弁, 纁裳緇袘.

두 전문의 기록이 동일하지 않다. 공양학파는 천자로부터 서인에 이르기까지 모두 친영(親迎)을 한다고 주장하고, 좌전학파는 천자는 지극히 존귀하여 대등한 자가 없기 때문에 친영의 예법이 없으며, 제후에게 변고가 있을 때, 예를 들어 질병에 걸린 경우라면 상경(上卿)[28]을 시켜서 맞이하게 하고 상공(上公)[29]이 그 일을 감독한다고 했다. 허신은 "고조 때 황태자가 부인을 맞이하는데, 숙손통이 의례를 제정하여 천자에게는 친영이 없다고 했으니, 좌전학파의 주장에 따른 것이다."라고 했다. 그러자 정현은 그 말을 반박하며, "태사(太姒)[30]의 집이 위수(渭水)의 물가에 있어서, 문왕은 위수에서 친영을 했으니, 천자가 친영을 한다는 명확한 근거가 된다."라고 했다. 그리고 『예기』의 기록을 인용하여, "'면복(冕服)을 착용하고 친영을 한다.'라고 했고, '선성의 후사를 이어서 천지・종묘・사직의 주인으로 삼는다.'라고 했으니, 천자가 아니라면 누구에게 해당한단 말인가?"라고 했다. 정현의 이러한 주장에 따른다면, 이것은 공양학파의 주장에 따른 것이다. 또 『시설』에서는 "문왕이 위수에서 친영을 했을 때 주왕은 여전히 남면을 하는 군왕의 지위에 있었고, 문왕은 여전히 서백으로 자처했을 따름이다."라고 했다. 이를 통해 살펴보면 좌전학파의 주장이 더 나은 것 같으니, 정현의 반박 내용은 완전하지 않다.

---

28) 상경(上卿)은 주(周)나라 제도에서, 경(卿) 중에서 가장 높은 자들을 뜻한다. 주나라 제도에서 천자 및 제후들은 모두 경을 두었으며, 상・중・하 세 등급으로 구분하였다.

29) 상공(上公)은 주(周)나라 제도에 있었던 관직 등급이다. 본래 신하의 관직 등급은 8명(命)까지이다. 주나라 때에는 태사(太師), 태부(太傅), 태보(太保)와 같은 삼공(三公)들이 8명의 등급에 해당했다. 그런데 여기에 1명을 더하게 되면 9명이 되어, 특별직인 '상공'이 된다. 『주례』「춘관(春官)・전명(典命)」편에는 "上公九命爲伯, 其國家宮室車旗衣服禮儀, 皆以九爲節."이라는 기록이 있고, 이에 대한 정현의 주에서는 "上公, 謂王之三公有德者, 加命爲二伯. 二王之後亦爲上公."이라고 풀이하였다. 즉 '상공'은 삼공 중에서도 유덕(有德)한 자에게 1명을 더해주어, 제후들을 통솔하는 '두 명의 백(伯)[二伯]'으로 삼았다. 또한 제후의 다섯 등급을 나열할 경우, 공작(公爵)을 '상공'이라고 부르기도 한다.

30) 태사(太姒)는 '대사(大姒)'라고도 부른다. 유신씨(有莘氏)의 딸이며, 문왕(文王)의 처이자 무왕(武王)의 모친이다.

참고 『춘추곡량전』 환공(桓公) 3년 기록

경문 夫人姜氏至自齊.

번역 부인 강씨가 제나라로부터 왔다.

전문 其不言翬之以來, 何也①? 公親受之于齊侯也②. 子貢曰, "冕而親迎, 不已重乎③?" 孔子曰, "合二姓之好, 以繼萬世之後, 何謂已重乎?"

번역 사신이 도와서 왔다고 말하지 않은 것은 어째서인가? 환공이 직접 제나라 후작으로부터 강씨를 건네받았기 때문이다. 자공이 "면복(冕服)을 착용하고 친영(親迎)을 하는 것은 너무 중시 여기는 것이 아닙니까?"라고 묻자, 공자는 "두 성씨의 우호를 합하여 만세의 후사를 잇는 것인데, 어찌 너무 중시 여긴다고 말하느냐?"라고 했다.

范注-① 據宣元年"遂以夫人婦姜至自齊".

번역 선공 1년에 "공자 수가 부인 부강을 모시고 제나라로부터 돌아왔다." 라고 한 기록에 근거한 말이다.

范注-② 重在公.

번역 중점이 환공에게 있는 것이다.

范注-③ 冕, 祭服.

번역 '면(冕)'은 제복을 뜻한다.

楊疏 ●"子貢"至"重乎". ○釋曰: 引之者, 以齊侯送女, 公親受之, 於禮爲可, 故發"冕而親迎"之問.

번역 ●傳文: "子貢"~"重乎". ○이 말을 인용한 것은 제나라 후작이 여식을 전송하고 환공이 직접 건네받았는데, 예법에 따르면 옳은 일이다. 그렇기 때문에 "면복(冕服)을 착용하고 친영(親迎)을 한다."라는 말을 꺼내 질문한 것이다.

그림 1-1 ■ 각종 예물: 훈(纁)·현(玄)·황(黃), 고(羔)·안(鴈)·치(雉)

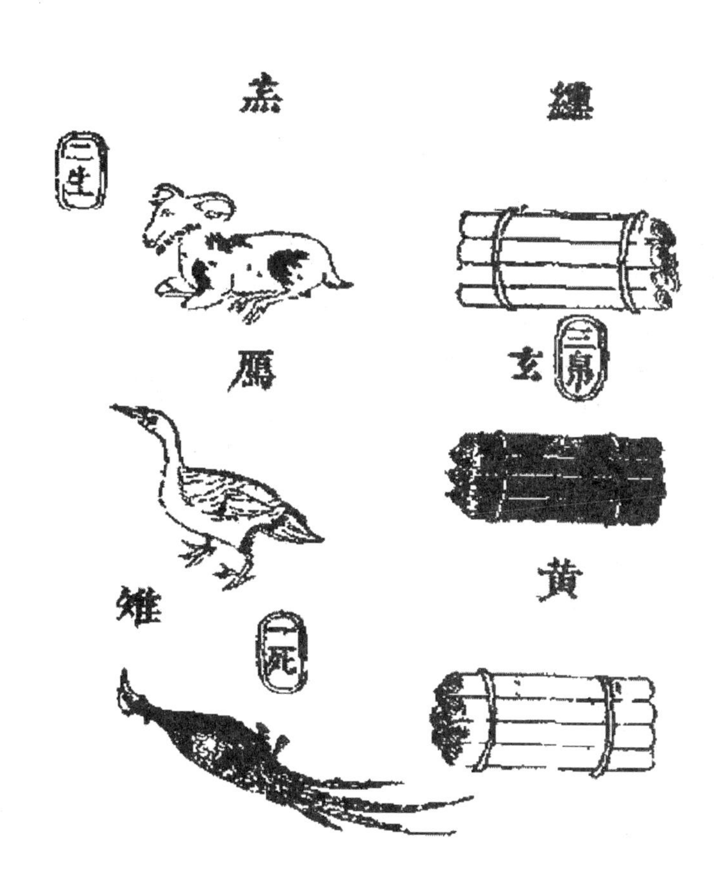

※ **출처:** 『삼재도회(三才圖會)』「문사(文史)」 2권

그림 1-2 ▣ 묵거(墨車)

墨車

※ 출처: 『삼례도집주(三禮圖集注)』 2권

그림 1-3 ■ 대장(大璋)과 곡규(穀圭)

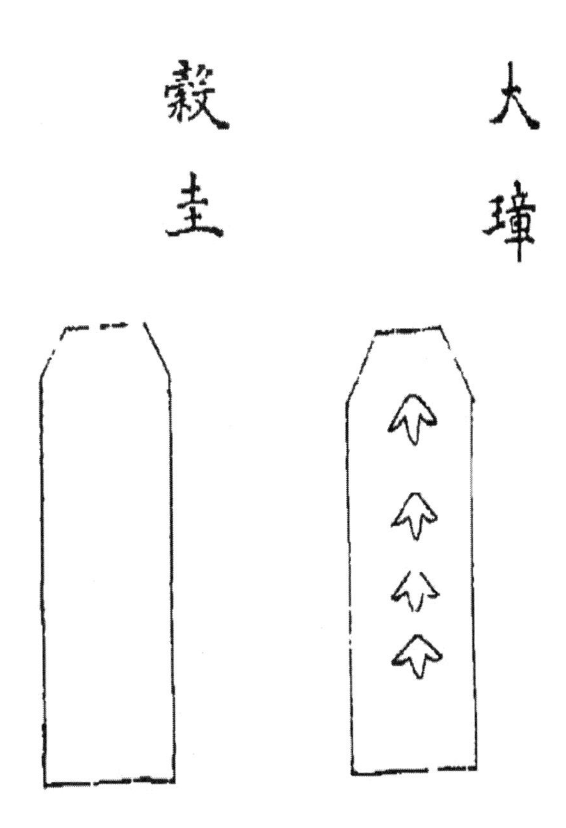

※ 출처: 『육경도(六經圖)』 5권

그림 1-4 ■ 연(筵)

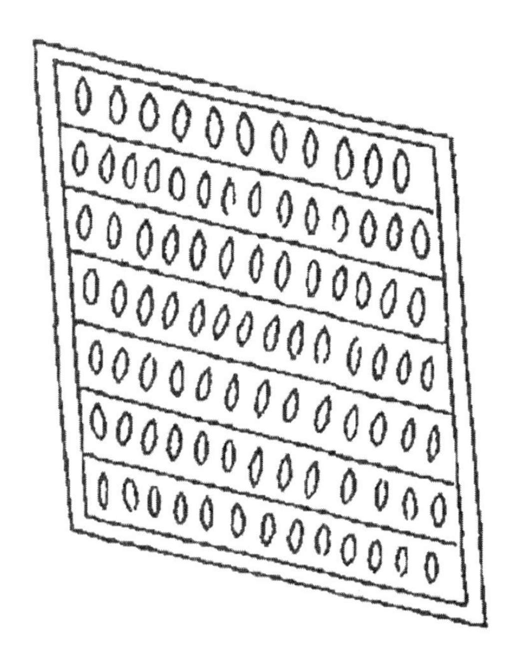

※ 출처: 『삼례도집주(三禮圖集注)』 8권

그림 1-5 ▣ 궤(几)

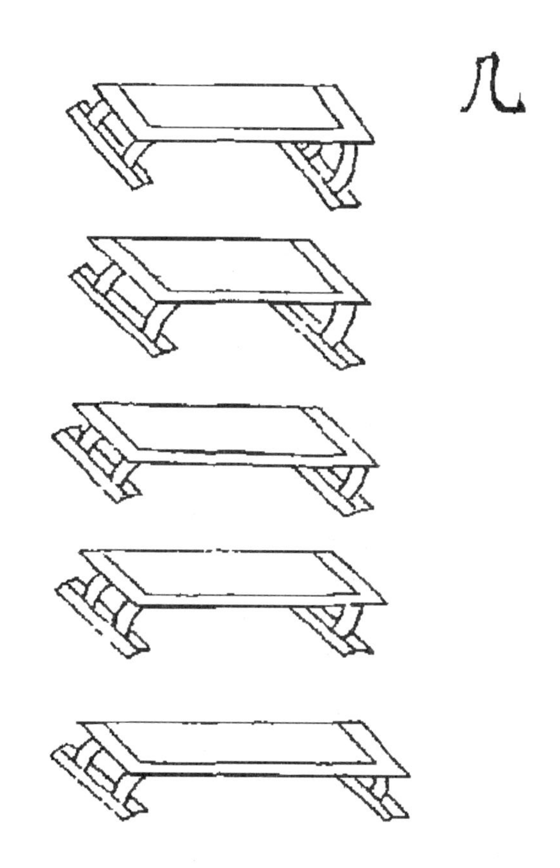

※ 출처: 『삼례도집주(三禮圖集注)』 8권

그림 1-6 ▣ 곤면(袞冕)

※ 출처: 『삼례도집주(三禮圖集注)』 1권

그림 1-7 ■ 작변복(爵弁服)

弁 爵

※ **출처:** 『삼례도집주(三禮圖集注)』 1권

참고 『의례』「사혼례(士昏禮)」 기록 – 납채(納采)

경문 昏禮. 下達, 納采用鴈.

번역 혼례이다. 상대방 신부 집안에 혼사를 맺고 싶다는 소식을 전하고, 납채(納采)를 하며 예물로는 기러기를 사용한다.

鄭注 達, 通也. 將欲與彼合昏姻, 必先使媒氏下通其言. 女氏許之, 乃後使人納其采擇之禮. 用鴈爲摯者, 取其順陰陽往來. 詩云: "取妻如之何? 匪媒不得." 昏必由媒, 交接設紹介, 皆所以養廉恥.

번역 '달(達)'자는 통한다는 뜻이다. 상대와 혼인을 맺고자 하므로 반드시 그보다 앞서 아무개 씨를 보내 그 말을 전달해야 한다. 신부 집안에서 허락하면 그 이후에 사람을 시켜 채택의 예법을 받아들이게 한다. 기러기를 예물로 사용하는 것은 음양이 왕래하는 것에 따른다는 의미를 취한 것이다. 『시』에서는 "아내를 취할 때에는 어찌하는가? 중매가 아니라면 얻지 못하느니라."[31]라고 했다. 혼사를 맺을 때에는 반드시 중매를 통해야 하고, 교제할 때 소개시켜주는 자를 두는 것들은 모두 염치를 배양하기 위해서이다.

賈疏 ●"昏禮"至"用鴈". ○釋曰: 從此下至"主人許, 賓入, 授如初禮", 陳納采問名之禮. 云"下達"者, 謂未行納采已前, 男父先遣媒氏女氏之家通辭往來, 女氏許之, 乃遣使者行納采之禮也. 言下達者, 男爲上, 女爲下, 取陽倡陰和之義, 故云下達, 謂以言辭下通於女氏也. 是以下記昏辭云"吾子有惠, 貺室某也", 注云: "稱有惠, 明下達." 謂此下達也. 云"納采用鴈"者, 昏禮有六, 五禮用鴈: 納采·問名·納吉·請期·親迎是也, 唯納徵不用鴈, 以其自有幣帛可執故也. 且三禮不云納, 言納者恐女氏不受, 若春秋內納之義. 若然, 納采言納者, 以其始相采擇, 恐女家不許, 故言納. 問名不言納者, 女氏已許, 故不言

31) 『시』「제풍(齊風)·남산(南山)」: 析薪如之何, 匪斧不克. 取妻如之何, 匪媒不得. 旣曰得止, 曷又極止.

納也. 納吉言納者, 男家卜吉, 往與女氏, 復恐女家翻悔不受, 故更言納也. 納徵言納者, 納幣帛則昏禮成, 復恐女家不受, 故更云納也. 請期·親迎不言納者, 納幣則昏禮已成, 女家不得移改, 故皆不言納也. 其昏禮有六, 尊卑皆同, 故左氏莊公二十二年經書: "冬, 公如齊納幣." 穀梁傳曰: "納幣, 大夫之事也. 禮有納采, 有問名, 有納徵, 有告期, 四者備而後娶, 禮也. 公之親納幣, 非禮也, 故譏之." 彼無納吉者, 以莊公在母喪內, 親行納幣, 非禮之事, 故闕其納吉以非之也.

번역 ●經文: "昏禮"~"用鴈". ○이곳 구문으로부터 "주인이 허락하면 빈객이 들어와서 예물을 건네길 처음의 예법처럼 한다."라는 구문까지는 납채(納采)와 문명(問名)의 예법을 기술하고 있다. '하달(下達)'이라고 했는데, 아직 납채를 시행하기 이전에 신랑 집안의 부친이 먼저 아무개 씨를 보내서 신부 집안에 왕래를 원한다는 말을 전달하고, 신부 집안에서 허락하면 심부름꾼을 보내서 납채의 의례를 시행한다. '하달(下達)'이라고 한 이유는 남자는 위가 되고 여자는 아래가 되니, 양이 선창하면 음이 화답하는 의미를 취한 것이다. 그렇기 때문에 '하달(下達)'이라고 한 것이니, 말을 밑으로 전달해 신부 집안에 전했다는 뜻이다. 이러한 까닭으로 아래 기문에서는 혼사에서 "그대께서 은혜를 베푸셔서 아무개에게 따님을 처로 주셨습니다."라고 말했고, 주에서는 "은혜를 베풀었다고 칭하는 것은 신부 집안에 혼인의 뜻을 미리 전달했음을 나타낸다."라고 했다. 이것이 바로 여기에서 말한 '하달(下達)'을 뜻한다. "납채를 하며 예물로는 기러기를 사용한다."라고 했는데, 혼례에는 여섯 가지 절차가 있고, 그 중 다섯 가지 절차에서는 기러기를 예물로 사용하니, 납채·문명(問名)·납길(納吉)·청기(請期)·친영(親迎)이 여기에 해당한다. 납징(納徵)에서만 기러기를 사용하지 않는 것은 그 의례 절차에서는 자체적으로 비단을 폐백으로 들고 가기 때문이다. 또 세 가지 의례 절차에서 '납(納)'자를 붙이지 않았는데, '납(納)'이라고 말한 것은 신부 집안에서 받아들이지 않을 것을 염려했기 때문이니, 마치 『춘추』에서 안으로 들인다고 했던 뜻과 같다. 만약 그렇다면 '납채(納采)'에 있어서 '납(納)'자를 붙여서 말한 것은 처음으로 상호 채택을 하는데 신부 집안에서 허락하지 않을까를 염려했기 때문에 '납(納)'자를 붙여서 부른 것이다. '문명(問名)'의 절차에서는 '납(納)'자를 붙여서 부르지 않았으니, 신부 집안에서 이미 허락을 했기 때문에 '납(納)'자를 붙여서 부르지 않은 것이다. '납길(納吉)'의 절차에서 '납(納)'자를 붙여서 부르는 이유는 신랑 집안에서 점을 쳐 길한 점괘가 나와 신부 집안에 보냈는데, 신부 집안에서 번복하며 받아들이지 않을 것을 염려했기 때문에 재차 '납(納)'자를 붙여서 부른 것이다. '납징(納徵)'의 절차에서 '납(納)'자를 붙여서 부르는 이유는 폐백을 받아들이면 혼례가 완성되는데, 신부 집안에서 받아들이지 않을까를 재차 염려했기 때문에 다시 '납(納)'자를 붙여서 부른 것이다. '청기(請期)'와 '친영(親迎)'의 절차에서는 '납(納)'자를 붙여서 부르지 않았는데, 폐백을 받아들이면 혼례는 이미 성사가 되어 신부 집안에서 다시는 고칠 수 없다. 그렇기 때문에 두 절차에 대해서 모두 '납(納)'자를 붙여서 부르지 않은 것이다. 혼례에서는 여섯 가지 절차가 있는데 신분의 차이에 상관없이 모두 동일하다. 그렇기 때문에 『좌씨전』에서는 장공 22년의 경문 기록에서 "겨울 장공이 제나라로 가서 폐백을 받아들이게 했다."[32]라고 했고, 『곡량전』에서는 "납폐(納幣)는 대부의 일이다. 예법에 따르면 납채(納采)가 있고 문명(問名)이 있으며 납징(納徵)이 있고 고기(告期)가 있으니, 이 네 가지가 갖춰진 이후에야 아내를 들이는 것이 예법에 맞다. 공이 직접 납폐를 하는 것은 예법에 맞지 않다. 그렇기 때문에 기롱한 것이다."라고 했다. 이 기록에는 '납길(納吉)'이라는 말이 없는데 장공은 모친의 상을 치르고 있는데도 직접 납폐의 절차를 시행했으니 비례에 해당하는 일이다. 그렇기 때문에 납길이라는 절차를 생략해서 비판했던 것이다.

賈疏 ◎注"達通"至"廉恥". ○釋曰: 鄭云"必先使媒氏下通其言, 女氏許之, 乃後使人納其采擇之禮"者, 欲見納采之前, 有此下達之言也. 按周禮·地官有媒氏職, 是天子之官, 則諸侯之國亦有媒氏, 傳通男女, 使成婚姻, 故云媒氏也. 云"用鴈爲摯者, 取其順陰陽往來"者, 按周禮·大宗伯云: "以禽作六摯, 卿執羔, 大夫執鴈, 士執雉." 此昏禮無問尊卑皆用鴈, 故鄭注其意云取順陰陽往來也. 順陰陽往來者, 鴈木落南翔, 冰泮北徂, 夫爲陽·婦爲陰, 今用鴈者,

32) 『춘추』「장공(莊公) 22년」: 冬, 公如齊納幣.

亦取婦人從夫之義, 是以昏禮用焉. 引“詩”者, 證須媒下達之義也. 云“昏必由媒, 交接設紹介”者, 詩云“匪媒不得”, 是由媒也. 其行五禮, 自納采已下, 皆使使往, 是交接設紹介也. 云“皆所以養廉恥”者, 解所以須媒及設紹介者, 皆所以養成男女使有廉恥也, 使媒通之・媵御沃盥交之等, 皆是行事之漸, 養廉恥之義也.

번역 ◎鄭注: “達通”~“廉恥”. ○정현이 “반드시 그보다 앞서 아무개 씨를 보내 그 말을 전달해야 한다. 신부 집안에서 허락하면 그 이후에 사람을 시켜 채택의 예법을 받아들이게 한다.”라고 했는데, 납채(納采)를 하기 이전에 이러한 하달(下達)의 말이 있게 됨을 드러내고자 한 것이다. 『주례』「지관(地官)」을 살펴보면 매씨(媒氏)의 직무가 기록되어 있는데, 이것은 천자에게 소속된 관리이며, 제후국의 경우에도 매씨(媒氏)라는 관리가 있어서 남녀 사이의 의사를 전달하여 혼인을 성사시킨다. 그렇기 때문에 ‘매씨(媒氏)’라고 부르는 것이다. 정현이 “기러기를 예물로 사용하는 것은 음양이 왕래하는 것에 따른다는 의미를 취한 것이다.”라고 했는데, 『주례』「대종백(大宗伯)」편을 살펴보면 “짐승으로 여섯 가지 예물을 만드니, 경은 새끼 양을 예물로 들고 가고 대부는 기러기를 예물로 들고 가며 사는 꿩을 예물로 들고 간다.”[33]라고 했다. 여기에서 말한 혼례에서는 신분의 차이를 따지지 않고 모두 기러기를 사용한다. 그렇기 때문에 정현의 주에서는 그 의미를 밝혀서 “음양이 왕래하는 것에 따른다는 의미를 취한 것이다.”라고 했다. 음양이 왕래하는 것에 따른다는 말은 기러기는 나뭇잎이 떨어지면 남쪽으로 날아가고 얼음이 녹으면 북쪽으로 가는데 남편은 양에 해당하고 아내는 음에 해당한다. 지금 기러기를 사용하는 것은 부인이 남편을 따른다는 뜻을 취한 것이다. 이러한 까닭으로 혼례에서 기러기를 사용하는 것이다. 정현이 『시』를 인용한 것은 중매하는 자가 하달(下達)을 해야 하는 의미를 증명하기 위해서이다. “혼사를 맺을 때에는 반드시 중매를 통해야 하고, 교제할 때 소개시켜주는 자를 둔다.”라고 했는데, 『시』에서는 “중매가 아니라면 얻지 못하느니라.”라고 했다. 이것은 중매를 통해야 한다는 사실을 나타낸다.

33) 『주례』「춘관(春官)・대종백(大宗伯)」: 以禽作六摯, 以等諸臣. 孤執皮帛, 卿執羔, 大夫執鴈, 士執雉, 庶人執鶩, 工商執雞.

다섯 가지 의례 절차를 시행할 때 납채로부터 그 이하의 절차에서는 심부름꾼을 보내게 되니, 이것은 교제를 할 때 소개시켜주는 자를 둔다는 뜻이다. 정현이 "모두 염치를 배양하기 위해서이다."라고 했는데, 중매를 거쳐야 하고 소개시켜주는 자를 두어야 하는 의미를 풀이한 것으로, 이 모두는 남녀로 하여금 염치를 가지게끔 배양하고 완성시키는 방법이 되니, 중매를 통해 의사를 전하고 신부와 신랑의 종자로 하여금 서로 바꿔 대야에 손 씻을 물을 따르게 하는 등등의 절차를 시행토록 한 것은 모두 그 사안을 점진적으로 시행하여 염치를 배양한다는 뜻에 해당한다.

경문 主人筵于戶西, 西上, 右几.

번역 신부의 아버지인 주인은 묘실 방문의 서쪽에 자리를 깔고 자리의 머리 부분이 서쪽을 향하도록 하며 우측에 안석을 둔다.

鄭注 主人, 女父也. 筵, 爲神布席也. 戶西者, 尊處, 將以先祖之遺體許人, 故受其禮於禰廟也. 席西上, 右設几, 神不統於人, 席有首尾.

번역 '주인(主人)'은 신부의 부친을 뜻한다. '연(筵)'은 신을 위해 자리를 펼치는 것이다. '호서(戶西)'는 존귀한 장소가 되니, 이곳에 선조의 유체가 찾아와 사람에게 허락을 해주게 된다. 그렇기 때문에 녜묘(禰廟)에서 그 의례를 받는 것이다. 자리에 있어서 머리 쪽이 서쪽을 향하도록 하며 우측에 안석을 설치하는 것은 신은 사람에게 통솔되지 않기 때문이며, 자리에는 머리와 꼬리 부분이 있다.

賈疏 ●"主人"至"右几". ○釋曰: 此女將受男納采之禮, 故先設神坐, 乃受之.

번역 ●經文: "主人"~"右几". ○이것은 신부 집안에서 신랑 집안에서 보낸 납채(納采)의 예를 받아들이려고 하는 상황이다. 그렇기 때문에 먼저 신이 앉을 자리를 설치하고서야 받는다.

賈疏 ◎注"主人"至"首尾". ○釋曰: 云"筵, 爲神布席也"者, 下文禮賓云"徹几改筵", 是爲人設席, 故以此爲神席也. 云"戶西"者, 以戶西是賓客之位, 故爲尊處也. 必以西爲客位者, 以地道尊右故也. 知"受禮於禰廟"者, 以記云凡行事受諸禰廟也. 云"席西上, 右設几, 神不統於人"者, 按鄕射·燕禮之等設席皆東上, 是統於人. 今以神尊, 不統於人, 取地道尊右之義, 故席西上, 几在右也. 云"席有首尾"者, 以公食記蒲筵萑席, 皆卷自末, 是席有首尾也.

번역 ◎鄭注: "主人"~"首尾". ○정현이 "'연(筵)'은 신을 위해 자리를 펼치는 것이다."라고 했는데, 아래문장에서 빈객을 예우하며 "안석을 치우며 자리를 고친다."라고 했는데, 이것은 사람을 위해 자리를 설치하는 것이다. 그렇기 때문에 이곳의 자리는 신을 위해 깔아둔 자리가 된다. '호서(戶西)'라고 했는데, 방문의 서쪽은 빈객의 자리가 된다. 그렇기 때문에 존귀한 장소가 된다. 반드시 서쪽을 빈객의 자리로 삼게 되는 것은 땅의 도리에서는 우측을 존귀하게 높이기 때문이다. 정현이 "녜묘(禰廟)에서 그 의례를 받는 것이다."라고 했는데, 이러한 사실을 알 수 있는 이유는 기문에서 무릇 일을 시행할 때에는 녜묘에서 받는다고 했기 때문이다. 정현이 "자리에 있어서 머리 쪽이 서쪽을 향하도록 하며 우측에 안석을 설치하는 것은 신은 사람에게 통솔되기 때문이다."라고 했는데, 『의례』「향사례(鄕射禮)」편과 「연례(燕禮)」편 등을 살펴보면 자리를 설치할 때 모두 자리의 머리 부분이 동쪽을 향하도록 하니, 이것은 사람에게 통솔되기 때문이다. 지금의 상황은 신은 존귀하여 사람에게 통솔되지 않는다. 따라서 땅의 도에서 우측을 존귀하게 높이는 뜻에 따랐기 때문에, 자리의 머리 부분이 서쪽을 향하도록 설치하고 안석은 우측에 둔다. 정현이 "자리에는 머리와 꼬리 부분이 있다."라고 했는데, 『의례』「공사대부례(公食大夫禮)」편을 살펴보면 포연(蒲筵)과 추석(萑席)을 말하며 모두 끝에서부터 만다고 했으니, 이것은 자리에 머리와 꼬리 부분이 있음을 뜻한다.

경문 使者玄端至.

번역 심부름꾼은 현단복(玄端服)[34]을 착용하고 신부 측 집으로 간다.

鄭注 使者, 夫家之屬, 若群吏使往來者. 玄端, 士莫夕之服, 又服以事於廟. 有司緇裳.

번역 '사자(使者)'는 신랑 집안에 속해 있는 하급관리이니, 마치 뭇 관리들을 사신으로 삼아 왕래하는 것과 같다. '현단(玄端)'은 사가 저녁 무렵 군주를 찾아뵐 때 착용하는 복장이며, 또한 이 복장을 착용하고 종묘에서 관련 절차를 시행한다. 유사(有司)는 치색의 하의를 입는다.

賈疏 ●"使者玄端至". ◎注"使者"至"緇裳". ○釋曰: 云"使者, 夫家之屬"者, 按士冠贊者於中士下差次爲之. 此云夫家之屬, 亦當然. 假令主人是上士, 屬是中士; 主人是中士, 屬是下士; 主人是下士, 屬亦當是下士, 禮窮郇同也. 云"玄端, 士莫夕之服, 又服以事其廟"者, 此亦如士冠禮玄端, 士莫夕於朝之服也. 但士以玄端祭廟, 今使者服玄端至, 亦於主人廟中行事, 故云又服以事其廟也. 云"有司緇裳"者, 按士唯有三等之裳: 玄裳·黃裳·雜裳. 此云緇裳者, 郇玄裳者矣, 以其緇·玄大同小異也. 然士有三等裳, 今直言玄裳者, 據主人是上士而言. 按士冠云: "有司如主人服." 則三等士之有司, 亦如主人服也.

번역 ●經文: "使者玄端至". ◎鄭注: "使者"~"緇裳". ○정현이 "'사자(使者)'는 신랑 집안에 속해 있는 하급관리이다."라고 했는데, 『의례』「사관례(士冠禮)」편을 살펴보면 의례의 진행을 돕는 자는 중사(中士)에 대해 다음 서열의

---

34) 현단(玄端)은 고대의 예복(禮服) 중 하나이다. 흑색으로 만든 옷이다. 주로 제사 때 사용했으며, 천자 및 제후로부터 대부(大夫)와 사(士) 계급에 이르기까지 모두 이 복장을 착용할 수 있었다. '현단'은 상의와 하의 및 관(冠)까지 포함하는 용어이다. 한편 손이양(孫詒讓)의 주장에 따르면, '현단'은 의복에만 해당하는 용어이며, 관(冠)은 포함하지 않는다고 주장한다. 그리고 천자로부터 사 계급에 이르기까지 이 복장을 제복(齊服)으로 사용했다고 설명한다. 『주례』「춘관(春官)·사복(司服)」편에는 "其齊服有玄端素端."이라는 기록이 있는데, 손이양의 『정의(正義)』에서는 "玄端素端是服名, 非冠名, 蓋自天子下達至於士通用爲齊服, 而冠則尊卑所用互異."라고 풀이하였다. 그리고 '현단'은 천자가 평소 거처할 때 착용했던 복장을 가리키기도 한다. 『예기』「옥조(玉藻)」편에는 "卒食, 玄端而居."라는 기록이 있고, 이에 대한 정현의 주에서는 "天子服玄端燕居也."라고 풀이하였다.

자로 삼는다고 했다. 이곳에서는 "신랑 집안에 속해 있는 하급관리이다."라고 했는데, 이 또한 마땅히 이러해야 한다. 가령 주인이 상사(上士)의 신분이라면 심부름을 하는 관리는 중사가 되고, 주인이 중사의 신분이라면 심부름을 하는 관리는 하사(下士)가 되며, 주인이 하사의 신분이라면 심부름을 하는 관리 또한 하사가 되니, 예법의 규정이 다하여 동일하게 맞추는 것이다. 정현이 "'현단(玄端)'은 사가 저녁 무렵 군주를 찾아뵐 때 착용하는 복장이며, 또한 이 복장을 착용하고 종묘에서 관련 절차를 시행한다."라고 했는데, 이 또한 「사관례」편에서 말한 '현단(玄端)'과 같은 것으로, 사가 저녁 무렵 군주를 찾아뵐 때 착용하는 복장이다. 다만 사는 현단복을 착용하고 종묘에서 제사를 지내는데, 지금 심부름을 하는 자가 현단복을 착용하고 신부 측 집에 당도하는 것은 또한 신부 측 주인의 묘에서 관련 절차를 시행하기 때문이다. 그렇기 때문에 "또한 이 복장을 착용하고 종묘에서 관련 절차를 시행한다."라고 했다. 정현이 "유사(有司)는 치색의 하의를 입는다."라고 했는데, 살펴보면 사 계층에는 세 등급의 하의가 있다. 현색의 하의, 황색의 하의, 잡색의 하의가 그것이다. 여기에서 '치색의 하의'라고 한 것은 곧 현색의 하의에 해당하니, 치색과 현색은 대동소이하기 때문이다. 그런데 사 계층에는 세 등급의 하의가 있다고 했는데, 이곳에서는 단지 현색의 하의만을 언급했다. 그 이유는 신부 측 주인이 상사인 경우를 기준으로 말했기 때문이다. 「사관례」편을 살펴보면 "유사는 주인의 복장과 동일하게 한다."[35]라고 했으니, 세 등급의 사에게 속한 유사는 또한 주인의 복장과 동일하게 맞추는 것이다.

경문 擯者出請事, 入告.

번역 의례의 진행을 돕는 자는 밖으로 나와서 무슨 일로 왔는지를 청해서 묻고 들어가서 그 말을 아뢴다.

鄭注 擯者, 有司佐禮者. 請猶問也. 禮不必事, 雖知, 猶問之, 重愼也.

---

35) 『의례』「사관례(士冠禮)」: 有司如主人服, 卽位于西方, 東面, 北上.

번역 '빈자(擯者)'는 유사 중 의례의 진행을 돕는 자이다. '청(請)'자는 묻는다는 뜻과 같다. 예법에 따르면 해당 사안을 기필하지 않으니, 비록 그 내용을 알고 있더라도 여전히 묻게 되는 것으로, 신중함을 거듭하는 것이다.

賈疏 ●"擯者"至"入告". ◎注"擯者"至"愼也". ○釋曰: 云"擯者, 有司佐禮"者, 按士冠禮有司並是主人之屬及群吏佐主人行禮之人, 故知此擯者亦是主人有司佐禮者也. 在主人曰擯. 云"請猶問也. 禮不必事, 雖知, 猶問之, 重愼也"者, 按論語云"無必", 故云不必事也. 以其前已有下達之事, 今使者來在門外, 是知有昏事也, 而猶問之, 重愼也.

번역 ●經文: "擯者"~"入告". ◎鄭注: "擯者"~"愼也". ○정현이 "'빈자(擯者)'는 유사 중 의례의 진행을 돕는 자이다."라고 했는데, 『의례』「사관례(士冠禮)」편을 살펴보면 유사는 모두 주인에게 소속된 하급 관리이며 뭇 관리들 중 주인을 도와 의례의 진행을 돕는 자이다. 그렇기 때문에 이곳에서 말한 빈자(擯者) 또한 주인에게 소속된 유사 중 의례의 진행을 돕는 자임을 알 수 있다. 의례의 진행을 돕는 자 중 주인에게 소속된 자를 '빈(擯)'이라고 부른다. 정현이 "'청(請)'자는 묻는다는 뜻과 같다. 예법에 따르면 해당 사안을 기필하지 않으니, 비록 그 내용을 알고 있더라도 여전히 묻게 되는 것으로, 신중함을 거듭하는 것이다."라고 했는데, 『논어』를 살펴보면 "기필함이 없었다."[36]라고 했다. 그렇기 때문에 해당 사안을 기필하지 않는다고 말했다. 이전에 이미 하달(下達)의 절차가 있었는데, 지금은 심부름꾼이 찾아와 문밖에 당도하였으니, 혼례에 대한 사안으로 왔음을 알 수 있다. 그런데도 여전히 묻는 것은 신중함을 거듭하기 때문이다.

경문 主人如賓服, 迎于門外, 再拜, 賓不答拜. 揖入.

번역 주인은 심부름꾼의 복장과 동일하게 착용하고 문밖에서 맞이하며 재배하고, 빈객은 답배를 하지 않는다. 읍을 하고 안으로 들어간다.

---

36) 『논어』「자한(子罕)」: 子絶四, 毋意, 毋必, 毋固, 毋我.

鄭注 門外, 大門外. 不答拜者, 奉使不敢當其盛禮.

번역 '문외(門外)'는 대문 밖을 뜻한다. 답배를 하지 않는 것은 심부름으로 온 자는 융성한 예법을 감당할 수 없기 때문이다.

賈疏 ●"主人"至"揖入". ○釋曰: 按士冠禮主人迎賓於大門外, 云主人西面, 賓東面. 此及鄕飮酒·鄕射皆不言面位者, 文不具耳, 當亦如士冠也.

번역 ●經文: "主人"~"揖入". ○『의례』「사관례(士冠禮)」편을 살펴보면 주인은 대문 밖에서 빈객을 맞이하는데, 주인은 서쪽을 바라보며 빈객은 동쪽을 바라본다고 했다. 이곳 기록과 『의례』「향음주례(鄕飮酒禮)」 및 「향사례(鄕射禮)」편에서 바라보는 곳을 언급하지 않은 것은 문장을 자세히 기록하지 않았기 때문이니, 마땅히 「사관례」편의 기록처럼 해야 한다.

賈疏 ◎注"門外"至"盛禮". ○釋曰: 知門外是大門外者, 以其大夫唯有兩門: 寢門·大門而已. 廟在寢門外之東, 此下有至于廟門, 明此門外是大門外可知也. 云"賓不答拜者, 奉使不敢當其盛禮"者, 此士卑, 無君臣之禮, 故賓雖屬吏, 直言不答拜, 不言辟. 若諸侯於使臣, 則言辟, 是以射禮賓迎入門, 公拜, 賓辟, 不答拜. 公食大夫主爲賓已, 故賓答拜, 稽首, 亦辟, 乃拜之. 以其君尊故也.

번역 ◎鄭注: "門外"~"盛禮". ○'문외(門外)'가 대문 밖을 뜻한다는 사실을 알 수 있는 이유는 대부는 오직 두 개의 문만을 둘 뿐이니, 침문(寢門)과 대문(大門)만 있을 따름이다. 묘(廟)는 침문 밖의 동쪽에 있는데, 이곳 아래문장에서 묘문에 이르렀다고 했으니, 이것은 문외(門外)가 대문 밖을 뜻한다는 사실을 알 수 있다. 정현이 "답배를 하지 않는 것은 심부름으로 온 자는 융성한 예법을 감당할 수 없기 때문이다."라고 했는데, 사는 신분이 미천하므로 군신관계에서 시행되는 의례절차가 없다. 그렇기 때문이 빈객이 비록 하급관리에 해당하더라도 단지 답배를 하지 않는다고 말한 것인데, 자리를 피한다고는 말하지 않았다. 만약 제후가 사신을 대하는 경우라면 자리를 피한다고 말하게 되니,

이러한 까닭으로 사례(射禮)[37]에서 빈객을 맞이하여 문으로 들어오면 군주가 절을 하고 빈객이 자리를 피하며 답배를 하지 않는 것이다. 군주가 대부에게 사례(食禮)[38]를 하게 되면 빈객을 위한 것을 주안점으로 삼는다. 그렇기 때문에 빈객이 답배를 하며 머리를 조아리는데, 이러한 경우에서도 자리를 피하고 서야 절을 한다. 이것은 군주의 존귀함 때문이다.

경문 至于廟門, 揖入. 三揖, 至于階, 三讓.

번역 묘문에 당도하면 읍을 하고 들어간다. 세 차례 읍을 하고 계단에 당도하면 세 차례 사양한다.

鄭注 入三揖者: 至內霤, 將曲, 揖; 既曲, 北面, 揖; 當碑, 揖.

번역 들어가서 세 차례 읍을 하는 것은 문의 지붕 뒤에 있는 처마에 당도하여 몸을 돌리려고 할 때 읍을 하고, 몸을 돌리고 난 뒤에는 북쪽을 바라보며 읍을 하며, 마당에 새워둔 돌에 당도하면 읍을 한다.

---

37) 사례(射禮)는 활 쏘는 예법을 가리킨다. 고대에는 활쏘기가 문무(文武)에 두루 관련이 있다고 생각하여서 중시하였다. 따라서 행사를 거행할 때에는 이러한 '사례'를 실시하였다. '사례'에는 대략 4종류가 있다. 즉 대사례(大射禮), 빈사례(賓射禮), 연사례(燕射禮), 향사례(鄉射禮)를 가리키는데, '내사례'는 제사를 지내고자 할 때, 제사에 참가하는 사(士)들을 선발하기 위해 실시하는 '사례'이다. '빈사례'는 제후들이 천자를 찾아뵙거나, 또는 제후들끼리 서로 회동을 할 때에, 활쏘기를 하며 연회를 베푸는 것이다. '연사례'는 연회를 즐기며 실시하는 '사례'를 뜻한다. '향사례'는 향(鄉)을 담당하는 향대부(鄉大夫)가 자신의 행정구역에서 관리로 등용될 사(士)들을 선발한 뒤에, 그들에게 연회를 베풀며 시행하는 '사례'이다.

38) 사례(食禮)는 연회의 한 종류이다. '사례'는 그 행사에 밥이 있고 반찬이 있는 것이니, 비록 술도 두었지만 마시지는 않았다. 그 예법에서는 밥을 위주로 한 것이기 때문에, '사례'라고 부른 것이다. 『예기』「왕제(王制)」편에는 "殷人以食禮."라는 기록이 있고, 이에 대한 진호(陳澔)의 주에서는 "食禮者, 有飯有殽, 雖設酒而不飮, 其禮以飯爲主, 故曰食也."라고 풀이했다. 또한 연회를 범칭하는 말로도 사용된다.

賈疏 ●"至于"至"三讓". ◎注"入三"至"碑揖". ○釋曰: 凡入門三揖者, 以其入門, 賓主將欲相背, 故須揖; 賓主各至堂塗北面相見, 故亦須揖; 至碑, 碑在堂下, 三分庭之一, 在北, 曲庭中之節, 故亦須揖. 但士冠注云: "入門將右曲, 揖; 將北曲, 揖; 當碑, 揖." 此注: "至內霤, 將曲, 揖; 旣曲, 北面, 揖; 當碑, 揖." 文不同者, 鄭擧二文相兼乃足也. 三者, 禮之大節, 尊卑同, 故鄕飮酒・鄕射・聘禮・公食大夫皆有此三揖之法, 但注有詳略耳.

번역 ●經文: "至于"~"三讓". ◎鄭注: "入三"~"碑揖". ○문으로 들어가면 세 차례 읍을 하는데, 문으로 들어가면 빈객과 주인은 서로 등지게 되므로 읍을 해야 하고, 빈객과 주인은 각각 당으로 연결되는 길에 도착하여 북쪽을 바라보며 서로를 보게 되니 또한 읍을 해야 하며, 비(碑)에 당도하면 비는 당하에 있고 마당을 3등분하여 그 중 1지점 만큼에 있는데 북쪽에 치우쳐 있고, 마당 가운데로 몸을 돌리는 절차이기 때문에 읍을 해야만 한다. 다만 『의례』「사관례(士冠禮)」편의 주에서는 "문으로 들어가서 우측으로 몸을 돌리려고 할 때 읍을 하고 북쪽으로 몸을 돌리려고 할 때 읍을 하며 비에 당도하면 읍을 한다."라고 했고, 이곳에서는 "내류에 당도하여 몸을 돌리려고 할 때 읍을 하고 몸을 돌리고서 북쪽을 바라보며 곡을 하고 비에 당도하면 읍을 한다."라고 하여, 문장이 동일하지 않다. 정현의 의중에 대해서는 이 두 문장을 상호 대조해 보면 그 뜻이 충분히 나타난다. 세 가지는 예의 큰 절차이니 신분의 차이에 상관없이 동일하다. 그렇기 때문에 『의례』「향음주례(鄕飮酒禮)」・「향사례(鄕射禮)」・「빙례(聘禮)」・「공사대부례(公食大夫禮)」편에는 모두 세 차례 읍을 하는 법도가 기록되어 있는데, 주에서는 상세히 설명하거나 간략히 설명한 차이가 있을 뿐이다.

경문 主人以賓升, 西面. 賓升西階, 當阿, 東面致命. 主人阼階上北面再拜.

번역 주인은 빈객과 맞춰서 당상으로 올라가 서쪽을 바라본다. 빈객은 서쪽 계단으로 올라가며 마룻대가 있는 곳에서 동쪽을 바라보며 명령을 전한다. 주인은 동쪽 계단에서 북쪽을 바라보며 재배를 한다.

鄭注 阿, 棟也. 入堂深, 示親親. 今文阿爲庪.

번역 '아(阿)'는 마룻대를 뜻한다. 당의 깊은 지점까지 들어가는 것은 친근한 자를 친애하는 도를 보이기 위해서이다. 금문에서는 '아(阿)'자를 기(庪)자로 기록했다.

賈疏 ●"主人"至"再拜". ○釋曰: 賓則使者也. 禮之通例, 賓主敵者, 賓主俱升, 若士冠與此文是也. 若鄕飮酒·鄕射皆主尊賓卑, 故初至之時, 主人升一等, 賓乃升, 至卒洗之後亦俱升. 唯聘禮公升二等, 賓始升者, 彼注云"亦欲君行一, 臣行二"也. 覲禮, 王使人勞侯氏, 使者不讓, 先升者, 奉王命尊故也. "主人阼階上北面再拜"者, 主人不言當阿, 則如鄕飮酒主人當楣, 再拜.

번역 ●經文: "主人"~"再拜". ○빈객은 곧 심부름꾼에 해당한다. 예법의 통례에 따르면 빈객과 주인은 신분이 대등할 경우 빈객과 주인은 함께 당상으로 오르게 되니, 『의례』「사관례(士冠禮)」편과 이곳의 기록이 바로 그 경우에 해당한다. 『의례』「향음주례(鄕飮酒禮)」나 「향사례(鄕射禮)」편에서는 모두 주인이 존귀하고 빈객이 상대적으로 미천하기 때문에 처음 당도했을 때 주인이 먼저 계단 1칸을 올라가고 빈객은 그제야 당상으로 올라가게 되며, 손을 씻는 절차를 끝낸 뒤로는 함께 당상으로 오른다. 오직 『의례』「빙례(聘禮)」편에서만 군주가 2칸을 올라가면 빈객은 그제야 비로소 당상으로 올라가는데, 그 주에서는 "군주가 한 번 걸으면 신하는 두 번 걷게 됨을 드러내고자 해서이다."라고 했다. 『의례』「근례(覲禮)」편에서는 천자가 사람을 시켜 제후들을 위로 할 때 사신은 사양을 하지 않고 먼저 당상으로 올라가는데, 천자의 명령을 받들고 있어 존귀하기 때문이다. "주인은 동쪽 계단에서 북쪽을 바라보며 재배를 한다."라고 했는데, 주인에 대해서는 '당아(當阿)'라고 말하지 않았으니, 「향음주례」의 경우처럼 주인은 도리가 있는 곳에 당도하면 재배를 하는 것이다.

賈疏 ◎注"阿棟"至"爲庪". ○釋曰: 按鄕飮酒·聘禮皆云"賓當楣", 無云"當阿"者, 獨此云賓當阿, 故云"示親親"也. 凡士之廟, 五架爲之, 棟北一楣下有室戶, 中脊爲棟, 棟南一架爲前楣, 楣前接簷爲庪. 鄕射記云: "序則物當棟, 堂則物當楣." 故云是制五架之屋也. 鄕大夫射於庠, 庠則有室, 故物當前楣. 士射於序, 序則無室, 故物當棟. 此士之廟, 雖有室, 其棟在室外, 故賓得深入當之也.

번역 ◎鄭注: "阿棟"~"爲庪". ○『의례』「향음주례(鄕飮酒禮)」와 「빙례(聘禮)」편을 살펴보면 모두 "빈객은 도리에 당도한다."라고 했고, "마룻대에 당도한다."라는 말을 하지 않았다. 그런데 이곳에서는 유독 빈객이 마룻대에 당도한다고 말했다. 그렇기 때문에 "친근한 자를 친애하는 도를 보이기 위해서이다."라고 했다. 사의 종묘는 지붕을 다섯 층으로 만들게 되는데, 마룻대 북쪽에 있는 하나의 도리 밑에는 묘실과 묘실 문이 있고, 중앙의 등마루는 마룻대가 되며 마룻대 남쪽에 있는 하나의 층은 앞의 도리가 되며 도리 앞이 처마와 닿아 있게 되면 기(庪)가 된다. 『의례』「향사례(鄕射禮)」편의 기문에서는 "서(序)에서 활쏘기를 하게 되면 사대가 마룻대 쪽에 있게 되고, 당상에서 하게 되면 사대가 도리 쪽에 있게 된다."[39]라고 했다. 그렇기 때문에 이것은 다섯 층으로 만든 지붕이라고 말한 것이다. 향대부(鄕大夫)[40]가 상(庠)[41]에서 활쏘기를 하게 되면 상에는 방이 있다. 그렇기 때문에 사대는 앞쪽의 도리 있는 곳에 놓인다. 사가 서에서 활쏘기를 하게 되면 서에는 방이 없다. 그렇기 때문에 사대가 마룻대 쪽에 놓인다. 이곳에서 말하는 장소는 사의 종묘인데 비록 방이 있지만 마룻대는 방밖에 있게 된다. 그렇기 때문에 빈객이 깊이 들어와 그곳에 있게

---

39) 『의례』「향사례(鄕射禮)」: 序則物當棟, 堂則物當楣.

40) 향대부(鄕大夫)는 주대(周代)의 행정단위였던 향(鄕)을 담당하는 관리이다.

41) 상(庠)은 본래 향(鄕) 밑의 행정단위인 당(黨)에 건립된 학교를 뜻한다. 『예기』「학기(學記)」편에는 "古之敎者, 家有塾, 黨有庠, 術有序, 國有學."이란 기록이 있는데, 이에 대한 공영달(孔穎達)의 소(疏)에서는 "庠, 學名也. 於黨中立學, 敎閭中所升者也."라고 풀이했다. 또 '상'은 국학(國學)에 대비되는 향학(鄕學)을 뜻하는 용어로도 사용되었으며, 학교를 범칭하는 용어로도 사용되었다. 『예기』「향음주의(鄕飮酒義)」편에는 "主人拜迎賓於庠門之外"란 기록이 있고, 이에 대한 정현의 주에서는 "庠, 鄕學也."라고 풀이했다. 또 『맹자』「등문공상(滕文公上)」편에는 "夏曰校, 殷曰序, 周曰庠, 學則三代共之, 皆所以明人倫也."라는 기록이 있다. 한편 학교를 뜻하는 용어로 '상'이라는 명칭이 생긴 이유는 '상'자에 봉양한다는 양(養)의 뜻이 포함되어 있기 때문이다.

되는 것이다.

경문 授于楹間, 南面.

번역 기둥 사이에서 예물을 건네며 남쪽을 바라본다.

鄭注 授於楹間, 明爲合好, 其節同也. 南面, 並授也.

번역 기둥 사이에서 건네는 것은 우호를 합한다는 뜻을 드러내는 것이니 그 절차가 동일하다. 남쪽을 바라보는 것은 나란히 서서 주기 때문이다.

賈疏 ●"授于楹間南面". ◎注"授於"至"授也". ○釋曰: 楹間, 謂兩楹之間, 賓以鴈授主人於楹間者, 明和合親好, 令其賓主遠近節同也. 凡賓主敵者, 授於楹間. 不敵者, 不於楹間. 是以聘禮賓覿大夫云"受幣于楹間南面", 鄭注云: "受幣楹間, 敵也." 聘禮又云"公側襲受玉于中堂與東楹之間", 鄭注云: "東楹之間, 亦以君行一, 臣行二." 至禮賓及賓私覿, 皆云"當東楹", 是尊卑不敵, 故不於楹間也. 今使者不敵, 而於楹間, 故云"明爲合好"也. 云"南面, 並授也"者, 以經云南面不辨賓主, 故知俱南面並授也.

번역 ●經文: "授于楹間南面". ◎鄭注: "授於"~"授也". ○기둥 사이는 양쪽 기둥 사이를 뜻하니, 빈객이 기둥 사이에서 기러기를 주인에게 건네는 것은 친목과 우호를 합한다는 뜻을 드러내는 것으로, 빈객과 주인으로 하여금 거리에 따른 절차를 동일하게 맞춘다. 빈객과 주인의 신분이 대등한 경우 기둥 사이에서 건네게 된다. 대등하지 않은 경우라면 기둥 사이에서 건네지 않는다. 이러한 까닭으로 『의례』「빙례(聘禮)」편에서는 빈객이 대부를 만나볼 때 "기둥 사이에서 예물을 받으며 남쪽을 바라본다."라고 했고, 정현의 주에서는 "기둥 사이에서 예물을 받는 것은 신분이 대등하기 때문이다."라고 했다. 또 「빙례」편에서는 "공은 홀로 습(襲)[42]을 하고 당의 중앙과 동쪽 기둥 사이에서 옥을 받

42) 습(襲)은 고대에 의례를 시행할 때 하는 복장 방식 중 하나이다. 겉옷으로 안에

는다."라고 했고, 정현의 주에서는 "동쪽 기둥 사이에서 하는 것은 또한 군주가 한 번 걸으면 신하는 두 번 걸어야 하기 때문이다."라고 했다. 빈객을 예우하거나 빈객이 사적으로 만나보는 경우라면 모두 "동쪽 기둥이 있는 곳에서 한다." 라고 했는데, 이것은 신분이 대등하지 않기 때문이다. 그래서 기둥 사이에서 하지 않는 것이다. 지금 심부름꾼은 신분이 대등하지 않은데도 기둥 사이에서 시행한다. 그렇기 때문에 "우호를 합한다는 뜻을 드러내는 것이다."라고 했다. 정현이 "남쪽을 바라보는 것은 나란히 서서 주기 때문이다."라고 했는데, 경문에서는 남쪽을 바라본다고만 하며 빈객이나 주인 중 누가 하는지 구분하지 않았다. 그렇기 때문에 둘 모두 남쪽을 바라보며 나란히 서서 물건을 건넨다는 사실을 알 수 있다.

경문 賓降, 出, 主人降. 授老鴈.

번역 빈객이 당하로 내려가 묘문을 나가면 주인은 당하로 내려온다. 노(老)에게 기러기를 건넨다.

鄭注 老, 群吏之尊者.

번역 '노(老)'는 뭇 하급관리들 중에서도 가장 존귀한 자를 뜻한다.

賈疏 ●"賓降"至"老鴈". ○釋曰: 授鴈訖, 賓降, 自西階出門. 主人降, 自阼階授老鴈, 於階立, 待後事也.

번역 ●經文: "賓降"~"老鴈". ○기러기 전달하는 일이 끝나면 빈객은 당하로 내려가는데 서쪽 계단을 통해 내려가 묘문 밖으로 나간다. 주인이 내려갈 때에는 동쪽 계단을 이용하며 노에게 기러기를 건네는데, 동쪽 계단 자리에서 하는 것이니, 뒤에 치를 일을 기다리기 위해서이다.

입고 있던 옷들을 완전히 가리는 방식이다. 한편 '습'은 비교적 성대한 의식 때 시행하는 복장 방식으로도 사용되어, 안에 있고 있는 옷을 드러내지 않음으로써, 공경의 뜻을 표하기도 했다.

賈疏 ◎注"老群吏之尊者". ○釋曰: 大夫家臣稱老, 是以喪服公士大夫以貴臣爲室老, 春秋左氏傳云"執臧氏老", 論語云"趙魏老", 禮記"大夫室老行事", 皆是老爲家臣之貴者. 士雖無君臣之名, 云"老" 亦是群吏中尊者也.

번역 ◎鄭注: "老群吏之尊者". ○대부의 가신에 대해서는 '노(老)'라고 지칭한다. 이러한 까닭으로 『의례』「상복(喪服)」편에서는 공사와 대부는 존귀한 신하를 실로(室老)로 삼는다고 했고, 『춘추좌씨전』에서는 "장씨의 노를 잡았다."[43]라고 했으며, 『논어』에서는 '조씨와 위씨의 노'[44]라고 했고, 『예기』에서는 "대부의 경우에는 실로가 대신 시행한다."[45]라고 했는데, 이 모두는 '노(老)'가 가신 중에서도 가장 존귀한 자를 가리키게 됨을 나타낸다. 사에게는 비록 군신관계의 명칭이 없는데도 '노(老)'라고 말했으니, 이 또한 여러 하급관리들 중에서도 존귀한 자를 가리키게 된다.

참고 『의례』「사혼례(士昏禮)」 기록 - 납채(納采)

기문 昏辭曰, "吾子有惠, 貺室某也."

번역 납채(納采)의 절차를 시행하며 혼인의 뜻을 전하는 말에서는 "그대께서 은혜를 베푸셔서 아무개에게 따님을 처로 주셨습니다."라고 한다.

鄭注 昏辭, 擯者請事告之辭. 吾子, 謂女父也. 稱有惠, 明下達. 貺, 賜也. 室猶妻也. 子謂公冶長可妻也. 某, 壻名.

번역 '혼사(昏辭)'는 의례의 진행을 돕는 자가 어떠한 일로 왔는지 청해 물

---

43) 『춘추좌씨전』「소공(昭公) 25년」 : 平子怒, 拘臧氏老.
44) 『논어』「헌문(憲問)」 : 子曰, "孟公綽爲趙魏老則優, 不可以爲滕薛大夫."
45) 『예기』「증자문(曾子問)」【239b】 : 曰, "君未殯, 而臣有父母之喪, 則如之何?" 孔子曰, "歸殯, 反于君所, 有殷事, 則歸, 朝夕, 否. 大夫, 室老行事, 士則子孫行事. 大夫內子, 有殷事, 亦之君所, 朝夕, 否."

었을 때 알리는 말에 해당한다. '오자(吾子)'는 신부의 부친을 뜻한다. 은혜를 베풀었다고 말한 것은 그 이전에 하달(下達)의 절차가 시행되었음을 나타낸다. '황(貺)'자는 하사한다는 뜻이다. '실(室)'은 처를 뜻한다. 공자는 공야장을 평가하며 딸을 아내로 줄 수 있다고 했다.[46] '모(某)'는 신랑의 이름에 해당한다.

賈疏 ●"昏辭"至"某也". ◎注"昏辭"至"婿名". ○釋曰: 鄭知昏辭是"擯者請事告之辭"者, 以其言"吾子有惠貺室某也", 是使告主人之辭, 明知是擯者出門請事, 使者告之辭也. 知"吾子, 謂女父"者, 請事告擯者, 稱前已有惠, 貺其妻於婿某, 申明是女父, 乃得以女許人, 故知吾子女父也. 云"明下達"者, 此擯者稱有惠貺室, 卽婿家舊已有辭下達女家, 見許, 今得言貺室也, 故引上文下達以釋此也. 引"子謂公冶長可妻也"者, 證以女許人稱貺室, 室猶妻也.

번역 ●記文: "昏辭"～"某也". ◎鄭注: "昏辭"～"婿名". ○정현이 혼사(昏辭)가 의례의 진행을 돕는 자가 어떠한 일로 왔는지 청해 물었을 때 알리는 말에 해당한다는 사실을 알 수 있었던 것은 그 말에서 "그대께서 은혜를 베푸셔서 아무개에게 따님을 처로 주셨습니다."라고 했기 때문이다. 이것은 심부름꾼이 신부 측 주인에게 아뢰는 말이니, 의례의 진행을 돕는 자가 대문 밖으로 나와 어떠한 일로 왔는지 청해 물었을 때, 심부름꾼이 아뢰게 되는 말에 해당함을 알 수 있다. 정현이 "'오자(吾子)'는 신부의 부친을 뜻한다."라고 했는데, 이 말이 사실임을 알 수 있는 이유는 어떠한 일로 왔는지 청해 물어서 심부름꾼이 의례의 진행을 돕는 자에게 고하며, 이전에 은혜를 베풀어 그 딸을 신랑 아무개에게 처로 주었다고 했으니, 이것은 거듭 신부의 부친이 됨을 나타낸다. 즉 딸을 남에게 주도록 허락했기 때문에 '오자(吾子)'가 신부의 부친이 됨을 알 수 있다. 정현이 "하달(下達)의 절차가 시행되었음을 나타낸다."라고 했는데, 의례의 진행을 돕는 자에게 은혜를 베풀어서 딸을 처로 주었다고 했으니, 신랑 측 집안에서는 이전에 이미 혼인의 여부를 묻는 말을 신부 측 집안에 보냈고, 허락을 받았으므로 현재 딸을 처로 주었다고 말할 수 있는 것이다. 그렇기 때문에

46) 『논어』「공야장(公冶長)」: 子謂公冶長, "可妻也. 雖在縲絏之中, 非其罪也." 以其子妻之.

앞 문장에 나온 '하달(下達)'이라는 말을 인용해서 이곳의 내용을 풀이한 것이다. 정현이 "공자는 공야장을 평가하며 딸을 아내로 줄 수 있다고 했다."라는 말을 인용했는데, 이것은 딸을 남의 아내로 주기로 허락할 때 '황실(貺室)'이라고 말하게 됨을 증명하기 위한 것이니, '실(室)'자는 처(妻)자와 같은 뜻이다.

기문 "某有先人之禮, 使某也請納采."

번역 계속하여 혼인의 뜻을 전하는 말에서는 "아무개는 조상께서 시행하던 예법이 있어, 아무개를 시켜서 납채(納采)의 의례를 시행하고자 청합니다."라고 한다.

鄭注 某, 婿父名也. 某也, 使名也.

번역 '모(某)'는 신랑 측 부친의 이름에 해당한다. '모야(某也)'에서의 '모(某)'는 심부름꾼의 이름에 해당한다.

賈疏 ●"某有"至"納采". ◎注"某婿"至"名也". ○釋曰: 此亦是使者門外, 通連上語告擯者之辭也. 以其使者稱向主人擯者, 故知上某是婿父, 下某是使者名也.

번역 ●記文: "某有"~"納采". ◎鄭注: "某婿"~"名也". ○이 또한 심부름꾼이 대문 밖에서 하는 말로, 앞에서 한 말과 함께 의례의 진행을 돕는 자에게 전하는 말이다. 심부름꾼이 주인에게 속한 빈자를 향해 말하기 때문에 앞에 나온 '모(某)'가 신랑 부친의 이름에 해당하고 뒤에 나온 '모(某)'가 심부름꾼의 이름에 해당한다는 사실을 알 수 있다.

기문 對曰, "某之子惷愚, 又弗能教. 吾子命之, 某不敢辭."

번역 대답하며 "아무개의 여식은 어리석은데도 가르침을 잘 받지 못했습니다. 그대께서 명하시니, 아무개가 감히 사양하지 못하겠습니다."라고 한다.

鄭注 對曰者, 擯出納賓之辭. 某, 女父名也. 吾子, 謂使者. 今文弗爲不, 無能字.

번역 '대왈(對曰)'은 의례의 진행을 돕는 자가 대문 밖으로 나와 빈객을 안으로 들일 때 하는 말이다. '모(某)'는 신부의 부친 이름에 해당한다. '오자(吾子)'는 심부름꾼을 뜻한다. 금문에서는 '불(弗)'자를 불(不)자로 기록했고, '능(能)'자는 없다.

賈疏 ●"對曰"至"敢辭". ◎注"對曰"至"能字". ○釋曰: 鄭知"對曰者, 擯出納賓之辭"者, 以其上文賓告擯者辭, 下經致命主人, 明此是中間擯者出領賓告者辭, 下經致語入告主人, 擯者又領主人此語, 以告使者知也.

번역 ●記文: "對曰"~"敢辭". ◎鄭注: "對曰"~"能字". ○정현이 "'대왈(對曰)'은 의례의 진행을 돕는 자가 대문 밖으로 나와서 빈객을 안으로 들일 때 하는 말이다."라고 했는데, 이 말이 사실임을 알 수 있었던 이유는 앞의 문장은 빈객이 의례의 진행을 돕는 자에게 알리며 하는 말에 해당하고, 뒤에서는 주인에게 명령을 전달하니, 이것은 그 사이에 의례의 진행을 돕는 자가 대문 밖으로 나와 빈객이 아뢴 말을 받고 그 뒤로 그 말을 받아서 들어가 주인에게 아뢴다. 의례의 진행을 돕는 자는 재차 주인의 말을 받아 가지고 나와 심부름꾼에게 알린다는 사실을 알 수 있다.

기문 致命, 曰, "敢納采."

번역 신랑 부친의 명령을 전달하며, "감히 납채(納采)의 의례를 시행하고자 합니다."라고 한다.

賈疏 ●"致命曰: 敢納采". ○釋曰: 此使者升堂, 致命於主人辭. 若然, 亦當有主人對辭, 如納徵致命, 主人對辭, 不言之者, 文不具也.

번역 ●記文: "致命曰: 敢納采". ○이것은 심부름꾼이 당상으로 올라가 신부 집안의 주인에게 명령을 전달하면서 하는 말이다. 만약 그렇다면 이러한 과정에서도 주인이 대답하는 말이 있어야 하니, 납징(納徵)을 하며 명령을 전달할 때 주인이 대답하는 말처럼 하게 된다. 그런데 이 말을 기록하지 않은 것은 문장을 자세히 기록하지 않았기 때문이다.

그림 1-8 ▣ 현단복(玄端服)

※ **출처:** 『삼례도집주(三禮圖集注)』 1권

참고 『의례』「사혼례(士昏禮)」 기록 - 문명(問名)

경문 擯者出請.

번역 의례의 진행을 돕는 자는 묘문 밖으로 나가서 다른 일이 더 있는지 청해 묻는다.

鄭注 不必賓之事有無.

번역 빈객이 시행하는 사안이 더 있는지 없는지 기필할 수 없기 때문이다.

賈疏 ●"擯者出請". ◎注"不必"至"有無". ○釋曰: 此主人不知賓有事, 使擯出請者, 亦是不必賓之事有無也.

번역 ●經文: "擯者出請". ◎鄭注: "不必"~"有無". ○주인은 빈객에게 다른 용무가 더 있는지 알 수 없기 때문에, 의례의 진행을 돕는 자를 시켜 밖으로 나가 청해 묻게 하니, 이 또한 빈객이 시행하는 사안이 더 있는지 없는지 기필할 수 없기 때문이다.

경문 賓執鴈, 請問名, 主人許. 賓入, 授, 如初禮.

번역 빈객이 기러기를 들고 문명(問名)의 예를 시행하고자 청하면 주인이 허락한다. 빈객이 안으로 들어와서 기러기를 건네는데 처음 납채(納采)를 했을 때의 예법처럼 따른다.

鄭注 問名者, 將歸卜其吉凶. 古文禮爲醴.

번역 이름을 묻는 것은 돌아가서 길흉에 대해 점치고자 해서이다. 고문에서는 '예(禮)'자를 예(醴)자로 기록했다.

賈疏 ●"賓執"至"初禮". ○釋曰: 此之一使, 兼行納采·問名, 二事相因. 又使還須卜, 故因卽問名, 乃還卜之, 故共一使也. 云"主人許"者, 擯請入告, 乃報賓, 賓得主人許, 乃入門, 升堂, 授鴈, 與納采禮同, 故云"如初禮"也.

번역 ●經文: "賓執"~"初禮". ○여기에 나온 한 명의 심부름꾼은 납채(納采)와 문명(問名)의 절차를 함께 시행하니, 두 사안은 서로 연접해 있기 때문이다. 또 심부름꾼은 되돌아가서 점을 쳐야 하기 때문에 그 사안으로 인해 곧바로 문명을 시행하고, 되돌아가서 점을 치게 된다. 그렇기 때문에 둘 모두에 대해 한 명의 심부름꾼이 시행한다. "주인이 허락한다."라고 했는데, 의례의 진행을 돕는 자가 안으로 들어가서 아뢴 뒤 빈객에게 주인이 허락했다는 사실을 알리니, 빈객은 주인이 허락했다는 소식을 듣게 되면 곧 문으로 들어가서 당상으로 올라가며 기러기를 건네게 되는데, 납채의 의례를 시행했을 때와 동일하게 한다. 그렇기 때문에 "처음의 예법처럼 한다."라고 했다.

賈疏 ◎注"問名"至"爲醴". ○釋曰: 言"問名"者, 問女之姓氏, 不問三月之名, 故下記問名辭云"某旣受命, 將加諸卜, 敢請女爲誰氏", 鄭云: "誰氏者, 謙也. 不必其主人之女." 是問姓氏也. 然以姓氏爲名者, 名有二種: 一者是名字之名, 三月之名是也; 一者是名號之名, 故孔安國注尙書以舜爲名, 鄭君目錄以曾子爲姓名, 亦據子爲名, 皆是名號爲名者也. 今以姓氏爲名, 亦名號之類也. 鄭云"將歸卜其吉凶"者, 亦據下記文也.

번역 ◎鄭注: "問名"~"爲醴". ○'문명(問名)'이라고 한 것은 여자의 성씨에 대해 묻는 것이며, 태어난 후 3개월 뒤에 부친이 지어주는 이름을 묻는 것이 아니다. 그렇기 때문에 아래 기문에서 문명의 말을 기록하며 "아무개는 이미 허락의 명령을 받았는데, 장차 점을 치고자 하니, 감히 청컨대 여식은 무슨 씨입니까?"라고 했고, 정현은 "어느 씨라고 말한 것은 겸손하게 표현한 것이다. 주인의 여식이라 기필할 수 없기 때문이다."라고 했다. 이것은 성씨에 대해 묻는 것임을 나타낸다. 그런데 성씨를 명(名)이라고 한 것은 명(名)에는 두 종류가 있기 때문이다. 첫 번째는 이름과 자(字)를 가리킬 때의 명(名)으로 태어난

후 3개월 뒤에 부친이 지어주는 이름이 여기에 해당한다. 다른 하나는 명칭을 뜻하는 명(名)이다. 그렇기 때문에 『상서』에 대한 공안국[47]의 주에서는 순(舜)을 명(名)이라고 했던 것이고, 정현의 『목록』에서는 증자(曾子)를 성명(姓名)이라고 했던 것이니, 이 또한 자(子)를 명(名)으로 간주한 것에 기준한 말이며, 이 모두는 명칭이 명(名)이 됨을 나타낸다. 지금은 성씨를 명(名)으로 삼았으니, 이 또한 명칭의 부류에 해당한다. 정현이 "돌아가서 길흉에 대해 점치고자 해서이다."라고 했는데, 이 또한 아래 기문을 근거해서 한 말이다.

참고 『의례』「사혼례(士昏禮)」 기록 - 문명(問名)

기문 問名, 曰, "某旣受命, 將加諸卜, 敢請女爲誰氏?"

번역 문명(問名)의 절차를 시행할 때에는 "아무개는 이미 허락의 명령을 받았는데, 장차 점을 치고자 하니, 감히 청컨대 여식은 무슨 씨입니까?"라고 한다.

鄭注 某, 使者名也. 誰氏者, 謙也, 不必其主人之女.

번역 '모(某)'는 심부름꾼의 이름에 해당한다. "무슨 씨입니까?"라고 한 말은 겸손하게 표현한 것이니, 주인의 여식이라 기필하지 않기 때문이다.

賈疏 ○問名, 賓在門外請問名, 主人許. 無辭者, 納采·問名同使, 前已相親於納采, 許昏訖, 故於問名略, 不言主人所傳辭也. 是以於此直見賓升堂, 致命主人之辭也. 自此已下有納吉·納徵·請期之等, 皆有門外賓與擯者傳辭. 及升堂致命, 主人對, 或理有不須而言, 或理須辭而文不具以情商度, 義可皆知也.

---

47) 공안국(孔安國, ? ~ ?) : 전한(前漢) 때의 학자이다. 자(字)는 자국(子國)이다. 고문상서학(古文尙書學)의 개조(開祖)로 알려져 있다. 『십삼경주소(十三經注疏)』의 『상서정의(尙書正義)』에는 공안국의 전(傳)이 수록되어 있는데, 통상적으로 이 주석은 후대인들이 공안국의 이름에 가탁하여 붙인 문장으로 인식되고 있다.

번역 ○문명(問名)을 하게 되면 빈객은 대문 밖에서 청하여 이름을 묻게 되고, 주인이 허락한다. 전달하는 말을 언급하지 않는 것은 납채(納采)와 문명은 동일한 심부름꾼이 하는 것인데, 앞에서 이미 납채를 하여 서로 친해졌고, 혼인을 허락하는 일이 끝났기 때문에 문명에 있어서는 생략하여, 주인이 전달하는 말을 언급하지 않은 것이다. 이러한 까닭으로 이곳에서는 단지 빈객이 당상으로 올라가 주인에게 명령을 전달하는 말만 나온다. 이곳 구문으로부터 그 이하로 납길(納吉)·납징(納徵)·청기(請期) 등의 절차에 있어서는 모두 문밖에서 빈객과 의례의 진행을 돕는 자가 전하는 말이 기록되어 있다. 그리고 당상에 올라가서 명령을 전달할 때 주인이 대답을 하게 되는데, 어떤 경우는 이치상 할 필요가 없는데도 말하고 또 어떤 경우에는 이치상 말을 해야만 하는데도 문장을 자세히 기록하지 않았는데, 정황에 따라 추론해보면 그 의미를 모두 알 수 있기 때문이다.

賈疏 ◎注"某使"至"之女". ○釋曰: 知"某, 使者名也"者, 以使者對主人稱某, 旣受命, 明是使者之名也. 云"誰氏者, 謙也"者, 以其下達乃納采, 則知女之姓矣. 今乃更問主人女爲誰氏者, 恐非主人之女, 假外人之女收養之, 是謙, 不敢必其主人之女也. 其本云問名, 而云誰氏者, 婦人不以名行, 明本不問女之三月名, 此名卽姓號之名. 若尚書孔注云: "虞氏, 舜名." 舜爲謚號, 猶爲名解之, 明氏姓亦得爲名. 若然, 本問名上氏姓, 故云誰氏也.

번역 ◎鄭注: "某使"~"之女". ○정현이 "'모(某)'는 심부름꾼의 이름에 해당한다."라고 했는데, 이러한 사실을 알 수 있는 이유는 심부름꾼이 주인에게 대답하며 '모(某)'라고 지칭했고, 이미 명령을 받았으니 이것은 심부름꾼의 이름에 해당한다는 사실을 나타낸다. 정현이 "무슨 씨냐고 말한 것은 겸손하게 표현한 것이다."라고 했는데, 하달(下達)을 하고서 납채(納采)를 했다면 여자의 성은 이미 알고 있는 상태이다. 그런데 이곳에서는 재차 주인의 여식에 대해서 무슨 씨냐고 물었으니, 주인의 여식이 아니고 가령 다른 사람의 여식을 거둬들여 양육한 것이 아닐까 염려해서이다. 이것은 겸손한 표현에 해당하니, 주인의 여식이라 감히 기필하지 않기 때문이다. 본래는 '문명(問名)'이라고 했는데,

"무슨 씨인가?"라고 말한 것은 여자는 이름을 밝혀 어떤 일을 시행하지 않기 때문이니, 본래부터 여식이 태어난 후 3개월 뒤에 부여받게 되는 이름을 묻는 것이 아님을 나타내다. 여기에서 말한 명(名)은 곧 명칭을 뜻하는 명(名)에 해당한다. 『상서』에 대한 공안국의 주에서 "우씨(虞氏)는 순임금의 명(名)이다."라고 한 경우와 같다. 순(舜)은 시호에 해당하는데, 이것을 명(名)으로 풀이했으니, 씨와 성 또한 명(名)이라 부를 수 있음을 나타낸다. 만약 그렇다면 본래부터 이름 앞에 있는 씨와 성을 묻는 것이기 때문에 "무슨 씨인가?"라고 했다.

기문 對曰, "吾子有命, 且以備數而擇之, 某不敢辭."

번역 대답하며 "그대께서 명령을 내려 채택을 하시니 또한 그 수효를 채워 택하시는 것이라 아무개는 감히 사양하지 못하겠습니다."라고 한다.

鄭注 卒曰某氏, 不記之者, 明爲主人之女.

번역 끝으로 '아무개 씨'라고 말하게 되는데 기록하지 않은 것은 주인의 여식이 됨을 나타내기 위해서이다.

賈疏 ●"對曰"至"敢辭". ○釋曰: 云"吾子有命"者, 正謂行納采·問名, 使者將命來, 是已有命來擇, 卽是且以備數而擇之也.

번역 ●記文: "對曰"~"敢辭". ○"그대께서 명령을 내렸다."라고 했는데, 납채(納采)와 문명(問名)을 시행하여 심부름꾼이 명령을 받아 찾아왔는데, 이것은 이미 명령을 내려 찾아와 여식을 선택한 것이다. 이것은 곧 그 수효를 채워 선택했다는 뜻이 된다.

賈疏 ◎注"卒曰"至"之女". ○釋曰: 云"卒曰某氏"者, 主人終卒對客之辭, 當云某氏對使也. 云"不記之者, 明爲主人之女"者. 若是他女, 當稱女氏以答. 今不言之者, 明是主人之女. 容舊知之, 故不對, 是以云"明爲主人之女"也.

번역 ◎鄭注: "卒曰"～"之女". ○정현이 "끝으로 '아무개 씨'라고 말하게 된다."라고 했는데, 주인이 끝으로 빈객에게 대답하는 말에서는 마땅히 "아무개 씨가 심부름꾼에게 대답한다."라고 말해야 한다. 정현이 "기록하지 않은 것은 주인의 여식이 됨을 나타내기 위해서이다."라고 했는데, 만약 다른 사람의 여식이라면 마땅히 여식의 씨를 지칭해서 대답해야 한다. 그런데 여기에서는 언급하지 않았으니 주인의 여식이 됨을 나타낸다. 오래전부터 알고 있는 상황까지도 포함하고자 했기 때문에 대답하지 않았으니, 이러한 까닭으로 "주인의 여식이 됨을 나타내기 위해서이다."라고 했다.

참고 『의례』「사혼례(士昏禮)」 기록 - 납길(納吉)

경문 納吉, 用鴈, 如納采禮.

번역 납길(納吉)에서는 기러기를 예물로 사용하며, 납채(納采)를 했을 때의 예법처럼 따른다.

鄭注 歸卜於廟, 得吉兆, 復使使者往告, 昏姻之事於是定.

번역 돌아가서 신랑 측 종묘에서 점을 치고 길한 조짐을 얻게 되면 다시 심부름꾼을 시켜 신부 측 집에 찾아가 알리게 되니, 혼인의 사안은 이 시기에 확정된다.

賈疏 ●"納吉"至"采禮". ○釋曰: 按上文納采在前, 問名在後, 今此不云如問名而云如納采者, 問名賓不出大門, 故此納吉如其納采也.

번역 ●經文: "納吉"～"采禮". ○앞 문장에서 납채(納采)에 대한 사안은 앞에 기록되어 있고, 문명(問名)에 대한 사안은 그 뒤에 기록되어 있는데, 이곳에서는 "문명을 했을 때의 예법처럼 따른다."라고 말하지 않고 "납채를 했을 때의 예법처럼 따른다."라고 했다. 그 이유는 문명의 경우 빈객은 대문 밖으로 나가지 않기 때문이다. 그래서 납길(納吉)을 할 때에는 납채를 했을 때처럼 하는 것이다.

賈疏 ◎注"歸卜"至"是定". ○釋曰: 鄭知義然者, 按下記云: "納吉曰吾子有貺命, 某加諸卜, 占吉, 使某也敢告." 凡卜並皆於禰廟, 故然也. 未卜時恐有不吉, 婚姻不定, 故納吉乃定也.

번역 ◎鄭注: "歸卜"~"是定". ○정현이 이러한 의미를 알 수 있었던 것은 아래 기문을 살펴보면 "그대께서 따님의 이름을 알려주셔서 아무개가 점을 쳤는데 점괘에서 길하다고 했습니다. 그래서 아무개를 시켜서 감히 아룁니다."라고 했다. 점을 칠 때에는 모두 녜묘(禰廟)에서 시행한다. 그러므로 이러한 사실을 알았다. 아직 점을 치지 않았을 때에는 불길함이 생길까를 염려하여 혼인을 확정하지 않는다. 그렇기 때문에 납길을 한 뒤에야 확정하는 것이다.

참고 『의례』「사혼례(士昏禮)」 기록 - 납길(納吉)

기문 納吉, 曰, "吾子有貺命, 某加諸卜, 占曰吉, 使某也敢告."

번역 납길(納吉)의 절차를 시행할 때에는 "그대께서 따님의 이름을 알려주셔서 아무개가 점을 쳤는데 점괘에서 길하다고 했습니다. 그래서 아무개를 시켜서 감히 아룁니다."라고 한다.

鄭注 貺, 賜也. 賜命, 謂許以女名也. 某, 婿父名.

번역 '황(貺)'자는 하사한다는 뜻이다. 명령을 하사한다는 말은 딸의 이름을 알려주도록 허락했다는 의미이다. '모(某)'는 신랑의 부친 이름에 해당한다.

賈疏 ◎注"贶賜"至"父名". ○釋曰: 知某是婿父名者, 以其云"命某加諸卜"是婿父卜, 故知某是婿父名.

번역 ◎鄭注: "贶賜"~"父名". ○'모(某)'가 신랑의 부친 이름에 해당한다는 사실을 알 수 있는 것은 "명하시어 아무개가 점을 쳤습니다."라고 했으니, 이것은 신랑의 부친이 점을 친 것을 나타낸다. 그렇기 때문에 '모(某)'가 신랑의 부친 이름에 해당한다는 사실을 알 수 있다.

기문 對曰, "某之子不敎, 唯恐弗堪. 子有吉, 我與在, 某不敢辭."

번역 대답하며 "아무개의 여식은 가르침을 받지 못해서 감당치 못할까 염려됩니다. 그대의 자식에게 길한 점괘가 나왔으니 우리 여식도 그에 해당하므로, 아무개는 감히 사양하지 못하겠습니다."라고 한다.

鄭注 與猶兼也. 古文與爲豫.

번역 '여(與)'자는 함께[兼]라는 뜻이다. 고문에서는 '여(與)'자를 예(豫)자로 기록했다.

賈疏 ●"對曰"至"敢辭". ◎注"與猶兼也". ○釋曰: 云"我與在", 以其夫婦一體, 夫旣得吉, 婦吉可知, 故云我兼在, 占吉中也.

번역 ●記文: "對曰"~"敢辭". ◎鄭注: "與猶兼也". ○'아여재(我與在)'라고 했는데, 남편과 부인은 한 몸이니, 남편이 이미 길한 점괘를 얻었다면 부인 또한 길하다는 사실을 알 수 있다. 그렇기 때문에 "우리 여식도 함께 그에 해당한다."라고 말한 것이니, 길한 점괘에 포함된다는 뜻이다.

참고 『의례』「사혼례(士昏禮)」 기록 – 납징(納徵)

경문 納徵, 玄纁束帛·儷皮, 如納吉禮.

번역 납징(納徵)을 할 때에는 현색과 훈색의 속백(束帛)과 한 쌍의 가죽을 예물로 사용하는데, 납길(納吉)을 했을 때의 예법처럼 따른다.

鄭注 徵, 成也. 使使者納幣以成昏禮. 用玄纁者, 象陰陽備也. 束帛, 十端也. 周禮曰: "凡嫁子取妻, 入幣純帛無過五兩." 儷, 兩也. 執束帛以致命. 兩皮爲庭實. 皮, 鹿皮. 今文纁皆作熏.

번역 '징(徵)'은 완성한다는 뜻이다. 심부름꾼을 시켜서 납폐(納幣)를 하여 혼례를 성사시킨다. 현색과 훈색의 비단을 사용하는 것은 음양이 모두 갖춰진 것을 형상화하기 위해서이다. '속백(束帛)'은 10단(端)이다. 『주례』에서는 "자식을 장가보내 아내를 들이게 할 때에는 예물에 순색의 비단을 포함시키되 5양(兩)을 넘지 못하도록 한다."[48]라고 했다. '여(儷)'는 한 쌍을 뜻한다. 속백을 들고 가서 명령을 전달한다. 한 쌍의 가죽은 마당에 놓아두는 예물이다. '피(皮)'는 사슴의 가죽을 뜻한다. 금문에서는 '훈(纁)'자를 모두 훈(熏)자로 기록했다.

賈疏 ●"納徵"至"吉禮". ○釋曰: 此納徵無鴈者, 以有束帛爲贄故也. 是以孝經鉤命決云"五禮用鴈", 是也. 按春秋左氏莊公二十二年: "冬, 公如齊納幣." 不言納徵者, 孔子制春秋, 變周之文從殷之質, 故指幣禮而言周文, 故以義言之. 徵, 成也, 納此則昏禮成, 故云"徵"也.

번역 ●經文: "納徵"~"吉禮". ○납징(納徵)을 할 때에는 기러기가 포함되지 않는데 속백을 예물로 삼기 때문이다. 이러한 까닭으로 『효경구명결』에서는 "다섯 가지 의례 절차에서는 기러기를 예물로 사용한다."라고 했다. 『춘추좌씨

48) 『주례』「지관(地官)·매씨(媒氏)」: 凡嫁子娶妻, 入幣純帛, 無過五兩.

전』을 살펴보면 장공 22년에 "겨울에 장공이 제나라로 가서 납폐를 하였다."라고 하여 '납징(納徵)'이라고 말하지 않았다. 그 이유는 공자가 『춘추』를 산정했을 때 주나라의 화려한 예법을 고쳐 은나라의 질박한 예법에 따르게 했기 때문에 폐(幣)라는 예법을 지목하여 주나라의 화려한 예법을 말한 것이다. 그렇기 때문에 의미에 따라 언급한 것이다. '징(徵)'은 완성한다는 뜻이니, 이러한 예물을 받아들이게 한다면 혼례가 완성된다. 그렇기 때문에 '징(徵)'이라고 말한 것이다.

賈疏 ◎注"徵成"至"作熏". ○釋曰: 云"用玄纁者, 象陰陽備也. 束帛, 十端也"者, 周禮: "凡嫁子娶妻, 入幣緇帛無過五兩." 鄭彼注云: "納幣帛緇, 婦人陰也. 凡於娶禮, 必用其類. 五兩, 十端也. 必言兩者, 欲得其配合之名, 十象五行十日相成也. 士大夫乃以玄纁束帛, 天子加以穀圭, 諸侯加以大璋. 雜記云: '納幣一束, 束五兩, 兩五尋.' 然則每端二丈." 若彼據庶人空用緇色, 無纁, 故鄭云用緇婦人陰, 此玄纁俱有, 故云象陰陽備也. 按玉人, 穀圭, 天子以聘女; 大璋, 諸侯以聘女. 故鄭據而言焉. "玄纁束帛"者, 合言之陽奇陰耦, 三玄二纁也. 其大夫無冠禮而有昏禮, 若試爲大夫及幼爲大夫者, 依士禮. 若五十而爵, 改娶者, 大夫昏禮, 玄纁及鹿皮則同於士. 餘有異者, 無文以言也.

번역 ◎鄭注: "徵成"~"作熏". ○정현이 "현색과 훈색의 비단을 사용하는 것은 음양이 모두 갖춰진 것을 형상화하기 위해서이다. '속백(束帛)'은 10단(端)이다."라고 했는데, 『주례』에서는 "자식을 장가보내 아내를 들이게 할 때에는 예물에 순색의 비단을 포함시키되 5양(兩)을 넘지 못하도록 한다."라고 했고, 『주례』에 대한 정현의 주에서는 "납폐를 할 때의 비단은 치색으로 하니, 부인은 음에 해당하기 때문이다. 아내를 들이는 예법에서는 반드시 해당하는 부류의 것을 사용한다. 5양(兩)은 10단(端)이다. 기어코 '양(兩)'이라고 말한 것은 짝이 된다는 명칭에 따르고자 했기 때문이며, 10은 5행이 10일 동안 서로 이루어주는 것을 상징한다. 사와 대부는 현색과 훈색의 속백을 사용하고 천자는 곡규(穀圭)를 더하게 되며 제후는 대장(大璋)을 더하게 된다. 『예기』「잡기(雜記)」편에서 '납폐를 할 때에는 1속(束)[49]의 비단을 사용하니, 1속은 5양

(兩)이 되고, 1양은 5심(尋)이 된다.'[50]라고 했다. 그렇다면 매 단은 2장(丈)이 된다."라고 했다. 이러한 주석은 서인은 치색만 사용하고 훈색을 사용하지 않는 것에 근거했다. 그렇기 때문에 정현은 치색을 사용하는 것은 부인이 음의 부류에 해당한다고 했는데, 이곳에서는 현색과 훈색을 모두 갖춘다. 그렇기 때문에 음양이 갖춰진 것을 형상화한다고 말했다. 『주례』「옥인(玉人)」편을 살펴보면 '곡규(穀圭)'에 대해서 천자는 이를 통해 아내 될 여자 측을 빙문한다고 했고, '대장(大璋)'에 대해 제후는 이를 통해 아내 될 여자 측을 빙문한다고 했다. 그렇기 때문에 정현이 이러한 기록에 근거해서 설명한 것이다. '현색과 훈색의 속백'이라고 했는데, 이것은 양은 홀수이고 음은 짝수라는 것까지도 함께 말한 것이니, 현색은 3양이고 훈색은 2양이다. 대부에게는 대부 계층만의 관례가 없지만 혼례는 있는데, 시험을 통해 대부가 되었거나 어렸을 때 대부가 된 자들은 사 계층의 예법에 따르게 된다. 만약 50세가 되어 작위를 받은 자가 재취를 하게 되면 대부의 혼례에 따르게 되는데, 현색과 훈색 및 사슴 가죽을 사용하는 것은 사 계층이 따르는 예법과 동일하다. 다른 부분에서 보이는 차이점의 경우 남아 있는 경문이 없어 설명할 수 없다.

참고 『의례』「사혼례(士昏禮)」 기록 - 납징(納徵)

기문 納徵, 曰, "吾子有嘉命, 貺室某也. 某有先人之禮, 儷皮束帛, 使某也請納徵." 致命, 曰, "某敢納徵." 對曰, "吾子順先典, 貺某重禮, 某不敢辭, 敢不承命!"

번역 납징(納徵)의 절차를 시행할 때에는 "그대께서는 아름다운 명령을 내

49) 속(束)은 견직물을 헤아리는 단위이다. 1'속'은 10단(端)을 뜻하는데, 1단의 길이는 1장(丈) 8척(尺)이 되며, 2단이 합쳐서 1권(卷)이 되므로, 10단은 총 5필이 된다. 『주례』「춘관(春官)·대종백(大宗伯)」편에는 "孤執皮帛."이라는 기록이 있고, 이에 대한 가공언(賈公彦)의 소(疏)에서는 "束者十端, 每端丈八尺, 皆兩端合卷, 總爲五匹, 故云束帛也."라고 풀이했다.

50) 『예기』「잡기하(雜記下)」【524c】: 納幣一束, 束五兩, 兩五尋.

리셔서 아무개의 처를 들이게 되었습니다. 아무개는 조상들이 시행하던 예에 따라서 한 쌍의 사슴 가죽과 속백(束帛)을 예물로 바쳐 아무개를 시켜 납징의 의례를 시행하고자 청합니다."라고 한다. 신랑 부친의 명령을 전달하며, "아무개는 감히 납징의 의례를 시행하고자 합니다."라고 한다. 대답하며 "그대께서는 선조의 법도에 따라 아무개에게 중대한 예법을 내려주셨으니, 아무개는 감히 사양하지 못하겠습니다. 감히 명령을 받들지 않을 수 있겠습니까!"라고 한다.

鄭注 典, 常也, 法也.

번역 '전(典)'은 항상됨을 뜻하며 법도를 뜻한다.

賈疏 ●"納徵"至"承命". ○釋曰: "吾子有命"以下至"請納徵", 是門外向擯者辭也. 云"致命曰, 某敢納徵"者, 是所升堂致命辭也. 云"對曰"者, 是堂上主人對辭也.

번역 ●記文: "納徵"~"承命". ○"그대께서는 명령을 내렸다."라는 구문으로부터 "납징을 청합니다."라는 구문까지는 문밖에서 의례의 진행을 돕는 자에게 전하는 말이다. "신랑 부친의 명령을 전달하며, 아무개는 감히 납징의 의례를 시행하고자 합니다."라고 했는데, 이것은 당상에 올라가서 명령을 전달하며 하는 말에 해당한다. '대왈(對曰)'이라고 했는데, 이것은 당상에서 주인이 대답하는 말에 해당한다.

참고 『의례』「사혼례(士昏禮)」 기록 – 청기(請期)

경문 請期, 用鴈. 主人辭, 賓許, 告期, 如納徵禮.

번역 청기(請期)를 할 때에는 기러기를 예물로 사용한다. 주인이 기일 정하기를 사양하면 빈객이 허용하고, 기일을 알려주니, 납징(納徵)을 했을 때의 예법처럼 따른다.

鄭注 主人辭者, 陽倡陰和, 期日宜由夫家來也. 夫家必先卜之, 得吉日, 乃使使者往, 辭卽告之.

번역 주인이 사양하는 것은 양이 선창하면 음이 화답하니, 기일은 마땅히 신랑 측에서 정해야 하기 때문이다. 신랑 측에서는 반드시 먼저 점을 쳐서 길한 날을 얻은 뒤에야 심부름꾼을 시켜서 신부 측으로 보내고, 신부 측 주인이 사양하면 정한 날짜를 알려준다.

賈疏 ●"請期"至"徵禮". ○釋曰: 請期如納徵禮, 納吉禮如納采禮. 按上納采之禮下至"主人拜送於門外", 其中揖讓升降及禮賓迎送之事, 此皆如之.

번역 ●經文: "請期"~"徵禮". ○청기(請期)를 할 때에는 납징(納徵)을 할 때의 예법절차처럼 하고, 납길(納吉)을 할 때의 예법은 납채(納采)를 할 때의 예법절차처럼 한다. 앞에서 납채의 예법을 시행할 때에는 "주인이 문밖에서 절을 하며 전송한다."라고 했는데, 그 중간에 읍하고 사양하며 당상에 오르고 내리며 빈객을 예우하고 맞이하고 전송하는 일들이 나오는데, 여기에서 말한 예법절차도 모두 이처럼 한다.

賈疏 ◎注"主人"至"告之". ○釋曰: 婿之父使使納徵訖, 乃下卜婚月, 得吉日, 又使使往女家告日, 是期由男家來. 今以男家執謙, 故遣使者請女家. 若云期由女氏, 故云"請期". 女氏知陽倡陰和, 當由男家出, 故主人辭之. 使者旣見主人辭, 遂告主人期日也. 是以下記云: "使者曰: 某使某受命吾子, 不許, 某敢不告! 期曰某日." 注云: "某吉日之甲乙." 是告期之辭, 故鄭云"辭卽告"也.

번역 ◎鄭注: "主人"~"告之". ○신랑의 부친은 심부름꾼을 보내 납징(納徵)을 하고 그 절차가 끝나면 혼례를 치를 달에 대해 점을 쳐서 길일을 택하고, 재차 심부름꾼을 신부 측으로 보내 그 날짜를 알려주는데, 이것은 기일이 신랑

측으로부터 정해짐을 뜻한다. 현재 신랑 측에서는 겸손하게 처신했기 때문에 심부름꾼을 보내 신부 측에 기일을 청해서 물은 것이다. 이것은 마치 기일이 신부 측으로부터 정해지는 것처럼 말한 것이다. 그렇기 때문에 '청기(請期)'라고 부른다. 신부 측에서도 양이 선창하면 음이 화답하니, 마땅히 신랑 측으로부터 기일이 정해져야 함을 안다. 그렇기 때문에 주인이 사양하는 것이다. 심부름꾼은 주인이 사양하는 것을 보게 되면 결국 주인에게 정해진 기일을 알려주게 된다. 아래 기문에서는 "아무개는 아무개를 시켜 그대의 명을 받고자 하였으니 허락하지 않으셔서 아무개가 감히 고하지 않을 수 있겠습니까! 기일은 아무개 날입니다."라고 했고, 주에서는 "아무개라는 것은 길일로 택한 갑일이나 을일 등을 뜻한다."라고 했다. 이것은 기일을 알려주는 말에 해당한다. 그렇기 때문에 정현은 "사(辭)는 알린다는 뜻이다."라고 했다.

참고 『의례』「사혼례(士昏禮)」 기록 - 청기(請期)

기문 請期, 曰, "吾子有賜命, 某旣申受命矣. 惟是三族之不虞, 使某也請吉日."

번역 청기(請期)의 절차를 시행할 때에는 "그대께서는 허락의 명을 내려주셔서, 아무개는 이미 거듭 그 명을 받았습니다. 삼족(三族)에게 예기치 못한 일이 없어서 아무개를 시켜 길일을 청해 묻습니다."라고 한다.

鄭注 三族, 謂父昆弟·己昆弟·子昆弟. 虞, 度也. 不億度, 謂卒有死喪, 此三族者, 己及子皆爲服期, 期服則踰年, 欲及今之吉也. 雜記曰: "大功之末, 可以冠子·嫁子."

번역 '삼족(三族)'은 부친의 곤제, 자신의 곤제, 자식의 곤제를 뜻한다. '우(虞)'자는 헤아린다는 뜻이다. 헤아리지 못한다는 말은 갑작스럽게 상사가 발생한다는 뜻인데, 여기에서 말한 삼족은 본인 및 자식이 모두 기년복(期年服)[51]

을 착용해야 하는 대상들이며, 기년복을 착용하게 되면 그 해를 넘기게 되니, 지금 시기의 길일을 잡아 혼례를 치르고자 하는 것이다. 『예기』「잡기(雜記)」편에서는 "본인이 대공복(大功服)의 상을 치르고 있는데 상복을 제거하려고 하는 때라면, 자식에게 관례를 치러줄 수 있고 자식을 시집보낼 수 있다."[52]라고 했다.

賈疏 ●"請期"至"吉日". ○釋曰: 云"某旣申受命矣"者, 申, 重也. 謂前納采已後, 每度重受主人之命也. 云"惟是三族之不虞, 使某也請吉日"者, 今將成昏, 須及吉時, 但吉凶不相干, 若値凶, 不得行吉禮, 故云惟是三族. 死生不可億度之事, 若値死時, 則不得娶, 及今吉時, 使某請吉日以成昏禮也.

번역 ●記文: "請期"~"吉日". ○"아무개는 이미 거듭 그 명을 받았습니다."라고 했는데, '신(申)'자는 거듭[重]이라는 뜻이다. 이전에 납채(納采)를 한 이후로 매번 주인의 명령을 거듭 받았다는 의미이다. "삼족(三族)에게 예기치 못한 일이 없어서 아무개를 시켜 길일을 청해 묻습니다."라고 했는데, 현재 혼례를 성사시키려고 하여 길한 시기를 잡으려고 하는데, 길례와 흉례는 상호 간여할 수 없으니, 만약 흉례를 치르게 된다면 길례를 시행할 수 없다. 그렇기 때문에 삼족에 대해 말한 것이다. 살고 죽는 문제는 헤아릴 수 있는 사안이 아니니, 만약 어떤 자가 죽게 된다면 혼례를 치를 수 없으므로, 현재 길한 시기에 접어들어 아무개를 시켜 길일을 청해 묻고 이를 통해 혼례를 완성하고자 하는 것이다.

---

51) 기년복(期年服)은 1년 동안 상복(喪服)을 입는다는 뜻이다. 또는 그 기간 동안 입게 되는 상복을 뜻하기도 하는데, 일반적으로 자최복(齊衰服)을 가리키는 용어로 사용된다. '기년복'이라고 할 때의 '기년(期年)'은 1년을 뜻하는데, '자최복'은 일반적으로 1년 동안 입게 되는 상복이 되기 때문이다.

52) 『예기』「잡기하(雜記下)」【516a~b】: 大功之末可以冠子, 可以嫁子. 父小功之末, 可以冠子, 可以嫁子, 可以取婦. 己雖小功旣卒哭, 可以冠取妻, 下殤之小功則不可.

賈疏 ◎注"三族"至"嫁子". ○釋曰: 鄭知三族是父·己·子三者之昆弟者, 若大功之喪服內不廢成禮, 若期, 親內則廢, 故擧合廢者而言. 以其父昆弟則伯·叔及伯·叔母, 己昆弟則己之親兄弟, 子昆弟則己之適子·庶子者, 皆己之齊衰期服之內親, 故三族據三者之昆弟也. 引雜記者, 見大功小功之末, 旣葬, 則可以嫁子·娶妻, 經曰三族, 不據之矣. 今據父之昆弟期, 於子小功, 不得與子娶妻. 若於子期, 於父小功, 亦不得娶妻. 知今皆據婿之父而言. 若然, 己·父昆弟於子爲小功, 而言此三族者, 己與子皆爲服期者, 亦據大判而言耳.

번역 ◎鄭注: "三族"~"嫁子". ○삼족이 부친·자신·자기 세 대상의 곤제들을 뜻한다는 사실을 정현이 알 수 있었던 것은 대공복(大功服)[53]의 상에 해당하는 대상들로 인해 혼례를 완수하는 것을 폐지하지 않지만, 기년복의 경우라면 친근한 대상에 포함되므로 혼례를 폐지하게 된다. 그렇기 때문에 폐지해야 하는 대상들을 망라해서 언급한 것이다. 부친의 곤제는 백부·숙부 및 백모·숙모가 되고, 자신의 곤제는 자신의 친형제들이 되며, 자식의 곤제는 자신의 적자 및 서자가 된다. 이들에 대해서는 모두 자신이 자최복(齊衰服)을 입고 기년상(期年喪)[54]을 치러야 하는 대상에 해당하는 친족이다. 그러므로 삼족(三族)은 세 대상의 형제들을 가리킨다. 정현이 『예기』「잡기(雜記)」편의 문장을 인용한 것은 대공복이나 소공복(小功服)의 상을 치를 때 그 말미에 이르러 장례를 마치게 되면 자식을 시집보내거나 장가를 들게 할 수 있음을 보여주기 위한 것인데, 경문에서는 '삼족(三族)'이라고 했으니 이들을 거론하지 않은 것이다. 현재 부친의 곤제에 대해 기년복을 착용하는 것에 기준을 둔다면

53) 대공복(大功服)은 상복(喪服) 중 하나로, 오복(五服)에 속한다. 조밀한 삼베를 사용해서 만들지만, 소공복(小功服)에 비해서는 삼베의 재질이 거칠기 때문에, '대공복'이라고 부른다. 이 복장을 입게 되는 기간은 상황에 따라 차이가 생기지만, 일반적으로 9개월이다. 당형제(堂兄弟) 및 미혼인 당자매(堂姊妹), 또는 혼인을 한 자매(姊妹) 등을 위해서 입는다.

54) 기년상(期年喪)은 1년 동안 치르는 상을 뜻한다. 일반적으로 자최복(齊衰服)을 입고 치르는 상을 뜻한다. '기년(期年)'은 1년을 뜻하는데, '자최복'은 일반적으로 1년 동안 입게 되는 상복이기 때문이다.

자식의 입장에서는 소공복이 되는데도 자식을 장가보낼 수 없다. 만약 자식이 기년복을 착용한 경우라면 부친의 입장에서는 소공복이 되는데도 또한 장가를 보낼 수 없다. 따라서 이 모두는 신랑의 부친을 기준으로 말한 것임을 알 수 있다. 그렇다면 자신과 부친의 곤제는 자식의 입장에서는 소공복이 되는데, 이러한 삼족에 대해서 자신과 자식이 모두 기년복을 착용한다고 말한 것은 대략적인 뜻으로 말한 것일 뿐이다.

기문 對曰, "某旣前受命矣, 唯命是聽①." 曰, "某命某聽命于吾子②." 對曰, "某固唯命是聽." 使者曰, "某使某受命, 吾子不許, 某敢不告期!" 曰, "某日③."

번역 대답하며 "아무개는 이미 전부터 명령하신대로 따랐으니, 이번에도 명령하시는 것에 따르겠습니다."라고 한다. 심부름꾼은 "아무개께서 아무개에게 명하시여 그대의 명령을 따르게 하셨습니다."라고 한다. 대답하며 "아무개는 진실로 명하신대로 따르겠습니다."라고 한다. 심부름꾼은 "아무개께서 아무개를 시켜 명령을 받도록 하셨는데 그대께서 허락하지 않으시니, 아무개는 감히 고하지 않을 수 있겠습니까!"라고 하며, 혼사를 치르기로 정한 날은 "아무개일입니다."라고 한다.

鄭注-① 前受命者, 申前事也.

번역 이전에 명령을 받았다는 말은 이전의 일들처럼 거듭해서 따르겠다는 뜻이다.

鄭注-② 曰某, 婿父名也.

번역 '왈모(曰某)'에서의 '모(某)'는 신랑의 부친 이름에 해당한다.

鄭注-③ 某, 吉日之甲乙.

번역 '모(某)'는 길일로 택한 갑일이나 을일 등을 뜻한다.

賈疏 ◎注"某吉日之甲乙". ○釋曰: 云"曰某日"者, 是使者付主人吉日之辭. 云"某, 吉日之甲乙"者, 謂以十日配十二辰, 若云甲子・乙丑・丙寅・丁卯之類, 故鄭略舉甲乙而言之也.

번역 ◎鄭注: "某吉日之甲乙". ○"혼사를 치르기로 정한 날은 아무개 일입니다."라고 했는데, 이것은 심부름꾼이 신부 측의 주인에게 전하는 길일에 대한 말이다. 정현이 "'모(某)'는 길일로 택한 갑일이나 을일 등을 뜻한다."라고 했는데, 10일을 12진에 배열한 것으로, 갑자일・을축일・병인일・정묘일 등의 부류가 된다. 그렇기 때문에 정현은 간략히 갑을(甲乙)만 제시해서 말한 것이다.

기문 對曰, "某敢不敬須!"

번역 대답하며 "아무개가 감히 공경히 기다리지 않을 수 있겠습니까!"라고 한다.

鄭注 須, 待.

번역 '수(須)'자는 기다린다는 뜻이다.

그림 1-9 ▣ 대공복(大功服)

※ 출처: 『삼재도회(三才圖會)』「의복(衣服)」 3권

참고 『예기』「애공문(哀公問)」 기록

경문-594d 孔子曰, "天地不合, 萬物不生. 大昏, 萬世之嗣也, 君何謂已重焉?" 孔子遂言曰, "內以治宗廟之禮, 足以配天地之神明. 出以治直言之禮, 足以立上下之敬. 物恥足以振之, 國恥足以興之, 爲政先禮, 禮其政之本與."

번역 애공의 질문에 대해 공자는 "천지가 합치되지 않으면 만물이 생겨나지 않습니다. 따라서 천지를 상징하는 남녀는 성대한 혼례를 치름으로써 만세를 잇는 일인데, 군주께서는 어찌하여 너무 중시 여긴다고 하십니까?"라고 대답했다. 그리고 공자는 "안으로 종묘의 예(禮)를 다스리면 천지의 신명과 짝할 수 있습니다. 또 밖으로 조정의 예를 다스리면 상하계층의 공경함을 세울 수 있습니다. 사물의 치욕은 이를 통해 진작시켜 없앨 수 있으며, 나라의 치욕은 이를 통해 흥기시켜 없앨 수 있으니, 정치를 시행할 때에는 예가 급선무입니다. 따라서 예는 정치의 근본일 것입니다."라고 말했다.

鄭注 宗廟之禮, 祭宗廟也. 夫婦配天地, 有日月之象焉. 禮器曰: "君在阼, 夫人在房, 大明生於東, 月生於西, 此陰陽之分, 夫婦之位也." 直, 猶正也, 正言謂出政教也. 政教有夫婦之禮焉. 昏義曰: "天子聽外治, 后聽內職, 教順成俗, 外內和順, 國家理治, 此之謂盛德." 物, 猶事也. 事恥, 臣恥也. 振, 猶救也. 國恥, 君恥也. 君臣之行有可恥者, 禮足以救之, 足以興復之.

번역 종묘의 예(禮)는 종묘에서 제사를 지낸다는 뜻이다. 부부는 천지에 짝하여 해와 달의 상을 가지고 있다. 『예기』「예기(禮器)」편에서는 "군주가 종묘에 위치할 때에는 동쪽에 머물게 되고, 부인은 서쪽에 있는 방(房)에 위치하며, 태양은 동쪽에서 생겨나고 달은 서쪽에서 생겨나니, 이것은 음양에 따른 구분이자 부부의 위치에 해당한다."[55]라고 했다. '직(直)'자는 "바르다[正]."는 뜻이

---

55) 『예기』「예기(禮器)」【311c】: 天道至教, 聖人至德. 廟堂之上, 罍尊在阼, 犧尊在西; 廟堂之下, 縣鼓在西, 應鼓在東. 君在阼, 夫人在房, 大明生於東, 月生於西, 此陰陽之分, 夫婦之位也. 君西酌犧象, 夫人東酌罍尊. 禮交動乎上, 樂交應

다. 바른 말은 정치와 교화를 창출한다는 의미이다. 정치와 교화에는 부부의 예가 포함되어 있다. 「혼의」편에서는 “천자는 외적인 다스림을 듣고, 왕후는 내적인 직무를 듣는다. 순종의 미덕을 가르치고 풍속을 완성하며, 내외적으로 화목하고 순종하여, 국가가 다스려진다. 이것은 곧 ‘성덕(盛德)’을 뜻한다.”[56] 라고 했다. ‘물(物)’자는 사안[事]을 뜻한다. ‘사치(事恥)’는 신하의 치욕을 뜻한다. ‘진(振)’자는 “구원하다[救].”는 뜻이다. ‘국치(國恥)’는 군주의 치욕을 뜻한다. 군주와 신하의 행실 중 치욕스러울 만한 점이 있다면, 예(禮)는 충분히 그것들을 구원할 수 있고 또한 흥기시키고 회복시킬 수 있다.

大全 嚴陵方氏曰: 天地合而後萬物生, 猶之二姓合而後人道成焉, 故曰大昏萬世之嗣也. 以其傳萬世之嗣, 則親迎之禮,, 不爲過矣.

번역 엄릉방씨가 말하길, 천지가 합한 뒤에 만물이 생겨나는 것은 두 성씨의 남녀가 결혼한 이후에 인도가 완성되는 것과 같다. 그렇기 때문에 “성대한 혼례는 만세를 잇는 것이다.”라고 했다. 만세의 후사를 전수하므로, 친영(親迎)의 예를 중시하는 것은 지나친 일이 아니다.

大全 石林葉氏曰: 昏以繼萬世之嗣, 而爲先祖後, 與之共事宗廟社稷, 以及天地, 所謂主也. 君共粢盛, 夫人共祭服, 則內足以治宗廟之禮. 推而大之, 可以配天地. 天則神也, 地則明也, 故以配天地之神明. 夫婦正則名正, 名正則言順, 故出則足以治直言之禮. 推而廣之, 凡君臣父子, 皆所正也, 故以立上下之敬. 至于事之廢墜, 可恥者足以正之, 國之衰弱, 可恥者足以興之, 爲政之本, 孰有先於此乎? 然而昏姻之禮, 人倫之常也. 其效若此者何也? 蓋大王之所以興國者, 以其有姜女, 文王之所以造周者, 以其有后妃, 幽王之所以亡天

乎下, 和之至也.

56) 『예기』「혼의」【694c~d】: 古者天子后立六宮·三夫人·九嬪·二十七世婦·八十一御妻, 以聽天下之內治, 以明章婦順, 故天下內和而家理. 天子立六官·三公·九卿·二十七大夫·八十一元士, 以聽天下之外治, 以明章天下之男教, 故外和而國治. 故曰天子聽男教, 后聽女順; 天子理陽道, 后治陰德; 天子聽外治, 后聽內職. 教順成俗, 外內和順, 國家理治, 此之謂盛德.

下也, 亦以褒姒而已. 王化之本, 取諸家, 而推之, 則天下無不治.

번역 석림섭씨[57]가 말하길, 혼인을 통해서 만세의 후사를 잇고, 선조의 후손이 되며, 부인과 더불어 종묘와 사직에 대해 함께 제사를 지내고, 천지의 제사에 미치게 되니, 주인이라고 부른 이유이다. 군주는 자성(粢盛)[58]을 바치고, 부인은 제복을 바치니, 내적으로는 종묘의 예(禮)를 다스릴 수 있다. 이를 확대하면 천지에 짝할 수 있다. 하늘의 신은 신(神)이고 땅의 신은 명(明)이다. 그렇기 때문에 천지의 신명(神明)에 짝한다. 부부관계가 바르게 되면 명분이 바르게 되고, 명분이 바르게 되면 말이 순화된다. 그렇기 때문에 밖으로는 직언의 예를 다스릴 수 있다. 이를 확대하면 군신 및 부자관계가 모두 이것을 바른 것으로 삼기 때문에, 이를 통해 상하의 공경함을 세울 수 있다. 사안이 폐지되는 것에 있어서도 치욕스러운 것들을 바르게 할 수 있고, 나라가 쇠약해지는 것에 있어서도 치욕스러운 것들을 바로잡아 흥성하게 만들 수 있으니, 정치를 시행하는 근본 중 그 무엇이 이보다 앞설 수 있겠는가? 그러므로 혼인의 예는 인륜의 항상된 도이다. 그런데 그 효과가 이와 같은 것은 어째서인가? 태왕이 나라를 흥성하게 했던 것은 강녀(姜女)[59]가 있었기 때문이고, 문왕이 주나라를 건국할 수 있었던 것은 후비가 있었기 때문이며, 유왕이 천하를 잃게 된 것은 또한 포사(褒姒)가 있었기 때문이다. 천자가 시행하는 교화의 근본은 가정에서 취하니, 이를 확대하면 천하에 다스려지지 않는 것이 없게 된다.

---

57) 석림섭씨(石林葉氏, ? ~ A.D.1148) : =섭몽득(葉夢得)・섭소온(葉少蘊). 남송(南宋) 때의 유학자이다. 자(字)는 소온(少蘊)이고, 호(號)는 몽득(夢得)이다. 박학다식했다고 전해지며, 『춘추(春秋)』에 대한 조예가 깊었다.

58) 자성(粢盛)은 제성(齊盛)이라고도 부른다. 자(粢)자는 곡식의 한 종류인 기장을 뜻하고, 성(盛)자는 그릇에 기장을 풍성하게 채워놓은 모양을 뜻한다. 따라서 '자성'은 제기(祭器)에 곡물을 가득 채워놓은 것을 뜻하며, 제물(祭物)로 사용되었다. 『춘추공양전』「환공(桓公) 14년」편에는 "御廩者何, 粢盛委之所藏也."라는 기록이 있는데, 이에 대한 하휴(何休)의 주에서는 "黍稷曰粢, 在器曰盛."이라고 풀이하였다.

59) 대강(大姜)은 '강녀(姜女)'라고도 부른다. 주나라 태왕의 부인이자 문왕의 조모이다. 성(姓)이 강(姜)이라서 추존하여 '대강'이라고 부르며, 또한 주강(周姜)이라고도 부른다.

集解 大昏者, 所以繼祖宗, 延嗣續, 故上以"繼先聖之後"明其重, 此又以"萬世之嗣"明其重也.

번역 성대한 혼례는 조상의 뒤를 잇는 것이며 후사를 잇게 만드는 것이다. 그렇기 때문에 앞에서는 "선성의 뒤를 잇다."라고 하여 그 중대성을 드러내었고, 이곳에서는 또한 '만세의 후사'라고 하여 중대성을 드러낸 것이다.

참고 『춘추』 장공(莊公) 22년 기록

경문 冬, 公如齊納幣.

번역 겨울 장공이 제나라로 가서 납폐(納幣)를 하였다.

杜注 無傳. 公不使卿而親納幣, 非禮也. 母喪未再期而圖昏, 二傳不見所譏, 左氏又無傳, 失禮明故.

번역 관련 전문이 없다. 장공이 경을 시키지 않고 직접 납폐를 했으니, 예가 아니다. 모친의 상에서 아직 2주기가 되지 않았는데도 혼례를 도모하였는데, 『공양전』과 『곡량전』에서는 기롱하는 말이 나타나지 않고, 좌씨 또한 전문을 기록하지 않았으니, 예에서 벗어난 것이 명백했기 때문이다.

孔疏 ◎注"公不"至"明故". ○正義曰: 釋例曰: "宋公使華元來聘, 聘不應使卿, 故傳但言聘共姬也; 使公孫壽來納幣, 納幣應使卿, 故傳明言其得禮也." 是納幣當使卿, 公不使卿, 親納幣, 非禮也.

번역 ◎杜注: "公不"～"明故". ○『석례』에서는 "송나라 공작은 화원을 시켜 찾아와 빙문을 했는데, 빙문을 할 때에는 경을 시키지 말아야 하기 때문에 전문에서는 단지 공희를 맞이하기 위해서라고 말했다.[60] 그리고 공손수를 시켜서 찾아와 납폐를 했는데 납폐를 할 때에는 경을 시켜야 한다. 그렇기 때문에 전문에서는 그것이 예법에 맞다고 말했다.[61]"라고 했다. 이것은 납폐를 할 때 경을 사신으로 보내야 함을 나타내는데, 장공은 경을 사신으로 보내지 않고 직접 납폐를 했으니 비례에 해당한다.

何注 納幣卽納徵. 禮曰"主人受幣, 士受儷皮", 是也. 禮言納徵, 春秋言納幣者, 春秋質也. 凡婚禮皆用鴈, 取其知時候. 唯納徵用玄纁束帛儷皮. 玄纁, 取其順天地也. 儷皮者, 鹿皮, 所以重古也.

번역 납폐(納幣)는 곧 납징(納徵)에 해당한다. 『예』에서 "주인은 예물을 받는데 사는 한 쌍의 가죽을 받는다."라고 한 말이 이것을 가리킨다. 『예』에서는 '납징(納徵)'이라고 했는데 『춘추』에서 '납폐(納幣)'라고 한 것은 『춘추』는 질박함에 따랐기 때문이다. 혼례에서는 모두 기러기를 예물로 사용하니, 시기와 기후를 안다는 것에서 의미를 취한 것이다. 납징을 할 때에는 현색과 훈색의 속백(束帛)과 한 쌍의 가죽을 사용한다. 현색과 훈색은 천지에 순종한다는 것에서 의미를 취했다. 한 쌍의 가죽은 사슴 가죽을 뜻하니, 고대의 예법을 중시하기 때문이다.

徐疏 ◎注"納徵"至"天地也". ○解云: 卽隱元年注云"束帛, 謂玄三纁二: 玄三法天, 纁二法地", 是也, 何者? 玄纁者, 是天地之色故也.

번역 ◎何注: "納徵"~"天地也". ○은공 1년의 주에서 "속백(束帛)은 현색의 비단이 3양(兩)이고 훈색의 비단이 2양(兩)이다. 현색의 3양은 하늘을 본받는 것이고, 훈색의 2양은 땅을 본받는 것이다."라고 했다. 어째서인가? 현색과 훈색은 천지의 색깔에 해당하기 때문이다.

徐疏 ◎注"儷皮者, 鹿皮, 所以重古也". ○解云: 正以古者食肉衣皮服捕禽獸故也. 儷者, 兩也. 兩皮者, 二儀之數.

---

60) 『춘추좌씨전』「성공(成公) 8년」: 宋華元來聘, 聘共姬也.
61) 『춘추좌씨전』「성공(成公) 8년」: 夏, 宋公使公孫壽來納幣, 禮也.

번역 ◎何注: "儷皮者, 鹿皮, 所以重古也". ○고대에는 고기를 먹고 짐승의 가죽을 옷으로 입었기 때문에 짐승을 포획했다. 여(儷)는 한 쌍을 뜻한다. 양피(兩皮)는 이의(二儀)의 수에 해당한다.

公羊傳 納幣不書, 此何以書①? 譏. 何譏爾? 親納幣, 非禮也②.

번역 납폐에 대해 기록하지 않는데, 여기에서는 어찌하여 기록했는가? 기롱했기 때문이다. 어찌하여 기롱했는가? 직접 납폐를 한 것은 비례이기 때문이다.

何注-① 據桓三年公子翬如齊逆女, 不書納幣.

번역 환공 3년에 공자휘가 제나라로 가서 제후의 부인을 맞이할 때 '납폐(納幣)'라고 기록하지 않은 것에 근거한 말이다.

何注-② 時莊公實以淫泆大惡不可言, 故因其有事於納幣, 以無廉恥爲譏. 不譏喪娶者, 擧淫爲重也. 凡公之齊, 所以起淫者, 皆以危致也.

번역 당시 장공은 실제로 말도 못하게 음란하고 매우 악했다. 그렇기 때문에 납폐에 대해서 그 일을 처리한 것에 따라 염치가 없는 것을 기롱했던 것이다. 상중에 아내를 들인 일을 기롱하지 않은 것은 음란한 것이 더 중대하다고 여겼기 때문이다. 장공이 제나라로 갔던 모든 일은 음란함을 일으킨 것이니, 이 모두는 위태로움을 자초한 것이다.

徐疏 ◎注"凡公"至"致也". ○解云: 卽下二十三年"春, 公至自齊", "夏, 公如齊觀社", "公至自齊"; 二十四年"夏, 公如齊逆女", "秋, 公至自齊"之屬, 是也. 凡書至者, 臣子喜其君父脫危而至故也.

번역 ◎何注: "凡公"~"致也". ○뒤의 23년 기록에서는 "봄에 장공이 제나라로부터 돌아왔다."[62]라고 했고, "여름에 장공이 제나라로 가서 사(社)에 대한 제사를 살펴보았다."[63]라고 했으며, "장공이 제나라로부터 돌아왔다."[64]라고 했고, 24년에는 "여름에 장공이 제나라로 가서 부인을 맞이했다."[65]라고 했으며, "가을에 장공이 제나라로부터 돌아왔다."[66]라고 한 부류가 여기에 해당한다. '지(至)'라고 기록한 것은 신하 및 자식이 군주와 부친이 위기에서 탈출하여 되돌아온 것을 기뻐했기 때문이다.

穀梁傳 納幣, 大夫之事也. 禮有納采①, 有問名②, 有納徵③,

번역 납폐는 대부가 시행하는 일이다. 예에는 납채(納采)가 있고, 문명(問名)이 있으며, 납징(納徵)이 있고,

范注-① 采擇女之德性也. 其禮用鴈爲贄者, 取順陰陽往來.

번역 여자의 덕과 성품을 선택하는 것이다. 해당 예법에서는 기러기를 예물로 사용하는데, 음양이 왕래함에 따른다는 의미를 취한 것이다.

范注-② 問女名而卜之, 知吉凶也, 其禮如納采.

번역 여자의 이름을 물어서 점을 치니 길흉을 알 수 있기 때문이다. 해당 예법은 납채(納采)와 같다.

范注-③ 徵, 成也, 納幣以成婚.

번역 '징(徵)'자는 완성한다는 뜻이니, 납폐를 해서 혼례를 성사시키는 것이다.

楊疏 ●傳"有納徵". ○釋曰: 此傳釋諸侯不云"納幣", 而云"納徵"者, 以士婚禮有"納徵"之文, 欲明用幣雖異而禮同也.

---

62) 『춘추』「장공(莊公) 23년」: 二十有三年, 春, 公至自齊.
63) 『춘추』「장공(莊公) 23년」: 夏, 公如齊觀社.
64) 『춘추』「장공(莊公) 23년」: 公至自齊.
65) 『춘추』「장공(莊公) 24년」: 夏, 公如齊逆女.
66) 『춘추』「장공(莊公) 24년」: 秋, 公至自齊.

번역 ●傳文: "有納徵". ○이곳 전문에서는 제후의 예법을 풀이하며 '납폐(納幣)'라 하지 않고 '납징(納徵)'이라고 했는데, 『의례』「사혼례(士昏禮)」편에 '납징(納徵)'이라는 기록이 나오기 때문이니, 예물로 사용하는 것에 비록 차이가 있더라도 관련 의례절차는 동일하다는 것을 나타내고자 한 것이다.

穀梁傳 有告期. 四者備,

번역 고기(告期)가 있다. 네 가지가 갖춰진,

范注 告迎期.

번역 친영(親迎)을 하게 될 기일을 알리는 것이다.

楊疏 ●傳"四者備". ○釋曰: 士婚禮, "下達"之後, 有納采·問名·納吉·納徵·請期·親迎六禮. 此傳不云納吉者, 直擧四者, 足以譏公, 故略納吉不言之. 或以爲諸侯與士禮異者, 非也.

번역 ●傳文: "四者備". ○『의례』「사혼례(士昏禮)」편에서는 '하달(下達)'을 한 이후 납채(納采)·문명(問名)·납길(納吉)·납징(納徵)·청기(請期)·친영(親迎)이라는 여섯 가지 의례절차가 있다. 이곳 전문에서는 납길을 언급하지 않고 단지 네 가지 절차만 거론했는데, 이것으로도 장공을 기롱하기에 충분했기 때문이다. 그래서 납길을 생략하여 언급하지 않았다. 혹자는 제후와 사 계층의 예법에 차이가 있기 때문이라고 여겼는데 잘못된 주장이다.

穀梁傳 而後娶, 禮也. 公之親納幣, 非禮也,

번역 그런 뒤에야 아내를 들이는 것이 예법에 맞다. 장공이 직접 납폐를 한 것은 비례이다.

楊疏 ●傳“納幣, 非禮也”. ○釋曰: 納幣非禮, 是譏喪娶. 而注云“傳無譏文”者, 傳上云“公之親納幣, 非禮”, 不云喪娶之事, 故云“無譏文”也. 然宣元年貶夫人去氏, 此則全無譏者, 彼以夫人不能以禮自固, 故與有貶, 仍未是貶公之事, 故彼注云“不譏喪娶者, 不待貶絶而罪惡自見”, 是也.

번역 ●傳文: “納幣, 非禮也”. ○납폐를 한 것이 비례라고 한 것은 상중에 아내를 들인 것을 기롱한 것이다. 주에서는 “전문에는 기롱하는 글이 없다.”라고 했는데, 전문에서는 앞서 “장공이 직접 납폐를 한 것은 비례이다.”라고 했고, 상중에 아내를 들인 일에 대해서는 언급하지 않았다. 그렇기 때문에 “기롱하는 글이 없다.”라고 했다. 선공 1년에는 부인을 폄하하여 씨(氏)를 기록하지 않았는데, 이곳에는 전혀 기롱하는 뜻이 없다. 선공 때에는 부인이 예법에 따라 스스로를 지키지 못했기 때문에 폄하했던 것이니, 선공에 대해 폄하한 것은 아니다. 그렇기 때문에 그 주석에서는 “상중에 아내를 들인 것을 기롱하지 않은 것은 폄하하지 않더라도 죄악이 스스로 드러나기 때문이다.”라고 했다.

穀梁傳 故譏之.

번역 그렇기 때문에 기롱한 것이다.

范注 公母喪, 未再期而圖婚, 傳無譏文, 但譏親納幣者, 喪婚不待貶絶而罪惡見.

번역 장공은 모친의 상을 치르고 있었는데, 아직 2주기가 되지도 않았는데 혼례를 도모했다. 전문에는 기롱하는 글이 없다. 다만 직접 납폐를 한 것을 기롱했는데, 상중에 혼례를 치른 것은 폄하하지 않더라도 죄악이 드러나기 때문이다.

• 제2절 •

친영(親迎)의 절차와 그 의미

【692a】

父親醮子而命之迎, 男先於女也. 子承命以迎, 主人筵几於廟, 而拜迎於門外. 壻執雁入, 揖讓升堂; 再拜奠雁, 蓋親受之於父母也. 降, 出御婦車, 而壻授綏, 御輪三周, 先俟于門外. 婦至, 壻揖婦以入. 共牢而食, 合巹而酳, 所以合體同尊卑以親之也.

직역 父는 親히 子에게 醮하고 命하여 迎하니, 男은 女에 先함이다. 子는 命을 承하여 迎하고, 主人은 廟에 筵几하고, 門外에서 拜하여 迎한다. 壻는 雁을 執하여 入하고, 揖하고 讓하여 堂에 升하며, 再拜하고 雁을 奠하니, 蓋히 父母에게서 親히 受한다. 降하여, 出하여 婦車를 御하고, 壻는 綏를 授하며, 輪을 御하길 三周하여, 先히 門外에서 俟한다. 婦가 至하면, 壻는 婦에게 揖하여 入한다. 牢를 共하여 食하고, 巹을 合하여 酳하니, 體를 合하고, 尊卑를 同하여 親하게 하는 所以이다.

의역 부친은 직접 자식에게 술을 따라주며, 그에게 명령하여 부인을 맞이하도록 하니, 남자는 부인보다 먼저 하는 것이다. 자식은 부친의 명을 받들어서 부인을 맞이하며, 주인은 묘(廟)에 자리와 안석을 설치하고, 문밖에서 절을 하며 맞이한다. 사위가 될 자는 기러기를 들고 들어가고, 읍과 사양을 하여 당상에 오르며, 올라가서는 재배를 하고 가져갔던 기러기를 내려놓으니, 신부의 부모에게서 아내를 직접 건네받기 때문이다. 당하로 내려가게 되면 밖으로 나와서 부인이 타게 될 수레를 몰게 되는데, 남편은 아내에게 수레에 오를 때 잡는 끈을 건네고, 수레를 직접 몰아서 수레바퀴가 3바퀴 굴러가도록 하고, 그런 뒤에는 먼저 문밖에서 아내를 기다린다. 아내가 도착하면 남편은 아내에게 읍을 하고 들어간다. 남편과 아내는 같은 희생물의 고기를 먹고, 한 쌍의 표주박으로 만든 바가지로 술을 따라 마셔서 입가심을 하니, 몸을 합하고 신분을 동일하게 하여 친근하게 대하는 방법이다.

集說 疏曰: 共牢而食者, 同食一牲, 不異牲也. 合巹而酳者, 以一瓠分爲兩瓢謂之巹, 壻與婦各執一片以酳. 酳, 演也, 謂食畢飲酒, 演安其氣也.

번역 공영달의 소에서 말하길, '공뢰이식(共牢而食)'이라는 말은 함께 한 마리의 희생물에서 나온 고기를 먹으며, 먹게 되는 희생물을 달리하지 않는다는 뜻이다. '합근이윤(合巹而酳)'이라고 했는데, 하나의 표주박을 두 개의 바가지로 만든 것을 '근(巹)'이라 부르며, 남편과 부인은 각각 하나의 바가지를 들고서 입가심을 한다. '윤(酳)'자는 "통하게 하다[演]."는 뜻이니, 음식을 다 먹으면 술을 마셔서, 그 기운을 소통시키고 편안하게 만든다는 의미이다.

集說 程子曰: 奠雁, 取其不再偶.

번역 정자가 말하길, 기러기를 놓아두는 것은 재차 다른 짝을 취하지 않는다는 뜻을 취한 것이다.

集說 朱子曰: 取其順陰陽往來之義也.

번역 주자가 말하길, 음양에 따라 왕래한다는 뜻을 취한 것이다.

集說 方氏曰: 筵几於廟者, 交神以筵之, 奉神以安之也. 父必親醮, 非重子也, 重禮而已. 御其婦車, 所以尊之也. 授之綏, 所以安之也. 以輪三周爲節者, 取陰陽奇偶之數成也. 旣三周, 則御者代之矣. 共牢, 則不異牲. 合巹, 則不異爵. 合巹有合體之義, 共牢有同尊卑之義. 體合則尊卑同; 同尊卑, 則相親而不相離矣.

번역 방씨가 말하길, "묘(廟)에 자리와 안석을 설치한다."라고 했는데, 신과 교섭하며 자리를 만들고 신을 받들어서 편안하게 모시는 것이다. "부친이 직접 자식에게 술을 따라준다."는 것은 자식을 중시해서가 아니며 그 예법을 중시하는 것일 따름이다. "부인의 수레를 몬다."는 것은 그녀를 존중하는 방법이다. "오를 때 잡는 수(綏)를 그녀에게 건넨다."는 것은 그녀를 편안하게 해주는 방법이다. 수레바퀴가 3바퀴 굴러가는 것을 하나의 절도로 삼는 것은 음양의 홀수와 짝수가 완성되는 뜻에 따른 것이다. 이미 3바퀴가 굴러갔다면, 수레를 모는 자가 남편을 대신해서 몰게 된다. "희생물을 함께 한다."라고 했으니, 먹게 되는 희생물을 달리 하지 않는 것이다. "표주박을 합친다."라고 했으니, 술잔을 달리 하지 않는 것이다. 각각 한 쪽씩의 표주박을 합치는 것에는 몸을 합친다는 뜻이 포함되어 있고, 희생물을 함께 한다는 것에는 신분의 등급을 동일하게 한다는 뜻이 포함되어 있다. 몸을 합친다면 신분의 차이가 동일한 것이며, 신분의 차이가 동일하다면 서로 친근하게 대하여 떨어지지 않는 것이다.

大全 朱子曰: 用雁, 亦攝盛之意. 蓋旣許攝盛, 則雖庶人不得用匹, 又昏禮摯不用死, 故不得不越雉而用雁也.

번역 주자가 말하길, 기러기를 사용하는 것은 또한 융성하게 높인다는 뜻이다. 이미 융성하게 높이는 것이 허용된다면, 비록 서인이라 하더라도 한 필을 사용할 수 없고 또 혼례에서 사용하는 예물은 죽은 것으로 사용할 수 없기 때문에, 더 높여서 꿩을 사용할 수 없어서 기러기를 사용하는 것이다.

大全 錢塘于氏曰: 上一段發明其所以重, 故總之曰所以敬謹重正昏禮也. 此一段發明其所以親, 故總之曰所以合體同尊卑以親之也. 推所以而言之, 則聖人兩致其意於昏禮者, 始昭然義見矣. 況夫婦之義, 本於判合, 故當始進之初於敬謹重正之中, 尤盡其綢繆委曲之誠. 父親醮而命迎, 則降尊以示其恩也. 壻再拜而奠雁, 則屈體以尙其恭也. 御輪以俟, 則春容以須之而不敢遽也. 揖婦以入, 則卑抑以延之而不敢慢也. 共牢合巹, 又凝密浹洽而相與周旋也.

번역 전당우씨가 말하길, 앞 문단에서는 중시하는 이유를 나타냈기 때문에, 총괄적으로 "혼례를 공경하고 신중히 하며 중시하고 바르게 하는 방법이다."라고 말한 것이다. 이곳 문단은 친근하게 대하는 이유를 나타냈기 때문에, 총괄적으로 "몸을 합하고 신분의 등급을 같게 하여 친근하게 대하는 방법이다."라고 말한 것이다. 그 이유를 미루어 말해보자면, 성인은 둘 모두 혼례에 대해 그 뜻을 다해야만, 비로소 환하게 그 도의를 드러내게 된다. 하물며 부부의 도의는 서로 짝을 이루는데 근본을 두고 있다. 그렇기 때문에 최초 나아가는 초기에 공경하고 신중하며 중시하고 올바르게 하는 것에 마땅하게 하며, 더욱이 빈틈없이 상세하게 정성을 다해야만 한다. 부친이 직접 술을 따라주고 맞이하라고 명령한다면, 자신의 존귀함을 낮춰서 은덕을 드러내는 것이다. 남편이 재배를 하고 기러기를 내려놓는다면, 자신을 굽혀서 공손함을 높이는 것이다. 수레바퀴를 움직여서 기다린다면, 느긋하고 편안한 자세로 기다려야 하고 감히 급작스럽게 할 수 없다. 부인에게 읍을 하고 들어간다면, 공손하고 사양하는 자세로 그녀를 인도하고 감히 태만하게 할 수 없다. 같은 희생물을 먹고 하나의 표주박을 합치니, 또한 올바르고 온화하게 행동하고 서로 맞춰서 행동해야 한다.

鄭注 酌而無酬酢曰醮. 醮之禮, 如冠醮與. 其異者, 於寢耳. 壻御婦車, 輪三周, 御者代之, 壻自乘其車, 先道之歸也. "共牢而食, 合巹而酳", 成婦之義.

번역 술을 따라주되 서로 권하며 술을 따라주는 절차가 없는 것을 '초(醮)'라고 부른다. 초를 하는 예법은 관례를 치르며 초를 했던 예법과 같았을 것이다. 다만 다른 점은 묘(廟)가 아닌 침(寢)에서 시행하는 것일 뿐이다. 남편이 부인이 탈 수레를 몰아서 수레바퀴가 3바퀴 굴러가게 되면, 수레를 모는 자가 대신 몰게 되고, 남편은 직접 그 수레에 올라타고 먼저 부인을 인도한다. "같은 희생물을 먹고, 표주박을 합하여 입가심하는 술을 마신다."는 것은 정식 부인이 되는 도의에 해당한다.

釋文 醮, 子妙反. 迎, 魚敬反, 下"以迎"同. 先, 悉薦反. 子承命, 本或作"子承父命", 誤. 壻, 或又作聟, 悉計反, 女之夫也, 依字從士從胥, 俗從知, 下作耳. 奠, 大見反. 綏音雖. 合, 徐音閤, 又如字. 巹, 徐音謹, 破瓢爲卮也, 說文作"▼(苤/豆)", 云: "蠡也." 字林几敏反, 以此"巹"爲"謷", 身有所承. 說文云: "讀若赤舄几." 酳, 徐音胤, 又仕覲反. 酢音昨. 如冠, 古亂反, 下"又始於冠"同. 與音餘. 道音導.

번역 '醮'자는 '子(자)'자와 '妙(묘)'자의 반절음이다. '迎'자는 '魚(어)'자와 '敬(경)'자의 반절음이며, 아래문장에 나오는 '以迎'에서의 '迎'자도 그 음이 이와 같다. '先'자는 '悉(실)'자와 '薦(천)'자의 반절음이다. '子承命'을 다른 판본에서는 '子承父命'이라고도 기록하는데, 이것은 잘못된 기록이다. '壻'자를 다른 판본에서는 또한 '聟'자로도 기록하는데, 그 음은 '悉(실)'자와 '計(계)'자의 반절음이며, 여자의 남편을 뜻하며, 자형에 따르면 '士'자와 '胥'자로 기록되어 있고, 세속본에서는 '知'자를 구성요소로 하며, 그 아래에 '耳'자를 기록한다. '奠'자는 '大(대)'자와 '見(견)'자의 반절음이다. '綏'자의 음은 '雖(수)'이다. '合'자의 서음(徐音)은 '閤(합)'이며, 또한 글자대로 읽기도 한다. '巹'자의 서음은 '謹(근)'이며, 하나의 표주박을 갈라서 바가지로 만든 것이며, 『설문』[1]에서는 '▼(苤/豆)'자로 기록하였고, "표주박이다."라고 했다. 한편 『자림』[2]에서는 '几(궤)'자와 '敏(민)'자의 반절음이며, '巹'자를 '謷'자로 여겨서, 몸을 조심하는 것이라고 했으니, 『설문』에서는 "붉은 신이 침착하다고 했을 때의 침착하다는 뜻으로 풀이한다."라고 했다. '酳'자의 서음은 '胤(윤)'이며, 또한 '仕(사)'자와 '覲(근)'자의 반절음도 된다. '酢'자의 음은 '昨(작)'이다. '如冠'에서의 '冠'자는 '古(고)'자와 '亂(란)'자의 반절음이며, 아래문장에 나오는 '又始於冠'에서의 '冠'자도 그 음이 이와 같다. '與'자의 음은 '餘(여)'이다. '道'자의 음은 '導(도)'이다.

---

1) 『설문해자(說文解字)』는 후한(後漢) 때의 학자인 허신(許愼, ? ~ ?)이 찬(撰)했다고 전해지는 자서(字書)이다. 『설문(說文)』이라고도 칭해진다. A.D.100년경에 완성되었다고 전해진다. 글자의 형태, 뜻, 음운(音韻)을 수록하고 있다.

2) 『자림(字林)』은 고대의 자서(字書)이다. 진(晉)나라 때 학자인 여침(呂忱)이 지었다. 원본은 일실되어 전해지지 않고, 다른 문헌들 속에 일부 기록들만 남아 있다.

孔疏 ●"父親"至"之也". ○正義曰: 此一節明親迎之時, 父之醮子, 明夫婦之節.

번역 ●經文: "父親"~"之也". ○이곳 문단은 친영(親迎)을 시행할 때 부친이 자식에게 술 따라주는 것을 나타내고 있으며, 또한 부부의 절도를 나타내고 있다.

孔疏 ●"父親醮子而命之迎"者, 謂壻父身親以酒醮子, 而命之親迎也.

번역 ●經文: "父親醮子而命之迎". ○남편의 부친이 직접 자식에게 술을 따라주고, 그에게 명령하여 자식이 직접 맞이하도록 한다는 뜻이다.

孔疏 ●"男先於女也"者, 釋命親迎之意. 所以必命迎者, 欲使男往迎之, 女則從男迎來也. 是男子先迎, 女從後至, 是男先於女也. 若男子不迎, 女自來至, 是女自先來, 不得爲男先於女也.

번역 ●經文: "男先於女也". ○직접 맞이하라고 명령한 뜻을 풀이한 말이다. 반드시 명령하여 맞이하도록 하는 이유는 남자로 하여금 찾아가서 맞이하도록 하고, 여자의 경우에는 남자가 맞이하는 것에 따라서 오게끔 하고자 했기 때문이다. 이것은 남자가 먼저 맞이하고 여자가 그에 따라 뒤에 이르게 된다는 것을 나타내니, 이것이 바로 남자가 여자보다 먼저 한다는 뜻이다. 만약 남자가 맞이하지 않는다면 여자는 직접 찾아오게 되는데, 이러한 경우에는 여자가 먼저 찾아왔으므로, 남자가 여자보다 먼저 하는 뜻이 될 수 없다.

孔疏 ●"主人筵几於廟, 而拜迎于門外"者, 主人, 女之父, 以壻來親迎, 故拜迎於門外, 以敵禮待之.

번역 ●經文: "主人筵几於廟, 而拜迎于門外". ○'주인(主人)'은 부인의 부친이니, 남편이 찾아와서 직접 부인을 맞이하기 때문에, 문밖에서 절을 하며 맞이하여 신분이 대등할 때의 예법으로 그를 대우하는 것이다.

孔疏 ●"壻執鴈入, 揖讓升堂, 再拜奠鴈"者, 主人就東階, 初入門將曲揖, 當階北面揖, 當碑揖, 至階三讓. 主人升自阼階, 揖, 壻升自西階, 北面奠鴈再拜, 蓋親受之於父母也. 於時女房中南面, 母在房戶外之西, 南面, 壻旣拜訖, 旋降出. 女出房南面, 立於母左, 父西面誡之, 女乃西行, 母南面誡之, 是壻親受之於父母. 但親受之, 非是分明手有親受, 示有親受之義, 故云"蓋"以疑之.

번역 ●經文: "壻執鴈入, 揖讓升堂, 再拜奠鴈". ○주인은 동쪽 계단으로 나아가는데, 최초 문으로 들어서서 몸을 돌리려고 할 때 읍을 하고, 계단에 당도하면 북쪽을 바라보며 읍을 하며, 비(碑)에 당도하면 읍을 하고, 계단에 이르면 3차례 사양을 한다. 주인이 동쪽 계단을 통해 당상으로 올라가서 읍을 하고, 사위는 서쪽 계단을 통해 올라가서 북쪽을 바라보며 기러기를 내려놓고 재배를 하니, 직접 여자의 부모에게서 아내를 건네받기 때문이다. 이 시기에 아내는 방안에서 남쪽을 바라보며 있게 되고, 그녀의 모친은 방문 밖 서쪽에서 남쪽을 바라보며 있게 되며, 사위가 절하는 절차를 끝내면 몸을 돌리고 내려와 나간다. 아내는 방을 빠져나와 남쪽을 바라보게 되고, 모친의 좌측에 서 있게 되며, 부친은 서쪽을 바라보며 그녀에게 훈계를 하고, 그것이 끝나면 여자는 서쪽으로 이동하고, 모친은 남쪽을 바라보며 그녀에게 재차 훈계를 하니, 이것이 바로 사위가 직접 그녀의 부모에게서 아내를 받는다는 뜻이다. 다만 직접 받는다는 것은 손으로 직접 건네받는다는 뜻이 아니며, 이러한 절차에는 직접 받는다는 뜻이 포함되어 있음을 보이는 것이다. 그렇기 때문에 '개(蓋)'자를 붙여서 단정하지 않았다.

孔疏 ●"降出, 御婦車"者, 謂壻降西階而出, 親御婦車也.

번역 ●經文: "降出, 御婦車". ○남편이 서쪽 계단을 통해 내려가서 밖으로 나가면, 직접 부인이 탈 수레를 몰게 된다는 뜻이다.

孔疏 ●"而壻授綏"者, 謂婦升車之時, 而壻授之以綏.

번역 ●經文: "而壻授綏". ○부인이 수레에 오를 때, 남편은 그녀에게 수레에 오를 때 잡는 끈을 건넨다는 뜻이다.

孔疏 ●"御輪三周"者, 謂壻御婦車之輪三匝, 然後御者代壻御之.

번역 ●經文: "御輪三周". ○남편이 부인이 타는 수레를 몰아서 수레바퀴가 3바퀴 굴러간 뒤에야 수레를 모는 자가 남편을 대신하여 수레를 몬다는 뜻이다.

孔疏 ●"婦至, 壻揖婦以入"者, 謂婦至壻之寢門, 壻揖以婦入, 則稍西避之. 故魏詩云"宛然左辟", 謂此時也.

번역 ●經文: "婦至, 壻揖婦以入". ○부인이 남편 집의 침문(寢門)[3]에 도달하여 남편이 읍을 해서 부인을 들이게 되면, 서쪽으로 조금 물러나 피해준다는 뜻이다. 그렇기 때문에 「위시(魏詩)」에서 "조심스럽게 왼쪽으로 피한다."[4]라고 한 말은 바로 이러한 때를 가리킨다.

孔疏 ●"共牢而食"者, 在夫之寢, 壻東面, 婦西面, 共一牲牢而同食, 不異牲.

번역 ●經文: "共牢而食". ○남편이 머무는 침(寢)에서 남편은 동쪽을 바라보고 부인은 서쪽을 바라보며, 함께 한 마리의 희생물을 같이 먹고 희생물을 달리하지 않는다.

---

3) 침문(寢門)은 침문(寑門)이라고도 부른다. 노문(路門)을 가리킨다. '노문'은 궁실(宮室)의 건축물 중에서도 가장 안쪽에 있었던 정문을 뜻하는데, 여러 문들 중에서도 노침(路寢)과 가장 가까운 위치에 있었기 때문에, '노문'이라는 명칭이 생겼다. '침문'이라는 용어 또한 '노침'에 가까이 있었기 때문에 붙여진 명칭이다. 한편 가장 안쪽에 있었던 정문이었으므로, '침문'을 내문(內門)이라고도 부른다.

4) 『시』「위풍(魏風)·갈구(葛屨)」: 好人提提, 宛然左辟, 佩其象揥. 維是褊心, 是以爲刺.

孔疏 ●"合巹而酳"者, 酳, 演也. 謂食畢飮酒, 演安其氣. 巹, 謂半瓢, 以一瓢分爲兩瓢, 謂之巹. 壻之與婦各執一片以酳, 故云"合巹而酳".

번역 ●經文: "合巹而酳". ○'윤(酳)'자는 "통하게 하다[演]."는 뜻이다. 즉 음식을 다 먹으면 술을 마셔서 기운을 통하게 해서 편안하게 만든다는 의미이다. '근(巹)'은 표주박을 반으로 쪼갠 것으로, 하나의 표주박을 갈라서 두 개의 바가지를 만드는데, 이것을 '근(巹)'이라고 부른다. 남편과 부인은 각각 한 쪽의 바가지를 들고 입가심하는 술을 마신다. 그렇기 때문에 "표주박을 합하여 입가심하는 술을 마신다."라고 한 것이다.

孔疏 ●"所以合體同尊卑, 以親之也"者, "同尊卑", 謂共牢也.

번역 ●經文: "所以合體同尊卑, 以親之也". ○경문의 "同尊卑"에 대하여. 같은 희생물의 고기를 먹는다는 뜻이다.

孔疏 ●"所以合體同尊卑"者, 欲使壻之親婦, 婦亦親壻, 所以體同爲一, 不使尊卑有殊也.

번역 ●經文: "所以合體同尊卑". ○남편으로 하여금 부인에게 친근하게 대하고, 부인 또한 남편에게 친근하게 대하게 하여, 일심동체를 만들어서 그 둘로 하여금 신분의 차이가 나지 않도록 한다는 뜻이다.

孔疏 ◎注"酌而"至"歸也". ○正義曰: 以鄕飮酒禮·燕禮之屬, 皆爲賓主相酬酢, 故不稱醮[5], 則但受爵者, 飮而盡之, 又不反相酬酢, 直醮盡而已, 故稱"醮"也. 然醴亦無酬酢, 不云"醮"者, 以醴尙質不爲飮也, 故不稱"醮", 但禮敬之而已. 云"醮之禮, 如冠醮與. 其異者, 於寢耳"者, 以父之醮子, 令其親迎, 與醮子冠而成人, 其事相似, 故云"如冠醮與". 但冠禮醮子在廟, 此醮子在寢,

5) '고불칭초(故不稱醮)'에 대하여. '초(醮)'자 앞에는 본래 '기(其)'자가 기록되어 있었는데, 손이양(孫詒讓)의 『교기(校記)』에서는 "이 구문은 마땅히 '고불칭초(故不稱醮)'라고 기록해야 한다."라고 했다.

故云"其異者, 在寢耳".

번역 ◎鄭注: "酌而"~"歸也". ○향음주례(鄕飮酒禮) 및 연례(燕禮) 등의 의례에서는 모두 빈객과 주인이 서로에게 술을 권하며 따라주게 된다. 그렇기 때문에 이러한 절차를 '초(醮)'라고 지칭하지 않으니, 단지 술잔을 받는 자가 술을 마시면 끝내고, 또한 반대로 술잔을 돌려서 서로에게 술을 권하며 따라주지 않으니, 단지 초(醮)만 할 따름이다. 그렇기 때문에 '초(醮)'라고 지칭한 것이다. 그런데 예(醴)에서도 서로에게 술을 권하지 않는데 이것을 '초(醮)'라고 부르지 않은 것은 예(醴)에서는 질박함을 숭상하여 술을 마시지 않는다. 그렇기 때문에 '초(醮)'라고 지칭하지 않은 것이며, 단지 예법에 따라 그를 공경스럽게 대하는 것일 뿐이다. 정현이 "초(醮)를 하는 예법은 관례를 치르며 초를 했던 예법과 같았을 것이다. 다만 다른 점은 묘(廟)가 아닌 침(寢)에서 시행하는 것일 뿐이다."라고 했는데, 부친이 자식에게 술을 따라주고 그로 하여금 직접 아내를 맞이하도록 하는 것은 자식에게 초를 하여 관례를 치러주며 성인으로 대우하는 것과 그 사안이 유사하다. 그렇기 때문에 "관례를 치르며 초를 했던 예법과 같았을 것이다."라고 말한 것이다. 다만 관례를 치를 때 자식에게 초를 하는 것은 묘(廟)에서 시행하는데, 이곳에서 자식에게 초를 할 때에는 침(寢)에서 시행한다. 그렇기 때문에 "다만 다른 점은 묘(廟)가 아닌 침(寢)에서 시행하는 것일 뿐이다."라고 말한 것이다.

集解 愚謂: 親迎而父親醮之者, 重其事也. 男子親迎, 男先乎女, 剛柔之義也. 親迎受禮於廟, 亦敬愼重正之義, 不言者, 蒙上可知也. 父母, 女之父母也. 昏禮母在房戶外南面, 女出房南面, 父西面誡之, 女西行, 母南面誡之, 故言"親受之於父母", 猶坊記言"舅姑承子以授壻"也. 二牲以上謂之牢, 士昏禮用特豚, 此云"共牢", 容大夫以上之禮也. 昏禮夫婦酳, 用巹. 巹, 以一匏分而爲二, 夫婦各用其半以酳, 而合之則實爲一匏, 故曰"合巹而酳"也. 凡牢禮, 以尊卑爲差. 合巹而酳, 合體之義; 共牢而食, 同尊卑之義.

번역 내가 생각하기에, 친영(親迎)을 할 때 부친이 직접 술을 따라주는 것은 그 사안을 중시했기 때문이다. 남자가 친영을 하는 것은 남자가 여자보다 먼저 하는 것이니 강유(剛柔)의 뜻에 해당한다. 친영을 하며 종묘에서 그 의례를 받아들이는 것 또한 공경하고 신중하며 중시하고 바르게 하는 뜻인데, 이러한 사실을 언급하지 않은 것은 앞의 사안을 통해서 알 수 있기 때문이다. '부모(父母)'는 신부의 부모를 뜻한다. 혼례를 치를 때 모친은 방문 밖에서 남쪽을 바라보고, 신부는 방밖으로 나와 남쪽을 바라보는데, 부친은 서쪽을 바라보며 그녀에게 훈계를 하고 신부가 서쪽으로 이동하면 모친은 남쪽을 바라보며 그녀에게 훈계를 한다. 그렇기 때문에 "직접 부모에게서 받는다."라고 했으니, 이것은 『예기』「방기(坊記)」편에서 "장인과 장모는 딸자식을 앞으로 나오게 하여 사위에게 전달한다."[6]라고 한 말과 같다. 두 가지 이상의 희생물을 사용하게 되면 '뇌(牢)'라고 부르는데, 사 계층의 혼례에서는 한 마리의 새끼 돼지를 사용한다. 그런데 이곳에서 '공뢰(共牢)'라고 말한 것은 대부로부터 그 이상의 계층에서 시행하는 예법까지 포함하고자 해서이다. 혼례를 치를 때 부부는 입가심하는 술을 마시게 되면 근(巹)을 사용한다. '근(巹)'이라는 것은 하나의 표주박을 갈라서 두 개로 만든 것인데, 부부는 각각 그 반쪽을 사용하여 입가심하는 술을 마시고, 그것을 합하면 실제로 하나의 표주박이 된다. 그렇기 때문에 "근을 합하여 입가심하는 술을 마신다."라고 했다. 희생물을 사용하는 예법에서는 신분의 차이에 따라 차등을 둔다. 근을 합하여 입가심하는 술을 마시는 것은 몸을 합한다는 뜻이며, 같은 희생물을 먹는 것은 신분을 동일하게 한다는 뜻이다.

참고 구문비교

예기·혼의 父親醮子而命之迎, 男先於女也.

예기·교특생(郊特牲) 男子親迎, 男先於女, 剛柔之義也.

---

6) 『예기』「방기(坊記)」【620d】: 子云, "昏禮, 壻親迎, 見於舅姑, 舅姑承子以授壻, 恐事之違也. 以此坊民, 婦猶有不至者."

참고 구문비교

예기 · 혼의 共牢而食, 合巹而酳, 所以合體同尊卑以親之也.

예기 · 교특생(郊特牲) 共牢而食, 同尊卑也. 故婦人無爵, 從夫之爵, 坐以夫之齒.

참고 『예기』「교특생(郊特牲)」 기록

경문-337d~338a 男子親迎, 男先於女, 剛柔之義也. 天先乎地, 君先乎臣, 其義一也. 執摯以相見, 敬章別也. 男女有別, 然後父子親; 父子親, 然後義生; 義生, 然後禮作; 禮作, 然後萬物安. 無別無義, 禽獸之道也.

번역 혼례에 있어서 남자가 친영(親迎)을 하는 것은 남자가 여자보다 먼저 하는 것으로 강유(剛柔)의 뜻에 따르기 때문이다. 하늘이 땅보다 앞서고 군주가 신하보다 앞서는 것은 그 도의가 동일하다. 남자가 아내의 집에 찾아갈 때 예물을 가지고 찾아가서 만나보는 것은 공경스럽게 행동하여 남녀의 유별함을 드러내기 위해서이다. 남녀 사이에 유별함이 있은 뒤에야 부자관계에 친근함이 생겨나고, 부자관계에 친근함이 있은 뒤에라야 의(義)가 생겨나며, 의가 생겨난 뒤에야 예(禮)가 만들어지고, 예가 만들어진 이후에야 만물이 편안하게 된다. 유별함이 없고 의가 없는 것은 짐승들이 따르는 도이다.

鄭注 先謂倡道也. 言不敢相褻也. 摯, 所奠鴈也. 言人倫有別, 則氣性醇也. 言聚麀之亂類也.

번역 '선(先)'자는 앞서서 인도한다는 뜻이다. 감히 서로에 대해서 무람되게 할 수 없다는 뜻이다. '지(摯)'자는 선물로 가져가는 기러기를 뜻한다. 인륜의 도리에 구별함이 생기게 되면, 그 기운과 성품이 순수하게 된다는 뜻이다. 암컷을 공유하여, 부류를 문란하게 만든다는 뜻이다.

孔疏 ●"執摯以相見, 敬章別也"者, 摯, 鴈也. 章, 明也. 婿親迎入門, 而先奠鴈, 然後乃與婦相見, 是先行敬, 以明夫婦禮有分別, 不妄交親.

번역 ●經文: "執摯以相見, 敬章別也". ○'지(摯)'자는 기러기를 뜻한다. '장(章)'자는 "밝힌다[明]."는 뜻이다. 사위가 친영을 하여, 아내의 집 문으로 들어가서, 가장 먼저 선물로 가져간 기러기를 내려놓으며, 그러게 한 이후에야 곧 아내가 될 여자와 서로 만나볼 수 있으니, 이것은 우선적으로 공경스러운 행동을 시행하여, 부부의 예법에는 구분과 유별함이 있으므로, 망령스럽게 서로 사귈 수 없음을 나타낸다.

大全 馬氏曰: 男子親迎, 而男先於女者, 剛先於柔之意也, 豈獨昏姻之際如此? 至於天地君臣, 其義一也, 天則造始, 而地則代終, 君主乎倡, 而臣主乎和. 摯者, 交接之際, 所以致敬人之私, 褻莫甚於衽席之上, 男女之際, 不可不正, 故執摯相見, 所以敬章別也. 父子相親, 出於天性自然, 而曰男女有別, 然後父子親, 何也? 蓋男女無別於內, 則夫婦之道喪, 而淫僻之罪多, 雖父子之親, 亦不可得而親之也. 男女有別, 然後父子有相親之恩, 父子有相親之恩, 則必有相親之義, 故義生焉, 非特父子之親如此. 推而至於朋友兄弟君臣上下之際, 皆有義, 則粲然有文以相接, 故曰義生, 然後禮作. 禮作而貴賤有等, 上下有分, 此萬物所以安也. 自父子相親, 推而至於萬物安, 皆起於男女有別, 則衽席之上, 不可以不戒也. 哀公問政, 孔子曰: "夫婦別, 父子親, 君臣嚴, 三者正則庶物從之矣." 與此同意.

번역 마씨[7]가 말하길, 남자가 친영을 하고 남자가 여자보다 앞장서는 것은 강(剛)이 유(柔)보다 앞서는 뜻에 해당하는데, 어찌 유독 혼인을 치를 때에만 이와 같겠는가? 천지 및 군신관계에 있어서도 그 의의는 동일하니, 하늘은 만들

---

7) 마희맹(馬晞孟, ? ~ ?) : =마씨(馬氏)·마언순(馬彦醇). 자(字)는 언순(彦醇)이다. 『예기해(禮記解)』를 찬술했다.

어내어 시작을 시키고 땅은 대신하여 마무리를 지으며, 군주는 이끄는 것을 위주로 하고 신하는 조화를 맞추는 것을 위주로 하게 된다. 예물의 경우, 서로 사귀게 될 때 상대방을 공경스럽게 대하는 사적인 감정을 지극히 하는 방법이며, 무람됨은 남녀사이의 성욕에서 가장 극심히 드러나니, 남녀관계에서는 올바르게 하지 않을 수가 없다. 그렇기 때문에 예물을 들고 가서 서로 만나보는 것은 공경스럽게 유별함을 드러내는 방법이 된다. 부자관계에서 서로 친근하게 대하는 것은 태어날 때부터 있는 자연스러운 본성에서 비롯되는 것인데, "남녀관계에 유별함이 있은 연후에야 부자관계에서 친근하게 된다."라고 말한 것은 어째서인가? 무릇 남녀관계에 있어서 내적으로 유별함이 없다면, 부부의 도를 잃게 되고 음란하고 사벽한 죄가 많아지게 되니, 비록 부자관계의 친근함이라 하더라도 또한 상대방에 대해서 친근하게 대할 수 없게 된다. 남녀관계에서 유별함이 있게 된 연후에야 부자관계에도 서로 친근하게 대하는 은정이 생겨나고, 부자관계에서 서로 친근하게 대하는 은정이 생겨나게 된다면 반드시 서로 친근하게 대하는 도의가 생겨나게 된다. 그렇기 때문에 의(義)가 생겨나는 것이니, 단지 부자관계의 친근함이 이와 같다는 뜻이 아니다. 이것을 미루어서 벗과의 관계 형제와의 관계 군신 및 상하에 따른 관계에 적용해보더라도, 모두 그 의가 있게 된다면 찬란하게 격식을 갖추며 서로 교섭을 하게 된다. 그렇기 때문에 "의(義)가 생기게 된 이후에야 예(禮)가 만들어진다."라고 말한 것이다. 예가 만들어지고 신분에 따른 등급이 생겨나며 상하 계층에 따른 구분이 생겨나니, 이것은 만물이 안정되는 것이다. 부자관계에서 서로 친근하게 된다는 것으로부터 미루어서 만물이 안정된다는 것에 있어서, 이 모두는 남녀 관계에서 유별함이 있는 것으로부터 비롯되니, 남녀의 성욕이 발생하는 관계에서 경계를 하지 않을 수가 없는 것이다. 애공이 정치에 대해서 묻자, 공자가 "부부사이에 유별함이 있고, 부자관계에 친애함이 있으며, 군신관계에 엄정함이 있는 것, 이 세 가지가 올바르게 된다면, 만물이 따르게 될 것입니다."[8]라고 한 말도 이곳에서 말한 의미와 동일하다.

---

8) 『예기』「애공문(哀公問)」【593c~d】: 公曰, "敢問爲政如之何?" 孔子對曰, "夫婦別, 父子親, 君臣嚴, 三者正則庶物從之矣."

大全 嚴陵方氏曰: 禽獸有牝牡之合, 而無內外之別, 有生育之愛, 而無上下之義, 故曰無別無義, 禽獸之道也.

번역 엄릉방씨가 말하길, 짐승에게는 암컷과 수컷이 합하는 것은 있지만, 내외에 따른 구별이 없고, 생육의 애착은 있지만, 상하 계층에 따른 의(義)가 없다. 그렇기 때문에 "유별함이 없고 의가 없는 것은 짐승들이 따르는 도이다." 라고 말한 것이다.

集解 男子親迎, 是男先於女也. 所以然者, 男剛而女柔, 剛之德主乎進, 柔之德主於退. 非獨昏姻如此, 至於天地君臣, 其義亦然. 故天道資始, 而地道代終, 君務於求賢, 而臣耻於自衒也.

번역 남자가 친영을 하는 것은 남자가 여자보다 앞선다는 것에 해당한다. 이처럼 되는 이유는 남자는 강(剛)하고 여자는 유(柔)한데, 강의 덕은 나아감을 위주로 하고 유의 덕은 물러남을 위주로 하기 때문이다. 단지 혼인에서만 이처럼 하는 것이 아니니, 천지와 군신관계에 있어서도, 그 의미가 또한 이와 같다. 그렇기 때문에 하늘의 도는 바탕이 되어 시작되게 하고 땅의 도는 대신하여 마무리를 지어주며, 군주는 현명한 자를 얻는데 힘쓰고 신하는 제 자신을 팔기 위해 돌아다니는 것을 치욕스럽게 생각하는 것이다.

集解 摯, 謂親迎所奠之鴈也. 章, 明也. 執摯相見者, 賓主之道, 今乃於夫婦之間行之, 所以致其恭敬, 以明男女有別, 而其交接不可以苟也. 有夫婦然後有父子, 故父子之親由於男女之別; 有父子然後有君臣, 故君臣之義由於父子之親. 有君臣然後有上下, 有上下然後禮義有所錯, 故義生而後禮作. 人無禮則危, 有禮則安, 故禮作而後萬物安. 由男女有別, 而遞推其所致如此, 所以深明男女之別之重也.

번역 '지(摯)'는 친영을 할 때 예물로 깔아두는 기러기를 뜻한다. '장(章)'은 "드러낸다[明]."는 뜻이다. "예물을 가져가서 서로 만나본다."는 것은 빈객과 주인 사이에서 시행되는 도인데, 현재는 곧 부부 사이에서 이러한 도를 시행하니, 공경스러움을 지극히 하여, 남녀사이에는 유별함이 있어서, 남녀가 서로 사귈 때에는 구차하게 시행할 수 없음을 드러내는 것이다. 부부관계가 생긴 연후에야 부자관계가 생긴다. 그렇기 때문에 부자관계에서의 친애함은 남녀사이의 유별함에서 비롯되는 것이다. 또 부자관계가 생긴 연후에야 군신관계가 생긴다. 그렇기 때문에 군신관계에서의 의(義)는 부자관계의 친애함에서 비롯되는 것이다. 군신관계가 생긴 연후에야 상하의 계층이 생기고, 상하의 계층이 생긴 연후에야 예의(禮義)를 적용할 곳이 생긴다. 그렇기 때문에 의가 발생한 이후에 예가 만들어지는 것이다. 사람에게 예가 없다면 위태롭게 되고, 예가 있다면 편안하게 된다.[9] 그렇기 때문에 예가 만들어진 이후에 만물이 편안하게 되는 것이다. 남녀사이의 유별함으로부터 비롯되어, 번갈아가며 미루어져서 미치게 되는 것이 이와 같으니, 남녀사이의 유별함이 중대하다는 것을 매우 강조한 것이다.

참고 『예기』「교특생(郊特牲)」 기록

경문-339a 共牢而食, 同尊卑也. 故婦人無爵, 從夫之爵, 坐以夫之齒. 器用陶匏, 尙禮然也. 三王作牢用陶匏. 厥明, 婦盥饋. 舅姑卒食, 婦餕餘, 私之也. 舅姑降自西階, 婦降自阼階, 授之室也. 昏禮不用樂, 幽陰之義也. 樂, 陽氣也. 昏禮不賀, 人之序也.

번역 혼례를 치른 부부가 희생물의 고기를 같은 도마에 두고 먹는 것은 부부의 신분이 동일함을 뜻한다. 그렇기 때문에 부인에게는 작위가 없지만, 남편의 작위에 따르는 것이고, 모임에 참여하여 자리에 앉을 때에도, 서열을 정함에 남편의 나이에 따르는 것이다. 기물들에 있어서 질그릇이나 바가지를 사용하는 것은 고대로부터 숭상되어 왔던 예(禮)가 이와 같았기 때문이다. 삼왕(三王)

---

9) 『예기』「곡례상(曲禮上)」【11d】: 人有禮則安, 無禮則危, 故曰禮者不可不學也.

때부터 희생물을 함께 먹고 질그릇과 바가지를 사용하는 것이 시행되었다. 혼례를 치른 다음날 아침, 며느리는 깨끗하고 정결하게 씻고서, 시부모에게 음식을 바친다. 시부모가 그 음식을 다 먹은 뒤, 며느리는 시부모가 남긴 음식을 먹게 되니, 이것은 자식처럼 여겨서 자애롭게 대하기 때문이다. 의례 절차가 끝나면 시부모는 빈객이 이용하는 서쪽 계단을 통해서 내려가고, 며느리는 주인이 이용하는 동쪽 계단을 통해서 내려가니, 그녀에게 가사를 전수한다는 뜻을 나타내기 위해서이다. 혼례를 치를 때에는 음악을 연주하지 않는데, 이것은 그윽하고 조용하고자 하는 의(義)에 따르기 때문이다. 음악은 양(陽)의 기운에 해당한다. 혼례에서는 당사자에게 축하를 하지 않으니, 이것은 그 자가 부모의 지위를 계승하게 되어, 부모의 입장에서는 서글픈 일이 되기 때문이다.

鄭注 爵, 謂夫命爲大夫, 則妻爲命婦. 此謂大古之禮器也. 言大古無共牢之禮, 三王之世作之, 而用太古之器, 重夫婦之始也. 私之猶言恩也. 明當爲家事之主也. 幽, 深也. 欲使婦深思其義, 不以陽散之也. 序猶代也.

번역 '작(爵)'은 남편이 명(命)의 등급을 받아서 대부가 되었다면, 부인도 명부(命婦)[10]가 된다는 뜻이다. 질그릇과 바가지는 태고시대 때 사용하던 예기(禮器)를 뜻한다. 태고시대에는 희생물의 고기를 함께 먹는 예가 없었고, 삼왕(三王)이 통치하던 때 이러한 예법을 만들었으며, 태고시대 때 사용했던 그릇을 이용했는데, 이것은 부부의 도리가 시작됨을 중시하기 위해서라는 뜻이다. '사(私)'자는 "은혜를 베풀다[恩]."는 뜻이다. 마땅히 가사를 주관하는 안주인이 되어야 한다는 뜻을 나타낸다. '유(幽)'자는 "깊다[深]."는 뜻이다. 부인으로 하여금 그 의(義)에 대해서 깊이 생각하도록 하고자 하여, 양(陽)으로써 정신이 흐트러지지 않게끔 하는 것이다. '서(序)'자는 "세대를 교체하다[代]."는 뜻이다.

---

10) 명부(命婦)는 고대 봉호(封號)를 부여받은 여자들을 뜻한다. 궁중에 머물며 비(妃)나 빈(嬪)의 신분을 가진 여자들은 내명부(內命婦)라고 부르고, 신하의 처가 된 자들은 외명부(外命婦)라고 부른다.

孔疏 ●"器用陶匏, 尙禮然也"者, 謂共牢之時, 俎以外, 其器但用陶匏而已. 此乃貴尙古之禮自然也, 陶是無飾之物, 匏非人功所爲, 皆是天質而自然也.

번역 ●經文: "器用陶匏, 尙禮然也". ○희생물을 함께 먹을 때, 고기를 담는 도마 이외에도, 사용되는 기물은 단지 질그릇과 바가지만을 사용했을 따름이다. 이처럼 하는 것은 곧 고대의 예가 자연스럽다는 것을 숭상한 것으로, 질그릇은 장식이 없는 물건에 해당하고, 바가지는 사람의 공력을 통해서 만들어진 것이 아니니, 이 모두는 하늘이 태어나게 해준 질박한 상태로, 자연 그대로의 모습에 해당한다.

孔疏 ●"厥明"至"序也". ○厥, 其也. 其明, 謂共牢之明日也. 舅姑卒食, 謂明日婦見舅姑訖, 婦乃盥饋特豚, 舅姑食特豚之禮竟也. 食餘曰餕. 婦餕餘, 謂舅姑食竟以餘食與之也. 而禮本亦有云"厥明, 婦盥饋"者也.

번역 ●經文: "厥明"~"序也". ○'궐(厥)'자는 그[其]라는 뜻이다. '기명(其明)'은 함께 희생물의 고기를 먹은 다음 날을 뜻한다. 시부모가 음식을 다 먹었다는 것은 다음날 며느리가 시부모를 뵙는 의식이 끝나면, 며느리는 정결하게 씻고서 한 마리의 돼지를 사용하여 음식을 바치고, 시부모가 한 마리의 돼지를 사용해서 만든 음식을 먹는 의식을 다 치르게 된다는 뜻이다. 남은 음식을 먹는 것을 '준(餕)'이라고 부른다. 며느리가 시부모가 먹고 남긴 음식을 먹는다는 것은 시부모가 음식을 먹는 절차를 모두 끝내면, 남은 음식을 그녀에게 준다는 뜻이다. 『예기』의 판본 중에는 또한 "그 다음날 며느리는 깨끗하게 씻고 음식을 바친다."라고 기록한 것도 있다.

孔疏 ●"私之也"者, 解婦餕餘義也. 私猶恩也. 所以食竟以餘食賜婦者, 此示舅姑相恩私之義也.

번역 ●經文: "私之也". ○며느리가 남은 음식을 먹는 의(義)에 대해서 풀이한 말이다. '사(私)'자는 "은혜를 베푼다[恩]."는 뜻이다. 시부모가 음식을 다

먹은 뒤 남은 음식을 며느리에게 하사하는 이유는 이것은 곧 시부모가 서로 은혜를 베풀며 자식처럼 여긴다는 의(義)를 드러내는 것이기 때문이다.

孔疏 ●"舅姑降自西階, 婦降自阼階, 授之室也"者, 謂適婦也. 婦見餕餘之禮畢, 舅姑從賓階而下, 婦從主階而降, 是示授室與婦之義也. 按昏禮: 旣昏之後, 夙興, 贊見婦于舅姑. 席于阼, 舅卽席; 席于房外, 南面, 姑卽席. 婦執笲棗栗, 奠于舅席, 又執腶脩奠于姑席. 訖, 贊者醴婦, 席于戶牖間, 贊者酌醴以醴婦, 薦脯醢. 婦受醴畢, 取脯醢, 降出授人于門外. 舅姑入于室, 共席于奧, 婦盥饋特豚, 無魚腊, 無稷, 卒食, 一酳, 席于北墉下. 婦徹, 設於席前, 婦卽席, 餕姑之餘, 卒食, 姑酳之. 此士禮也. 其大夫以上, 牲牢則異也.

번역 ●經文: "舅姑降自西階, 婦降自阼階, 授之室也". ○적자(適子)의 아내가 된 여자의 경우를 뜻한다. 며느리가 시부모를 찾아뵙고, 남겨준 음식을 먹는 의례가 모두 끝나면, 시부모는 빈객이 이용하는 서쪽 계단을 통해서 내려가고, 며느리는 주인이 이용하는 동쪽 계단을 통해서 내려가는데, 이것은 가사를 며느리에게 준다는 의(義)를 나타내는 것이다. 『의례』「사혼례(士昏禮)」편을 살펴보면, 이미 혼례를 치른 뒤에, 다음 날 일찍 일어나고, 의례를 돕는 자는 며느리가 시부모를 뵐 수 있도록 돕는다. 동쪽 계단에 자리를 마련하면, 시아비가 자리로 나아가고, 방밖에 자리를 마련하며, 남쪽을 바라보도록 하고, 시어미가 자리로 나아간다. 며느리는 비녀와 대추 및 밤을 가지고 시아비의 자리 앞에 놓아두고, 또한 조미육포를 시어비의 자리 앞에 놓아둔다. 이러한 절차가 끝나면, 의례를 돕는 자는 며느리에게 단술을 따라주는데, 그 자리는 호(戶)와 들창 사이에 깔아두고, 의례를 돕는 자가 단술을 따라서 며느리에게 예(醴)를 하고, 포와 젓갈을 바친다. 며느리가 예(醴)를 받는 일이 끝나면, 포와 젓갈을 집고, 내려가서 문밖에서 사람에게 준다. 시부모가 방으로 들어가면, 아랫목에 자리를 함께 마련하고, 며느리는 깨끗하게 씻고서 한 마리의 돼지를 사용하여 음식을 바치는데, 어석(魚腊)은 없고, 직(稷)이 없으며, 음식을 다 먹게 되면, 한 차례 입가심하는 술을 마시고, 북쪽 들창 아래에 자리를 마련한다. 며느리가 상을 치우고, 자리 앞에 진설하면, 며느리는 자리로 나아가고, 시어미가 남긴 음식을 먹는데, 음식 먹는 일이 끝나면, 시어미는 며느리에게 입가심하는 술을 따라준다. 이러한 절차는 사 계층이 따르는 예법이다. 대부 이상의 계급에서는 희생물을 여러 마리 사용하게 되므로, 차이가 생긴다.

孔疏 ●"昏禮不用樂, 幽陰之義也. 樂, 陽氣也." 昏禮所以不用樂者, 幽, 深也, 欲使其婦深思陰靜之義, 以脩婦道.

번역 ●經文: "昏禮不用樂, 幽陰之義也. 樂, 陽氣也". ○혼례에서 음악을 사용하지 않는 이유는 '유(幽)'자는 "깊다[深]."는 뜻이니, 아내로 하여금 음(陰)하고 고요한 의(義)에 대해서 깊게 생각하도록 하여, 아녀자의 도(道)를 닦도록 하는 것이다.

孔疏 ●"樂, 陽氣也"者, 陽是動散, 若其用樂, 則令婦人志意動散, 故不用樂也.

번역 ●經文: "樂, 陽氣也". ○양(陽)은 활동적이고 흩어지는 작용을 하니, 만약 음악을 사용하게 된다면, 부인의 뜻을 요동치고 흩어지게 만든다. 그렇기 때문에 음악을 사용하지 않는 것이다.

大全 嚴陵方氏曰: 夫尊則婦亦尊, 夫卑則婦亦卑, 故曰同尊卑. 尊卑同, 故爵齒亦從夫而已, 以爵齒各有尊卑故也. 盥, 所以致其潔, 饋, 所以致其養. 以舅姑之尊而降自賓階, 以婦之卑而降自主人之階者, 示授之室而爲之主, 男以女爲室, 故以室主之. 又曰: 昏姻之禮, 在子則有代父之序, 在婦則有代姑之序, 所以不賀則一也. 孔子曰: "取婦之家, 三日不擧樂, 思嗣親也." 彼言思嗣親, 此言幽陰之義者, 蓋有所思者, 固欲其幽陰也. 經云齋之玄也, 以陰幽思也是矣. 然曲禮言賀取妻, 賀其有客而已, 故其辭曰: "聞子有客, 使某羞."

번역 엄릉방씨가 말하길, 남편이 존귀하다면 부인 또한 존귀하게 되고, 남편이 미천하다면 부인 또한 미천하게 된다. 그렇기 때문에 "신분의 차등을 함께 한다."라고 말한 것이다. 신분의 차등이 같기 때문에, 작위와 나이에 있어서도 또한 남편을 따르게 될 따름인데, 작위와 나이에는 각각 서열의 차등이 있기 때문이다. '관(盥)'이라는 것은 그 정결함을 지극히 하는 방법이며, '궤(饋)'라는 것은 봉양의 도리를 지극히 하는 방법이다. 시부모처럼 존귀한 신분을 갖춘 자가 내려갈 때, 빈객이 사용하는 계단을 통해 내려가고, 며느리처럼 상대적으로 미천한 신분을 가진 자가 내려갈 때, 주인이 사용하는 계단을 통해 내려가는 것은 그녀에게 실(室)을 주어서, 그녀를 주인으로 삼는다는 뜻을 보이기 위함인데, 남자는 여자를 실(室)로 삼기 때문에, 실(室)을 물려준다는 것을 통해서 주인으로 삼는다는 뜻을 보인 것이다. 또 말하길, 혼인을 하는 예는 자식에게 있어서는 부친의 지위를 계승한다는 뜻이 포함되고, 며느리에게 있어서는 시어미의 지위를 계승한다는 뜻이 포함되니, 축하를 하지 않는다는 측면에서는 동일하다. 공자는 "며느리를 맞이하는 집안에서 3일 동안 음악을 연주하지 않은 이유는 자식이 결혼한다는 행위는 부친의 자리를 이어받는 것을 뜻하므로, 부친의 마음을 상하게 하지 않을까를 염려해서이다."[11]라고 했다. 그 문장에서는 "부친의 지위를 계승한다는 것에 대해서 염려한다."고 했고, 이곳 문장에서는 유음(幽陰)의 의(義)라고 했는데, 무릇 깊이 생각하는 점이 있다는 것은 진실로 그윽하고 조용하고자 하는 뜻이 포함된 것이다. 경문에서는 재계를 하며 검은 색의 복장을 착용한다고 했는데, 그윽하고 조용하게 생각을 하고자 하기 때문이다. 그런데 『예기』「곡례(曲禮)」편에서는 아내를 맞이한 자에게 축하의 말을 전한다고 했는데, 빈객을 맞이하는 일이 생긴 일에 대해서 축하를 한 것일 뿐이다. 그렇기 때문에 축하의 말을 전할 때에도, "당신에게 빈객을 맞이하는 경사가 있다는 소식을 듣고서, 저 아무개를 시켜서 부조를 보냈습니다."[12]라고 한 것이다.

---

11) 『예기』「증자문(曾子問)」【232c~d】: 孔子曰: 嫁女之家, 三夜不息燭, 思相離也. 取婦之家, 三日不擧樂, 思嗣親也. 三月而廟見, 稱來婦也. 擇日而祭於禰, 成婦之義也.

12) 『예기』「곡례상(曲禮上)」【25a】: 賀取妻者曰, "某子使某, 聞子有客, 使某羞."

大全 長樂陳氏曰: 樂由陽來, 而聲爲陽氣, 禮由陰作, 而昏爲陰義, 故周官大司徒以陰禮教親, 則民不怨, 然則昏之爲禮, 其陰禮歟. 古之制禮者, 不以吉禮干凶禮, 不以陽事干陰事, 則昏禮不用樂, 幽陰之義也. 昔裴嘉有昏, 會酒中而作樂, 薛方士非之, 可謂知其義矣.

번역 장락진씨[13]가 말하길, 음악은 양(陽)을 통해서 도출되고, 소리는 양기(陽氣)가 되며, 예는 음(陰)을 통해서 만들어지며, 혼인은 음(陰)의 의(義)가 된다. 그렇기 때문에 『주례』「대사도(大司徒)」편에서는 음례(陰禮)를 통해서 친애함을 가르친다면, 백성들이 원망하지 않는다고 했으니,[14] 그렇다면 혼인을 치르는 예는 음(陰)의 예(禮)에 해당하는 것이다. 고대에 예를 제정했을 때에는 길례(吉禮)를 흉례(凶禮)에 간여시키지 않았고, 양(陽)에 대한 일을 음(陰)에 대한 일에 간여시키지 않았으니, 혼례를 치를 때 음악을 사용하지 않는 것은 유음(幽陰)의 의(義)에 해당한다. 예전에 배가(裴嘉)라는 자가 혼례를 치르며, 모임에서 술을 마시던 중 음악을 연주했는데, 설방사(薛方士)라는 자가 그 일을 비난한 적이 있었으니, 그는 혼례의 의(義)를 안다고 평가할 수 있다.

참고 『의례』「사혼례(士昏禮)」 기록 - 초자(醮子)

기문 父醮子.

번역 부친은 아들에게 초(醮)를 한다.

鄭注 子, 婿.

---

13) 진상도(陳祥道, A.D.1159 ~ A.D.1223) : =장락진씨(長樂陳氏)·진씨(陳氏)·진용지(陳用之). 북송대(北宋代)의 유학자이다. 자(字)는 용지(用之)이다. 장락(長樂) 지역 출신으로, 1067년에 과거에 급제하여 태상박사(太常博士) 등을 지냈다. 왕안석(王安石)의 제자로, 그의 학문을 전파하는데 공헌하였다. 저서에는 『예서(禮書)』, 『논어전해(論語全解)』 등이 있다.

14) 『주례』「지관(地官)·대사도(大司徒)」 : 三曰以陰禮教親, 則民不怨.

번역 '자(子)'는 신랑을 뜻한다.

賈疏 ●"父醮子". ○釋曰: 女父禮女用醴, 又在廟. 父醮子用酒, 又在寢. 不同者, 父禮女者, 以先祖遺體許人, 以適他族, 婦人外成, 故重之而用醴, 復在廟告先祖也. 男子直取婦入室, 無不反之, 故輕之, 而用酒在寢. 知醮子亦不在廟者, 若在廟, 當以醴, 筵於戶西右几, 布神位, 今不言, 故在寢可知也.

번역 ●記文: "父醮子". ○신부의 부친은 딸자식을 예우하며 예(醴)를 사용하고 또한 묘(廟)에서 시행한다. 신랑의 부친은 아들에게 초(醮)를 하며 삼주(三酒)를 사용하고 또한 침(寢)에서 시행한다. 이와 같은 차이점이 생기는 것은 신부의 부친이 딸자식을 예우하는 것은 선조가 물려주신 딸을 남에게 주어 다른 가문으로 가고 부인의 도리가 출가를 하며 완성되기 때문에, 그 사안을 중시하여 예(醴)를 사용하고 재차 종묘에서 시행하여 선조에게 그 사실을 아뢰는 것이다. 남자의 입장에서는 단지 아내를 취해 집으로 들이며 다시 되돌아오지 않을 수가 없다. 그렇기 때문에 그 사안을 상대적으로 가볍게 여기고 삼주를 사용하며 침에서 시행한다. 아들에게 초를 할 때에도 묘에서 시행하지 않는다는 사실을 알 수 있는 것은 만약 묘에서 시행한다면 예(醴)를 사용해야만 하고 묘실 방문의 서쪽에 자리를 깔고 우측에 안석을 설치하여 신령의 자리를 마련해야 한다. 그런데 지금은 이러한 사실을 언급하지 않았다. 그렇기 때문에 침에서 시행한다는 사실을 알 수 있다.

기문 命之, 曰, "往迎爾相, 承我宗事①. 勗帥以敬先妣之嗣, 若則有常②."

번역 신랑의 부친은 아들에게 명하여 "찾아가서 너를 도울 사람을 맞이하여 우리 가문의 종묘에 대한 일을 받들어라. 아내를 이끄는데 힘써서 돌아가신 어미나 조모의 뒤를 잇는 일에 공경히 따르도록 해야 한다. 이처럼 하려면 너의 행실에도 항상된 도리가 있어야 한다."라고 한다.

鄭注-① 相, 助也. 宗事, 宗廟之事.

번역 '상(相)'자는 돕는다는 뜻이다. '종사(宗事)'는 종묘에서 시행하는 제사를 뜻한다.

鄭注-② 勗, 勉也. 若猶女也. 勉帥婦道, 以敬其爲先妣之嗣. 女之行則當有常, 深戒之. 詩云: "大姒嗣徽音."

번역 '욱(勗)'자는 힘쓴다는 뜻이다. '약(若)'자는 너[女]라는 뜻이다. 신부를 아녀자의 도리에 따르도록 이끄는데 힘써서, 그녀가 선비(先妣)의 뒤를 잇는 것을 공경해야 한다. 이처럼 하려면 너의 행실에도 마땅히 항상된 도리가 있어야 한다고 깊이 주의를 준 것이다. 『시』에서는 "태사는 선비의 아름다운 덕음을 계승하였도다."[15]라고 했다.

賈疏 ●"勗帥"至"有常". ◎注"勗勉"至"徽音". ○釋曰: 云"以敬其爲先妣之嗣"者, 謂婦人入室, 使之代姑祭也. "詩云大姒嗣徽音"者, 大雅・文王詩. 大姒者, 文王妃. 嗣, 繼. 徽, 美也. 娶大姒, 明以繼先妣美音也. 引之者, 證敬其爲先妣之嗣也.

번역 ●記文: "勗帥"~"有常". ◎鄭注: "勗勉"~"徽音". ○정현이 "그녀가 선비(先妣)의 뒤를 잇는 것을 공경해야 한다."라고 했는데, 신부가 들어와 아내가 되었다면 그녀로 하여금 시어미 대신 제사를 지내도록 한다는 뜻이다. 정현이 "『시』에서 태사는 선비의 아름다운 덕음을 계승하였도다."라고 했는데, 이것은 『시』「대아(大雅)・문왕(文王)」편의 시이다. '대사(大姒)'는 문왕의 처이다. '사(嗣)'자는 계승한다는 뜻이다. '휘(徽)'자는 아름답다는 뜻이다. 태사를 아내로 들였으니, 선비의 아름다운 덕음을 계승하였음을 밝힌 것이다. 이 문장을 인용해서 선비의 뒤를 잇는 것을 공경한다는 뜻을 증명하였다.

기문 子曰, "諾. 唯恐弗堪, 不敢忘命."

---

15) 『시』「대아(大雅)・사제(思齊)」: 思齊大任, 文王之母, 思媚周姜, 京室之婦. 大姒嗣徽音, 則百斯男.

번역 아들은 "알았습니다. 단지 감당하지 못할까 염려될 따름이며 감히 명령을 잊지 않겠습니다."라고 한다.

참고 『의례』「사혼례(士昏禮)」 기록 – 친영(親迎)

경문 主人爵弁, 纁裳, 緇袘. 從者畢玄端. 乘墨車, 從車二乘, 執燭前馬.

번역 신랑은 작변(爵弁)을 쓰고 훈색의 하의를 착용하며 하의의 끝단에는 치색의 가선을 두른다. 따르는 자들은 모두 현단(玄端)을 착용한다. 신랑은 묵거(墨車)에 타고 뒤따르는 수레는 2대이며, 횃불을 들고 있는 자는 말 앞에 위치한다.

鄭注 主人, 壻也, 壻爲婦主. 爵弁而纁裳, 玄冕之次. 大夫以上親迎冕服. 冕服迎者, 鬼神之. 鬼神之者, 所以重之親之. 纁裳者, 衣緇衣. 不言衣與帶而言袘者, 空其文, 明其與袘俱用緇. 袘, 謂緣. 袘之言施, 以緇緣裳, 象陽氣下施. 從者, 有司也. 乘貳車, 從行者也. 畢猶皆也. 墨車, 漆車, 士而乘墨車, 攝盛也. 執燭前馬, 使徒役持炬火居前炤道.

번역 '주인(主人)'은 신랑을 뜻하니, 신랑은 아내의 주인이 되기 때문이다. 작변을 쓰고 훈색의 하의를 착용하는 것은 현면(玄冕)[16] 다음 등급의 복장이다. 대부 이상의 계층은 친영을 할 때 면복(冕服)을 착용한다. 면복을 착용하여 친영을 하는 것은 귀신을 섬기듯 하기 때문이다. 귀신을 섬기듯 하는 것은 중시하고 친근하게 대하기 때문이다. 훈색의 하의를 착용할 때에는 치색의 상의를 착용한다. 상의와 허리띠를 언급하지 않고 가선을 언급한 것은 그 기록을 비워

16) 현면(玄冕)은 현의(玄衣)와 면류관을 뜻한다. 본래 천자 및 제후의 제사복장으로, 비교적 중요성이 덜한 제사 때 입는다. '현의' 중 상의에는 무늬가 들어가지 않고, 하의에만 불(黻)을 수놓는다. 『주례』「춘관(春官)·사복(司服)」편에는 "祭群小祀則玄冕."이라는 기록이 있고, 이에 대한 정현의 주에서는 "玄者, 衣無文, 裳刺黻而已, 是以謂玄焉."이라고 풀이했다.

두어서 그것들이 가선과 함께 모두 치색으로 맞추게 됨을 나타낸다. ‘이(袘)’는 가선이다. ‘이(袘)’자는 “미치다[施].”는 뜻이니, 치색으로 하의의 가선을 둘러서 양기가 밑으로 미치는 것을 형상화한다. ‘종자(從者)’는 유사를 뜻한다. 이거(貳車)[17]를 타고 뒤따라가는 자들이다. ‘필(畢)’자는 모두라는 뜻이다. ‘묵거(墨車)’는 옻칠을 한 수레이니, 사 계층이 묵거에 타는 것은 한 등급을 높여서 융성하게 치르기 때문이다. 횃불을 든 자가 말 앞에 위치한다고 한 것은 노역하는 자들로 하여금 횃불을 들고 앞에 위치하여 길을 비추도록 하는 것이다.

賈疏 ●“主人”至“前馬”. ○釋曰: 此至“俟于門外”, 論婿親迎之節.

번역 ●經文: “主人”~“前馬”. ○이곳 구문으로부터 “문밖에서 기다린다.”는 구문까지는 신랑이 친영하는 절차를 논의한 것이다.

賈疏 ◎注“主人”至“炤道”. ○釋曰: 云“主人, 婿也”者, 以其親迎向女家. 女父稱主人, 男稱婿, 已下皆然. 今此未至女家, 仍據男家而言, 故云主人是婿. 爲婦主, 故下親迎至男家, 婿還稱主人也. 云“爵弁而纁裳”者, 下爵弁亦冕之類, 故亦纁裳也. 云“玄冕之次”者, 鄭注周禮・弁師云: “一命之大夫冕而無旒, 士變冕爲爵弁.” 故云冕之次也. 云“大夫以上親迎冕服”者, 士家自祭, 服玄端; 助祭, 用爵弁. 今爵弁用助祭之服親迎, 以爲攝盛, 則卿大夫朝服以自祭, 助祭用玄冕, 親迎亦當玄冕, 攝盛也. 若上公有孤之國, 孤絺冕, 卿大夫同玄冕. 侯伯子男無孤之國, 卿絺冕, 大夫玄冕也. 孤卿大夫士爲臣卑, 復攝盛取助祭之服, 以親迎則天子諸侯爲尊, 則袞矣, 不須攝盛, 宜用家祭之服, 則五等諸侯玄冕以家祭, 則親迎不過玄冕, 天子親迎當服袞冕矣. 是以禮記・郊特牲云: “玄冕齋戒, 鬼神陰陽也. 將以爲社稷主.” 以社稷言之, 據諸侯而說, 故知

---

17) 이거(貳車)는 해당 주인이 타는 수레를 뒤따르는 수레이다. ‘부거(副車)’라고 부른다. 조회나 제사 등에 사용하는 부거를 ‘이거’라고 부르며, 전쟁과 사냥 등에 사용하는 부거를 ‘좌거(佐車)’라고 부른다. 『예기』「소의(少儀)」편에는 “乘貳車則式, 佐車則否.”라는 기록이 있고, 이에 대한 정현의 주에서는 “貳車・佐車, 皆副車也. 朝祀之副曰貳, 戎獵之副曰佐.”라고 풀이했다.

諸侯玄冕也. 其於孤卿, 雖絺冕以助祭, 至於親迎, 亦用玄冕, 臣乃不得過君故也. 云"冕服迎者, 鬼神之. 鬼神之者, 所以重之親之"者, 郊特牲文. 云"纁裳者, 衣緇衣. 不言衣與帶而言袘者, 空其文, 明其與袘俱用緇"者, 鄭言纁裳者, 衣緇衣, 言緇衣卽玄衣, 大同故也. 上士冠陳爵弁服云"緇衣緇帶", 此文有緇袘無"衣帶"二字, 故云空其文. 以袘著緇者, 欲見袘與衣帶色同, 故云"俱用緇"也. 云"袘謂緣"者, 謂純緣於裳, 故字從衣. 云"袘之言施"者, 義取施及於物, 故作施也. 云"以緇緣裳, 象陽氣下施"者, 男陽女陰, 男女相交接, 示行事有漸, 故云"象陽氣下施", 故以衣帶上體同色之物下緣於裳也. 云"從者, 有司也. 乘貳車, 從行者也"者, 以士雖無臣, 其僕隸皆曰有司. 使乘貳車, 從婿. 大夫已下有貳車, 士無貳車, 此有者, 亦是攝也. 云"墨車, 漆車"者, 按巾車注云: "棧車不革鞔而漆之." 則士之棧車漆之, 但無革爲異耳. 按考工記云"棧車欲其弇", 鄭云: "無革鞔." 又云"飾車欲其侈", 鄭云: "革鞔." 則大夫已上皆以革鞔, 則得飾車之名. 飾者, 革上又有漆飾. 士卑無飾, 雖有漆, 不得名墨車, 故唯以棧車爲名. 若然, 自卿已上更有異飾, 則又名玉金, 象夏篆·夏縵之等也. 云"士乘墨車, 攝盛也"者, 按周禮·巾車云: 一曰玉路以祭祀. 又云: 金路, 同姓以封; 象路, 異姓以封; 革路, 以封四衛; 木路, 以封蕃國; 孤乘夏篆, 卿乘夏縵, 大夫乘墨車, 士乘棧車, 庶人乘役車. 士乘大夫墨車爲攝盛, 則大夫當乘卿之夏縵, 卿當乘孤之夏篆, 已上有木路, 質而無飾, 不可使孤乘之, 禮窮則同也. 孤還乘夏篆. 又於臣之外特置, 亦是尊尊, 則尊矣, 不欲攝盛. 若然, 庶人當乘士之棧車, 則諸侯天子尊則尊矣, 亦不假攝盛, 依巾車自乘本車矣. 玉路祭祀, 不可以親迎, 當乘金路矣. 以攝言之, 士之子冠與父同, 則昏亦同. 但尊適子, 皆與父同, 庶子宜降一等也.

번역 ◎鄭注: "主人"~"炤道". ○정현이 "'주인(主人)'은 신랑을 뜻한다."라고 했는데, 친영을 하여 신부의 집으로 향하기 때문이다. 신부의 부친을 '주인(主人)'이라고 지칭하고 신랑을 '서(婿)'라고 지칭하는데, 이하의 기록에서는 모두 이처럼 기록했다. 그런데 지금은 아직 신부의 집에 도착하지 않은 상태이므로 신랑 집안에 기준을 두고 말했다. 그렇기 때문에 주인은 신랑을 가리킨다. 신랑은 신부의 주인이 되기 때문에 친영을 하여 신랑 집에 도착하게 되면 서

(婿)에 대해서는 다시 주인(主人)이라고 지칭한다. 정현이 "작변을 쓰고 훈색의 하의를 착용한다."라고 했는데, 작변 또한 면류관의 부류이다. 그렇기 때문에 훈색의 하의를 착용한다. 정현이 "현면(玄冕) 다음 등급의 복장이다."라고 했는데, 『주례』「변사(弁師)」편에 대한 정현의 주에서는 "1명(命) 등급의 대부가 쓰는 면류관에 옥을 꿴 끈은 없고, 사는 면류관을 바꿔 작변으로 삼는다."[18] 라고 했다. 그렇기 때문에 면류관의 다음 등급이라고 했던 것이다. 정현이 "대부 이상의 계층은 친영을 할 때 면복(冕服)을 착용한다."라고 했는데, 사는 자기 집에서 직접 제사를 지낼 때 현단을 착용하고, 제사를 도울 때에는 작변을 착용한다. 현재 작변을 착용하는 것은 제사를 도울 때의 복장을 착용하고서 친영을 하는 것인데, 이것을 한 등급을 높여 융성하게 치르는 것이라 한다면, 경과 대부는 조복(朝服)[19]을 입고 자신의 제사를 지내며 제사를 도울 때에는 현면을 착용하니, 친영을 할 때에도 현면을 착용해야 하는 것으로, 한 등급을 높여 융성하게 치르기 때문이다. 만약 신하 중 고(孤)[20]를 둔 상공(上公)의 제후국이라면 고는 치면(絺冕)[21]을 착용하고 경과 대부는 동일하게 현면을 착용한다. 고가 없는 후작・백작・자작・남작의 제후국이라면 경은 치면을 착용하고 대부는 현면을 착용한다. 고・경・대부・사는 신하로 신분이 낮은데, 재차 한 등급을 높여서 융성하게 치르면 제사를 도울 때의 복장을 착용하고 친영을 하게 되며, 천자와 제후는 존귀한 신분이므로 곤면(袞冕)을 착용해야 한다.

---

18) 이 문장은 『주례』「하관(夏官)・변사(弁師)」편의 "諸侯及孤卿大夫之冕・韋弁・皮弁・弁絰, 各以其等爲之, 而掌其禁令."이라는 기록에 대한 정현의 주이다.

19) 조복(朝服)은 군주와 신하가 조회를 열 때 착용하는 복장을 뜻한다. 중요한 의식을 치를 때 착용하는 예복(禮服)을 가리키기도 한다.

20) 고(孤)는 고대의 작위이다. 천자에게 소속된 '고'는 삼공(三公) 밑의 서열에 해당하며, 육경(六卿)보다 높았다. 고대에는 소사(少師)・소부(少傅)・소보(少保)를 삼고(三孤)라고 불렀다.

21) 치면(絺冕)은 희면(希冕)・치면(黹冕)이라고도 부른다. 치의(絺衣)와 면류관을 뜻한다. 천자 및 제후가 사직(社稷) 및 오사(五祀)에 대한 제사를 지낼 때 착용하던 복장이다. '치의'에는 쌀 모양의 무늬를 수놓았고, 다른 그림을 그려 넣지 않았다. 상의에는 1개의 무늬를 수놓고, 하의에는 2개의 무늬를 수놓게 되어, 총 3개의 무늬가 들어가게 된다. 『주례(周禮)』「춘관(春官)・사복(司服)」편에는 "祭社稷・五祀則希冕."이라는 기록이 있고, 이에 대한 정현의 주에서는 "希刺粉米, 無畫也. 其衣一章, 裳二章, 凡三也."라고 풀이했다.

그런데 한 등급을 높여서 융성하게 할 필요가 없기 때문에 자신의 제사를 지낼 때의 복장을 착용해야 하니, 다섯 등급의 제후는 현면을 착용하고 자신의 제사를 지내므로 친영을 할 때에도 현면을 뛰어넘지 않는다. 다만 천자는 친영을 할 때 마땅히 곤면을 착용해야 한다. 이러한 까닭으로 『예기』「교특생(郊特牲)」편에서는 "현면을 착용하고 재계를 하는 것은 귀신을 섬기는 도리에 해당한다. 혼례를 치르는 자는 장차 사직(社稷)[22]의 제사를 주관하는 자가 되기 때문이다."[23]라고 한 것이다. '사직(社稷)'으로 말을 한 것은 제후를 기준으로 설명한 것이다. 그렇기 때문에 제후가 현면을 착용한다는 사실을 알 수 있다. 그들에게 속한 고와 경의 경우 비록 치면을 착용하고 제사를 돕지만, 친영을 하게 되면 또한 현면을 착용하니, 신하는 군주보다 지나치게 할 수 없기 때문이다. 정현이 "면복을 착용하여 친영을 하는 것은 귀신을 섬기듯 하기 때문이다. 귀신을 섬기듯 하는 것은 중시하고 친근하게 대하기 때문이다."라고 했는데, 이것은 「교특생」편의 기록이다. 정현이 "훈색의 하의를 착용할 때에는 치색의 상의를 착용한다. 상의와 허리띠를 언급하지 않고 가선을 언급한 것은 그 기록을 비워두어서 그것들이 가선과 함께 모두 치색으로 맞추게 됨을 나타낸다."라고 했는데, 정현이 훈색의 하의를 착용하면 치색의 상의를 착용한다고 했는데, 치색의 상의는 현색의 상의를 뜻하니, 대동소이하기 때문이다. 『의례』「사관례(士冠禮)」편에서는 작변복을 진열할 때 '치색의 상의와 치색의 허리띠'라고 했고, 이곳 문장에는 '치색의 가선'이라는 말은 있지만 상의와 허리띠를 뜻하는 두 글자는 없다. 그렇기 때문에 그 기록을 비워두었다고 했다. 가선이라는 말을 통해서 치색이라는 것을 드러낸 것은 가선은 상의 및 허리띠와 동일한 색으로 맞추게 됨을 드러내고자 한 것이다. 그렇기 때문에 "모두 치색으로 맞춘다."라고 했다. 정현이 "'이(袘)'는 가선이다."라고 했는데, 하의의 가선으로 두른 것을 뜻한다. 그렇기 때문에 그 자형은 '의(衣)'자를 부수로 한다. 정현이 "'이(袘)'자는 '미치다[施].'는 뜻이다."라고 했는데, 다른 사물에게 미치게 된다는 뜻에서 의미를

---

22) 사직(社稷)은 토지신과 곡식신을 뜻한다. 천자와 제후가 지냈던 제사이다. '사직'에서의 '사(社)'자는 토지신을 가리키고, '곡(稷)'자는 곡식신을 뜻한다.

23) 『예기』「교특생(郊特牲)」【338d】: 玄冕齊戒, 鬼神陰陽也. 將以爲社稷主, 爲先祖後, 而可以不致敬乎?

취한 것이다. 그렇기 때문에 '시(施)'자로 설명했다. 정현이 "치색으로 하의의 가선을 둘러서 양기가 밑으로 미치는 것을 형상화한다."라고 했는데, 남자는 양에 해당하고 여자는 음에 해당하며, 남녀가 서로 교제할 때에는 그 사안을 시행함에 점진적으로 진행됨을 드러낸다. 그렇기 때문에 "양기가 밑으로 미치는 것을 형상화한다."라고 했다. 그러므로 상의와 허리띠 등 상반신에 해당하는 물체와 동일한 색깔로 하의의 가선을 두르는 것이다. 정현이 "'종자(從者)'는 유사를 뜻한다. 이거(貳車)를 타고 뒤따라가는 자들이다."라고 했는데, 사에게는 비록 신하가 없지만 종이나 노예들에 대해서 모두 '유사(有司)'라고 부른다. 그들로 하여금 이거에 타서 신랑을 뒤따르게 한다. 대부 이하는 이거를 두지만 사는 본래 이거가 없다. 그런데도 이곳에서 있다고 한 것은 또한 한 등급을 높여주기 때문이다. 정현이 "'묵거(墨車)'는 옻칠을 한 수레이다."라고 했는데, 『주례』「건거(巾車)」편에 대한 주를 살펴보면 "사가 타는 잔거(棧車)에는 끄는 줄을 가죽으로 만들지 않고 옻칠을 한다."[24]라고 했다. 따라서 사의 잔거에는 옻칠을 하는 것이며 가죽이 없는 것이 차이점일 뿐이다. 『고공기』를 살펴보면 "잔거는 가리고자 한다."라고 했고 정현의 주에서는 "가죽으로 된 끈이 없다."라고 했으며, 또 "장식한 수레는 치장함을 드러내고자 한다."라고 했고,[25] 정현은 "가죽으로 된 끈이 있다."라고 했다. 따라서 대부 이상의 계층은 그 수레에 가죽으로 된 끈이 있으니, '식거(飾車)'라는 명칭을 붙일 수 있다. '식(飾)'이라는 것은 가죽 위에 옻칠 장식을 하는 것이다. 사는 계급이 미천하기 때문에 장식이 없고, 비록 옻칠을 했지만 묵거(墨車)라고 부를 수 없다. 그렇기 때문에 단지 잔거(棧車)라고만 부른다. 만약 그렇다면 경으로부터 그 이상의 계층은 재차 다른 장식을 가미하게 되니, 옥거(玉車)나 금거(金車)로 부를 수 있고, 하전(夏篆)이나 하만(夏縵) 등의 수레를 상징한다. 정현이 "사 계층이 묵거에 타는 것은 한 등급을 높여서 융성하게 치르기 때문이다."라고 했는데, 『주례』「건거」편을 살펴보면 첫 번째는 옥로(玉路)[26]이니 제사를 지낼 때 사용한다고

---

24) 이 문장은 『주례』「춘관(春官)·건거(巾車)」편의 "服車五乘: 孤乘夏篆, 卿乘夏縵, 大夫乘墨車, 士乘棧車, 庶人乘役車."라는 기록에 대한 정현의 주이다.

25) 『주례』「동관고공기(冬官考工記)·여인(輿人)」: 棧車欲弇. 飾車多侈.

26) 옥로(玉路)는 '옥로(玉輅)'라고도 부른다. 천자가 사용하는 다섯 가지 수레 중 하

했다.[27] 또 금로(金路)[28]는 동성의 제후를 분봉할 때 사용하며,[29] 상로(象路)[30]는 이성의 제후를 분봉할 때 사용하고,[31] 혁로(革路)[32]는 사위(四衛)[33]를 분봉할 때 사용하며,[34] 목로(木路)[35]는 번국(蕃國)[36]을 분봉할 때 사용하

나이다. 옥(玉)으로 수레를 치장했기 때문에, '옥로'라고 부르게 되었다. 대상(大常)이라는 깃발을 세웠고, 깃발에는 12개의 치술을 달았으며, 주로 제사 때 사용하였다. 『주례』「춘관(春官)·건거(巾車)」편에는 "王之五路, 一曰玉路, 鍚, 樊纓, 十有再就, 建大常, 十有二斿, 以祀."라는 기록이 있고, 이에 대한 정현의 주에서는 "玉路, 以玉飾諸末."이라고 풀이했다.

27) 『주례』「춘관(春官)·건거(巾車)」: 王之五路: 一曰玉路, 鍚, 樊纓, 十有再就, 建大常, 十有二斿, 以祀.

28) 금로(金路)는 금로(金輅)라고도 부른다. 천자가 사용하는 다섯 가지 수레 중 하나이다. 금(金)으로 수레를 치장했기 때문에, '금로'라고 부르게 되었다. 대기(大旂)라는 깃발을 세웠고, 빈객(賓客)을 접대하거나, 동성(同姓)인 자를 분봉할 때 사용하였다. 『주례』「춘관(春官)·건거(巾車)」편에는 "金路, 鉤樊纓九就, 鉤, 樊纓九就, 建大旂, 以賓, 同姓以封."라는 기록이 있고, 이에 대한 정현의 주에서는 "金路, 以金飾諸末."이라고 풀이했다.

29) 『주례』「춘관(春官)·건거(巾車)」: 金路, 鉤, 樊纓九就, 建大旂, 以賓, 同姓以封.

30) 상로(象路)는 상로(象輅)라고도 부른다. 천자가 사용하는 다섯 가지 수레 중 하나이다. 상아로 수레를 치장했기 때문에, '상로'라고 부르게 되었다. 대적(大赤)이라는 깃발을 세웠으며, 조회를 보거나, 이성(異姓)인 자를 분봉할 때 사용하였다. 『주례』「춘관(春官)·건거(巾車)」편에는 "象路, 朱樊纓, 七就, 建大赤, 以朝, 異姓以封."이라는 기록이 있고, 이에 대한 정현의 주에서는 "象路, 以象飾諸末."이라고 풀이했다.

31) 『주례』「춘관(春官)·건거(巾車)」: 象路, 朱, 樊纓七就, 建大赤, 以朝, 異姓以封.

32) 혁로(革路)는 혁로(革輅)라고도 부른다. 천자가 사용하는 다섯 가지 수레 중 하나이다. 전쟁용으로 사용했던 수레인데, 간혹 제후의 나라에 순수(巡守)를 갈 때 사용하기도 하였다. 가죽으로 겉을 단단하게 동여매서 고정시키고, 옻칠만 하고, 다른 장식을 하지 않았기 때문에, '혁로'라고 부르는 것이다. 『주례』「춘관(春官)·건거(巾車)」편에는 "革路, 龍勒, 條纓五就, 建大白, 以卽戎, 以封四衛."라는 기록이 있고, 이에 대한 정현의 주에서는 "革路, 鞔之以革而漆之, 無他飾."이라고 풀이했다.

33) 사위(四衛)는 사방의 위복(衛服)에 속한 제후국을 뜻한다. 위복은 채복(采服)과 요복(要服: =蠻服) 사이에 있는 땅을 뜻한다. 천자의 수도 밖으로 사방 2000리(里)와 2500리 사이에 있었던 땅을 가리킨다. '위복'의 '위(衛)'자는 수호한다는 뜻으로, 천자를 위해서 외부의 침입을 막는다는 의미이다. 따라서 이 지역에 속한 제후국들을 '사위'라고 부르는 것이다.

34) 『주례』「춘관(春官)·건거(巾車)」: 革路, 龍勒, 條纓五就, 建大白, 以卽戎, 以封

고,[37] 고는 하전(夏篆)을 타고 경은 하만(夏縵)을 타며 대부는 묵거(墨車)를 타고 사는 잔거(棧車)를 타며 서인은 역거(役車)를 탄다고 했다.[38] 대부가 타는 묵거를 사가 타는 것은 한 등급을 높여서 융성하게 치르는 것이니, 대부는 경이 타는 하만을 타고, 경은 고가 타는 하전을 타야 하는데, 그 이상의 등급으로는 목거가 있는데 질박하여 별다른 장식이 없으므로 고로 하여금 이 수레에 타게 하지 않으니, 예법이 다하게 되면 동일하게 맞춘다. 따라서 고는 다시 하전을 타게 된다. 신하 이외의 계층에 대해서는 특별히 규정을 두니, 이 또한 존귀한 자를 존귀하게 여기는 것이며, 존귀한 경우라면 한 등급을 높여서 융성하게 치르지 않는다. 만약 그렇다면 서인은 사의 잔거를 타고, 제후와 천자는 존귀하므로 존귀하다면 또한 한 등급을 높여서 융성하게 치르지 않으니, 「건거」편에 나온 대로 본래의 규정에 따른 수레를 사용하게 된다. 옥로는 제사에 사용하므로 이것으로 친영을 할 수 없으니 금로를 타야 한다. 한 등급을 높여준다는 것으로 말하자면, 사의 자식이 관례를 치르게 되면 부친의 계급과 동일하게 되니 혼례에 있어서도 동일하게 따른다. 다만 적자를 존귀하게 높여서 모든

四衛

35) 목로(木路)는 목로(木輅)라고도 부른다. 천자가 사용하는 다섯 가지 수레 중 하나이다. 단지 옻칠만 하고, 가죽으로 덮지 않았으며, 다른 치장을 하지 않았기 때문에, '목로'라고 부르게 되었다. 대휘(大麾)라는 깃발을 세웠고, 사냥을 하거나, 구주(九州) 지역 이외의 나라를 분봉해줄 때 사용하였다. 『주례』「춘관(春官)・건거(巾車)」편에는 "木路, 前樊鵠纓, 建大麾, 以田, 以封蕃國."이라는 기록이 있고, 이에 대한 정현의 주에서는 "木路, 不鞔以革, 漆之而已."라고 풀이했다.

36) 번국(蕃國)은 본래 주(周)나라 때의 구주(九州) 밖의 나라들을 지칭하는 말이다. 후대에는 오랑캐 나라들을 범칭하는 용어로도 사용되었다. 주나라 때에는 구복(九服)으로 천하의 땅을 구획하였는데, 구복 중 육복(六服)까지는 중원 지역으로 구분되며, 육복 이외의 세 개의 지역은 오랑캐 땅으로 분류하였다. 이 세 개의 지역은 이복(夷服)・진복(鎭服)・번복(藩服)이며, 이 지역에 세운 나라를 '번국'이라고 부른다. 『주례』「추관(秋官)・대행인(大行人)」편에는 "九州之外, 謂之蕃國."이라는 기록이 있는데, 이에 대한 손이양(孫詒讓)의 『정의(正義)』에서는 "職方氏九服, 蠻服以外, 有夷・鎭・藩三服. …… 是此蕃國卽職方外三服也."라고 풀이했다.

37) 『주례』「춘관(春官)・건거(巾車)」: 木路, 前樊鵠纓, 建大麾, 以田, 以封蕃國.

38) 『주례』「춘관(春官)・건거(巾車)」: 服車五乘: 孤乘夏篆, 卿乘夏縵, 大夫乘墨車, 士乘棧車, 庶人乘役車.

경우 부친과 동일하게 하지만 서자의 경우라면 마땅히 한 등급을 낮춰야 한다.

경문 婦車亦如之, 有裧.

번역 신부가 탈 수레 또한 신랑의 수레와 동등하게 하는데 휘장이 있다.

鄭注 亦如之者, 車同等, 士妻之車, 夫家共之. 大夫以上嫁女, 則自以車送之. 裧, 車裳幃, 周禮謂之容. 車有容, 則固有蓋.

번역 '역여지(亦如之)'는 수레를 동등하게 한다는 뜻으로, 사의 신부가 타는 수레는 신랑 집안에서 공급한다. 대부 이상의 계층이 딸자식을 시집보내게 되면 신부 집안에서 수레를 마련하여 전송한다. '첨(裧)'은 수레를 가리는 휘장으로, 『주례』에서는 '용(容)'이라고 했다. 수레에 용(容)이 있다면 덮개도 있는 것이다.

賈疏 ●"婦車"至"有裧". ◎注"亦如"至"有蓋". ○釋曰: 婦車亦墨車, 但有裧爲異耳. 曰"士妻之車, 夫家共之"者, 卽此是也. 云"大夫以上嫁女, 則自以車送之"者, 按宣公五年冬左傳云, 齊高固及子叔姬來, 反馬也. 休以爲禮無反馬, 而左氏以爲得禮. 禮, 婦人謂嫁曰歸, 明無大, 故不反於家. 經書高固及子叔姬來, 故譏乘行匹至也. 士昏皆異, 據士禮無反馬, 蓋失之矣. 士昏禮曰: "主人爵弁, 纁裳緇袘. 從者畢玄端, 乘墨車, 從車二乘, 執燭前馬. 婦車亦如之, 有裧." 此婦乘夫家之車. 鵲巢詩曰: "之子于歸, 百兩御之." 又曰: "之子于歸, 百兩將之." 國君之禮, 夫人始嫁, 自乘其車也. 何彼襛矣篇曰: "曷不肅雝, 王姬之車." 言齊侯嫁女, 以其母王姬始嫁之車遠送之, 則天子·諸侯女嫁, 留其車. 可知今高固大夫反馬, 大夫亦留其車. 禮雖散亡, 以詩論之, 大夫以上至天子, 有反馬之禮. 留車, 妻之道; 反馬, 婿之義. 高固秋月逆叔姬, 冬來反馬, 則婦人三月祭行, 故行反馬禮也. 以此鄭箴膏肓言之, 則知大夫已上嫁女, 自以其車送之. 若然, 詩注以爲王姬嫁時自乘其車, 箴膏肓以爲齊侯嫁女, 乘其母王姬始嫁時車送之, 不同者, 彼取三家詩, 故與毛詩異也. 凡婦車之法, 自士已上至孤卿皆與夫同, 有裧爲異, 至於王后及三夫人幷諸侯夫人皆乘翟車. 按周禮・巾車王后之五路, 重翟・厭翟・安車皆有容蓋, 又云翟車・輦車, 鄭注云: 詩・國風・碩人曰"翟蔽以朝", 謂諸侯夫人始來乘翟蔽之車, 以朝見於君, 成之也. 此翟蔽蓋厭翟也, 然則王后始來乘重翟矣. 又詩序云: 王姬下嫁於諸侯, 車服不繫其夫, 下王后一等. 以此差之, 王后始來乘重翟, 則上公夫人用厭翟, 侯伯子男夫人用翟車. 若然, 巾車・安車次厭翟, 在翟車之上者, 以其安車在宮中所乘, 有容蓋, 與重翟・厭翟同. 翟車有屋, 退之在下, 其實安車無翟飾, 不用爲嫁時所乘也. 三夫人與三公夫人當用翟車, 九嬪與孤妻同用夏篆, 世婦與卿大夫妻同用夏縵, 女御與士妻同用墨車也. 其諸侯夫人姪娣及二媵幷姪娣, 依次下夫人以下一等爲差也. 云"裧, 車裳幃, 周禮謂之容"者, 按巾車職重翟・厭翟・安車皆有容蓋, 鄭司農云: "容謂幨車, 山東謂之裳幃, 或謂之潼容." 後鄭從之. 衛詩云"漸車帷裳", 是山東名幃裳也. 云"車有容, 則固有蓋"者, 巾車云"有容蓋", 容・蓋相配之物, 此旣有裧之容, 明有蓋可知, 故云固有蓋矣.

번역 ●經文: "婦車"~"有裧". ◎鄭注: "亦如"~"有蓋". ○신부가 탈 수레 또한 묵거(墨車)로 준비하는데 휘장이 있는 점만 차이가 날 뿐이다. 정현이 "사의 신부가 타는 수레는 신랑 집안에서 공급한다."라고 했는데, 바로 이곳의 기록이 이러한 사실을 나타낸다. 정현이 "대부 이상의 계층이 딸자식을 시집보내게 되면 신부 집안에서 수레를 마련하여 전송한다."라고 했는데, 선공 5년 겨울에 대한 『좌전』의 기록에서는 제나라 고고와 자숙희가 찾아와서 말을 돌려주었다고 했다.[39] 하휴는 예법에는 말을 돌려주는 일이 없다고 여겼지만 『좌전』에서는 예법에 맞다고 했다. 예법에 따르면 부인이 시집가는 것을 '귀(歸)'라고 부르는데, 큰 잘못이 없기 때문에 본가로 되돌아가지 않음을 나타낸다. 경문에서는 고고와 자숙희가 찾아왔다고 했다. 그렇기 때문에 함께 온 것을 기롱한 것이다. 『의례』「사혼례(士昏禮)」편의 기록은 모두 이것과 차이를 보이는데, 사의 예법에 근거해보면 말을 돌려주는 절차가 없으니, 아마도 대부 이상의 계층

---

39) 『춘추좌씨전』「선공(宣公) 5년」: 冬, 來, 反馬也.

에 대한 예법이 망실되었기 때문일 것이다. 「사혼례」편에서는 "신랑은 작변(爵弁)을 쓰고 훈색의 하의를 착용하며 하의의 끝단에는 치색의 가선을 두른다. 따르는 자들은 모두 현단(玄端)을 착용한다. 신랑은 묵거에 타고 뒤따르는 수레는 2대이며, 횃불을 들고 있는 자는 말 앞에 위치한다. 신부가 탈 수레 또한 신랑의 수레와 동등하게 하는데 휘장이 있다."라고 했는데, 이것은 신부가 신랑 집에서 마련한 수레에 타게 됨을 나타낸다. 『시』「작소(鵲巢)」편에서는 "저 부인이 시집을 옴에, 100대의 수레로 맞이하는구나."[40]라고 했고, 또 "저 부인이 시집을 감에, 100대의 수레로 전송하는구나."[41]라고 했다. 이것은 제후의 예법에서 부인이 처음 시집을 올 때 직접 마련한 수레에 타게 됨을 뜻한다. 『시』「하피농의(何彼襛矣)」편에서는 "어찌 공경스럽고 조화롭지 않겠는가, 왕희의 수레로다."[42]라고 했는데, 제나라 후작이 여식을 시집보낼 때 그녀의 모친인 왕희가 처음 시집올 때 타고 왔던 수레를 이용해서 멀리까지 전송을 했다는 뜻으로, 천자와 제후의 여식이 시집을 가게 되면 타고 왔던 수레를 보관해둔다. 이를 통해 현재 고고는 대부의 신분인데 말을 돌려주었다고 했으니, 대부 또한 신부가 타고 온 수레를 보관해둠을 알 수 있다. 관련 예법이 비록 망실되었지만 『시』의 내용으로 논의해보자면, 대부 이상으로부터 천자에 이르기까지 말을 돌려주는 예법이 있었던 것이다. 수레를 보관하는 것은 아내의 도에 해당하고, 말을 돌려주는 것은 남편의 의에 해당한다. 고고는 가을에 숙희를 맞이하였는데 겨울에 찾아와서 말을 돌려주었으니, 부인의 경우 3개월이 지나면 종묘에 제사를 시행한다. 그렇기 때문에 말을 돌려주는 예법을 시행하게 된다. 정현의 『잠고황』을 통해 말해보자면 대부 이상의 계층에서는 여식을 시집보낼 때 직접 마련한 수레로 전송하게 됨을 알 수 있다. 만약 그렇다면 『시』의 주에서는 왕희가 시집올 때 직접 마련한 수레에 탔다고 여겼고, 『잠고황』에서는 제나라 후작이 여식을 시집보낼 때 그의 모친 왕희가 처음 시집올 때 타고 왔던 수레를 이용해서 전송하는 것이라 여겨 동일하지 않다. 그 이유는 『잠고황』에서는 삼

40) 『시』「소남(召南)·작소(鵲巢)」: 維鵲有巢, 維鳩居之. 之子于歸, 百兩御之.
41) 『시』「소남(召南)·작소(鵲巢)」: 維鵲有巢, 維鳩方之. 之子于歸, 百兩將之.
42) 『시』「소남(召南)·하피농의(何彼襛矣)」: 何彼襛矣, 唐棣之華. 曷不肅雝, 王姬之車.

가의 『시』에서 의미를 취했기 때문에 『모시』의 주와 차이를 보인 것이다. 부인의 수레에 대한 법도에 있어서 사로부터 그 이상 고나 경에 이르기까지 모두 남편과 동급으로 하는데 휘장이 있다는 점만 차이가 있다. 그리고 왕후(王后)[43]와 천자의 첩인 세 명의 부인(夫人) 및 제후의 부인(夫人)[44]에 있어서는 모두 적거(翟車)를 타게 된다. 『주례』「건거(巾車)」편을 살펴보면 왕후의 오로(五路) 중에 중적(重翟)・염적(厭翟)・안거(安車)는 모두 휘장과 덮개가 있다고 했고, 또 적거와 연거(輦車)에 대해 정현의 주에서는 『시』「국풍(國風)・석인(碩人)」편에서 "적폐(翟蔽)를 하고서 조회를 한다."[45]라고 했으니, 제후의 부인이 처음 찾아오게 되면 적폐에 타고 군주를 조견하며, 이를 통해 완성한다고 했다. 여기에서 말한 적폐(翟蔽)는 아마도 염적(厭翟)에 해당할 것이다. 그렇다면 왕후가 처음 찾아올 때에는 중적에 타게 된다. 또 『시』의 「모서」에서는 왕희가 신분을 낮춰 제후에게 시집을 갔으니 수레와 의복은 남편의 계급에 얽매이지 않지만 왕후보다 1등급을 낮춘다고 했다. 이를 통해 차등을 두자면 왕후가 처음 찾아올 때 중적을 탔다면 상공의 부인은 염적을 이용하고 후작・백작・자작・남작의 부인은 적거를 이용하는 것이다. 만약 그렇다면 「건거」편에서 안거는 염적 다음에 있고 적거 앞에 기술되어 있는데, 안거는 궁중에서 타는 것으로 가리개와 덮개가 있다는 점에서 중적・염적과 동일하다. 적거의 경우 지붕이 있어서 그 뒤로 물린 것인데 실제로 안거에는 꿩장식이 없어 시집을

---

43) 왕후(王后)는 천자의 본부인을 뜻한다. 후대에는 황후(皇后)라고 부르기도 하였다. 고대에는 천자(天子)를 왕(王)이라고 불렀기 때문에, 천자의 부인을 '왕후'라고 부른다. 또한 '왕'자를 생략하여 '후(后)라고도 부른다.

44) 부인(夫人)은 제후의 부인을 뜻한다. 『예기』「곡례하(曲禮下)」편에는 "公侯有夫人, 有世婦, 有妻, 有妾."이라는 기록이 있다. 즉 공작과 후작은 정부인인 부인(夫人)을 두고, 그 외에 세부(世婦), 처(妻), 첩(妾)을 둔다. 또한 『논어』「계씨(季氏)」편에는 "邦君之妻, 君稱之曰夫人. 夫人自稱曰小童."이라는 기록이 있다. 즉 군주의 처를 군주가 직접 부를 때에는 부인(夫人)이라고 부르며, 부인(夫人)이 자신을 지칭할 때에는 소동(小童)이라고 부른다. 참고적으로 천자의 부인은 후(后)라고 부르고, 대부(大夫)의 부인은 유인(孺人)이라고 부르며, 사(士)의 부인은 부인(婦人)이라고 부르고, 서인(庶人)의 부인은 처(妻)라고 부른다. 그러나 이러한 구분은 일률적으로 적용되는 것은 아니다.

45) 『시』「위풍(衛風)・석인(碩人)」: 碩人敖敖, 說于農郊. 四牡有驕, 朱幩鑣鑣, 翟茀以朝. 大夫夙退, 無使君勞.

갈 때 타는 용도로 사용할 수 없다. 천자에게 소속된 3명의 부인과 삼공(三公)[46]의 부인은 마땅히 적거를 사용해야 하고, 천자에게 소속된 9명의 빈[47]과 고(孤)의 아내는 동일하게 하전(夏篆)을 사용해야 하며, 천자에게 소속된 27명의 세부와 경·대부의 아내는 동일하게 하만(夏縵)을 사용해야 하고, 천자에게 소속된 81명의 여어와 사의 처는 동일하게 묵거를 사용해야 한다. 제후의 부인이 데려오는 조카와 여동생 및 2명의 잉첩과 그들이 데려오는 조카와 여동생은 순차에 따라 부인보다 1등급씩 낮추는 것을 차등으로 삼게 된다. 정현이 "'첨(襜)'은 수레를 가리는 휘장으로, 『주례』에서는 '용(容)'이라고 했다."라고 했는데, 「건거」편의 직무 기록에서는 중적·염적·안거에 대해서 모두 용(容)과 개(蓋)가 있다고 했고, 정사농[48]은 "용(容)은 수레를 가리는 휘장으로, 산동지역에서는 상위(裳幃)라고 부르며 혹은 동용(潼容)으로 부르기도 한다."라고 했다. 정현도 그 주장에 따랐다. 위나라의 시에서는 "수레의 휘장을 적시도다."[49]

---

46) 삼공(三公)은 중앙정부의 가장 높은 관직자 3명을 합쳐서 부르는 말이다. '삼공'에 속한 관직명에 대해서는 각 시대별로 차이가 있다. 『사기(史記)』「은본기(殷本紀)」편에는 "以西伯昌, 九侯, 鄂侯, 爲三公."이라는 기록이 있다. 즉 은나라 때에는 서백(西伯)인 창(昌), 구후(九侯), 악후(鄂侯)들을 '삼공'으로 삼았다. 또한 주(周)나라 때에는 태사(太師), 태부(太傅), 태보(太保)를 '삼공'으로 삼았다. 『서』「주서(周書)·주관(周官)」편에는 "立太師·太傅·太保, 茲惟三公, 論道經邦, 燮理陰陽."이라는 기록이 있다. 한편 『한서(漢書)』「백관공경표서(百官公卿表序)」에 따르면 사마(司馬), 사도(司徒), 사공(司空)을 '삼공'으로 삼았다는 기록이 있다.

47) 구빈(九嬪)은 천자의 빈궁들이다. 『예기』「혼의(昏義)」편에는 "古者天子后立六宮, 三夫人, 九嬪, 二十七世婦, 八十一御妻, 以聽天下之內治, 以明章婦順, 故天下內和而家理."라는 기록이 있다. 즉 천자는 한 명의 왕후(王后)를 두고 6개의 궁(宮)을 두는데, 그 안에는 3명의 부인(夫人), 9명의 빈(嬪), 27명의 세부(世婦), 81명의 어처(御妻)를 두는 것이다.

48) 정중(鄭衆, ? ~ A.D.83) : =정사농(鄭司農). 후한(後漢) 때의 경학자이다. 자(字)는 중사(仲師)이다. 부친은 정흥(鄭興)이다. 부친에게 『춘추좌씨전(春秋左氏傳)』의 학문을 전수받았다. 또한 그는 대사농(大司農) 등의 관직을 역임하였기 때문에, '정사농'이라고도 불렀다. 한편 정흥과 그의 학문은 정현(鄭玄)에게 많은 영향을 주었기 때문에, 후대에서는 정현을 후정(後鄭)이라고 불렀고, 정흥과 그를 선정(先鄭)이라고도 불렀다. 저서로는 『춘추조례(春秋條例)』, 『주례해고(周禮解詁)』 등을 지었다고 하지만, 현재는 전해지지 않았다.

49) 『시』「위풍(衛風)·맹(氓)」 : 桑之落矣, 其黃而隕. 自我徂爾, 三歲食貧. 淇水湯

라고 했는데, 이것은 산동지역에서 휘장을 위상(幃裳)으로 불렀음을 뜻한다. 정현이 "수레에 용(容)이 있다면 덮개도 있는 것이다."라고 했는데, 「건거」편에서는 "용(容)과 개(蓋)가 있다."라고 했으니, 휘장과 덮개는 서로 짝을 이루는 물건이며, 이곳에서는 이미 휘장에 해당하는 첨(裧)이 있다고 했으니, 덮개 또한 있음을 알 수 있다. 그렇기 때문에 덮개가 있다고 했다.

경문 至于門外.

번역 신랑의 수레가 신부 집의 대문 밖에 당도한다.

鄭注 婦家大門之外.

번역 신부 집의 대문 밖을 뜻한다.

賈疏 ●"至于門外". ◎注"婦家大門之外". ○釋曰: 知是大門外者, 以下有揖入, 乃至廟, 廟乃大門內, 故知此大門外也.

번역 ●經文: "至于門外". ◎鄭注: "婦家大門之外". ○대문 밖이라는 사실을 알 수 있는 이유는 아래문장에서 읍을 하고 들어가면 묘(廟)에 당도한다고 했는데, 묘는 대문 안쪽에 있다. 그렇기 때문에 이곳에서 말한 장소가 대문 밖이 됨을 알 수 있다.

경문 主人筵于戶西, 西上, 右几.

번역 신부의 부친은 묘실 방문 서쪽에 자리를 깔며 자리의 머리 부분이 서쪽을 향하도록 하며 우측에 안석을 둔다.

鄭注 主人, 女父也. 筵, 爲神布席.

湯, 漸車帷裳. 女也不爽, 士貳其行. 士也罔極, 二三其德.

번역 ‘주인(主人)’은 신부의 부친을 뜻한다. ‘연(筵)’은 신령을 위해 펼친 자리를 뜻한다.

賈疏 ●“主人”至“右几”. ◎注“主人”至“布席”. ○釋曰: 以先祖之遺體許人, 將告神, 故女父先於廟設神席, 乃迎婿也.

번역 ●經文: “主人”~“右几”. ◎鄭注: “主人”~“布席”. ○선조의 유체인 자신의 딸을 남에게 주어야 하므로 신령에게 아뢰고자 한 것이다. 그렇기 때문에 신부의 부친은 우선 묘에 신이 위치할 자리를 설치하고, 그런 뒤에야 신랑을 맞이한다.

경문 女次, 純衣纁袡, 立于房中, 南面.

번역 신부는 머리에 차(次)라는 장식을 올리고, 훈색의 가선을 댄 현색의 옷을 착용하고 방안에 서서 남쪽을 바라본다.

鄭注 次, 首飾也, 今時髲也. 周禮·追師掌爲副·編·次. 純衣, 絲衣. 女從者畢袗玄, 則此衣亦玄矣. 袡, 亦緣也. 袡之言任也. 以纁緣其衣, 象陰氣上任也. 凡婦人不常施袡之衣, 盛昏禮, 爲此服. 喪大記曰“復衣不以袡”, 明非常.

번역 ‘차(次)’는 머리에 다는 장식이니, 지금의 가발[髲]에 해당한다. 『주례』「추사(追師)」편에서는 부(副)·편(編)·차(次) 만드는 일을 담당한다고 했다.[50] ‘순의(純衣)’는 명주로 만든 옷이다. 여자 측의 종자들은 모두 상의와 하의를 현색으로 맞추니, 여기에서 말한 옷 또한 현색이다. ‘염(袡)’ 또한 가선을 뜻한다. ‘염(袡)’자는 나아간다는 뜻이다. 훈색의 가선을 대어서 음기가 위로 나아감을 상징한 것이다. 부인들은 일상적으로 가선을 댄 의복을 착용하지 않지만, 혼례를 융성하게 치르기 위해서 이러한 복장을 착용한다. 『예기』「상대기

---

50) 『주례』「천관(天官)·추사(追師)」: 追師掌王后之首服, 爲副·編·次, 追衡·笄, 爲九嬪及外內命婦之首服, 以待祭祀, 賓客.

(喪大記)」편에서는 "초혼을 할 때의 복장은 가선을 댄 것으로 하지 않는다."51) 라고 했으니, 이것이 평상시의 복장이 아님을 나타낸다.

賈疏 ●"女次"至"南面". ◎注"次首"至"非常". ○釋曰: 不言裳者, 以婦人之服不殊裳, 是以內司服皆不殊裳. 彼注云: "婦人尙專一德, 無所兼, 連衣裳不異其色", 是也. 注云"次, 首飾也, 今時髮也. 周禮·追師掌'爲副·編·次'"者, 按彼注云: "副之言覆, 所以覆首爲之飾, 其遺象若今步繇矣. 編, 編列髮爲之, 其遺象若今假紒矣. 次, 次第髮長短爲之, 所謂髲髢." 言"所謂", 謂如少牢"主婦髲鬄"也. 又云"外內命婦衣鞠衣·襢衣者服編, 衣褖衣者服次". 其副唯於三翟祭祀服之. 士服爵弁助祭之服以迎, 則士之妻亦服褖衣助祭之服也. 若然, 按內司服: "王后之六服: 褘衣·揄翟·闕翟·鞠衣·展衣·褖衣, 素沙." 素沙與上六服爲裏, 五等諸侯上公夫人與王后同, 侯伯夫人, 自揄翟而下, 子男夫人自闕而下. 按玉藻有鞠衣·襢衣·褖衣, 注云: "諸侯之臣皆分爲三等, 其妻以次受此服. 公之臣, 孤爲上, 卿大夫次之, 士次之. 侯伯子男之臣, 卿爲上, 大夫次之, 士次之." 其三夫人已下內命婦, 則三夫人自闕翟而下, 九嬪自鞠衣而下, 世婦自襢衣而下, 女御自褖衣而下, 嫁時以服之. 諸侯夫人無助天子祭, 亦各得申上服, 與祭服同也. 云"純衣, 絲衣"者, 此經純亦是絲, 理不明, 故見絲體也. 云"女從者畢袗玄, 則此衣亦玄矣"者, 此鄭欲見既以純爲絲, 恐色不明, 故云女從袗玄, 則此絲衣亦同玄色矣. 云"袡, 亦緣也"者, 上纁裳緇袘, 袘爲緣, 故云袡亦緣也. 云"袡之言任也. 以纁緣其衣, 象陰氣上任也"者, 婦人陰, 象陰氣上交於陽, 亦取交接之義也. 云"凡婦人不常施袡之衣, 盛昏禮, 爲此服"者, 此純衣卽褖衣, 是士妻助祭之服, 尋常不用纁爲袡, 今用之, 故云盛昏禮爲此服. 云"喪大記曰復衣不以袡, 明非常"者, 以其始死, 招魂復魄用生時之衣. 生時無袡, 知亦不用袡, 明爲非常所服, 爲盛昏禮, 故服之. 引之者, 證袡爲非常服也. 然鄭言凡婦人服不常施袡者, 鄭欲見王后已下, 初嫁皆有袡之意也.

---

51) 『예기』「상대기(喪大記)」【528a】: 復衣不以衣尸, 不以斂. 婦人復, 不以袡. 凡復男子稱名, 婦人稱字. 唯哭先復, 復而後行死事.

번역 ●經文: "女次"~"南面". ◎鄭注: "次首"~"非常". ○치마를 언급하지 않은 것은 부인의 복장에서는 치마에 차이를 두지 않기 때문이다. 이러한 까닭으로 『주례』「내사복(內司服)」편에서는 모두 치마에 차이를 두지 않았고, 주에서는 "부인은 전일한 덕을 숭상하여 겸하는 바가 없으니, 상의와 하의를 연결하고 그 색깔을 달리하지 않는다."라고 했다. 정현의 주에서는 "'차(次)'는 머리에 다는 장식이니, 지금의 가발[髲]에 해당한다. 『주례』「추사(追師)」편에서는 부(副)·편(編)·차(次) 만드는 일을 담당한다고 했다."라고 했는데, 『주례』에 대한 주를 살펴보면 "부(副)자는 덮는다는 뜻이니 머리를 덮는 것으로 그 장식을 삼는데, 그 모습은 마치 오늘날의 보요(步繇)와 같다. 편(編)은 머리카락을 가르고 땋아서 만들게 되는데, 그 모습은 마치 오늘날의 가계(假紒)와 같다. 차(次)는 머리카락의 길이를 맞춰서 만드는 것으로 이른바 피체(髲髢)라고 하는 것이다."라고 했다. '소위(所謂)'라고 말했는데, 이것은 『의례』「소뢰궤식례(少牢饋食禮)」편에서 "주부는 피체(髲鬄)를 한다."고 한 것과 동일하게 한다는 뜻이다. 또 "내명부(內命婦)[52]와 외명부(外命婦)[53]는 국의(鞠衣)[54]와 단의(襢衣)[55]를 착용할 때 편(編)을 하고, 단의(褖衣)[56]를 착용할 때 차(次)를

---

52) 내명부(內命婦)는 천자의 비(妃), 빈(嬪), 세부(世婦), 여어(女御) 등을 지칭하는 말이다. 『예기』「상대기(喪大記)」편에는 "夫人坐于西方, 內命婦姑姊妹子姓, 立于西方."이라는 용례가 있고, 『주례』「천관(天官)·내재(內宰)」편에는 "佐后使治外內命婦."라는 기록이 있는데, 이에 대한 정현의 주에는 "內命婦, 謂九嬪, 世婦, 女御."라고 풀이하였다.

53) 외명부(外命婦)는 내명부(內命婦)와 상대되는 말이다. 본래 천자의 신하들인 경(卿)·대부(大夫)들의 부인들을 지칭하는 말이다. 『예기』「상대기(喪大記)」편에는 "外命婦率外宗哭于堂上, 北面."이라는 기록이 있고, 이에 대한 정현의 주에서는 "卿大夫之妻爲外命婦."라고 풀이하였다.

54) 국의(鞠衣)는 황색으로 만든 옷이다. 본래 '천자의 부인[王后]'이 입던 '여섯 가지 의복[六服]' 중 하나를 가리키나 구빈(九嬪) 및 세부(世婦)나 어처(御妻)들 또한 이 옷을 입었고, 경(卿)의 부인에게는 가장 격식을 갖춘 예복(禮服)이 된다. 그 색깔은 누런색을 내는데, 뽕나무 잎이 처음 소생할 때의 색깔과 같다. 『주례』「천관(天官)·내사복(內司服)」편에는 "掌王后之六服. 褘衣, 揄狄, 闕狄, 鞠衣, 展衣, 綠衣."라는 기록이 있으며, 이에 대한 정현의 주에서는 "鄭司農云, 鞠衣, 黃衣也. 鞠衣, 黃桑服也. 色如鞠塵, 象桑葉始生."이라고 풀이하였다.

55) 전의(展衣)는 '단의(襢衣)'라고도 부른다. 흰색 비단으로 만든 옷이다. 본래 왕후(王后)가 입던 육복(六服)의 하나를 가리키나 대부(大夫)의 부인에게는 가장 격

한다."라고 했다. 부(副)는 위의(褘衣)·유적(揄狄)·굴적(屈狄)을 착용하고 제사를 지낼 때에만 한다. 사는 작변에 제사를 도울 때의 복장을 착용하고 신부를 맞이하니, 사의 처 또한 단의(褖衣)처럼 제사를 도울 때의 복장을 착용하는 것이다. 만약 그렇다면 「대사복」편을 살펴보면 "왕후의 육복은 위의(褘衣)·유적(揄翟)·궐적(闕翟)·국의(鞠衣)·전의(展衣)·단의(褖衣)이며, 백색의 비단으로 안감을 댄다."라고 했다. '소사(素沙)'는 앞에 제시한 여섯 가지 복장의 안감이 되는데, 다섯 등급의 제후 중 상공의 부인은 왕후와 동일하게 따르고, 후작·백작의 부인은 유적(揄翟)으로부터 그 이하의 복장을 착용하며, 자작·남작의 부인은 궐적(闕翟)으로부터 그 이하의 복장을 착용한다. 『예기』「옥조(玉藻)」편을 살펴보면 국의(鞠衣)·단의(襢衣)·단의(褖衣)가 나오는데, 정현의 주에서는 "제후의 신하들을 모두 세 등급으로 나누게 되면, 신하들의 처는 순차에 따라 이러한 복장을 받게 된다. 공작의 신하에 있어서, 고(孤)가 가장 상등이 되며, 경·대부는 그 다음이 되고, 사는 그 다음이 된다. 후작·백작·자작·남작의 신하에 있어서, 경이 가장 상등이 되며, 대부가 그 다음이 되고, 사가 그 다음이 된다."라고 했다. 천자에게 소속된 3명의 부인으로부터 그 이하에 해당하는 내명부의 경우라면 삼부인은 궐적(闕翟)으로부터 그 이하의 복장을 착용하고, 구빈은 국의(鞠衣)로부터 그 이하의 복장을 착용하고, 세부는 단의(襢衣)로부터 그 이하의 복장을 착용하며, 여어는 단의(褖衣)로부터 그 이하의 복장을 착용하는데, 시집을 올 때 이러한 복장을 착용한다. 제후의 부인은 천자의 제사를 돕는 일이 없지만 각각 상등의 복장을 착용하여 제복과 동일하게 할 수 있다. 정현이 "'순의(純衣)'는 명주로 만든 옷이다."라고 했는데, 경문에서 '순(純)'이라고 한 것은 또한 사(絲)에 해당하는데, 불분명하기 때문에 사(絲)라고 나타낸 것이다. 정현이 "여자 측의 종자들은 모두 상의와 하의를 현색

식을 갖춘 예복(禮服)이 된다. 일설에는 흰색이 아닌 붉은색 비단으로 만든 옷이라고도 한다. 『주례』「천관(天官)·내사복(內司服)」편에는 '전의'가 기록되어 있는데, 이에 대한 정현의 주에서는 "鄭司農云, 展衣, 白衣也."라고 풀이했다.

56) 단의(褖衣)는 흑색의 천으로 상의와 하의를 만들고, 붉은색으로 가장자리에 단을 댄 옷이다. 『의례』「사상례(士喪禮)」편에는 '단의'가 기록되어 있는데, 이에 대한 정현의 주에서는 "黑衣裳赤緣謂之褖."이라고 풀이했다.

으로 맞추니, 여기에서 말한 옷 또한 현색이다."라고 했는데, 이것은 정현이 순(純)을 이미 사(絲)라고 했지만 색깔에 대한 설명이 불분명하게 될 것을 염려했기 때문에 여종자는 상의와 하의를 현색으로 맞춘다고 한 것으로, 여기에서 말한 사의(絲衣) 또한 동일하게 현색이 된다. 정현이 "'염(袡)' 또한 가선을 뜻한다."라고 했는데, 앞에서는 훈색의 하의와 치색의 이(袘)라고 했고, 이(袘)는 가선이 된다. 그렇기 때문에 "염(袡) 또한 가선을 뜻한다."라고 했다. 정현이 "'염(袡)'자는 나아간다는 뜻이다. 훈색의 가선을 대어서 음기가 위로 나아감을 상징한 것이다."라고 했는데, 부인은 음에 해당하니 음기가 위로 올라가서 양기와 교제하는 것을 상징하니, 이 또한 서로 교제하는 뜻에서 의미를 취한 것이다. 정현이 "부인들은 일상적으로 가선을 댄 의복을 착용하지 않지만, 혼례를 융성하게 치르기 위해서 이러한 복장을 착용한다."라고 했는데, 여기에서 말한 순의(純衣)는 단의(褖衣)에 해당하는데, 이것은 사의 처가 제사를 도울 때 착용하는 복장이므로, 일상적으로는 훈색으로 가선을 대지 않는다. 그런데 지금 이러한 복장을 사용하기 때문에 혼례를 융성하게 치러서 이러한 복장을 착용한다고 말한 것이다. 정현이 "「상대기(喪大記)」편에서 초혼을 할 때의 복장은 가선을 댄 것으로 하지 않는다고 했으니, 이것이 평상시의 복장이 아님을 나타낸다."라고 했는데, 어떤 자가 이제 막 죽었을 때 혼을 부르고 백을 돌아오게 하며 생전에 착용하던 복장을 이용하게 된다. 즉 생전에 가선이 없는 복장을 사용하므로 이것을 통해서도 평상시에는 가선을 두르지 않는다는 사실을 알 수 있으니, 평상시에 착용하는 복장이 아님을 나타낸다. 즉 혼례를 융성하게 치르기 때문에 이 복장을 착용하는 것이다. 정현이 이 문장을 인용한 것은 염(袡)을 한 것은 일상적인 복장이 아님을 증명하기 위해서이다. 그렇다면 정현은 부인들의 복장에서는 일상적으로 염(袡)을 하지 않는다고 말한 것인데, 정현은 왕후로부터 그 이하의 계층이 처음 시집을 올 때 모두 염(袡)이 된 옷을 착용하게 되는 의미를 나타내고자 한 것이다.

경문 姆纚·笄·宵衣, 在其右.

번역 유모는 머리싸개를 하고 비녀를 꼽으며 초의(宵衣)를 착용하고서 신부의 우측에 위치한다.

鄭注 姆, 婦人年五十無子, 出而不復嫁, 能以婦道教人者, 若今時乳母矣. 纚, 縚髮. 笄, 今時簪也. 纚亦廣充幅, 長六尺. 宵, 讀爲詩"素衣朱綃"之綃, 魯詩以綃爲綺屬也. 姆亦玄衣, 以綃爲領, 因以爲名, 且相別耳. 姆在女右, 當詔以婦禮.

번역 '모(姆)'는 부인 중 나이가 50이 되었으나 자식이 없는 자인데, 쫓겨나 다시 시집을 갈 수 없지만 아녀자의 도를 다른 사람에게 가르쳐 줄 수 있는 자이니 오늘날의 유모(乳母)와 같다. 이(纚)는 머리를 감싸는 것이다. '계(笄)'는 오늘날의 잠(簪)에 해당한다. 머리싸개 또한 그 너비가 1폭이 되며 길이는 6척이다. '초(宵)'자는 『시』에서 "흰색의 옷에 주색의 옷깃이여."라고 했을 때의 '초(綃)'로 읽으니, 『노시』에서는 '초(綃)'를 비단 종류라고 여겼다. 유모 또한 현색의 옷을 입고 초로 옷깃을 만든다. 따라서 이러한 이유로 인해 명칭을 삼은 것이고 또 이를 통해 상호 구별한 것일 뿐이다. 유모는 신부의 우측에 있으니 마땅히 신부가 따라야 할 예법을 일러주어야만 한다.

賈疏 ●"姆纚"至"其右". ○釋曰: 此經欲見女旣在房, 須有傳命者之義也.

번역 ●經文: "姆纚"~"其右". ○이곳 경문은 신부가 이미 방안에 있으므로 명령을 전달하는 자가 있어야 하는 뜻을 드러내고자 한 것이다.

賈疏 ◎注"姆婦"至"婦禮". ○釋曰: 云"姆, 婦人年五十無子, 出而不復嫁, 能以婦道教人"者, 婦人年五十陰道絶, 無子, 乃出之. 按家語云: "婦人有七出: 不順父母出, 淫辟出, 無子出, 嫉妒出, 惡疾出, 多舌出, 盜竊出." 又莊二十七年何休注: "公羊云: 無子棄, 絶世也; 淫佚棄, 亂類也; 不事舅姑棄, 悖德也; 口舌棄, 離親也; 盜竊棄, 反義也; 嫉妒棄, 亂家也; 惡疾棄, 不可奉宗廟也." 又家語有"三不去": "曾經三年喪, 不去." 休云: "不忘恩也." "賤取貴, 不去." 休云: "不背德也." "有所受無所歸, 不去." 休云: "不窮窮也." 休又云: "喪婦長女不娶, 無教戒也; 世有惡疾不取, 棄於天也; 世有刑人不娶, 棄於人也; 亂家不娶, 類不正也; 逆家女不娶, 廢人倫也." 是五不娶. 又按易·同人六二, 鄭注云: "天子諸侯后夫人, 無子不出." 則猶有六出. 其天子之后雖失禮, 鄭云: "嫁於天子, 雖失禮, 無出道, 遠之而已. 若其無子不廢, 遠之, 后尊如故, 其犯六出則廢之." 然就七出之中餘六出, 是無德行不堪教人, 故無子出, 能以婦道教人者, 以爲姆, 旣教女, 因從女向夫家也. 云"若今時乳母"者, 漢時乳母與古時乳母別. 按喪服乳母者, 據大夫子有三母: 子師·慈母·保母. 其慈母闕, 乃令有乳者養子, 謂之爲乳母, 死爲之服緦麻. 師教之乳母, 直養之而已. 漢時乳母則選德行有乳者爲之, 幷使教子, 故引之以證姆也. 云"纚, 縚髮"者, 此纚亦如士冠纚, 以繒爲之, 廣充幅, 長六尺, 以縚髮而紒之. 姆所異於女者, 女有纚, 兼有次, 此姆則有纚而無次也. 云"笄, 今時簪"者, 擧漢爲況義也. 云"宵, 讀爲詩'素衣朱綃'之綃"者, 引詩以爲證也. 云"姆亦玄衣, 以綃爲領, 因以爲名"者, 此衣雖言綃衣, 亦與純衣同是褖衣, 用綃爲領, 故因得名綃衣也. 必知綃爲領者, 詩云"素衣朱綃", 詩又云"素衣朱襮", 爾雅·釋器云: "黼領謂之襮." 襮旣爲領, 明朱綃亦領可知. 按上文云女褖衣, 下文云女從者畢袗玄, 皆是褖衣, 則此綃衣亦褖衣矣. 女與女從襌黼領, 此姆以玄綃爲領也. 若然, 特牲云綃衣者, 謂以綃繒爲衣. 知此綃爲領者, 以下女從者云"被潁黼" 據領, 明此亦據領也. 云"姆在女右, 當詔以婦禮"者, 按禮記·少儀云"贊幣自左, 詔辭自右", 地道尊右之義, 故姆在女右也.

번역 ◎鄭注: "姆婦"~"婦禮". ○정현이 "'모(姆)'는 부인 중 나이가 50이 되었으나 자식이 없는 자인데, 쫓겨나 다시 시집을 갈 수 없지만 아녀자의 도를 다른 사람에게 가르쳐 줄 수 있는 자이다."라고 했는데, 부인의 나이가 50세가 되었다면 음의 도가 끊어지므로, 자식이 없다면 쫓아낸다. 『공자가어』를 살펴보면 "부인의 경우 쫓아내는 경우에는 일곱 가지가 있으니, 부모에게 순종하지 않으면 쫓아내고, 음란하면 쫓아내며, 자식이 없으면 쫓아내고, 시기하면 쫓아내며, 나쁜 병이 있으면 쫓아내고, 말이 많으면 쫓아내며, 도둑질을 하면 쫓아낸다."라고 했다. 또 장공 27년에 대한 하휴의 주에서는 "공양은 다음과 같이 말한 것으로, 자식이 없으면 내치니 세대를 끊어지게 만들기 때문이다. 음란하면 내치니 종족을 문란하게 만들기 때문이다. 시부모를 섬기지 못하면 내치니 덕을 어그러트리기 때문이다. 말이 많으면 내치니 친족들을 소원하게 만들기 때문이다. 도둑질을 하면 내치니 도의를 위배하기 때문이다. 시기하면 내치니 가정을 혼란스럽게 만들기 때문이다. 나쁜 병이 있으면 내치니 종묘의 제사를 받들 수 없기 때문이다."라고 했다. 또 『공자가어』에는 "내치지 못하는 경우는 세 가지이다."라고 했고, "일찍이 삼년상을 치른 경우라면 내치지 않는다."라고 했고, 하휴는 "은정을 잊을 수 없기 때문이다."라고 했다. "이전에는 미천했다가 이후 존귀해진 경우에는 내치지 않는다."라고 했고, 하휴는 "덕을 위배할 수 없기 때문이다."라고 했다. "내쳤을 때 돌아갈 곳이 없는 경우에는 내치지 않는다."라고 했고, 하휴는 "곤궁함으로 끝까지 내몰 수 없기 때문이다."라고 했다. 하휴는 또한 "모친이 없는 집의 장녀는 아내로 들이지 않으니 가르침과 훈계를 받지 못했기 때문이다. 대대로 나쁜 병이 있는 집의 여자는 아내로 들이지 않으니 하늘로부터 버림을 받았기 때문이다. 대대로 죄인이 나온 집의 여자는 아내로 들이지 않으니 사람들로부터 버림을 받았기 때문이다. 혼란스러운 집안의 여자는 아내로 들이지 않으니 족인들이 바르지 못하기 때문이다. 반역을 한 집안의 여자는 아내로 들이지 않으니 인륜을 저버렸기 때문이다."라고 했다. 이것은 아내로 들이지 않는 다섯 가지 경우이다. 또 『역』「동인괘(同人卦)」 육이에 대한 정현의 주에서는 "천자와 제후의 왕후 및 부인은 자식이 없더라도 내치지 않는다."라고 했지만, 여전히 여섯 가지 경우를 범하면 내치게 된다. 천자의 왕후는 비록 실례를 범하더라도, 정현은 "천자에게 시집을 갔다면 비록 실례를 범하더라도 쫓아내는 도리가 없으니, 멀리 대할 뿐이다. 만약 자식을 낳지 못했다면 폐하지 않고 멀리 대하니 왕후는 존귀하기 때문이다. 그러나 쫓아내는 죄목에 해당하는 다른 여섯 가지를 범하게 되면 폐한다."라고 했다. 그렇다면 내쫓기는 일곱 가지 잘못 중 나머지 여섯 가지는 덕행이 없는 경우이므로 다른 사람을 가르칠 수 없다. 그렇기 때문에 자식이 없어 쫓겨난 경우, 그 사람이 아녀자의 도로 남을 가르칠 수 있는 경우라면 유모로 삼고, 이미 그 여식을 가르쳤다면 여식을 따라 신랑 집으로 함께 향하게 된다. 정현이 "오늘날의 유모(乳母)와 같다."라고 했는데, 한나라 때의 유모와 고대의 유모는 구별된다. 『의례』「상복(喪服)」편을 살펴보면, 유모(乳母)에 대한 경우가 나오니, 이것은 대부의 자식에게 세 모친이 있는 것에 근거한 것으로, 자사(子師)·자모(慈母)·보모(保母)가 그들이다. 자모가 없는 경우 젖이 나오는 여자로 하여금 자식을 기르도록 하니, 그녀를 '유모(乳母)'라고 부르고, 그녀가 죽게 되면 그녀를 위해서 시마복(緦麻服)을 입는다. 스승의 입장이 되어 가르치기만 하는 유모는 단지 기르기만 할 따름이다. 한나라 때의 유모는 덕행이 있으면서도 젖이 나오는 여자를 골라서 유모로 삼았고, 함께 자식을 가르치도록 했다. 그렇기 때문에 이 내용을 인용하여 모(姆)에 대해 증명한 것이다. 정현이 "이(纚)는 머리를 감싸는 것이다."라고 했는데, 여기에서 말하는 '이(纚)'는 『의례』「사관례(士冠禮)」편에 나오는 이(纚)와 동일하니, 비단으로 만들게 되며 그 너비는 1폭이 되고 길이는 6척이 되며, 이것을 통해 머리를 감싸서 상투를 틀게 된다. 유모가 신부와 차이를 두는 것은 신부의 경우 머리싸개를 하고 함께 머리장식인 차(次)를 두게 되지만 유모의 경우에는 머리싸개만 하고 차(次)는 하지 않는다. 정현이 "'계(笄)'는 오늘날의 잠(簪)에 해당한다."라고 했는데, 한나라 때의 기물을 기준으로 비유를 든 것이다. 정현이 "'초(宵)'자는 『시』에서 '흰색의 옷에 주색의 옷깃이여.'라고 했을 때의 '초(綃)'로 읽는다."라고 했는데, 『시』를 인용하여 증명한 것이다. 정현이 "유모 또한 현색의 옷을 입고 초로 옷깃을 만든다. 따라서 이러한 이유로 인해 명칭을 삼은 것이다."라고 했는데, 여기에서 말한 옷은 비록 초의(綃衣)를 말하는 것이지만 또한 순의(純衣)와 동일하게 단의(褖衣)가 되며 초(綃)로 옷깃을 만든다. 그렇기 때문에 이로 인해 '초의(綃衣)'라고 부르는 것이다. 초(綃)로 옷깃을 만든다는 사실을 분명히 알 수 있는 이유는 『시』에서는 "흰색의 옷에 주색의 옷깃이여."라고 했고, 『시』에서는 또한 "흰색의 옷에 주색의 수놓은 옷깃이여."라고 했는데, 『이아』「석기(釋器)」편에서는 "옷깃에 수놓은 것을 박(襮)이라고 부른다."라고 했다. 박(襮)이 이미 옷깃이 된다면 주초(朱綃) 또한 옷깃에 해당한다는 사실을 명확히 알 수 있다. 앞 문장에서 신부는 단의(褖衣)를 입는다고 했고, 그 뒤에서 여종자들은 모두 상의와 하의를 현색으로 맞춘다고 했는데, 이것은 모두 단의(褖衣)에 해당하니, 여기에서 말한 초의(綃衣) 또한 단의(褖衣)에 해당한다. 신부와 신부의 종자들은 홑옷에 수놓은 옷깃을 다니, 여기에서 말한 유모는 현색의 비단으로 옷깃을 만드는 것이다. 만약 그렇다면 『의례』「특생궤식례(特牲饋食禮)」편에서 '초의(綃衣)'라고 한 것은 비단으로 만든 옷을 뜻한다. 여기에서 말한 초(綃)가 옷깃이 됨을 알 수 있는 이유는 아래에서 여종자는 "홑겹의 보(黼)가 수놓인 옷깃의 옷을 입는다."라고 했다. 이것은 옷깃에 기준을 둔 것이니 여기에서 말한 것 또한 옷깃을 가리킨다는 사실을 알 수 있다. 정현이 "유모는 신부의 우측에 있으니 마땅히 신부가 따라야 할 예법을 일러주어야만 한다."라고 했는데, 『예기』「소의(少儀)」편을 살펴보면 "군주를 대신하여 폐물을 받는 자는 군주의 좌측에서 받고, 군주의 명령을 전달하는 자는 군주의 우측에서 한다."[57]라고 했다. 이것은 땅의 도에서 우측을 존귀하게 높이는 뜻에 해당한다. 그렇기 때문에 유모가 신부의 우측에 있게 된다.

경문 女從者畢袗玄, 纚笄, 被纇黼, 在其後.

번역 신부 측 종자들은 모두 상의와 하의를 현색으로 맞추고 머리싸개와 비녀를 꼽으며 홑겹의 보(黼)가 수놓인 옷깃을 하며, 신부의 뒤에 위치한다.

鄭注 女從者, 謂姪娣也. 詩云: "諸娣從之, 祁祁如雲." 袗, 同也, 同玄者, 上下皆玄. 纇, 禪也. 詩云: "素衣朱襮." 爾雅云: "黼領謂之襮." 周禮曰: "白與黑謂之黼." 天子·諸侯后夫人狄衣, 卿大夫之妻, 刺黼以爲領, 如今偃領矣. 士妻始嫁, 施禪黼於領上, 假盛飾耳. 言被, 明非常服.

번역 '여종자(女從者)'는 신부의 조카와 여동생을 뜻한다. 『시』에서는 "여러 여동생들이 따라 시집을 오니, 느긋하고 단정함이 구름과도 같구나."[58]라고 했다. '진(袗)'자는 같다는 뜻으로, 현색과 같게 한다는 것은 상의와 하의를 모두 현색으로 맞춘다는 뜻이다. '경(纇)'은 홑겹을 뜻한다. 『시』에서는 "흰색의

---

57) 『예기』「소의(少儀)」【440c】: 贊幣自左, 詔辭自右.
58) 『시』「대아(大雅)·한혁(韓奕)」: 韓侯取妻, 汾王之甥, 蹶父之子. 韓侯迎止, 于蹶之里. 百兩彭彭, 八鸞鏘鏘, 不顯其光. 諸娣從之, 祁祁如雲. 韓侯顧之, 爛其盈門.

옷에 주색의 박(襮)이여."[59]라고 했고, 『이아』에서는 "보(黼) 무늬를 새긴 옷깃을 박(襮)이라 부른다."[60]라고 했으며, 『주례』에서는 "백색과 흑색의 실로 수놓은 것을 보(黼)라고 부른다."[61]라고 했다. 천자의 왕후와 제후의 부인들은 적의(狄衣)를 입고, 경과 대부의 아내는 보(黼)를 새겨 옷깃으로 만드는데, 지금의 언령(偃領)과 같은 것이다. 사의 처는 처음 시집을 올 때 홑겹으로 보 무늬를 옷깃에 새기게 되니, 임시로 융성한 장식을 하는 것일 뿐이다. '피(被)'라고 말한 것은 일상적인 복장이 아님을 드러낸 것이다.

賈疏 ●"女從"至"其後". ○釋曰: 此是從女之人在女後, 爲尊卑威儀之事也.

번역 ●經文: "女從"~"其後". ○이것은 신부를 따라오는 자들이 신부 뒤에 위치하는 것은 신분에 따른 위엄스러운 행동예절이 됨을 나타내고 있다.

賈疏 ◎注"女從"至"常服". ○釋曰: 知女從是姪娣者, 按下文云"雖無娣媵先", 鄭云: "古者嫁女, 必姪娣從, 謂之媵." 即此女從, 故云"女從者, 謂姪娣也". 云"詩"者, 韓奕篇, 引之證姪之義也. 云"袗, 同也, 同玄者, 上下皆玄"者, 此袗讀從左氏"均服振振"一也. 故云同玄, 上下皆玄也. 同者卽婦人之服, 不殊裳也. 云"潁, 禪也"者, 此讀如詩云褧衣之褧, 故爲禪也. 引詩·爾雅·周禮者, 證黼得爲領之義也. 黼謂刺之在領爲黼文, 名爲襮, 故云"黼領謂之襮". 云"天子·諸侯后夫人狄衣"者, 按周禮·內司服云: "掌王后之六服: 褘衣·揄狄·闕狄." 又注云: "侯伯之夫人揄狄, 子男之夫人亦闕狄, 唯二王後褘衣." 故云后夫人狄衣也. 云"卿大夫之妻, 刺黼以爲領"者, 以士妻言被, 明非常, 故知大夫之妻, 刺之常也. 不於后夫人下言領, 於卿大夫妻下乃云刺黼爲領, 則

59) 『시』「당풍(唐風)·양지수(揚之水)」: 揚之水, 白石鑿鑿. 素衣朱襮, 從子于沃. 旣見君子, 云何不樂.

60) 『이아』「석기(釋器)」: 衣梳謂之稅. 黼領謂之襮. 緣謂之純. 袕謂之裳. 衣眥謂之襟. 衱謂之裾. 衿謂之袸. 佩衿謂之褑. 執衽謂之袺. 扱衽謂之襭. 衣蔽前謂之襜. 婦人之褘謂之縭. 縭, 緌也. 裳削幅謂之纀.

61) 『주례』「동관고공기(冬官考工記)·화궤(畫繢)」: 青與赤謂之文, 赤與白謂之章, 白與黑謂之黼, 黑與青謂之黻, 五采備謂之繡.

后夫人亦同刺黼爲領也. 但黼乃白黑色爲之, 若於衣上則畫之, 若於領上則刺之. 以爲其男子冕服, 衣畫而裳繡, 繡皆刺之. 其婦人領雖在衣, 亦刺之矣. 然此士妻言被襌黼, 謂於衣領上別刺黼文, 謂之被, 則大夫以下刺之, 不別被之矣. 按禮記·郊特牲云: "綃黼丹朱中衣, 大夫之僭禮也." 彼天子·諸侯中衣有黼領, 服則無之. 此今婦人事華飾, 故於上服有之, 中衣則無也. 云"如今偃領矣"者, 擧漢法, 鄭君目驗而知, 至今已遠, 偃領之制, 亦無可知也. 云"士妻始嫁, 施襌黼於領上, 假盛飾耳. 言被, 明非常服"者, 對大夫已上妻則常服有之, 非假也.

번역 ◎鄭注: "女從"~"常服". ○여종(女從)이 신부의 조카와 여동생에 해당한다는 사실을 알 수 있는 것은 아래문장에서 "비록 여동생이 없더라도 잉첩인 조카가 먼저 먹는다."라고 했고, 정현은 "고대에는 딸을 시집보낼 때 반드시 조카와 여동생을 뒤따라 보냈으니, 이들을 잉(媵)이라 부른다."라고 했다. 이들은 곧 여기에서 말한 여종(女從)에 해당한다. 그렇기 때문에 "'여종자(女從者)'는 신부의 조카와 여동생을 뜻한다."라고 했다. 정현이 『시』를 인용했는데, 이것은 「한혁(韓奕)」편으로, 이 문장을 인용하여 질(姪)의 의미를 증명한 것이다. 정현이 "'진(袗)'자는 같다는 뜻으로, 현색과 같게 한다는 것은 상의와 하의를 모두 현색으로 맞춘다는 뜻이다."라고 했는데, 여기에 나온 '진(袗)'자는 『좌전』에서 "상하의를 균일하게 하여 씩씩하게 차려입었다."[62]라고 했던 뜻과 동일하다. 그렇기 때문에 "현색과 같게 한다는 것은 상의와 하의를 모두 현색으로 맞춘다는 뜻이다."라고 했다. 동일하게 한다는 것은 신부의 복장처럼 하며 치마에 있어서도 차이를 두지 않는 것이다. 정현이 "'경(穎)'은 홑겹을 뜻한다."라고 했는데, 이것은 『시』에서 "홑옷을 껴입는다."[63]고 했을 때의 경(褧)처럼 풀이한다. 그렇기 때문에 단(襌)이 된다. 정현이 『시』·『이아』·『주례』를 인용한 것은 보(黼)를 옷깃에 새길 수 있다는 뜻을 증명하기 위해서이다. '보(黼)'는

62) 『춘추좌씨전』「희공(僖公) 5년」: 對曰, "童謠云, '丙之晨, 龍尾伏辰; 均服振振, 取虢之旂. 鶉之賁賁, 天策焞焞, 火中成軍, 虢公其奔.' 其九月·十月之交乎! 丙子旦, 日在尾, 月在策, 鶉火中, 必是時也."

63) 『시』「위풍(衛風)·석인(碩人)」: 碩人其頎, 衣錦褧衣. 齊侯之子, 衛侯之妻, 東宮之妹, 邢侯之姨, 譚公維私.

옷깃에 수를 놓아서 보(黼) 무늬로 만든 것이니, 이것을 박(襮)이라고 부른다. 그렇기 때문에 "보(黼) 무늬를 새긴 옷깃을 박(襮)이라 부른다."라고 했다. 정현이 "천자의 왕후와 제후의 부인들은 적의(狄衣)를 입는다."라고 했는데, 『주례』「내사복(內司服)」편을 살펴보면 "왕후의 여섯 복장에 대해 담당하니, 위의(褘衣)·유적(揄狄)·궐적(闕狄)이다."라고 했고, 정현의 주에서는 "후작과 백작의 부인들은 유적(揄狄)을 입고, 자작과 남작의 부인들은 또한 궐적(闕狄)을 입는데, 하나라와 은나라 왕조의 후손국 부인만이 위의(褘衣)까지 입을 수 있다."라고 했다. 그렇기 때문에 왕후와 부인이 적의를 입는다고 말했다. 정현이 "경과 대부의 아내는 보(黼)를 새겨 옷깃으로 만든다."라고 했는데, 사의 처에 대해서는 피(被)라고 하여 일상복이 아님을 드러냈다. 그렇기 때문에 대부의 처는 일상복에 수를 놓는다는 사실을 알 수 있다. 왕후와 부인에 대해서 옷깃을 언급하지 않고, 경과 대부의 처에 대한 사안에서 보 무늬를 새겨서 옷깃을 만든다고 했으니, 왕후와 부인 또한 동일하게 보 무늬를 새겨서 옷깃을 만든다. 다만 보 무늬는 백색과 흑색의 실을 사용해서 만들게 되는데, 옷의 경우라면 그림으로 그리고, 옷깃에 하는 경우라면 수를 놓게 된다. 남자의 면복에 있어서 상의에는 그림으로 그리고 하의에는 수를 놓게 되는데, 수를 놓는 경우 모두 실을 이용해서 무늬를 새긴다. 부인이 입는 복장의 옷깃은 상의에 포함되는 것이지만 수를 놓는다. 그런데 이곳에서 사의 처에 대해서는 단보(襌黼)를 피(被)한다고 했으니, 상의에 있는 옷깃에 별도로 보 무늬를 새기게 되며, 이것을 피(被)라고 했으니, 대부로부터 그 이하의 계층은 수를 놓으며 피(被)를 구별하지 않는다. 『예기』「교특생(郊特牲)」편을 살펴보면 "중의(中衣)[64]를 만들며 보(黼)를 새긴 옷깃을 달고, 적색으로 끝단을 대는 것은 대부들이 제후의 예법에 대해서 참례(僭禮)를 한 것이다."[65]라고 했다. 「교특생」편에서 천자와 제후는 중의에

---

64) 중의(中衣)는 조복(朝服)이나 제복(祭服) 등의 예복(禮服) 안에 착용하는 옷이다. '중의' 안에는 속옷 등을 착용하고, '중의' 겉에는 예복 등을 착용하므로, 중간이라는 뜻에서 '중의'라고 부르는 것이다. 또한 모든 복장에 있어서 속옷과 겉옷 중간에 입는 옷을 뜻하기도 한다. 『예기』「교특생(郊特牲)」편에는 "繡黼丹朱中衣."라는 기록이 있고, 이에 대한 공영달(孔穎達)의 소(疏)에서는 "中衣, 謂以素爲冕服之裏衣."라고 풀이하였다.

65) 『예기』「교특생(郊特牲)」【322b】: 臺門而旅樹, 反坫, 繡黼丹朱中衣, 大夫之僭

보 무늬를 새긴 옷깃을 달지만, 겉에 입는 복장에는 이러한 무늬가 없다고 했다. 그런데 이곳에서는 부인들이 화려한 장식을 꾸민다고 했기 때문에 겉옷에 이러한 무늬가 있는 것이며 중의에는 없다. 정현이 "지금의 언령(偃領)과 같은 것이다."라고 했는데, 한나라 때의 법도를 기준으로 한 것이니, 정현은 직접 눈으로 보았으므로 이러한 사실을 알았지만 오늘날에는 그 시기가 너무 요원하여 언령에 대한 제도를 알 수 있는 방도가 없다. 정현이 "사의 처는 처음 시집을 올 때 홑겹으로 보 무늬를 옷깃에 새기게 되니, 임시로 융성한 장식을 하는 것일 뿐이다. '피(被)'라고 말한 것은 일상적인 복장이 아님을 드러낸 것이다."라고 했는데, 대부로부터 그 이상의 계층에 속한 부인들이 일상적으로 착용하는 복장에 이러한 무늬가 있고 임시로 하는 것이 아닌 것과 대비시킨 것이다.

경문 主人玄端, 迎于門外, 西面再拜. 賓東面答拜.

번역 신부의 부친은 현단복을 착용하고 대문 밖으로 나가서 서쪽을 바라보며 재배를 한다. 신랑은 동쪽을 바라보며 답배를 한다.

鄭注 賓, 婿.

번역 '빈(賓)'은 신랑을 뜻한다.

賈疏 ●"主人"至"答拜". ○釋曰: 此言男至女氏之大門外, 女父出迎之事也.

번역 ●經文: "主人"~"答拜". ○이것은 신랑이 신부 집 대문 밖에 도착하면 신부의 부친이 대문 밖으로 나가서 맞이하는 사안을 말한 것이다.

경문 主人揖入, 賓執鴈從. 至于廟門, 揖入. 三揖, 至于階, 三讓. 主人升, 西面. 賓升, 北面, 奠鴈, 再拜稽首, 降, 出. 婦從, 降自西階. 主人不降送.

禮也.

번역 신부의 부친이 읍을 하고 대문 안으로 들어가면 신랑은 예물로 가지고 온 기러기를 잡고 뒤따른다. 묘문에 당도하면 신부의 부친은 읍을 하고 안으로 들어간다. 세 차례 읍을 하여 계단에 당도하면 세 차례 사양을 한다. 신부의 부친은 당상으로 올라가서 서쪽을 바라본다. 신랑은 당상으로 올라가서 북쪽을 바라보며 예물로 가지고 온 기러기를 내려놓고 재배를 하며 머리를 조아리고, 당하로 내려가서 묘문 밖으로 나간다. 신부가 그 뒤를 따르는데 당하로 내려갈 때에는 서쪽 계단을 이용한다. 신부의 부친은 당하로 내려가서 전송하지 않는다.

鄭注 賓升奠鴈拜, 主人不答, 明主爲授女耳. 主人不降送, 禮不參.

번역 신랑이 당상으로 올라가서 기러기를 내려놓고 절을 할 때 신부의 부친은 답배를 하지 않으니, 딸을 건네는 것을 위주로 함을 드러내기 때문이다. 신부의 부친이 당하로 내려가서 전송을 하지 않는 것은 예법상 간여할 수 없기 때문이다.

賈疏 ●"主人"至"降送". ○釋曰: 此言女父迎賓婿入廟門, 升堂, 父迎出大門之事也. 云"賓升, 北面奠鴈, 再拜稽首"者, 此時當在房外當楣北面, 知在房戶者, 見隱二年"紀履緰來逆女", 公羊傳曰: "譏始不親迎也." 何休云: "夏后氏逆於庭, 殷人逆於堂, 周人逆於戶." 後代漸文, 迎於房者, 親親之義也.

번역 ●經文: "主人"~"降送". ○이것은 신부의 부친이 손님으로 찾아온 신랑을 맞이하여 묘문으로 들어가고 당상으로 올라가며, 신부의 부친이 대문 밖으로 나가서 맞이하는 일을 말한 것이다. "신랑은 당상으로 올라가서 북쪽을 바라보며 예물로 가지고 온 기러기를 내려놓고 재배를 하며 머리를 조아린다."라고 했는데, 이러한 절차를 시행할 때에는 방문 밖 미(楣)가 있는 곳에서 북쪽을 바라보게 되어, 방문 쪽에 있다는 사실을 알 수 있으니, 은공 2년에 "기나라 이요가 와서 여자를 맞이했다."라고 했고, 『공양전』에서 "애초에 친영을 하지 않은 것을 기롱한 것이다."라고 했으며, 하휴가 "하후씨 때에는 마당에서 맞이했고, 은나라 때에는 당에서 맞이했으며, 주나라 때에는 방문에서 맞이했다."라고 한 말에 나타난다. 후대에는 점진적으로 문식을 갖춰서 방에서 맞이하였으니, 친근한 자를 친근하게 대하는 도의에 해당한다.

賈疏 ◎注"賓升"至"不參". ○釋曰: 云"賓升奠鴈拜, 主人不答, 明主爲授女耳"者, 按納采阼階上拜, 至問名・納吉・納徵・請期, 轉相如皆拜, 獨於此主人不答, 明主爲授女耳. 云"主人不降送, 禮不參"者, 禮賓主宜各一人, 今婦既從, 主人不送者, 以其禮不參也.

번역 ◎鄭注: "賓升"~"不參". ○정현이 "신랑이 당상으로 올라가서 기러기를 내려놓고 절을 할 때 신부의 부친은 답배를 하지 않으니, 딸을 건네는 것을 위주로 함을 드러내기 때문이다."라고 했는데, 납채(納采)의 절차를 살펴보면 동쪽 계단 위에서 절을 한다고 했고, 문명(問名)・납길(納吉)・납징(納徵)・청기(請期)의 절차에 있어서도 상호 모두 절을 했는데, 여기에서는 유독 신부의 부친이 답배를 하지 않는다고 했으니, 그 절차가 여식을 건네주는 것을 위주로 한다는 사실을 나타낸다. 정현이 "신부의 부친이 당하로 내려가서 전송을 하지 않는 것은 예법상 간여할 수 없기 때문이다."라고 했는데, 예법에 따르면 빈객과 주인은 마땅히 각각 1명일 수밖에 없다. 현재 신부가 이미 빈객인 신랑을 뒤따랐으니, 신부의 부친은 전송하지 않는 것으로, 예법상 간여할 수 없기 때문이다.

경문 婿御婦車, 授綏, 姆辭不受.

번역 신랑은 신부가 탈 수레를 몰고 와서 신부에게 수레를 탈 때 잡는 끈을 건네고, 유모는 신부 대신 사양하여 받지 않는다.

鄭注 婿御者, 親而下之. 綏, 所以引升車者. 僕人之禮, 必授人綏.

번역 신랑이 수레를 몬다는 것은 신부를 친애하여 자신을 낮추기 때문이다. '수(綏)'는 잡아당겨서 수레에 올라 탈 때 사용하는 것이다. 마부가 된 자가

지켜야 하는 예법에서는 반드시 수레에 타는 사람에게 수를 건네야 한다.66)

賈疏 ●"婿御"至"不受". ◎注"婿御"至"人綏". ○釋曰: 云"僕人之禮, 必授人綏"者, 曲禮文. 今婿御車, 卽僕人禮, 僕人合授綏, 姆辭不受, 謙也.

번역 ●經文: "婿御"~"不受". ◎鄭注: "婿御"~"人綏". ○정현이 "마부가 된 자가 지켜야 하는 예법에서는 반드시 수레에 타는 사람에게 수를 건네야 한다."라고 했는데, 이것은 『예기』「곡례(曲禮)」편의 기록이다. 지금 신랑이 수레를 몰고 있으니 마부의 예법에 따르게 되어, 마부 역할을 하게 되었으므로 수를 건네야만 하는데, 유모가 사양하여 받지 않는 것은 겸손함을 나타내기 때문이다.

경문 婦乘以几, 姆加景, 乃驅. 御者代.

번역 신부가 수레에 탈 때에는 안석을 발받침으로 사용하고, 유모가 신부에게 겉옷을 입혀주면 신랑은 수레를 몬다. 수레가 3바퀴 굴러가게 되면 수레를 모는 자가 신랑을 대신하여 수레를 몬다.

鄭注 乘以几者, 尙安舒也. 景之制蓋如明衣, 加之以爲行道禦塵, 令衣鮮明也. 景亦明也. 驅, 行也. 行車輪三周, 御者乃代婿. 今文景作憬.

번역 수레에 탈 때 안석을 발받침으로 사용하는 것은 안전하고 느긋하게 타기 위해서이다. 경(景)을 만드는 방법은 아마도 명의(明衣)67)와 같았을 것이며, 그것을 겉에 덧입어서 길을 갈 때 먼지가 화려한 의복에 붙는 것을 막아 옷을 깨끗하게 만드는 것이다. '경(景)'자 또한 밝힌다는 뜻이 된다. '구(驅)'자

---

66) 『예기』「곡례상(曲禮上)」【44a~b】: 凡僕人之禮, 必授人綏, 若僕者降等, 則受, 不然則否.

67) 명의(明衣)는 가장 안쪽에 입는 내의를 뜻한다. 재계를 할 때 목욕을 한 이후에 명의를 착용하며, 시신에 대한 염습(殮襲)을 할 때에도 시신을 닦은 이후 명의를 입혔다.

는 이동한다는 뜻이다. 수레가 3바퀴 굴러가게 되면 수레를 모는 자가 신랑을 대신하여 수레를 몬다. 금문에서는 '경(景)'자를 경(憬)자로 기록했다.

賈疏 ●"婦乘"至"者代". ◎注"乘以"至"作憬". ○釋曰: 云"乘以几"者, 謂登車時也. 几, 所以安體, 謂若尸乘以几之類. 以重其初昏, 與尸同也. 云"景之制蓋如明衣"者, 按旣夕禮: "明衣裳用布, 袂屬幅, 長下膝." 鄭注云: "長下膝, 又有裳, 於蔽下體深也." 此景之制無正文, 故云蓋如明衣, 直云制如明衣. 此嫁時尙飾, 不用布. 按詩云: "衣錦褧衣, 裳錦褧裳." 鄭云: "褧, 禪也. 蓋以禪縠爲之中衣, 裳用錦而上加禪縠焉, 爲其文之大著也. 庶人之妻嫁服也. 士妻�衣纁袡." 彼以庶人用禪縠, 連引士妻紂衣, 則此士妻衣上亦用禪縠. 碩人是國君夫人, 亦衣錦褧衣, 則尊卑同用禪縠. 庶人卑, 得與國君夫人同用錦爲衣大著. 此士妻不用錦, 不爲文大著, 故云"行道禦風塵"也.

번역 ●經文: "婦乘"~"者代". ◎鄭注: "乘以"~"作憬". ○"수레에 탈 때에는 안석을 발받침으로 사용한다."라고 했는데, 수레에 올라탈 때를 뜻한다. '궤(几)'는 몸을 편안히 기대게 하는 것인데, 마치 시동이 수레에 탈 때 사용하는 안석과 같은 것을 뜻한다. 초혼을 중시하기 때문에 시동에 대한 예법과 동일하게 따른다. 정현이 "경(景)을 만드는 방법은 아마도 명의(明衣)와 같았을 것이다."라고 했는데, 『의례』「기석례(既夕禮)」편을 살펴보면 "명의의 상의와 하의는 천막을 만들 때 사용하는 포를 이용하고 소매는 1폭을 덧붙이며 길이는 무릎까지 내려오도록 한다."라고 했고, 정현의 주에서는 "길이를 무릎까지 내려오게 하고 또 하의를 두어서 하체를 가림에 깊숙하게 하는 것이다."라고 했다. 이곳에서 말한 경(景)의 제도에 있어서는 남아있는 경문이 없다. 그렇기 때문에 명의와 같았을 것이라고 했으니, 단지 그 제도가 명의를 만드는 제도와 같다는 것일 뿐이다. 이곳에서 말한 상황은 시집을 가는 시기이며 치장을 숭상하여 포를 사용하지 않는다. 『시』를 살펴보면 "비단 옷을 입고 홑옷을 껴입으며, 비단 치마를 입고 홑치마를 껴입었도다."[68]라고 했고, 정현은 "경(褧)은

68) 『시』「정풍(鄭風)·봉(丰)」: 衣錦褧衣, 裳錦褧裳. 叔兮伯兮, 駕予與行.

홑옷을 뜻한다. 아마도 홑겹의 명주로 중의를 만들고 치마는 비단을 사용하며 그 위에 홑겹의 명주로 만든 옷을 입는 것이니, 무늬가 분명하게 드러나도록 하기 위해서이다. 서인의 처가 시집을 올 때 입는다. 사의 처는 치색의 옷에 훈색의 가선을 댄다."라고 했다. 『시』에서는 서인이 홑겹의 명주로 만든 옷을 사용한다고 했고, 그와 연계하여 사의 처는 치색의 옷을 입는다고 했으니, 이곳에서 말한 사의 처는 옷 위에 홑겹의 명주로 만든 옷을 걸치게 된다. 「석인」편의 내용은 군주의 부인에 대한 것인데도 또한 "비단옷을 입고 홑옷을 껴입었구나."[69]라고 했으니, 신분의 차이와 상관없이 동일하게 홑겹의 명주로 만든 옷을 입었던 것이다. 서인은 신분이 미천한데도 제후의 부인과 동일하게 비단을 이용해서 옷을 만들어 그 화려함을 크게 드러낼 수 있었다. 여기에서 사의 처에 대해서는 비단을 사용한다고 하지 않았는데, 그 무늬를 화려하게 드러내고자 하지 않았기 때문이다. 그래서 "길을 갈 때 먼지가 화려한 의복에 붙는 것을 막는다."라고 했다.

경문 壻乘其車先, 俟于門外.

번역 신랑은 수레에 타서 먼저 출발하고 자신의 집 대문 밖에 당도하여 신부의 수레가 올 때까지 기다린다.

鄭注 婿車在大門外, 乘之先者, 道之也. 男率女, 女從男, 夫婦剛柔之義, 自此始也. 俟, 待也. 門外, 婿家大門外.

번역 신랑의 수레는 대문 밖에 있는데 타서 먼저 출발하는 것은 뒤따르는 수레를 인도하기 위해서이다. 남자는 여자를 인솔하고 여자는 남자를 따르게 되니, 부부의 강유에 대한 도리가 이 시기로부터 시작된다. '사(俟)'자는 기다린다는 뜻이다. '문외(門外)'는 신랑 집의 대문 밖을 뜻한다.

---

69) 『시』「위풍(衛風)·석인(碩人)」: 碩人其頎, 衣錦褧衣. 齊侯之子, 衛侯之妻, 東宮之妹, 邢侯之姨, 譚公維私.

賈疏 ●"婿乘"至"門外". ◎注"婿車"至"門外". ○釋曰: 云"婿車在大門外"者, 謂在婦家大門外. 知者, 以其婿於此始言乘其車, 故知也. 云"男率女, 女從男, 夫婦剛柔之義, 自此始也"者, 並郊特牲文. 云"門外, 婿家大門外"者, 命士已上, 父子異宮, 故解爲婿家大門外. 若不命之士, 父子同宮, 則大門父之大門外也.

번역 ●經文: "婿乘"~"門外". ◎鄭注: "婿車"~"門外". ○정현이 "신랑의 수레는 대문 밖에 있다."라고 했는데, 신부 집의 대문 밖에 있다는 뜻이다. 이러한 사실을 알 수 있는 이유는 신랑에 대해서 이 시기에 처음으로 수레에 탄다고 했기 때문에 이러한 사실을 알 수 있는 것이다. 정현이 "남자는 여자를 인솔하고 여자는 남자를 따르게 되니, 부부의 강유에 대한 도리가 이 시기로부터 시작된다."라고 했는데, 이 모두는 『예기』「교특생(郊特牲)」편의 기록이다.[70] 정현이 "'문외(門外)'는 신랑 집의 대문 밖을 뜻한다."라고 했는데, 명사(命士)[71]로부터 그 이상의 계층은 부친과 자식이 건물을 달리해서 거주한다. 그렇기 때문에 신랑 집의 대문 밖이라고 풀이한 것이다. 만약 명을 받지 못한 사라면 부친과 자식이 같은 건물에 거주하게 되니, 대문은 곧 부친 집의 대문 밖을 뜻하게 된다.

70) 『예기』「교특생(郊特牲)」【338b~c】: 壻親御授綏, 親之也. 親之也者, 親之也. 敬而親之, 先王之所以得天下也. 出乎大門而先, 男帥女, 女從男, 夫婦之義由此始也. 婦人從人者也, 幼從父兄, 嫁從夫, 夫死從子. 夫也者, 夫也. 夫也者, 以知帥人者也.

71) 명사(命士)는 사(士) 중에서도 작명(爵命)을 받은 자를 뜻한다. 『예기』「내칙(內則)」편에는 "由命士以上, 父子皆異宮, 昧爽而朝, 慈以旨甘."이라는 용례가 나온다.

그림 2-1 ▣ 사(士)의 침(寢) 구조

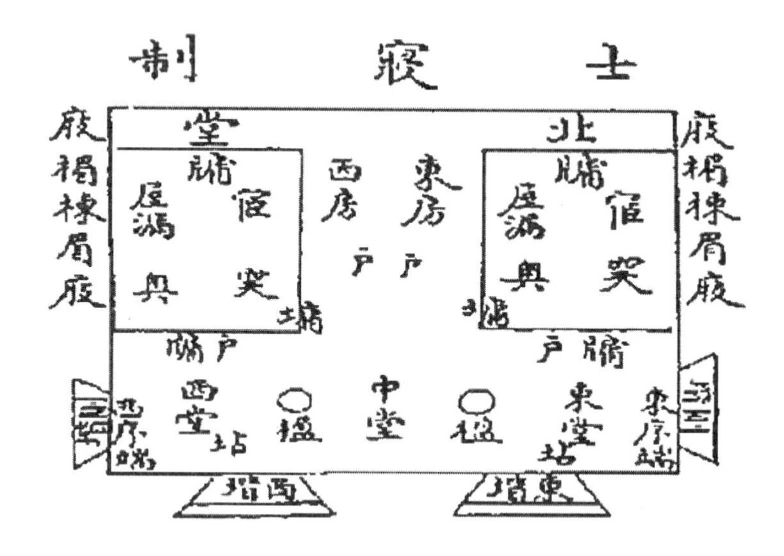

※ 출처: 『삼례도(三禮圖)』 2권

그림 2-2 ▣ 종묘(宗廟) 건물의 구조

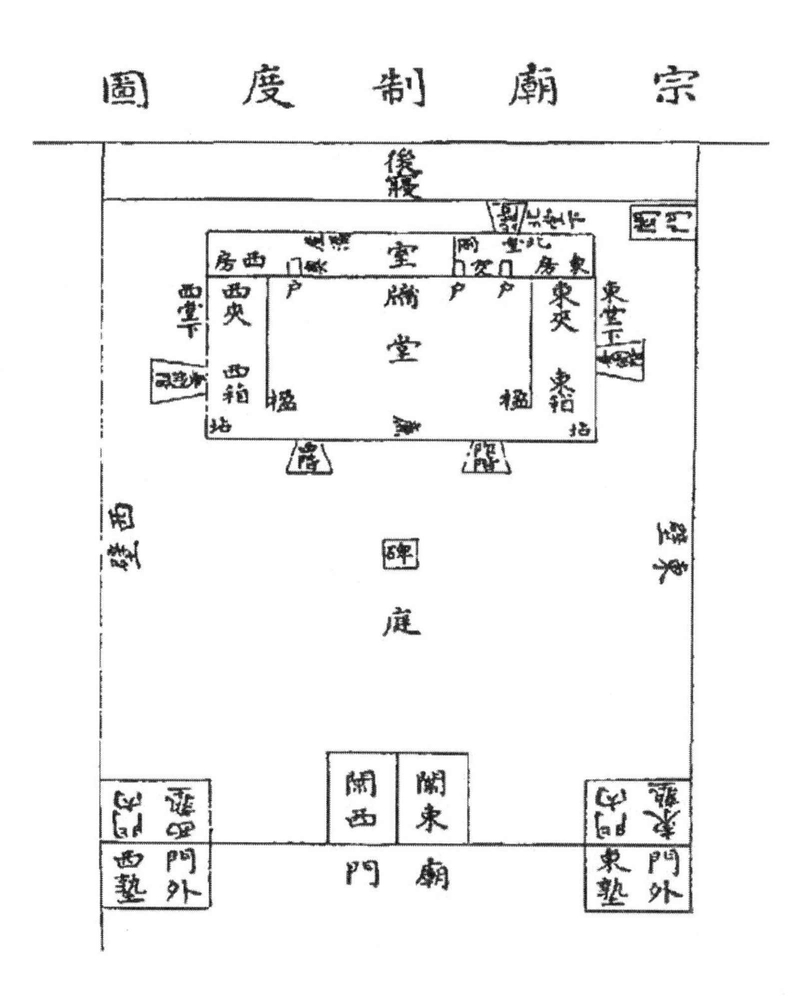

※ 출처: 『향당도고(鄉黨圖考)』 1권

그림 2-3 ▣ 작변(爵弁)

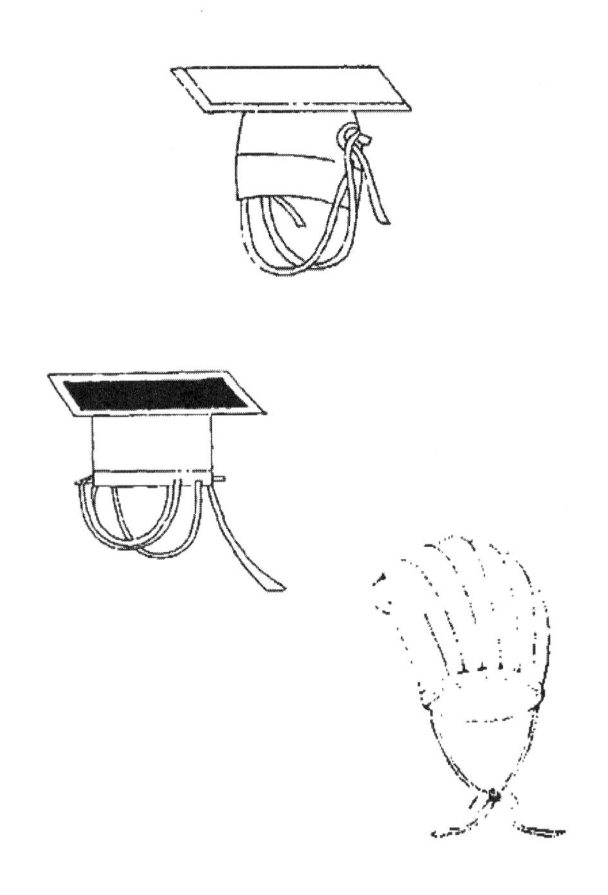

※ 출처: 상단-『삼례도집주(三禮圖集注)』 3권
중단-『육경도(六經圖)』 8권
하단-『삼재도회(三才圖會)』「의복(衣服)」 1권

그림 2-4 ▣ 현면(玄冕)

※ **출처:** 『삼례도집주(三禮圖集注)』 1권

그림 2-5 ▣ 경과 대부의 현면(玄冕)

※ **출처:**『삼례도집주(三禮圖集注)』 1권

그림 2-6 ▣ 제후의 조복(朝服)

※ 출처: 『삼례도집주(三禮圖集注)』 1권

그림 2-7 ■ 고(孤)의 치면(絺冕)

冕 絺

※ **출처:** 『삼재도회(三才圖會)』「의복(衣服)」 1권

그림 2-8 ▣ 사직단(社稷壇)

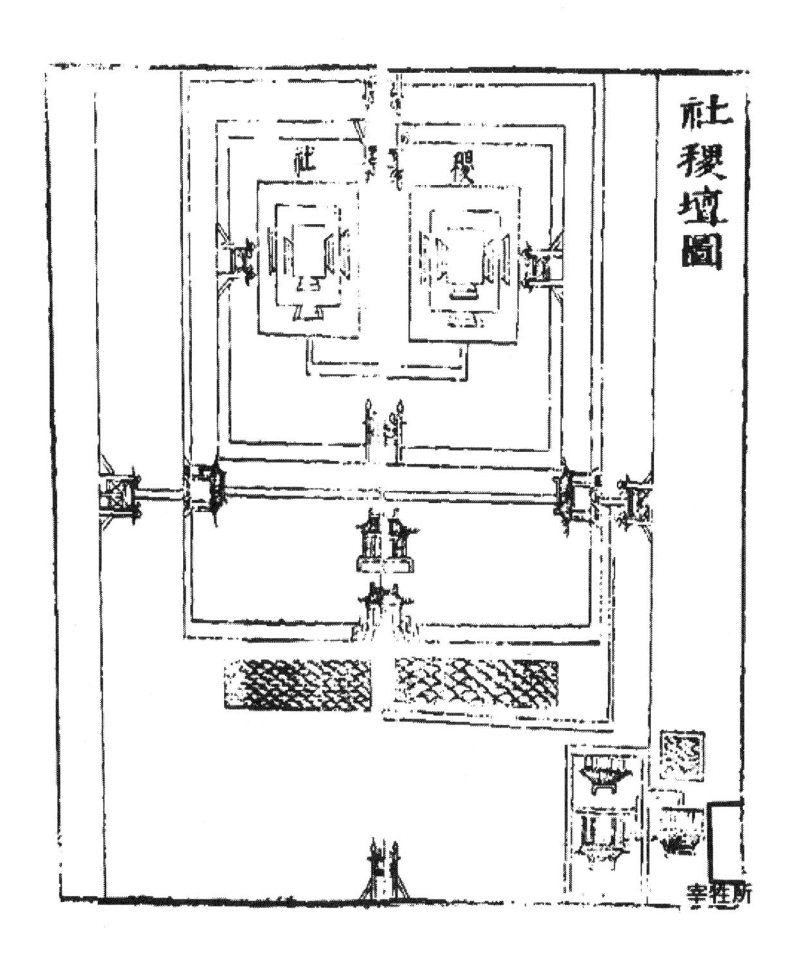

※ 출처: 『삼재도회(三才圖會)』「궁실(宮室)」 2권

그림 2-9 ▣ 옥로(玉路)

※ **출처:**『삼례도집주(三禮圖集注)』 9권

그림 2-10 ▣ 옥로(玉路)

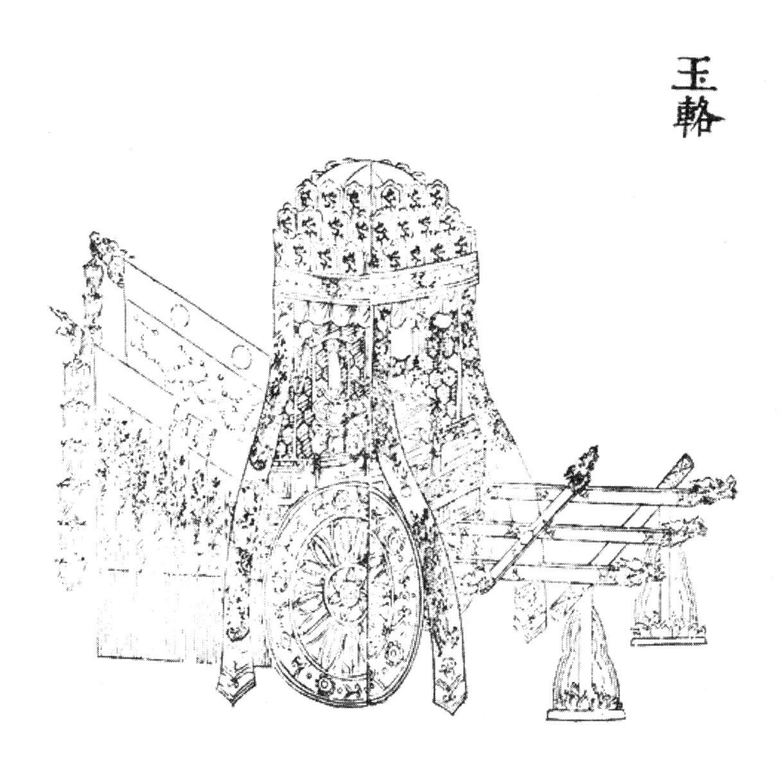

※ **출처:** 『삼재도회(三才圖會)』「기용(器用)」 5권

그림 2-11 ▣ 금로(金路)

※ 출처: 『삼재도회(三才圖會)』「기용(器用)」 5권

그림 2-12 ■ 상로(象路)

※ **출처:** 『삼재도회(三才圖會)』「기용(器用)」 5권

그림 2-13 ■ 혁로(革路)

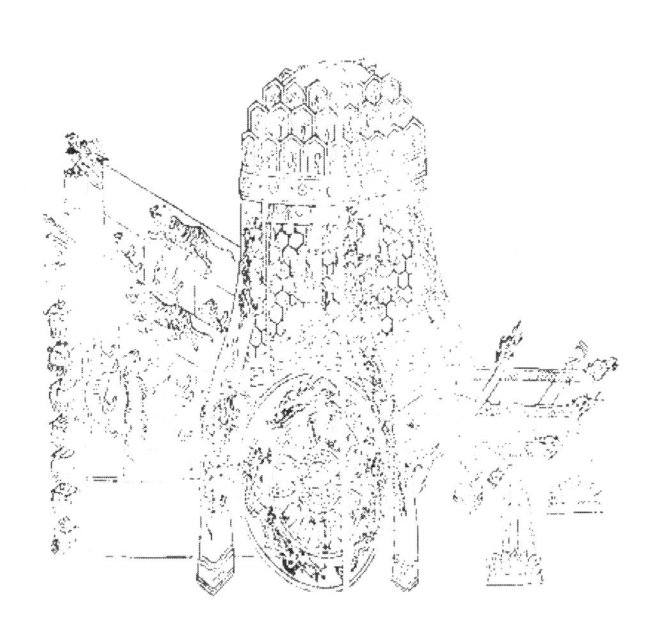

※ **출처:** 『삼재도회(三才圖會)』「기용(器用)」 5권

그림 2-14 ■ 목로(木路)

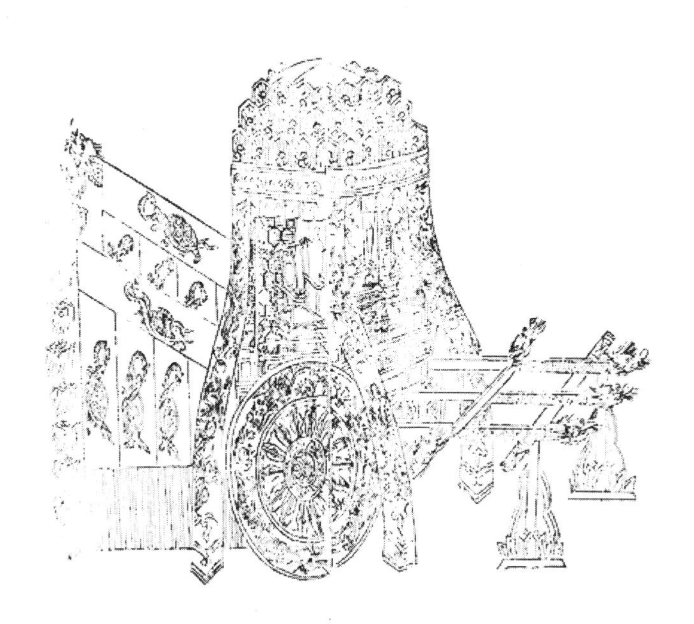

※ **출처:** 『삼재도회(三才圖會)』「기용(器用)」 5권

그림 2-15 ▣ 구복(九服)·육복(六服)·오복(五服)

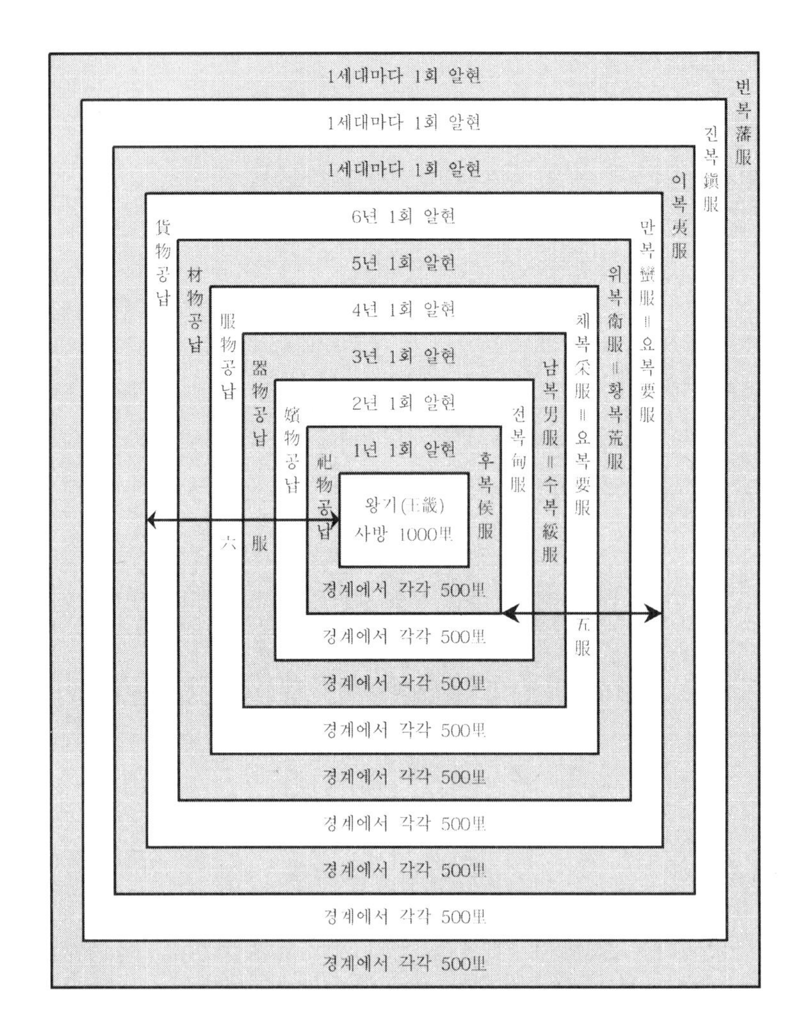

※ 참조: 『삼재도회(三才圖會)』「지리(地理)」 14권

그림 2-16 ▣ 구주(九州)-『서』「우공(禹貢)」

※ 출처: 『흠정사고전서(欽定四庫全書)』「도서편(圖書編)」 31권

그림 2-17 ■ 구주(九州)-『주례』

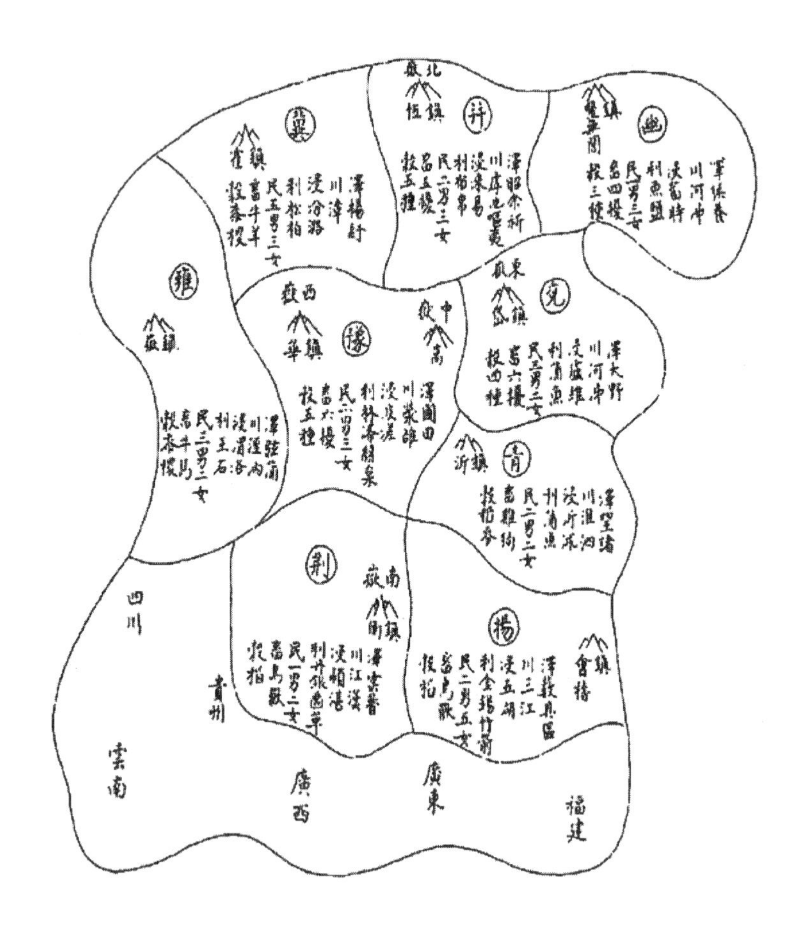

※ 출처: 『주례도설(周禮圖說)』 상권

그림 2-18 ▣ 염적거(厭翟車)

厭翟車

金飾諸末

※ 출처: 『삼례도집주(三禮圖集注)』 2권

그림 2-19 ■ 국의(鞠衣)

※ 출처: 『삼례도집주(三禮圖集注)』 2권

그림 2-20 ▣ 단의(禒衣=展衣)

※ **출처:** 『삼례도집주(三禮圖集注)』 2권

그림 2-21 ■ 단의(褖衣)

※ 출처: 『삼례도집주(三禮圖集注)』 2권

그림 2-22 ▣ 위의(褘衣)

※ 출처: 『삼례도집주(三禮圖集注)』 2권

그림 2-23 ■ 유적(揄狄=揄翟)

※ 출처: 『삼례도집주(三禮圖集注)』 2권

그림 2-24 ▣ 굴적(屈狄=闕翟)

※ 출처: 『삼례도집주(三禮圖集注)』 2권

그림 2-25 ▣ 순의(純衣)

※ **출처:** 『삼례도집주(三禮圖集注)』 2권

그림 2-26 ▣ 초의(宵衣)

※ **출처:** 『삼례도집주(三禮圖集注)』 2권

그림 2-27 ■ 계(笄)와 리(纚)

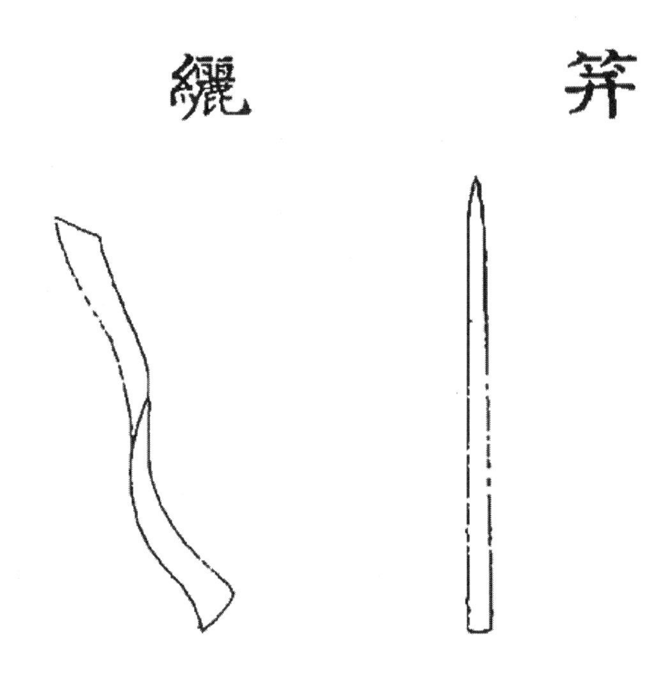

※ **출처:** 『삼례도집주(三禮圖集注)』 3권

그림 2-28 ■ 보(黼)와 불(黻)

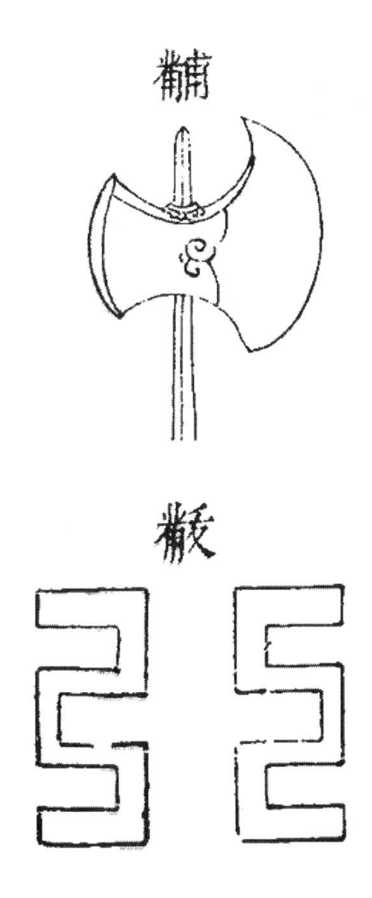

※ **출처:** 『삼재도회(三才圖會)』「의복(衣服)」 1권

그림 2-29 ■ 중단(中單) : 중의(中衣)의 일종

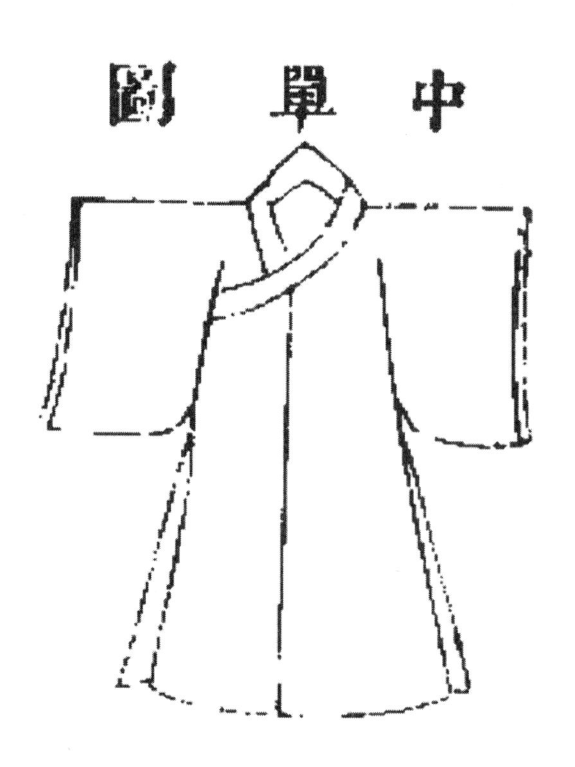

※ 출처: 『삼재도회(三才圖會)』「의복(衣服)」 1권

그림 2-30 ▣ 명의(明衣)

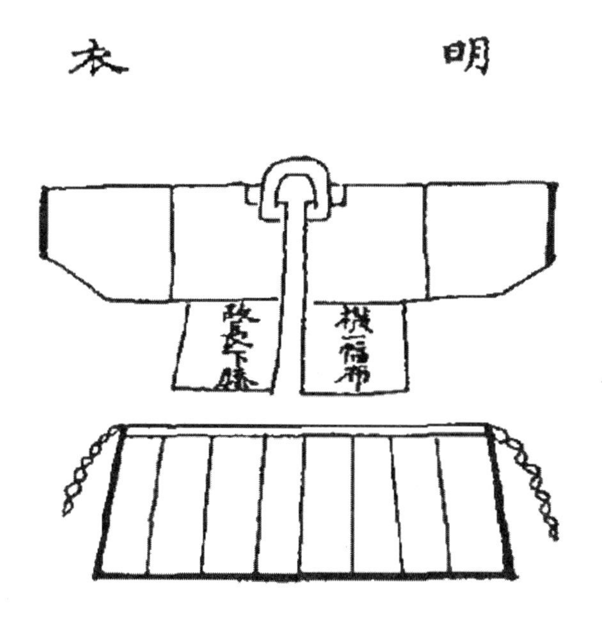

※ **출처:** 『삼례도(三禮圖)』 3권

참고 『의례』「사혼례(士昏禮)」 기록 – 친영(親迎)

기문 父醴女而俟迎者, 母南面于房外.

번역 신부의 부친은 딸자식에게 예(醴)를 하고 신랑이 친영하기를 기다리며, 모친은 방밖에서 남쪽을 바라본다.

鄭注 女旣次純衣, 父醴之于房中, 南面, 蓋母薦焉, 重昏禮也. 女奠爵于薦東, 立于位而俟婿. 婿至, 父出, 使擯者請事. 母出南面房外, 示親授婿, 且當戒女也.

번역 신부는 이미 머리장식인 차(次)를 하고 순의(純衣)를 착용한 상태이며, 신부의 부친은 방안에서 예(醴)를 하며 남쪽을 바라보는데, 모친이 음식을 올리기 때문으로, 혼례를 중시해서이다. 신부는 음식이 차려진 곳 동쪽에 술잔을 내려놓고 자신의 자리에 서서 신랑이 오기를 기다린다. 신랑이 도착하면 신부의 부친이 밖으로 나와서 의례의 진행을 돕는 자로 하여금 어떤 일로 왔는가를 청해 묻게 한다. 모친은 방밖으로 나와서 남쪽을 바라보니 직접 신랑에게 딸자식을 건네주고 또 딸자식을 훈계해야 함을 드러내기 위해서이다.

賈疏 ●"公醴"至"房外". ◎注"女旣"至"女也". ○釋曰: 此亦前經不具, 故記之. 云"女旣次純衣, 父醴之于房中, 南面"者, 見於上文. 云"蓋母薦焉"者, 舅姑共饗婦, 姑薦脯醢, 故知父母醴女亦母薦脯醢, 重昏禮, 故母薦也. 云"女奠爵于薦東, 立于位而俟婿"者, 按士冠禮子與醮子及此篇禮賓·禮婦皆奠爵于薦東, 明此亦奠薦東也. 云"婿至, 父出, 使擯者請事"者, 見于上文. 云"母出南面房外, 示親授婿, 且當戒女也"者, 並參下文而言也.

번역 ●記文: "公醴"~"房外". ◎鄭注: "女旣"~"女也". ○이곳 기록 또한 앞의 경문에서 자세히 기술하지 않았기 때문에 관련 내용을 기록한 것이다. 정현이 "신부는 이미 머리장식인 차(次)를 하고 순의(純衣)를 착용한 상태이며, 신부의 부친은 방안에서 예(醴)를 하며 남쪽을 바라본다."라고 했는데, 앞 문장을 통해 확인할 수 있다. 정현이 "모친이 음식을 올리기 때문이다."라고 했는데, 시부모가 함께 며느리에게 연회를 베풀어줄 때 시어미가 포와 젓갈을 올리게 된다. 그렇기 때문에 신부의 부모가 딸자식에게 예(醴)를 할 때에도 신부의 모친이 포와 젓갈을 올리게 됨을 알 수 있다. 이것은 혼례를 중시하기 때문이다. 그래서 모친이 직접 음식을 올리는 것이다. 정현이 "신부는 음식이 차려진 곳 동쪽에 술잔을 내려놓고 자신의 자리에 서서 신랑이 오기를 기다린다."라고 했는데, 『의례』「사관례(士冠禮)」편을 살펴보면 자식을 예우하거나 자식에게 초(醮)를 하고, 또 이곳에서 빈객을 예우하고 신부를 예우할 때에는 모두 음식이 차려진 곳 동쪽에 술잔을 내려둔다고 했다. 이것은 여기에서 말한 상황에서도 음식이 차려진 곳 동쪽에 술잔을 내려놓게 됨을 나타낸다. 정현이 "신랑이 도착하면 신부의 부친이 밖으로 나와서 의례의 진행을 돕는 자로 하여금 어떤 일로 왔는가를 청해 묻게 한다."라고 했는데, 앞 문장을 통해 확인할 수 있다. 정현이 "모친은 방밖으로 나와서 남쪽을 바라보니 직접 신랑에게 딸자식을 건네주고 또 딸자식을 훈계해야 함을 드러내기 위해서이다."라고 했는데, 앞 문장과 아래 문장을 함께 참고해서 말한 것이다.

기문 女出于母左, 父西面戒之, 必有正焉, 若衣・若笄. 母戒諸西階上, 不降.

번역 신부는 모친의 좌측으로 나오고 신부의 부친은 서쪽을 바라보며 훈계를 하는데, 반드시 잊지 않도록 하는 물건을 주면서 하니, 의복이나 비녀와 같은 것들이다. 모친은 서쪽 계단 위에서 훈계를 하며 당하로 내려가지 않는다.

鄭注 必有正焉者, 以託戒使不忘.

번역 '필유정언(必有正焉)'이라는 말은 의탁할 것을 통해 훈계하여 잊지 않도록 만드는 것이다.

賈疏 ●"女出"至"不降". ○釋曰: 此記亦經不具. 以母出房戶之西南面, 女出房西行, 故云"出于母左". 父在阼階上西面, 故因而戒之. 云"母戒諸西階上"者, 母初立房西, 女出房, 母行至西階上, 乃戒之也.

번역 ●記文: "女出"~"不降". ○이곳 기문 또한 경문이 자세하지 않아서 기록한 것이다. 모친은 방밖으로 나와 방문의 서쪽에서 남쪽을 바라보고, 신부는 방밖으로 나오며 서쪽으로 움직인다. 그렇기 때문에 "모친의 좌측으로 나온다."라고 했다. 모친은 동쪽 계단 위에서 서쪽을 바라본다. 그렇기 때문에 이것을 통해 훈계하는 것이다. "모친은 서쪽 계단 위에서 훈계를 한다."라고 했는데, 모친은 최초 방밖의 서쪽에 위치하였다가 신부가 방밖으로 나오면 모친은 이동하여 서쪽 계단 위에 있고, 그곳에 도착하면 훈계를 한다.

賈疏 ◎注"必有"至"不忘". ○釋曰: 云"託戒使不忘"者, 謂託衣笄恒在身而不忘, 持戒亦然, 故戒使不忘也. 下文父母及庶母重行戒者, 並與此文相續成也. 此士禮, 父母不降送. 按桓公三年經書: "九月, 齊侯送姜氏于讙." 穀梁傳曰: "禮, 送女, 父不下堂, 母不出祭門." 祭門則廟門, 言不出廟門, 則似得下堂者, 彼諸侯禮, 與此異. 以其大夫·諸侯·天子各有昏禮, 故不同也.

번역 ◎鄭注: "必有"~"不忘". ○정현이 "의탁할 것을 통해 훈계하여 잊지 않도록 만드는 것이다."라고 했는데, 몸에 항상 지니게 되는 옷이나 비녀 등에 의탁해서 잊지 않도록 하는 것이니, 훈계의 말을 마음에 담아두는 것 또한 이처럼 한다. 그렇기 때문에 "훈계하여 잊지 않도록 만드는 것이다."라고 했다. 아래 문장에서 부모 및 서모는 거듭 훈계를 한다고 했는데, 이곳 문장과 상호 연계되어야만 그 뜻이 완성된다. 이것은 사의 예법이므로 부모가 당하로 내려가 전송하지 않는다. 은공 3년에 대한 경문을 살펴보면 "9월 제나라 후작이 환에서 강씨를 전송하였다."[72]라고 했고, 『곡량전』에서는 "예법에 따르면 딸자식을 전송할 때 부친은 당하로 내려가지 않고 모친은 제문 밖으로 나가지 않는다."[73]

---

72) 『춘추』「환공(桓公) 3년」: 九月, 齊侯送姜氏于讙. 公會齊侯于讙. 夫人姜氏至自齊.
73) 『춘추곡량전』「환공(桓公) 3년」: 禮送女, 父不下堂, 母不出祭門, 諸母兄弟不出

라고 했다. '제문(祭門)'이란 묘문을 뜻하니, 묘문 밖으로 나가지 않는다고 했다면 아마도 당하로는 내려올 수 있었을 것인데, 『곡량전』은 제후의 예법에 해당하여 이곳과 차이를 보이는 것이다. 대부와 제후 및 천자에게는 각각 각 계층에 맞는 혼례가 있었기 때문에 차이가 나는 것이다.

참고 『의례』「사혼례(士昏禮)」 기록 - 친영(親迎)

기문 賓至, 擯者請, 對曰: "吾子命某, 以茲初昏, 使某將, 請承命."

번역 신랑이 신부 집에 도착하면 의례의 진행을 돕는 자는 무슨 일로 왔는지 청해 묻는다. 신랑은 "그대께서 아무개에게 명하시어, 초저녁에 아무개로 하여금 친영을 시행토록 하셨으니, 명을 받들고자 청합니다."라고 대답한다.

鄭注 賓, 婿也. 命某, 某, 婿父名. 茲, 此也. 將, 行也. 使某行昏禮來迎.

번역 '빈(賓)'은 신랑을 뜻한다. '명모(命某)'라고 했을 때의 '모(某)'는 신랑의 부친 이름에 해당한다. '자(茲)'자는 차(此)자의 뜻이다. '장(將)'자는 행한다는 뜻이다. 아무개로 하여금 혼례를 시행하여 찾아가 맞이하게 했다는 의미이다.

賈疏 ●"賓至"至"承命". ◎注"賓婿"至"來迎". ○釋曰: 云"命某, 某, 婿父名"者, 以其經有二某, 命某者, 是婿自稱之, 以對擯者也. 經云"使某"者, 是婿名, 故不言也.

번역 ●記文: "賓至"~"承命". ◎鄭注: "賓婿"~"來迎". ○정현이 "'명모(命某)'라고 했을 때의 '모(某)'는 신랑의 부친 이름에 해당한다."라고 했는데, 경문에는 2개의 모(某)자가 나온다. '명모(命某)'라고 했을 때 이것은 신랑이

闕門, 父戒之曰, 謹愼從爾舅之言, 母戒之曰, 謹愼從爾姑之言, 諸母般申之曰, 謹愼從爾父母之言. 送女踰竟, 非禮也.

스스로 이처럼 지칭하여 의례의 진행을 돕는 자에게 대답하는 말이다. 경문에서 '사모(使某)'라고 했는데, 여기에서의 '모(某)'자는 신랑의 이름에 해당한다. 그렇기 때문에 언급하지 않은 것이다.

기문 對曰, "某固敬具以須."

번역 의례의 진행을 돕는 자는 "아무개께서는 진실로 공경스럽게 예식을 갖추고 기다리고 계십니다."라고 대답한다.

참고 『의례』「사혼례(士昏禮)」 기록 - 친영(親迎)

기문 父送女, 命之, 曰, "戒之敬之, 夙夜毋違命."

번역 신부의 부친은 딸자식을 전송하며 명령하니, "조심하고 공경해야 하니, 이른 아침부터 밤늦게까지 시부모의 명령을 어기지 말아야 한다."라고 한다.

鄭注 夙, 早也, 早起夜臥. 命, 舅姑之教命. 古文毋爲無.

번역 '숙(夙)'자는 이른 아침을 뜻하니, 아침 일찍 일어나고 밤늦게 잔다는 뜻이다. '명(命)'은 시부모의 가르침과 명령이다. 고문에서는 '무(毋)'자를 무(無)자로 기록했다.

賈疏 ●"父送"至"違命". ○釋曰: 上送女之時, 父母俱戒訖, 今此記人又云此戒者, 當同是送女時, 幷有此戒, 續成前語. 庶母所戒亦然. 以前後語時不同, 故記人兩處記之. 但父戒之, 使無違舅命; 母戒之, 使無違姑命, 故父云"命", 母云"戒"也. 然若此注有云"命舅姑之教", 命有"姑"字者, 傳寫誤也. 云"古文毋爲無", 不從者, 以許氏說文毋爲禁辭, 故從經今文毋爲正也.

번역 ●記文: "父送"~"違命". ○앞에서 딸자식을 전송할 때 신부의 부친과 모친은 모두 훈계를 한다고 했는데, 이곳에서 기문을 작성한 자는 재차 훈계하는 말을 기록했으니, 딸자식을 전송할 때 이러한 훈계의 말도 하게 되는 것으로, 앞의 기록과 연결하면 그 뜻이 완성된다. 서모가 훈계를 하는 것 또한 이처럼 한다. 그런데 앞에서 말한 것과 뒤에서 말한 것은 그 시기가 동일하지 않기 때문에 기문을 작성한 자가 두 곳에 이 내용을 기록해둔 것이다. 다만 부친이 훈계한 것은 시아비의 명령을 위배하지 말도록 하기 위한 것이고, 모친이 훈계를 한 것은 시어미의 명령을 위배하지 말도록 하는 것이다. 그렇기 때문에 부친에 대해서는 '명(命)'이라 말하고 모친에 대해서는 '계(戒)'라고 말한 것이다. 그렇다면 이곳 주석에서는 "'명(命)'은 시부모의 가르침이다."라고 하여 명(命)에 대해 고(姑)까지도 함께 기록했는데, 이것은 전수되는 과정에서 필사하며 생겨난 오류이다. 정현이 "고문에서는 '무(毋)'자를 무(無)자로 기록했다."라고 했는데, 정현이 그 기록에 따르지 않았던 것은 허신의 『설문』에서는 '무(毋)'자를 금지사라고 했다. 그렇기 때문에 금문의 기록에 따라 '무(毋)'자를 바른 기록으로 여긴 것이다.

기문 母施衿結帨, 曰, "勉之敬之, 夙夜無違宮事."

번역 신부의 모친은 띠를 둘러주고 그곳에 수건을 묶어주며 "부지런히 노력하고 공경해야 하니, 이른 아침부터 밤늦게까지 집안의 일들을 어기지 말아야 한다."라고 한다.

鄭注 帨, 佩巾.

번역 '세(帨)'는 허리에 차는 수건이다.

賈疏 ●"宮事". ○釋曰: 則姑命婦之事, 若內宰職云后教六宮, 婦人稱宮故也.

번역 ●記文: "宮事". ○시어미가 며느리에게 명령하는 일들에 해당하니,

『주례』「내재(內宰)」편의 직무기록에서 "왕후가 육궁(六宮)에 대한 일을 가르친다."74)라고 한 것과 같은데, 부인을 '궁(宮)'이라 지칭하기 때문이다.

기문 庶母及門內, 施鞶, 申之以父母之命, 命之曰: "敬恭聽宗爾父母之言. 夙夜無愆, 視諸衿鞶."

번역 서모는 묘문 안까지 따라와서 주머니를 채워주고 부모의 명령을 거듭 전하며 명하길 "네 부모님의 말씀을 공경스럽고 공손하게 듣고 높여야 한다. 이른 아침부터 밤늦게까지 잘못을 저지르지 말아야 하니, 띠와 주머니를 보여주노라."라고 한다.

鄭注 庶母, 父之妾也. 鞶, 鞶囊也. 男鞶革, 女鞶絲, 所以盛帨巾之屬, 爲謹敬. 申, 重也. 宗, 尊也. 愆, 過也. 諸, 之也. 示之以衿鞶者, 皆託戒使識之也. 不示之以衣笄者, 尊者之戒, 不嫌忘之. 視乃正字, 今文作示, 俗誤行之.

번역 '서모(庶母)'는 부친의 첩이다. '반(鞶)'은 주머니이다. 남자는 가죽으로 만든 주머니를 차고 여자는 명주로 만든 주머니를 차니, 수건 등을 담는 용도이며, 조심하고 공경스럽게 행동하기 위해서이다. '신(申)'자는 거듭[重]이라는 뜻이다. '종(宗)'자는 존귀하게 높인다는 뜻이다. '건(愆)'자는 과실을 뜻한다. '저(諸)'자는 지(之)자의 뜻이다. 띠와 주머니를 보여주는 것은 모두 이러한 것에 의탁해 훈계하여 명심하도록 만드는 것이다. 옷과 비녀로 보여주지 않는 것은 존귀한 자가 훈계한 것은 잊어버릴 것이란 혐의가 들지 않기 때문이다. '시(視)'자는 정자에 해당하는데 금문에서는 '시(示)'자로 기록했으니, 세속에서 잘못 사용하는 것이다.

賈疏 ●"庶母"至"衿鞶". ◎注"庶母"至"行之". ○釋曰: 云"男鞶革, 女鞶絲"者, 內則文. 男女用物不同, 故并引男子鞶革, 於經無所當也. 云"所以盛帨巾之屬, 爲謹敬"者, 按內則云"箴管·線·纊, 施鞶帙", 鄭云: "鞶帙言施, 明

74) 『주례』「천관(天官)·내재(內宰)」: 以陰禮教六宮.

爲箴管線纊有之.” 是鞶以盛帨巾之屬. 此物所以供事舅姑, 故云謹敬也. 云“不示之以衣笄者, 尊者之戒, 不嫌忘之”者, 前文父戒以衣笄, 此經母施衿結帨, 庶母直示之以衿鞶, 不示以衣笄, 故鄭決之也. 云“視乃正字, 今文作示, 俗誤行之”者, 按曲禮云“童子常視毋誑”, 注云: “視, 今之示字.” 彼注破視從示, 此注以視爲正字, 以示爲俗誤. 不同者, 但古文字少, 故眼目視瞻與以物示人皆作視字, 故此注云視乃正字, 今文作示, 是俗人以今示解古視, 故云誤也. 彼注云“視今之示字”者, 以今曉古, 故擧今文示而言, 兩注相兼乃具也.

번역 ●記文: “庶母”~“衿鞶”. ◎鄭注: “庶母”~“行之”. ○정현이 “남자는 가죽으로 만든 주머니를 차고 여자는 명주로 만든 주머니를 찬다.”라고 했는데, 이것은 『예기』「내칙(內則)」편의 기록이다.[75] 남자와 여자는 사용하는 물건이 동일하지 않다. 그렇기 때문에 남자가 가죽으로 만든 주머니를 찬다는 내용까지도 인용하여 경문에 없는 내용을 보충하였다. 정현이 “수건 등을 담는 용도이며, 조심하고 공경스럽게 행동하기 위해서이다.”라고 했는데, 「내칙」편을 살펴보면 “바늘을 넣은 통, 실, 솜, 이것들을 넣는 주머니를 찬다.”[76]라고 했고, 정현은 “주머니에 대해서 ‘시(施)’라고 말한 것은 잠(箴)·관(管)·선(線)·광(纊)을 담기 위해 차게 됨을 나타내기 위해서이다.”라고 했다. 이것은 주머니가 차는 수건 등을 넣는 것임을 나타낸다. 이러한 사물들은 시부모를 섬길 때 필요한 것들이다. 그렇기 때문에 조심하고 공경스럽게 행동하기 위해서라고 했다. 정현이 “옷과 비녀로 보여주지 않는 것은 존귀한 자가 훈계한 것은 잊어버릴 것이란 혐의가 들지 않기 때문이다.”라고 했는데, 앞의 문장에서 부친은 옷과 비녀를 통해 훈계를 했고, 이곳에서는 모친이 띠를 두르고 수건을 채워준다고 했으며, 서모에 대해서는 단지 띠와 주머니를 보여준다고 했고, 옷과 비녀를 보여준다고는 하지 않았다. 그렇기 때문에 정현이 이처럼 판단한 것이다. 정현이 “‘시(視)’자는 정자에 해당하는데 금문에서는 ‘시(示)’자로 기록

75) 『예기』「내칙(內則)」【367d】: 子能食食, 敎以右手; 能言, 男唯女俞. 男鞶革, 女鞶絲.

76) 『예기』「내칙(內則)」【346c~d】: 左佩紛·帨·刀礪·小觿·金燧, 右佩箴管·線·纊, 施縏袠, 大觿·木燧. 衿纓, 綦屨, 以適父母舅姑之所.

했으니, 세속에서 잘못 사용하는 것이다."라고 했는데, 『예기』「곡례(曲禮)」편을 살펴보면 "어린아이에게는 항상 거짓되지 않고 속임이 없는 것만을 보여주어야 한다."[77]라고 했고, 정현의 주에서는 "'시(視)'자는 오늘날의 시(示)자와 같다."라고 했다. 「곡례」편의 주에서는 시(視)자를 파자하여 시(示)자를 부수로 따른다고 했는데, 이곳 주석에서는 시(視)자를 정자라고 했고, 시(示)자를 세속에서 잘못 사용하는 것이라고 했다. 이처럼 차이를 보이는 것은 단지 고자는 그 수가 적기 때문이다. 따라서 눈으로 살펴보는 것과 사물을 다른 사람에게 보여주는 것을 모두 시(視)자로 기록했다. 그렇기 때문에 이곳 주석에서는 시(視)자는 정자에 해당한다고 했고, 금문에서는 시(示)자로 기록하는데, 이것은 세속의 사람들이 금문의 시(示)자로 고문의 시(視)자를 풀이한 것이기 때문에 잘못되었다고 한 것이다. 그리고 「곡례」편의 주에서 "시(視)자는 오늘날의 시(示)자와 같다."라고 했는데, 금문을 통해 고문을 깨우쳐주기 위해서이다. 그렇기 때문에 금문의 시(示)자를 들어 말한 것이니, 두 주석이 상호 그 뜻을 보완하게 되면 해설이 제대로 갖춰진다.

참고 『의례』「사혼례(士昏禮)」 기록 - 친영(親迎)

기문 婦乘以几. 從者二人坐持几, 相對.

번역 신부가 수레에 오를 때에는 안석을 발받침으로 사용한다. 종자 두 사람은 무릎을 꿇고서 안석을 붙잡아주며 서로 마주본다.

鄭注 持几者, 重愼之.

번역 안석을 붙잡아주는 것은 거듭 조심하기 때문이다.

---

77) 『예기』「곡례상(曲禮上)」【16c】: 幼子, 常視毋誑.

賈疏 ●"婦乘以几". ◎注"持几者重愼之". ○釋曰: 上經雖云"婦乘以几", 不見從者二人持之, 故記之也. 此几謂將上車時而登, 若王后則履石, 大夫・諸侯亦應有物履之, 但無文以言. 今人猶用臺, 是石几之類也.

번역 ●記文: "婦乘以几". ◎鄭注: "持几者重愼之". ○앞의 경문에서 비록 "신부가 수레에 오를 때에는 궤(几)로써 한다."라고 했지만 종자 두 사람이 그것을 붙잡아준다는 사실이 나타나지 않는다. 그렇기 때문에 기록한 것이다. 이곳에 나온 '궤(几)'는 수레에 오르려고 할 때 밟는 것이니, 왕후의 경우라면 돌을 밟고 오르며 대부와 제후의 처라면 또한 다른 사물을 받쳐서 밟게 된다. 다만 관련 경문이 남아있지 않아서 설명할 수 없다. 오늘날의 사람들이 대(臺)를 사용하는 것은 바로 돌과 안석의 부류에 해당한다.

참고 『의례』「사혼례(士昏禮)」 기록 - 친영(親迎)

기문 壻授綏, 姆辭曰, "未教, 不足與爲禮也."

번역 신랑이 수레에 오를 때 잡는 끈을 건네면, 유모는 사양을 하며 "아직 가르침을 받지 못해서 함께 의례를 시행하기에 부족합니다."라고 한다.

鄭注 姆, 教人者.

번역 '모(姆)'는 여식을 가르치는 자이다.

참고 『의례』「사혼례(士昏禮)」 기록 - 부지(婦至)

경문 婦至, 主人揖婦以入. 及寢門, 揖入, 升自西階. 媵布席于奥. 夫入于室, 卽席. 婦尊西, 南面, 媵・御沃盥交.

번역 신부가 도착하면 신랑은 신부에게 읍을 하고 안으로 들어간다. 침문에 당도하면 읍을 하고 들어가며 서쪽 계단을 통해서 올라간다. 잉첩은 방의 아랫목에 자리를 편다. 신랑은 방으로 들어가서 자리로 나아간다. 신부는 술동이 서쪽에 위치하여 남쪽을 바라보고, 잉첩과 신랑의 종자는 상대를 바꿔 대야에 손 씻을 물을 따른다.

鄭注 升自西階, 道婦入也. 媵, 送也, 謂女從者也. 御, 當爲訝. 訝, 迎也, 謂婿從者也. 媵沃婿盥於南洗, 御沃婦盥於北洗. 夫婦始接, 情有廉恥, 媵·御交道其志.

번역 서쪽 계단을 통해 올라가는 것은 신부를 인도해서 들어가기 때문이다. '잉(媵)'자는 전송한다는 뜻이니, 신부 측의 종자를 뜻한다. '어(御)'자는 마땅히 아(訝)자가 되어야 한다. '아(訝)'자는 맞이한다는 뜻이니, 신랑 측의 종자를 뜻한다. 잉은 남쪽에 설치된 물동이에서 신랑에게 손 씻을 물을 따라주고, 어는 북쪽에 설치된 물동이에서 신부에게 손 씻을 물을 따라준다. 부부가 처음으로 만나 부끄러워하는 감정이 있으니, 잉과 어가 그 뜻을 상호 인도하는 것이다.

賈疏 ●"婦至"至"盥交". ○釋曰: 此明夫導於婦入門升階, 及對席, 媵·御沃盥之儀. 云"主人揖婦以入"者, 此則詩云"好人提提, 宛然左辟", 是也. 云"夫入于室, 卽席"者, 謂婿也. 婦在尊西, 未設席. 婿旣爲主, 東面須設饌, 訖, 乃設對席. 揖卽對席爲前後至之便故也.

번역 ●經文: "婦至"~"盥交". ○이것은 신랑이 신부를 인도하여 문으로 들어가고 계단으로 오르며, 자리를 마주하면 잉과 어가 손 씻을 물을 따라주는 의례절차를 나타내고 있다. "신랑은 신부에게 읍을 하고 안으로 들어간다."라고 했는데, 『시』에서 "아름다운 임은 차분히 살펴 조심스럽게 좌측으로 피하는구나."[78]라고 한 말에 해당한다. "신랑은 방으로 들어가서 자리로 나아간다."라

---

78) 『시』「위풍(魏風)·갈구(葛屨)」: 好人提提, 宛然左辟, 佩其象揥. 維是褊心, 是以爲刺.

고 했는데, 신랑을 뜻한다. 신부는 술동이 서쪽에 있으며 아직 자리를 펼치지 않는다. 신랑은 이미 주인의 입장이 되므로 동쪽을 바라보며 음식을 진설할 때까지 기다리고, 그 일이 마치면 마주하는 장소에 자리를 설치한다. 읍을 하면 곧 자리로 나아가니 앞서 도달하고 뒤에 도달한 자 모두 편리하기 때문이다.

賈疏 ◎注"升自"至"其志". ○釋曰: 云"升自西階, 道婦入也"者, 以尋常賓客, 主人在東, 賓在西. 今主人與妻俱升西階, 故云道婦入也. 云"媵, 送也, 謂女從者也", 卽姪娣也. 云"御, 當爲訝. 訝, 迎也, 謂婿從者也"者, 以其與婦人爲盥, 非男子之事, 謂夫家之賤者也. 知"媵沃婿盥於南洗, 御沃婦盥於北洗"者, 以其有南北二洗. 又云"媵御沃盥交", 明知夫婦與媵御南北交相沃盥也.

번역 ◎鄭注: "升自"~"其志". ○정현이 "서쪽 계단을 통해 올라가는 것은 신부를 인도해서 들어가기 때문이다."라고 했는데, 일상적으로 빈객을 대할 때 주인은 동쪽에 있고 빈객은 서쪽에 있다. 현재 주인에 해당하는 신랑이 신부와 함께 서쪽 계단을 통해 올라가기 때문에 "신부를 인도해서 들어가기 때문이다."라고 했다. 정현이 "'잉(媵)'자는 전송한다는 뜻이니, 신부 측의 종자를 뜻한다."라고 했는데, 신부의 조카와 여동생을 뜻한다. 정현이 "'어(御)'자는 마땅히 아(訝)자가 되어야 한다. '아(訝)'자는 맞이한다는 뜻이니, 신랑 측의 종자를 뜻한다."라고 했는데, 신부 측의 종자와 함께 손 씻을 물을 따르는데 이것은 남자의 일이 아니니, 신랑 집안에 있는 미천한 여자 하인을 뜻한다. 정현이 "잉은 남쪽에 설치된 물동이에서 신랑에게 손 씻을 물을 따라주고, 어는 북쪽에 설치된 물동이에서 신부에게 손 씻을 물을 따라준다."라고 했는데, 이 말이 사실임을 알 수 있는 것은 남쪽과 북쪽에 2개의 물동이가 있기 때문이다. 또 "잉첩과 신랑의 종자는 상대를 바꿔 대야에 손 씻을 물을 따른다."라고 했는데, 이를 통해 남편과 부인 및 잉과 어가 남쪽과 북쪽에서 교차하여 상대에 대해 손 씻을 물을 따라준다는 사실을 명확히 알 수 있다.

참고 『의례』「사혼례(士昏禮)」 기록 - 공뢰(共牢)

경문 贊告具. 揖婦, 卽對筵, 皆坐, 皆祭. 祭薦·黍·稷·肺.

번역 의례의 진행을 돕는 자는 음식들이 모두 갖춰졌다고 아뢴다. 신랑은 신부에게 읍을 하고 신부로 하여금 자신과 마주하는 자리로 나아가게 하며 둘 모두 자리에 앉고 둘 모두 제사를 지낸다. 채소절임과 육젓, 서와 직, 희생물의 폐로 제사를 지낸다.

鄭注 贊者西面告饌具也. 婿揖婦, 使卽席. 薦, 菹醢.

번역 의례의 진행을 돕는 자는 서쪽을 바라보며 음식들이 모두 갖춰졌다고 아뢴다. 신랑은 신부에게 읍을 하여 신부로 하여금 자신의 자리로 나아가게 한다. '천(薦)'은 채소절임과 육젓이다.

賈疏 ●"贊者"至"稷肺". ◎注"贊者"至"菹醢". ○釋曰: 知"贊者西面告饌具"者, 以其所告者宜告主人, 主人東面, 知西面告也. 云"薦菹醢"者, 以其儀禮之內單言薦者, 皆據籩豆而言也.

번역 ●經文: "贊者"~"稷肺". ◎鄭注: "贊者"~"菹醢". ○정현이 "의례의 진행을 돕는 자는 서쪽을 바라보며 음식들이 모두 갖춰졌다고 아뢴다."라고 했는데, 이 말이 사실임을 알 수 있는 것은 아뢰는 자는 마땅히 주인에게 아뢰어야 하는데 주인은 동쪽을 바라보고 있는 상태이니, 서쪽을 바라보며 아뢴다는 사실을 알 수 있다. 정현이 "'천(薦)'은 채소절임과 육젓이다."라고 했는데, 『의례』의 기록 중 '천(薦)'이라고만 말한 것은 모두 변(籩)과 두(豆)를 기준으로 말한 것이기 때문이다.

경문 贊爾黍, 授肺脊. 皆食, 以湆·醬, 皆祭擧·食擧也.

번역 의례의 진행을 돕는 자는 서를 옮겨서 자리 위에 놓아주고 희생물의 폐와 등뼈를 준다. 신랑과 신부는 모두 그것들을 먹으며 고기국물과 장을 곁들여서 먹고, 둘 모두 희생물의 폐를 들어 제사지내고 희생물의 폐를 들어 먹는다.

鄭注 爾, 移也, 移置席上, 便其食也. 皆食, 食黍也. 以, 用也, 用者, 謂啜湇咂醬. 古文黍作稷.

번역 '이(爾)'자는 옮긴다는 뜻이니, 자리 위로 옮겨주어 먹기 편리하도록 만드는 것이다. 둘 모두 먹는다는 말은 서(黍)로 지은 밥을 먹는다는 뜻이다. '이(以)'자는 사용한다는 뜻이다. 사용한다는 것은 고기국물을 마시고 장을 맛본다는 뜻이다. 고문에서는 '서(黍)'자를 직(稷)자로 기록했다.

賈疏 ●"贊爾"至"擧也". ○釋曰: 云"祭擧・食擧也"者, 擧謂擧肺, 以其擧以祭以食, 故名肺爲擧, 則上文云"祭"者, 祭肺也.

번역 ●經文: "贊爾"～"擧也". ○"희생물의 폐를 들어 제사지내고 희생물의 폐를 들어 먹는다."라고 했는데, '거(擧)'자는 희생물의 폐를 든다는 뜻이니, 폐를 들어서 이것으로 제사를 지내고 이것을 먹는다. 그렇기 때문에 희생물의 폐에 대해서 '거(擧)'라고 부르는 것이니, 앞에서 '제(祭)'라고 한 것도 희생물의 폐로 제사를 지낸다는 뜻이다.

賈疏 ◎注"爾移"至"作稷". ○釋曰: 云"爾, 移也"者, 爾訓爲近, 謂移之使近人, 故云"移置席上, 便其食也". 按玉藻云"食坐盡前", 謂臨席前畔, 則不得移黍於席上. 此云"移置席上"者, 鬼神陰陽, 故此昏禮從特牲祭祀法. 云"皆食, 食黍也"者, 按特牲・少牢祭擧・食擧乃飯, 此先食黍, 乃祭擧, 相反者, 彼九飯禮成, 故先食擧, 以爲導食氣. 此三飯禮略, 故不須導也. 此先爾黍稷, 後授肺, 特牲亦然, 以其士禮同也. 少牢佐食, 先以擧肺脊, 授尸, 乃爾黍者, 大夫禮與士異故也. 然士虞亦先授擧肺脊, 後乃爾黍者, 喪禮與吉反故也. 云"用者, 謂啜湇肺咂醬"者, 以其大羹汁不用箸, 醬又不須以箸, 故用口啜湇, 用指咂醬也.

번역 ◎鄭注: "爾移"~"作稷". ○정현이 "'이(爾)'자는 옮긴다는 뜻이다."라고 했는데, '이(爾)'자는 가깝다는 뜻이 되니, 옮겨서 사람과 가깝게 만든다는 의미이다. 그렇기 때문에 "자리 위로 옮겨주어 먹기 편리하도록 만든다."라고 했다. 『예기』「옥조(玉藻)」편을 살펴보면 "음식이 차려진 자리에 앉을 때에는 바짝 당겨서 앉는다."[79]라고 했는데, 자리의 앞쪽 끝단까지 붙여서 앉는다는 뜻으로, 자리 위에 서(黍)로 지은 밥을 옮겨둘 수 없다. 그런데 이곳에서 "자리 위로 옮겨준다."라고 한 것은 귀신과 음양의 도리 때문이다. 그래서 이곳에서 말한 혼례에서는 특생(特牲)을 이용하는 제사 법도에 따른다. 정현이 "둘 모두 먹는다는 말은 서(黍)로 지은 밥을 먹는다는 뜻이다."라고 했는데, 『의례』「특생궤식례(特牲饋食禮)」편과 「소뢰궤식례(少牢饋食禮)」편을 살펴보면 거(擧)로 제사를 지내고 거를 먹은 뒤에 밥을 먹는다고 했다. 이곳에서는 먼저 서로 지은 밥을 먹고 그 뒤에 거로 제사를 지낸다고 하여 순서가 상반되는데, 「특생궤식례」편과 「소뢰궤식례」편은 아홉 차례 밥을 떠야 의례 절차가 완성된다. 그렇기 때문에 먼저 거를 먹어서 음식의 기운을 이끌어내는 것이다. 이곳에서는 세 차례 밥을 떠서 예법을 간소화했다. 그렇기 때문에 기운을 이끌어낼 필요가 없다. 이곳에서는 서직으로 지은 밥을 먼저 옮기고 이후에 희생물의 폐를 준다고 했는데, 「특생궤식례」편에서도 이처럼 하니 사의 예법은 동일하기 때문이다. 「소뢰궤식례」편에서는 좌식(佐食)[80]이 먼저 희생물의 폐와 등뼈를 들어서 시동에게 건네고, 그런 뒤에 서로 지은 밥을 옮긴다고 했다. 그 이유는 대부의 예법은 사의 예법과 차이가 나기 때문이다. 그렇다면 『의례』「사우례(士虞禮)」편에서도 먼저 희생물의 폐와 등뼈를 들어서 준다고 했고 그 이후에야 서로 지은 밥을 옮긴다고 했다. 그 이유는 상례는 길례와 반대가 되기 때문이다. 정현이 "사용한다는 것은 고기국물을 마시고 장을 맛본다는 뜻이다."라고 했는

79) 『예기』「곡례상(曲禮上)」【20d】: 虛坐盡後, 食坐盡前. 坐必安, 執爾顔. 長者不及, 毋儳言.

80) 좌식(佐食)은 제사를 지낼 때, 시동의 옆에서 시동이 제사 음식을 흠향할 수 있도록 시중을 드는 사람이다. 『의례』「특생궤식례(特牲饋食禮)」편에는 "佐食北面, 立於中庭."이라는 기록이 있는데, 이에 대한 정현의 주에서는 "佐食, 賓佐尸食者."라고 풀이했다.

데, 대갱(大羹)[81]은 국물로 되어 있어서 젓가락을 사용할 수 없으며, 장 또한 젓가락을 사용할 필요가 없다. 그렇기 때문에 입을 이용해서 고기국물을 마시고 손가락을 이용해서 장을 찍어 맛보는 것이다.

경문 三飯, 卒食.

번역 세 차례 밥을 뜨면 식사를 마친다.

鄭注 卒, 已也. 同牢示親, 不主爲食起, 三飯而成禮也.

번역 '졸(卒)'자는 그친다는 뜻이다. 같은 희생물의 고기를 먹는 것은 친근함을 드러내는 것이며, 먹는 것을 위주로 하기 때문에 시행하는 것이 아니다. 따라서 세 차례 밥을 뜨게 되면 예법을 완수하게 된다.

賈疏 ●"三飯卒食". ◎注"同牢"至"禮也". ○釋曰: 云"同牢示親, 不主爲食起"者, 少牢十一飯, 特牲九飯而禮成, 此獨三飯, 故云同牢示親, 不主爲食起, 三飯而成禮也.

번역 ●經文: "三飯卒食". ◎鄭注: "同牢"~"禮也". ○정현이 "같은 희생물의 고기를 먹는 것은 친근함을 드러내는 것이며, 먹는 것을 위주로 하기 때문에 시행하는 것이 아니다."라고 했는데, 『의례』「소뢰궤식례(少牢饋食禮)」편에서는 11차례 밥을 뜨고, 「특생궤식례(特牲饋食禮)」편에서는 9차례 밥을 뜬 뒤에 예법을 완수하게 된다. 이곳에서는 유독 3차례만 밥을 떴다. 그렇기 때문에 "같은 희생물의 고기를 먹는 것은 친근함을 드러내는 것이며, 먹는 것을 위주로 하기 때문에 시행하는 것이 아니다. 따라서 세 차례 밥을 뜨게 되면 예법을 완수하게 된다."라고 했다.

---

81) 대갱(大羹)은 조미료를 첨가하지 않은 고깃국이다. 『예기』「악기(樂記)」편에는 大饗之禮, 尙玄酒而俎腥魚, 大羹不和, 有遺味者矣."라는 기록이 있고, 이에 대한 정현의 주에서는 "大羹, 肉湆, 不調以鹽菜."라고 풀이했다.

그림 2-31 ■ 변(籩)

※ 출처: 상좌-『삼례도집주(三禮圖集注)』 13권 ; 상우-『삼례도(三禮圖)』 4권
하좌-『육경도(六經圖)』 6권 ; 하우-『삼재도회(三才圖會)』「기용(器用)」 2권

그림 2-32 ▣ 두(豆)

※ **출처:** 상좌–『육경도(六經圖)』 6권 ; 상우–『삼례도(三禮圖)』 4권
하좌–『삼례도집주(三禮圖集注)』 13권 ; 하우–『삼재도회(三才圖會)』「기용(器用)」 1권

참고 『의례』「사혼례(士昏禮)」 기록 - 합근(合巹)

경문 贊洗爵, 酌酳主人, 主人拜受. 贊戶內北面答拜. 酳婦亦如之. 皆祭.

번역 의례의 진행을 돕는 자가 술잔을 씻어서 신랑에게 입가심하는 술을 따라주면 신랑은 절을 하며 받는다. 의례의 진행을 돕는 자는 방문 안쪽에서 북쪽을 바라보며 답배를 한다. 신부에게 입가심하는 술을 따라줄 때에도 이처럼 한다. 신랑과 신부는 모두 제사를 지낸다.

鄭注 酳, 漱也. 酳之言演也, 安也. 漱, 所以絜口, 且演安其所食. 酳酌內尊.

번역 '윤(酳)'은 입가심을 한다는 뜻이다. '윤(酳)'자는 흐른다는 뜻이며 편안하다는 뜻이다. 입가심을 하는 것은 입을 헹구는 것이며 또한 먹은 것을 소화시켜 편안케 하는 것이다. 입가심하는 술을 따를 때에는 방안의 술동이를 이용한다.

賈疏 ●"贊洗"至"皆祭". ○釋曰: 自此至"尊否", 論夫婦食訖酳及徹饌於房節. 云"主人拜受"者, 婿拜當東面酳, 婦亦如之者, 婦拜當南面. 是以少牢云饔"皆答拜", 鄭注云: "在東面席者, 東面拜. 在西面席者, 皆南面拜." 故知婦拜南面. 若贊答婦拜, 亦於戶內北面也. 云"皆祭"者, 祭先也.

번역 ●經文: "贊洗"~"皆祭". ○이곳 구문으로부터 "술동이는 진설하지 않는다."라는 말까지는 남편과 부인이 방안에서 식사를 마치고 입가심하는 것과 음식을 치우는 절차를 논의하고 있다. "신랑은 절을 하며 받는다."라고 했는데, 신랑은 절을 하며 동쪽을 바라보고 입가심하는 술을 마시며 신부 또한 이처럼 하니, 신부는 절을 하며 남쪽을 바라본다. 이러한 까닭으로 『의례』「소뢰궤식례(少牢饋食禮)」편에서는 남은 밥을 먹는다고 말하며 "모두 답배를 한다."라고 했고, 정현의 주에서는 "동쪽을 바라보는 자리에 있는 자들은 동쪽을 바라보며 절을 한다. 서쪽을 바라보는 자리에 있는 자들은 모두 남쪽을 바라보며 절을 한다."라고 했다. 그러므로 신부가 절을 하며 남쪽을 바라본다는 사실을 알 수 있다. 만약 의례의 진행을 돕는 자가 부인이 절한 것에 대해 답배를 한다면 또한 방문 안쪽에서 북쪽을 바라보게 된다. "모두 제사를 지낸다."라고 했는데, 음식을 처음 만든 자에게 제사를 지낸다는 뜻이다.

賈疏 ◎注"酳漱"至"內尊". ○釋曰: 云"酳, 漱也. 酳之言演也, 安也. 漱, 所以絜口, 且演安其所食"者, 按特牲云: "主人洗角升, 酌酳尸." 注云: "酳猶衍也, 是獻尸也. 謂之酳者, 尸旣卒食, 又欲頤衍養樂之." 又少牢云: "主人酌酒, 乃酳尸." 注云: "酳猶羨也, 旣食之而又飮之, 所以樂之." 三注不同者, 文有詳略, 相兼乃具. 士虞亦是酳尸, 注直云: "酳, 安食也." 不言養樂及羨者, 喪故略之. 此三酳俱不言獻, 皆云酳, 直取其絜, 故注云漱所以絜口, 演安其所食, 亦頤養樂之義. 知"酳酌內尊"者, 以下文云贊"酌于戶外尊", 故知此夫婦酌內尊也.

번역 ◎鄭注: "酳漱"~"內尊". ○정현이 "'윤(酳)'은 입가심을 한다는 뜻이다. '윤(酳)'자는 흐른다는 뜻이며 편안하다는 뜻이다. 입가심을 하는 것은 입을 헹구는 것이며 또한 먹은 것을 소화시켜 편안케 하는 것이다."라고 했는데, 『의례』「특생궤식례(特牲饋食禮)」편을 살펴보면 "주인은 술잔을 씻고 올라가 시동에게 술을 따라주어 윤(酳)을 한다."라고 했고, 정현의 주에서는 "여기에서 말한 윤(酳)은 넉넉하게 한다는 뜻이니 시동에게 술을 따라서 바치는 것이다. 이것을 '윤(酳)'이라고 부른 이유는 시동이 식사를 마쳤으므로, 편안하고 넉넉하게 보양하고 즐겁게 만들고자 했기 때문이다."라고 했다. 또 『의례』「소뢰궤식례(少牢饋食禮)」편에서는 "주인이 술을 따르면 곧 시동에게 윤(酳)을 한다."라고 했고, 정현의 주에서는 "여기에서 말한 윤(酳)은 풍족하게 한다는 뜻이니 이미 식사를 했고 또 술도 마시게 했는데, 이것은 즐겁게 만들고자 하는 것이다."라고 했다. 세 문장에 대한 주석이 동일하지 않은데 문장에 상세하고 간략한 차이가 있기 때문으로, 상호 그 뜻을 겹치게 되면 의미가 완전해진다. 『의례』「사우례(士虞禮)」편에서는 또한 시동에게 윤(酳)을 한다고 했는데, 정현의 주에서는 단지 "윤(酳)은 음식 먹은 것을 편안하게 만드는 것이다."라고만 말하여 보양하거나 기른다거나 넉넉하게 한다는 말을 하지 않았으니, 상례에 해당하기 때문에 생략한 것이다. 이곳에서는 세 차례 윤(酳)을 하는데 모두 헌(獻)이라고 말하지 않고, 단지 '윤(酳)'이라고만 했다. 이것은 단지 입안을 헹군다는 뜻만 취한 것이다. 그렇기 때문에 정현의 주에서는 "입가심을 하는 것은 입을 헹구는 것이며 또한 먹은 것을 소화시켜 편안케 하는 것이다."라고 했으니, 이 또한 넉넉하게 하고 보양하며 즐겁게 만든다는 뜻이 된다. 정현이 "입가심하는 술을 따를 때에는 방안의 술동이를 이용한다."라고 했는데, 이 말이 사실임을 알 수 있는 이유는 아래문장에서 의례의 진행을 돕는 자가 "방문 밖의 술동이에서 술을 따른다."라고 했다. 그러므로 이곳에서 부부에게 술을 따라준다고 했을 때에는 방안에 있는 술동이에서 따른다는 사실을 알 수 있다.

경문 贊以肝從, 皆振祭, 嚌肝, 皆實于菹豆.

번역 의례의 진행을 돕는 자는 희생물의 간을 함께 올리니, 신랑과 신부는 모두 진제(振祭)[82]를 하고, 희생물의 간을 맛보며, 둘 모두 남은 것은 채소절임을 담은 두(豆)에 올려둔다.

鄭注 肝, 肝炙也. 飮酒, 宜有肴以安之.

번역 '간(肝)'은 희생물의 간을 구운 것을 뜻한다. 술을 마시면 마땅히 고기 안주를 두어서 속을 편안케 해야 한다.

賈疏 ●"贊以"至"菹豆". ○釋曰: 按特牲·少牢獻尸, 以肝從尸嚌之, 加于菹豆, 與此同禮之正也. 主人與祝亦以肝從, 加於俎不加於豆者, 下尸, 故不敢同之也. 士虞獻尸, 尸以肝加於俎者, 喪祭, 故鄭云加於俎, 從其牲體也, 以喪

82) 진제(振祭)는 구제(九祭) 중 하나이다. '진제'는 본래 유제(擩祭)와 같은 것으로, '유제'는 아직 입에 대지 않은 음식을 젓갈이나 소금 등에 찍어서 제사를 지내는 것을 뜻하며, '진제'는 젓갈이나 소금 등에 찍은 음식에 대해 겉면에 묻은 젓갈이나 소금을 털어내어 제사를 지내는 것을 뜻한다.

不志於味, 但此云實, 不云加, 異於祭故也.

번역 ●經文: "贊以"~"菹豆". ○『의례』「특생궤식례(特牲饋食禮)」편과 「소뢰궤식례(少牢饋食禮)」편을 살펴보면 시동에게 술을 따라서 바치며 희생물의 간을 뒤따라 올려서 시동이 그것을 맛보게 되고, 남은 것은 채소절임을 담은 두(豆)에 올려놓게 되니, 이곳에서 말하는 예법 절차와 동일하다. 주인과 축관에 대해서도 희생물의 간을 뒤따라 올리는데, 남은 것은 도마에 올려놓고 두에 올려두지 않으니 시동보다 낮추기 때문이다. 그래서 감히 시동과 동일하게 따르지 않는다. 『의례』「사우례(士虞禮)」편에서는 시동에게 술을 따라서 바칠 때 시동은 희생물의 간을 도마에 올려놓게 되는데, 상제(喪祭)[83]에 해당하기 때문이다. 그래서 정현은 "도마에 올려두는 것은 희생물의 몸체가 있는 곳에 따르기 때문이니, 상사에서는 음식의 맛에 뜻을 두지 않는다."라고 했다. 다만 이곳에서는 실(實)이라 했고 가(加)라고 하지 않았는데, 제사와 차이를 보이기 때문이다.

경문 卒爵, 皆拜. 贊答拜, 受爵. 再酳如初, 無從. 三酳用巹, 亦如之.

번역 술잔을 비우면 신랑과 신부는 절을 한다. 의례의 진행을 돕는 자는 답배를 하고 술잔을 받는다. 두 번째 입가심하는 술을 따라줄 때에는 처음처럼 하는데 뒤따르는 안주는 없다. 세 번째 입가심하는 술을 따라줄 때에는 근(巹)을 이용하는데 또한 처음처럼 한다.

鄭注 亦無從也.

번역 또한 뒤따르는 안주는 없게 된다.

賈疏 ●"卒爵"至"如之". ◎注"亦無從也". ○釋曰: "卒爵, 皆拜, 贊答拜"

83) 상제(喪祭)는 장례(葬禮)를 치른 이후에 지내는 제사들을 지칭하는 말이다.

者, 獻主處也. 云"再酳如初"者, 如自贊洗爵已下, 至答拜受爵也. 云"亦無從也"者, 三酳用巹亦如之, 亦自贊洗爵至受爵, 鄭直云"亦無從". 用巹文承再酳之下, 明知事事如再酳, 以其初酳有從, 再酳如初無從, 三酳用巹亦無從, 故鄭以亦無從言之, 其實皆同再酳也.

번역 ●經文: "卒爵"~"如之". ◎鄭注: "亦無從也". ○"술잔을 비우면 신랑과 신부는 절을 한다. 의례의 진행을 돕는 자는 답배를 한다."라고 했는데, 술잔 바치는 일을 담당하기 때문이다. "두 번째 입가심하는 술을 따라줄 때에는 처음처럼 한다."라고 했는데, 의례의 진행을 돕는 자가 술잔을 씻는다는 것으로부터 답배를 하고 술잔을 받는다는 것까지 동일하게 한다는 뜻이다. 정현이 "또한 뒤따르는 안주는 없게 된다."라고 했는데, 세 번째 입가심하는 술을 따라줄 때에는 근(巹)을 이용하게 되며 또한 처음처럼 하니, 의례의 진행을 돕는 자가 술잔을 씻는 것으로부터 술잔을 받는 것까지 동일하게 한다는 뜻이다. 정현은 단지 "또한 뒤따르는 안주는 없게 된다."라고만 말했다. 근을 사용한다는 문장은 두 번째 입가심하는 술을 따라준다는 말 뒤에 나오니 그 사안을 두 번째 입가심하는 술을 따라줄 때처럼 모두 동일하게 한다는 사실을 알 수 있다. 그런데 처음 입가심하는 술을 따라줄 때에는 뒤따르는 안주가 있었으나 두 번째 입가심하는 술을 따라줄 때에는 처음처럼 하지만 뒤따르는 안주는 없고, 세 번째 입가심하는 술을 따라줄 때에는 근을 사용하며 또한 뒤따르는 안주가 없다. 그렇기 때문에 정현은 "또한 뒤따르는 안주는 없게 된다."라고 설명한 것이니, 실제로는 모두 두 번째 입가심하는 술을 따라줄 때와 동일하게 하는 것이다.

경문 贊洗爵, 酌于戶外尊. 入戶, 西北面奠爵, 拜. 皆答拜. 坐祭, 卒爵, 拜. 皆答拜, 興.

번역 의례의 진행을 돕는 자는 술잔을 씻고 방문 밖의 술동이에서 술을 따른다. 방문으로 들어와서 서쪽에서 북쪽을 바라보며 술잔을 내려놓고 절을 한다. 신랑과 신부는 모두 답배를 한다. 의례의 진행을 돕는 자는 앉아서 제사를 지내고 술잔을 비우고서 절을 한다. 신랑과 신부는 모두 답배를 하고, 자리에서 일어난다.

鄭注 贊酌者, 自酢也.

번역 의례의 진행을 돕는 자가 술을 따를 때에는 스스로 술을 따르는 것이다.

賈疏 ●"贊洗"至"拜興". ○釋曰: 言"皆"者, 皆夫婦也. 三酳乃酌外尊, 自酢者, 皆是略賤者也. 旣合巹乃用爵, 不嫌相襲爵, 明更洗餘爵也.

번역 ●經文: "贊洗"~"拜興". ○'개(皆)'라고 했으니, 신랑과 신부 모두를 말한다. 세 차례 입가심하는 술을 따라주게 되면 방밖에 있는 술동이에서 술을 따르며, 스스로 술을 따르게 되는데, 이 모두는 미천한 자이므로 예법을 간소화하기 때문이다. 이미 근(巹)을 하나로 합하였다면 술잔을 사용하게 되는데, 상호 술잔을 되풀이해서 사용한다는 혐의를 받지 않기 위해서이니, 재차 다른 술잔을 씻어서 사용하게 됨을 나타낸다.

경문 主人出, 婦復位.

번역 신랑이 밖으로 나가면 신부는 자신의 자리로 되돌아간다.

鄭注 復尊西南面之位.

번역 술동이 서쪽에서 남쪽을 바라보는 자리로 되돌아가는 것이다.

賈疏 ●"主人出婦復位". ◎注"復尊西南面之位". ○釋曰: 直云"主人出", 不云處所, 按下文云"主人說服于房矣", 則此時亦向東房矣. 云"復尊西南面之位"者, 婦人不宜出復入, 故因舊位而立也.

번역 ●經文: "主人出婦復位". ◎鄭注: "復尊西南面之位". ○단지 "신랑

이 밖으로 나간다."라고만 말하고 어느 곳으로 가는지 말하지 않았는데, 아래문장을 살펴보면 "주인은 방에서 옷을 벗는다."라고 했으니, 이 시기에 또한 동쪽방으로 가는 것이다. 정현이 "술동이 서쪽에서 남쪽을 바라보는 자리로 되돌아가는 것이다."라고 했는데, 신부는 밖으로 나왔다가 다시 들어가서는 안 된다. 그렇기 때문에 이전의 자리에 따라 그곳에 위치한다.

그림 2-33 ▣ 작(爵)

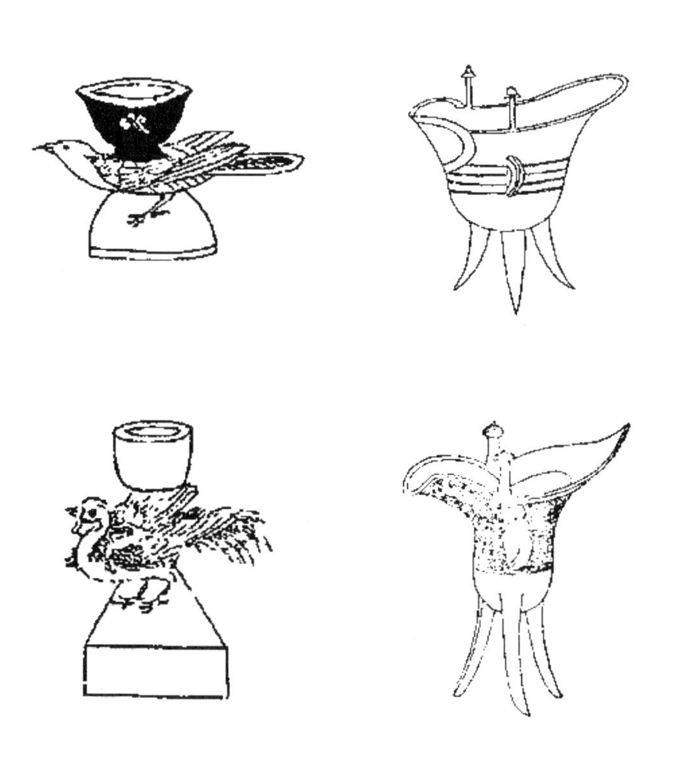

※ **출처:** 상좌–『삼례도집주(三禮圖集注)』 12권 ; 상우–『삼례도(三禮圖)』 3권
하좌–『육경도(六經圖)』 6권 ; 하우–『삼재도회(三才圖會)』「기용(器用)」 1권

그림 2-34 ■ 각(角)

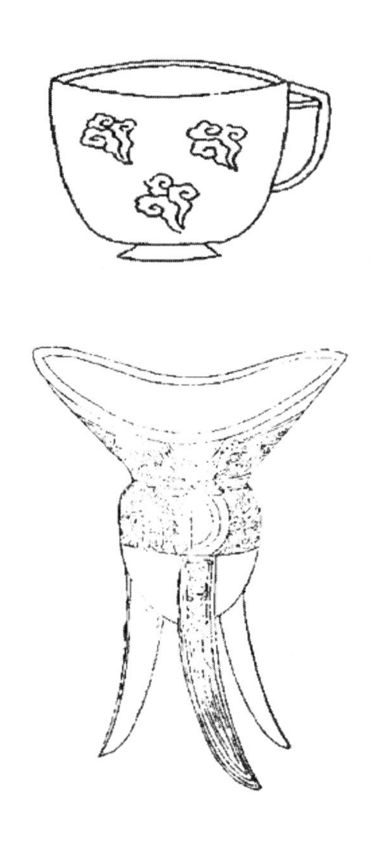

※ **출처:** 상-『삼례도집주(三禮圖集注)』 12권 ; 하-『삼재도회(三才圖會)』「기용(器用)」 1권

그림 2-35 ■ 조(俎)

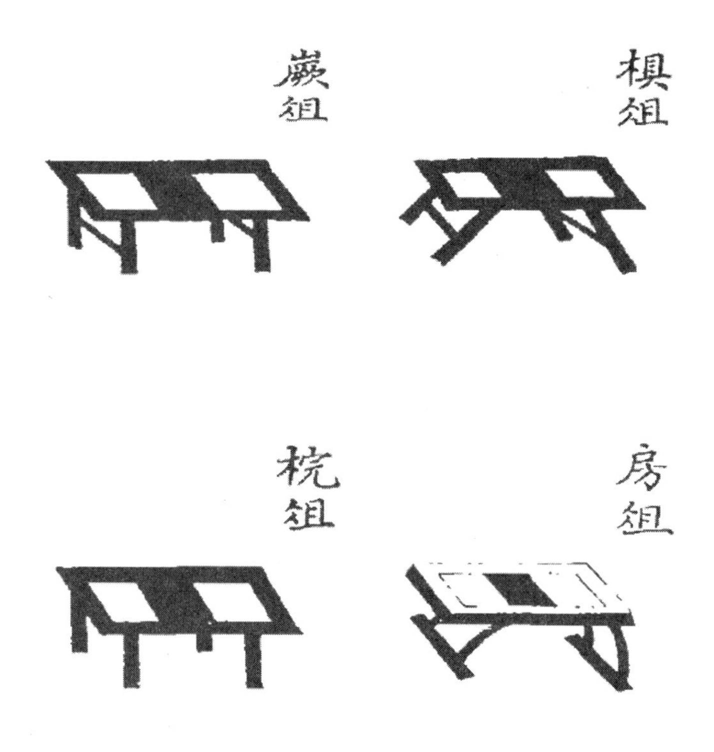

※ 출처: 『삼례도집주(三禮圖集注)』 13권

그림 2-36 ■ 준(尊)

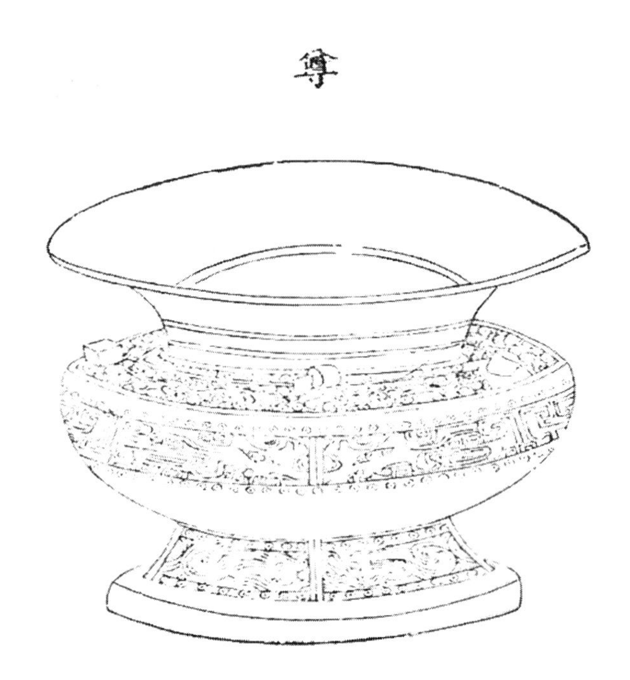

※ 출처: 『삼재도회(三才圖會)』「기용(器用)」 1권

참고 『시』「위풍(魏風)·갈구(葛屨)」

糾糾葛屨, (규규갈구) : 칭칭 휘감긴 칡으로 엮은 신발이여,
可以履霜. (가이리상) : 서리를 밟을 수 있겠는가.
摻摻女手, (섬섬여수) : 가냘프고 여린 여인의 손이여,
可以縫裳. (가이봉상) : 치마를 꿰맬 수 있겠는가.
要之襋之, (요지극지) : 허리띠를 달고 옷깃을 달아,
好人服之. (호인복지) : 아름다운 임이 만드는구나.

好人提提, (호인제제) : 아름다운 임은 차분히 살펴,
宛然左辟, (완연좌벽) : 조심스럽게 좌측으로 피하나니,
佩其象揥. (패기상체) : 상아로 만든 빗치개를 찼구나.
維是褊心, (유시편심) : 다만 편협하고 다급한 마음인지라,
是以爲刺. (시이위자) : 이로써 풍자하노라.

毛序 葛屨, 刺褊也. 魏地陜隘, 其民, 機巧趨利, 其君, 儉嗇褊急, 而無德以將之.

모서 「갈구(葛屨)」편은 편협하고 다급함을 풍자한 시이다. 위나라는 땅이 협소하여 백성들은 잔꾀를 부리며 이익을 추구했고 군주는 인색하고 편협하며 다급하여 덕으로 시행할 수 없었다.

참고 『예기』「방기(坊記)」 기록

경문-620d 子云, "昏禮, 壻親迎, 見於舅姑, 舅姑承子以授壻, 恐事之違也. 以此坊民, 婦猶有不至者."

번역 공자가 말하길, "혼례에 있어서 사위가 친영(親迎)을 하여 장인과 장모를 뵙게 되면, 장인과 장모는 딸자식을 앞으로 나오게 하여 사위에게 전달하니, 섬기는 일에 있어서 위배됨이 있을까를 염려한 것이다. 이를 통해 백성들의 잘못을 방지했는데도, 부인 중에는 오히려 따르지 않는 자가 있다."라고 했다.

鄭注 舅姑, 妻之父母也. 妻之父爲外舅, 妻之母爲外姑. 父戒女曰"夙夜無違命", 母戒女曰"毋違宮事". 不至, 不親夫以孝舅姑也. 春秋成公九年春二月, 伯姬歸於宋, 夏五月季孫行父如宋致女, 是時宋共公不親迎, 恐其有違而致之也.

번역 '구고(舅姑)'는 아내의 부모를 뜻한다. 아내의 부친을 '외구(外舅)'라고 부르고 아내의 모친을 '외고(外姑)'라고 부른다. 부친은 딸에게 주의를 주며 "밤낮으로 시부모의 명령을 위배하는 일이 없어야 한다."라고 말하고, 모친은 딸에게 주의를 주며 "집안일을 어김이 없어야 한다."라고 말한다. '부지(不至)'는 남편을 친애하지 않아서 시부모에게 효를 하지 않는다는 뜻이다. 『춘추』 성공 9년 봄 2월에 백희가 송나라로 시집을 갔다고 했고,[84] 여름 5월에는 계손행보가 송나라로 가서 치녀(致女)[85]를 했다고 했는데,[86] 이것은 송나라 공공이 친영(親迎)을 하지 않아서, 어긋나는 일이 있을까 염려하여 우호를 다진 것이다.

孔疏 ●"子云"至"至者". ○正義曰: "見於舅姑, 舅姑承子以授婿"者, 謂親迎之時, 婿見於舅姑. 舅姑謂婦之父母也. 婦之父母承奉女子以付授於婿, 則昏禮, 父戒女曰"夙夜無違命", 母戒女曰"毋違宮事", 是也.

번역 ●經文: "子云"~"至者". ○경문의 "見於舅姑, 舅姑承子以授婿"에 대하여. 친영(親迎)을 할 때, 사위가 장인과 장모를 뵙는다는 뜻이다. '구고(舅姑)'는 아내의 부모를 뜻한다. 아내의 부모가 딸자식을 받들어 사위에게 건네게

---

84) 『춘추』「성공(成公) 9년」: 二月, 伯姬歸于宋.
85) 치녀(致女)는 고대 제후가 딸을 시집보낸 이후, 대부를 파견하여 빙문을 하는 예법이다. 이 예법을 통해 혼인으로 맺은 우호관계를 다지게 된다.
86) 『춘추』「성공(成公) 9년」: 夏, 季孫行父如宋致女.

되니, 『의례』「사혼례(士昏禮)」편에서 부친은 딸에게 주의를 주며 "밤낮으로 시부모의 명령을 위배하는 일이 없어야 한다."라고 말하고, 모친은 딸에게 주의를 주며 "집안일을 어김이 없어야 한다."라고 말하는 것이 이러한 절차에 해당한다.

孔疏 ●"恐事之違"者, 謂恐此女人於昏事乖違, 故親以女授婿也.

번역 ●經文: "恐事之違". ○딸이 혼사에 대해서 어긋나게 행동하게 될 것을 염려했기 때문에, 딸을 직접 사위에게 건넨다는 뜻이다.

集說 成氏曰: 婦人謂夫之父母曰舅姑, 男子亦謂妻之父母曰舅姑, 但加外字耳. 夫婦齊體, 父母互相敬也.

번역 성씨가 말하길, 부인은 남편의 부모에 대해서 '구고(舅姑)'라고 부르고, 사위 또한 아내의 부모에 대해서 '구고(舅姑)'라고 부르는데 단지 '외(外)'자만 덧붙일 따름이다. 부부는 한 몸이니, 부모에 대해서는 상호 공경하게 된다.

集解 愚謂: 親迎之禮, 壻與主人揖讓升堂, 再拜奠鴈, 母立於房戶外之西, 南面, 是見於舅姑也. 女出房, 父西面戒之, 母南面戒之, 壻降出而婦從, 是承子以授壻也. 父戒之曰"夙夜毋違命", 母戒之曰"夙夜無違宮事", 恐其女於室家之事有違也. 不至, 謂男親迎而女不行, 若陳風東門之楊之所刺, 是也. 父母欲女無違於其夫, 而婦乃有不隨夫以行者, 則其不能承順其夫又不待言矣.

번역 내가 생각하기에, 친영(親迎)의 의례에서 사위는 장인과 서로 읍과 사양을 하며 당상에 오르고, 재배를 한 뒤에 기러기를 놓아두며, 장모는 방문 밖의 서쪽에 서서 남쪽을 바라보니, 이것이 장인과 장모를 보는 절차이다. 딸이 방밖으로 나오면 장인은 서쪽을 바라보며 딸에게 주의를 주고, 장모는 남쪽을 바라보며 딸에게 주의를 주며, 사위가 당하로 내려가 밖으로 나가게 되면 딸이 그를 따르니, 이것이 자식을 인도하여 사위에게 준다는 절차이다. 장인이 딸에게 주위를 주며 "밤낮으로 명령을 위배하는 일이 없어야 한다."라고 말하고, 장모가 딸에게 주위를 주며 "밤낮으로 집안일을 어김이 없어야 한다."라고 말하는데, 이것은 딸이 집안일에 있어서 어기는 일이 있을까를 염려했기 때문이다. '부지(不至)'는 남자가 친영을 했는데도 여자가 따라오지 않는다는 뜻이니, 마치 『시』「진풍(陳風)·동문지양(東門之楊)」편에서 풍자했던 내용이 여기에 해당한다. 부모는 딸자식이 남편에 대해서 어기는 일이 없기를 바라는데도 아내의 입장에서 남편을 따라 시집으로 가지 않는 경우가 있다면, 남편을 제대로 받들지 못하는 경우에 대해서는 말할 필요도 없다.

• 제 3 절 •

예(禮)의 본(本)과 대체(大體)

【692c~d】

敬愼重正而后親之, 禮之大體而所以成男女之別, 而立夫婦之義也. 男女有別, 而後夫婦有義; 夫婦有義, 而後父子有親; 父子有親, 而後君臣有正, 故曰昏禮者, 禮之本也. 夫禮始於冠, 本於昏, 重於喪祭, 尊於朝聘, 和於射鄕, 此禮之大體也.

직역 敬愼하고 重正한 后에야 親하니, 禮의 大體이고 男女의 別을 成하고, 夫婦의 義를 立하는 所以이다. 男女에 別이 有한 後에야 夫婦에 義가 有하고; 夫婦에 義가 有한 後에야 父子에 親이 有하며; 父子에 親이 有한 後에야 君臣에 正이 有하니, 故로 曰, 昏禮者는 禮의 本이다. 夫히 禮는 冠에 始하고, 昏에 本하며, 喪祭를 重하고, 朝聘을 尊하며, 射鄕을 和하니, 此는 禮의 大體이다.

의역 공경하며 신중히 하고, 중시하고 올바르게 한 이후에야 친근하게 되니, 예의 대체(大體)이고, 남녀의 유별함을 이루고 부부 사이의 도의를 이루는 방법이다. 남녀사이에 유별함이 있은 뒤에라야 부부사이에 도의가 생기고, 부부사이에 도의가 생긴 이후에야 부자관계에 친근함이 생기며, 부자관계에 친근함이 생긴 이후에야 군신관계에 올바름이 생긴다. 그렇기 때문에 "혼례(昏禮)라는 것은 예의 근본이다."라고 말한 것이다. 무릇 예라는 것은 관례(冠禮)에서 시작하고, 혼례에 근본을 두며, 상례(喪禮)와 제례(祭禮)를 중시하고, 조빙(朝聘)을 존엄하게 여기며, 사례(射禮)와 향음주례(鄕飮酒禮)를 화목하게 만드니, 이것이 바로 예의 대체(大體)이다.

集說 父子親而後君臣正者, 資於事父以事君而敬同也.

번역 "부자관계에서 친근하게 된 이후에야 군신관계가 바르게 된다."는 것은 부친을 섬기는 것에 바탕을 두고, 이를 통해 군주를 섬기니, 그 공경함은 동일한 것이다.

大全 馬氏曰: 男女者, 夫婦之始, 夫婦者, 男女之終, 始則成男女之別, 終則能立夫婦之義也. 由男女有別, 以至君臣有正, 其序如易所謂有男女然後有夫婦, 有夫婦然後有父子, 以至於有君臣然後禮義有所錯同.

번역 마씨가 말하길, '남녀(男女)'라는 것은 부부의 시작이 되고, '부부(夫婦)'라는 것은 남녀의 마침이 되니, 시작하게 되면 남녀의 유별함을 이루고, 마치게 되면 부부의 도의를 이룰 수 있다. 남녀의 유별함으로부터 군신관계에 올바름이 생기기까지 그 순서는 『역』에서 이른바 남녀가 있은 연후에야 부부가 있고, 부부가 있은 연후에야 부자가 있다는 것으로부터 군신관계가 있은 연후에야 예의(禮義)를 둘 곳이 생긴다고 한 것과 동일하다.[1]

大全 藍田呂氏曰: 禮始於冠者, 童子所以成人也. 本於昏者, 有夫婦然後有父子, 有父子然後有君臣也. 重於喪祭者, 人道之所終也. 尊於朝聘者, 所以明君臣之義也. 和於鄉射者, 所以合人情之懽也. 八者備然後禮備, 故曰禮之體也.

번역 남전여씨가 말하길, "예는 관례(冠禮)에서 시작한다."는 말은 어린아이가 성인(成人)이 된다는 것이다. "혼례(昏禮)에 근본을 둔다."는 말은 부부가 있은 뒤에라야 부자관계가 생기고, 부자관계가 성립된 뒤에라야 군신관계가 생긴다는 것이다. "상례(喪禮)와 제례(祭禮)를 중시한다."는 것은 인도(人道)가 마치는 바이다. "조빙(朝聘)을 존귀하게 여긴다."는 것은 군신관계의 도의를

1) 『역』「서괘전(序卦傳)」: 有天地然後有萬物, 有萬物然後有男女, 有男女然後有夫婦, 有夫婦然後有父子, 有父子然後有君臣, 有君臣然後有上下, 有上下然後禮義有所錯.

밝히는 것이다. "향음주례(鄕飮酒禮)[2]와 사례(射禮)를 화목하게 한다."는 것은 인정(人情)의 기쁨을 화합시키는 것이다. 이 여덟 가지가 갖춰진 뒤에라야 예도 갖춰진다. 그렇기 때문에 "예의 대체(大體)이다."라고 말한 것이다.

鄭注 言子受氣性純則孝, 孝則忠也. 始, 猶根也. 本, 猶幹也. 鄕, 鄕飮酒.

번역 자식이 부여받은 기운과 성품이 순하다면 효(孝)를 하게 되고, 효성스럽다면 충(忠)을 하게 된다는 뜻이다. '시(始)'자는 뿌리[根]와 같다. '본(本)'자는 줄기[幹]와 같다. '향(鄕)'자는 향음주례(鄕飮酒禮)를 뜻한다.

釋文 別, 彼列反, 下同. 朝聘, 直遙反, 下匹正反.

번역 '別'자는 '彼(피)'자와 '列(렬)'자의 반절음이며, 아래문장에 나오는 글자도 그 음이 이와 같다. '朝聘'에서의 '朝'자는 '直(직)'자와 '遙(요)'자의 반절음이며, '聘'자는 '匹(필)'자와 '正(정)'자의 반절음이다.

孔疏 ●"敬愼"至"本也". ○正義曰: 前經明共牢合巹, 使之相親. 此經論謹愼重正禮之根本, 各隨文解之.

번역 ●經文: "敬愼"~"本也". ○앞의 경문에서는 함께 같은 희생물을 먹고 표주박을 합하여, 그 둘로 하여금 서로 친근하게 대하도록 했다는 사실을 나타내고 있다. 이곳 경문에서는 조심스럽고 신중히 처리하며 중시하고 올바르

2) 향음례(鄕飮禮)는 '향음주례(鄕飮酒禮)'라고도 부른다. 주(周)나라 때에는 향학(鄕學)에서 3년마다 대비(大比)라는 시험을 치러서, 선발된 자들을 천거하였다. 이러한 행사를 실시할 때 향대부(鄕大夫)는 음주 연회의 자리를 만들어서, 선발된 자들에게 빈례(賓禮)에 따라 대접을 하며, 그들에게 술을 따라주었는데, 이 의식을 '향음례' 또는 '향음주례'라고 불렀다. 『의례』「향음주례(鄕飮酒禮)」편에 대한 가공언(賈公彦)의 소(疏)에서는 정현의 『삼례목록(三禮目錄)』을 인용하여, "諸侯之鄕大夫三年大比, 獻賢者能於其君, 以賓禮待之, 與之飮酒. 於五禮屬嘉禮."라고 풀이했다. 또한 일반적으로 음주를 즐기며 연회를 하는 것을 뜻하기도 한다.

게 하는 것이 예의 근본이 됨을 논의하고 있으니, 각각의 문장에 따라서 풀이하겠다.

孔疏 ●"敬愼重正"者, 言行昏禮之時, 必須恭敬謹愼, 尊重正禮, 而後男女相親. 若不敬愼重正, 則夫婦久必離異, 不相親也.

번역 ●經文: "敬愼重正". ○혼례를 시행할 때, 반드시 공경스럽고 신중히 처리하여 올바른 예법을 존중해야 하며, 그런 뒤에야 남녀가 서로 친근하게 된다는 뜻이다. 만약 공경스럽고 신중히 하거나 중시하고 올바르게 하지 못한다면, 부부는 머지않아 반드시 떨어지게 되어, 서로 친근히 대하지 않게 된다.

孔疏 ●"昏禮者, 禮之本也"者, 夫婦昏姻之禮, 是諸禮之本. 所以昏禮爲禮本者, 昏姻得所, 則受氣純和, 生子必孝, 事君必忠. 孝則父子親, 忠則朝廷正, 故孝經云: "喪則致其哀, 祭則致其嚴", 是昏禮爲諸禮之本也.

번역 ●經文: "昏禮者, 禮之本也". ○부부가 혼인을 맺는 예는 여러 예들의 근본이 된다. 혼례가 예의 근본이 되는 이유는 혼인을 통해서 제자리를 얻게 된다면, 품수 받은 기운이 순화되어 자식을 낳음에 반드시 효(孝)를 하게 되고, 군주를 섬김에 반드시 충(忠)을 하게 된다. 효를 한다면 부자관계가 친근하게 되고, 충을 한다면 조정이 올바르게 된다. 그렇기 때문에 『효경』에서는 "상(喪)에서는 그 슬픔을 지극히 하고, 제사에서는 그 엄준함을 지극히 한다."[3]라고 했던 것이니, 이것이 혼례가 여러 예(禮)들의 근본이 되는 이유이다.

孔疏 ●"夫禮"至"體也". ○正義曰: 此經因昏禮爲諸禮之本, 遂廣明禮之始終. 始則在於冠·昏, 終則重於喪祭, 其間有朝聘·鄕射, 是禮之大體之事也.

번역 ●經文: "夫禮"~"體也". ○이곳 경문은 혼례가 여러 예들의 근본이

3) 『효경』「기효행장(紀孝行章)」: 子曰, 孝子之事親也居則致其敬. 養則致其樂. 病則致其憂. 喪則致其哀. 祭則致其嚴.

된다는 사실에 연유하여, 마침내 예의 시작과 끝에 대해서 폭넓게 설명한 것이다. 시작은 관례(冠禮)와 혼례(昏禮)에 달려 있는 것이고, 끝은 상례(喪禮)와 제례(祭禮)를 중시하는 것인데, 그 사이에는 조빙(朝聘)이나 향음주례(鄕飮酒禮) 및 사례(射禮)가 포함되어 있으니, 이것이 바로 예의 대체(大體)에 해당하는 일이다.

訓纂 呂與叔曰: 人倫之本, 始於夫婦, 終於君臣. 本正而末不治者, 未之有也, 故曰昏者禮之本.

번역 여여숙이 말하길, 인륜의 근본은 부부관계에서 시작되고 군신관계에서 마친다. 근본이 바른데 말단이 다스려지지 않는 경우는 없다. 그렇기 때문에 "혼례는 예의 근본이다."라고 했다.

集解 此承上二節而結之. 敬愼重正, 則男女之別成; 親之, 則夫婦之義立. 禮運曰, "夫義婦順." 此不言順而言義者, 夫婦之道, 不患其不順也, 患其苟於順而傷於義也, 失義則順亦不可保矣, 故曰立夫婦之義. 物之苟合者, 親也不可以久, 故男女有別, 而后夫婦有義; 有夫婦然後有父子, 故父子之親由於夫婦之別; 有父子然後有君臣, 故君臣之正由於父子之親.

번역 이것은 앞의 두 문단의 내용을 이어서 결론을 맺은 것이다. 공경하며 신중하고 중시하고 바르게 한다면 남녀의 구별이 성립되고, 친애한다면 부부의 도의가 성립된다. 『예기』「예운(禮運)」편에서는 "남편은 의롭고 부인은 순종한다."[4]라고 했다. 그런데 이곳에서는 순종한다고 말하지 않고 의(義)를 언급했다. 그 이유는 부부의 도에서는 순종하지 않을까를 염려하지 않고 순종에 구차

---

4) 『예기』「예운(禮運)」【278d~279a】故聖人耐以天下爲一家, 以中國爲一人者, 非意之也, 必知其情, 辟於其義, 明於其利, 達於其患, 然後能爲之. 何謂人情? 喜・怒・哀・懼・愛・惡・欲, 七者弗學而能. 何謂人義? 父慈・子孝・兄良・弟弟・夫義・婦聽・長惠・幼順・君仁・臣忠, 十者謂之人義. 講信修睦, 謂之人利. 爭奪相殺, 謂之人患. 故聖人之所以治人七情, 修十義, 講信修睦, 尙慈讓, 去爭奪, 舍禮何以治之?

하게 굴어 도의에 해를 끼치게 될까를 염려한다. 도의를 잃게 되면 순종 또한 보존할 수 없다. 그렇기 때문에 "부부의 의를 세운다."라고 했다. 사물이 구차하게 합했을 경우 친하게 되더라도 오래갈 수 없다. 그렇기 때문에 남녀사이에 구별됨이 생긴 뒤에야 부부사이에도 도의가 생긴다. 부부관계가 성립된 이후에야 부자관계가 생긴다. 그렇기 때문에 부자관계의 친애함은 부부관계의 유별함에서 비롯된다. 또 부자관계가 성립된 이후에야 군신관계가 생긴다. 그렇기 때문에 군신관계의 바름은 부자관계의 친애함에서 비롯된다.

集解 愚謂: 鄕·射, 謂鄕飮酒及鄕射二禮也.

번역 내가 생각하기에, '향(鄕)'자와 '사(射)'자는 향음주례(鄕飮酒禮)와 향사례(鄕射禮)[5]를 뜻한다.

참고 구문비교

예기·혼의 夫禮始於冠, 本於昏, 重於喪祭, 尊於朝聘, 和於射鄕, 此禮之大體也.

예기·상복사제(喪服四制) 凡禮之大體, 體天地, 法四時, 則陰陽, 順人情, 故謂之禮.

---

5) 향사례(鄕射禮)는 활쏘기를 하며 음주를 했던 의례(儀禮)이다. 크게 두 가지로 나뉘는데, 하나는 지방의 수령이 지방학교인 서(序)에서 사람들을 모아서 활쏘기를 익히며 음주를 했던 의례이고, 다른 하나는 향대부(鄕大夫)가 3년마다 치르는 대비(大比)라는 시험을 끝내고 공사(貢士)를 한 연후에, 향대부가 향로(鄕老) 및 향인(鄕人)들과 향학(鄕學)인 상(庠)에서 활쏘기를 익히고 음주를 했던 의례이다. 『주례』「지관(地官)·향대부(鄕大夫)」편에는 "退而以鄕射之禮五物詢衆庶."라는 기록이 있는데, 이에 대한 손이양(孫詒讓)의 『정의(正義)』에서는 "退, 謂王受賢能之書事畢, 鄕大夫與鄕老, 則退各就其鄕學之庠而與鄕人習射, 是爲鄕射之禮."라고 풀이하였다.

참고 구문비교

예기 · 혼의 敬愼重正而后親之, 禮之大體而所以成男女之別, 而立夫婦之義也.

대대례기 · 성덕(盛德) 昏禮享聘者, 所以別男女 · 明夫婦之義也.

공자가어 · 오형해(五刑解) 婚姻聘享者, 所以別男女 · 明夫婦之義也.

참고 구문비교

예기 · 혼의 男女有別, 而後夫婦有義; 夫婦有義, 而後父子有親; 父子有親, 而後君臣有正, 故曰昏禮者, 禮之本也.

예기 · 교특생(郊特牲) 男女有別, 然後父子親; 父子親, 然後義生; 義生, 然後禮作; 禮作, 然後萬物安.

참고 『예기』「상복사제(喪服四制)」 기록

경문-720c 凡禮之大體, 體天地, 法四時, 則陰陽, 順人情, 故謂之禮. 訾之者, 是不知禮之所由生也. 夫禮吉凶異道, 不得相干, 取之陰陽也. 喪有四制, 變而從宜, 取之四時也. 有恩, 有理, 有節, 有權, 取之人情也. 恩者仁也, 理者義也, 節者禮也, 權者知也. 仁義禮知, 人道具矣.

번역 무릇 예의 대체(大體)는 천지를 본체로 삼고 사계절을 본받으며 음양을 본뜨고 인정(人情)에 따른 것이다. 그렇기 때문에 그것을 '예(禮)'라고 부른다. 이것을 비방하는 자는 예에 말미암아서 생겨나게 된 점을 알지 못한 것이다. 무릇 예의 길흉은 그 도(道)를 달리하여 서로 간여를 하지 않으니, 이것은 음양에서 그 의미를 취한 것이다. 또한 상(喪)에는 네 가지 제정 법칙이 있고 변화하여 그 합당함에 따르니, 이것은 사계절에서 그 의미를 취한 것이다. 은정[恩]이 있고 이치[理]가 있으며 절도[節]가 있고 권도[權]가 있으니, 이것은 인정에서 그 의미를 취한 것이다. 은정이라는 것은 인(仁)에 해당하고, 이치라는 것은 의(義)에 해당하며, 절도라는 것은 예(禮)에 해당하고, 권도라는 것은 지(知)에 해당하니, 인도를 모두 갖추고 있는 것이다.

鄭注 禮之言體也, 故謂之禮, 言本有法則而生也. 口毁曰"訾". 吉禮·凶禮異道, 謂衣服·容貌及器物也. "取之四時", 謂其數也. "取之人情", 謂其制也.

번역 '예(禮)'자는 본체[體]라는 뜻이기 때문에 '예(禮)'라고 부른다고 한 것이니, 이 말은 본래부터 법칙으로 삼아서 생겨나게 됨이 있다는 사실을 뜻한다. 말로 헐뜯는 것을 자(訾)라고 부른다. 길례와 흉례는 도(道)를 달리하니, 곧 의복, 용모와 태도, 각종 기물들을 가리킨다. "사시(四時)에서 취한다."는 말은 그 도수[數]를 취한다는 뜻이다. "인정(人情)에서 취한다."는 말은 그 제도[制]를 뜻한다.

孔疏 ●"體天地"者, 言禮之大綱之體, 體於天地之間所生之物. 言所生之物, 皆禮以體定之.

번역 ●經文: "體天地". ○예의 큰 강령을 이루는 본체는 천지 사이에서 생겨난 만물에 근본을 두고 있다는 뜻이다. 즉 생겨난 만물들은 모두 예가 그 본체로써 확정시킨다는 뜻이다.

孔疏 ●"法四時"者, 則下文云"喪有四制, 變而從宜, 取之四時", 是也.

번역 ●經文: "法四時". ○아래 문장에서 "상(喪)에는 네 가지 제정 법칙이 있고, 변화하여 그 합당함에 따르니, 이것은 사시(四時)에서 그 의미를 취한 것이다."라고 한 말이 그 뜻에 해당한다.

孔疏 ●"則陰陽"者, 下文云"吉凶異道, 不得相干, 取之陰陽", 是也.

번역 ●經文: "則陰陽". ○아래 문장에서 "예의 길흉은 그 도(道)를 달리하여, 서로 간여를 하지 않으니, 이것은 음양에서 그 의미를 취한 것이다."라고 한 말이 그 뜻에 해당한다.

孔疏 ●"順人情"者, 下文云"有恩有理, 有節有權, 取之人情", 是也.

번역 ●經文: "順人情". ○아래 문장에서 "은정[恩]이 있고, 이치[理]가 있으며, 절도[節]가 있고, 권도[權]가 있으니, 이것은 인정(人情)에서 그 의미를 취한 것이다."라고 한 말이 그 뜻에 해당한다.

孔疏 ●"故謂之禮"者, 以其無物不體, 故謂之爲禮, 故注云"禮之言體"也.

번역 ●經文: "故謂之禮". ○사물들 중 본체로 삼지 않는 것이 없기 때문에, 예가 된다고 말한 것이다. 그래서 정현의 주에서도 "예의 말뜻은 체(體)이다."라고 말한 것이다.

참고 『역』「서괘전(序卦傳)」 기록

전문 有天地然後有萬物, 有萬物然後有男女, 有男女然後有夫婦, 有夫婦然後有父子, 有父子然後有君臣, 有君臣然後有上下, 有上下然後禮義有所錯.

번역 천지가 생긴 뒤에야 만물이 생기고, 만물이 생긴 뒤에야 남녀가 생기며, 남녀가 생긴 뒤에야 부부관계가 생기고, 부부관계가 생긴 뒤에야 부자관계가 생기며, 부자관계가 생긴 뒤에야 군신관계가 생기고, 군신관계가 생긴 뒤에야 상하관계가 생기며, 상하관계가 생긴 뒤에야 예의를 둘 곳이 생긴다.

王注 言咸卦之義也. 凡序卦所明, 非易之緼也, 蓋因卦之次, 託以明義. 咸柔上而剛下, 感應以相與. 夫婦之象, 莫美乎斯. 人倫之道, 莫大乎夫婦. 故夫子殷勤深述其義, 以崇人倫之始, 而不係之於離也. 先儒以乾至離爲上經, 天道也. 咸至未濟爲下經, 人事也. 夫易六畫成卦, 三材必備, 錯綜天人以效變化, 豈有天道人事偏於上下哉? 斯蓋守文而不求義, 失之遠矣.

번역 함괘(咸卦)의 뜻을 설명한 것이다. 「서괘전」에서 밝히는 것은 『역』의 온축된 뜻이 아니니, 괘의 순서에 연유하여 그에 따라 그 뜻을 밝힌 것이다. 함괘는 유순함이 위에 있고 강직함이 밑에 있어서 감응하여 함께 하는 것이다. 부부의 상 중에 이것보다 아름다운 것은 없다. 인륜의 도에 있어서는 부부보다 큰 것이 없다. 그렇기 때문에 공자는 그 의미에 대해서 매우 신중하면서도 깊이 있게 기술하여 인륜의 시작을 높이고 리괘(離卦)에 연계시키지 않은 것이다. 선대 학자들은 건괘(乾卦)로부터 리괘까지를 상경으로 여겨 천도를 말한 것이라 했다. 또 함괘로부터 미제괘(未濟卦)까지는 하경으로 여겨 인사를 말한 것이라 했다. 그러나 『역』은 여섯 획으로 괘를 이루고 삼재가 반드시 갖춰지며, 천도와 인사를 착종하여 변화를 드러내는데, 어찌 천도와 인사가 상경과 하경으로만 치우쳐 있을 수 있겠는가? 이것은 문자만 고수하고 그 의미를 찾지 않아 본지에서 크게 벗어난 것이다.

참고 『효경』「기효행장(紀孝行章)」 기록

경문 子曰, 孝子之事親也, 居則致其敬①, 養則致其樂②, 病則致其憂③, 喪則致其哀④, 祭則致其嚴⑤. 五者備矣, 然後能事親⑥.

번역 공자가 말하길, 효자가 부모를 섬길 때 거처할 때라면 공경하는 마음을 다하고, 봉양할 때라면 기쁜 마음을 다하며, 부모가 병환에 계실 때라면 근심스러운 마음을 다하고, 부모의 상을 치르게 되면 슬퍼하는 마음을 다하며, 부모의 제사를 지낼 때라면 엄숙한 마음을 다한다. 다섯 가지가 갖춰진 뒤에야 부모를 잘 섬길 수 있다.

李注-① 平居必盡其敬.

번역 평상시 거처할 때에는 반드시 공경하는 마음을 다해야 한다.

邢疏 ◎注"平居必盡其敬". ○正義曰: 此依王注也. 平居, 謂平常在家, 孝子則須恭敬也. 按禮記·內則云: "子事父母, 雞初鳴, 咸盥漱, 至於父母之所, 敬進甘脆而後退." 又祭義曰: "養可能也, 敬爲難." 皆是盡敬之義也.

번역 ◎李注: "平居必盡其敬". ○이것은 왕씨의 주에 따른 것이다. '평거(平居)'는 평상시 집에 머물러 있을 때를 뜻하니, 효자라면 공손함과 공경함을 갖춰야 한다. 『예기』「내칙(內則)」편을 살펴보면 "자식이 부모를 섬길 때에는 닭이 아침에 처음으로 울면 모두 일어나서 손을 씻고 양치질을 하며, 부모가 계신 곳으로 가게 되면 공경하는 마음으로 맛있는 음식을 바치고 그런 뒤에 물러난다."[6]라고 했다. 또 『예기』「제의(祭義)」편에서는 "봉양이라는 것은 비교적 수월하게 할 수 있지만 공경을 시행하기는 어렵다."[7]라고 했다. 이 모두는 공경하는 마음을 다한다는 뜻에 해당한다.

李注-② 就養能致其懽.

번역 부모를 봉양할 때에는 기뻐하는 마음을 다해야 한다.

邢疏 ◎注"就養能致其懽". ○正義曰: 此依魏注也. 按檀弓曰"事親有隱而

---

6) 『예기』「내칙(內則)」【345b】: 子事父母, 鷄初鳴, 咸盥漱, 櫛縰笄總, 拂髦, 冠緌纓, 端韠紳, 搢笏. / 『예기』「내칙」【346d~347a】: 及所, 下氣怡聲, 問衣燠寒, 疾痛苛癢, 而敬抑搔之. 出入, 則或先或後而敬扶持之. 進盥, 少者奉槃, 長者奉水, 請沃盥, 盥卒授巾, 問所欲而敬進之, 柔色以溫之.

7) 『예기』「제의(祭義)」【566a~b】: 亨孰羶薌, 嘗而薦之, 非孝也, 養也. 君子之所謂孝也者, 國人稱願然曰, "幸哉有子如此." 所謂孝也已. 衆之本敎曰孝, 其行曰養. 養可能也, 敬爲難. 敬可能也, 安爲難. 安可能也, 卒爲難. 父母旣沒, 愼行其身, 不遺父母惡名, 可謂能終矣. 仁者仁此者也, 禮者履此者也, 義者宜此者也, 信者信此者也, 强者强此者也. 樂自順此生, 刑自反此作.

無犯, 左右就養無方", 言孝子冬溫夏凊, 昏定晨省, 及進飮食以養父母, 皆須盡其敬安之心. 不然, 則難以致親之懽.

번역 ◎李注: "就養能致其懽". ○이것은 위씨의 주에 따른 것이다. 『예기』「단궁(檀弓)」편을 살펴보면 "부모를 섬길 때에는 허물을 덮어두고 면전에서 허물을 직접적으로 지적함이 없으며, 좌우로 나아가 봉양을 함에 특별히 정해진 제한이 없다."[8]라고 했으니, 효자는 겨울에는 따뜻하게 해드리고 여름에는 시원하게 해드리며 저녁에는 잠자리를 살피고 새벽에는 부모의 건강을 살피고 또 음식을 바쳐 부모를 봉양하게 되는데, 이러한 때에는 모두 공경하고 부모를 편안히 모시려는 마음을 다해야만 한다. 그렇지 않다면 부모가 기뻐하시도록 만들기가 어렵다.

李注-③ 色不滿容, 行不正履.

번역 얼굴에 수심이 가득하여 위엄과 용모를 제대로 갖출 수 없고[9] 노심초사하는 마음으로 제대로 걸을 수가 없다[10]는 뜻이다.

邢疏 ◎注"色不"至"正履". ○正義曰: 此依鄭注也. 按禮記·文王世子云: 王季"有不安節, 則內豎以告文王, 文王色憂, 行不能正履". 又下文此古之世子亦朝夕問於內豎, 其有不安節, "世子色憂不滿容". 此注減"憂"·"能"二字者, 以此章通於貴賤, 雖儗人非其倫, 亦擧重以明輕之義也.

---

8) 『예기』「단궁상(檀弓上)」【69a】: 事親有隱而無犯, 左右就養無方, 服勤至死, 致喪三年. 事君有犯而無隱, 左右就養有方, 服勤至死, 方喪三年. 事師無犯無隱, 左右就養無方, 服勤至死, 心喪三年.

9) 『예기』「문왕세자(文王世子)」【264a~b】: 世子之記曰, 朝夕至于大寢之門外, 問於內豎曰, "今日安否何如?" 內豎曰, "今日安." 世子乃有喜色. 其有不安節, 則內豎以告世子, 世子色憂不滿容. 內豎言復初, 然後亦復初.

10) 『예기』「문왕세자(文王世子)」【247b】: 其有不安節, 則內豎以告文王, 文王色憂, 行不能正履. 王季復膳然後, 亦復初. 食上, 必在視寒暖之節, 食下, 問所膳, 命膳宰曰, 末有原. 應曰, 諾. 然後退.

번역 ◎李注: "色不"~"正履". ○이것은 정씨의 주에 따른 것이다. 『예기』「문왕세자(文王世子)」편을 살펴보면 왕계에게 병이 생겼을 때 "평상시와 다른 점이 발생하면, 내수는 이러한 사실들을 문왕에게 아뢴다. 그러면 문왕은 부친을 근심하는 마음 때문에 얼굴빛에 근심스러움이 나타났고, 노심초사하는 마음 때문에 걷는 것도 제대로 걸을 수가 없었다."라고 했다. 또 그 아래 문장에서는 고대의 세자들은 또한 아침저녁으로 내수에게 부친의 건강을 물었는데, 부친의 건강에 평상시와 다른 점이 발생하면 "세자는 얼굴에 수심이 가득하여 위엄과 용모를 제대로 갖출 수가 없게 된다."라고 했다. 이곳 주석에서는 '우(憂)'자와 '능(能)'자를 생략했는데, 「기효행장」의 내용은 귀천의 차이에 상관없이 모두에게 적용되기 때문이다. 비록 우매한 자가 질서에 맞지 않는다고 비난을 한다 해도, 이것은 또한 중요한 것을 제시하여 보다 덜 중요한 것의 의미까지도 드러낸 것이다.

李注-④ 擗踊哭泣, 盡其哀情.

번역 가슴을 치고 발을 구르며 곡을 하고 눈물을 흘려서 애통한 정감을 다 드러낸다는 뜻이다.

邢疏 ◎注"擗踊"至"哀情". ○正義曰: 此依鄭注也, 並約喪親章文. 其義具於彼.

번역 ◎李注: "擗踊"~"哀情". ○이것은 정씨의 주에 따른 것이며, 또한 『효경』「상친장(喪親章)」의 문장을 요약한 것이다. 그 의미는 「상친장」에서 설명하였다.

李注-⑤ 齊戒沐浴, 明發不寐.

번역 재계하고 목욕하며 날이 밝도록 잠을 이루지 못한다는 뜻이다.

邢疏 ◎注"齋戒"至"不寐". ○正義曰: 此皆說祭祀嚴敬之事也. 按祭義曰: "孝子將祭, 夫婦齋戒, 沐浴盛服, 奉承而進之." 言將祭必先齊戒沐浴也. 又云: "文王之祭也, 事死如事生. 詩云: '明發不寐, 有懷二人.' 文王之詩也." 鄭注云: "明發不寐, 謂夜而至旦也. 二人, 謂父母也." 言文王之嚴敬祭祀如此也.

번역 ◎李注: "齋戒"~"不寐". ○이 모두는 제사를 지낼 때 엄숙하고 공경해야 하는 사안을 설명한 것이다. 『예기』「제의(祭義)」편을 살펴보면 "자식이 제사를 지내려고 할 때 주인과 주부는 재계를 하고 목욕을 하며 복장을 갖추고, 제물을 받들어 나아가 바친다."[11]라고 했으니, 제사를 지내려고 할 때에는 반드시 그보다 앞서서 재계를 하고 목욕을 하게 된다는 것을 뜻한다. 또 "문왕이 제사를 지낼 때에는 돌아가신 부모를 섬길 때 마치 살아계셨을 때 섬기는 것처럼 했다. 『시』에서는 '동이 틀 때까지 잠을 이루지 못하여, 부모 두 분을 생각하는구나.'라고 했는데, 이것은 문왕의 덕을 기리기에 충분한 시이다."[12]라고 했고, 정현의 주에서는 "'명발불매(明發不寐)'라고 했는데, 명발(明發)은 밤부터 그 다음날 아침까지를 뜻한다. '이인(二人)'은 부친과 모친을 뜻한다."라고 했다. 즉 문왕은 이처럼 엄숙하고 공경스러운 마음으로 제사를 지냈다는 뜻이다.

李注-⑥ 五者闕一, 則未爲能.

번역 다섯 가지에서 하나라도 빠트리게 된다면 부모를 제대로 모실 수 없다.

邢疏 ◎注"五者"至"爲能". ○正義曰: 此依魏注也. 凡爲孝子者, 須備此五

---

11) 『예기』「제의(祭義)」【556c~d】: 孝子將祭, 慮事不可以不豫; 比時具物, 不可以不備; 虛中以治之. 宮室旣修, 牆屋旣設, 百物旣備, 夫婦齊戒·沐浴, 奉承而進之. 洞洞乎! 屬屬乎! 如弗勝, 如將失之, 其孝敬之心至也與! 薦其薦俎, 序其禮樂, 備其百官, 奉承而進之, 於是諭其志意, 以其慌惚以與神明交, 庶或饗之, 庶或饗之! 孝子之志也!

12) 『예기』「제의(祭義)」【555b~c】: 文王之祭也, 事死者如事生, 思死者如不欲生, 忌日必哀, 稱諱如見親, 祀之忠也. 如見親之所愛, 如欲色然, 其文王與. 詩云, "明發不寐, 有懷二人." 文王之詩也. 祭之明日, 明發不寐, 饗而致之, 又從而思之. 祭之日, 樂與哀半, 饗之必樂, 已至必哀.

等事也. 五事若闕於一, 則未爲能事親也.

번역 ◎李注: "五者"~"爲能". ○이것은 위씨의 주에 따른 것이다. 효자는 이러한 다섯 가지 사안을 잘 갖춰야 한다. 다섯 가지 사안 중 하나라도 빠트리게 된다면 부모를 잘 섬길 수 없다.

邢疏 ●"子曰"至"事親". ○正義曰: 致猶盡也. 言爲人子能事其親而稱孝者, 謂平常居處家之時也, 當須盡於恭敬. 若進飮食之時, 怡顔悅色, 致親之歡; 若親之有疾, 則冠者不櫛, 怒不至詈, 盡其憂謹之心, 若親喪亡, 則攀號毁瘠, 終其哀情也; 若卒哀之後, 當盡其祥練; 及春秋祭祀, 又當盡其嚴肅: 此五者, 無限貴賤, 有盡能備者, 是其能事親.

번역 ●經文: "子曰"~"事親". ○'치(致)'자는 다한다는 뜻이다. 자식된 자는 자신의 부모를 잘 섬겨야만 효자라 일컬을 수 있음을 말한 것이니, 평상시 집에 거처할 때에는 마땅히 공손하고 공경하는 마음을 다해야 한다. 만약 부모에게 음식을 바치는 때라면 기쁘고 즐거워하는 표정을 나타내어 부모가 기뻐하시도록 만들어야 하고, 부모가 병환에 계실 때라면 관을 써야 하는 자들은 경황이 없어 빗질을 못하고 화가 나더라도 남을 욕하지 않으며, 부모에 대해 근심하는 마음을 다해야 하며, 부모가 돌아가셨을 때라면 시신을 부여잡고 통곡하고 애통함에 몸이 초췌해지니, 애통해하는 정감을 다 드러내야 하고, 애통함이 사그라진 이후라면 마땅히 연상(練祥)[13] 등의 제사에 정성을 다해야 하며, 봄·가을 등의 시제에서는 마땅히 부모에 대한 엄숙한 태도를 다해야 한다. 이러한

---

13) 연상(練祥)은 소상(小祥)과 대상(大祥)을 뜻한다. '연상'에서의 '연(練)'자는 연제(練祭)를 뜻하며, '연제'는 곧 '소상'을 가리킨다. '연상'에서의 '상(祥)'자는 '대상'을 뜻한다. 소상은 죽은 지 13개월만에 지내는 제사이며, 대상은 25개월만에 지내는 제사이고, 대상을 지내게 되면 상복과 지팡이를 제거하게 된다. 『주례』「춘관(春官)·대축(大祝)」편에는 "言甸人讀禱, 付練祥, 掌國事."라는 기록이 있고, 이에 대해 가공언(賈公彦)의 소(疏)에서는 "練, 謂十三月小祥, 練祭. 祥, 謂二十五月大祥, 除衰杖."이라고 풀이했다.

다섯 가지는 신분의 차이에 상관없이 모두 갖춰야만 하니, 이것들을 모두 갖출 수 있는 자가 바로 부모를 잘 섬기는 것이다.

참고 『예기』「예운(禮運)」 기록

경문-278d~279a 故聖人耐以天下爲一家, 以中國爲一人者, 非意之也, 必知其情, 辟於其義, 明於其利, 達於其患, 然後能爲之. 何謂人情? 喜·怒·哀·懼·愛·惡·欲, 七者弗學而能. 何謂人義? 父慈·子孝·兄良·弟弟·夫義·婦聽·長惠·幼順·君仁·臣忠, 十者謂之人義. 講信修睦, 謂之人利. 爭奪相殺, 謂之人患. 故聖人之所以治人七情, 修十義, 講信修睦, 尙慈讓, 去爭奪, 舍禮何以治之?

번역 공자가 계속해서 말해주길, "그러므로 성인은 능히 천하의 모든 백성을 자신의 가족처럼 삼으며, 백성들을 자신처럼 삼는 자인데, 이것은 자기 개인의 생각으로 억측을 한다고 해서 될 것이 아니니, 반드시 백성들의 정감을 알아야 하며, 그들이 따라야 할 도의를 열어주고, 그들이 이롭게 여기는 것들에 대해 잘 알고 있어야 하며, 그들이 우환으로 여기는 것들에 대해서도 잘 알아야 하니, 그런 이후에야 이처럼 할 수 있는 것이다. 그런데 무엇을 '사람의 정감[人情]'이라고 부르는가? 기쁨[喜]·노여움[怒]·슬픔[哀]·두려움[懼]·사랑함[愛]·싫어함[惡]·욕망[欲]을 뜻하니, 이러한 일곱 가지 감정들은 따로 배우지 않아도 모두가 갖추고 있는 것들이다. 또 무엇을 '사람이 따라야 할 도의[人義]'라고 부르는가? 부친의 자애로움[父慈]·자식의 효성스러움[子孝]·형의 선량함[兄良]·동생의 공경스러움[弟弟]·남편의 의로움[夫義]·부인의 순종함[婦聽]·연장자의 은혜로움[長惠]·어린 자들의 온순함[幼順]·군주의 인자함[君仁]·신하의 충성스러움[臣忠]이니, 이러한 열 가지 것들을 '인의(人義)'라고 부른다. 신의를 가르치고, 화목함을 실천하는 것을 '사람에게 이로운 것[人利]'이라고 부른다. 다투고 빼앗으며, 서로 상해를 가함을 '사람에게 우환이 되는 것[人患]'이라고 부른다. 그러므로 성인은 이로써 사람의 일곱 가지

정감을 다스리고, 열 가지 도의를 다듬으며, 신의를 가르치고, 화목함을 실천하며, 자애로움과 겸손함을 숭상하고, 다투고 빼앗는 것들을 없애게 되는데, 이러한 일들에 있어서 예를 버려두고서 무엇으로써 다스리겠는가?"라고 했다.

鄭注 耐, 古能字. 傳書世異, 古字時有存者, 則亦有今誤矣. 意, 心所無慮也. 辟, 開也. 極言人事. 唯禮可耳.

번역 '내(耐)'자는 고대에 사용하던 '능(能)'자이다. 문서를 전수하게 되면 시대마다 글자들이 달라지는데, 고대의 글자가 당시의 기록에 그대로 남아 있는 경우도 있고, 또한 기록할 당시에 글자를 잘못 바꾼 경우도 있다. '의(意)'는 마음속에서 생각을 했으나, 구체적으로 떠올림이 없는 것이다. '벽(辟)'자는 "열어준다[開]."는 뜻이다. 인간의 정감이나 도의 등에 대한 언급들은 인간세상의 일들을 자세히 언급한 말이다. 무엇으로 다스리겠느냐는 말은 오직 예(禮)에 따를 때에만 가능할 따름이라는 뜻이다.

孔疏 ●"何謂人義? 父慈・子孝・兄良・弟弟・夫義・婦聽・長惠・幼順・君仁・臣忠"者, 此文先從親者爲始, 以漸至疏, 故長幼在後, 君臣處末. 按昭二十六年左傳云: "君令・臣共・父慈・子孝・兄愛・弟敬・夫和・妻柔・姑慈・婦聽", 與此大同. "兄愛"卽此"兄良"也, "弟敬"卽此"弟弟"也, "夫和"卽此"夫義"也, 故彼云"夫和而義". "妻柔"卽此"婦聽"也, "君令"卽此"君仁"也, 以仁恩而號令. "臣共"卽此"臣忠"也. 又隱三年左傳云: "君義・臣行・父慈・子孝・兄愛・弟敬", 義亦同. 但傳之二文, 皆以國家之事言之, 故先君臣, 後父子, 但異人之說, 旣有多少, 不皆同也.

번역 ●經文: "何謂人義? 父慈・子孝・兄良・弟弟・夫義・婦聽・長惠・幼順・君仁・臣忠". ○이곳 문장 기록은 먼저 가장 가까운 관계로부터 시작하여, 점차 관계가 먼 대상에까지 이르고 있다. 그렇기 때문에 장유관계가 친족관계 뒤에 기술되어 있는 것이며, 군신관계가 가장 말미에 기록된 것이다. 소공 26년에 대한 『좌전』의 기록을 살펴보면, "군주는 명령을 내리고, 신하는 공경스러운 태도로 따르며, 부친은 자애롭고, 자식은 효성스러우며, 형은 사랑으로 대하고, 동생은 공경한 태도로 대하며, 남편은 온화하고, 부인은 유순하며, 시어미는 자애롭고, 며느리는 순종한다."[14]라고 하였으니, 이곳 문장에 기록된 내용과 대략적으로 동일하다. 『좌전』에서 말한 '형이 사랑스러움으로 대함[兄愛]'은 곧 이곳 문장의 '형의 선량함[兄良]'에 해당하며, '동생이 공경한 태도로 대함[弟敬]'은 곧 '동생의 공경스러움[弟弟]'에 해당한다. 그리고 '남편의 온화함[夫和]'은 곧 '남편의 의로움[夫義]'에 해당하기 때문에, 『좌전』에서는 "남편은 온화하고 의롭다."[15]라고 말한 것이다. 또한 『좌전』에서 말한 '부인의 유순함[妻柔]'은 곧 이곳 문장에서 말한 '부인의 순종함[婦聽]'에 해당하고, '군주가 명령을 내림[君令]'은 곧 '군주의 인자함[君仁]'에 해당하는데, 군주는 인자함과 은혜로움에 따라서 명령을 내리기 때문이다. 또한 『좌전』에서 말한 '신하가 공손히 따름[臣共]'은 곧 이곳 문장에서 말한 '신하의 충성스러움[臣忠]'에 해당한다. 그리고 은공(隱公) 3년에 대한 『좌전』의 기록에서도 '군주의 의로움[君義]·신하의 실천[臣行]·부친의 자애로움[父慈]·자식의 효성스러움[子孝]·형의 사랑스러운 태도[兄愛]·동생의 공경스러운 태도[弟敬]'[16]라고 하였는데, 그 의미가 또한 위의 내용과 동일하다. 다만 『좌전』의 두 기록들은 모두 국가의 중대사를 기준으로 언급을 하였기 때문에, 먼저 군신관계에 대해서 기술하고, 그 이후에야 부자관계에 대해서 언급한 것이며, 또한 이러한 주장들은 다만 각기 다른 사람들의 주장이므로, 기술 항목의 많고 적은 차이가 있어서, 완전히 동일하지 않은 것일 뿐이다.

14) 『춘추좌씨전』「소공(昭公) 26년」: 禮之可以爲國也久矣, 與天地並. 君令·臣共, 父慈·子孝, 兄愛·弟敬, 夫和·妻柔, 姑慈·婦德, 禮也.
15) 『춘추좌씨전』「소공(昭公) 26년」: 夫和而義, 妻柔而正.
16) 『춘추좌씨전』「은공(隱公) 3년」: 君義, 臣行, 父慈, 子孝, 兄愛, 弟敬, 所謂六順也.

• 제4절 •

시부모를 뵙는 절차와 의미

【693a】

夙興, 婦沐浴以俟見. 質明, 贊見婦於舅姑, 婦執笲棗栗段脩以見. 贊醴婦, 婦祭脯醢, 祭醴, 成婦禮也. 舅姑入室, 婦以特豚饋, 明婦順也.

직역 夙興하여, 婦는 沐浴하고 見을 俟한다. 質明하여, 贊이 舅姑에게 婦를 見하면, 婦는 笲에 棗·栗·段·脩를 執하여 見한다. 贊은 婦에게 醴하고, 婦는 脯醢로 祭하며, 醴로 祭하면, 婦禮가 成이라. 舅姑는 室에 入하고, 婦는 特豚로써 饋하니, 婦順을 明이라.

의역 아침 일찍 일어나서 부인은 목욕을 하고 시부모를 뵐 때까지 기다린다. 날이 밝으면 의례의 진행을 돕는 자는 시부모에게 며느리를 보이고, 며느리는 대추·밤·조미육포 등을 담은 변(笲)을 들고서 시부모를 찾아뵙는다. 의례의 진행을 돕는 자가 며느리에게 단술을 따라주면, 며느리는 포(脯)와 젓갈로 제사를 지내고 단술로 제사를 지내니, 이것은 정식 부인이 되는 예를 완성하는 절차이다. 그리고 시부모가 방으로 들어가면, 부인은 한 마리의 돼지고기를 잡아서 음식으로 바치니, 이것은 며느리의 효성과 순종함을 드러낸다.

集說 質明, 昏禮之次日正明之時也. 贊, 相禮之人也. 笲之爲器似筥, 以竹或葦爲之, 衣以靑繒, 以盛此棗栗段脩之贄. 脩, 脯也, 加薑桂治之曰段脩. 贊醴婦者, 婦席於戶牖間, 贊者酌醴置席前, 婦於席西東面拜受, 贊者西階上北面拜送. 又拜薦脯醢, 婦升席, 左執觶, 右祭脯醢訖, 以柶祭醴三. 是祭脯醢祭醴者, 所以成其爲婦之禮也. 舅姑入于室, 婦盥饋特豚, 合升而分載之, 左胖載之舅俎, 右胖載之姑俎. 無魚腊, 無稷, 舅姑並席于奧東面南上. 饌亦如之, 此明其爲婦之孝順也.

번역 '질명(質明)'은 혼례를 치른 다음날 날이 밝을 때를 뜻한다. '찬(贊)'은 의례의 진행을 돕는 사람이다. '변(笲)'이라는 기물은 '거(筥)'와 유사한데, 대나무 또는 갈대를 엮어서 만들고 청색의 비단으로 감싸며, 대추 · 밤 · 조미육포 등의 폐백을 담는다. '수(修)'자는 포(脯)를 뜻하니, 생강과 계피를 첨가한 것을 '단수(段脩)'라고 부른다. "의례의 진행을 돕는 자가 부인에게 례(醴)를 한다."는 말은 부인은 방문과 들창 사이에 자리를 잡고, 의례의 진행을 돕는 자가 단술을 따라서 자리 앞에 놓아두면, 부인은 자리의 서쪽에서 동쪽을 바라보고 절을 하며 받고, 의례의 진행을 돕는 자는 서쪽 계단 위에서 북쪽을 바라보며 절을 하며 전한다. 또 절을 하며 포와 젓갈을 바치면, 부인은 자리에 올라가서 좌측 손으로 치(觶)를 잡고, 우측 손으로 포와 젓갈을 가지고 제사를 지내고, 그것이 끝나면 숟가락을 이용하여 단술에 대해서 제사지내길 세 차례 한다. 이것은 포와 젓갈로 제사지내고 단술에 대해 제사지내는 것으로, 이를 통해 정식 부인이 되는 예법을 완성하는 것이다. 시부모가 방으로 들어가면 부인은 손을 씻고 한 마리의 돼지로 음식을 만들어 바치는데, 한꺼번에 가지고 올라가서 나누어 담아두니, 희생물의 좌측 부위는 시아비가 받는 도마에 올려두고, 우측 부위는 시어미가 받는 도마에 올려둔다. 말린 물고기는 포함되지 않고 기장밥도 없는데, 시부모는 모두 아랫목에 자리를 잡고 동쪽을 바라보며 남쪽 끝에서부터 위치한다. 음식들에 대해서도 이처럼 하니, 이것은 며느리로서 따르는 효순(孝順)을 드러내는 것이다.

大全 藍田呂氏曰: 婦入從夫, 與夫同體者也. 夫之所事, 婦亦事之, 夫之所養, 婦亦養之, 故婦之於舅姑, 猶子之於父母也. 夙興, 沐浴, 執笲以見舅姑, 醴婦, 婦祭脯醢, 祭醴, 明敬事自此始矣, 故曰成婦禮也. 舅姑入于室, 婦以特豚饋, 贊成祭卒食, 一酳徹席, 婦餕, 明共養自此始矣, 故曰明婦順也.

번역 남전여씨가 말하길, 부인이 시집을 와서 남편을 따르는 것은 남편과 일심동체이기 때문이다. 남편이 섬기는 대상에 대해서는 부인 또한 섬기는 것이고, 남편이 봉양하는 대상에 대해서는 부인 또한 봉양을 한다. 그렇기 때문에 며느리가 시부모를 대하는 것은 자식이 부모를 대하는 것과 같다. 일찍 일어나서 목욕을 하고, 변(笲)을 들고서 시부모를 뵈며, 며느리에게 단술을 따라주고, 며느리가 포와 젓갈로 제사지내고 단술에 대해 제사지내는 것은 공경스럽게 섬기는 것이 이 시점으로부터 시작됨을 나타낸다. 그렇기 때문에 "부인의 예를 완성한다."라고 말한 것이다. 시부모가 방으로 들어가면 며느리는 한 마리의 돼지고기를 바치며, 음식 진설하는 것을 도와 음식에 대한 제사를 지내고 식사를 마치면, 한 차례 입가심하는 술을 마시고 자리를 치우며, 며느리는 남은 밥을 먹으니, 이것은 함께 봉양하는 도리가 이 시점으로부터 시작됨을 나타낸다. 그렇기 때문에 "며느리의 순(順)함을 나타낸다."라고 말한 것이다.

鄭注 成其爲婦之禮也. 贊醴婦, 當作"禮", 聲之誤也. 以饋明婦順者, 供養之禮主於孝順.

번역 정식 부인이 되는 예를 완성하는 것이다. '찬례부(贊醴婦)'에서의 '예(醴)'자는 마땅히 예(禮)자로 기록해야 하니, 소리가 비슷해서 생긴 오류이다. 음식을 바치는 것으로써 며느리의 순(順)함을 드러낸다는 것은 봉양의 예가 효순(孝順)을 위주로 하기 때문이다.

釋文 沐音木. 浴音欲. 見, 賢遍反, 下及注同. 笲音煩, 一音皮彦反, 器名, 以葦若竹爲之, 其形如筥, 衣之以青繒, 以盛棗栗腶脩之屬. 棗音早, 爾雅云"棘實謂之棗", 俗作"▼(來/來)", 誤. 段脩, 丁亂反, 本又作腶, 或作鍛, 同, 脩脯也. 加薑桂曰腶脩. 何休云: "婦執腶脩者, 取其斷斷自脩飾也." 贊醴, 依注作禮. 醢音海. 婦以特豚饋, 其位反, 一本無"婦"字. 供, 俱用反. 養, 羊尚反.

번역 '沐'자의 음은 '木(목)'이다. '浴'자의 음은 '欲(욕)'이다. '見'자는 '賢(현)'자와 '遍(편)'자의 반절음이며, 아래문장 및 정현의 주에 나온 글자도 그 음이 이와 같다. '笲'자의 음은 '煩(번)'이며, 다른 음은 '皮(피)'자와 '彦(언)'자의 반절음이고, 그릇의 명칭이고, 갈대를 대나무처럼 엮어서 만드는데, 그 형태가 '거(筥)'와 유사하며, 청색의 비단을 입히고, 대추·밤·조미육포 등을 담는다. '棗'자의 음은 '早(조)'이며, 『이아』에서는 "극(棘)나무의 열매를 '조(棗)'라고 부른다"라고 했고, 세속본에서는 '▼(來/來)'자로도 기록하는데, 이것은 잘못된 기록이다. '段脩'에서의 '段'자는 '丁(정)'자와 '亂(란)'자의 반절음이며, 판본에 따라서는 또한 '腶'자로도 기록하며, 또한 '鍛'자로도 기록하는데, 그 음은 모두 같고, 조미육포를 뜻한다. 생강과 계피를 첨가한 것을 '단수(腶脩)'라고 부른다. 하휴[1]는 "며느리가 조미육포를 들고가는 것은 성실하게 제 자신을 가다듬겠다는 뜻을 취한 것이다."라고 했다. '贊醴'에서의 '醴'자는 정현의 주에 따르면 '禮'자로 기록한다. '醢'자의 음은 '海(해)'이다. '婦以特豚饋'에서의 '饋'자는 '其(기)'자와 '位(위)'자의 반절음이며, 다른 판본에는 '婦'자가 없다. '供'자는 '俱(구)'자와 '用(용)'자의 반절음이다. '養'자는 '羊(양)'자와 '尙(상)'자의 반절음이다.

孔疏 ●"夙興"至"代也". ○正義曰: 此論昏禮明日婦見舅姑, 舅姑醴婦, 又舅姑入室, 婦饋特豚, 又明日舅姑饗婦之節. 此卽士昏禮也, 故有特豚饋於舅姑. 若大夫以上, 非惟特豚而已. 雖以士爲主, 亦兼明大夫, 故有"厥明, 舅姑共饗婦". 若士婦見舅姑之日, 卽舅姑享婦, 故士昏禮舅姑醴婦, 醴婦旣訖, 則享之, 不待厥明也.

번역 ●經文: "夙興"~"代也". ○이곳 문단은 혼례(昏禮)를 치른 다음날 며느리가 시부모를 찾아뵙고, 시부모가 며느리에게 예(醴)를 하며, 또 시부

---

1) 하휴(何休, A.D.129 ~ A.D.182) : 전한(前漢) 때의 금문경학자(今文經學者)이다. 자(字)는 소공(邵公)이다. 『춘추공양전해고(春秋公羊傳解詁)』를 지었으며, 『효경(孝經)』, 『논어(論語)』 등에 대해서도 주를 달았고, 『춘추한의(春秋漢議)』를 짓기도 하였다.

모가 방으로 들어가면 며느리가 한 마리의 돼지고기를 음식으로 바친다는 사실을 논의하고 있고, 또 다음날 시부모가 며느리에게 향연을 베풀어주는 절차를 논의하고 있다. 이 내용은 곧 사 계급의 혼례에 해당한다. 그렇기 때문에 시부모에게 한 마리의 돼지고기를 음식으로 바치는 것이다. 만약 대부 이상의 계급이라면, 단지 한 마리의 돼지만을 사용하는 것이 아니다. 이 기록이 사 계급을 위주로 기술하고 있지만, 또한 대부에 대한 사안도 함께 언급하고 있다. 그렇기 때문에 "그 다음날이 되면, 시부모는 함께 며느리에게 향연을 베풀어준다."라는 기록이 있는 것이다. 만약 사 계급에게 시집 온 며느리라면, 시부모를 찾아뵌 그 날 곧바로 시부모는 며느리에게 잔치를 베풀어준다. 그렇기 때문에 『의례』「사혼례(士昏禮)」편에서는 시부모가 며느리에게 단술을 따라주고, 며느리에게 단술 따라주는 일이 끝나면 잔치를 베푼다고 한 것이니, 그 다음날까지 기다리지 않는다.

孔疏 ●"婦執笲, 棗栗段[2]脩以見"者, 按士昏禮"舅坐於阼階西面, 姑坐于房外南面, 婦執笲, 棗栗進, 東面拜奠于舅席. 訖, 婦又執腶脩升, 進北面, 拜奠于姑席", 是也.

번역 ●經文: "婦執笲, 棗栗段脩以見". ○『의례』「사혼례(士昏禮)」편을 살펴보면, "시아비는 동쪽 계단에 앉아서 서쪽을 바라보고, 시어미는 방밖에 앉아서 남쪽을 바라보며, 며느리는 변(笲)을 들고 대추와 밤을 바치는데, 동쪽을 바라보며 절을 하고 시아비가 앉아 있는 자리에 놓아둔다. 그 일이 끝나면 며느리는 또한 조미육포를 들고 올라가서, 나아가 북쪽을 바라보며 절을 하고 시어미가 앉아 있는 자리에 놓아둔다."라고 한 기록이 바로 이러한 사실을 나타낸다.

孔疏 ●"贊醴婦, 婦祭脯醢, 祭醴"者, 按士昏禮: 婦席于戶牖間, 贊者酌醴置於席前北面, 婦於席西東面拜受, 贊者西階上北面拜送, 婦[3]又拜. 薦脯醢,

---

2) '단(段)'자에 대하여. 『십삼경주소(十三經注疏)』 북경대 출판본에서는 "'단(段)'자를 『예기훈찬(禮記訓纂)』에서는 '단(腶)'자로 기록하였다."라고 했다.

3) '부(婦)'자에 대하여. 『십삼경주소(十三經注疏)』 북경대 출판본에서는 "'부'자는

婦升席左執觶, 右祭脯醢. 訖, 以柶祭醴三. 是"祭脯醢, 祭醴也".

번역 ●經文: "贊醴婦, 婦祭脯醢, 祭醴". ○『의례』「사혼례(士昏禮)」편을 살펴보면, 며느리에 대해서는 방문과 들창 사이에 자리를 설치하고, 의례의 진행을 돕는 자가 단술을 따라서 자리 앞에 놓아두고 북쪽을 바라보면, 며느리는 자리의 서쪽에서 동쪽을 바라보며 절을 하고 받고, 의례의 진행을 돕는 자는 서쪽 계단 위에서 북쪽을 바라보며 절을 하고 보내고, 며느리는 또한 절을 한다. 포와 젓갈을 바치면 며느리는 자리에 올라가서 좌측 손으로 치(觶)를 잡고, 우측 손으로 포와 젓갈로 제사를 지낸다. 그 일이 끝나면 숟가락을 이용해서 단술에 대해 제사지내길 세 차례 한다고 했다. 이것이 바로 "포와 젓갈에 대해 제사를 지내고 단술에 대해 제사를 지낸다."는 뜻에 해당한다.

孔疏 ●"成婦禮也"者, 言所以見舅姑及醴之者, 成其爲婦之禮也.

번역 ●經文: "成婦禮也". ○시부모를 찾아뵙고 또 단술을 따라주는 것은 정식 부인이 되는 예를 완성하는 방법이라는 뜻이다.

孔疏 ●"舅姑入室, 婦以特豚饋"者, 按士昏禮: "舅姑入于室, 婦盥, 饋特豚, 合升, 側載, 無魚腊, 無稷, 並南上. 其他如取女禮." 鄭注云: "側載者, 右胖載之舅俎, 左胖載之姑俎, 異尊卑. 並南上者, 舅姑共席于奧, 其饌各以南爲上", 是"特豚饋"也.

번역 ●經文: "舅姑入室, 婦以特豚饋". ○『의례』「사혼례(士昏禮)」편을 살펴보면, "시부모가 방으로 들어가면, 며느리는 세숫물을 바치고, 한 마리의 돼지고기로 만든 음식을 바치며, 함께 가지고 올라가서 측면에 놓아두는데, 이때 말린 물고기는 없고 기장밥도 없으며, 모두 남쪽 끝에서부터 놓아둔다. 나머지 절차들은 아내를 맞이할 때의 예법과 같다."라고 했고, 정현의 주에서는 "측

본래 없던 글자인데, 살펴보니, 『의례』에는 '부'자가 기록되어 있어서, 이 기록에 근거해서 글자를 보충하였다."라고 했다.

면에 놓아둔다는 것은 희생물의 우측 부위는 시아비에게 바칠 도마에 올려두고, 좌측 부위는 시어미에게 바칠 도마에 올려두는데, 이처럼 하는 것은 신분이 다르기 때문이다. 모두 남쪽 끝에서부터 놓아둔다는 것은 시부모가 모두 아랫목에 자리를 설치하고 앉아 있으니, 각각의 찬들은 남쪽을 가장 상위로 삼게 된다."라고 했는데, 이것은 "한 마리의 돼지고기를 이용해서 찬을 바친다."는 뜻에 해당한다.

孔疏 ●"明婦順也"者, 言所以"特豚饋"者, 顯明其爲婦之孝順也.

번역 ●經文: "明婦順也". ○"한 마리의 돼지고기를 이용해서 찬을 바친다."는 것은 며느리가 실천하는 효성과 순종을 드러내는 방법이라는 뜻이다.

集解 醴, 鄭云, 當作禮, 今如字.

번역 '醴'자에 대해 정현은 마땅히 '예(禮)'자가 되어야 한다고 했는데, 여기에서는 글자대로 풀이한다.

集解 夙, 早也, 謂昏明日之早晨也. 興, 起也. 質明, 正明也. 贊, 贊助行禮者, 蓋以婦人爲之. 見婦於舅姑, 謂通言於舅姑, 使得見也. 笲, 竹器, 緇被纁裏, 以盛棗・栗・段脩者. 棗・栗・段脩, 婦見舅姑之摯也. 見舅以棗・栗, 見姑以段脩. 士昏禮舅席於阼階, 西面, 姑席於房外, 南面, 婦執笲, 棗・栗, 拜奠於舅席, 又執笲, 段脩, 拜奠於姑席. 此婦見舅姑之禮也. 贊醴婦者, 婦旣見, 宜有以答之, 故贊爲舅姑酌醴以禮婦也. 凡主人於賓客之初見, 則必有以禮之, 故聘禮・冠禮皆醴賓. 舅姑之醴婦, 其義亦然. 但舅姑尊, 故不自醴而使贊代之也. 婦受醴, 贊者薦脯・醢. 祭, 謂祭之於地也. 成婦禮者, 婦見醴於舅姑, 乃成其爲婦之禮也.

번역 '숙(夙)'자는 일찍[早]이라는 뜻으로, 혼례를 치른 다음날 새벽을 의미한다. '흥(興)'자는 일어난다는 뜻이다. '질명(質明)'은 날이 밝으려고 할 때를 뜻한다. '찬(贊)'은 의례의 진행을 돕는 자를 뜻하니, 아마도 부인들 중에서 뽑아 그 일을 맡겼을 것이다. 시부모에게 며느리를 뵙게 한다는 것은 시부모에게 기별을 하여 만나볼 수 있게 한다는 뜻이다. '변(笲)'은 대나무로 만든 그릇으로, 치색의 천으로 겉을 싸고 훈색의 천으로 속을 감싸며, 대추·밤·조미육포를 담는 것이다. 대추·밤·조미육포는 며느리가 시부모를 뵐 때 가져가는 예물이다. 시아비를 뵐 때에는 대추와 밤을 사용하고 시어미를 뵐 때에는 조미육포를 사용한다. 『의례』「사혼례(士昏禮)」편에서는 시아비는 동쪽 계단에 자리를 마련하여 서쪽을 바라보고 시어미는 방밖에 자리를 마련하여 남쪽을 바라보며, 며느리는 변을 들고 대추와 밤은 절을 하고 시아비의 자리에 놓아두며 또 변을 들고 조미육포는 시어미의 자리에 놓아둔다고 했다. 이것은 며느리가 시부모를 찾아뵙는 예법에 해당한다. 의례의 진행을 돕는 자가 며느리에게 예(醴)를 한다는 것은 며느리가 시부모 찾아뵙는 일이 끝나면 마땅히 그에 따른 답례가 있어야 한다. 그렇기 때문에 의례의 진행을 돕는 자가 시부모를 대신하여 단술을 따라 며느리를 예우한다. 주인은 빈객을 처음 만나볼 때 반드시 예우를 하게 된다. 그렇기 때문에 『의례』「빙례(聘禮)」편과 「사관례(士冠禮)」편에서는 모두 빈객에게 단술을 따라주었던 것이다. 시부모가 며느리에게 단술을 따라주는 것 또한 그 의미가 이와 같다. 다만 시부모는 존귀한 대상이기 때문에 직접 단술을 따라주지 않고 의례의 진행을 돕는 자로 하여금 대신 시행토록 한다. 며느리가 단술을 받게 되면 의례의 진행을 돕는 자는 포와 젓갈을 바친다. '제(祭)'는 바닥에서 그것들로 제사를 지낸다는 뜻이다. '성부례(成婦禮)'는 며느리가 시부모를 찾아뵙고 단술을 받게 되면 정식 부인이 되는 예법을 완성한다는 뜻이다.

集解 愚謂: 供養舅姑者, 爲婦孝順之道也. 旣成婦禮, 則宜盡婦道, 故繼之以盥饋者, 所以明婦順也.

번역 내가 생각하기에 시부모를 봉양한다는 것은 며느리가 따르는 효와 순종의 도가 된다. 이미 정식 며느리가 되는 예법을 완성했다면 마땅히 며느리의 도리를 다해야 한다. 그렇기 때문에 뒤이어 손을 씻고 음식을 바치니, 이것은 며느리의 순종을 드러내는 방법이다.

그림 4-1 ▣ 변(笲)

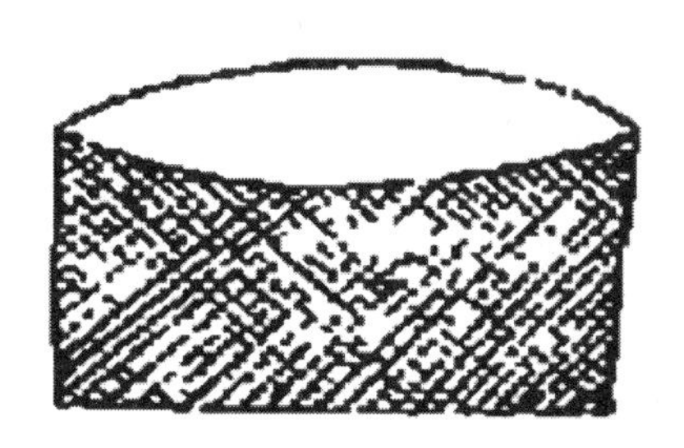

※ **출처:** 상-『삼례도집주(三禮圖集注)』 2권 ; 하-『육경도(六經圖)』 9권

그림 4-2 ▣ 거(筥)

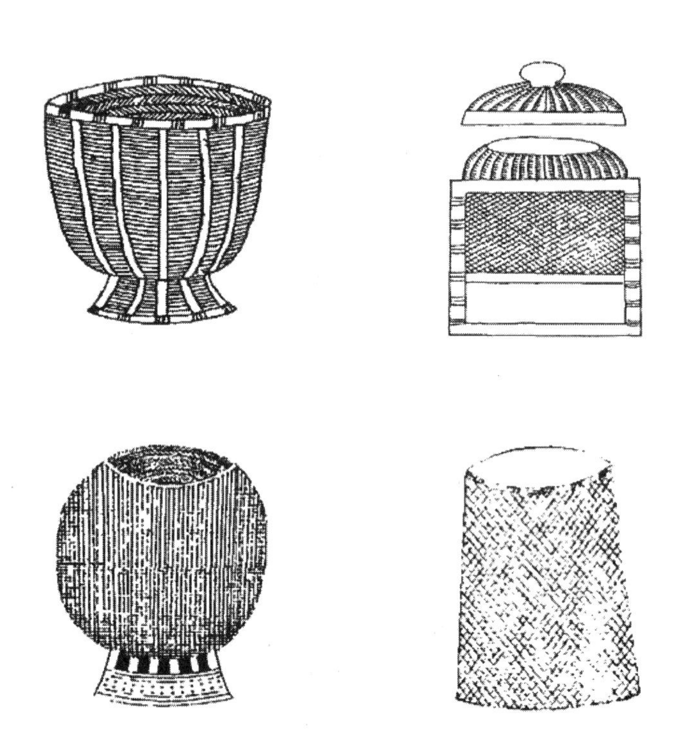

※ **출처:** 상좌-『삼례도집주(三禮圖集注)』 12권 ; 상우-『삼례도(三禮圖)』 4권
하좌-『육경도(六經圖)』 6권 ; 하우-『삼재도회(三才圖會)』「기용(器用)」 2권

그림 4-3 ▣ 치(觶)

※ **출처:** 좌－『삼재도회(三才圖會)』「기용(器用)」 1권
상우－『삼례도집주(三禮圖集注)』 12권 ; 하우－『육경도(六經圖)』 9권

참고 『의례』「사혼례(士昏禮)」 기록 - 현구고(見舅姑)

경문 夙興, 婦沐浴. 纚笄·宵衣以俟見.

번역 혼례를 치른 다음날 새벽에 일어나 며느리는 목욕을 한다. 머리싸개와 비녀를 꼽고 초의(宵衣)를 입고서 시부모 뵙기를 기다린다.

鄭注 夙, 早也, 昏明日之晨. 興, 起也. 俟, 待也. 待見於舅姑寢門之外. 古者命士以上, 年十五父子異宮.

번역 '숙(夙)'자는 일찍[早]이라는 뜻이니, 혼례를 치른 다음날 새벽을 의미한다. '흥(興)'자는 일어난다는 뜻이다. '사(俟)'자는 기다린다는 뜻이다. 침문 밖에서 시부모를 만나보고자 기다리는 것이다. 고대에 명사(命士) 이상의 계층은 나이가 15세가 되면 부친과 자식이 다른 건물에 거주하였다.

賈疏 ●"夙興"至"俟見". ○釋曰: 自此至"授人", 論婦見舅姑之事. 云"纚笄宵衣"者, 此則特牲主婦宵衣也. 不著純衣纁袡者, 彼嫁時之盛服. 今已成昏之後, 不可使服, 故退從此服也.

번역 ●經文: "夙興"~"俟見". ○이곳 구문으로부터 "유사에게 건넨다."라는 구문까지는 며느리가 시부모를 찾아뵙는 일을 논의하고 있다. "머리싸개와 비녀를 꼽고 초의(宵衣)를 입는다."라고 했는데, 이것은 『의례』「특생궤식례(特牲饋食禮)」편에서 주부가 초의를 입는다고 한 것에 해당한다. 훈색의 가선을 댄 순의(純衣)를 착용하지 않는 것은 이 복장은 시집올 때 착용하는 융성한 복장에 해당하기 때문이다. 현재는 이미 혼례를 마친 이후이므로 이 복장을 착용할 수 없다. 그렇기 때문에 단계를 낮춰서 이러한 복장을 착용한다.

賈疏 ◎注"夙早"至"異宮". ○釋曰: 言"昏明日之晨"者, 以昨日昏時成禮, 此經言"夙興", 故知是昏之晨旦也. 云"興, 起也. 俟, 待也. 待見於舅姑寢門之外"者, 因訓卽解之也. 云"古者命士以上, 年十五父子異宮"者, 按內則云: "由命士以上, 父子異宮." 不云年限. 今鄭知十五爲限者, 以其十五成童, 是以鄭注喪服亦云: "子幼謂年十五以下, 則不隨母嫁." 故知十五以後乃異宮也. 鄭言此限者, 欲見不命之士父子同宮, 雖俟見, 不得言舅姑寢門外也.

번역 ◎鄭注: "夙早"~"異宮". ○정현이 "혼례를 치른 다음날 새벽을 의미한다."라고 했는데, 전날 저녁에 혼례의 예법을 완수하였는데, 이곳 경문에서 "일찍 일어난다."라고 했다. 그렇기 때문에 혼례를 치른 다음날 새벽이 됨을 알 수 있다. 정현이 "'흥(興)'자는 일어난다는 뜻이다. '사(俟)'자는 기다린다는 뜻이다. 침문 밖에서 시부모를 만나보고자 기다리는 것이다."라고 했는데, 글자의 풀이로 인해 곧바로 그 의미를 풀이한 것이다. 정현이 "고대에 명사(命士) 이상의 계층은 나이가 15세가 되면 부친과 자식이 다른 건물에 거주하였다."라고 했는데, 『예기』「내칙(內則)」편을 살펴보면 "명사로부터 그 이상의 계급은 부모와 자식이 다른 건물에 거처한다."[4]라고 하여, 나이의 제한을 언급하지 않았다. 그런데 정현이 15세라는 기준을 알 수 있었던 이유는 15세가 되면 성동(成童)[5]이 되기 때문이다. 이러한 까닭으로 정현은 『의례』「상복(喪服)」편에 대한 주에서도 "자식이 어리다는 말은 그 나이가 15세 미만을 뜻하니, 모친이 다른 집에 재가할 때 따라가지 않는다."라고 했다. 그러므로 15세를 넘기게 되면 다른 건물에 거주하게 된다는 사실을 알 수 있다. 정현이 이러한 나이의 제한을 언급한 것은 명의 등급을 받지 못한 사는 부친과 자식이 같은 건물에 거주하여 비록 뵙기를 기다리더라도 시부모의 침문 밖에서 기다린다고 말할 수 없기 때문이다.

---

4) 『예기』「내칙(內則)」【348b】: 由命士以上, 父子皆異宮. 昧爽而朝, 慈以旨甘; 日出而退, 各從其事; 日入而夕, 慈以旨甘.

5) 성동(成童)은 아동들 중에서도 나이가 찬 자들을 뜻한다. 8세 이상이 된 아동을 뜻한다고 풀이하기도 하며, 15세 이상이 된 아동을 뜻한다고 풀이하기도 한다. 『춘추곡량전』「소공(召公) 19년」편의 "羈貫成童, 不就師傅, 父之罪也."라는 기록에 대해, 범녕(范甯)의 주에서는 "成童, 八歲以上."이라고 풀이했고, 『예기』「내칙(內則)」편의 "成童, 舞象, 學射御."라는 기록에 대해, 정현의 주에서는 "成童, 十五以上."이라고 풀이했다.

경문 質明, 贊見婦于舅姑. 席于阼, 舅卽席. 席于房外, 南面, 姑卽席.

번역 동이 트게 되면 의례의 진행을 돕는 자는 며느리가 시부모를 뵐 수 있게 한다. 동쪽 계단에 자리를 마련하면 시아비는 자리로 나아간다. 방밖에 자리를 마련하며 머리 부분이 남쪽을 향하도록 두면 시어미가 자리로 나아간다.

鄭注 質, 平也. 房外, 房戶外之西. 古文舅皆作咎.

번역 '질(質)'자는 평평하다는 뜻이다. 방밖은 방문 밖의 서쪽을 뜻한다. 고문에서는 '구(舅)'자를 모두 구(咎)자로 기록했다.

賈疏 ●"質明"至"卽席". ◎注"質平"至"作咎". ○釋曰: 此經論設舅姑席位所在. 鄭知房外是房戶外之西者, 以其舅在阼, 阼當房戶之東. 若姑在房戶之東, 卽當舅之北, 南面向之不便. 又見下記云"父醴女而俟迎者, 母南面於戶外, 女出於母左", 以母在房戶西, 故得女出於母左. 是以知此房外亦房戶外之西也.

번역 ●經文: "質明"~"卽席". ◎鄭注: "質平"~"作咎". ○이곳 경문은 시부모의 자리를 설치하는 장소를 논의하고 있다. 방밖이 방문 밖의 서쪽에 해당한다는 사실을 정현이 알 수 있었던 것은 시아비는 동쪽 계단에 있게 되는데, 동쪽 계단은 방문의 동쪽에 해당한다. 만약 시어미가 방문 밖의 동쪽에 있게 된다면 시아비의 북쪽에 있게 되어 남쪽을 바라보게 되면 불편해진다. 또 아래 기문에서는 "신부의 부친이 딸자식에게 예(醴)를 하고 신랑이 친영하기를 기다리면 신부의 모친은 방문 밖에서 남쪽을 바라보고 신부는 모친의 좌측으로 나온다."고 했다. 신부의 모친이 방문 밖의 서쪽에 있기 때문에 신부가 모친의 좌측으로 나올 수 있는 것이다. 이러한 까닭으로 방밖이라는 것 또한 방문 밖의 서쪽에 해당한다는 사실을 알 수 있다.

경문 婦執笲棗栗, 自門入, 升自西階, 進拜, 奠于席.

번역 며느리는 대추와 밤이 들어있는 변(笲)을 들고 문을 통해 들어가며 서쪽 계단으로 올라가서 나아가 절을 하고 자리에 물건을 놓아둔다.

鄭注 笲, 竹器而衣者, 其形蓋如今之筥▼(竹/去)籚矣. 進拜者, 進東面乃拜. 奠之者, 舅尊, 不敢授也.

번역 '변(笲)'은 대나무로 만든 그릇에 옷을 입힌 것인데 그 형태는 오늘날의 거(筥)나 거로(▼(竹/去)籚)와 같았을 것이다. 나아가 절을 한다는 것은 나아가 동쪽을 바라보며 절을 한다는 뜻이다. 놓아두는 것은 시아비는 존귀하므로 감히 직접 건넬 수 없기 때문이다.

賈疏 ●"婦執"至"于席". ○釋曰: 此經論婦從舅寢門外入見舅之事也. 必見舅用棗栗, 見姑以腶脩者, 按春秋莊二十四年經書: "秋, 八月丁丑, 夫人姜氏入. 戊寅, 大夫宗婦覿, 用幣." 公羊傳云: "宗婦者何? 大夫之妻也. 覿者何? 見也. 用者何? 用者不宜用也. 見用幣, 非禮也. 然則曷用棗栗云乎? 腶脩云乎?" 注云: "腶脩者, 脯也. 禮, 婦人見舅以棗栗爲贄, 見姑以腶脩爲贄, 見夫人至尊, 兼而用之. 云乎? 辭也. 棗栗, 取其早自謹敬. 腶脩, 取其斷, 斷自脩正." 是用棗栗・腶脩之義也. 按雜記云: "婦見舅姑, 兄弟姑姊妹皆立于堂下, 西面, 北上, 是見已." 注云: "婦來爲供養也, 其見主於尊者, 兄弟以下在位, 是爲已見, 不復特見." 又云: "見諸父, 各就其寢." 注云: "旁尊也. 亦爲見時不來." 今此不言者, 文略也.

번역 ●經文: "婦執"~"于席". ○이곳 경문은 며느리가 시아비의 침문 밖으로부터 안으로 들어가 시아비를 찾아뵙는 일을 논의하고 있다. 시아비를 뵐 때 반드시 대추와 밤을 예물로 사용하고, 시어미를 뵐 때 반드시 조미육포를 예물로 사용하는 것은 『춘추』 장공 24년의 경문 기록을 살펴보면 "가을 8월 정축일에 부인 강씨가 노나라로 들어왔다. 무인일에 대부와 종부들이 부인을 뵐 때 예물을 사용했다."[6]라고 했고, 『공양전』에서는 "'종부(宗婦)'는 누구인

---

6) 『춘추』「장공(莊公) 24년」: 秋, 公至自齊. 八月丁丑, 夫人姜氏入. 戊寅, 大夫宗

가? 대부의 처이다. '적(覿)'이란 무엇인가? 만나본다는 뜻이다. '용(用)'이라 기록한 것은 어째서인가? 사용했다고 한 것은 마땅히 사용하지 말아야 하기 때문이다. 찾아뵐 때 예물을 사용하는 것은 비례이다. 그렇다면 어찌하여 며느리가 시부모를 찾아뵐 때처럼 대추와 밤을 예물로 사용하고, 조미육포를 예물로 사용하는가?"[7]라고 했으며, 주에서는 "단수(腶脩)는 육포이다. 예법에 따르면 며느리가 시아비를 찾아뵐 때 대추와 밤을 예물로 사용하고, 시어미를 찾아뵐 때 조미육포를 예물로 사용한다고 했다. 제후의 부인처럼 지극히 존귀한 자를 찾아보게 되어 이 둘을 함께 사용한 것이다. '운호(云乎)'는 어조사이다. 대추와 밤은 일찍 일어나 스스로 조심하고 공경한다는 뜻에서 사용하는 것이다. 조미육포는 끊는다는 뜻을 취한 것으로, 잘못된 것을 끊어 스스로 수양하고 바르게 하는 것이다."라고 했다. 이것은 대추와 밤을 사용하고 조미육포를 사용하는 뜻에 해당한다. 『예기』「잡기(雜記)」편을 살펴보면 "시집을 온 며느리가 시부모를 알현할 때, 남편의 형제·고모·자매들은 모두 당하에 서 있게 되는데, 모두 서쪽을 바라보며 서열에 따라 북쪽 끝에서부터 정렬한다. 며느리가 들어오게 되면 그들을 지나치게 되므로 이 시기에 그들을 알현할 따름이며, 별도로 찾아뵙지 않는다."라고 했고, 정현의 주에서는 "며느리가 시집을 오는 것은 공양의 의례를 시행하기 위해서이니, 찾아뵐 때에는 존귀한 시부모가 위주가 되므로, 남편의 형제로부터 그 이하의 가족들은 당하에 위치하며, 이 시기에 이미 만나보았으므로 재차 단독으로 찾아뵙지 않는다."라고 했다. 또한 "남편의 백부나 숙부 등은 존귀한 자들이므로, 그 다음날 각각에 대해서 그들의 침소로 찾아가 뵙는다."라고 했고,[8] 정현의 주에서는 "남편의 백부나 숙부들은 방계의 친족 중 존귀한 자들이며, 또한 며느리가 시부모를 알현할 때 그 집으로 찾아오지 않기 때문이다."라고 했다. 이곳에서 이러한 사실을 언급하지 않은 것은 문장을 생략해서 기록했기 때문이다.

婦覿, 用幣.

7) 『춘추공양전』「장공(莊公) 24년」: 宗婦者何? 大夫之妻也, 覿者何? 見也. 用者何? 用者不宜用也. 見用幣, 非禮也. 然則曷用棗栗云乎, 腶脩云乎.

8) 『예기』「잡기하(雜記下)」【524c】: 婦見舅姑, 兄弟姑姊妹皆立于堂下, 西面北上, 是見已. 見諸父各就其寢.

賈疏 ◎注"笲竹"至"授也". ○釋曰: 知"笲, 竹器"者, 以字從竹, 故知竹器. 知有衣者, 下記云"笲緇被纁裏加于橋", 注云: "被, 表也. 笲有衣者, 婦見舅姑, 以飾爲敬." 是有衣也. 云"如今之筥▼(竹/去)簏矣"者, 此擧漢法以況義, 但漢法去今以遠, 其狀無以可知也. 云"進拜者, 進東面乃拜"者, 謂從西階進至舅前而拜. 云"奠之者, 舅尊, 不敢授也"者, 按下姑奠于席不授, 而云舅尊不敢授者, 但舅直撫之而已, 至姑則親擧之. 親擧者, 若親授之, 然故於舅得云尊不敢授也.

번역 ◎鄭注: "笲竹"~"授也". ○정현이 "'변(笲)'은 대나무로 만든 그릇이다."라고 했는데, 이 말이 사실임을 알 수 있는 이유는 글자가 죽(竹)자를 부수로 하고 있기 때문에 대나무로 만든 그릇임을 알 수 있다. 옷을 입힌다는 사실을 알 수 있는 이유는 아래 기문에서 "변은 치색의 천으로 겉을 싸고 훈색의 천으로 속을 감싸서 받침대 위에 올려둔다."라고 했고, 정현의 주에서는 "피(被)는 겉을 뜻한다. 변에 옷을 입히는 것은 며느리가 시부모를 찾아뵐 때에는 장식 꾸미는 것을 공경스러운 태도로 여기기 때문이다."라고 했다. 이것은 곧 옷을 입히게 됨을 나타낸다. 정현이 "오늘날의 거(筥)나 거로(▼(竹/去)簏)와 같았을 것이다."라고 했는데, 이것은 한나라 때의 법도를 제시하여 그 의미를 비유한 것이다. 다만 한나라의 법도는 지금과 시간적 차이가 많이 나서 그 형태에 대해서는 알 수 있는 방법이 없다. 정현이 "나아가 절을 한다는 것은 나아가 동쪽을 바라보며 절을 한다는 뜻이다."라고 했는데, 서쪽 계단으로부터 나아가 시아비 앞에 당도하면 절을 한다는 뜻이다. 정현이 "놓아두는 것은 시아비는 존귀하므로 감히 직접 건넬 수 없기 때문이다."라고 했는데, 아래문장을 살펴보면 시어미에 대해서도 자리에 놓아둔다고 했으니 직접 건네지 않는 것인데, 이곳에서 시아비는 존귀하므로 감히 직접 건넬 수 없다고 했다. 그 이유는 시아비는 단지 변을 어루만지기만 할 뿐이며, 시어미는 직접 그것을 들게 된다. 직접 든다는 것은 마치 직접 건네는 것과 같다. 그렇기 때문에 시아비에 대해서 존귀하므로 감히 직접 건넬 수 없다고 말할 수 있다.

경문 舅坐撫之, 興, 答拜. 婦還, 又拜.

번역 시아비는 앉아서 변(笲)을 어루만지고 일어나서 답배를 한다. 며느리는 자신의 자리로 되돌아와서 재차 절을 한다.

鄭注 還又拜者, 還於先拜處拜. 婦人與丈夫爲禮則俠拜.

번역 되돌아가서 재차 절을 한다는 것은 앞서 절을 했던 장소로 되돌아가서 절을 한다는 뜻이다. 여자가 남자와 의례를 시행하는 경우라면 여자는 협배(俠拜)[9]를 한다.

賈疏 ●"舅坐"至"又拜". ◎注"還又"至"俠拜". ○釋曰: 云"先拜處"者, 謂前東面拜處也. 云"婦人與丈夫爲禮則俠拜"者, 謂若士冠冠者見母, "母拜受, 子拜送, 母又拜". 母於子尙俠拜, 則不徒此婦於舅而已, 故廣言婦人與丈夫爲禮則俠拜.

번역 ●經文: "舅坐"~"又拜". ◎鄭注: "還又"~"俠拜". ○정현이 '앞서 절을 했던 장소'라고 했는데 이전에 동쪽을 바라보며 절을 했던 장소를 뜻한다. 정현이 "여자가 남자와 의례를 시행하는 경우라면 여자는 협배(俠拜)를 한다."라고 했는데, 마치 『의례』「사관례(士冠禮)」편에서 관례를 치른 자가 모친을 찾아뵐 때, "모친은 절을 하면서 받고 자식은 절을 하면서 보내며 모친은 재차 절을 한다."[10]라고 한 경우를 뜻한다. 모친은 아들에 대해서도 오히려 협배를 하니, 며느리가 시아비를 대하는 경우만이 아니다. 그렇기 때문에 여자가 남자와 의례를 시행하는 경우라면 여자는 협배를 한다고 폭넓게 설명한 것이다.

---

9) 협배(俠拜)는 고대에 절을 하는 방법 중의 하나이다. 여자가 먼저 남자에게 절을 하면, 남자는 답배를 하게 되고, 여자는 재차 절을 하는데, 이것을 '협배'라고 부른다.

10) 『의례』「사관례(士冠禮)」: 冠者奠觶于薦東, 降筵, 北面坐, 取脯, 降自西階, 適東壁, 北面見于母. 母拜受. 子拜送. 母又拜.

경문 降階, 受笄腶脩, 升, 進, 北面拜, 奠于席. 姑坐, 擧以興, 拜, 授人.

번역 며느리는 계단 밑으로 내려가서 조미육포가 담긴 변(笄)을 받고 다시 당상으로 올라가서 나아가 북쪽을 바라보며 절을 하고 자리에 놓아둔다. 시어미는 자리에 앉아서 변을 들고 일어나 절을 하고 유사에게 건넨다.

鄭注 人, 有司. 姑執笄以起, 答婦拜, 授有司徹之, 舅則宰徹之.

번역 '인(人)'은 유사를 뜻한다. 시어미가 변을 들고 일어나 며느리가 절한 것에 답배를 하고, 유사에게 건네서 그것을 치우게 하는데, 시아비의 경우라면 재가 치운다.

賈疏 ●"降階"至"授人". ○釋曰: 此經論婦見姑之事.

번역 ●經文: "降階"~"授人". ○이곳 경문은 며느리가 시어미를 찾아뵙는 사안을 논의하였다.

賈疏 ◎注"人有"至"徹之". ○釋曰: 云"人, 有司"者, 凡行事者, 皆主人有司也. 知舅則使宰徹者, 此見下記云"舅答拜宰徹", 是也.

번역 ◎鄭注: "人有"~"徹之". ○정현이 "'인(人)'은 유사를 뜻한다."라고 했는데, 어떠한 절차를 시행할 때 모든 경우 주인에게는 그 일을 담당하는 유사가 있다. 시아비의 경우 재를 시켜 치우게 한다는 사실을 알 수 있는 것은 아래 기문에서 "시아비가 답배를 하면 재가 치운다."고 했기 때문이다.

참고 『의례』「사혼례(士昏禮)」 기록 – 현구고(見舅姑)

기문 笄, 緇被纁裏, 加于橋. 舅答拜, 宰徹笄.

번역 변(笲)은 치색의 천으로 겉을 감싸고 훈색의 천으로 안을 감싸서 받침대 위에 올려둔다. 시아비가 답배를 하면 재는 변을 치운다.

鄭注 被, 表也. 笲有衣者, 婦見舅姑, 以飾爲敬. 橋, 所以庪笲, 其制未聞. 今文橋爲鎬.

번역 '피(被)'는 겉을 감싼다는 뜻이다. 변에 옷을 입히는 것은 며느리가 시부모를 뵐 때 치장하는 것을 공경스러운 태도로 여기기 때문이다. '교(橋)'는 변을 받치는 것인데 그 제도에 대해서는 들어보지 못했다. 금문에서는 '교(橋)'자를 호(鎬)자로 기록했다.

賈疏 ●"笲緇"至"徹笲". ○釋曰: 上經雖云笲, 不言表裏加飾之事, 故記之也.

번역 ●記文: "笲緇"~"徹笲". ○앞의 경문에서는 비록 '변(笲)'에 대해 언급했지만 겉감과 속감을 덧대어 장식하는 사안은 언급하지 않았다. 그렇기 때문에 기록한 것이다.

참고 『의례』「사혼례(士昏禮)」 기록 - 예부(醴婦)

경문 贊醴婦.

번역 의례의 진행을 돕는 자가 며느리에게 예(醴)를 한다.

鄭注 醴當爲禮. 贊禮婦者, 以其婦道新成, 親厚之.

번역 '예(醴)'자는 마땅히 예(禮)자가 되어야 한다. 의례의 진행을 돕는 자가 며느리를 예우하는 것은 부인으로 따라야 하는 도가 새로이 완성되었으므로 친애하며 후하게 대하는 것이다.

賈疏 ●"贊醴婦". ◎注"醴當"至"厚之". ○釋曰: 自此至"於門外", 論舅姑堂上禮婦之事. 云"醴當爲禮"者, 士冠·內則·昏義諸文, 醴皆破從禮者, 按司儀注: "上於下曰禮, 敵者曰儐." 又按大行人云"王禮再祼而酢"之等用鬱鬯, 不言王鬯, 再祼而酢而言禮, 則此諸文雖用醴禮賓, 不得卽言主人醴賓, 故皆從上於下曰禮解之.

번역 ●經文: "贊醴婦". ◎鄭注: "醴當"~"厚之". ○이곳 구문으로부터 "침문 밖에서 한다."라는 구문까지는 시부모가 당상에서 며느리를 예우하는 사안을 논의하고 있다. 정현이 "'예(醴)'자는 마땅히 예(禮)자가 되어야 한다."라고 했는데, 『의례』「사관례(士冠禮)」편과 『예기』「내칙(內則)」편 및 「혼의」편의 기록들에 대해 예(醴)자를 모두 예(禮)자로 풀이했는데, 『주례』「사의(司儀)」편에 대한 정현의 주를 살펴보면 "윗사람이 아랫사람을 대할 때 예(禮)라 부르고 대등한 관계에서는 빈(儐)이라 부른다."라고 했고, 또 『주례』「대행인(大行人)」편을 살펴보면 "천자가 예우할 때에는 두 차례 관(祼)을 하고서 술잔을 돌린다."[11]라는 등의 기록이 나오는데 이때에는 울창주를 사용한다. 그런데도 천자가 울창주를 사용한다는 말을 하지 않고 두 차례 관을 하고서 술잔 돌리는 것을 예(禮)라고 했으니, 이곳의 여러 기록들에서는 단술을 사용하여 빈객을 예우하면서도 주인이 빈객을 예(醴)한다고 말할 수 없다. 그렇기 때문에 윗사람이 아랫사람을 대하는 것을 예(禮)라고 부른다는 말로 풀이한 것이다.

경문 席于戶牖間.

번역 방문과 들창 사이에 자리를 마련한다.

鄭注 室戶西, 牖東, 南面位.

---

11) 『주례』「추관(秋官)·대행인(大行人)」: 上公之禮, 執桓圭九寸, 繅藉九寸, 冕服九章, 建常九斿, 樊纓九就, 貳車九乘, 介九人, 禮九牢, 其朝位, 賓主之間九十步, 立當車軹, 擯者五人, 廟中將幣三享, 王禮再祼而酢, 饗禮九獻, 食禮九擧, 出入五積, 三問三勞.

번역 방문의 서쪽과 들창의 동쪽이니 남쪽을 바라보도록 자리를 마련한다.

賈疏 ●"席于戶牖間". ◎注"室戶"至"面位". ○釋曰: 知義然者, 以其賓客位於此, 是以禮子·禮婦·禮賓客, 皆於此尊之故也.

번역 ●經文: "席于戶牖間". ◎鄭注: "室戶"~"面位". ○그 의미가 이와 같다는 사실을 알 수 있는 이유는 이곳은 빈객의 자리를 마련하는 곳이기 때문이다. 이러한 까닭으로 자식을 예우하거나 며느리를 예우하거나 빈객을 예우할 때에는 모두 이곳에서 그를 존귀하게 높여준다.

경문 側尊甒醴于房中. 婦疑立于席西.

번역 방안에 단술을 담은 하나의 술동이를 둔다. 며느리는 단정한 자세로 자리의 서쪽에 선다.

鄭注 疑, 正立自定之貌.

번역 '의(疑)'자는 바르게 서며 스스로 안정된 모습을 뜻한다.

賈疏 ●"側尊"至"席西". ◎注"疑正立自定之貌". ○釋曰: 云"婦疑立于席西"者, 以其禮未至而無事, 故疑然自定而立, 以待事也. 若行之間而立, 則云立, 不得云疑立也.

번역 ●經文: "側尊"~"席西". ◎鄭注: "疑正立自定之貌". ○"며느리는 단정한 자세로 자리의 서쪽에 선다."라고 했는데, 해당 의례 절차가 아직 진행되지 않아서 시행할 일이 없기 때문에 단정한 자세로 안정을 취하며 서 있는 것으로, 앞으로 시행해야 할 일을 기다리기 때문이다. 만약 어떤 일을 시행하는 가운데 서 있게 된다면 '입(立)'이라고 말하며 '의립(疑立)'이라고 말할 수 없다.

경문 贊者酌醴, 加柶, 面枋, 出房, 席前北面. 婦東面拜受. 贊西階上北面拜送. 婦又拜. 薦脯醢.

번역 의례의 진행을 돕는 자는 단술을 따라서 그 위에 숟가락을 올리는데 자루가 앞을 향하도록 하며 방밖으로 나와 자리의 앞에서 북쪽을 바라본다. 며느리는 동쪽을 바라보며 절을 하고 받는다. 의례의 진행을 돕는 자는 계단 위에서 북쪽을 바라보며 절을 하고 술잔을 건넨다. 부인은 재차 절을 한다. 포와 젓갈을 올린다.

鄭注 婦東面拜, 贊北面答之, 變于丈夫始冠成人之禮.

번역 며느리가 동쪽을 바라보며 절을 하고 의례의 진행을 돕는 자가 북쪽을 바라보며 답배를 하는 것은 남자가 처음 관례를 치러서 성인이 되었을 때의 예법과 달리하기 위해서이다.

賈疏 ●"贊者"至"脯醢". ○釋曰: 云"面枋, 出房"者, 以其贊授, 故面枋. 冠禮贊酌醴, 將授賓, 則面葉. 賓受醴, 將授子, 乃面枋也. 此婦又拜, 幷下經"婦又拜"者, 皆俠拜也.

번역 ●經文: "贊者"~"脯醢". ○"자루가 앞을 향하도록 하며 방밖으로 나온다."라고 했는데, 의례의 진행을 돕는 자가 술잔을 건네기 때문에 자루가 앞을 향하도록 한다. 『의례』「사관례(士冠禮)」편에서는 의례의 진행을 돕는 자가 단술을 따라서 빈객에게 건네려고 할 때 숟가락의 넓고 큰 부분이 앞을 향하도록 한다. 그리고 빈객이 단술을 받아서 관례를 치른 자식에게 건네게 되면 자루를 앞으로 향하게 한다. 이곳에서 며느리는 재차 절을 한다고 했는데, 아래 경문에서 "며느리는 재차 절을 한다."라고 한 말까지 모두 협배를 한다는 뜻이다.

賈疏 ◎注"婦東"至"之禮". ○釋曰: 云"婦東面拜, 贊北面答之, 變於丈夫始冠成人之禮"者, 按冠禮禮子與此禮婦俱在賓位, 彼禮子南面受醴, 此則東面, 不同, 故決之. 彼南面者, 以向賓拜, 此東面者, 以舅姑在東, 亦面拜之也.

번역 ◎鄭注: "婦東"~"之禮". ○정현이 "며느리가 동쪽을 바라보며 절을 하고 의례의 진행을 돕는 자가 북쪽을 바라보며 답배를 하는 것은 남자가 처음 관례를 치러서 성인이 되었을 때의 예법과 달리하기 위해서이다."라고 했는데, 『의례』「사관례(士冠禮)」편을 살펴보면 자식을 예우한다고 했을 때, 이곳에서 며느리를 예우한다고 한 것과 동일하게 모두 빈객의 자리에서 시행하는데, 「사관례」편에서는 자식을 예우하면 자식은 남쪽을 바라보며 단술을 받는다고 했고, 이곳에서는 동쪽을 바라본다고 하여 동일하지 않다. 그렇기 때문에 이처럼 설명한 것이다. 「사관례」편에서 남쪽을 바라본다고 한 것은 빈객이 절하는 방향을 향하기 위해서이며, 이곳에서 동쪽을 바라본다고 한 것은 시부모가 동쪽에 있기 때문에 그쪽을 향하여 절을 하기 때문이다.

경문 婦升席, 左執觶, 右祭脯醢, 以柶祭醴三, 降席, 東面坐, 啐醴, 建柶, 興, 拜. 贊答拜. 婦又拜, 奠于薦東, 北面坐取脯, 降, 出, 授人于門外.

번역 며느리는 자리에 올라가서 좌측 손으로 치(觶)를 잡고 우측 손으로 포와 젓갈을 잡고 제사를 지내며 숟가락을 이용해서 단술을 세 번 떠서 제사를 지내며, 자리에서 내려와 동쪽을 바라보며 앉고 단술을 맛본 뒤 숟가락을 술잔에 꼽고 자리에서 일어나 절을 한다. 의례의 진행을 돕는 자는 답배를 한다. 며느리는 재차 절을 하고 음식이 놓인 곳 동쪽에 술잔을 내려놓고 북쪽을 바라보며 앉아서 육포를 들고 내려가며, 침문 밖으로 나와서 문밖에서 친정집의 사람에게 건넨다.

鄭注 奠于薦東, 升席, 奠之. 取脯降出授人, 親徹, 且榮得禮. 人, 謂婦氏人.

번역 음식이 놓인 곳 동쪽에 놓아둔다는 것은 자리에 올라가서 술잔을 놓아두는 것이다. 포를 가지고 내려가서 밖으로 나가 다른 사람에게 건넨다고 했는데, 직접 치우는 뜻에 해당하고 또한 예우를 받은 것을 영화롭게 여기기 때문이다. '인(人)'은 친정집의 사람을 뜻한다.

賈疏 ●"婦升"至"門外". ◎注"奠于"至"氏人". ○釋曰: 鄭知奠者"升席奠之"者, 見上冠禮禮子·禮賓, 皆云卽筵"奠于薦東, 降筵, 北面坐取脯", 明此奠時升席, 南面奠, 乃降, 北面取脯, 降出授人. 云"親徹, 且榮得禮"者, 言且兼二事, 何者? 下饗婦之俎不親徹, 又自出門授人, 是且榮得禮. 下饗不親徹俎者, 於禮時禮訖, 故於後略之. 知人是婦氏人者, 以其在門外, 婦往授之, 明是婦氏之人也.

번역 ●經文: "婦升"~"門外". ◎鄭注: "奠于"~"氏人". ○놓아둔다는 말이 자리에 올라가서 놓아둔다는 사실을 정현이 알 수 있었던 것은 앞의 『의례』「사관례(士冠禮)」편을 보면 자식을 예우하거나 빈객을 예우할 때 모두 자리로 나아가 "음식이 놓인 곳 동쪽에 술잔을 내려놓고 자리에서 내려와 북쪽을 바라보며 앉아서 육포를 잡는다."라고 했으니, 이것은 술잔을 내려놓을 때 자리에 올라가서 남쪽을 바라보며 술잔을 내려놓고, 그런 뒤에 자리에서 내려와 북쪽을 바라보며 육포를 잡고, 당하로 내려가 침문 밖으로 나가 다른 사람에게 건네게 됨을 나타낸다. 정현이 "직접 치우는 뜻에 해당하고 또한 예우를 받은 것을 영화롭게 여기기 때문이다."라고 했는데, 두 사안을 함께 말한 것은 어째서인가? 뒤에서 부인에게 연회를 베풀어줄 때 그 도마는 직접 치우지 않고 또한 직접 밖으로 나가서 남에게 건네게 되는데, 이것은 예우 받은 것을 영화롭게 여기기 때문이다. 뒤에서 연회를 베풀 때 직접 그 도마를 치우지 않는 것은 예우를 받을 시기에 그 예우가 끝났기 때문에 이후로는 간략히 시행하기 때문이다. '인(人)'이 친정집의 사람이라는 사실을 알 수 있는 이유는 침문 밖에 있으며 며느리가 가서 건네니, 이것은 친정집의 사람임을 나타낸다.

참고 『의례』「사혼례(士昏禮)」 기록 - 관궤(盥饋)

경문 舅姑入于室, 婦盥饋①. 特豚, 合升, 側載, 無魚腊, 無稷, 並南上. 其他如取女禮②.

번역 시부모가 방으로 들어가면 며느리는 손을 씻고 음식을 바친다. 음식은 한 마리의 새끼돼지를 사용하는데 한꺼번에 가지고 올라가서 우측과 좌측 부위를 각각의 도마에 올려두는데, 말린 물고기는 포함되지 않고 기장밥도 포함되지 않으며, 모두 남쪽 끝에서부터 정렬한다. 나머지 것들은 아내를 들일 때 같은 희생물을 먹었을 때처럼 한다.

鄭注-① 饋者, 婦道既成, 成以孝養.

번역 음식을 바치는 것은 부인의 도가 이미 이루어졌으니 효와 봉양으로 완성시키는 것이다.

鄭注-② 側載者, 右胖載之舅俎, 左胖載之姑俎, 異尊卑. 並南上者, 舅姑共席于奧, 其饌各以南爲上. 其他, 謂醬湆菹醢. 女, 謂婦也. 如取婦禮同牢時. 今文並當作併.

번역 '측재(側載)'는 희생물을 반으로 갈라 우측 부위는 시아비가 받는 도마에 올려두고 좌측 부위는 시어미가 받는 도마에 올라두는 것으로 존비를 달리하기 때문이다. 둘 모두 남쪽 끝에서부터 정렬하니, 시부모는 모두 아랫목에 자리를 마련해서 앉아 있고 바치는 음식들은 각각 남쪽을 상등으로 삼게 된다. '기타(其他)'는 장·고기국물·채소절임·젓갈 등을 뜻한다. '여(女)'자는 며느리를 뜻한다. 아내를 들일 때 같은 희생물을 먹을 때처럼 하는 것이다. 금문에서는 '병(並)'자를 병(併)자로 기록했다.

賈疏 ●"舅姑"至"女禮". ○釋曰: 自此至"之錯", 論婦饋舅姑成孝養之事. 云"其他如取女禮"者, 則自"側載"以下, "南上"以上, 與取女異. 異者, 彼則有魚腊幷稷, 此則無魚腊與稷. 彼男東面, 女西面別席, 其醬醢菹, 夫則南上, 婦則北上; 今此舅姑共席東面, 俎及豆等皆南上. 是其異也.

번역 ●經文: "舅姑"~"女禮". ○이곳 구문으로부터 '지착(之錯)'까지는 며느리가 시부모에게 음식을 바쳐서 효와 봉양의 도리를 완성시키는 사안을 논의하고 있다. "나머지 것들은 아내를 들일 때 같은 희생물을 먹었을 때처럼 한다."라고 했는데, '측재(側載)' 이하로부터 '남상(南上)' 이상까지는 아내를 들일 때와 차이가 있다. 차이를 보이는 것은 아내를 들이는 경우 말린 물고기와 기장밥이 포함되는데, 이곳에서는 말린 물고기와 기장밥이 포함되지 않는다고 했다. 그리고 아내를 들일 때 남자는 동쪽을 바라보고 여자는 서쪽을 바라보며 자리를 구별해서 앉았으며 장・젓갈・채소절임의 경우 남편의 것은 남쪽 끝에서부터 정렬하고 아내의 것은 북쪽 끝에서부터 정렬했다. 그런데 이곳에서는 시부모가 같은 자리에 앉아서 동쪽을 바라보고 있으며 도마 및 두(豆) 등은 모두 남쪽 끝에서부터 정렬한다. 이것이 그 차이점이다.

賈疏 ◎注"側載"至"作併". ○釋曰: 豚載皆合升, 若成牲載一胖, 是常得云側, 此乃載胖, 故云"側". 但周人尙右, 故知右胖載之舅俎, 左胖載之姑俎. 是以鄭云"異尊卑"也. 云"並南上者, 舅姑共席于奧, 其饌各以南爲上"者, 決同牢男女東西相對, 各上其右也. 云"其他, 謂醬湆菹醢"者, 以同牢時夫婦各有此四者, 今以饋舅姑, 亦各有此四物, 故云"如同牢時"也. 雖不言酒, 旣有饋, 明有酒在其他中, 酒在內者, 亦在北牖下, 外尊亦當在房戶外之東. 鄭不云者, 略耳.

번역 ◎鄭注: "側載"~"作併". ○새끼돼지를 도마에 올리게 되는데, 양쪽 부위를 모두 가지고 올라간다. 만약 하나의 희생물에서 그 반쪽을 담게 되면 일반적으로 '측(側)'이라고 부른다. 이곳의 경우는 그 반쪽을 담는 것이기 때문에 '측(側)'이라고 했다. 다만 주나라 때에는 우측을 숭상하였기 때문에 희생물의 우측 부위는 시아비의 도마에 올리고 좌측 부위는 시어미의 도마에 올리게 된다는 사실을 알 수 있다. 이러한 까닭으로 정현이 "존비를 달리하기 때문이다."라고 했다. 정현이 "둘 모두 남쪽 끝에서부터 정렬하니, 시부모는 모두 아랫목에 자리를 마련해서 앉아 있고 바치는 음식들은 각각 남쪽을 상등으로 삼게 된다."라고 했는데, 같은 희생물을 먹을 때 신랑과 신부는 동쪽과 서쪽에서 서로 마주하여 각각 그 우측을 상등으로 삼게 되는 것과 구별한 것이다. 정현이

"'기타(其他)'는 장·고기국물·채소절임·젓갈 등을 뜻한다."라고 했는데, 같은 희생물을 먹을 때 신랑과 신부에게는 각각 이러한 네 가지 것들을 차리게 되는데, 지금은 시부모에게 음식을 바치는 것이므로 또한 각각에 대해서 이러한 네 가지 것들을 차리게 된다. 그렇기 때문에 "같은 희생물을 먹을 때처럼 하는 것이다."라고 했다. 비록 술에 대해서는 언급하지 않았지만, 이미 음식을 바친다고 했으니 술 또한 그 가운데 포함되어 있음을 나타낸다. 술이 그 안에 포함되었다면 또한 북쪽 들창 아래에 두었을 것이며, 방밖에 설치하는 술동이는 또한 방문 밖의 동쪽에 있었을 것이다. 정현이 이러한 사실을 언급하지 않은 것은 생략한 것일 뿐이다.

경문 婦贊成祭, 卒食, 一酳, 無從.

번역 며느리는 시부모를 도와서 음식에 대한 제사를 지내고 시부모가 식사를 마치면 한 차례 입가심하는 술을 따르는데, 곁들이는 음식은 없다.

鄭注 贊成祭者, 授處之. 今文無成也.

번역 도와서 음식에 대한 제사를 지낸다는 말은 음식을 건네서 놓아둔다는 뜻이다. 금문에는 '성(成)'자가 없다.

賈疏 ●"婦贊"至"無從". ◎注"贊成祭者授處之". ○釋曰: "贊成祭"者, 謂授之, 又處置, 令知在於豆間也.

번역 ●經文: "婦贊"~"無從". ◎鄭注: "贊成祭者授處之". ○"도와서 음식에 대한 제사를 지낸다."라고 했는데, 음식을 건네고 또 그것을 놓아두어 두(豆) 사이에 있음을 인지하게끔 한다는 뜻이다.

경문 席于北墉下.

번역 북쪽 담장 아래에 자리를 설치한다.

鄭注 墉, 牆也, 室中北牆下.

번역 '용(墉)'은 담장을 뜻하니 방안의 북쪽 담장 밑을 의미한다.

賈疏 ●"席于北墉下". ○釋曰: 此席將爲婦餕之位處也.

번역 ●經文: "席于北墉下". ○이 자리는 장차 며느리가 남은 음식을 먹을 때 위치하는 자리가 된다.

경문 婦徹, 設席前如初, 西上. 婦餕, 舅辭, 易醬.

번역 며느리가 음식을 치우고 담장 밑의 자리 앞에 음식을 차리는데 최초 시부모에게 진설할 때처럼 하며 서쪽 끝에서부터 정렬한다. 며느리가 남은 음식을 먹을 때 시아비가 남긴 것은 사양하고 장을 바꾼다.

鄭注 婦餕者, 卽席將餕也. 辭易醬者, 嫌淬汙.

번역 '부준(婦餕)'은 자리로 나아가 남은 음식을 먹으려고 할 때를 뜻한다. 사양하고 장을 바꾼다는 것은 더러운 것을 꺼리기 때문이다.

賈疏 ●"婦徹"至"易醬". ○釋曰: "婦徹, 設于席前如初, 西上"者, 此直餕餘. "舅辭, 易醬"者, 舅尊故也. 不餕舅餘者, 以舅尊, 嫌相褻. 言"西上"者, 亦以右爲上也.

번역 ●經文: "婦徹"~"易醬". ○"며느리가 음식을 치우고 담장 밑의 자리 앞에 음식을 차리는데 최초 시부모에게 진설할 때처럼 하며 서쪽 끝에서부터 정렬한다."라고 했는데, 이것은 남은 음식을 먹으려는 때에 해당한다. "시아비가 남긴 것은 사양하고 장을 바꾼다."라고 했는데, 시아비는 존귀하기 때문이다. 시아비가 남긴 음식을 먹지 않는 것은 시아비는 존귀하여 서로 너무 친근하게 군다는 혐의를 받기 때문이다. "서쪽 끝에서부터 정렬한다."라고 했으니 이 또한 우측을 상등으로 삼는 것이다.

賈疏 ◎注"婦餕"至"滓汙". ○釋曰: 言"將"者, 事未至, 以其此始. 言婦餕之意至下文"婦餕姑之饌"乃始餕耳. 云"辭易醬者, 嫌滓汙"者, 以其醬乃以指咂之, 滓汙也.

번역 ◎鄭注: "婦餕"~"滓汙". ○'장(將)'이라고 말한 것은 그 사안이 아직 당도하지 않았고 이제 시작하려는 것이다. 즉 며느리가 남은 음식을 먹으려고 할 때 아래문장에서 "며느리가 시부모가 남긴 음식을 먹는다."라고 한 단계까지 이르러서야 비로소 남은 음식을 먹게 된다. 정현이 "사양하고 장을 바꾼다는 것은 더러운 것을 꺼리기 때문이다."라고 했는데, 장의 경우 손가락으로 맛을 보아 더러워졌기 때문이다.

경문 婦餕姑之饌. 御贊祭豆・黍・肺, 擧肺・脊, 乃食, 卒, 姑酳之, 婦拜受, 姑拜送. 坐祭, 卒爵, 姑受, 奠之.

번역 며느리는 시어미가 남긴 음식을 먹는다. 남편 측의 종자는 두(豆)에 담긴 음식, 기장밥, 희생물의 폐로 제사지내는 것을 돕고, 폐와 등뼈를 들어서 건네면 그제야 식사를 하며, 식사를 마치면 시어미는 입가심하는 술을 따라주는데, 며느리는 절을 하면서 받고 시어미는 절을 하면서 술잔을 건넨다. 며느리는 앉아서 술로 제사를 지내고 잔을 비우고 시어미는 그것을 받아 큰 바구니에 넣는다.

鄭注 奠之, 奠于篚.

번역 '전지(奠之)'는 큰 바구니에 넣는다는 뜻이다.

賈疏 ●"婦餕"至"奠之". ◎注"奠之奠于篚". ○釋曰: 云"御贊祭豆・黍・肺, 擧肺・脊"者, 御贊婦祭之也. 鄭知"奠之於篚"者, 此云如取女禮, 取女有篚, 明此亦奠之于篚可知也.

번역 ●經文: "婦餕"~"奠之". ◎鄭注: "奠之奠于篚". ○"남편 측의 종자

는 두(豆)에 담긴 음식, 기장밥, 희생물의 폐로 제사지내는 것을 돕고 폐와 등뼈를 들어서 건넨다."라고 했는데, 남편 측의 종자는 며느리를 도와 음식에 대한 제사를 지내게 한다. "큰 바구니에 넣는다."라고 했는데, 정현이 이러한 사실을 알 수 있었던 것은 이곳에서 아내를 들였을 때의 예처럼 한다고 했는데, 아내를 들이는 절차에는 큰 바구니가 포함된다. 그러므로 이곳에서도 큰 바구니에 넣는다는 사실을 알 수 있다.

경문 婦徹于房中, 媵御餕, 姑酳之. 雖無娣, 媵先. 於是與始飯之錯.

번역 며느리는 음식을 방안으로 치우고, 잉첩과 남편 측의 종자는 남은 음식을 먹고 시어미는 그들에게 입가심하는 술을 따라준다. 비록 부인 측의 종자 중 여동생이 없더라도 여조카가 먼저 음식을 먹는다. 이에 남편 측의 종자와 함께 시부모가 처음 밥을 먹고 남긴 음식을 서로 바꿔서 먹는다.

鄭注 古者嫁女, 必姪娣從, 謂之媵. 姪, 兄之子. 娣, 女弟也. 娣尊姪卑. 若或無娣, 猶先媵, 容之也. 始飯謂舅姑. 錯者, 媵餕舅餘, 御餕姑餘也. 古文始爲姑.

번역 고대에는 딸자식을 시집보낼 때 반드시 여조카와 여동생을 함께 뒤따라 보냈으니, 이들을 '잉(媵)'이라 부른다. '질(姪)'은 형의 딸자식을 뜻한다. '제(娣)'는 딸자식의 여동생을 뜻한다. 제는 존귀하고 질은 상대적으로 미천하다. 만약 여동생이 없는 경우라 하더라도 여전히 잉첩이 먼저 먹으니, 여동생이 없는 경우까지도 포괄하기 위해서이다. '시반(始飯)'은 시부모가 처음 먹었던 음식을 뜻한다. '착(錯)'은 잉첩은 시아비가 남긴 음식을 먹고 남편 측의 종자는 시어미가 남긴 음식을 먹는다는 뜻이다. 고문에서는 '시(始)'자를 고(姑)자로 기록했다.

賈疏 ●"婦徹"至"之錯". ◎注"古者"至"爲姑". ○釋曰: 云"古者嫁女, 必姪娣從, 謂之媵"者, 媵有二種, 若諸侯有二媵外別有姪娣. 是以莊公十九年經書: "秋, 公子結媵陳人之婦于鄄." 公羊傳曰: "媵者何? 諸侯娶一國, 則二國往媵之, 以姪娣從. 姪者何? 兄之子也. 娣者何? 弟也." 諸侯夫人自有姪娣, 幷二媵各有姪娣, 則九女是媵, 與姪娣別也. 若大夫·士無二媵, 卽以姪娣爲媵. 鄭云"古者嫁女, 必姪娣從, 謂之媵", 是據大夫·士言也. 云"姪, 兄之子. 娣, 女弟也. 娣尊姪卑"者, 解經云"雖無娣, 媵先"之義, 以其若有娣, 乃先, 媵卽姪也. 云"猶先媵, 容之也"者, 對御是夫之從者, 爲後. 若然, 姪與娣俱名媵, 今言雖無娣媵先, 似娣不名媵者, 但姪娣俱是媵. 今去娣, 娣外唯有姪, 姪言媵先, 以對御爲先, 非對娣也. 稱媵以其姪娣俱是媵也. 云"始飯謂舅姑"者, 舅姑始飯, 如今媵餕舅餘, 御餕姑餘, 是交錯之義, 若"媵御沃盥交"也. 舅姑爲飯始, 不爲餕始, 俗本云與始餕之錯者, 誤也.

번역 ●經文: "婦徹"~"之錯". ◎鄭注: "古者"~"爲姑". ○정현이 "고대에는 딸자식을 시집보낼 때 반드시 여조카와 여동생을 함께 뒤따라 보냈으니, 이들을 '잉(媵)'이라 부른다."라고 했는데, 잉첩에는 두 부류가 있다. 제후의 경우 두 부류의 잉첩 외에도 별도로 여조카와 여동생을 두게 된다. 이러한 까닭으로 장공 19년에 대한 경문에서는 "가을 공자 결이 진나라에게 시집가는 부인에 대해 잉첩으로 가는 여자를 호송하여 견(鄄)에 이르렀다."[12]라고 했고, 『공양전』에서는 "'잉(媵)'이란 누구인가? 제후가 한 나라의 여자를 아내로 들이게 되면 이웃 두 나라에서 여자를 보내 잉첩으로 삼게 하고, 여조카와 여동생을 뒤따르게 한다. '질(姪)'이란 누구인가? 형의 딸자식이다. '제(娣)'란 누구인가? 딸자식의 여동생이다."[13]라고 했다. 제후의 부인은 잉첩으로 본인의 여조카와 여동생을 데리고 오며, 아울러 이웃 나라에서 보낸 두 명의 잉첩도 각각 여조카와 여동생을 데리고 오므로 아홉 명의 여자가 잉첩이 되니, 부인의 여조카 및 여동생과는 구별된다. 대부와 사의 경우라면 이웃 나라에서 보내는 두 명의 잉첩이 없으니, 부인의 여조카와 여동생을 잉첩으로 삼게 된다. 정현이 "고대에는 딸자식을 시집보낼 때 반드시 여조카와 여동생을 함께 뒤따라 보냈으니, 이들을 '잉(媵)'이라 부른다."라고 한 말은 대부와 사를 기준으로 설명한 것이

12) 『춘추』「장공(莊公) 19년」: 秋, 公子結媵陳人之婦于鄄, 遂及齊侯, 宋公盟.
13) 『춘추공양전』「장공(莊公) 19년」: 媵者何? 諸侯娶一國, 則二國往媵之, 以姪娣從. 姪者何? 兄之子也. 娣者何? 弟也.

다. 정현이 "'질(姪)'은 형의 딸자식을 뜻한다. '제(娣)'는 딸자식의 여동생을 뜻한다. 제는 존귀하고 질은 상대적으로 미천하다."라고 했는데, 경문에서 "여동생이 없더라도 여조카가 먼저 음식을 먹는다."라고 한 말을 풀이한 것이니, 만약 여동생이 있는 경우라면 여동생이 먼저 먹고, 잉첩은 곧 여조카가 된다. 정현이 "여전히 잉첩이 먼저 먹으니, 여동생이 없는 경우까지도 포괄하기 위해서이다."라고 했는데, 어(御)는 남편 측의 종자로 뒤에 먹게 되는 것과 대비된다. 만약 그렇다면 여조카와 여동생을 모두 잉(媵)이라고 부르는데, 이곳에서 비록 제(娣)가 없더라도 잉(媵)이 먼저 먹는다고 하여 여동생에 대해서 잉(媵)이라 부를 수 없는 것처럼 보이지만, 여조카와 여동생은 모두 잉(媵)이 된다. 현재 여동생을 제외하면 여동생 외에는 오직 여조카만 있게 되어, 여조카에 대해 잉첩이 먼저 먹는다고 한 것은 남편 측의 종자와 대비해서 먼저 먹는다는 뜻으로, 여동생과 대비한 말이 아니다. 잉(媵)이라 지칭하는 것은 여조카와 여동생 모두 잉첩이 되는 것이다. 정현이 "'시반(始飯)'은 시부모가 처음 먹었던 음식을 뜻한다."라고 했는데, 시부모가 처음 음식을 먹고 난 뒤에 지금과 같이 잉첩이 시아비가 남긴 음식을 먹고 남편 측의 종자가 시어미가 남긴 음식을 먹는다면 이것은 서로 상대를 바꾼다는 뜻이 된다. 이것은 곧 잉첩과 어가 손씻을 물을 따르며 서로 상대를 바꾼다고 한 경우와 같다. 시부모는 음식을 처음 먹는 것으로 남은 음식을 처음 먹는 것이 아니니, 세속본에서 '여시준지착(與始餕之錯)'이라고 기록한 것은 잘못된 말이다.

그림 4-4 ■ 비(篚)

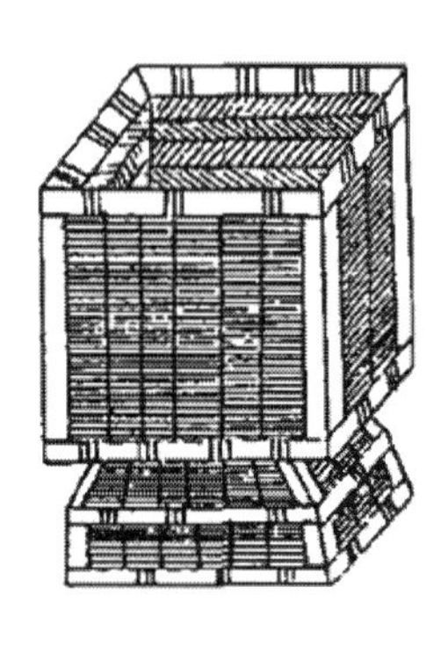

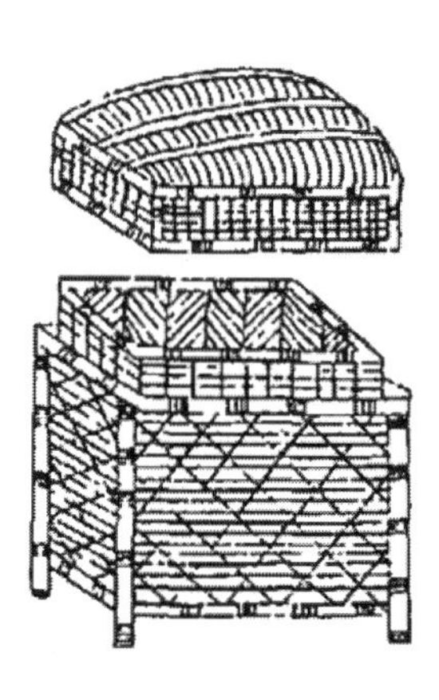

※ **출처:**『삼례도집주(三禮圖集注)』 12권

• 제 5 절 •

향부(饗婦)의 절차와 그 의미

【693b】

厥明, 舅姑共饗婦, 以一獻之禮奠酬. 舅姑先降自西階, 婦降自阼階, 以著代也.

직역 厥明에, 舅姑는 共히 婦에게 饗하니, 一獻의 禮로써 奠酬한다. 舅姑는 先히 西階로 自하여 降하고, 婦는 阼階로 自하여 降하니, 이로써 代를 著한다.

의역 며느리가 시부모를 찾아뵌 그 다음날, 시부모는 함께 며느리에게 잔치를 베풀어주니, 일헌(一獻)의 예로써 전수(奠酬)를 한다. 시부모는 먼저 서쪽 계단을 통해서 내려가고, 며느리는 동쪽 계단을 통해서 내려가니, 이를 통해서 세대가 교체됨을 나타낸다.

集說 厥明, 昏禮之又明日也. 昏禮註云: "舅姑共饗婦者, 舅獻爵, 姑薦脯醢." 又云: "舅洗于南洗, 洗爵以獻婦也. 洗于北洗, 洗爵以酬婦也." 賈疏云: "舅獻姑酬, 共成一獻, 仍無妨姑薦脯醢", 此說是也. 但婦酢舅, 更爵自薦. 又云: 奠酬酬酢, 皆不言處所, 以例推之, 舅姑之位當如婦見, 舅席于阼, 姑席于房外, 而婦行更爵自薦, 及奠獻之禮歟.

번역 '궐명(厥明)'은 혼례를 치른 뒤 시부모를 뵌 그 다음날을 뜻한다. 『의례』「사혼례(士昏禮)」편에 대한 정현의 주에서는 "시부모가 함께 며느리에게 향연을 베푼다는 것은 시아비가 며느리에게 술을 따라주고, 시어미가 포와 젓갈을 올리는 것이다."라고 했고, 또 "시아비는 남쪽 세(洗)에서 술잔을 닦고 술잔을 닦아서 며느리에게 술을 따라준다. 북쪽 세에서 술잔을 닦고 술잔을 닦아서 며느리에게 술을 권한다."라고 했으며, 가공언[1]의 소에서는 "시아비가 술을 따라주고 시어미가 술을 권하여, 함께 일헌(一獻)의 절차를 완성하면, 시어미가 포와 젓갈을 주어도 무방하다."고 했는데, 이 주장은 옳다. 다만 며느리가 시아비에게 술을 따라주고, 잔을 바꿔서 스스로 음식을 바치게 된다. 또 전수(奠酬)[2]와 수초(酬酢)[3]를 언급하며, 모두 장소에 대해서는 기록하지 않았는데, 용례에 따라 추론해보면, 시부모의 위치는 마땅히 며느리가 찾아뵙는 예법을 시행할 때와 같아서, 시아비는 동쪽 계단에 자리를 마련하고, 시어미는 방밖에 자리를 마련하며, 며느리는 이동하여 술잔을 바꿔 직접 음식을 올리고, 전헌(奠獻)의 예를 시행했을 것이다.

集說 疏曰: 舅酌酒于阼階獻婦, 婦西階上拜受, 卽席祭薦; 祭酒畢, 於西階上北面卒爵. 婦酢舅, 舅於阼階上受酢, 飮畢乃酬. 婦更爵先自飮畢, 更酌酒以酬姑, 姑受爵奠於薦左, 不擧爵, 正禮畢也. 降階, 各還燕寢也.

번역 공영달의 소에서 말하길, 시아비는 동쪽 계단에서 술을 따라서 며느리에게 주고, 며느리는 서쪽 계단 위에서 절을 하며 받고, 자리에 나아가서 제사를 지내고, 술에 대한 제사가 끝나면 서쪽 계단 위에서 북쪽을 바라보며 잔을 비운다. 며느리가 시아비에게 술을 권하게 되면, 시아비는 동쪽 계단 위에서 따라준 술잔을 받고, 그것을 마시면 다시 술을 권한다. 며느리는 술잔을 바꾸고

---

1) 가공언(賈公彦, ? ~ ?) : 당(唐)나라 때의 유학자이다. 정현(鄭玄)을 존숭하였다. 예학(禮學)에 조예가 깊었다. 『주례소(周禮疏)』, 『의례소(儀禮疏)』 등의 저서를 남겼으며, 이 저서들은 『십삼경주소(十三經注疏)』에 포함되었다.

2) 전수(奠酬)는 술을 마실 때 시행되는 의례 절차이다. 주인(主人)이 공경스러운 태도로 술을 따라주면, 빈객(賓客)은 받은 술잔을 내려놓고 들지 않는데, 이것을 '전수'라고 부른다.

3) 수초(酬酢)는 술을 마실 때 시행되는 의례 절차이다. 주인(主人)과 빈객(賓客)이 상호 공경스러운 태도로 술을 따라줄 때, 주인이 빈객에게 공경스러운 태도로 술을 따라주는 것을 '수(酬)'라고 부르며, 빈객이 재차 공경스러운 태도로 주인에게 술을 따라주는 것을 '초(酢)'라고 부른다.

먼저 마시며 그것이 끝나면 다시 술을 따라서 시어미에게 술을 권하고, 시어미가 술잔을 받아서 음식이 차려진 곳 좌측에 놓아두고 잔을 들지 않으니, 이것은 정식 의례절차를 끝맺는 것이다. 계단을 내려가서 각각 연침(燕寢)[4]으로 되돌아간다.

集說 方氏曰: 阼者, 主人之階. 子之代父, 將以爲主於外. 婦之代姑, 將以爲主於內. 故此與冠禮並言著代也.

번역 방씨가 말하길, 동쪽 계단은 주인이 이용하는 계단이다. 자식이 부친을 대신하게 되는 것은 장차 바깥일을 주관하는 것이다. 며느리가 시어미를 대신하는 것은 장차 집안일을 주관하는 것이다. 그렇기 때문에 혼례와 관례에서는 모두 세대를 계승하게 됨을 나타낸다고 말한 것이다.[5]

集說 石梁王氏曰: "此皆爲冢婦也." 今按: 此一節難曉, 儀禮圖亦不詳明, 闕之以俟知者.

번역 석량왕씨[6]가 말하길, "이 내용은 모두 적장자에게 시집 온 며느리에 대한 내용이다."라고 했다. 내가 살펴보니, 이곳 한 문단은 해석하기 어렵고, 『의례도』에도 자세히 나와 있지 않으니, 자세한 해설을 생략하고, 지혜로운 자가 고쳐주기를 기다린다.

---

4) 연침(燕寢)은 본래 천자 및 제후들이 휴식을 취하던 장소를 가리킨다. 천자에게는 6개의 침(寢)이 있었는데, 앞쪽에 있는 1개의 침은 정전(正寢)으로, 이것을 노침(路寢)이라고 부르며, 뒤쪽에 있는 다섯 개의 침을 통칭하여, '연침'이라고 부른다. 『예기』「곡례하(曲禮下)」편에는 "天子有后, 有夫人"이라는 기록이 있는데, 이에 대한 공영달(孔穎達)의 소(疏)에서는 "周禮王有六寢, 一是正寢, 餘五寢在後, 通名燕寢."이라고 풀이하였다.

5) 『예기』「관의(冠義)」【689c】: 故冠於阼, 以著代也. 醮於客位, 三加彌尊, 加有成也. 已冠而字之, 成人之道也.

6) 석량왕씨(石梁王氏, ? ~ ?): 자세한 이력이 남아 있지 않다.

大全 藍田呂氏曰: 父老則傳之子, 姑老則傳之婦, 故冠禮, 子始冠, 著其代父之意焉, 昏禮, 婦始見, 著其代姑之意也. 明所以冠所以昏者, 其責在是也, 故曰以著代.

번역 남전여씨가 말하길, 부친이 노쇠하면 자식에게 가계를 전수하고, 시어미가 노쇠하면 며느리에게 가사를 전수한다. 그렇기 때문에 관례를 치러서 자식이 처음으로 관을 쓰게 되면, 부친의 지위를 계승한다는 뜻을 드러내는 것이며, 혼례를 치르며 며느리가 처음으로 알현하게 되면, 시어미의 지위를 계승한다는 뜻을 드러내는 것이다. 관을 쓰고 혼례를 치르는 이유는 그 책무가 여기에 있다는 것을 나타낸다. 그렇기 때문에 "이를 통해 세대를 계승함을 드러낸다."라고 말한 것이다.

鄭注 言旣獻之, 而授之以室事也. 降者, 各還其燕寢. 婦見及饋享於適寢. 昏禮不言"厥明", 此言之者, 容大夫以上禮多, 或異日.

번역 술을 따라주는 일이 끝나면 가사를 전수한다는 뜻이다. 계단에서 내려가는 것은 각각 자신의 연침(燕寢)으로 되돌아가는 것이다. 며느리가 알현하고 음식을 바치는 것은 적침(適寢)[7]에서 시행한다. 『의례』「사혼례(士昏禮)」편에는 '궐명(厥明)'이라는 기록이 없는데, 이곳에서 이 단어를 언급한 것은 대부 이상의 계층은 예법절차가 많아서 간혹 다른 날에 시행하는 경우도 있으니, 이러한 경우까지도 포괄하기 위해서이다.

---

7) 적침(適寢)은 정침(正寢)을 뜻한다. 가택에 있는 정옥(正屋)에 해당하며, 집무를 처리하던 곳이다. 군주의 경우에는 노침(路寢)이라고 불렀고, 대부(大夫)의 경우는 '적침'이라고 불렀으며, 사(士)에 대해서는 간혹 적실(適室)로 부르기도 했다. 『예기』「상대기(喪大記)」편에는 "君夫人卒於路寢, 大夫世婦卒於適寢."이라는 기록이 있는데, 이에 대한 정현의 주에서는 "君謂之路寢, 大夫謂之適寢, 士或謂之適室."이라고 풀이했다.

釋文 適, 丁歷反. 上, 時掌反.

번역 '適'자는 '丁(정)'자와 '歷(력)'자의 반절음이다. '上'자는 '時(시)'자와 '掌(장)'자의 반절음이다.

孔疏 ●"厥明, 舅姑共饗婦以一獻之禮, 奠酬"者, 按士昏禮云, 旣言舅姑薦俎醢, 以鄕飮酒之禮約之, 席在室外戶之西, 舅酌酒於阼階獻婦, 婦西階上拜受, 卽席, 祭薦祭酒畢, 於西階上北面卒爵. 婦酢舅, 舅於阼階上受酢, 飮畢, 乃酬婦. 先酌自飮畢, 更酌酒以酬姑. 姑受爵奠於薦左, 不擧爵, 正禮畢也.

번역 ●經文: "厥明, 舅姑共饗婦以一獻之禮, 奠酬". ○『의례』「사혼례(士昏禮)」편을 살펴보면, 시부모가 도마에 올린 고기와 젓갈을 준다고 기록하고 있는데, 『의례』「향음주례(鄕飮酒禮)」편에 기록된 예법으로 요약해보면, 설치하는 자리는 방밖 호(戶)의 서쪽에 놓아두고, 시아비는 동쪽 계단에서 술을 따라서 며느리에게 주고, 며느리는 서쪽 계단 위에서 절을 하며 받고, 자리에 나아가 음식에 대해 제사를 지내고 술에 대해 제사를 지내며, 그것이 끝나면 서쪽 계단 위에서 북쪽을 바라보며 술잔을 비운다. 며느리가 시아비에게 술을 권하게 되면, 시아비는 동쪽 계단 위에서 술잔을 받고, 잔을 비우게 되면 며느리에게 술을 권한다. 먼저 술을 따라서 제 스스로 마시는데, 그것이 끝나면 다시금 술을 따라서 시어미에게 술을 권한다. 시어미는 술잔을 받아서 음식을 놓아둔 곳 좌측에 내려놓고 잔을 들지 않으니, 정규 의례절차가 끝나게 된다.

孔疏 ●"以著代也"者, 言所以舅姑降自西階, 婦降自阼階, 是舅姑所升之處. 今婦由阼階而降, 是著明代舅姑之事也.

번역 ●經文: "以著代也". ○시부모가 서쪽 계단을 통해 내려가면 며느리가 동쪽 계단을 통해 내려가는데, 이곳은 시부모가 오르는 장소에 해당한다. 현재 며느리는 동쪽 계단을 통해서 내려가는데, 이것은 시부모의 일을 대신하게 된다는 사실을 나타낸다는 의미이다.

孔疏 ◎注"降者"至"異日". ○正義曰: "各還其燕寢"者, 舅姑還舅姑之燕寢, 婦還婦之燕寢也. 云"婦見及饋享於適寢"者, 謂舅姑之適寢. 云"昏禮不言厥明, 此言之者, 容大夫以上禮多, 或異日", 以此云"厥明", 與士昏禮異也.

번역 ◎鄭注: "降者"~"異日". ○정현이 "각각 자신의 연침(燕寢)으로 되돌아간다."라고 했는데, 시부모는 시부모의 연침으로 되돌아가는 것이고, 며느리는 며느리의 연침으로 되돌아가는 것이다. 정현이 "며느리가 알현하고 음식을 바치는 것은 적침(適寢)에서 시행한다."라고 했는데, 시부모의 적침에서 시행한다는 뜻이다. 정현이 "『의례』「사혼례(士昏禮)」편에는 '궐명(厥明)'이라는 기록이 없는데, 이곳에서 이 단어를 언급한 것은 대부 이상의 계층은 예법절차가 많아서 간혹 다른 날에 시행하는 경우도 있으니, 이러한 경우까지도 포괄하기 위해서이다."라고 했는데, 이곳에서는 '궐명(厥明)'이라고 말하여 「사혼례」편의 기록과 차이를 보이기 때문이다.

集解 朱子曰: 以鄉飮酒禮約之, 席在室戶外西, 舅酌酒獻婦, 婦於席西飮畢, 更爵酢, 舅姑乃酌自飮畢, 更爵以酬婦, 婦受爵奠於薦左, 不擧, 正禮畢也.

번역 주자가 말하길, 『의례』「향음주례(鄉飮酒禮)」편의 내용으로 요약해보면, 자리는 방문 밖의 서쪽에 있고, 시아비는 술을 따라서 며느리에게 주며 며느리는 자리의 서쪽에서 술을 마시고 그것이 끝나면 잔을 바꿔서 술을 따라 권하며, 시부모는 술을 따라 직접 술을 마시고 그 일이 끝나면 술잔을 바꿔 며느리에게 술을 권하고, 며느리는 술잔을 받아서 음식이 놓인 곳 좌측에 술잔을 내려놓고 들지 않으니 정식 의례절차가 끝났기 때문이다.

集解 楊氏復曰: 舅姑之位, 當如婦見, 舅席於阼, 姑席於房外, 而婦行酢, 舅奠酬之禮與.

번역 양복[8]이 말하길, 시부모의 자리는 마땅히 며느리가 찾아뵈었을 때처

8) 양복(楊復, ? ~ ?) : 남송(南宋) 때의 학자이다. 주희(朱熹)의 제자이다. 『상제도

럼 하여, 시아비는 동쪽 계단에 자리를 마련하고 시어미는 방밖에 자리를 마련하는데, 며느리가 술을 따라 권하면 시아비는 전수(奠酬)의 예를 시행했을 것이다.

集解 愚謂: 厥明, 謂盥饋之明日也. 凡饗禮, 主人獻賓, 賓酢主人, 主人又酌自飮畢, 更爵以酬賓, 爲一獻. 此饗婦之禮, 舅獻而姑酬, 故曰共饗婦以一獻之禮. 凡飮酒, 拜送於阼階上, 拜受於西階上. 醴婦, 婦席西, 東面拜者, 避贊者之位也. 朱子謂"饗婦, 婦亦於席西拜受", 蓋以婦於舅姑不敢當賓主之禮與. 西階者, 客階. 阼階者, 主人之階. 舅姑旣饗婦, 則授之以室事, 故己降自客階, 使婦降自主階, 明使婦代己爲主也. 盥饋・饗婦, 皆適婦之禮. 士昏記云, "庶婦, 則使人醮之, 婦不饋." 婦旣不饋, 則舅姑不饗之可知. 蓋供養之事統於適婦, 而著代之義亦惟適婦有之也.

번역 내가 생각하기에, '궐명(厥明)'은 며느리가 손을 씻고 음식을 바친 그 다음날을 뜻한다. 향례(饗禮)를 시행할 때 주인이 빈객에게 술을 따라주고 빈객이 주인에게 술을 권하면 주인은 재차 술을 따라서 직접 마시고 그 일이 끝나면 잔을 바꿔서 빈객에게 술을 따라 술잔을 돌리게 되는데, 이것이 일헌(一獻)이다. 며느리에게 향례를 베풀어 줄 때 시아비가 술을 따라주고 시어미가 술잔을 돌리게 된다. 그렇기 때문에 함께 일헌의 예로 며느리에게 향례를 베푼다고 했다. 술을 마실 때에는 동쪽 계단 위에서 절을 하며 술잔을 건네고 서쪽 계단에서 절을 하며 술잔을 받는다. 며느리에게 예(醴)를 하게 되면 며느리는 자리의 서쪽에서 동쪽을 바라보며 절을 하는데, 의례의 진행을 돕는 자의 자리를 피하기 위해서이다. 주자는 "며느리에게 향례를 시행할 때 며느리는 또한 자리의 서쪽에서 절을 하며 받는다."라고 했는데, 아마도 며느리는 시부모에 대해서 감히 빈객과 주인의 예법에 따라 시행할 수 없기 때문일 것이다. 서쪽 계단은 빈객이 이용하는 계단이다. 동쪽 계단은 주인이 이용하는 계단이다. 시부모가 며느리에게 향례를 시행하고 그 일을 마치면 가사를 전수하게 된다. 그렇기

(喪祭圖)』・『의례도(儀禮圖)』 등의 저서를 남겼다.

때문에 본인들은 당하로 내려갈 때 빈객이 이용하는 서쪽 계단을 통해 내려가니, 며느리로 하여금 주인이 이용하는 동쪽 계단을 통해 내려오도록 하기 위해서이며, 이를 통해 며느리로 하여금 자신을 대신하여 주인이 되었음을 드러내는 것이다. 손을 씻고 음식을 바치는 것과 며느리에게 향례를 베풀어주는 것은 모두 적부에게 해당하는 예법이다. 『의례』「사혼례(士昏禮)」편의 기문에서는 "서부의 경우라면 다른 사람을 시켜서 초(醮)를 하고, 서부는 음식을 바치지 않는다."라고 했다. 서부가 음식을 바치지 않는다고 했다면 시부모가 그녀에게 향례를 베풀지 않는다는 사실도 알 수 있다. 그 이유는 공양에 대한 일은 적부에게 통솔되고, 세대를 계승한다는 뜻 또한 오직 적부에게만 해당하기 때문이다.

集解 疏謂"士禮饗婦與盥饋同日, 此厥明饗婦爲大夫禮", 非也. 士昏禮"饗婦"不言"厥明", 特文略耳. 婦見之後, 繼以醴婦, 又繼以盥饋, 禮亦煩矣, 饗婦用其明日爲宜. 士昏禮"饗婦"後又有"饗送者"之禮, 亦不言異日, 其皆爲文略可知也.

번역 공영달의 소에서는 "사의 예법에서 며느리에게 향례를 베푸는 것과 며느리가 손을 씻고 시부모에게 음식을 바치는 것은 같은 날에 시행하니, 이곳에서 그 다음날 며느리에게 향례를 베푼다고 한 것은 대부의 예법이다."라고 했는데, 이것은 잘못된 주장이다. 『의례』「사혼례(士昏禮)」편에서 '향부(饗婦)'를 말하며 '궐명(厥明)'이라고 말하지 않은 것은 단지 문장을 생략해서 기록했기 때문이다. 며느리가 시부모를 찾아뵌 이후 연속하여 며느리에게 예(醴)를 하고 또 연속하여 며느리가 손을 씻고 음식을 바치는데, 그 의례절차가 또한 복잡하다. 따라서 며느리에게 향례를 베풀 때에는 그 다음날을 이용하는 것이 마땅하다. 「사혼례」편에서 '향부(饗婦)'라고 한 뒤에 재차 "전송한 자들에게 향례를 베푼다."라고 하는 예법이 기록되어 있는데, 이것에 대해서도 날을 달리한다는 언급이 없으니, 이 모두가 문장을 생략해서 기록했음을 알 수 있다.

참고 구문비교

예기·혼의 舅姑先降自西階, 婦降自阼階, 以著代也.

예기·교특생(郊特牲) 舅姑降自西階, 婦降自阼階, 授之室也.

참고 『예기』「교특생(郊特牲)」 기록

* 제 2 절 참고자료

참고 『의례』「사혼례(士昏禮)」 기록 – 향부(饗婦)

경문 舅姑共饗婦以一獻之禮. 舅洗于南洗, 姑洗于北洗, 奠酬.

번역 시부모는 함께 일헌의 예법으로 며느리에게 향연을 베풀어준다. 시아비는 남쪽에 설치된 세(洗)에서 술잔을 씻고, 시어미는 북쪽에 설치된 세에서 술잔을 씻으며, 권한 술잔을 내려놓는다.

鄭注 以酒食勞人曰饗. 南洗在庭, 北洗在北堂. 設兩洗者, 獻酬酢以絜淸爲敬. 奠酬者, 明正禮成, 不復擧. 凡酬酒皆奠於薦左, 不擧. 其燕則更使人擧爵.

번역 술과 음식으로 다른 사람의 노고를 위로해주는 것을 '향(饗)'이라 부른다. 남쪽에 설치된 세(洗)는 마당에 있고 북쪽에 설치된 세는 북쪽 당에 있다. 두 곳에 세를 설치하는 것은 술을 바치고 권하며 따를 때에는 청결한 것을 공경스러움으로 삼기 때문이다. 권한 술잔을 내려두는 것은 정규 예식이 완성되어 다시 술잔을 들지 않는다는 뜻을 드러내기 위해서이다. 술을 권한 술잔은 모두 음식이 차려진 곳 좌측에 내려놓고 들지 않는다. 연례의 경우라면 재차 다른 사람을 시켜서 술잔을 든다.

賈疏 ●"舅姑"至"奠酬". ◎注"以酒"至"擧爵". ○釋曰: 自此至"歸俎于婦氏人", 論饗婦之事. 此饗與上盥饋同日爲之, 知者, 見昏義曰: "舅姑入室, 婦以特豚饋, 明婦順也. 厥明, 舅姑共饗婦." 鄭彼注云: "昏禮不言厥明, 此言之者, 容大夫以上禮多, 或異日." 故知此士同日可也. 此與上事相因, 亦於舅姑寢堂之上, 與禮婦同在客位也. 云"其饗婦以一獻之禮"者, 按下記云"饗婦姑薦焉", 注云: "舅姑共饗婦, 舅獻姑薦脯醢." 但薦脯醢無盥洗之事, 今設此洗, 爲婦人不下堂也. 云"姑洗於北洗", 洗者洗爵, 則是舅獻姑酬, 共成一獻, 仍無妨姑薦脯醢也. 云"凡酬酒皆奠於薦左, 不擧"者, 此經直云奠酬, 不言處所, 故云"凡", 通鄕飮酒·鄕射·燕禮之等. 云"燕則更使人擧爵"者, 按燕禮獻酬訖, 別有人擧旅行酬是也. 饗亦用醴酒, 知者, 以下記云"庶婦使人醮之", 注云"使人醮之, 不饗也. 酒不酬酢曰醮, 亦有脯醢. 適婦酌之以醴, 尊之; 庶婦酌之以酒, 卑之", 是也. 若然, 知記非醴婦者, 以記云"庶婦使人醮之", 明適婦親之. 按上醴婦雖適, 使贊者親, 明記醮庶婦使人當饗, 節也.

번역 ●經文: "舅姑"~"奠酬". ◎鄭注: "以酒"~"擧爵". ○이곳 구문으로부터 "며느리 집안의 사람에게 도마를 돌려준다."라고 한 말까지는 며느리에게 향연을 베풀어주는 일을 논의한 것이다. 이곳에서 향연을 베푼다고 한 것은 앞에서 손을 씻고 음식을 바친다는 것과 같은 날에 시행한다. 이러한 사실을 알 수 있는 이유는 「혼의」편에서 "시부모가 방으로 들어가면, 부인은 한 마리의 돼지고기를 잡아서 음식으로 바치니, 이것은 며느리의 효성과 순종함을 드러낸다. 그 다음날 시부모는 함께 며느리에게 향연을 베풀어준다."라고 했고, 이 기록에 대한 정현의 주에서는 "『의례』「사혼례(士昏禮)」편에는 '궐명(厥明)'이라는 기록이 없는데, 이곳에서 이 단어를 언급한 것은 대부 이상의 계층은 의례 절차가 많아서 간혹 다른 날에 시행하는 경우까지도 포괄하고자 해서이다."라고 했다. 그러므로 사는 동일한 날에 시행한다는 사실을 알 수 있다. 이곳에 나타난 절차와 앞에서 언급한 절차는 서로 연이어지므로, 이 또한 시부모의 침과 그 당상에서 시행하니, 며느리를 예우하여 동일하게 빈객의 자리에서 하는 것이다. "일헌의 예법으로 며느리에게 향연을 베풀어준다."라고 했는데, 아래 기문에서 "며느리에게 향연을 베풀며 시어미가 음식을 올린다."라고 했고,

주에서는 "시부모가 함께 며느리에게 향연을 베풀어주는데 시아비는 술을 따라주고 시어미는 포와 젓갈을 올린다."라고 했다. 다만 포와 젓갈을 올릴 때에는 손을 씻는 절차가 없다. 그런데 이곳에서는 손을 씻는 세를 설치했으니, 부인들로 하여금 당하로 내려가지 않게끔 하기 위해서이다. "시어미는 북쪽에 설치된 세에서 술잔을 씻는다."라고 했는데, '세(洗)'는 술잔을 씻는다는 뜻이니, 시아비가 술을 따르고 시어미가 권하여 함께 일헌의 예를 완성하게 되므로, 시어미가 포와 젓갈을 올리더라도 무방하다. 정현이 "술을 권한 술잔은 모두 음식이 차려진 곳 좌측에 내려놓고 들지 않는다."라고 했는데, 이곳 경문에서는 단지 '전수(奠酬)'라고만 말하고 놓아두는 장소는 언급하지 않았다. 그렇기 때문에 '범(凡)'이라고 말한 것이니, 『의례』「향음주례(鄕飮酒禮)」·「향사례(鄕射禮)」·「연례(燕禮)」 등의 편에도 통용된다. 정현이 "연례의 경우라면 재차 다른 사람을 시켜서 술잔을 든다."라고 했는데, 「연례」편을 살펴보면 술을 바치고 술을 권하는 절차가 끝나면 별도로 다른 사람이 술잔을 들어 여러 무리에게 권하면 서로 술을 권하는 절차가 시행되는데, 바로 이것을 가리킨다. 향(饗)을 할 때에도 단술과 삼주를 사용하게 되는데, 이러한 사실을 알 수 있는 이유는 아래 기문에서 "서부의 경우 다른 사람을 시켜서 초(醮)를 한다."라고 했고, 주에서는 "다른 사람을 시켜서 초(醮)를 하는 것은 향(饗)이 아니다. 삼주를 사용하며 술을 따라서 권하지 않는 것을 '초(醮)'라고 부르는데, 이러한 경우에도 포와 젓갈은 포함된다. 적부의 경우 단술로 술을 따라주는 것은 그녀를 존귀하게 높이기 때문이다. 서부의 경우 삼주로 술을 따라주는 것은 그녀를 상대적으로 낮추기 때문이다."라고 했다. 만약 그렇다면 기문은 며느리에게 예(醴)를 해주는 것이 아님을 알 수 있는데, 기문에서 "서부에 대해서는 다른 사람을 시켜서 초(醮)를 한다."라고 했기 때문으로, 이 말은 적부에 대해서는 친근하게 대한다는 사실을 나타낸다. 앞에서 며느리에게 예(醴)를 한다고 했을 때, 비록 그녀가 적부이긴 하지만 의례의 진행을 돕는 자를 시켰으니, 기문에서 서부에게 초(醮)를 하며 다른 사람을 시킨다고 한 것은 이곳에서 말한 향(饗)에 해당하지만 보다 간소화된 것임을 나타낸다.

경문 舅姑先降自西階, 婦降自阼階.

번역 시부모는 먼저 서쪽 계단을 통해 내려가고, 며느리는 동쪽 계단을 통해 내려간다.

鄭注 授之室, 使爲主, 明代己.

번역 그녀에게 가사를 물려주어 그녀를 안주인으로 삼는 것이니, 자신을 대신하게 됨을 나타낸 것이다.

賈疏 ●"舅姑"自"阼階". ◎注"授之"至"代己". ○釋曰: 按曲禮云子事父母, "升降不由阼階", 是主人尊者之處. 今舅姑降自西階, 婦降自阼階, 是授婦以室之事也. 云"授之室", 昏義文也.

번역 ●經文: "舅姑"~"阼階". ◎鄭注: "授之"~"代己". ○『예기』「곡례(曲禮)」편을 살펴보면 자식이 부모를 섬긴다고 하며 "오르고 내릴 때 동쪽 계단을 이용하지 않는다."[9]라고 했으니, 주인처럼 존귀한 자가 사용하는 곳임을 나타낸다. 현재 시부모가 서쪽 계단을 통해 내려가고 며느리가 동쪽 계단을 통해 내려간다고 했으니, 이것은 며느리에게 가사를 전수한 것을 나타낸다. "가사를 전수한다."라고 했는데, 이것은 「혼의」편의 기록이다.

경문 歸婦俎于婦氏人.

번역 며느리의 도마에 올린 음식은 며느리 집안의 사람에게 보낸다.

鄭注 言俎, 則饗禮有牲矣. 婦氏人, 丈夫送婦者, 使有司歸以婦俎, 當以反命於女之父母, 明其得禮.

---

9) 『예기』「곡례상(曲禮上)」【35d】: 居喪之禮, 毁瘠不形, 視聽不衰. 升降, 不由阼階, 出入, 不當門隧.

번역 조(俎)라고 했다면 향례에는 희생물이 포함되는 것이다. '부씨인(婦氏人)'은 남자들 중 며느리를 전송하기 위해 온 자들로, 유사를 시켜 그들에게 며느리의 도마에 올렸던 희생물을 보내는 것이니, 이를 통해 며느리의 부모에게 되돌아가 보고하게 시켜 혼례가 성사되었음을 나타내는 것이다.

賈疏 ●"歸婦俎于婦氏人". ◎注"言俎"至"得禮". ○釋曰: 按雜記云大饗, "卷三牲之俎歸于賓館", 是賓所當得也. 饗時設几而不倚, 爵盈而不飮, 肴乾而不食, 故歸俎. 此饗婦, 婦亦不食, 故歸也. 經雖不言牲, 旣言俎, 俎所以盛肉, 故知有牲. 此婦氏人卽上婦所授脯者也, 故上注引此婦氏人, 證所授人爲一也.

번역 ●經文: "歸婦俎于婦氏人". ◎鄭注: "言俎"~"得禮". ○『예기』「잡기(雜記)」편을 살펴보면 대향(大饗)[10]을 할 때에는 "도마에 올렸던 세 희생물의 고기 중 남은 것을 포장하여 빈객이 머무는 숙소로 보내준다."[11]라고 했는데, 이것은 빈객이 그것을 받아야 함을 나타낸다. 향례를 시행할 때에도 안석을 설치하지만 몸을 기대지 않고 술잔을 가득 채우지만 다 마시지 않으며 고기를 말려서 내놓지만 먹지 않는다. 그렇기 때문에 도마에 담은 음식을 보내는 것이다. 이것은 며느리에게 향연을 베풀어주는 것임에도 며느리는 음식을 먹지 않는다. 그렇기 때문에 보내는 것이다. 경문에서는 비록 희생물을 언급하지 않았지만 이미 도마를 언급했다면 도마는 희생물을 담는 것이기 때문에 희생물이 포함된다는 사실을 알 수 있다. 이곳에서 말한 부씨인(婦氏人)은 앞에서 며느리가 포를 건네는 대상에 해당한다. 그렇기 때문에 앞의 주석에서는 이곳에 나온 부씨인(婦氏人)이라는 말을 인용하여 건네는 대상이 동일한 자임을 증명한 것이다.

---

10) 대향(大饗)은 큰 연회를 뜻한다. 본래는 천자가 조회로 찾아온 제후들에게 베풀었던 성대한 연회를 가리킨다. 『예기』「중니연거(仲尼燕居)」편에는 "大饗有四焉."이라는 기록이 있고, 이에 대한 정현의 주에서는 "大饗, 謂饗諸侯來朝者也."라고 풀이했다.

11) 『예기』「잡기하(雜記下)」【512c】: 或問於曾子曰, "夫旣遣而包其餘, 猶旣食而裹其餘與? 君子旣食則裹其餘乎?" 曾子曰, "吾子不見大饗乎? 夫大饗旣饗, 卷三牲之俎歸于賓館, 父母而賓客之, 所以爲哀也. 子不見大饗乎?"

그림 5-1 ▣ 세(洗)

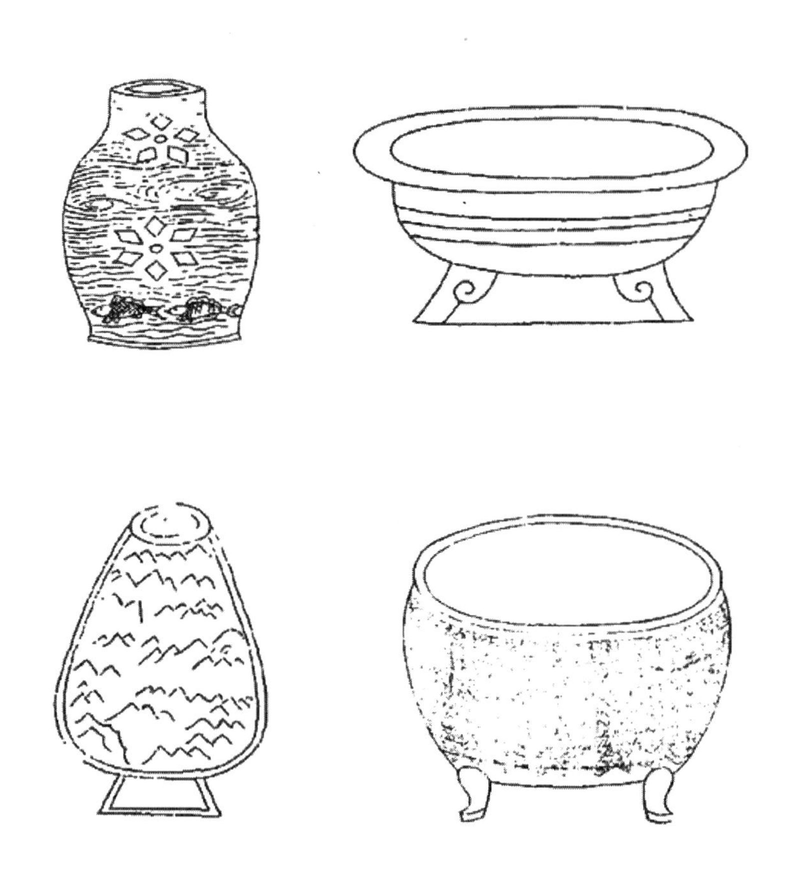

※ 출처: 상좌-『삼례도집주(三禮圖集注)』 13권 ; 상우-『삼례도(三禮圖)』 4권
하좌-『육경도(六經圖)』 6권 ; 하우-『삼재도회(三才圖會)』「기용(器用)」 1권

참고 『의례』「사혼례(士昏禮)」 기록 - 향부(饗婦)

기문 饗婦, 姑薦焉.

번역 며느리에게 향연을 베풀어줄 때 시어미는 음식을 올린다.

鄭注 舅姑共饗婦, 舅獻爵, 姑薦脯醢.

번역 시부모가 함께 며느리에게 향연을 베풀게 되면 시아비는 술을 따라 주고 시어미는 포와 젓갈을 올린다.

賈疏 ●"饗婦姑薦焉". ○釋曰: 經直言"舅姑共饗婦, 以一獻之禮", 唯言饗婦, 不言姑薦, 故記之也.

번역 ●記文: "饗婦姑薦焉". ○경문에서는 단지 "시부모가 며느리에게 일헌의 예법으로 향연을 베푼다."라고만 했는데, 며느리에게 향연을 베푼다고만 말하고 시어미가 음식을 올린다는 말을 하지 않았기 때문에 기록한 것이다.

기문 婦洗在北堂, 直室東隅, 篚在東, 北面盥.

번역 며느리의 세는 북쪽 당에 두니 방의 동쪽 모퉁이 쪽이고, 큰 바구니는 동쪽에 있고 북쪽을 바라보면서 손을 씻는다.

鄭注 洗在北堂, 所謂北洗. 北堂, 房中半以北. 洗南北直室東隅, 東西直房戶與隅間.

번역 세가 북쪽 당에 있다는 것은 '북세(北洗)'를 뜻한다. 북쪽 당은 방을 절반으로 나눴을 때의 북쪽을 뜻한다. 세는 남북 방향으로 방의 동쪽 모퉁이 쪽에 있고, 동서 방향으로 방문과 모퉁이 사이에 있다.

賈疏 ●"婦洗"至"面盥". ○釋曰: 經唯言"北洗", 不言洗處及篚, 故記之也.

번역 ●記文: "婦洗"~"面盥". ○경문에서는 단지 '북세(北洗)'라고만 말하고 세를 놓는 장소 및 큰 바구니에 대해서는 언급하지 않았다. 그렇기 때문에 기록한 것이다.

賈疏 ◎注"洗在"至"隅間". ○釋曰: 房與室相連爲之房, 無北壁, 故得北堂之名, 故云"洗在北堂"也. 云"所謂北洗"者, 所謂經中北洗也. 云"北堂, 房半以北"者, 以其南堂是戶外, 半以南得堂名, 則堂是戶外之稱, 則知此房半以北得堂名也. 知房無北戶者, 見上文云尊于房戶之東, 房有南戶矣. 燕禮·大射皆云羞膳者升自北階, 立于房中. 不言入房, 是無北壁而無戶, 是以得設洗直室東隅也. 云"洗南北直室東隅"者, 是南北節也. 云"東西直房戶與隅間"者, 是東西節也.

번역 ◎鄭注: "洗在"~"隅間". ○방과 실은 서로 연결되어 있어서 방(房)이라고 하는데, 북쪽 벽이 없기 때문에 북당(北堂)이라는 이름을 붙일 수 있다. 그렇기 때문에 "세는 북쪽 당에 있다."라고 했다. "이른바 북세(北洗)이다."라고 했는데, 경문에 나온 '북세(北洗)'를 가리킨다. 정현이 "북쪽 당은 방을 절반으로 나눴을 때의 북쪽을 뜻한다."라고 했는데, 남쪽 당은 방문 밖에 해당하니, 절반 중 남쪽에 해당하는 지역을 당(堂)이라는 명칭으로 부를 수 있다면, 당(堂)은 방문 밖을 가리키는 칭호가 되니, 이곳에서 방을 절반으로 나눴을 때 그 북쪽에 해당하는 지역 또한 당(堂)이라는 명칭으로 부를 수 있음을 알 수 있다. 방의 북쪽에 방문이 없다는 사실을 알 수 있는 것은 앞의 문장에서 "방문의 동쪽에 술동이를 둔다."라고 했는데, 방에는 남쪽에 방문이 있기 때문이다. 『의례』「연례(燕禮)」편과 「대사례(大射禮)」편에서도 모두 음식들을 가지고 올라갈 때에는 북쪽 계단을 이용하며 방안에 위치한다고 했다. 방으로 들어간다는 말을 하지 않았다면 이것은 북쪽 벽이 없고 방문도 없는 것이다. 이러한 까닭으로 세를 설치한 곳이 방의 동쪽 모퉁이가 되는 것이다. 정현이 "세는 남북 방향으로 방의 동쪽 모퉁이 쪽에 있다."라고 했는데, 이것은 남북 방향에 대한 기준이다. 정현이 "동서 방향으로 방문과 모퉁이 사이에 있다."라고 했는데, 이것은 동서 방향에 대한 기준이다.

기문 婦酢舅, 更爵, 自薦.

번역 며느리가 시아비에게 술을 따라서 바칠 때에는 잔을 바꾸며 직접 음식을 올린다.

鄭注 更爵, 男女不相因也.

번역 술잔을 바꾸는 것은 남녀가 같은 술잔을 사용할 수 없기 때문이다.

賈疏 ●"婦酢舅更爵自薦". ○釋曰: 謂舅姑饗婦獻時, 舅姑薦. 今婦酢舅, 婦自薦之, 嫌別人薦, 故記之也.

번역 ●記文: "婦酢舅更爵自薦". ○시부모가 며느리에게 향연을 베풀어 술을 따라줄 때에는 시부모가 음식을 올린다. 현재는 며느리가 시아비에게 술을 따라 올리는 상황인데 며느리가 직접 음식을 올리니, 다른 사람이 음식을 올린다고 오해할 수 있기 때문에 그 사실을 기록한 것이다.

기문 不敢辭洗, 舅降則辟于房, 不敢拜洗.

번역 시아비가 술잔을 씻는 것에 대해 며느리는 감히 사양하지 못하며, 시아비가 당하로 내려가게 되면 며느리는 방으로 몸을 피하니, 감히 술잔을 씻는 것에 대해 절을 할 수 없기 때문이다.

鄭注 不敢與尊者爲禮.

번역 감히 존귀한 자와 더불어 의례절차를 시행할 수 없기 때문이다.

賈疏 ●"不敢"至"拜洗". ○釋曰: 此事當在婦酢舅之上, 退之在下者, 欲見酬酒洗時亦不辭故也. 此對士冠·鄕飮酒之等主與賓爲禮, 皆辭洗, 此則不敢也. 此事於經不見, 故記之也.

번역 ●記文: "不敢"~"拜洗". ○이 사안은 며느리가 시아비에게 술을 따라 권하는 것보다 앞에 해당하는데 그 뒤에 기술한 것은 술을 따라 권하며 술잔을 씻을 때에도 사양하지 못한다는 사실을 드러내고자 했기 때문이다. 이것은 『의례』「사관례(士冠禮)」편과 「향음주례(鄕飮酒禮)」편 등에서 주인과 빈객이 의례절차를 시행할 때 모두 술잔 씻는 것을 사양하는 것과 대비해보면, 이곳에서는 감히 사양하지 못하는 것이다. 이러한 사안이 경문에 드러나지 않았기 때문에 기록한 것이다.

기문 凡婦人相饗, 無降.

번역 부인들끼리 서로에게 향연을 베풀 때에는 당하로 내려가지 않는다.

鄭注 姑饗婦人送者于房, 無降者, 以北洗篚在上.

번역 시어미가 방안에서 며느리를 전송하러 온 여자들에게 향연을 베풀 때 당하로 내려가지 않는 것은 당상에는 북쪽에 설치되는 세와 큰 바구니가 있기 때문이다.

賈疏 ●"凡婦人相饗無降". ◎注"姑饗"至"在上". ○釋曰: 本設北洗, 爲婦人有事不下堂. 今以北洗及篚在上, 故不降. 經不言, 故記之也. 言"凡"者, 欲見舅姑共饗婦及姑饗婦人送者皆然, 故言凡也.

번역 ●記文: "凡婦人相饗無降". ◎鄭注: "姑饗"~"在上". ○본래부터 북쪽에 설치하는 세는 부인들이 해당 절차를 시행할 때 당하로 내려가지 않게 하기 위해서이다. 현재 북쪽에 설치된 세 및 큰 바구니는 당상에 있기 때문에 내려가지 않는 것이다. 경문에서 이러한 사실을 언급하지 않았기 때문에 기록한 것이다. '범(凡)'이라고 말한 것은 시부모가 함께 며느리에게 향연을 베풀거나 며느리를 전송하기 위해 찾아온 부인들에게 시어미가 향연을 베풀 때 모두 이처럼 한다는 뜻을 드러내고자 했기 때문이다. 그래서 '범(凡)'이라고 기록했다.

참고 『의례』「사혼례(士昏禮)」 기록 - 서부(庶婦)

기문 庶婦, 則使人醮之, 婦不饋.

번역 적부가 아닌 서부의 경우라면 다른 사람을 시켜서 그녀에게 초(醮)를 하고, 서부는 시부모에게 음식을 바치지 않는다.

鄭注 庶婦, 庶子之婦也. 使人醮之, 不饗也. 酒不酬酢曰醮, 亦有脯醢. 適婦酌之以醴, 尊之. 庶婦酌之以酒, 卑之. 其儀則同. 不饋者, 共養統於適也.

번역 '서부(庶婦)'는 서자의 부인을 뜻한다. 다른 사람을 시켜서 초(醮)를 하는 것은 향(饗)을 하지 않기 때문이다. 삼주를 사용하되 술을 따라 권하지 않는 것을 '초(醮)'라고 부르며 이러한 경우에도 포와 젓갈이 포함된다. 적부에게 술을 따라줄 때에는 단술을 사용하니 그녀를 존귀하게 높이기 때문이다. 서부에게 술을 따라줄 때에는 삼주를 사용하니 상대적으로 낮추기 때문이다. 관련 의례절차는 동일하다. 음식을 바치지 않는 것은 부모를 공양하는 도리는 적부에게 통솔되기 때문이다.

賈疏 ●"庶婦"至"不饋". ◎注"庶婦"至"適也". ○釋曰: 不饗者, 以適婦不醮而有饗. 今使人醮之, 以醮替饗, 故使人醮之, 不饗也. 云"酒不酬酢曰醮"者, 亦如庶子醮. 然知"亦有脯醢"者, 以其饗婦及醮子皆有脯醢, 故知亦有脯醢也. 云"其儀則同"者, 適婦用醴於客位, 東面拜受醴, 贊者北面拜送. 今庶婦雖於房外之西, 亦東面拜受, 醮者亦北面拜送, 故云其儀則同也. 云"不饋者, 共養統於適也"者, 謂不盥饋特豚, 以其共養統于適婦也.

번역 ●記文: "庶婦"~"不饋". ◎鄭注: "庶婦"~"適也". ○향(饗)을 하지 않는다고 했는데, 적부의 경우에는 초(醮)를 하지 않아서 향연을 베풀어주게 된다. 현재 다른 사람을 시켜서 초를 했다면 초로 향연을 대체하는 것이다. 그렇기 때문에 다른 사람을 시켜서 초를 하고 향을 하지 않는다. 정현이 "삼주를 사용하되 술을 따라 권하지 않는 것을 '초(醮)'라고 부른다."라고 했는데, 이것은 또한 서자에게 초(醮)를 하는 경우와 같다. 그렇다면 "또한 포와 젓갈이 포함된다."라고 한 말이 사실임을 알 수 있는 것은 며느리에게 향연을 베풀고 자식에게 초(醮)를 할 때에는 모두 포와 젓갈이 포함되었다. 그렇기 때문에 이러한 경우에도 포와 젓갈이 포함됨을 알 수 있다. 정현이 "관련 의례절차는 동일하다."라고 했는데, 적부는 빈객의 자리에서 예(醴)를 하게 되어 동쪽을 바라보며 절을 하고 단술을 받으며, 의례의 진행을 돕는 자는 북쪽을 바라보며 절을 하고 술잔을 건넨다. 현재 서부는 비록 방밖의 서쪽에서 의식을 치르지만, 또한 동쪽을 바라보고 절을 하며 술잔을 받고, 초를 하는 자 또한 북쪽을 바라보고 절을 하며 술잔을 건넨다. 그렇기 때문에 "관련 의례절차는 동일하다."라고 했다. 정현이 "음식을 바치지 않는 것은 부모를 공양하는 도리는 적부에게 통솔되기 때문이다."라고 했는데, 손을 씻고 한 마리의 새끼돼지로 음식을 해서 바치는 것은 공양의 도리가 적부에게 통솔되기 때문이라는 의미이다.

• 제 6 절 •

부순(婦順)의 덕목

【693d~694a】

成婦禮, 明婦順, 又申之以著代, 所以重責婦順焉也. 婦順者, 順於舅姑, 和於室人而後當於夫, 以成絲麻布帛之事, 以審守委積蓋藏. 是故婦順備而後內和理, 內和理而後家可長久也. 故聖王重之.

직역 婦禮를 成하고, 婦順을 明하며, 又히 申하길 代를 著로써 함은 婦順을 重責하는 所以이다. 婦順者는 舅姑에 順하고, 室人에 和한 後에 夫에게 當하여, 絲麻布帛의 事를 成하고, 委積蓋藏을 審守하니. 是故로 婦順이 備한 後에 內가 和理하고, 內가 和理한 後에 家를 可히 長久라. 故로 聖王이 重이라.

의역 정식 며느리가 되는 예(禮)를 이루고, 며느리의 순종함을 드러내며, 또한 세대를 교체한다는 사실로 거듭 밝힌 것은 며느리의 순종이라는 덕목을 중대하게 책무지우기 위해서이다. 며느리가 순종한다는 것은 시부모에 대해서 순종하는 것이고, 집안사람들과 화목하게 된 이후에야 남편에게 합당하게 대하며, 이를 통해 견직물 짜는 일을 이루며, 양식 등을 비축하는 일을 자세히 살피고 지킬 수 있다. 이러한 까닭으로 며느리가 순종하게 된 이후에야 집안이 화목하게 다스려지고, 집안이 화목하게 다스려진 이후에야 그 집안이 오래도록 유지될 수 있다. 그렇기 때문에 성왕은 혼례를 중시했던 것이다.

集說 方氏曰: 於舅姑言順, 於室人言和者, 蓋上下相從謂之順, 順則不逆; 可否相濟謂之和, 和則不同. 舅姑之禮至隆也, 故可順而不可逆. 室人之禮相敵也, 故雖和而不必同, 玆其別歟.

번역 방씨가 말하길, 시부모에 대해 '순(順)'이라 말하고 집안사람들에 대해 '화(和)'라고 말한 이유는 상하 계층이 서로 따르는 것을 '순(順)'이라 부르니 순종하게 되면 거역하지 않고, 옳거나 그렇지 않은 것을 서로 가지런히 만드는 것을 '화(和)'라고 부르니 화목하게 되면 부화뇌동하지 않는다. 시부모에 대한 예는 지극히 융성하다. 그렇기 때문에 순종할 수는 있지만 거역할 수는 없다. 집안사람들에 대한 예는 서로 대등한 예법이다. 그렇기 때문에 비록 화목하지만 반드시 같을 필요는 없다. 이것이 바로 둘의 구분일 것이다.

大全 馬氏曰: 責婦順, 以順舅姑爲至重, 順舅姑而不能和於室人, 則不順乎舅姑矣. 和於室人而不能當於夫, 則不和於室人矣. 當於夫而不能審積蓋藏, 則不當於夫矣. 數者無不備, 然後可以盡婦順之道也. 和於室人, 如詩所謂宜其家人者是也. 當於夫者, 如孟子所謂無違夫子是也. 以成絲麻布帛, 可以無寒也. 以審守委積蓋藏, 則在中饋可以無飢也. 不惟可以不飢不寒也, 大可以供祭祀之羞服矣. 婦順備而後內和理, 和則有禮, 理則有義, 有禮義則家可長久. 聖人重之者, 重其有禮義也.

번역 마씨가 말하길, 며느리의 순종을 요구하는 것은 시부모에게 순종하는 것을 지극히 중대하게 여기기 때문이다. 그런데 시부모에게 순종하지만 집안사람들과 화목할 수 없다면, 시부모에게 순종하는 것이 아니다. 집안사람들에게 화목하지만 남편에게 합당하게 대할 수 없다면, 집안사람들과 화목한 것이 아니다. 남편에게 합당하게 대하지만 곡식 등을 보관하는 일을 자세히 살필 수 없다면, 남편에게 합당한 것이 아니다. 이러한 여러 가지 것들 중 갖춰지지 않은 것이 없게 된 이후에야 며느리가 순종하는 도리를 다할 수 있는 것이다. "집안사람들에게 화목하다."는 것은 『시』에서 "집안사람들에게 화목하게 한다."[1]라고 한 말이 바로 이것을 가리킨다. "남편에게 합당하게 하다."는 말은

『맹자』에서 “남편의 뜻을 어기지 말라.”[2]라고 한 말이 바로 이것을 가리킨다. 이를 통해서 견직물 짜는 일을 이루면 추위를 타지 않을 수 있다. 이를 통해서 곡식 등을 저장하는 일을 자세히 살핀다면 보관된 것을 통해 음식을 바쳐서 굶주리지 않을 수 있다. 단지 굶주리지 않고 추위를 타지 않을 수 있는 것뿐만 아니라, 크게는 제사에 필요한 음식과 의복 등을 공급하게 된다. 며느리의 순종이 갖춰진 이후에야 집안이 화목하게 다스려지는데, 화목하게 되면 예가 지켜지는 것이며, 다스려지게 되면 의(義)가 있는 것이니, 예의가 갖춰지면 그 집안은 오래도록 유지될 수 있다. 성인이 중시했다는 이유는 예의 갖추는 것을 중시했기 때문이다.

鄭注 室人, 謂女妐・女叔・諸婦也. 當, 猶稱也. 後言稱夫者, 不順舅姑, 不和室人, 雖有善者, 猶不爲稱夫也. 順備者, 行和當, 事成審也.

번역 ‘실인(室人)’은 남편의 누나 및 여동생, 형제들의 처 등을 뜻한다. ‘당(當)’자는 “걸맞다[稱].”는 뜻이다. 뒤에서 ‘칭부(稱夫)’라고 말한 것은 시부모에게 순종하지 않고 집안사람들과 화목하지 못하면, 비록 선(善)함을 가진 자라 하더라도 남편에게 걸맞게 하지 못한 것이다. 순종함이 갖춰졌다는 것은 순종하고 화목하며 합당하게 대하고, 그 사안을 이루고 살피는 것이다.

釋文 當, 丁浪反, 一音于郎反, 下注同, 下注“和當”亦同. 委, 於僞反. 積, 子賜反. 藏, 才浪反. 猶稱, 尺證反, 下同. 行, 下孟反.

번역 ‘當’자는 ‘丁(정)’자와 ‘浪(랑)’자의 반절음이며, 다른 음은 ‘于(우)’자와 ‘郎(랑)’자의 반절음이고, 아래 정현의 주에 나오는 글자도 그 음이 이와 같고, 그 아래 정현의 주에 나오는 ‘和當’에서의 ‘當’자 또한 그 음이 이와 같다. ‘委’자는 ‘於(어)’자와 ‘僞(위)’자의 반절음이다. ‘積’자는 ‘子(자)’자와 ‘賜(사)’자의 반

---

1) 『시』「주남(周南)・도요(桃夭)」: 桃之夭夭, 其葉蓁蓁. 之子于歸, 宜其家人.
2) 『맹자』「등문공하(滕文公下)」: 孟子曰, 是焉得爲大丈夫乎? 子未學禮乎? 丈夫之冠也, 父命之, 女子之嫁也, 母命之, 往送之門, 戒之曰, ‘往之女家, 必敬必戒, 無違夫子!’ 以順爲正者, 妾婦之道也.

절음이다. '藏'자는 '才(재)'자와 '浪(랑)'자의 반절음이다. '猶稱'에서의 '稱'자는 '尺(척)'자와 '證(증)'자의 반절음이며, 아래문장에 나오는 글자도 그 음이 이와 같다. '行'자는 '下(하)'자와 '孟(맹)'자의 반절음이다.

孔疏 ●"成婦"至"重之". ○正義曰: 此經明上經成婦禮·明婦順之事. 若婦順旣成, 則室家長久, 故聖王所重也.

번역 ●經文: "成婦"~"重之". ○이곳 경문은 앞의 경문에서 정식 며느리가 되는 예를 이루고, 며느리의 순종함을 드러낸다는 사안에 대해 나타내고 있다. 만약 며느리의 순종함이 완성되었다면, 그 집안은 오래도록 유지될 수 있다. 그렇기 때문에 성왕이 혼례를 중시했던 것이다.

孔疏 ●"成婦禮"者, 則上經"婦祭脯醢, 祭醴"之等, 是成婦禮也.

번역 ●經文: "成婦禮". ○앞의 경문에서는 "며느리가 포와 젓갈로 제사를 지내고, 단술을 제사지낸다."라는 등의 언급을 했는데, 이것은 정식 며느리가 되는 예를 완성하는 것이다.

孔疏 ●"明婦順"者, 則上經"舅婦入室", "以特豚饋", 是明婦順也.

번역 ●經文: "明婦順". ○앞의 경문에서는 "시부모가 방으로 들어간다."라고 했고, "한 마리의 돼지고기를 이용해서 음식을 올린다."라고 했는데, 이것은 며느리의 순종함을 드러내는 것이다.

孔疏 ●"又申之以著代"者, 則上經"婦降自阼階, 以著代", 是也. 申, 重也. 旣明婦禮順, 又重加之以著代之義也.

번역 ●經文: "又申之以著代". ○앞의 경문에서는 "며느리가 동쪽 계단을 통해서 내려가서, 이를 통해서 세대가 교체됨을 드러낸다."라고 했는데, 이것이 바로 그 뜻에 해당한다. '신(申)'자는 거듭[重]이라는 뜻이다. 이미 며느리가 되는 예법과 순종함을 드러내고, 재차 세대를 교체하는 의미를 더한 것이다.

孔疏 ●"所以重責婦順焉也"者, 言成婦禮・明婦順則重著代, 所以厚重責婦人之孝順焉. 分之則婦禮・婦順・著代三者別文, 皆總歸於婦順, 故自此以下, 唯申明婦順也.

번역 ●經文: "所以重責婦順焉也". ○며느리가 되는 예를 이루고 며느리의 순종함을 드러냈다면, 세대가 교체되는 뜻을 거듭 드러낸 것이니, 이것은 며느리가 효순(孝順)하게 행동하도록 매우 깊이 책무를 준 방법이다. 나눠서 보자면 며느리가 되는 예와 며느리의 순종함과 세대를 교체한다는 세 가지는 별도의 문장인데, 이 모두는 총괄적으로 며느리의 순종함에 귀결된다. 그렇기 때문에 이 구문부터 그 이하의 문장에서는 오직 며느리의 순종함에 대해서만 거듭 밝히고 있는 것이다.

孔疏 ●"以審守委積蓋藏"者, 言旣當夫氏, 又成婦事, 以此詳審保守家之所有委積掩蓋藏聚之物也.

번역 ●經文: "以審守委積蓋藏". ○이미 남편에게 합당하게 했고 또한 며느리가 해야 할 일들을 이루었다면, 이를 통해서 집안에서 해야 하는 곡식을 저장하는 일들을 자세히 살피고 굳건하게 지킨다는 뜻이다.

孔疏 ◎注"室人謂女妐・女叔・諸婦也". ○正義曰: 經旣言"順於舅姑", 乃"和於室人", 是在室之人, 非男子也. 女妐, 謂婿之姊也. 女叔, 謂婿之妹. 諸婦, 謂娣姒之屬.

번역 ◎鄭注: "室人謂女妐・女叔・諸婦也". ○경문에서는 이미 "시부모에게 순종한다."라고 했고, 곧바로 "실인(室人)에게 화목하게 한다."라고 했으니, 이들은 집안에 있는 사람들로, 남자를 가리키는 단어가 아니다. '여종(女妐)'은 남편의 누나이다. '여숙(女叔)'은 남편의 여동생이다. '제부(諸婦)'는 손

윗동서나 손아랫동서 등을 뜻한다.

孔疏 ◎注云"備順者, 行和當, 事成審也". ○正義曰: 行, 是順於舅姑; 和, 謂和於室人; 當, 謂當於夫, 則前經所說是也. 云"事成審"者, 則前經"以成絲麻布帛之事, 以審守委積蓋藏", 是事成審也.

번역 ◎鄭注云: "備順者, 行和當, 事成審也". ○'행(行)'은 시부모에게 순종한다는 뜻이고, '화(和)'는 실인(室人)을 화목하게 한다는 뜻이며, '당(當)'은 남편에게 합당하게 대한다는 뜻이니, 앞의 경문에서 설명한 내용들에 해당한다. 정현이 "그 사안을 이루고 살핀다."라고 했는데, 앞의 경문에서 "이를 통해 견직물 짜는 일을 이루고, 이를 통해 곡식 저장하는 일들을 자세히 살피고 지킨다."라고 한 말이 바로 그 사안을 이루고 살핀다는 뜻이다.

集解 此又承上三節而結言之.

번역 이 문장은 또한 앞의 세 구문의 내용을 이어서 총괄적으로 결론을 맺은 것이다.

集解 愚謂: 婦順備, 言所以順於舅姑・室人者, 周備而無闕也. 婦順備, 而能當於夫, 故內和; 能成絲麻・布帛, 守委積・蓋藏, 故內理. 情無不和, 事無不理, 此家室長久之道也. 家之興衰, 基於婦人, 可不重與?

번역 내가 생각하기에, '부순비(婦順備)'라는 말은 시부모와 집안사람들에게 순종하는 것으로 이러한 것들을 두루 갖춰서 빠진 것이 없다는 뜻이다. 며느리의 순종함이 갖춰지고 남편에게 합당하게 대할 수 있기 때문에 내적으로 화목하게 된다. 견직물을 짤 수 있고 보관된 곡식을 지키기 때문에 내적으로 다스려지는 것이다. 그 정감에 화목하지 않은 것이 없고 사안에 다스려지지 않는 것이 없으니, 이것은 집안이 오래도록 유지될 수 있는 도이다. 집안이 흥하거나 쇠하는 것은 부인에게 달려 있으니 중시하지 않을 수 있겠는가?

참고 『시』「주남(周南) · 도요(桃夭)」

桃之夭夭, (도지요요) : 복숭아나무가 어리고도 건장하구나,
灼灼其華. (작작기화) : 화려하고도 화려한 꽃이여.
之子于歸, (지자우귀) : 혼인하는 딸아이가 가서 시집으로 갔구나,
宜其室家. (의기실가) : 남녀가 가정을 이루기에 적당한 나이로다.

桃之夭夭, (도지요요) : 복숭아나무가 어리고도 건장하구나,
有蕡其實. (유분기실) : 실한 그 열매가 있구나.
之子于歸, (지자우귀) : 혼인하는 딸아이가 가서 시집으로 갔구나,
宜其家室. (의기가실) : 남녀가 가정을 이루기에 적당한 나이로다.

桃之夭夭, (도지요요) : 복숭아나무가 어리고도 건장하구나,
其葉蓁蓁. (기엽진진) : 그 잎이 지극히 무성하구나.
之子于歸, (지자우귀) : 혼인하는 딸아이가 가서 시집으로 갔구나,
宜其家人. (의기가인) : 남녀가 가정을 이루기에 적당한 나이로다.

毛序 桃夭, 后妃之所致也. 不妬忌, 則男女以正, 婚姻以時, 國無鰥民也.

모서 「도요(桃夭)」편은 후비가 지극히 이룬 것을 읊은 시이다. 시샘을 부리지 않는다면 남녀가 바르게 되고, 혼인을 적당한 시기에 한다면 나라에는 홀아비가 없게 된다.

참고 『맹자』「등문공하(滕文公下)」 기록

경문 孟子曰, "是焉得爲大丈夫乎? 簡子未學禮乎? 丈夫之冠也, 父命之; 女子之嫁也, 母命之. 往送之門, 戒之曰, '往之女家, 必敬必戒, 無違夫子.' 以

順爲正者, 妾婦之道也."

번역 맹자가 말하길, "공손연(公孫衍)과 장의(張儀)를 어찌 대장부라 할 수 있겠는가? 그대는 예를 배우지 않았는가? 남자가 관례를 치르게 되면 부친은 그에게 훈계를 하고, 딸자식이 시집갈 때에는 모친이 그녀에게 훈계를 한다. 딸자식이 시집갈 때 문까지 전송을 하며 훈계하기를 '네 집에 가게 되면 반드시 공경하고 조심하여 남편과 자식의 뜻을 어기지 말아야 한다.'라고 말하니, 순종을 올바름으로 삼는 것이 바로 아녀자의 도리이다."라고 했다.

趙注 孟子以禮言之, 男子之道當以義匡君, 女子則當婉順從人耳. 男子之冠, 則命曰就爾成德. 今此二子, 從君順指, 行權合從, 無輔弼之義, 安得爲大丈夫也.

번역 맹자는 예법에 따라 일러주었으니, 남자의 도는 마땅히 도의에 따라 군주를 올바르게 해야 하며, 여자는 완곡함과 순종으로 상대를 따라야 할 따름이다. 남자가 관례를 치르게 되면 훈계를 하여 '네가 가진 성인으로서의 덕을 성취해야 한다.'라고 말한다. 그런데 공손연과 장의는 군주를 따르기만 하여 자신의 뜻을 굽히고 권도에만 따라 합종책을 시행하고 군주를 보필하려는 뜻이 없는데 어떻게 대장부라 할 수 있겠는가.

孫疏 ●"孟子曰: 是焉得爲大丈夫乎, 子未學禮乎"至"妾婦之道", 孟子答之景春曰: 二人如此, 安得爲之大丈夫乎? 子未嘗學禮也? 夫禮言丈夫之冠也, 父則命之; 女子之嫁也, 母則命之. 蓋以冠者爲丈夫之事, 故父命之, 以責其成人之道; 嫁者女子之事, 故母命之, 以責其爲婦之道也. 以女子之臨嫁, 母則送之於門, 而戒之女子曰: 雖往女之家, 必當敬其舅姑, 亦必當戒愼以貞潔其己, 無違遵敬夫・子. 以其夫在, 則得順其夫, 夫沒則從其子, 以順從無違爲正而已, 固妾婦之道如此也. 乃若夫之與子在所制, 義固不可以從婦矣. 苟爲從婦, 以順爲正, 是焉得爲大丈夫乎? 孟子所以引此妾婦而言者, 蓋欲以此妾婦比之公孫衍・張儀也, 以其二人非大丈夫耳. 蓋以二人處六國之亂, 期合六國之君, 希意導言, 靡所不至. 而當世之君, 讒毁稱譽, 言無不聽, 喜怒可否, 勢無不行. 雖一怒而諸侯懼, 安居而天下熄, 未免夫從人以順爲正者也, 是則妾婦之道如此也, 豈足爲大丈夫乎?

번역 ●經文: "孟子曰: 是焉得爲大丈夫乎, 子未學禮乎"~"妾婦之道". ○맹자는 경춘에게 대답하며, 두 사람이 이와 같은데 어떻게 대장부라 할 수 있겠는가? 그대는 일찍이 예를 배우지 못했단 말인가? 예법에 따르면 남자가 관례를 치를 때 부친은 그에게 훈계를 하고 딸자식이 시집갈 때에는 모친이 그녀에게 훈계를 한다고 했다. 관례를 치르는 것은 남자의 일에 해당하기 때문에 부친이 훈계를 하여 성인의 도에 따르도록 책무를 주는 것이다. 한편 시집가는 것은 여자의 일에 해당하기 때문에 모친이 훈계를 하여 아녀자의 도에 따르도록 책무를 주는 것이다. 딸자식이 시집을 갈 때 모친은 문에서 그녀를 전송하며 딸자식에게 훈계하길, 비록 너의 집에 가게 되더라도 반드시 시부모를 공경하며 또한 항상 조심하여 자신을 정숙하고 청결하게 하여 남편과 자식을 따르고 공경하는 일에 위배됨이 없도록 해야 한다. 남편이 생존해 있을 때라면 남편에게 순종해야 하고 남편이 죽었다면 자식을 따라야 하니, 순종하며 어김이 없는 것을 올바름으로 삼을 뿐이며, 진실로 아녀자의 도가 이와 같은 것이다. 만약 남편과 자식이 제어를 받게 된다면 도의상 진실로 여자를 따를 수는 없다. 만약 여자를 따르게 된다면 순종을 올바름으로 삼는 것인데 어찌 대장부가 될 수 있겠는가? 맹자가 아녀자의 도리를 인용해서 언급한 것은 이러한 아녀자를 통해 공손연과 장의를 비유하고자 해서이니, 두 사람은 대장부가 아니기 때문이다. 두 사람은 여섯 나라의 혼란한 시기에 처해 여섯 나라의 군주에 대해 기회를 틈타 그들의 의사에 맞춰 말을 이끌어냈으니 못할 짓이 없었다. 당시의 군주들은 헐뜯거나 칭송하는 말들에 대해서 듣지 않는 자가 없었고 기뻐하거나 성내는 것 등에 대해서 세력에 따라 시행하지 않는 자가 없었다. 비록 두 사람이 한 차례 성을 내면 제후들이 두려워했고 편안히 머물면 천하가 조용해졌다고 하더라도, 남을 따르며 순종을 올바름으로 삼는 것에서 벗어나지 못하니, 이것은 이와 같은 아녀자의 도에 해당하는데 어찌 대장부가 될 수 있겠는가?

集註 加冠於首曰冠. 女家, 夫家也. 婦人內夫家, 以嫁爲歸也. 夫子, 夫也. 女子從人, 以順爲正道也. 蓋言二子阿諛苟容, 竊取權勢, 乃妾婦順從之道耳, 非丈夫之事也.

번역 머리에 관을 씌워주는 것을 '관(冠)'이라고 부른다. '여가(女家)'는 남편의 집을 뜻한다. 부인은 남편의 집을 안으로 여기기 때문에 시집가는 것을 돌아간다고 여긴다. '부자(夫子)'는 남편을 뜻한다. 여자는 남을 따르므로 순종을 올바른 도로 여긴다. 두 사람은 아첨하며 구차하게 맞추고 권세를 훔쳤으니, 아녀자가 순종하는 도일 뿐이며 대장부의 일은 아니라는 뜻이다.

• 제 7 절 •

부순(婦順)에 대한 교육

【694b】

是以古者婦人先嫁三月, 祖廟未毁, 教于公宮. 祖廟既毁, 教于宗室. 教以婦德·婦言·婦容·婦功. 教成祭之, 牲用魚, 芼之以蘋藻, 所以成婦順也.

직역 是以로 古者에 婦人은 嫁에 先하길 三月하여, 祖廟가 未毁면, 公宮에서 教한다. 祖廟가 既히 毁하면, 宗室에서 教한다. 教는 婦德·婦言·婦容·婦功으로써 한다. 教가 成하면 祭하니, 牲은 魚를 用하고, 芼하길 蘋藻로써 하니, 婦順을 成한 所以이다.

의역 이러한 까닭으로 고대에는 딸아이가 시집가기 3개월 전에, 조묘(祖廟)가 아직 훼철되지 않아서 군주와 사이가 가까운 친족이라면, 공궁(公宮)에서 그녀에 대한 교육을 실시한다. 조묘가 이미 훼철되어서 군주와 사이가 소원해진 친족이라면, 종실(宗室)에서 그녀에 대한 교육을 실시한다. 그녀에게 교육을 할 때에는 아내이자 며느리로서 갖춰야 하는 덕(德), 해야 할 말, 갖춰야 하는 행동거지, 해야 할 일 등을 가르친다. 가르침이 완성되면 자신이 파생하게 된 조상에 대해서 제사를 지내는데, 희생물은 물고기를 사용하고, 빈조(蘋藻)라는 풀로 국을 끓이니, 아내이자 며느리로서 갖춰야 하는 순종의 덕목을 이루었기 때문이다.

集說 祖廟未毁者, 言此女猶於此祖有服也, 則於君爲親, 故使女師教之于公宮. 公宮, 祖廟也. 旣毁, 謂無服也, 則於君爲疏, 故教之於宗子之家. 德, 貞順也. 言, 辭令也. 容則婉娩, 功則絲麻. 祭之者, 祭所出之祖也. 魚與蘋藻皆水物, 陰類也, 芼之, 爲羹也.

번역 "조묘(祖廟)가 아직 훼철되지 않았다."는 말은 여기에서 말하는 시집갈 여자가 여전히 조상에 대해 상복관계에 있다는 뜻이니, 군주에 대해서는 사이가 가까운 친족이 된다. 그렇기 때문에 여사(女師)[1]를 시켜서 공궁(公宮)에서 그녀를 교육시키는 것이다. '공궁(公宮)'은 조묘(祖廟)를 뜻한다. "이미 훼철되었다[旣毁]."는 말은 상복관계가 끝났다는 뜻이니, 군주에 대해서는 소원해진 친족이 된다. 그렇기 때문에 그녀에 대해서 종자(宗子)[2]의 집에서 교육을 시키는 것이다. '덕(德)'은 지조가 굳고 순종함을 뜻한다. '언(言)'은 대답하는 말 등을 뜻한다. '용(容)'은 유순한 모습을 뜻하고, '공(功)'은 견직물 만드는 것을 뜻한다. "제사를 지낸다."는 것은 자신이 파생된 조상에 대해서 제사를 지낸다는 뜻이다. 물고기와 빈조(蘋藻)라는 식물은 모두 수중에서 나오는 산물이니, 음(陰)의 부류에 해당하고, "모(芼)로 한다."는 말은 국을 만든다는 뜻이다.

大全 張子曰: 古者婦人亦須有教, 教于公宮·宗室是也, 故知夙興夜寐, 臨祭祀, 事賓客, 承尊長. 又曰: 祖廟未毁, 教于公宮, 則知諸侯於有服族人, 亦引而親之如家人焉.

번역 장자[3]가 말하길, 고대에 아내가 될 여자들은 또한 가르침을 받아야만 했으니, 공궁(公宮)이나 종실(宗室)에서 가르친다는 것이 바로 이러한 사실을 나타낸다. 그러므로 그 내용이 일찍 일어나고 늦게 잠자리에 들며, 제사에 임하

1) 여사(女師)는 고대에 귀족의 여식들을 교육했던 선생을 뜻한다.
2) 종자(宗子)는 종법제(宗法制)와 관련된 용어이다. 대종(大宗) 집안의 적장자(嫡長子)를 가리키는 용어이다.
3) 장재(張載, A.D.1020 ~ A.D.1077) : =장자(張子)·장횡거(張橫渠). 북송(北宋) 때의 유학자이다. 북송오자(北宋五子) 중 한 사람으로 칭해진다. 자(字)는 자후(子厚)이다. 횡거진(橫渠鎭) 출신으로, 이곳에서 장기간 강학을 했기 때문에 횡거선생(橫渠先生)으로 일컬어지기도 한다.

고, 빈객을 섬기며, 존장자를 받드는 것임을 알 수 있다. 또 말하길, 조묘(祖廟)가 아직 훼철되지 않았을 때 공궁에서 교육을 한다면, 제후는 상복관계에 있는 족인들에 대해서도 그들을 이끌어 집안사람처럼 친근하게 대한다는 사실을 알 수 있다.

鄭注 謂與天子·諸侯同姓者也. 嫁女者, 必就尊者教成之. 教成之者, 女師也. 祖廟, 女所出之祖也. 公, 君也. 宗室, 宗子之家也. 婦德, 貞順也. 婦言, 辭令也. 婦容, 婉娩也. 婦功, 絲麻也. 祭之, 祭其所出之祖也. 魚·蘋藻, 皆水物, 陰類也. 魚爲俎實, 蘋藻爲羹菜. 祭無牲牢, 告事耳, 非正祭也, 其齊盛用黍云. 君使有司告之. 宗子之家, 若其祖廟已毁, 則爲壇而告焉.

번역 천자 및 제후와 동성(同姓)인 자들을 뜻한다. 시집을 가는 여자는 반드시 존귀한 자에게 나아가서 가르침을 받아 완성되어야 한다. 가르쳐서 완성을 시키는 자는 여사(女師)이다. 여기에서 말하는 '조묘(祖廟)'는 그녀가 파생하게 된 조상을 뜻한다. '공(公)'은 군주를 뜻한다. '종실(宗室)'은 종자(宗子)의 집을 뜻한다. '부덕(婦德)'은 지조가 굳고 순종함을 뜻한다. '부언(婦言)'은 대답하는 말 등을 뜻한다. '부용(婦容)'은 유순한 모습을 뜻한다. '부공(婦功)'은 견직물 만드는 일을 뜻한다. '제지(祭之)'는 그녀가 파생하게 된 조상에 대해 제사를 지낸다는 뜻이다. 물고기와 빈조(蘋藻)라는 식물은 모두 물에서 나오는 산물이니, 음(陰)의 부류에 해당한다. 물고기로는 도마를 채우고, 빈조(蘋藻)로는 풀국을 만든다. 제사를 지낼 때 정식 희생물이 없는 것은 단지 그 사안을 아뢰는 제사이며, 정식 제사가 아니기 때문이고, 곡식을 담을 때에는 서(黍)를 사용했다고 전해진다. 군주는 유사(有司)[4]를 시켜서 아뢰게 된다. 종자의 집에 그녀가 파생하게 된 조상의 묘가 이미 훼철되었다면, 제단을 쌓아서 아뢰게 된다.

4) 유사(有司)는 관리를 뜻하는 용어이다. '사(司)'자는 담당한다는 뜻이다. 관리들은 각자 담당하고 있는 업무가 있었으므로, 관리를 '유사'라고 불렀던 것이다. 일반적으로 하위관료들을 지칭하여, 실무자를 뜻하는 용어로 많이 사용된다. 그러나 때로는 고위관료까지도 지칭하는 용어로 사용되기도 한다.

釋文 先, 悉薦反. 芼, 莫報反. 蘋音頻. 藻音早. 毛詩: "于以采蘋, 于以采藻." 詩箋云: "蘋之言賓, 藻之言早." 婉, 紆免反. 娩音晚, 詩箋云: "婉娩, 貞順貌." 又音挽. 齊音咨. 壇, 徒丹反.

번역 '先'자는 '悉(실)'자와 '薦(천)'자의 반절음이다. '芼'자는 '莫(막)'자와 '報(보)'자의 반절음이다. '蘋'자의 음은 '頻(빈)'이다. '藻'자의 음은 '早(조)'이다. 『모시』에서는 "이에 빈(蘋)을 뜯으며, 이에 조(藻)를 뜯는다."[5]라고 했고, 『시』의 전문(箋文)에서는 "빈(蘋)자는 빈(賓)이고, 조(藻)자는 조(早)이다."라고 했다. '婉'자는 '紆(우)'자와 '免(면)'자의 반절음이다. '娩'자의 음은 '晚(만)'이며, 『시』의 전문에서는 "완만(婉娩)은 지조가 굳고 순종적인 모습을 뜻한다."라고 했다. 또한 그 음은 '挽(만)'도 된다. '齊'자의 음은 '咨(자)'이다. '壇'자는 '徒(도)'자와 '丹(단)'자의 반절음이다.

孔疏 ●"是以"至"順也". ○正義曰: 此經更發明前經成婦順之事. 所以能成婦德者, 以未嫁之前, 先教以四德. 故此經明嫁所教之事.

번역 ●經文: "是以"~"順也". ○이곳 경문은 앞의 경문에서 며느리의 순종함을 완성한다는 사안에 대해 재차 나타내고 있다. 아내이자 며느리의 덕을 완성시킬 수 있는 이유는 아직 시집가기 이전에 앞서 네 가지 덕목을 가르치기 때문이다. 그래서 이곳 경문에서는 시집을 가는 여자에게 교육하는 사안을 나타내고 있다.

孔疏 ●"祖禰未毁, 教于公宮"者, 此謂與君爲骨肉, 親廟有四, 高祖之廟未毁除, 此欲嫁之女教于公宮也.

번역 ●經文: "祖禰未毁, 教于公宮". ○이것은 군주와 골육지친이 된다는 뜻으로, 제후의 경우 태조의 묘(廟)를 제외하고 4개의 묘를 두게 되는데, 그녀의 고조부 묘가 아직 훼철되지 않은 경우이니, 이러한 경우에는 시집을 가게

---

5) 『시』「소남(召南)·채빈(采蘋)」: 于以采蘋, 南澗之濱. 于以采藻, 于彼行潦.

된 여자에 대해 공궁(公宮)에서 교육을 시키고자 하는 것이다.

孔疏 ●"祖廟既毁, 教於宗室"者, 謂與君四從以外, 同高祖之父以上, 其廟既遷, 是"祖廟既毁", 此女則教於大宗子之室.

번역 ●經文: "祖廟既毁, 教於宗室". ○군주의 4대 조상을 벗어난 그 이외의 친족을 뜻하는 것으로 제후의 고조부 부친 이상의 조상이 같은 자들이니, 그의 묘가 이미 훼철된 것으로 이것이 "조묘(祖廟)가 이미 훼철되었다."는 경우에 해당한다. 이러한 경우에 해당하는 여자에 대해서는 대종자(大宗子)의 집에서 교육을 시킨다.

孔疏 ●"教成, 祭之"者, 謂三月教之, 其教已成, 祭女所出祖廟, 告以教成也.

번역 ●經文: "教成, 祭之". ○3개월 동안 가르쳐서 교육이 완성을 이루면, 여자가 파생된 조묘(祖廟)에 대해 제사를 지내어, 가르침이 완성되었다는 사실을 아뢴다.

孔疏 ●"所以成婦順也"者, 以爲未嫁之前, 先教四德. 又祭而告, 但成其爲婦之順, 欲使嫁而爲婦, 擧遵此教而成和順.

번역 ●經文: "所以成婦順也". ○아직 시집을 가기 이전에, 먼저 네 가지 덕목에 대해서 가르친다. 또한 제사를 지내서 아뢰는데, 다만 아내이자 며느리로서 행해야 하는 순종함을 완성하여, 그녀를 시집보내서 아내가 되게끔 함에, 이러한 가르침을 준칙으로 따라서, 화목하게 지내고 순종해야 하는 덕목을 완성시키는 것이다.

孔疏 ◎注"謂與"至"告焉". ○正義曰: 此云"教於公宮", 故知是天子諸侯同姓也. 天子當言王宮. 今經云"公宮", 知兼天子者, 此云"公宮", 謂公之宮也, 若天子公邑官家之宮爾, 非謂諸侯公宮也. 此昏義雖記士昏禮之事, 自此以下,廣明天子以下敎女及夫婦之義, 故此經敎女擧貴者言. 云"嫁女者, 必就尊者敎成之"者, 按內則: "女子十年不出, 使姆敎成之." 明已前恒敎, 但嫁前三月特就公宮之敎, 欲尊之也. 云"敎之者, 女師也"者, 卽詩·周南云"言告師氏", 則昏禮注云"姆, 婦人五十無子出"者也. 云"祖廟, 女所出之祖也"者, 謂女父與君所分出之祖, 或與君共高祖而分出, 以下皆然, 與諸侯共高祖, 廟未毁, 所出之女, 皆自公宮敎之. 天子雖七廟, 親廟上自高祖以下也. 云"公, 君也"者, 鄭恐唯謂諸侯之公, 故解"公"爲"君". 天子·諸侯皆稱君. 云"宗室, 宗子之家也"者, 鄭注不云大宗·小宗, 則大宗·小宗之家悉得敎之. 與大宗近者, 於大宗敎之, 與大宗遠者, 於小宗敎之. 此記謂君之同姓, 若君之異姓, 異姓始祖在者, 其後亦有大宗小宗, 其族人嫁女, 各於其家也. 云"祭之, 祭其所出之祖也"者, 此女出於君之高祖, 則祭高祖廟, 出於君之曾祖, 則祭曾祖, 以下皆然. 女親行祭, 詩云"誰其尸之, 有齊季女", 是也. 云"祭無牲牢, 告事耳, 非正祭也"者, 以祭君之廟應用牲牢, 今其俎唯魚, 故云"告事耳, 非正祭也". 云"其齊盛用黍"者, 以其敎祭不用正牲, 則無稻粱. 旣以蘋藻爲羹, 則當有齊盛, 此士祭特牲黍稷, 故知此亦用黍也. 云"君使有司告之"者, 約雜記"釁廟, 使有司行之", 故知此告成之祭, 亦使有司也. 若有卿大夫以下, 則女主之, 宗子掌其禮也. 云"若其祖廟已毁, 則爲壇而告焉"者, 此謂與宗子或同曾祖, 假令宗子爲士, 只有父·祖廟, 曾祖·高祖無廟, 則爲壇於宗子之家而告焉. 若與宗子同曾祖, 則爲壇告曾祖焉. 若與宗子同高祖, 則爲壇告高祖焉. 此注或有作"墠"者, 誤也. 所以知者, 以祭法篇, 適士二廟一壇, 則曾祖爲壇也. 大夫三廟二壇, 則高祖及高祖之父爲壇. 或可宗子爲中士·下士, 但有二廟無壇, 則爲墠而告之也.

번역 ◎鄭注: "謂與"~"告焉". ○이곳에서 "공궁(公宮)에서 가르친다."라고 했기 때문에, 여기에서 말하는 경우가 천자 및 제후와 동성(同姓)인 자에 해당한다는 사실을 알 수 있다. 천자의 친족인 경우에는 마땅히 '왕궁(王宮)'이라고 말해야 한다. 현재 경문에서는 '공궁(公宮)'이라고 했는데, 이것이 천자에 대한 경우도 포함하고 있다는 사실을 알 수 있는 이유는 여기에서 말한 '공궁(公宮)'은 공(公)의 궁(宮)을 뜻하는 것으로, 천자의 공읍(公邑)에 있는 관가

(官家)의 궁(宮)과 같은 것일 따름이며, 제후의 공궁(公宮)을 뜻하는 말이 아니다. 이곳 「혼의」편의 기록이 비록 사 계층의 혼례에 대한 사안을 기록하고 있지만, 이 구문부터 그 아래의 문장들은 천자로부터 그 이하의 계층에서 딸자식을 가르치는 일과 부부의 도의에 대해서 폭넓게 설명하고 있다. 그렇기 때문에 이곳 경문에서는 딸자식을 교육할 때, 가장 존귀한 신분에 있는 여자를 기준으로 말을 한 것이다. 정현이 "시집을 가는 여자는 반드시 존귀한 자에게 나아가서 가르침을 받아 완성되어야 한다."라고 했는데, 『예기』「내칙(內則)」편을 살펴보면, "여자아이는 10살이 되면, 밖으로 나가지 않고 모(姆)를 시켜서 그녀를 교육시켜 완성시킨다."[6]라고 했는데, 이것은 이미 그 이전에 항상 교육을 시킨다는 사실을 나타낸다. 다만 시집을 가기 3개월 이전에는 공궁에서 가르침을 받으니, 그녀를 존귀하게 만들고자 했기 때문이다. 정현이 "가르치는 자는 여사(女師)이다."라고 했는데, 이 말은 곧 『시』「주남(周南)」편에서 "사씨(師氏)에게 아뢴다."[7]라고 한 뜻에 해당하니, 『의례』「사혼례(士昏禮)」편에 대한 정현의 주에서 "'모(姆)'는 부인들 중 50세가 되었는데 자식이 없어 쫓겨난 자"라고 한 여자를 뜻한다. 정현이 "'조묘(祖廟)'는 그녀가 파생하게 된 조상을 뜻한다."라고 했는데, 여자의 부친과 군주가 분파되어 나온 조상을 뜻하거나 여자의 부친이 군주와 함께 같은 고조에게서 분파되어 나온 경우로, 군주의 고조 이하의 조상에 있어서는 모두 이러하며, 제후와 같은 고조를 모시고 그 묘가 아직 훼철되지 않았다면, 그 조상에게서 파생된 여식은 모두 공궁에서 가르침을 받는다. 천자는 비록 7개의 묘를 두지만, 대수가 가까운 묘는 고조로부터 그 이하의 경우에만 해당한다. 정현이 "'공(公)'은 군주를 뜻한다."라고 했는데, 정현은 단지 제후(諸侯)인 공(公)만을 뜻하는 것으로 오해될 것을 염려했기 때문에, '공(公)'자를 군주[君]로 풀이한 것이다. 천자와 제후에 대해서는 모두 '군(君)'이라 지칭한다. 정현이 "'종실(宗室)'은 종자(宗子)의 집을 뜻한다."라고 했는데, 정현의 주에서는 대종(大宗)[8]과 소종(小宗)을 언급하지 않았으니, 대종과

---

6) 『예기』「내칙(內則)」【369c】: 女子十年不出. 姆教婉娩聽從, 執麻枲, 治絲繭, 織紝組紃, 學女事, 以共衣服. 觀於祭祀, 納酒漿籩豆菹醢, 禮相助奠.

7) 『시』「주남(周南)·갈담(葛覃)」: 言告師氏, 言告言歸. 薄汙我私, 薄澣我衣, 害澣害否, 歸寧父母.

소종의 집에서는 모두 친족의 여식들을 교육시킬 수 있는 것이다. 그 관계가 대종과 가까운 경우에는 대종의 집안에서 가르치고, 대종과 먼 경우에는 소종의 집안에서 가르친다. 이곳 『예기』의 기록은 군주와 동성인 경우를 뜻하니, 만약 군주와 이성(異姓)인 경우라면, 이성의 시조가 있고 그 이후 또한 대종과 소종의 구분이 생기니, 그 족인에 해당하는 여자 중 시집을 가는 자들은 각각 그 집안에서 교육을 받는다. 정현이 "'제지(祭之)'는 그녀가 파생하게 된 조상에 대해서 제사를 지낸다는 뜻이다."라고 했는데, 시집을 가는 여자가 군주의 고조부에게서 파생한 후손이라면 고조부의 묘에서 제사를 지내고, 군주의 증조부에서 파생한 후손이라면 증조부의 묘에서 제사를 지내니, 그 이하의 경우가 모두 이러하다. 여자가 직접 제사를 지내는데, 『시』에서 "누가 그것을 맡았는가, 저 조숙한 여인네로다."[9]라고 한 말이 바로 이러한 사실을 나타낸다. 정현이 "정식 희생물이 없는 것은 단지 그 사안을 아뢰는 제사이며, 정식 제사가 아니기 때문이다."라고 했는데, 군주의 묘에서 제사를 지낼 때에는 마땅히 정식 희생물을 사용해야 하는데, 현재 그 도마에 올리는 것은 단지 물고기만 있을 따름이다. 그렇기 때문에 "그 사안을 아뢰는 제사이며, 정식 제사가 아니기 때문이다."라고 말한 것이다. 정현이 "곡식을 담을 때에는 서(黍)를 사용했다."라고 했는데, 가르침을 완성하여 제사를 지낼 때에는 정식 희생물을 사용하지 않으니, 도량(稻粱)이 없게 된다. 이미 빈조(蘋藻)로 국을 끓인다고 했다면, 마땅히 곡식을 담은 것도 있게 되는데, 사가 제사를 지내면서 특생(特牲)[10]을

---

8) 대종(大宗)은 소종(小宗)과 상대되는 말이다. 소종과 '대종'은 고대 종법제(宗法制)에 따른 구분이다. 적장자(嫡長子)의 한 계통만이 '대종'이 되고, 나머지 아들들은 소종이 된다. 예를 들어 천자의 적장자는 '대종'이 되고, 나머지 아들들은 소종이 된다. 만약 소종인 천자의 나머지 아들들이 제후가 되었다면, 본인의 나라에서는 '대종'이 되지만, 천자에 대해서는 역시 소종이 된다. 제후가 된 자의 적장자는 본인의 나라에서 '대종'이 되고, 나머지 아들들은 소종이 된다.

9) 『시』「소남(召南)·채빈(采蘋)」: 于以奠之, 宗室牖下. 誰其尸之, 有齊季女.

10) 특생(特牲)은 한 종류의 가축을 희생물로 사용한다는 뜻이다. '특(特)'자는 동일 종류의 희생물을 한 마리 사용한다는 뜻이며, 특히 소를 사용할 때 사용하는 용어이기도 하다. 『춘추좌씨전』「양공(襄公) 9년」편에는 "祈以幣更, 賓以特牲."이라는 기록이 있고, 이에 대한 양백준(楊伯峻)의 주에서는 "款待貴賓, 只用一種牲畜. 一牲曰特."이라고 풀이했다. 그런데 어떠한 가축을 사용했는가에 대해서는

사용하고 서직(黍稷)을 사용하기 때문에, 이러한 경우에도 또한 서(黍)를 사용한다는 사실을 알 수 있다. 정현이 "군주는 유사(有司)를 시켜서 아뢰게 된다."라고 했는데, 이것은 『예기』「잡기(雜記)」편에서 "종묘가 처음 완성되어 피칠을 할 때 유사를 시켜서 시행한다."[11]라는 말을 요약한 것이다. 그렇기 때문에 가르침이 완성되었음을 아뢰는 제사에서도 또한 유사를 시킨다는 사실을 알 수 있는 것이다. 만약 경이나 대부 이하의 계층에서 이러한 경우가 발생한다면, 여자가 직접 제사를 주관하고 종자가 그 의례를 담당한다. 정현이 "만약 그녀가 파생하게 된 조상의 묘가 이미 훼철되었다면, 제단을 쌓아서 아뢰게 된다."라고 했는데, 이것은 종자와 증조부가 같은데, 가령 종자가 사의 신분이 되어서 부친 및 조부의 묘만 모시게 되고, 증조부나 고조부에 대한 묘가 없는 경우라면, 종자의 집에 제단을 쌓아서 아뢴다는 뜻이다. 만약 종자와 증조부가 같다면 제단을 쌓아서 증조부에게 아뢴다. 만약 종자와 고조부가 같다면 제단을 쌓아서 고조부에게 아뢴다. 이곳 주의 기록에 대해서 간혹 '선(墠)'자로 기록한 것도 있는데, 이것은 잘못된 기록이다. 이러한 사실을 알 수 있는 이유는 『예기』「제법(祭法)」편에서 적사(適士)[12]는 2개의 묘(廟)와 1개의 단(壇)이 있다고 했으니,[13] 증조부에 대해서는 제단을 쌓는 것이다. 또 대부는 3개의 묘(廟)와 2개의

주석들마다 차이가 있다. 『국어(國語)』「초어하(楚語下)」편에는 "大夫擧以特牲, 祀以少牢."라는 기록이 있고, 이에 대한 위소(韋昭)의 주에서는 "特牲, 豕也."라고 풀이했다. 또한 『예기』「교특생(郊特牲)」편에 대한 육덕명(陸德明)의 제해(題解)에서는 "郊者, 祭天之名, 用一牛, 故曰特牲."이라고 풀이했다. 즉 '특생'으로 사용되는 가축은 '시(豕: 돼지)'도 될 수 있으며, 소도 될 수 있다.

11) 『예기』「잡기하(雜記下)」【522d~523a】: 成廟則釁之, 其禮祝宗人宰夫雍人, 皆爵弁純衣. 雍人拭羊, 宗人祝之, 宰夫北面于碑南東上. 雍人擧羊升屋自中, 中屋南面刲羊, 血流于前乃降. 門夾室皆用雞, 先門而後夾室. 其衈皆於屋下, 割雞, 門當門, 夾室中室. 有司皆鄕室而立, 門則有司當門北面. 旣事, 宗人告事畢, 乃皆退. 反命于君曰, "釁某廟事畢." 反命于寢, 君南鄕于門內朝服, 旣反命乃退.

12) 적사(適士)는 상사(上士)를 가리킨다. 사(士)라는 계급은 3단계로 세분되는데, 상사, 중사(中士), 하사(下士)가 그것이다. 『예기』「제법(祭法)」편의 경문에는 "適士二廟, 一壇, 曰考廟, 曰王考廟, 享嘗乃止."라는 기록이 있다. 이에 대한 정현의 주에서는 "適士, 上士也."라고 풀이했다.

13) 『예기』「제법(祭法)」【550a~b】: 適士二廟一壇, 曰考廟, 曰王考廟, 享嘗乃止; 皇考無廟, 有禱焉, 爲壇祭之; 去壇爲鬼.

단(壇)이 있으니,[14] 고조부 및 고조부의 부친에 대해서는 제단을 쌓는 것이다. 혹은 종자가 중사(中士)나 하사(下士)의 신분이 되었다면, 단지 2개의 묘만 있고 제단은 없게 되니, 선(墠)을 만들어서 아뢸 수 있다.

訓纂 王氏念孫曰: "敎成祭之", 當作"敎成之祭", 謂三月敎成, 乃祭女所出之祖而告之, 故曰"敎成之祭". 其祭以魚爲俎實, 蘋藻爲羹菜, 與正祭之用牲牢者不同. 召南采蘋箋全用此文, 而云"敎成之祭". 又采蘩·采蘋正義言"敎成之祭"者二十有五. 鈔本北堂書鈔禮儀部引昏義亦作"敎成之祭".

번역 왕념손[15]이 말하길, '교성제지(敎成祭之)'라는 말은 '교성지제(敎成之祭)'로 기록해야 하니, 3개월 동안 가르침이 완성되면 여자가 파생되어 나온 조상에게 제사를 지내며 그 사실을 아뢴다는 뜻이다. 그렇기 때문에 '교성지제(敎成之祭)'라고 부른다. 그 제사에서는 물고기로 도마를 채우고, 빈조라는 풀로 나물국을 만드니, 정규 제사에서 희생물을 사용하는 것과는 다르다. 『시』「소남(召南)·채빈(采蘋)」편의 전문에서는 이 문장을 그대로 기록하며 '교성지제(敎成之祭)'라고 했다. 또 『시』「채번(采蘩)」편과 「채빈(采蘋)」편에 대한 『정의』에서는 '교성지제(敎成之祭)'라고 말한 기록이 스물다섯 차례 나온다. 초본인 『북당서초』「예의부」에서도 「혼의」편을 인용하면서 '교성지제(敎成之祭)'라고 기록했다.

集解 愚謂: 祖廟未毁, 謂與君同高祖以下者, 則宗室亦謂繼高祖以下之宗, 非大宗也. 女子無祭祖廟之法, 敎成之祭輕, 君又不當親祭, 故鄭氏謂"使有司告之". 若卿大夫之家, 則宗子主其祭, 而祭饌則此女設之, 詩所謂"誰其尸之, 有齊季女", 是也. 女子之事夫, 猶男子之事君也. 然男子二十而冠, 其仕乃寬

---

14) 『예기』「제법(祭法)」【550a】: 大夫立三廟, 二壇, 曰考廟, 曰王考廟, 曰皇考廟, 享嘗乃止; 顯考·祖考無廟, 有禱焉, 爲壇祭之; 去壇爲鬼.

15) 왕념손(王念孫, A.D.1744 ~ A.D.1832) : 청(淸)나라 때의 학자이다. 자(字)는 회조(懷祖)이고, 호(號)는 석구(石臞)이다. 부친은 왕안국(王安國)이고, 아들은 왕인지(王引之)이다. 대진(戴震)에게 학문을 배웠다. 저서로는 『독서잡지(讀書雜志)』 등이 있다.

以二十年之久, 而女子則笄而遂嫁, 故雖教之有素, 而深懼其未習也. 爲之特擧其禮, 嚴之以君宗之所, 以動其禮法之慕, 重之以宗廟之告, 以生其恭敬之心, 此婦順之所由成也.

번역 내가 생각하기에, 조묘가 아직 훼철되지 않았다는 말은 군주와 같은 고조부를 가진 자로부터 그 이하의 경우를 뜻하며, 종실 또한 고조로부터 그 이하의 조상을 잇는 종자이니 대종을 뜻하는 것이 아니다. 여자에게는 조묘에서 제사지내는 법도가 없고, 가르침이 완성되어 지내는 제사는 상대적으로 덜 중요하므로 군주 또한 직접 지내지 않는다. 그렇기 때문에 정현은 "유사를 시켜서 아뢴다."라고 했다. 경과 대부의 집이라면 종자가 그 제사를 주관하고 제사에 바치는 음식들은 교육을 마친 여자가 진설하니, 『시』에서 "누가 그것을 맡았는가, 저 조숙한 여인네로다."라고 한 말이 이러한 사실을 나타낸다. 여자가 남편을 섬기는 것은 남자가 군주를 섬기는 것과 같다. 그런데 남자는 20세에 관례를 치르게 되며, 그가 관직에 나아갈 때까지 20년이라는 긴 시간을 준다.[16] 반면 여자의 경우 계례를 치르고 난 뒤에는 곧바로 혼인이 성사되기 때문에[17] 비록 평소에 가르친 것이 있더라도 아직 익숙하지 못한 것이 있을까 크게 염려되는 것이다. 그래서 특별히 이러한 예법을 시행하니, 군주나 종자가 있는 장소에서 엄숙하게 진행하여 예법을 사모하는 마음을 갖도록 하고, 종묘에서 아뢰는 제사를 통해 중시하도록 만들어서 공손하고 공경하는 마음이 생기도록 한다. 이것은 부인의 순종을 완성시키는 것이다.

---

16) 『예기』「곡례상(曲禮上)」【12b】: 人生十年曰幼, 學. 二十曰弱, 冠. 三十曰壯, 有室. 四十曰強, 而仕. 五十曰艾, 服官政. 六十曰耆, 指使. 七十曰老, 而傳. 八十九十曰耄, 七年曰悼, 悼與耄, 雖有罪, 不加刑焉. 百年曰期, 頤.

17) 『예기』「내칙(內則)」【369d】: 十有五年而笄, 二十而嫁. 有故, 二十三年而嫁. 聘則爲妻, 奔則爲妾. 凡女拜, 尙右手.

참고 구문비교

예기·혼의 教以婦德·婦言·婦容·婦功.

주례·천관(天官)·구빈(九嬪) 九嬪掌婦學之法, 以教九御婦德·婦言·婦容·婦功, 各帥其屬而以時御敍于王所.

참고 『주례』「천관(天官)·구빈(九嬪)」 기록

경문 九嬪掌婦學之法, 以教九御婦德·婦言·婦容·婦功, 各帥其屬而以時御敍于王所.

번역 구빈(九嬪)은 아녀자 교육의 법도를 담당하여, 구어(九御)[18]에게 아녀자가 갖춰야 할 덕, 아녀자가 해야 할 말, 아녀자가 보여야 하는 행동거지, 아녀자가 시행해야 할 일을 가르치고, 각각 휘하의 자들을 통솔하여 시기에 맞춰 천자의 처소에서 차례에 따라 시중을 든다.

鄭注 婦德謂貞順, 婦言謂辭令, 婦容謂婉娩, 婦功謂絲枲. 自九嬪以下, 九九而御於王所. 九嬪者, 既習於四事, 又備於從人之道, 是以教女御也. 教各帥其屬者, 使亦九九相與從於王所息之燕寢. 御猶進也, 勸也, 進勸王息. 亦相次敍. 凡群妃御見之法, 月與后妃其象也. 卑者宜先, 尊者宜後. 女御八十一人當九夕, 世婦二十七人當三夕, 九嬪九人當一夕, 三夫人當一夕, 后當一夕, 亦十五日而徧云. 自望後反之. 孔子云: "日者天之明, 月者地之理. 陰契制, 故月上屬爲天, 使婦從夫放月紀."

---

18) 구어(九御)는 천자를 시중들던 81명의 여자들을 뜻한다. 9명씩 1개의 조를 이루어 천자를 모셨기 때문에, '구어'라는 명칭이 붙게 되었다. 『주례』「천관(天官)·내재(內宰)」편에는 "以陰禮教九嬪, 以婦職之法教九御."라는 기록이 있는데, 이에 대한 정현의 주에서는 "九御, 女御也. 九九而御於王, 因以號焉."이라고 풀이하였다.

번역 '부덕(婦德)'은 지조가 굳고 순종함을 뜻한다. '부언(婦言)'은 대답하는 말 등을 뜻한다. '부용(婦容)'은 유순한 모습을 뜻한다. '부공(婦功)'은 견직물 만드는 일을 뜻한다. 구빈으로부터 그 아하는 9곱하기 9로 81명이 되며 천자의 처소에서 시중을 든다. 구빈은 이미 네 가지 일들을 익숙하게 익혔으며 또한 남을 따르는 도리도 갖추고 있기 때문에 여어(女御)를 가르치는 것이다. 각각 그 휘하의 자들을 이끌도록 하니, 81명으로 하여금 함께 천자가 휴식을 취하는 연침에서 천자를 따르도록 하는 것이다. '어(御)'자는 나아간다는 뜻이며 권면한다는 뜻이니, 천자에게 나아가 휴식을 취하도록 권하는 것이다. 이러한 경우에도 상호 순서를 정해서 시행한다. 여러 비들과 시중드는 여자들이 천자를 찾아뵙는 법도에 있어서 달과 후비는 그 상이 된다. 미천한 자는 먼저 시중을 들어야 하고 존귀한 자는 뒤에 시중을 들어야 한다. 여어는 81명이므로 9명씩 9일 밤 동안 시중을 들고 세부는 27명이니 3일 밤 동안 시중을 들며 구빈은 9명이니 1일 밤 동안 시중을 들며 3명의 부인은 1일 밤 동안 시중을 들고 왕후는 1일 밤 동안 시중을 드니, 15일 동안 두루 돌아가게 된다. 보름 이후로는 이와 반대로 진행한다. 공자는 "태양은 하늘의 밝음이고 달은 땅의 이치이다. 음은 제어하는 것에 들어맞기 때문에 달은 위로 하늘에 속하게 되니, 부인으로 하여금 남편을 따르게 하는 것은 달의 법도를 본받는 것이다."라고 했다.

賈疏 ●"九嬪"至"王所". ○釋曰: 云"掌婦學之法"者, 謂婦人所學之法, 卽"婦德"已下是也. 言"以時御敍于王所"者, 謂月初卑者爲始, 望後尊者爲先是也.

번역 ●經文: "九嬪"~"王所". ○"아녀자 교육의 법도를 담당한다."라고 했는데, 아녀자가 배워야 하는 법도를 뜻하니, '부덕(婦德)'으로부터 그 이하의 것들이 여기에 해당한다. "시기에 맞춰 천자의 처소에서 차례에 따라 시중을 든다."라고 했는데, 월초에는 미천한 자부터 시중을 들기 시작하는데, 보름 이후에는 존귀한 자부터 먼저 시중을 든다.

賈疏 ◎注"婦德"至"月紀". ○釋曰: 鄭知"婦德謂貞順"已下, 義如此者, 但此經雖有四事之言, 無事別目. 按內則云: "姆敎婉娩聽從, 執麻枲, 治絲繭, 織紝組訓." 故鄭此注"婦德謂貞順", 當彼"聽從"; 此云"婦容謂婉娩", 還當彼"婉娩"也; 此云"婦功謂絲枲", 還當彼"執麻枲"已下. 惟婦言注與彼少異. 此注以"婦言謂辭令", 彼內則注以婉爲言語, 娩之言媚也, 謂容貌也. 不同者, 以彼經無四事之言, 故分婉娩爲二事, 以充四德, 此有四事之言, 故幷婉娩爲容貌, 別以辭令解婦言. 然彼以婉娩亦兼婦言者, 以其言語婉順亦得爲容貌故也. 云"自九嬪以下, 九九而御於王所"者, 欲見三夫人及后各當一夕, 不爲九御也. 言此者, 釋經稱女御爲九御之意. 云"九嬪者, 旣習於四事, 又備於從人之道, 是以敎女御也"者, 釋經使九嬪敎女御之意. 云旣習於四事, 卽經婦德之等是也. 云又備於從人之道, 謂御序之事. 卽經"各帥其屬以時御敍於王所", 是也. 云各帥其屬者, 使亦九九相與從於王所息之燕寢者. 此釋經以時御敍于王所之事. 云亦九九相與從王者, 亦上居宮及以作二事, 皆九人相配, 故以亦之也. 云"御猶進也, 勸也, 進勸王息"者, 按左傳云: "君子晝以訪問, 夜以安身." 女者定男於夜, 節宣其氣. 故云勸王息也. 云"亦相次敍"者, 亦上居宮有次敍也. 云"凡群妃御見"已下, 無正文, 鄭以意消息, 婦人者, 陰象月紀, 故月與后妃其象也. 云"卑者宜先, 尊者宜後"者, 按禮運云: "三五而盈, 三五而闕." 后以下法之, 故從微嚮著, 卑者宜先; 從著嚮微, 卑者宜後也. 云"亦十五日而徧云"者, 言亦者, 亦上居宮. 言云者, 亦無正文, 故以"云"疑之也. 云"孔子云"已下者, 孝經·援神契文. 但彼是孔子所作, 故言孔子云也. 云"日者天之明"者, 本合在天. 云"月者地之理"者, 本合在地. 今以陽尊而陰卑, 月乃爲天契制所使, 故云"陰契制". 上屬爲天使, 是以月上屬於天, 隨日而行. 云"婦從夫放月紀"者, 解后已下就王燕寢而御之意.

번역 ◎鄭注: "婦德"~"月紀". ○정현이 "'부덕(婦德)'은 지조가 굳고 순종함을 뜻한다."라고 한 말로부터 그 이하의 항목에 있어서 그 의미가 이와 같다는 사실을 알 수 있었던 것은 이곳 경문에는 비록 네 가지 사안에 대해서만 기록하고 그 사안에 해당하는 별도의 항목이 없다. 『예기』「내칙(內則)」편을 살펴보면 "모(姆)는 말을 순하게 하고 용모를 순박하게 하며 잘 따르는 일들을 가르친다. 삼으로 견직물 만드는 일을 하고 누에에서 생사 뽑는 일을 하며 견직물을 짠다."[19]라고 했다. 그렇기 때문에 정현은 이곳 문장에 대해서 "부덕은 지조가 굳고 순종함을 뜻한다."라고 하여 「내칙」편의 '청종(聽從)'이라는 말에 해당시켰고, 이곳에서 "'부용(婦容)'은 유순한 모습을 뜻한다."라고 하여 「내칙」편의 '완만(婉娩)'이라는 말에 해당시켰으며, 이곳에서 "'부공(婦功)'은 견직물 만드는 일을 뜻한다."라고 하여 「내칙」편의 '집마시(執麻枲)' 이하의 내용에 해당시켰다. 다만 '부언(婦言)'에 대한 주석만이 「내칙」편과 작은 차이를 보인다. 이곳에서는 "'부언(婦言)'은 대답하는 말 등을 뜻한다."라고 했는데, 「내칙」편의 주에서는 완(婉)을 말로 여겼고, 만(娩)은 아름다움을 뜻한다고 했으니 용모를 가리킨다. 이와 같은 차이점은 「내칙」편의 경문에는 네 가지 사안에 대한 말이 없기 때문에 '완(婉)'과 '만(娩)'을 나누어 두 가지 사안으로 만들어 네 가지 덕에 충당시킨 것인데, 이곳에는 네 가지 사안에 대한 기록이 있기 때문에 '완만(婉娩)'을 합쳐서 용모로 여기고 별도로 사령(辭令)을 부언(婦言)으로 풀이한 것이다. 그런데 「내칙」편에서 말한 '완만(婉娩)'에도 부언(婦言)이 포함된 것으로 여겼으니, 말이 유순한 것 또한 용모가 될 수 있기 때문이다. 정현이 "구빈으로부터 그 아하는 9곱하기 9로 81명이 되며 천자의 처소에서 시중을 든다."라고 했는데, 3명의 부인 및 왕후가 각각 1일 밤 동안 시중을 든다는 것을 드러내고자 한 것이니, 구어(九御)만을 뜻하는 것이 아니다. 이처럼 말한 것은 경문에서 여어(女御)라고 지칭한 것은 구어(九御)가 된다는 뜻을 풀이하고자 했기 때문이다. 정현이 "구빈은 이미 네 가지 일들을 익숙하게 익혔으며 또한 남을 따르는 도리도 갖추고 있기 때문에 여어를 가르치는 것이다."라고 했는데, 경문에서 구빈으로 하여금 여어를 가르친다고 했던 뜻을 풀이하고자 한 것이다. "이미 네 가지 일들을 익숙하게 익혔다."고 한 말은 곧 경문에서 말한 부덕(婦德) 등을 뜻한다. "또한 남을 따르는 도리도 갖추고 있다."라고 한 말은 순서에 따라 시중드는 사안을 뜻한다. 즉 경문에서 "각각 휘하의 자들을 통솔하여 시기에 맞춰 천자의 처소에서 차례에 따라 시중을 든다."라고 한

---

19) 『예기』「내칙(內則)」【369c】: 女子十年不出, 姆敎婉娩聽從. 執麻枲, 治絲繭, 織紝組紃, 學女事以共衣服. 觀於祭祀, 納酒漿籩豆菹醢, 禮相助奠.

말에 해당한다. "각각 그 휘하의 자들을 이끌도록 하니, 81명으로 하여금 함께 천자가 휴식을 취하는 연침에서 천자를 따르도록 하는 것이다."라고 했는데, 이것은 경문에서 "시기에 맞춰 천자의 처소에서 차례에 따라 시중을 든다."라고 한 말을 풀이한 것이다. 81명으로 하여금 서로 천자를 따르도록 한다고 했는데, 또한 앞에서 궁에 머물고 일을 하는 두 가지 사안에 있어서도 모두 9명이 서로 짝을 이루게 된다. 그렇기 때문에 '역(亦)'이라고 말한 것이다. 정현이 "'어(御)'자는 나아간다는 뜻이며 권면한다는 뜻이니, 천자에게 나아가 휴식을 취하도록 권하는 것이다."라고 했는데, 『좌전』을 살펴보면 "군자는 낮에는 자문을 구하고 밤에는 몸을 편안히 한다."[20]라고 했다. 즉 여자는 밤에 남자를 안정시켜서 그 기운을 절제시키기도 하며 발산시키기도 한다. 그렇기 때문에 "천자가 휴식을 취하도록 권한다."라고 했다. 정현이 "이러한 경우에도 상호 순서를 정해서 시행한다."라고 했는데, 앞에서 궁에 머물 때에도 순서가 있다는 뜻이다. 정현이 "여러 비들과 시중드는 여자들이 천자를 찾아뵙는다."라고 한 말로부터 그 이하의 기록에 대해서는 경문에 관련된 문장이 없는데, 정현의 의도는 성하고 쇠함에 있어 부인은 음으로 달의 법도를 상징한다. 그렇기 때문에 달과 후비는 그 상이 된다. 정현이 "미천한 자는 먼저 시중을 들어야 하고 존귀한 자는 뒤에 시중을 들어야 한다."라고 했는데, 『예기』「예운(禮運)」편을 살펴보면 "달은 15일마다 보름달이 되고, 15일마다 그믐달이 된다."[21]라고 했고, 왕후로부터 그 이하의 여자들은 이것을 법도로 따른다. 그렇기 때문에 은미한 것으로부터 점차 밝은 것으로 향하니 미천한 자가 먼저 시중을 들어야 하고, 밝은 것으로부터 은미한 것으로 향하니 미천한 자가 뒤에 시중을 들어야 한다. 정현이 "15일 동안 두루 돌아가게 된다."라고 했는데, '역(亦)'이라고 말한 것은 앞에서 궁에 머무는 경우 또한 이처럼 하기 때문이다. '운(云)'이라고 말한 것은 관련된 경문 기록이 없기 때문에 '운(云)'이라고 말하여 확정하지 않은 것이다. 정현이

---

20) 『춘추좌씨전』「소공(昭公) 1년」: 僑聞之, 君子有四時, 朝以聽政, 晝以訪問, 夕以脩令, 夜以安身. 於是乎節宣其氣, 勿使有所壅閉湫底以露其體, 玆心不爽, 而昏亂百度.

21) 『예기』「예운(禮運)」【280c】: 故天秉陽, 垂日星, 地秉陰, 竅於山川, 播五行於四時, 和而後月生也. 是以三五而盈, 三五而闕.

"공자가 말했다."라고 한 말로부터 그 이하의 기록은 『효경』의 위서인 『원신계』의 기록이다. 다만 『원신계』는 공자의 저작이기 때문에 '공자운(孔子云)'이라고 말한 것이다. "태양은 하늘의 밝음이다."라고 했는데, 본래부터 하늘에 있게 된다. "달은 땅의 이치이다."라고 했는데, 본래는 땅에 있는 것이다. 양은 존귀하고 음은 미천하며 달은 하늘의 제어에 부림을 받기 때문에 "음은 제어하는 것에 들어맞다."라고 말한 것이다. 따라서 위로 속해 하늘의 부림을 받으니 이러한 까닭으로 달은 위로 하늘에 속해 태양의 운행에 따라 움직이게 된다. "부인으로 하여금 남편을 따르게 하는 것은 달의 법도를 본받는 것이다."라고 했는데, 왕후로부터 그 이하의 여자들이 천자의 연침으로 나아가 시중드는 뜻을 풀이한 것이다.

그림 7-1 ▣ 천자의 궁성과 종묘(宗廟)의 배치

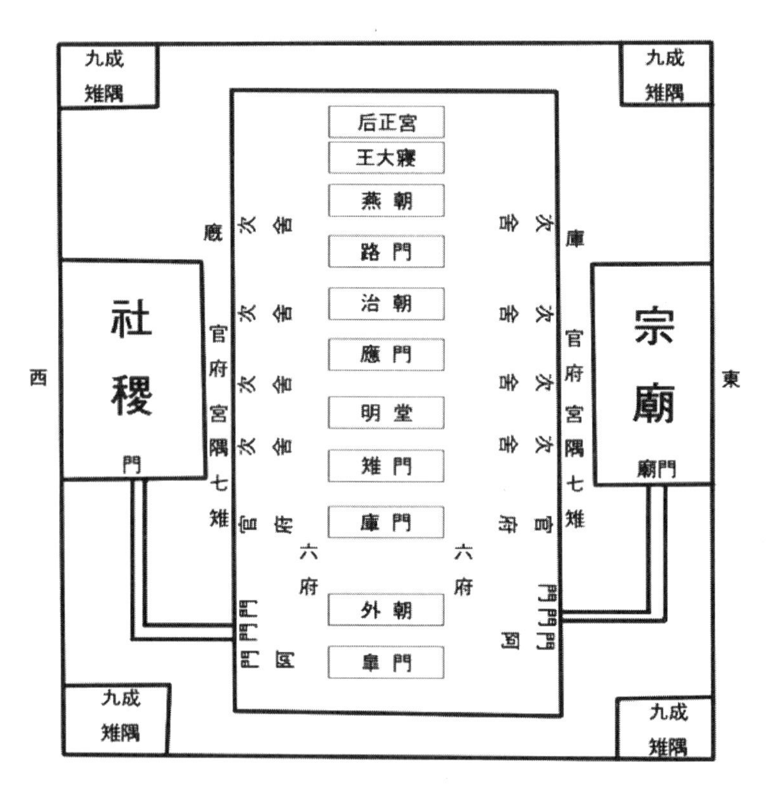

※ 참조: 『삼재도회(三才圖會)』「궁실(宮室)」 2권

그림 7-2 ▣ 천자의 칠묘(七廟)

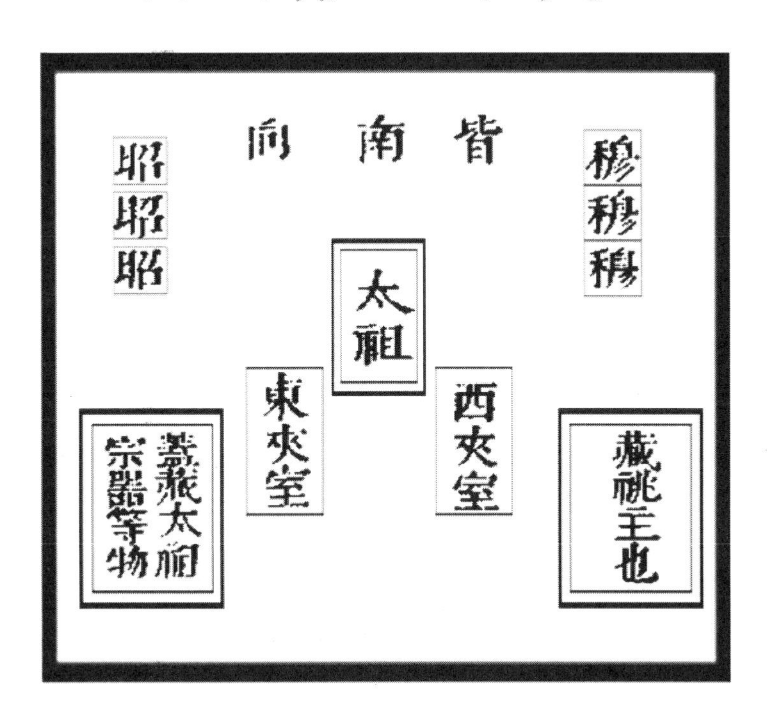

※ **출처:** 『삼재도회(三才圖會)』「궁실(宮室)」 2권

그림 7-3 ■ 제후의 오묘(五廟)

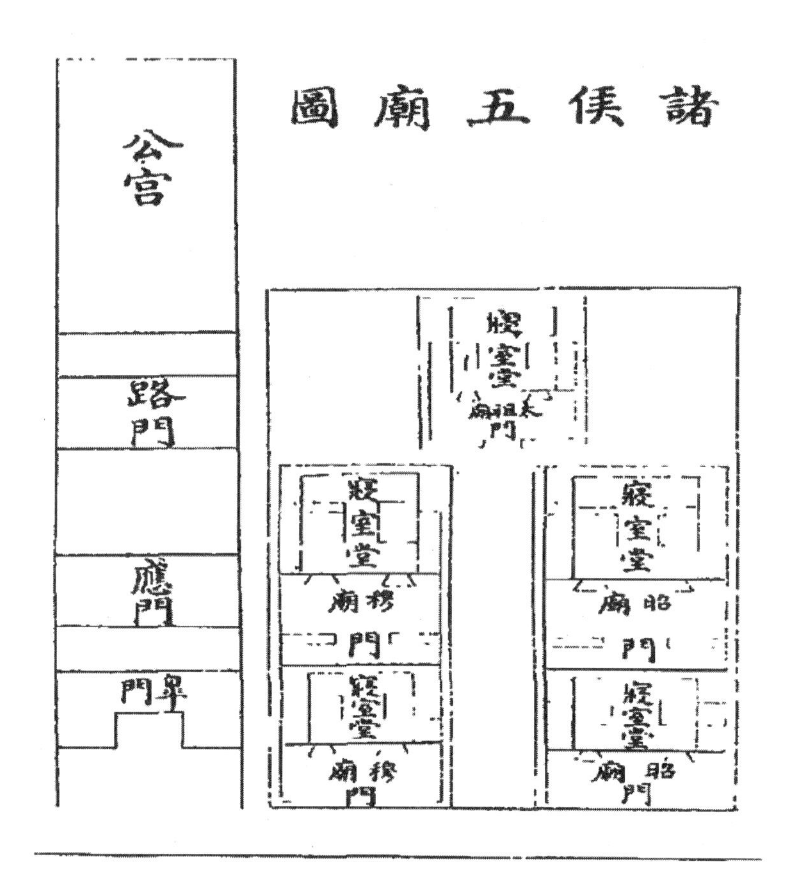

※ 출처: 『의례도(儀禮圖)』「의례방통도(儀禮旁通圖)」

그림 7-4 ▣ 천자의 육침(六寢)

宮寢制

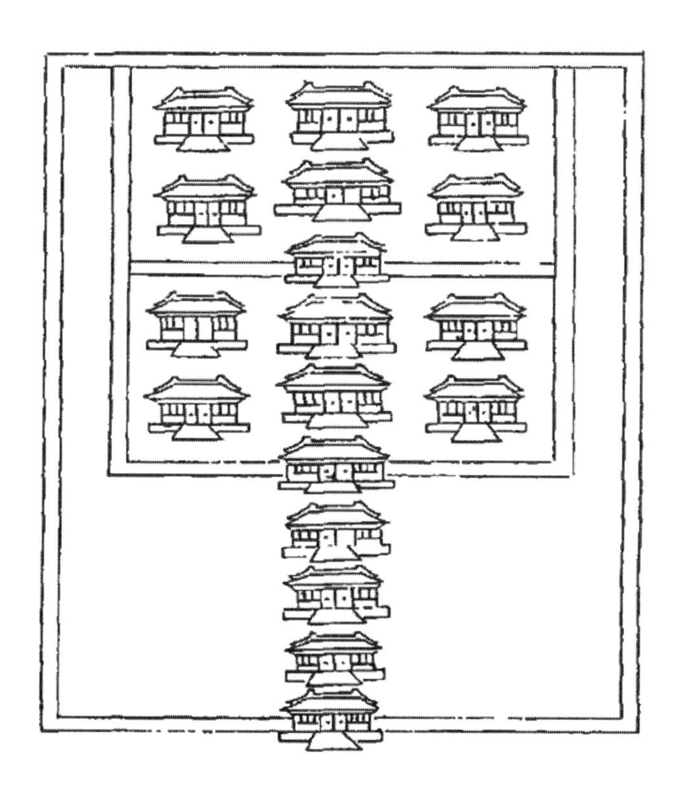

◎ 가장 위쪽의 육침(六寢)은 왕후(王后)의 육침

※ **출처:** 『삼례도집주(三禮圖集注)』 4권

그림 7-5 ▣ 대종자(大宗子)

大宗子

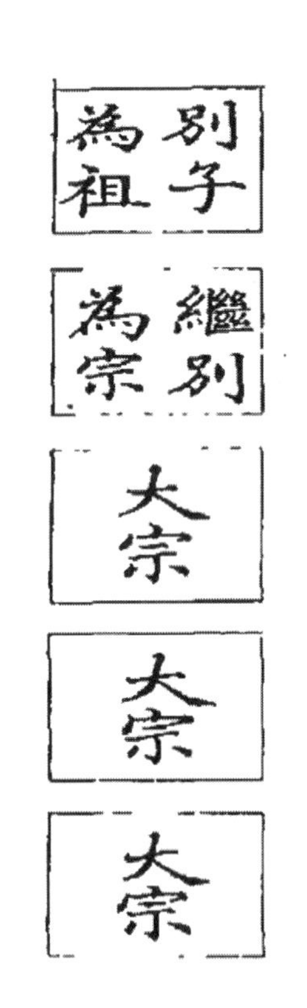

※ 출처:『삼례도집주(三禮圖集注)』 4권

그림 7-6 ■ 소종자(小宗子)

小宗子

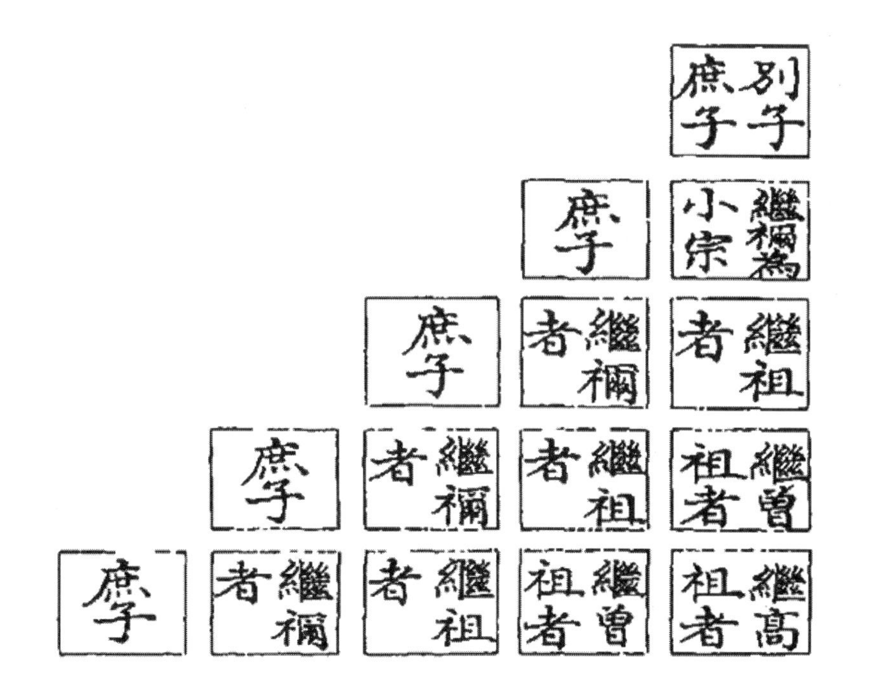

※ **출처:** 『삼례도집주(三禮圖集注)』 4권

참고 『의례』「사혼례(士昏禮)」 기록 - 교녀(敎女)

기문 祖廟未毁, 教于公宮, 三月. 若祖廟已毁, 則教于宗室.

번역 조묘가 아직 훼철되지 않았다면 공궁에서 3개월 동안 딸자식을 교육시킨다. 만약 조묘가 이미 훼철된 상태라면 종실에서 교육시킨다.

鄭注 祖廟, 女高祖爲君者之廟也. 以有緦麻之親, 就尊者之宮, 教以婦德·婦言·婦容·婦功. 宗室, 大宗之家.

번역 '조묘(祖廟)'는 딸자식의 고조부로 군주의 신분이었던 자의 묘를 뜻한다. 시마복(緦麻服)을 착용해야 하는 친족관계가 있기 때문에 존귀한 자의 궁으로 나아가니, 부덕(婦德)·부언(婦言)·부용(婦容)·부공(婦功)을 가르친다. '종실(宗室)'은 대종의 집을 뜻한다.

賈疏 ●"祖廟"至"宗室". ◎注"祖廟"至"之家". ○釋曰: 此謂諸侯同族之女將嫁之前教成之法. 經直云"祖廟", 鄭知"女高祖爲君者之廟也, 以有緦麻之親"者, 以其諸侯立五廟, 大祖之廟不毁, 親廟四, 以次毁之. 經云"未毁"與"已毁", 是據高祖之廟而言, 故云"祖廟, 女高祖爲君者之廟也". 共承高祖, 是四世緦麻之親. 若三世共曾祖, 小功之親. 若共祖, 大功之親. 若共禰廟, 是齊衰之親, 則皆教於公宮. 今直言"緦麻"者, 舉最疏而言親者, 自然教於公宮可知也. 云"教以婦德·婦言·婦容·婦功"者, 昏義文, 鄭彼注云: "婦德, 貞順也. 婦言, 辭令也. 婦容, 婉娩也. 婦功, 絲麻也." 云"宗室, 大宗之家"者, 按喪服小記"繼別爲宗", 謂別子之世適長子族人來宗事之者, 謂之宗者, 收族者也. 高祖之廟既毁, 與君絶服者, 則皆於大宗之家教之. 又小宗有四, 或繼祖, 或繼禰, 或繼曾祖, 或繼高祖, 此等至五代皆遷不就之教者, 小宗卑故也.

번역 ●經文: "祖廟"~"宗室". ◎鄭注: "祖廟"~"之家". ○이것은 제후와 동족인 여자가 시집을 가기 이전에 가르침을 받아 도리를 완성하는 법도를 뜻한다. 경문에서는 단지 '조묘(祖廟)'라고만 했는데, 정현은 "딸자식의 고조부로 군주의 신분이었던 자의 묘를 뜻한다. 시마복(緦麻服)을 착용해야 하는 친족관계가 있기 때문이다."라고 했다. 정현이 이러한 사실을 알 수 있었던 것은 제후는 5개의 묘를 세우며 태조의 묘는 훼철시키지 않으니, 대수가 가까운 묘는 4개이며 차례대로 훼철시키게 된다. 경문에서 "아직 훼철되지 않았다."라고 말하고 "이미 훼철되었다."라고 말한 것은 고조부의 묘를 기준으로 말한 것이다. 그렇기 때문에 "'조묘(祖廟)'는 딸자식의 고조부로 군주의 신분이었던 자의 묘를 뜻한다."라고 말한 것이다. 딸자식과 그 나라의 군주가 같은 고조부를 섬긴다면 이것은 4세대가 지나 시마복을 입는 친족이 된다. 만약 3세대가 지나 같은 증조부를 섬긴다면 이것은 소공복(小功服)을 착용해야 하는 친족이 된다. 만약 같은 조부를 섬긴다면 이것은 대공복(大功服)을 착용해야 하는 친족이 된다. 만약 같은 부친을 섬긴다면 이것은 자최복(齊衰服)을 착용해야 하는 친족이 된다. 이러한 자들에 대해서는 모두 공궁에서 가르친다. 이곳에서는 단지 '시마(緦麻)'라고만 말했는데, 가장 관계가 소원한 자를 제시하여 친밀한 관계에 있는 자의 경우도 드러낸 것이니, 그 안에 포함되는 자들에 대해서는 자연히 공궁에서 가르친다는 사실을 알 수 있다. 정현이 "부덕(婦德)·부언(婦言)·부용(婦容)·부공(婦功)을 가르친다."라고 했는데, 이것은 「혼의」편의 기록이며, 「혼의」편에 대한 정현의 주에서는 "'부언(婦言)'은 대답하는 말 등을 뜻한다. '부용(婦容)'은 유순한 모습을 뜻한다. '부공(婦功)'은 견직물 만드는 일을 뜻한다."라고 했다. 정현이 "'종실(宗室)'은 대종의 집을 뜻한다."라고 했는데, 『예기』「상복소기(喪服小記)」편을 살펴보면 "별자를 계승하는 적장자는 대종(大宗)이 된다."[22]라고 했다. 즉 별자의 집에서 대대로 적장자의 지위를 계승하여 족인들이 찾아와 그를 종주로 섬긴다는 뜻이니, 이들을 '종(宗)'이라 부르는 것은 족인들을 거두기 때문이다. 고조부의 묘가 이미 훼철되었다면 군주와 상복관계가 끊어진 것이니, 이러한 경우에는 모두 대종의 집에서 가르친다. 또 소종(小宗)[23]에는 네 부류가 있으니, 조부를 잇는 자, 부친을 잇는 자, 증조부를 잇는

22) 『예기』「상복소기(喪服小記)」【409b】: 別子爲祖, 繼別爲宗. 繼禰者爲小宗. 有五世而遷之宗, 其繼高祖者也. 是故祖遷於上, 宗易於下. 尊祖故敬宗, 敬宗所以尊祖禰也.

자, 고조부를 잇는 자들이다. 이러한 소종들은 5세대에 이르면 모두 체천되므로 그들의 집으로 찾아가 가르침을 받지 않는다. 그 이유는 소종은 대종에 비해 상대적으로 미천하기 때문이다.

참고 『시』「소남(召南)·채빈(采蘋)」

于以采蘋, (우이채빈) : 어디에서 큰 쑥을 따는가,
南澗之濱. (남간지빈) : 저 남쪽 골짜기 물가에서 따도다.
于以采藻, (우이채조) : 어디에서 마름을 따는가,
于彼行潦. (우피행료) : 저 흐르는 물에서 따도다.

于以盛之, (우이성지) : 어디에 담는가,
維筐及筥. (유광급거) : 네모나고 둥근 광주리에 담도다.
于以湘之, (우이상지) : 어디에 삶는가,
維錡及釜. (유기급부) : 세 발 달린 가마솥과 가마솥에 삶도다.

于以奠之, (우이전지) : 어디에 차려내는가,
宗室牖下. (종실유하) : 대종(大宗)의 종묘 들창 아래에 차려내도다.
誰其尸之, (수기시지) : 누가 주관하는가,
有齊季女. (유제계녀) : 저 공경스러운 소녀로다.

---

23) 소종(小宗)과 대종(大宗)은 고대 종법제(宗法制)에 따른 구분이다. 적장자(嫡長子)의 한 계통만이 대종이 되고, 나머지 아들들은 '소종'이 된다. 예를 들어 천자의 적장자는 대종이 되고, 나머지 아들들은 '소종'이 된다. 만약 '소종'인 천자의 나머지 아들들이 제후가 되었다면, 본인의 나라에서는 대종이 되지만, 천자에 대해서는 역시 '소종'이 된다. 제후가 된 자의 적장자는 본인의 나라에서 대종이 되고, 나머지 아들들은 '소종'이 된다.

毛序 采蘋, 大夫妻能循法度也, 能循法度, 則可以承先祖共祭祀矣.

모서 「채빈(采蘋)」편은 대부의 아내가 법도를 잘 따를 수 있음을 읊은 시이니, 법도를 잘 따를 수 있다면 선조를 받들어 제사를 치를 수 있다.

참고 『예기』「내칙(內則)」 기록

경문-369c 女子十年不出, 姆教婉娩聽從. 執麻枲, 治絲繭, 織紝組紃, 學女事以共衣服. 觀於祭祀, 納酒漿籩豆菹醢, 禮相助奠.

번역 여자아이의 경우 10세가 되면 더 이상 안채에서 밖으로 나오지 않고, 여사(女師)는 말을 순하게 하고, 용모를 순박하게 하며, 잘 따르는 일들을 가르친다. 삼으로 견직물 만드는 일을 하고, 누에에서 생사 뽑는 일을 하며, 견직물을 짜고, 여자가 익혀야 하는 일들을 배워서, 의복을 공급한다. 제사에 대한 일을 살펴보고, 술·장, 변(籩)과 두(豆)에 올리는 음식, 절임과 젓갈 등을 공급하고, 예법에 따라 도와서 음식 진설하는 것을 돕는다.

鄭注 恒居內也. 婉謂言語也. 娩之言媚也, 媚謂容貌也. 紃, 條. 當及女時而知.

번역 항상 안채에 거처하는 것이다. "순하다[婉]."는 말은 언어에 대한 것이다. '만(娩)'자는 "아름답다[媚]."는 뜻이니, '미(媚)'는 용모에 대한 것이다. '순(紃)'은 끈[條]을 뜻한다. 이러한 내용들은 마땅히 시집을 가기 이전에 알아야만 한다.

大全 慶源輔氏曰: 婉有委曲之意, 娩有遲緩之意, 聽從所謂以順爲正也. 婦人之容德, 莫此爲盛. 始於容德, 中於女工之事, 終於祭祀之禮, 婦人之事盡是矣.

번역 경원보씨[24]가 말하길, '완(婉)'에는 완곡한 뜻이 포함되어 있고, '만

(娩)'에는 천천히 하는 뜻이 포함되어 있으며, '청종(聽從)'은 이른바 순종을 올바름으로 삼는다는 뜻이다. 부인의 용모와 덕성은 이것보다 융성한 것이 없다. 용모와 덕성을 이루는 것에서 시작하여, 중간에 여자가 익혀야 하는 일들을 배우고, 끝으로는 제사의 예법을 배우니, 부인이 해야 할 일들은 모두 여기에 해당한다.

大全 嚴陵方氏曰: 不出謂常居閨閤之內也. 聽則有所受, 從則無所違, 皆女德也. 執麻枲, 則績事也. 治絲繭, 則蠶事也. 觀於祭祀, 則欲習熟是事故也, 非特觀之而已. 又且納酒漿籩豆菹醢等物, 以致其禮, 相助長者, 而奠之於神焉. 詩不云乎于以奠之, 宗室牖下, 誰其尸之, 有齊季女. 蓋助奠之謂也.

번역 엄릉방씨가 말하길, 나오지 않는다는 말은 내실인 규문(閨門) 안쪽에 항상 머문다는 뜻이다. 듣는다면, 받아들이는 점이 있는 것이고, 따른다면, 어기는 점이 없는 것이니, 이 모두는 여자가 갖춰야 할 덕성이 된다. '집마시(執麻枲)'는 길쌈을 하는 일에 해당한다. '치사견(治絲繭)'은 누에를 치는 일에 해당한다. 제사를 살펴본다면, 그 일에 대해서 익숙히 단련하고자 해서이니, 단지 관찰만 하는 것이 아니다. 또한 술과 장, 변(籩)과 두(豆)에 올리는 음식, 절임과 젓갈 등의 음식을 바쳐서, 그 예(禮)를 지극히 하여, 연장자를 돕고, 신 앞에 음식을 진설한다. 『시』에서도 "이에 음식을 진설하니, 종실(宗室)의 들창 아래로구나, 누가 이 일을 하는가, 공경스러운 젊은 여자로구나."[25]라고 하지 않았는가? 이 말은 곧 음식 진설하는 일을 돕는다는 뜻일 것이다.

集解 愚謂: 執麻枲, 績事也. 治絲繭, 蠶事也. 織紝組紃, 織事也. 此三者, 皆女工之事, 學之以供衣服也. 納, 謂納於廟室, 以進於尸也. 禮相助奠, 謂以

---

24) 경원보씨(慶源輔氏, ?~?) : =보광(輔廣)·보한경(輔漢卿). 남송(南宋) 때의 학자이다. 자(字)는 한경(漢卿)이고, 호(號)는 잠암(潛庵)·전이(傳貽)이다. 여조겸(呂祖謙)과 주자(朱子)에게서 학문을 배웠다. 저서로는 『사서찬소(四書纂疏)』, 『육경집해(六經集解)』 등이 있다.

25) 『시』「소남(召南)·채빈(采蘋)」: 于以奠之, 宗室牖下. 誰其尸之, 有齊季女.

禮相長者, 而助其奠置祭饌也. 此又學祭祀之禮也. 自"婉娩聽從"以下, 皆姆教之. 此以下, 專言教女子之法.

번역 내가 생각하기에, '집마시(執麻枲)'는 길쌈하는 일에 해당한다. '치사견(治絲繭)'은 누에치는 일에 해당한다. '직임조순(織紝組紃)'은 견직물을 짜는 일에 해당한다. 이 세 가지 일들은 모두 여공(女工)들이 하는 일인데, 그것을 배워서, 의복을 만들어서 공급하는 것이다. '납(納)'자는 묘실(廟室)로 들여서, 시동 앞에 진설한다는 뜻이다. '예상조전(禮相助奠)'은 예법에 따라 연장자를 도와서, 제사의 음식 차리는 일을 돕는다는 뜻이다. 이것은 또한 제사에 대한 예(禮)를 배우는 것이다. '완만청종(婉娩聽從)'이라는 구문부터 그 이하의 내용은 모두 모(姆)가 가르친다. 이곳 문장부터 그 이하의 내용들은 전적으로 여자아이를 가르치는 법도만을 언급하고 있다.

참고 『시』「주남(周南)·갈담(葛覃)」

葛之覃兮, (갈지담혜) : 칡덩굴이여,
施于中谷, (시우중곡) : 계속 안에 뻗어,
維葉萋萋. (유엽처처) : 그 잎이 우거졌구나.
黃鳥于飛, (황조우비) : 황조가 날아올라,
集于灌木, (집우관목) : 관목에 모이나니,
其鳴喈喈. (기명개개) : 그 울음소리가 조화롭고도 멀리까지 들리는구나.

葛之覃兮, (갈지담혜) : 칡덩굴이여,
施于中谷, (시우중곡) : 계속 안에 뻗어,
維葉莫莫. (유엽막막) : 그 잎이 잘 무르익었구나.
是刈是濩, (시예시확) : 베고 삶아서,
爲絺爲綌, (위치위격) : 정밀한 갈포와 거친 갈포를 만드나니,
服之無斁. (복지무역) : 정밀하면서도 싫어함이 없구나.

言告師氏, (언고사씨) : 내 여사(女師)에게 가르침을 받고자 아뢰어,
言告言歸. (언고언귀) : 나에게 부인의 도를 가르쳐 달라 이르도다.
薄汙我私, (박한아사) : 내 연복(燕服)[26]에 공정을 기울이고,
薄澣我衣. (박한아의) : 내 의복을 세탁하노라.
害澣害否, (할한해부) : 어떤 것을 세탁하고 어떤 것을 하지 않는단 말인가,
歸寧父母. (귀녕부모) : 돌아가 부모를 편안히 섬길 따름이라.

毛序 葛覃, 后妃之本也. 后妃在父母家, 則志在於女功之事, 躬儉節用, 服澣濯之衣, 尊敬師傅, 則可以歸安父母, 化天下以婦道也.

모서 「갈담(葛覃)」편은 후비의 본성을 읊은 시이다. 후비가 부모의 집에 있었을 때에는 그 뜻이 여공이 하는 일에 있어서 몸소 검소하고 절약하여 세탁한 의복을 입었고 사부를 존경했으니, 돌아가서 부모를 편안하게 하며 천하를 부인의 도로 교화할 수 있다.

참고 『예기』「잡기하(雜記下)」 기록

경문-522d~523a 成廟則釁之, 其禮祝宗人宰夫雍人, 皆爵弁純衣. 雍人拭羊, 宗人祝之, 宰夫北面于碑南東上. 雍人舉羊升屋自中, 中屋南面刲羊, 血流于前乃降. 門夾室皆用雞, 先門而後夾室. 其衈皆於屋下, 割雞, 門當門, 夾室中室. 有司皆鄉室而立, 門則有司當門北面. 既事, 宗人告事畢, 乃皆退. 反命于君曰, "釁某廟事畢." 反命于寢, 君南鄉于門內朝服, 既反命乃退.

번역 종묘를 처음으로 완성하게 되면 피칠을 하게 되는데 그 예법은 다음과 같다. 축(祝)·종인(宗人)·재부(宰夫)·옹인(雍人)은 모두 작변(爵弁)과 순의(純衣)를 착용한다. 옹인은 양을 씻고 종인은 축문을 아뢰며, 재부는 희생물

---

26) 연복(燕服)은 평상시 한가하게 거처할 때 착용하는 복장을 뜻한다. 또한 연회를 할 때 착용하는 복장을 뜻하기도 한다.

을 매어둔 말뚝의 동쪽 끝에 위치하여 북쪽을 바라본다. 옹인이 양을 들고서 가운데를 통해 지붕으로 올라가고, 지붕 가운데 위치하여 남쪽을 바라보며 양을 갈라서 그 피가 앞쪽으로 흐르도록 한 뒤에 내려온다. 묘문과 협실에 대해서 피칠을 할 때에는 모두 닭을 사용하는데, 묘문에 대해서 먼저 시행하고, 그 이후에 협실에 대해서 시행한다. 피칠을 할 때에는 먼저 희생물의 귀 측면에 있는 털을 뽑아서 신에게 바치는데, 이 모두는 지붕 아래에서 하게 되고, 닭을 가를 때 묘문에 피칠을 하게 되면 문의 지붕 가운데에서 하고, 협실에 피칠을 하게 되면 협실 지붕의 가운데에서 한다. 일을 담당하는 자들은 모두 협실을 바라보고 서 있게 되고, 묘문에 대해서 피칠을 하게 되면 일을 담당하는 자들은 묘문쪽을 향하여 북쪽을 바라보게 된다. 그 일들이 끝나면, 종인은 재부에게 그 사안이 모두 끝났다고 아뢰고, 곧 물러난다. 재부는 군주에게 가서 보고를 하니, "아무개 묘(廟)에 대해 피칠하는 일이 모두 끝났습니다."라고 말한다. 돌아가서 보고를 할 때에는 군주가 있는 노침(路寢)[27]에서 하게 되는데, 군주는 문 안쪽에서 남쪽을 바라보며 조복을 착용한 상태에서 보고를 받고, 보고하는 일이 끝나면 곧 물러난다.

鄭注 廟新成必釁之, 尊而神之也. 宗人先請於君曰: "請命以釁其廟", 君諾之, 乃行. 居上者, 宰夫也. 宰夫, 攝主也. 拭, 靜也. 自, 由也. 衈謂將刲割牲以釁, 先滅耳旁毛薦之. 耳, 聽聲者, 告神, 欲其聽之, 周禮有刉衈. 有司, 宰夫·祝·宗人. 告者, 告宰夫. 君朝服者, 不至廟也.

번역 묘(廟)를 새로 완성하게 되면 반드시 피칠을 해야 하니, 존귀하게 높이고 신령으로 대하기 때문이다. 종인(宗人)은 먼저 군주에게 청을 하며, "묘(廟)에 대해서 피칠을 하도록 명령을 내려주시고자 청합니다."라고 말하고, 군

27) 노침(路寢)은 천자나 제후가 정무를 처리하던 정전(正殿)이다. 『시』「노송(魯頌)·민궁(閟宮)」편에는 "松桷有舃, 路寢孔碩."이라는 기록이 있는데, 이에 대한 모전(毛傳)에서는 "路寢, 正寢也."라고 풀이했고, 『문선(文選)』에 수록된 장형(張衡)의 '서경부(西京賦)'에는 "正殿路寢, 用朝群辟."이라는 기록이 있는데, 이에 대한 설종(薛綜)의 주에서는"周曰路寢, 漢曰正殿."이라고 하여, 주(周)나라에서는 '정전'을 '노침'으로 불렀다고 풀이했다.

주가 허락을 하면 곧 시행한다. 여기에서 말한 관리들 중 가장 높은 자는 재부(宰夫)이다. 재부는 주인의 일을 대신 시행하는 자이다. '식(拭)'자는 "깨끗하게 하다[靜]."는 뜻이다. '자(自)'자는 '~로부터[由]'라는 뜻이다. '이(衈)'는 희생물을 갈라서 피칠을 하려고 할 때, 먼저 귀의 측면에 있는 털을 뽑아서 바친다는 뜻이다. '귀[耳]'는 소리를 듣는 기관이고, 신에게 아뢰어서 그 말을 듣게끔 하고자 해서이다. 『주례』에는 '기이(刉衈)'[28]라는 것이 나온다. '유사(有司)'는 재부(宰夫)·축(祝)·종인(宗人)을 뜻한다. 아뢴다는 것은 재부에게 아뢴다는 뜻이다. 군주가 조복(朝服)을 착용하는 것은 묘에 가지 않았기 때문이다.

참고 『예기』「제법(祭法)」 기록

경문-550a~b 適士二廟一壇, 曰考廟, 曰王考廟, 享嘗乃止; 皇考無廟, 有禱焉, 爲壇祭之; 去壇爲鬼.

번역 적사는 2개의 묘(廟)를 세우고 1개의 단(壇)을 두니, 2개의 묘는 고묘(考廟), 왕고묘(王考廟)이며, 이들에 대해서는 사계절마다 제사를 지낼 뿐이다. 황고(皇考)에 대해서는 해당하는 묘가 없고, 기원해야 할 일이 있을 때에는 단(壇)에 모셔서 제사를 지낸다. 단(壇)에 모시는 대상보다도 대수가 더 멀어지면 그러한 조상들은 '귀(鬼)'라고 한다.

鄭注 王制曰: "大夫·士有田則祭, 無田則薦." 適士, 上士也. 此適士云"顯考無廟", 非也. 當爲"皇考", 字之誤.

번역 『예기』「왕제(王制)」편에서는 "대부와 사 중 전지(田地)를 받은 자는 제사를 지내지만, 전지가 없는 자들은 천(薦)을 한다."[29]라고 했다. '적사(適

---

28) 『주례』「추관(秋官)·사사(士師)」: 凡刉珥, 則奉犬牲.

29) 『예기』「왕제(王制)」【162a】: 天子社稷, 皆太牢, 諸侯社稷, 皆少牢, 大夫士宗廟之祭, 有田則祭, 無田則薦. 庶人, 春薦韭, 夏薦麥, 秋薦黍, 冬薦稻. 韭以卵, 麥以魚, 黍以豚, 稻以鴈.

士)'는 상사(上士)이다. 이곳에서 적사에 대해 '현고무묘(顯考無廟)'라고 했는데, 이것은 잘못된 기록이다. '현고(顯考)'는 마땅히 '황고(皇考)'라고 해야 하니, 글자를 잘못 기록한 것이다.

孔疏 "適士二廟一壇"者, 上士也. 天子三等, 諸侯上士, 悉二廟一壇也.

번역 ●經文: "適士二廟一壇". ○상사(上士)를 뜻한다. 천자에게 소속된 세 등급의 사와 제후에게 소속된 상사는 모두 2개의 묘(廟)와 1개의 제단을 세운다.

참고 『예기』「곡례상(曲禮上)」 기록

경문-12b 人生十年曰幼, 學. 二十曰弱, 冠. 三十曰壯, 有室. 四十曰强, 而仕. 五十曰艾, 服官政. 六十曰耆, 指使. 七十曰老, 而傳. 八十九十曰耄, 七年曰悼, 悼與耄, 雖有罪, 不加刑焉. 百年曰期, 頤.

번역 사람이 태어나서 10세가 되면, 그런 사람을 어리다는 뜻에서 유(幼)라고 부르고, 학문에 입문하도록 한다. 20세가 되면, 아직 장성한 것이 아니기 때문에 약(弱)이라고 부르고, 관례(冠禮)를 해준다. 30세가 되면, 장성하였기 때문에 장(壯)이라고 부르고, 혼인을 시켜서 가정을 이루게 한다. 40세가 되면, 지기(志氣)가 강성해졌기 때문에 강(强)이라고 부르고, 하위관료에 임명한다. 50세가 되면 머리가 희끗희끗해져서 마치 쑥잎처럼 되기 때문에 애(艾)라고 부르고, 고위관료에 임명하여 국정(國政)에 참여하도록 한다. 60세가 되면, 노인에 가까워지기 때문에 기(耆)라고 부르고, 제 스스로 일을 처리하기보다는 남에게 지시를 하며 시키게 된다. 70세가 되면, 나이가 들었기 때문에 노(老)라고 부르고, 가사(家事)를 아들에게 전수한다. 80세나 90세가 되면, 정신이 흐려지고 잘 잊어버리기 때문에 모(耄)라고 부르고, 한편 7세가 된 아이들은 가엾기 때문에 도(悼)라고 부르는데, 이 두 부류의 사람들은 비록 죄를 지었다고 하더라도, 그것은 실수로 죄를 범한 것이지 고의로 한 것이 아니기 때문에, 형벌을 내리지 않는다. 100세가 되면, 수명이 거의 다 되어가기 때문에, 기(期)라고 부르고, 남의 도움 없이는 아무 것도 할 수 없으니, 모든 일들에 대해서 봉양을 해주어야 한다.

鄭注 名曰幼, 時始可學也. 內則曰: "十年出就外傅, 居宿於外, 學書計." 有室, 有妻也. 妻稱室. 艾, 老也. 指事使人也. 六十不與服戎, 不親學. 傳家事, 任子孫, 是謂宗子之父. 耄, 惛忘也. 春秋傳曰: "謂老將知, 耄又及之." 悼, 憐愛也. 愛幼而尊老. 期猶要也. 頤, 養也. 不知衣服食味, 孝子要盡養道而已.

번역 10세가 된 사람을 '유(幼)'라고 부르니, 이 시기에 비로소 학문을 익힐 수 있는 것이다. 『예기』「내칙(內則)」편에서는 "10살이 되면 집을 벗어나서 외부에 있는 스승을 찾아가며, 집밖에 거주하면서 스승에게서 육서(六書)[30]와 구수(九數)[31]를 익혔다."[32]라고 했다. '유실(有室)'은 아내를 맞아들인다는 뜻이다. 아내를 '실(室)'이라고 부른다. '애(艾)'자는 "늙었다[老]."는 뜻이다. '지사(指使)'는 일을 지시하여 사람을 시킨다는 뜻이다. 60세가 되면, 병역에 복무하지 않으며,[33] 제자의 예를 갖춰서 배움을 구하는 일을 하지 않는다.[34] '전(傳)'자는 가사(家事)를 전수하여, 자손들에게 맡긴다는 뜻이니, 이 내용은 종

30) 육서(六書)는 한자의 구성과 형성에 대한 여섯 가지 이론으로, 상형(象形), 지사(指事: =處事), 회의(會意), 형성(形聲: =諧聲), 전주(轉注), 가차(假借)를 뜻한다. 『주례』「지관(地官)·보씨(保氏)」편에는 "五曰六書."라는 기록이 있는데, 이에 대한 정현의 주에서는 정사농(鄭司農)의 주장을 인용하여, "六書, 象形·會意·轉注·處事·假借·諧聲也."라고 풀이했다.

31) 구수(九數)는 고대의 아홉 가지 계산 방법이다. 방전(方田), 속미(粟米), 차분(差分), 소광(少廣), 상공(商功), 균수(均輸), 방정(方程), 영부족(贏不足), 방요(旁要)를 뜻한다. 『주례』「지관(地官)·보씨(保氏)」편에는 "六曰九數."라는 기록이 있는데, 이에 대한 정현의 주에서는 정중(鄭衆)의 주장을 인용하여, "九數, 方田·粟米·差分·少廣·商功·均輸·方程·贏不足·旁要."라고 풀이했다.

32) 『예기』「내칙(內則)」【368a】: 九年, 教之數日. 十年, 出就外傅, 居宿於外, 學書計.

33) 『예기』「왕제(王制)」【178b】: 五十不從力政, 六十不與服戎, 七十不與賓客之事, 八十齊喪之事, 弗及也.

34) 『예기』「왕제(王制)」【178c】: 五十而爵, 六十不親學, 七十致政, 唯衰麻爲喪.

자(宗子)의 부친에게 해당하는 말이다. '모(耄)'자는 정신이 흐릿해지고 잘 잊어버린다는 뜻이다. 『춘추전』에서 말하길, "속담에서는 나이가 들어 지혜롭게 되자, 곧 망령기가 든다."[35]라고 했다. '도(悼)'자는 가엽게 여겨서 애착을 가진다는 뜻이다. 형벌을 내리지 않는 이유는 나이가 너무 어린 자를 가엽게 여기고, 나이가 많은 자를 존중하기 때문이다. '기(期)'자는 "요구한다[要]."는 뜻이다. '이(頤)'자는 "봉양한다[養]."는 뜻이다. 100세가 된 사람들은 의복을 입고 음식을 먹는 것 등에 대해서 분별할 수 없으므로, 자식은 봉양의 도리를 다할 수 있도록 기약할 따름이다.

孔疏 ●"二十曰弱, 冠"者, 二十成人, 初加冠, 體猶未壯, 故曰弱也. 至二十九, 通得名弱冠, 以其血氣未定故也. 不曰"人生", 並承上可知也. 今謂庶人及士之子, 若卿大夫十五以上則冠, 故喪服云"大夫爲昆弟之長殤", 是也. 其冠儀與士同, 故郊特牲云"無大夫冠禮", 是也. 其大夫之子亦二十而冠, 其諸侯之子亦二十而冠, 天子之子則十二而冠. 若天子諸侯之身, 則皆十二而冠. 具釋在冠義.

번역 ●經文: "二十曰弱, 冠". ○20세가 되면 성인(成人)이 되어, 처음으로 관을 쓰게 된다. 그러나 체구는 아직도 장성하지 못한 상태이다. 그렇기 때문에 '약(弱)'이라고 부르는 것이다. 20세로부터 29세가 될 때까지, 일반적으로 이 기간에 해당하는 나이를 '약관(弱冠)'이라고 부르는데, 그들의 혈기가 아직 안정되지 않았기 때문이다. 그런데 이 구문에 대해서는 앞의 '인생십년왈유(人生十年曰幼)'라는 구문처럼 '인생(人生)'이라는 말을 언급하지 않았으니, '인생십년왈유' 뒤의 구문들이 모두 앞의 구문과 연이어진 문장이 된다는 사실을 알 수 있다. 그리고 이 구문의 내용은 오늘날에는 서인(庶人) 및 사(士)의 자식들에게 해당하는 내용이 되는데, 경이나 대부 이상의 계급을 가진 자의 경우, 그들의 자식은 15세가 되면 관을 쓰게 된다. 그렇기 때문에 『의례』「상복(喪服)」편에서 "대부의 경우, 곤제 중에 장상(長殤)인 자들을 위해서 착용한다."[36]

---

35) 『춘추좌씨전』「소공(昭公) 1년」: 諺所謂老將知而耄及之者, 其趙孟之謂乎!
36) 『의례』「상복(喪服)」: 大夫之庶子爲適昆弟之長殤・中殤.

라고 언급한 말이 바로 경과 대부의 자식들은 15세 이상이 되면, 곧바로 관을 쓰게 된다는 사실을 나타낸다. 또한 경과 대부의 자식들이 치르는 관례 의식은 사의 경우와 동일하다. 그렇기 때문에 『예기』「교특생(郊特牲)」편에서 "대부에게는 별도의 관례가 없다."[37]라고 한 말이 바로 이러한 사실을 나타낸다. 따라서 대부의 자식들은 20세가 되기 이전에 이미 관을 쓰게 되지만, 그들 또한 20세가 되어서야 정식 관례를 치르는 것이고, 제후의 자식들 또한 20세가 되어서야 정식 관례를 치르는 것이다. 그러나 천자의 자식들인 경우라면, 12세가 되면 곧 관례를 치른다. 그리고 천자나 제후 본인인 경우라도, 이러한 계층들은 모두 12세 때 관례를 치른다. 자세한 풀이는 『예기』「관의(冠義)」편에서 서술하였다.

孔疏 ●"四十曰强, 而仕"者, 三十九以前通曰壯, 壯久則强, 故"四十曰强". 强有二義, 一則四十不惑, 是智慮强; 二則氣力强也.

번역 ●經文: "四十曰强, 而仕". ○39세 이전을 통괄적으로 '장(壯)'이라고 부르는데, 장성함이 오래도록 축적되면 강성하게 된다. 그렇기 때문에 "40세를 '강(强)'이라고 부른다."라고 한 것이다. '강'에는 두 가지 뜻이 있다. 첫 번째는 40세가 되면 의혹되지 않는다는 뜻으로,[38] 지혜가 강성하게 된다는 의미이다. 두 번째는 기력이 강성해진다는 뜻이다.

참고 『예기』「내칙(內則)」 기록

경문-369d 十有五年而笄, 二十而嫁. 有故, 二十三年而嫁. 聘則爲妻, 奔則爲妾. 凡女拜, 尙右手.

---

37) 『예기』「교특생(郊特牲)」【336c】: 無大夫冠禮, 而有其昏禮.
38) 『논어』「위정(爲政)」: 子曰, "吾十有五而志于學, 三十而立, 四十而不惑, 五十而知天命, 六十而耳順, 七十而從心所欲, 不踰矩."

번역 여자아이의 나이가 15세가 되어 혼인이 결정되면 비녀를 꼽고, 20세가 되면 시집을 간다. 부모의 상과 같은 변고가 발생하면, 23세에 시집을 간다. 정식 예를 갖춰서 남편이 찾아온 경우에는 처(妻)가 되고, 여자가 직접 그 집에 가게 되면 첩(妾)이 된다. 무릇 여자가 절을 할 때에는 우측 손을 위로 올린다.

鄭注 謂應年許嫁者, 女子許嫁, 笄而字之. 其未許嫁, 二十則笄. 故, 謂父母之喪. 聘, 問也. 妻之言齊也. 以禮則問, 則得與夫敵體. 妾之言接也. 聞彼有禮, 走而往焉, 以得接見於君子也. 奔, 或爲"衒". 右, 陰也.

번역 나이가 차서 혼인이 허락된 여자를 뜻하니, 여자의 경우 혼인이 허락된다면, 비녀를 꼽고 자(字)를 지어준다. 아직 혼인이 허락되지 않았다면, 20세가 되었을 때 비녀를 꼽는다. '고(故)'자는 부모의 상을 뜻한다. '빙(聘)'자는 방문하는 것을 뜻한다. '처(妻)'자는 "나란하다[齊]."는 뜻이다. 예법에 따라 방문을 한다면, 남편과 더불어서 대등한 신분이 될 수 있다. '첩(妾)'자는 "접한다[接]."는 뜻이다. 상대방이 예를 갖췄다는 소식을 듣고서, 달려가서 찾아간다면, 이를 통해 군자를 접견할 수 있다. '분(奔)'자를 다른 판본에서는 '현(衒)'자로도 기록한다. 우측은 음(陰)에 해당한다.

• 제 8 절 •

내치(內治) · 외치(外治)와 성덕(盛德)

【694c~d】

古者天子后立六宮・三夫人・九嬪・二十七世婦・八十一御妻, 以聽天下之內治, 以明章婦順, 故天下內和而家理. 天子立六官・三公・九卿・二十七大夫・八十一元士, 以聽天下之外治, 以明章天下之男教, 故外和而國治. 故曰, "天子聽男教, 后聽女順; 天子理陽道, 后治陰德; 天子聽外治, 后聽內職. 教順成俗, 外內和順, 國家理治", 此之謂盛德.

직역 古者에 天子의 后는 六宮·三夫人·九嬪·二十七世婦·八十一御妻를 立하여, 이로써 天下의 內治를 聽하고, 이로써 婦順을 明章이라, 故로 天下는 內로 和하고 家는 理라. 天子는 六官·三公·九卿·二十七大夫·八十一元士를 立하여, 이로써 天下의 外治를 聽하고, 이로써 天下의 男教를 明章이라, 故로 外로 和하고 國은 治라. 故로 曰, 天子는 男教를 聽하고, 后는 女順을 聽하며; 天子는 陽道를 理하고, 后는 陰德을 治하며; 天子는 外治를 聽하고, 后는 內職을 聽한다. 順을 教하고 俗을 成하며, 外內로 和順하며, 國家가 理治하니, 此를 盛德이라 謂한다.

의역 고대에 천자의 부인인 왕후(王后)는 6관(官) · 3부인(夫人) · 9빈(嬪) · 27세부(世婦)·81어처(御妻)를 세워서, 이를 통해 천하의 내치(內治)를 듣고, 이를 통해 부녀자가 따르는 순종의 덕목을 드러내었다. 그렇기 때문에 천하가 안으로는 화목하고 가정이 다스려졌던 것이다. 천자는 6관(官)·3공(公)·9경(卿)·27대부(大夫)·81원사(元士)를 세워서, 이를 통해 천하의 외치(外治)를 듣고, 이를 통해 천하에서 남자들이 따라야 하는 교화를 드러냈다. 그렇기 때문에 천하가 외적으로는 화목하고 국가가 다스려졌던 것이다. 그래서 "천자는 남자가 따라야 하는 교화를 듣고 왕후는 여자가 따라야 하는 순종의 덕목을 들으며, 천자는 양(陽)의 도리를 다스리고 왕후는 음(陰)의 덕을 다스리며, 천자는 외적인 다스림을 듣고 왕후는 내적인 직무를 듣는다. 순종의 미덕을 가르치고 풍속을 완성하며 내외적으로 화목하고 순종하여 국가가 다스려진다."라고 말한 것이니, 이것은 곧 '성덕(盛德)'을 뜻한다.

集說 方氏曰: 六官, 天地四時之官也. 有六卿而又有九卿者, 兼三公數之, 則謂之九卿. 由公至士, 其數三而倍之, 止於九者, 陽成於三而窮於九, 以其理陽道, 故其數如此. 后治陰德, 而其數亦如之者, 婦人從夫故也. 六宮, 謂大寢一, 小寢五也. 先言六宮而後言六官者, 欲治其國, 先齊其家之意也.

번역 방씨가 말하길, '육관(六官)'은 천관(天官)·지관(地官)·춘관(春官)·하관(夏官)·추관(秋官)·동관(冬官)의 관부를 뜻한다. 육경(六卿)[1]이라는 말이 있고 또 구경(九卿)이라는 말이 있는데, 육경에 삼공(三公)을 함께 셈하면, 이를 '구경(九卿)'이라고 부른다. 공(公)으로부터 사(士)에 이르기까지 그 수는 3배수로 하는데, 9에서 끝나는 것은 양(陽)은 3에서 이루어져서 9에서 다하니, 양(陽)의 도를 다스리기 때문에 그 수 또한 이와 같은 것이다. 왕후는 음(陰)의 덕을 다스리는데 그 수가 천자와 같은 것은 부인은 남편을 따르기

1) 육경(六卿)은 여섯 명의 경(卿)을 가리키는데, 주로 여섯 명의 주요 관직자들을 뜻한다. 각 시대마다 해당하는 관직명과 담당하는 영역에는 차이가 있었다. 『서』「하서(夏書)·감서(甘誓)」편에는 "大戰于甘, 乃召六卿."이라는 기록이 있고, 이에 대한 공안국(孔安國)의 전(傳)에서는 "天子六軍, 其將皆命卿."이라고 풀이했다. 즉 천자는 6개의 군(軍)을 소유하고 있는데, 각 군의 장수를 '경(卿)'으로 임명하였기 때문에, 이들 육군(六軍)의 수장을 '육경'이라고 부른다는 뜻이다. 이 기록에 따르면 하(夏)나라 때에는 육군의 장수를 '육경'으로 불렀다는 결론이 도출된다. 한편 『주례(周禮)』의 체제에 따르면, 주(周)나라에서는 여섯 개의 관부를 설치하였고, 이들 관부의 수장을 '경'으로 임명하였다. 따라서 천관(天官)의 총재(冢宰), 지관(地官)의 사도(司徒), 춘관(春官)의 종백(宗伯), 하관(夏官)의 사마(司馬), 추관(秋官)의 사구(司寇), 동관(冬官)의 사공(司空)이 '육경'에 해당한다. 『한서(漢書)·백관공경표상(百官公卿表上)』편에는 "夏殷亡聞焉, 周官則備矣. 天官冢宰, 地官司徒, 春官宗伯, 夏官司馬, 秋官司寇, 冬官司空, 是爲六卿, 各有徒屬職分, 用於百事."라는 기록이 있다.

때문이다. '육궁(六宮)'은 대침(大寢)[2]이 1개이고 소침(小寢)[3]이 5개인 것을 뜻한다. 앞서 '육궁(六宮)'이라고 말하고 그 이후에 '육관(六官)'을 언급한 것은 그 나라를 다스리고자 할 때에는 그보다 앞서서 그 집안을 다스려야 한다는 뜻 때문이다.

大全 藍田呂氏曰: 此章因講明昏禮之義, 推而上之, 至于天子后聽天下之外治內治, 則男女之義盡矣. 立六官之職, 公卿大夫元士分治之, 以佐天子聽天下之外治, 立六宮之職, 夫人嬪世婦御妻分治之, 以佐后聽天下之內治. 男正位乎外, 女正位乎內, 男女正天下之大義也. 有家者, 夫聽家之外治, 妻聽家之內治, 天子與后有天下者也, 則不得不聽天下之內外治也. 外治者, 明章男教也. 司徒之所教, 皆是也. 內治者, 明章婦順也. 婦順之法, 德言容功, 皆是也. 陽道者, 男所以正其室也. 陰德者, 婦人所以宜其家也. 刑于寡妻, 至于兄弟, 則正室之道, 天子所理也. 嘒彼小星, 三五在東, 肅肅宵征, 夙夜在公, 實命不同, 則宜家之道, 后所治也. 鄭氏謂內治之道, 婦道之法, 陰德, 謂主陰事陰令, 其義然也. 凡天子所聽, 皆外治, 后所聽, 皆內治. 至于教順成俗, 外內和順國家理治, 必如周南召南盛德之化, 然後可致也.

번역 남전여씨가 말하길, 이곳 문장은 혼례의 의미를 밝히는 것에 따라서, 그 사안을 미루어 올라가 천자와 왕후가 천하의 외치(外治)와 내치(內治)를 다스리는 경우에 이르렀으니, 남녀의 도의가 모두 다 갖춰진 것이다. 육관(六官)의 직무를 세워서 공(公)·경(卿)·대부(大夫)·원사(元士)가 각각 나누어 다스리며, 이를 통해 천자가 천하의 외치(外治) 다스리는 일을 돕고, 육궁(六宮)의 직무를 세워서 부인(夫人)·빈(嬪)·세부(世婦)·어처(御妻)가 각각

---

2) 대침(大寢)은 노침(路寢)을 뜻한다. 천자나 제후가 정무(政務)를 처리하던 곳이다. 『주례』「하관(夏官)·태복(太僕)」편에는 "建路鼓于大寢之門外, 而掌其政."이라는 기록이 있고, 이에 대한 정현의 주에서는 "大寢, 路寢也."라고 풀이했다.

3) 소침(小寢)은 '연침(燕寢)'을 뜻한다. '연침'은 천자 및 제후들이 휴식을 취하던 장소를 가리킨다. 천자에게는 6개의 침(寢)이 있었는데, 앞쪽에 있는 1개의 침은 정전(正寢)으로 노침(路寢)이라고 부르며, 뒤쪽에 있는 다섯 개의 침을 통칭하여 '연침'이라고 부른다.

나누어 다스리며, 이를 통해 천하의 내치(內治) 다스리는 일을 돕는다. 남자는 외적으로 그 지위를 올바르게 하고 여자는 내적으로 그 지위를 올바르게 하니, 남녀가 천하의 대의를 올바르게 하는 것이다. 가정에 있어서 남편은 집밖의 다스림을 담당하고 아내는 집안의 다스림을 담당하는데, 천자와 왕후는 천하를 소유한 자들이니, 천하의 내치와 외치에 대해 처리하지 않을 수 없는 것이다. '외치(外治)'라는 것은 남자의 교화를 드러내는 것이다. 즉 사도(司徒)[4]가 교육시키는 내용이 모두 여기에 해당한다. '내치(內治)'라는 것은 부인의 순종을 드러내는 것이다. 부인이 순종하는 법도와 덕·말·행동·공적 등이 모두 여기에 해당한다. '양도(陽道)'는 남자가 가정을 올바르게 하는 것이다. '음덕(陰德)'은 부인이 집안을 올바르게 하는 것이다. 자신의 처에게 모범이 되어서 형제에까지 미친다고 했으니,[5] 집안을 올바르게 하는 도리이며 천자가 다스리는 바이다. 저 반짝이는 작은 별이 동쪽에 3개와 5개가 있구나. 공손하게 밤길을 가며 밤늦도록 군주가 있는 곳에 있으니, 실로 명(命)이 다른 것이라고 했으니,[6] 집안을 올바르게 하는 도리이며 왕후가 다스리는 바이다. 정현은 내치의 도리와 부도(婦道)의 법칙은 음덕으로 음사(陰事)와 음령(陰令)을 주관하는 것이라고 했으니, 그 의미 또한 이러한 것이다. 천자가 다스리는 것들은 모두 외치에 해당하고 왕후가 다스리는 것들은 모두 내치에 해당한다. 순종의 미덕을 가르치고 풍속을 완성하며 내외적으로 화목하고 순종하며 국가가 다스려지는 것에 있어서는 반드시 『시』「주남(周南)」과 「소남(召南)」에서 성덕(盛德)

---

4) 사도(司徒)는 대사도(大司徒)라고도 부른다. 본래 주(周)나라 때의 관리로, 국가의 토지 및 백성들에 대한 교화(敎化)를 담당했다. 전설상으로는 소호(少昊) 시대 때부터 설치되었다고 전해진다. 주나라의 육경(六卿) 중 하나였으며, 전한(前漢) 애제(哀帝) 원수(元壽) 2년(B.C. 1)에는 승상(丞相)의 관직명을 고쳐서, 대사도(大司徒)라고 불렀고, 대사마(大司馬), 대사공(大司空)과 함께 삼공(三公)의 반열에 있었다. 후한(後漢) 때에는 다시 '사도'로 명칭을 고쳤고, 그 이후로는 이 명칭을 계속 사용하다가 명(明)나라 때 폐지되었다. 명나라 이후로는 호부상서(戶部尙書)를 '대사도'라고 불렀다.

5) 『시』「대아(大雅)·사제(思齊)」: 惠于宗公, 神罔時怨, 神罔時恫. 刑于寡妻, 至于兄弟, 以御于家邦.

6) 『시』「소남(召南)·소성(小星)」: 嘒彼小星, 三五在東. 肅肅宵征, 夙夜在公. 寔命不同.

의 교화를 펼친 것처럼 한 이후에야 이룰 수 있다.

鄭注 天子六寢, 而六宮在後, 六官在前, 所以承副, 施外內之政也. 三夫人以下百二十人, 周制也. 三公以下百二十人, 似夏時也. 合而言之, 取其相應, 有象大數也. 內治, 婦學之法也. 陰德, 謂主陰事·陰令也.

번역 천자는 육침(六寢)을 두는데, 육궁(六宮)은 뒤에 위치하고 육관(六官)은 앞에 위치하니, 받들고 보좌하여 내외의 정사를 펼치는 것이다. 3명의 부인(夫人)으로부터 그 이하는 총 120명이 되는데, 이것은 주나라의 제도에 해당한다. 3명의 공(公)으로부터 그 이하는 총 120명이 되는데, 이것은 하나라 때의 관직제도와 유사하다. 이를 합하여 언급한 것은 서로 대응되는 뜻을 취한 것으로, 대수(大數)를 본뜬 의미가 포함되어 있다. '내치(內治)'는 아녀자가 배우는 법도를 뜻한다. '음덕(陰德)'은 음사(陰事)와 음령(陰令)을 주관한다는 뜻이다.

釋文 嬪, 毗人反. 治, 直吏反, 下及注除"后治陰德"皆同. 應如字, 音應對之應.

번역 '嬪'자는 '毗(비)'자와 '人(인)'자의 반절음이다. '治'자는 '直(직)'자와 '吏(리)'자의 반절음이며, 아래문장 및 정현의 주에 나오는 '后治陰德'에서의 '治'자를 제외하면, 모두 그 음이 이와 같다. '應'자는 글자대로 읽으며, 그 음은 '응대(應對)'라고 할 때의 '應'이다.

孔疏 ●"古者"至"盛德". ○正義曰: 此一經因上夫婦昏禮之事, 故此明天子與后各立其官, 掌內外之事, 法陰陽所爲. 但后之所立六宮, 周之法也, 天子所爲立六官, 夏之制也. 欲見其數相當, 故以夏·周相對爲內·外也.

번역 ●經文: "古者"~"盛德". ○이곳 경문은 앞서 부부가 혼례를 치르는 사안에 따랐기 때문에, 이곳에서는 천자와 왕후가 각각 그들이 다스리는 관부를 세워서, 내외의 정사를 다스리며 음양(陰陽)이 시행하는 것을 본뜬다는 사실을 나타내고 있다. 다만 왕후가 세우는 육궁(六宮)은 주나라 때의 법도이며, 천자가 세우는 육관(六官)은 하나라 때의 제도이다. 그 수가 서로 타당하다는 것을 드러내고자 했기 때문에, 하나라와 주나라 때의 제도를 서로 대응시켜서 내외의 법도로 정한 것이다.

孔疏 ◎注"天子"至"令也". ○正義曰: 按宮人云: "掌王之六寢之修." 注云[7]: 路寢一, 小寢五. 是天子六寢也. 云"六宮在後"者, 后之六宮在王之六寢之後, 亦大寢一, 小寢五. 其九嬪以下, 亦分居之. 其三夫人, 雖不分居六宮, 亦分主六宮之事, 或二宮則一人也, 或猶如三公分主六卿之類也. 云"六官在前"者, 六卿之官, 在王六寢之前, 其三孤亦分主六官之職, 總謂之九卿. 故考工記云"外有九室, 九卿朝焉", 是也. 云"三公以下, 百二十人"者, 周三百, 此百二十人, 延於百數, 故云"似夏時". 以無正文, 故稱"似"也. 云"內治, 婦學之法也"者, 按九嬪職云"掌婦學之法", 故知內治是婦學也. 云"陰德, 謂主陰事·陰令也"者, 按內宰: "掌王之陰事陰令." 注云: "陰事, 謂群妃御見之事. 陰令爲王所求, 爲於北宮也."

번역 ◎鄭注: "天子"~"令也". ○『주례』「궁인(宮人)」편을 살펴보면, "천자의 육침(六寢) 다스리는 일을 담당한다."[8]라고 했고, 정현의 주에서는 노침(路寢)이 1개이고, 소침(小寢)이 5개라고 했다. 이것은 곧 천자의 육침(六寢)을 나타낸다. 정현이 "육궁(六宮)은 뒤에 있다."라고 했는데, 왕후의 육궁은 천자의 육침 뒤에 있으며, 또한 육궁에 있어서도 대침(大寢)은 1개이고, 소침은 5개이다. 이 건물에는 9명의 빈(嬪) 이하의 여자들이 또한 각각 나눠서 머물게 된다. 3명의 부인(夫人)은 비록 육궁에 나눠서 거주하지 않지만, 또한 육궁에 해당하는 일을 각각 나눠서 다스린다. 2궁(宮)마다 1명이 다스리거나 삼공(三

7) '운(云)'자에 대하여. '운'자는 본래 없던 글자인데, 완원(阮元)의 『교감기(校勘記)』에서는 "혜동(惠棟)의 『교송본(校宋本)』에는 '주(注)'자 뒤에 '운'자가 기록되어 있고, 위씨(衛氏)의 『집설(集說)』에도 동일하게 기록되어 있다. 이곳 판본에는 '운'자가 누락된 것이다."라고 했다.

8) 『주례』「천관(天官)·궁인(宮人)」: 宮人, 掌王之六寢之脩.

公)이 육경(六經)을 나눠서 주관했던 부류와 같았을 것이다. 정현이 "육관(六官)은 앞에 있다."라고 했는데, 육경(六卿)이 담당하는 관부는 천자의 육침 앞에 있고, 삼고(三孤)[9] 또한 육관의 직무를 각각 나눠서 주관하여, 이들을 총괄적으로 '구경(九卿)'이라고 부르는 것이다. 그렇기 때문에 『고공기』에서 "외적으로는 구실(九室)이 있고, 구경(九卿)이 정무를 보는 것이다."[10]라고 한 말이 바로 이러한 사실을 나타낸다. 정현이 "3공(公)으로부터 그 이하는 총 120명이 된다."라고 했는데, 주나라 때에는 300명을 두었고 이곳에서는 120명을 두었다고 했으니 백여 명이 더 많다. 그렇기 때문에 "하나라 때의 제도와 유사하다."라고 말한 것이다. 그런데 하나라 때의 관직제도에 대해서는 관련 기록이 남아있지 않았기 때문에, "유사하다[似]."라고 말한 것이다. 정현이 "'내치(內治)'는 아녀자가 배우는 법도를 뜻한다."라고 했는데, 『주례』「구빈(九嬪)」편의 직무 기록에서는 "부녀자를 가르치는 법도를 담당한다."[11]라고 했다. 그렇기 때문에 '내치(內治)'는 아녀자가 배우는 것을 뜻한다는 사실을 알 수 있다. 정현이 "'음덕(陰德)'은 음사(陰事)와 음령(陰令)을 주관한다는 뜻이다."라고 했는데, 『주례』「내재(內宰)」편을 살펴보면, "천자의 음사(陰事)와 음령(陰令)을 주관한다."[12]라고 했고, 이 문장에 대한 정현의 주에서는 "'음사(陰事)'는 뭇 비(妃)나 어(御)가 알현하는 일들을 뜻한다. 음령(陰令)은 천자가 요구하는 것으로 북궁(北宮)에서 시행한다."라고 했다.

---

9) 삼고(三孤)는 소사(少師)·소부(少傅)·소보(少保)를 가리킨다. 삼공(三公)을 보좌하는 역할이었지만, '삼공'에게 배속되었던 것은 아니다. '삼고'는 일종의 특별직으로, 그들의 신분은 '삼공'보다 낮지만, 육경(六卿)보다는 높았다. 한편 '삼고'와 '육경'을 합쳐서 '구경(九卿)'으로 보는 견해도 있다. 『서』「주서(周書)·주관(周官)」편에는 "少師·少傅·少保曰三孤."라는 기록이 있고, 이에 대한 공안국(孔安國)의 전(傳)에서는 "此三官名曰三孤. 孤, 特也. 言卑於公, 尊於卿, 特置此三者."라고 풀이했다.

10) 『주례』「동관고공기(冬官考工記)·장인(匠人)」: 內有九室, 九嬪居之. 外有九室, 九卿朝焉.

11) 『주례』「천관(天官)·구빈(九嬪)」: 九嬪; 掌婦學之法, 以教九御婦德·婦言·婦容·婦功, 各帥其屬而以時御敍于王所.

12) 『주례』「천관(天官)·내소신(內小臣)」: 后有好事于四方, 則使往; 有好令於卿大夫, 則亦如之. 掌王之陰事陰令.

集解 愚謂: 御妻, 周禮之女御也. 后之六宮, 以三夫人·九嬪以下分屬焉. 周禮春官, "世婦, 每宮卿二人, 下大夫四人, 中士八人." 世婦之卿, 以三夫人·九嬪充之, 下大夫以世婦充之, 中士以女御充之. 然合六宮, 而世婦止二十四人, 女御止四十八人, 則二十七世婦·八十一御妻亦略言三相倍之法如此, 而其數有所不必備矣. 蓋先王之立內官, 所以佐后之內治, 非淫於色也. 故雖設此數, 而無其人則闕, 周禮天官於世婦·女御不言其數, 以此也. 外官三公·九卿以下, 亦以三相倍言之, 欲見內外官之相當, 以明其職之並重耳. 二十七大夫·八十一元士, 亦惟謂其分屬於六卿之下, 若大宰之小宰·宰夫, 司徒之小司徒·鄕師, 非謂六官之屬盡於此也. 以體言則曰"男女", 以德言則曰"陰陽", 以位言則曰"外內", 其實一也. 天子與后分治內外, 乃夫婦之道之尤重者, 故因昏禮而上言之.

번역 내가 생각하기에, '어처(御妻)'는 『주례』에 나오는 여어(女御)이다. 왕후의 육궁(六宮)이라는 것은 3명의 부인·9명의 빈(嬪)으로부터 그 이하의 자들이 나뉘어 배속된다. 『주례』「춘관(春官)」에서는 "세부(世婦)는 매 궁마다 경 2명, 하대부 4명, 중사 8명이 배속된다."[13]라고 했다. 세부라는 관직을 맡는 경은 3명의 부인과 9명의 빈으로 충당하고, 하대부는 세부로 충당하며 중사는 여어로 충당한다. 그러므로 육궁을 합하게 되면 세부는 24명에 그치고 여어는 48명에 그치니, 27명의 세부와 81명의 어처라는 수치는 또한 3배수의 법칙에 따라 이처럼 대략적으로 말한 것이며, 그 수에 있어서는 반드시 그 수치대로 갖출 필요가 없다. 선왕이 내관을 세웠던 것은 왕후의 내치를 보좌하기 위해서이며 여색에 빠져서가 아니다. 그렇기 때문에 비록 이와 같은 수치로 설치했지만 그 직무에 걸맞은 사람이 없다면 공석으로 비워두었던 것이고, 『주례』「천관(天官)」에서 세부와 여어에 대해 그 수를 언급하지 않은 것 또한 이와 같은 이유 때문이다. 외관에 해당하는 삼공과 구경으로부터 그 이하의 관직에 대해서도 3배수로 언급하였는데, 내관과 외관의 수가 서로 같다는 것을 통해 그 직무가 모두 중대하다는 사실을 드러내고자 했을 뿐이다. 27명의 대부나 81명

---

13) 『주례』「춘관종백(春官宗伯)」: 世婦, 每宮卿二人, 下大夫四人, 中士八人, 女府二人, 女史二人, 奚十有六人.

의 원사라는 것 또 단지 육경 휘하에 나뉘어 배속되는 자들을 뜻할 뿐이니, 태재에게 속한 소재나 재부, 사도에게 속한 소사도나 향사와 같은 자들이며, 육관에 배속된 자들이 이 수치에만 한정되었다는 말은 아니다. 본체를 기준으로 말한다면 '남녀(男女)'라 하고 덕을 기준으로 말한다면 '음양(陰陽)'이라 하며 위치를 기준으로 말한다면 '외내(外內)'라고 하는데, 실제로는 동일한 것이다. 천자와 왕후가 내외를 나누어 다스리는 것은 부부의 도 중에서도 더욱 중대한 것이다. 그렇기 때문에 혼례를 설명하는 것에 따라 그 상위의 것까지도 언급한 것이다.

集解 匡衡曰: 大上者, 民之父母. 后·夫人之行不侔於天地, 則無以承神靈之統, 而理萬物之宜. 是故國家理治, 非天子與后皆有盛德, 則不可得而致也.

번역 광형[14]이 말하길, 천자는 백성들의 부모이다. 왕후와 부인의 행실이 천지의 도리를 따르지 않는다면, 신령의 정통을 계승할 수 없고 만물을 합당한 이치대로 다스릴 수 없다. 이러한 까닭으로 국가를 다스리는 것은 천자와 왕후 모두에게 융성한 덕이 없다면 이룰 수 없는 것이다.

참고 구문비교

예기·혼의 天子后立六宮·三夫人·九嬪·二十七世婦·八十一御妻, 以聽天下之內治, 以明章婦順, 故天下內和而家理.

예기·곡례하(曲禮下) 天子有后, 有夫人, 有世婦, 有嬪, 有妻, 有妾.

14) 광형(匡衡, ? ~ ?) : 전한(前漢) 때의 학자이다. 자(字)는 치규(稚圭)이다. 『시(詩)』에 대해 해박하였다. 원제(元帝) 때에는 승상(丞相)에 오르기도 하였다.

참고 구문비교

예기·혼의 天子立六官·三公·九卿·二十七大夫·八十一元士, 以聽天下之外治, 以明章天下之男教, 故外和而國治.

예기·왕제(王制) 天子三公, 九卿, 二十七大夫, 八十一元士.

참고 구문비교

예기·혼의 故曰, "天子聽男教, 后聽女順; 天子理陽道, 后治陰德; 天子聽外治, 后聽內職. 教順成俗, 外內和順, 國家理治", 此之謂盛德.

예기·빙의(聘義) 外無敵, 內順治, 此之謂盛德.

참고 『예기』「곡례하(曲禮下)」 기록

경문-55b 天子有后, 有夫人, 有世婦, 有嬪, 有妻, 有妾.

번역 천자에게는 1명의 왕후(王后)가 있고, 3명의 부인(夫人)이 있으며, 27명의 세부(世婦)가 있고, 9명의 빈(嬪)이 있으며, 81명의 어처(御妻)가 있고, 다수의 첩(妾)들이 있다.

鄭注 妻, 八十一御妻, 周禮謂之"女御", 以其御序於王之燕寢. 妾, 賤者.

번역 '처(妻)'는 81명의 어처(御妻)를 뜻하니, 『주례』에서는 그들을 '여어(女御)'라고 불렀으며, 천자의 연침(燕寢)에서 여어들이 차례대로 시중을 든다고 하였다.[15] '첩(妾)'은 신분이 미천한 자들이다.

孔疏 ●"天子有后"者, 天子立官, 則先從后妃爲始. 所以然者, 爲治之法, 刑於寡妻, 始於家邦, 終於四海, 故刪詩則以后妃爲首. 若論氣先陰後陽, 故此言"天子有后"也. 謂之爲后者, 后, 後也, 言其後於天子, 亦以廣後胤也.

번역 ●經文: "天子有后". ○천자가 관직을 세우게 된다면, 가장 먼저 후비(后妃)[16]들을 두는 것으로부터 시작을 한다. 이처럼 하는 이유는 정치를 시행하는 법도는 자신의 과처(寡妻)[17]에게 모범이 되어, 한 집안과 한 나라에서 시작되고, 끝내는 천하에 두루 퍼지게 된다. 그렇기 때문에 『시』를 산정할 때에도 후비에 대한 시를 가장 앞에 둔 것이다.[18] 만약 기의 측면에서 논의한다면, 음(陰)에 해당하는 것을 앞에 두고, 양(陽)에 해당하는 것을 뒤에 둔다. 그렇기 때문에 이곳 문장에서 "천자는 후(后)를 둔다."라고 말한 것이다. 천자의 본부인을 '후(后)'라고 부르고 있는데, '후(后)'자는 '뒤[後]'라는 뜻으로, 천자보다 뒤에 있다는 말이며, 또한 이들을 통해서 자손을 퍼트린다는 뜻도 된다.

孔疏 ●"有夫人"者, 夫, 扶也, 言扶持於王也.

번역 ●經文: "有夫人". ○'부(夫)'자는 "돕는다[扶]."라는 뜻이니, 천자를 부축하여 돕는다는 의미이다.

---

15) 『주례』「천관(天官)·여어(女御)」: 女御, 掌御敍于王之燕寢. 以歲時獻功事.

16) 후비(后妃)는 천자의 부인 또는 비빈(妃嬪)을 뜻한다. 『예기』「곡례하(曲禮下)」편에는 "天子之妃曰后, 諸侯曰夫人, 大夫曰孺人, 士曰婦人, 庶人曰妻."라는 기록이 있다. 즉 천자의 부인은 후(后)라고 부르고, 제후의 부인은 부인(夫人)이라고 부르며, 대부(大夫)의 부인은 유인(孺人)이라고 부르고, 사(士)의 부인은 부인(婦人)이라고 부르며, 서인(庶人)들의 부인은 처(妻)라고 부른다. 비(妃)에 대해서 『이아』「석고(釋詁)」편에서는 "妃, 媲也."라고 하였다. 즉 '비'는 남자의 배필이라는 뜻으로, 신분적 구분 없이 일반적으로 부인에게 붙여 부르는 말이다. 한편 '후'자는 천자의 부인에게만 붙일 수 있는 명칭인데, 상하(上下)의 계층 구분 없이 사용할 수 있는 '비'자를 붙임으로써, '후비'는 천자의 부인과 비빈들을 통칭하는 말로 사용된 것이다.

17) 과처(寡妻)는 자신의 본부인을 뜻하는 말이다.

18) 『시』 중 관저(關雎)라는 시(詩)를 뜻한다. 「관저」는 후비(后妃)의 덕(德)을 노래한 시이다.

孔疏 ●"有世婦"者, 婦, 服也, 言其進以服事君子也. 以其猶貴, 故加以"世"言之, 亦廣世胤也.

번역 ●經文: "有世婦". ○'부(婦)'자는 "복종한다[服]."라는 뜻으로, 그녀들은 일선에 나아가 군자에게 복종하며 그를 섬긴다는 의미이다. 그녀들의 신분은 다른 자들에 비해서 여전히 존귀한 위치에 있기 때문에, '세(世)'자를 붙여서 부른 것이니, 이 또한 대대로 자손들을 퍼트린다는 의미가 된다.

孔疏 ●"有嬪"者, 嬪, 婦人之美稱, 可賓敬也.

번역 ●經文: "有嬪". ○'빈(嬪)'자는 부인을 아름답게 부르는 칭호이니, 공경할만한 자들이라는 뜻이다.

孔疏 ●"有妻"者, 鄭注內則云: "妻之言齊也. 以禮見問, 得與夫敵體也." 按彼是判合齊體者, 今此言齊者, 以進御於王之時, 暫有齊同之義.

번역 ●經文: "有妻". ○『예기』「내칙(內則)」편에 대한 정현의 주에서는 "'처(妻)'자는 '짝이 된다[齊].'는 뜻으로, 예법에 따라 그녀의 집안에 찾아가 청혼의 의사를 물으니, 남편과 대등한 신분이 될 수 있다."[19]라고 했다. 살펴보니, 「내칙」편에 대한 주에서는 상호 짝이 되어 일심동체가 된다는 뜻에서 말한 것인데, 이곳 문장에 기록된 처(妻)에 대해서도 짝이 된다는 뜻으로 풀이한다면, 천자에게 나아가 시중을 들 때, 잠시 동안 천자와 일심동체가 된다는 뜻도 포함되어 있는 것이다.

孔疏 ●"有妾"者, 鄭注內則云: "妾之言接也, 聞彼有禮, 走而往焉, 以得接見於君子也." 周禮則嬪在世婦上, 又無妾之文也. 今此所陳與周禮雜而不次者, 記者之言, 不可一依周禮, 或可雜夏・殷而言之. 鄭注檀弓云: "舜不告而娶. 不立正配, 但三夫人. 夏則因而廣之, 增九女, 則十二人, 所增九女者, 則九

---

19) 이 문장은 『예기』「내칙(內則)」편의 "聘則爲妻."라는 기록에 대한 정현의 주이다.

嬪也." 故鄭云: "春秋說云, 天子娶十二人, 夏制." 鄭又云: "殷增三九二十七人, 總三十九人, 所增二十七世婦也. 周又三二十七, 因爲八十一人, 則女御也."

번역 ●經文: "有妾". ○『예기』「내칙(內則)」편에 대한 정현의 주에서는 "'첩(妾)'자는 '접견한다[接].'라는 뜻으로, 상대방이 예를 갖추고 있다는 소식을 듣게 되면, 여자가 그에게 찾아가게 되어, 군자를 접견할 수 있다는 뜻이다."라고 했다. 『주례』의 기록에 따르면, 빈(嬪)은 세부(世婦)보다도 상위에 속한 계층이고, 또한 첩(妾)에 대한 기록은 없다. 그런데 이곳 문장의 기술 내용은 『주례』의 기록과 뒤섞여 순서가 맞지 않는데, 그 이유는 『예기』에서 언급하는 내용들은 『주례』라는 기록에만 의존하지 않고, 간혹 하나라와 은나라 때의 예법까지도 뒤섞어서 언급했기 때문이다. 『예기』「단궁(檀弓)」편에 대한 정현의 주에서는 "순임금은 아뢰지 않고 장가를 들었다. 그래서 정부인을 세우지 않고, 단지 3명의 부인만을 둔 것이다. 하나라 때에는 이러한 사실에 기인하여, 더욱 확대해서 9명의 여자를 더 두었으니, 12명이 되었고, 증가시킨 9명의 여자는 곧 9명의 빈(嬪)에 해당한다."라고 했다. 그러므로 정현이 "『춘추』에서는 천자가 12명에게 장가를 드는 것은 하나라 때의 제도라고 했다."라고 했던 것이다. 정현은 또한 "은나라 때에는 3곱하기 9를 하여, 27명을 더 두었으니, 총 39명의 여자를 두었고, 증가시킨 29명의 여자들은 세부(世婦)에 해당한다. 주나라 때에는 또한 3곱하기 27을 하여, 81명을 더 두었으니, 81명의 여자들은 곧 여어(女御)에 해당한다."라고 했다.

참고 『예기』「왕제(王制)」 기록

경문-148c 天子, 三公, 九卿, 二十七大夫, 八十一元士.

번역 천자에게는 3명의 공(公), 9명의 경(卿), 27명의 대부(大夫), 81명의 원사(元士)가 있다.

鄭注 此夏制也. 明堂位曰, 夏后氏之官百, 擧成數也.

번역 이것은 하나라의 제도이다. 『예기』「명당위(明堂位)」편에 말하길, "하후씨 때의 관직은 100이었다."[20]라고 하니, 이것은 큰 단위의 수를 든 것이다.

참고 『예기』「빙의(聘義)」 기록

경문-718b~d 聘射之禮, 至大禮也. 質明而始行事, 日幾中而后禮成, 非强有力者弗能行也. 故强有力者, 將以行禮也, 酒淸, 人渴而不敢飮也; 肉乾, 人飢而不敢食也. 日莫人倦, 齊莊正齊, 而不敢解惰. 以成禮節, 以正君臣, 以親父子, 以和長幼. 此衆人之所難, 而君子行之, 故謂之有行. 有行之謂有義, 有義之謂勇敢. 故所貴於勇敢者, 貴其能以立義也; 所貴於立義者, 貴其有行也; 所貴於有行者, 貴其行禮也. 故所貴於勇敢者, 貴其敢行禮義也. 故勇敢强有力者, 天下無事, 則用之於禮義; 天下有事, 則用之於戰勝. 用之於戰勝則無敵, 用之於禮義則順治. 外無敵, 內順治, 此之謂盛德. 故聖王之貴勇敢强有力如此也. 勇敢强有力而不用之於禮義戰勝, 而用之於爭鬪, 則謂之亂人. 刑罰行於國, 所誅者亂人也. 如此則民順治而國安也.

번역 빙례(聘禮)와 사례(食禮)는 예 중에서도 지극히 큰 것이다. 날이 밝아올 때 비로소 해당 사안을 시작하고, 한낮이 된 이후에야 의례가 완성되니, 이것은 굳세고 힘을 갖춘 자가 아니라면 능히 해낼 수 없는 일이다. 그렇기 때문에 굳세고 힘을 갖춘 자가 장차 이러한 의례를 시행하려고 하면, 술이 맑고 사람들이 목말라도 감히 그 술을 마시지 못하고, 고기가 잘 말라있고 사람들이 굶주려도 감히 그 고기를 먹지 못한다. 해가 저물어서 사람들이 피로해져도, 장엄하게 단정한 자세를 취하여 감히 풀어진 모습을 보이지 못한다. 이를 통해서 해당하는 예절을 완성하는 것이며, 또 이를 통해서 군신관계를 바로잡는 것이고, 또 이를 통해서 부자관계를 친애하게 만들고, 또 이를 통해서 장유관계

20) 『예기』「명당위(明堂位)」【405c】: 有虞氏官五十, 夏后氏官百, 殷二百, 周三百.

를 화목하게 만든다. 이러한 것들은 사람들이 시행하길 어려워하는 점인데, 군자는 이러한 것들을 시행한다. 그렇기 때문에 그를 두고서 시행함이 있다고 평가하는 것이다. 시행함이 있다는 것은 의(義)를 갖추고 있다고 부르고, 의(義)를 갖추고 있는 것은 용감하다고 부른다. 그렇기 때문에 용감함에 대해서 존귀하게 여기는 것은 그가 의(義)를 잘 세울 수 있다는 점을 존귀하게 여기는 것이고, 의(義)를 세우는 것에 대해서 존귀하게 여기는 것은 그가 시행함을 갖추고 있음을 존귀하게 여기는 것이며, 시행함을 갖추고 있는 것에 대해서 존귀하게 여기는 것은 그가 예(禮)를 시행하는 것에 대해서 존귀하게 여기는 것이다. 그렇기 때문에 용감함에 대해서 존귀하게 여기는 것은 곧 과감하게 예(禮)와 의(義)를 시행한다는 점을 존귀하게 여기는 것이다. 또한 그렇기 때문에 용감하며 굳세고 힘을 갖춘 자는 천하에 특별한 일이 없을 때라면, 이러한 것들을 예(禮)와 의(義)에 사용하고, 천하에 특별한 일이 발생하면, 이러한 것들을 전쟁에 사용하게 된다. 이러한 것들을 전쟁에 사용하게 된다면, 대적할 자가 없게 되고, 이러한 것들을 예(禮)와 의(義)에 사용하게 된다면, 모두들 순종하게 되어 나라가 잘 다스려지게 된다. 외적으로 대적할 자가 없고, 내적으로 모두들 순종하며 나라가 잘 다스려지게 되는 것을 '성덕(盛德)'이라고 부른다. 그렇기 때문에 성왕은 용감하고 굳세어 힘을 갖춘 자가 이처럼 하는 것을 존귀하게 여긴다. 용감하고 굳세어 힘을 갖추고 있지만, 이러한 것들을 예(禮)·의(義) 및 전쟁에 사용하지 않고, 다투는 일에만 사용하게 된다면, 이러한 자를 '난인(亂人)'이라고 부른다. 만약 형벌이 국가에서 시행된다면, 주살되는 자는 이러한 난인(亂人)들이다. 이처럼 된다면, 백성들은 순종하며 다스려지게 되고, 국가는 편안하게 된다.

鄭注 禮成, 禮畢也. 或曰行成. 勝, 克敵也, 或爲"陳".

번역 '예성(禮成)'은 해당하는 의례 절차가 끝났다는 뜻이다. 혹은 '행성(行成)'이라고도 부른다. '승(勝)'은 대적하는 자를 이긴다는 뜻이며, 다른 판본에서는 '진(陳)'으로 기록하기도 한다.

참고 『시』「대아(大雅)·사제(思齊)」

思齊大任, (사제대임) : 엄숙하신 태임을 생각하노니,
文王之母. (문왕지모) : 문왕의 어머니이시다.
思媚周姜, (사미주강) : 아름다운 주나라의 대강을 생각하노니,
京室之婦. (경실지부) : 왕실의 며느리로다.
大姒嗣徽音, (대사사휘음) : 태사가 태임의 아름다움을 이으니,
則百斯男. (즉백사남) : 그 아들이 백 명이로다.

惠于宗公, (혜우종공) : 대신들의 의견에 따르니,
神罔時怨, (신망시원) : 신이 이에 원망함이 없으며,
神罔時恫. (신망시통) : 신이 이에 애통함이 없도다.
刑于寡妻, (형우과처) : 예법으로 처를 대했고,
至于兄弟, (지우형제) : 그것이 형제에게 이르렀으며,
以御于家邦. (이어우가방) : 이로써 집과 나라를 다스릴 수 있었도다.

雝雝在宮, (옹옹재궁) : 화락하게 궁에 계시며,
肅肅在廟. (숙숙재묘) : 엄숙하게 종묘에 계시도다.
不顯亦臨, (불현역임) : 재능이 드러나지 않는 자에게도 임하시고,
無射亦保. (무역역보) : 활쏘기를 못하는 자 또한 보전하셨도다.
肆戎疾不殄, (사융질불진) : 이에 크게 해를 입히는 자는 저절로 근절되었고,
烈假不遐. (열가불하) : 사납게 해를 끼치는 자도 그만두었도다.
不聞亦式, (불문역식) : 소문이 나지 않은 자도 등용하시고,
不諫亦入. (불간역입) : 간언을 잘 못하는 자도 입조시키셨다.

肆成人有德, (사성인유덕) : 이에 대부와 사들은 덕을 지니게 되었고,
小子有造. (소자유조) : 그 제자들은 이룸이 있었도다.
古之人無斁, (고지인무두) : 옛 성왕과 명군들은 가리는 바가 없어서,

譽髦斯士. (예모사사) : 선비가 아름다운 명성을 이루게 했도다.

毛序 思齊, 文王所以聖也.

모서 「사제(思齊)」편은 문왕이 성인이 된 이유를 읊은 시이다.

참고 『시』「소남(召南)·소성(小星)」

嘒彼小星, (혜피소성) : 은미하게 반짝이는 저 작은 별이여,
三五在東. (삼오재동) : 3개인 심수(心宿)와 5개인 유수(柳宿)가 동쪽에 있구나.
肅肅宵征, (숙숙소정) : 재빨리 야밤에 움직여서,
夙夜在公. (숙야재공) : 아침이나 밤에 군주가 계신 곳에 있구나.
寔命不同. (식명불동) : 이것은 부여받은 명의 등급이 다르기 때문이다.

嘒彼小星, (혜피소성) : 은미하게 반짝이는 저 작은 별이여,
維參與昴. (유삼여묘) : 삼수(參宿)와 묘수(昴宿)로다.
肅肅宵征, (숙숙소정) : 재빨리 야밤에 움직여서,
抱衾與裯. (포금여주) : 이불과 홑이불을 안고 가는구나.
寔命不猶. (식명불유) : 이것은 부여받은 명의 등급이 다르기 때문이다.

毛序 小星, 惠及下也. 夫人無妬忌之行, 惠及賤妾, 進御於君, 知其命有貴賤, 能盡其心矣.

모서 「소성(小星)」편은 은혜가 아래에까지 미친다는 것을 노래한 시이다. 부인에게 시샘하는 행실이 없고 은혜가 미천한 첩에게까지 미치니, 군주에게 나아가 시중을 들 때 명에는 귀천의 차이가 있다는 것을 알아 그 마음을 다할 수 있었다.

참고 『시』「주남(周南)」에 속한 시와 「모서」의 기록

1. 『시』「주남(周南)·관저(關雎)」

毛序 關雎, 后妃之德也. 風之始也, 所以風天下而正夫婦也, 故用之鄉人焉, 用之邦國焉. 風, 風也敎也, 風以動之, 敎以化之. 詩者志之所之也, 在心爲志, 發言爲詩. 情動於中而形於言, 言之不足, 故嗟歎之, 嗟歎之不足, 故永歌之, 永歌之不足, 不知手之舞之足之蹈之也. 情發於聲, 聲成文, 謂之音. 治世之音, 安以樂, 其政和, 亂世之音, 怨以怒, 其政乖, 亡國之音, 哀以思, 其民困. 故正得失動天地感鬼神, 莫近於詩. 先王, 以是經夫婦, 成孝敬, 厚人倫, 美敎化, 移風俗. 故詩有六義焉, 一曰風, 二曰賦, 三曰比, 四曰興, 五曰雅, 六曰頌. 上以風化下, 下以風刺上, 主文而譎諫, 言之者無罪, 聞之者足以戒. 故曰風. 至于王道衰, 禮義廢政敎失, 國異政, 家殊俗, 而變風變雅作矣. 國史明乎得失之迹, 傷人倫之廢, 哀刑政之苛, 吟詠情性, 以風其上. 達於事變而懷其舊俗者也. 故變風, 發乎情, 止乎禮義, 發乎情, 民之性也, 止乎禮義, 先王之澤也. 是以, 一國之事繫一人之本, 謂之風, 言天下之事, 形四方之風, 謂之雅. 雅者, 正也, 言王政之所由廢興也. 政有小大, 故有小雅焉, 有大雅焉. 頌者, 美盛德之形容, 以其成功告於神明者也. 是謂四始, 詩之至也. 然則關雎麟趾之化, 王者之風, 故繫之周公, 南, 言化自北而南也. 鵲巢騶虞之德, 諸侯之風也, 先王之所以敎. 故繫之召公. 周南召南, 正始之道, 王化之基. 是以, 關雎, 樂得淑女以配君子, ·憂在進賢, 不淫其色, 哀窈窕, 思賢才, 而無傷善之心焉, 是關雎之義也.

모서 「관저」편은 후비의 덕을 노래한 시이다. 풍(風)에 따른 교화가 시작되는 것이니, 천하를 교화하여 부부를 바로잡는 것이다. 그렇기 때문에 향리 사람들에게 사용하고, 나라 사람들에게도 사용하는 것이다. '풍(風)'은 풍(風)에 따라 바꾸고 교화를 시키는 것이니, 바람을 일으켜 움직이게 하고 교화를 시켜서 변화하게 만드는 것이다. '시(詩)'는 뜻이 지향하는 것이니, 마음에 있을 때에는 '지(志)'가 되고 말로 표현되면 '시(詩)'가 된다. 정감은 마음에서 움직여 말로

나타나는데, 말로는 표현하기 부족하기 때문에 탄식을 하고, 탄식으로도 부족하기 때문에 노래를 부르며, 노래로도 부족하기 때문에 스스로 손발을 너울거리며 춤을 추는 것도 모르게 된다. 정감이 소리[聲]로 나타나고, 소리가 문채를 이루면 이것을 '음(音)'이라고 부른다. 태평한 시대의 음(音)은 편안하면서도 즐거우니 그 정치가 조화롭기 때문이며, 혼란한 시대의 음(音)은 원망하며 성내니 그 정치가 어그러졌기 때문이고, 망국의 음(音)은 애통하고 그리워하니 백성들이 고달프기 때문이다. 그러므로 득실을 올바르게 하고 천지와 귀신을 감동시키는 것으로는 시(詩)만한 것이 없다. 이를 통해 부부의 도리를 바로잡고 효와 공경을 이루며 인륜의 질서를 두텁게 하고 교화를 아름답게 하며 풍속을 바꾼다. 그러므로 시(詩)에는 육의(六義)가 있으니, 첫 번째는 '풍(風)'이고, 두 번째는 '부(賦)'이며, 세 번째는 '비(比)'이고, 네 번째는 '흥(興)'이며, 다섯 번째는 '아(雅)'이고, 여섯 번째는 '송(頌)'이다. 위에서는 풍(風)에 따라 아랫사람을 교화하고, 아래에서는 풍(風)에 따라 윗사람을 풍자하니, 문장을 위주로 하며 은근히 간언을 하여, 이것을 말하는 자는 죄를 받지 않고 이것을 듣는 자는 경계로 삼기에 충분하다. 그렇기 때문에 '풍(風)'이라고 부른다. 왕도가 쇠하게 되자 예의가 없어지고 정치와 교화가 실추되어 나라마다 정치를 달리하고 집마다 풍속을 달리하니, 변풍(變風)과 변아(變雅)가 일어났다. 사관은 득실의 자취를 밝히고 인륜의 도리가 없어지는 것을 상심하며 형벌과 정치가 가혹하게 되는 것을 애석하게 여겨서, 그 성정을 노래하여 윗사람을 풍자했다. 사안의 변화에 달통하고 옛 풍속을 그리워한 것이다. 그렇기 때문에 변풍은 정감에서 나타나서 예의에서 그치니, 정감에서 나타나는 것은 백성들의 본성이며, 예의에서 그치는 것은 선왕의 은택이다. 이러한 까닭으로 한 나라의 일이 한 사람의 근본에 관계된 것을 '풍(風)'이라고 부르고, 천하의 일들을 말하여 사방의 풍속을 드러내는 것을 '아(雅)'라고 부른다. 아(雅)는 바르다는 뜻이니, 왕도의 정치가 이를 통해 폐하거나 흥하게 됨을 뜻한다. 정치에는 작은 것도 있고 큰 것도 있기 때문에 소아(小雅)가 있고 대아(大雅)가 있다. '송(頌)'은 융성한 덕성의 모습을 찬미하여, 신명에게 공덕을 이루었다고 아뢰는 것이다. 앞서 언급한 것들을 '사시(四始)'라고 부르니, 시(詩)의 지극함이다. 그러므로 「관저(關

雎)」편과 「인지(麟趾)」편에 나타난 교화는 천자의 풍(風)에 해당하기 때문에 주공(周公)에게 관련시킨 것이며, '남(南)'은 교화가 북쪽으로부터 남쪽으로 퍼지는 것을 뜻한다. 「작소(鵲巢)」편과 「추우(騶虞)」편에 나타난 덕은 제후의 풍(風)에 해당하기 때문에 선왕이 이를 통해 교화한 것이다. 그러므로 소공(召公)에게 관련시켰다. 「주남(周南)」편과 「소남(召南)」편은 시작을 올바르게 하는 도이며, 왕도의 교화가 기틀로 삼는 것이다. 이러한 까닭으로 「관저」편은 숙녀를 얻어 군자에 짝하게 됨을 기뻐한 것이며, 현자를 등용시키는 일을 항상 걱정하고 여색에 빠지지 않았으며, 요조숙녀를 그리워하고 현명한 인재를 사모하여, 선함을 해치려는 마음이 없으니, 이것이 바로 「관저」편의 뜻이다.

2. 『시』「주남(周南)·갈담(葛覃)」

* 제 7 절 참고자료

3. 『시』「주남(周南)·권이(卷耳)」

毛序 卷耳, 后妃之志也, 又當輔佐君子, 求賢審官, 知臣下之勤勞. 內有進賢之志, 而無險詖私謁之心, 朝夕思念, 至於憂勤也.

모서 「권이(卷耳)」편은 후비의 뜻을 나타낸 시이며, 또 마땅히 군자를 돕고 현자를 찾아 관직을 살펴서 신하의 노고를 알아야 한다는 뜻이다. 내적으로 현자를 등용하려는 뜻이 있고, 바르지 못하거나 사사로이 청탁하려는 마음이 없어서, 아침저녁으로 생각하고 그리워하여 근심하고 수고롭게 된 것이다.

4. 『시』「주남(周南)·규목(樛木)」

毛序 樛木, 后妃逮下也, 言能逮下而無嫉妬之心焉.

모서 「규목(樛木)」편은 후비의 은덕이 밑으로 미치는 것을 노래한 시이니, 은덕이 밑으로 미칠 수 있어서 시기하는 마음이 없다는 뜻이다.

5. 『시』「주남(周南)·종사(螽斯)」

毛序 螽斯, 后妃子孫衆多也, 言若螽斯不妬忌, 則子孫衆多也.

모서 「종사(螽斯)」편은 후비의 자손이 많음을 노래한 시이니, 종사라는 곤충처럼 시기하지 않는다면 자손이 많아진다는 뜻이다.

6. 『시』「주남(周南)·도요(桃夭)」

* 제 6 절 참고자료

7. 『시』「주남(周南)·토저(兎罝)」

毛序 兎罝, 后妃之化也, 關雎之化行, 則莫不好德, 賢人衆多也.

모서 「토저(兎罝)」편은 후비의 교화를 노래한 시이니, 「관저(關雎)」편의 교화가 시행되면 덕을 좋아하지 않는 자가 없어져서 현명한 자들이 많아진다는 뜻이다.

8. 『시』「주남(周南)·부이(芣苢)」

毛序 芣苢, 后妃之美也, 天下和平, 則婦人樂有子矣.

모서 「부이(芣苢)」편은 후비의 아름다움을 노래한 시이니, 천하가 화평해지면 부인들은 자식 낳는 것을 즐거워한다는 뜻이다.

9. 『시』「주남(周南)·한광(漢廣)」

毛序 漢廣, 德廣所及也. 文王之道被于南國, 美化行乎江漢之域, 無思犯禮, 求而不可得也.

모서 「한광(漢廣)」편은 덕과 은택이 미친 바를 노래한 시이다. 문왕의 도는 남쪽 나라에 미쳐서 아름다운 교화가 강한의 지역에서도 시행되어 예를 범하고자 생각하지 않으니 구해도 얻을 수 없다는 뜻이다.

10. 『시』「주남(周南)·여분(汝墳)」

毛序 汝墳, 道化行也. 文王之化行乎汝墳之國, 婦人能閔其君子猶勉之以正也.

모서 「여분(汝墳)」편은 도와 교화가 시행됨을 노래한 시이다. 문왕의 교화가 여분의 나라에 시행되어, 부인들이 남편을 걱정하면서도 오히려 올바름으로 권면한다는 뜻이다.

11. 『시』「주남(周南)·인지지(麟之趾)」

毛序 麟之趾, 關雎之應也. 關雎之化行則天下無犯非禮, 雖衰世之公子皆信厚如麟趾之時也.

모서 「인지지(麟之趾)」편은 「관저(關雎)」편에서 말한 효험을 노래한 시이다. 「관저」편의 교화가 시행되면 천하에는 비례를 저지를 자가 없으니, 비록 쇠망한 세상의 공자라 하더라도 모두 신의를 가지고 후덕함을 실천하니 마치 기린이 나타날 때와 같다는 뜻이다.

참고 『시』「소남(召南)」에 속한 시와 「모서」의 기록

1. 『시』「소남(召南)·작소(鵲巢)」

毛序 鵲巢, 夫人之德也. 國君, 積行累功, 以致爵位, 夫人起家而居有之, 德如鳲鳩, 乃可以配焉.

모서 「작소(鵲巢)」편은 부인의 덕을 노래한 시이다. 제후가 행실과 공적을

쌓아 작위를 이루니, 부인이 집에서 일어나 그곳에 머물고 차지하니, 그 덕이 마치 비둘기와 같아 제후의 짝이 될 수 있다.

2. 『시』「소남(召南)·채번(采蘩)」

毛序 采蘩, 夫人不失職也, 夫人可以奉祭祀, 則不失職矣.

모서 「채번(采蘩)」편은 부인이 자신의 본분을 잃지 않았음을 노래한 시이니, 부인이 제사를 제대로 받들 수 있다면 자신의 본분을 잃지 않은 것이다.

3. 『시』「소남(召南)·초충(草蟲)」

毛序 草蟲, 大夫妻能以禮自防也.

모서 「초충(草蟲)」편은 대부의 아내가 예법에 따라 스스로를 단속할 수 있음을 노래한 시이다.

4. 『시』「소남(召南)·채빈(采蘋)」

* 제 7 절 참고자료

5. 『시』「소남(召南)·감당(甘棠)」

毛序 甘棠, 美召伯也, 召伯之教明於南國.

모서 「감당(甘棠)」편은 소백을 찬미한 시이니, 소백의 교화가 남쪽 나라에 밝게 시행되었다는 뜻이다.

6. 『시』「소남(召南)·행로(行露)」

毛序 行露, 召伯聽訟也. 衰亂之俗微, 貞信之教興, 彊暴之男不能侵陵貞女也.

모서 「행로(行露)」편은 소백이 송사를 다스렸던 일을 노래한 시이다. 쇠약해지고 문란해진 시기의 풍속은 은미해졌지만, 곧음과 신의에 대한 가르침이 일어나, 난폭한 남자들이 올곧은 여자를 침범하거나 능멸하지 못한 것이다.

7. 『시』「소남(召南)·고양(羔羊)」

毛序 羔羊, 鵲巢之功致也. 召南之國, 化文王之政, 在位皆節儉正直, 德如羔羊也.

모서 「고양(羔羊)」편은 「작소(鵲巢)」편의 공효를 이룬 것이다. 소남의 나라들은 문왕의 정치에 교화되어 지위에 있는 자들은 모두 검소하고 정직했으니, 그 덕이 검은 양과 같다는 뜻이다.

8. 『시』「소남(召南)·은기뢰(殷其雷)」

毛序 殷其雷, 勸以義也. 召南之大夫遠行從政, 不遑寧處, 其室家能閔其勤勞, 勸以義也.

모서 「은기뢰(殷其雷)」편은 의로움을 권면하는 시이다. 소남의 대부가 멀리 길을 떠나 정치에 종사하여 편안히 거처할 겨를이 없었는데, 그 아내는 남편의 수고로움을 근심스럽게 여기면서도 의로움을 권면했다는 뜻이다.

9. 『시』「소남(召南)·표유매(摽有梅)」

毛序 摽有梅, 男女及時也. 召南之國, 被文王之化, 男女得以及時也.

모서 「표유매(摽有梅)」편은 남녀가 시기에 맞춰 혼사 치르는 것을 노래한 시이다. 소남의 나라는 문왕의 교화에 힘입어 남녀가 적정한 시기에 혼사를 치를 수 있었다는 뜻이다.

10. 『시』「소남(召南)·소성(小星)」

* 제 8 절 참고자료

11. 『시』「소남(召南)·강유사(江有汜)」

毛序 江有汜, 美媵也, 勤而無怨, 嫡能悔過也. 文王之時, 江沱之閒, 有嫡不以其媵備數, 媵遇勞而無怨, 嫡亦自悔也.

모서 「강유사(江有汜)」편은 잉첩을 노래한 시이니, 수고로운데도 원망하는 마음이 없어 적처가 잘못을 뉘우치게 할 수 있었다. 문왕이 통치할 때 강수와 타수 지역에는 잉첩의 수를 갖추지 않은 적처가 있었는데, 잉첩이 수고롭게 되었음에도 원망하는 마음이 없자 적처 또한 스스로 뉘우쳤다는 뜻이다.

12. 『시』「소남(召南)·야유사균(野有死麕)」

毛序 野有死麕, 惡無禮也. 天下大亂, 彊暴相陵, 遂成淫風, 被文王之化, 雖當亂世, 猶惡無禮也.

모서 「야유사균(野有死麕)」편은 무례함을 미워한 시이다. 천하가 크게 혼란하여 난폭한 자들이 서로를 능멸하여, 결국 음란한 풍조를 이루었는데, 문왕의 교화에 힘입어, 비록 난세에 처하더라도 오히려 무례함을 미워했던 것이다.

13. 『시』「소남(召南)·하피농의(何彼禯矣)」

毛序 何彼襛矣, 美王姬也. 雖則王姬, 亦下嫁於諸侯, 車服不繫其夫, 下王后一等, 猶執婦道, 以成肅雝之德也.

모서 「하피농의(何彼襛矣)」편은 왕희를 찬미한 시이다. 비록 천자의 여식이지만 제후에게 시집을 가며 수레와 의복을 남편의 신분에 얽매이지 않고 왕후보다 1등급을 낮추면서도 오히려 아녀자의 도를 지켜 엄숙하고 화락한 덕을 이루었다는 뜻이다.

14. 『시』「소남(召南)·추우(騶虞)」

毛序 騶虞, 鵲巢之應也. 鵲巢之化行, 人倫旣正, 朝廷旣治, 天下純被文王之化, 則庶類蕃殖, 蒐田以時, 仁如騶虞, 則王道成也.

모서 「추우(騶虞)」편은 「작소(鵲巢)」편의 덕에 호응하여 나타난 것을 노래한 시이다. 「작소」편에서는 교화가 시행되어 인륜이 바르게 되고 조정이 다스려져서, 천하 사람들이 문왕의 교화를 크게 입게 되었다고 했으니, 만물이 번식하여 사냥을 농한기에 맞춰 시행하여, 그 인자함이 추우와 같다면, 천자의 도가 완성된 것이다.

그림 8-1 ■ 심수(心宿)

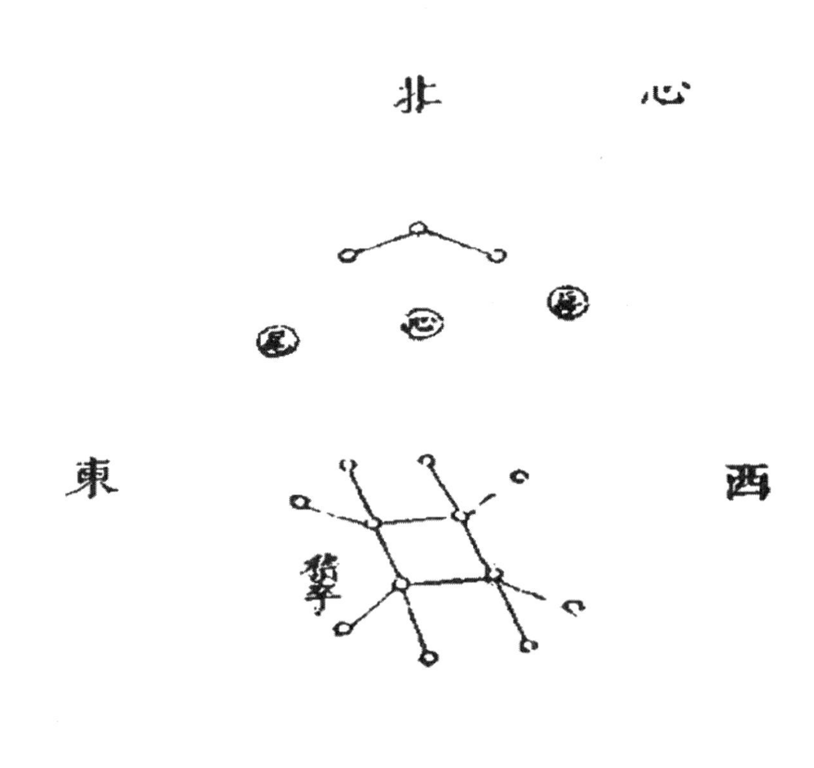

※ **출처:**『삼재도회(三才圖會)』「천문(天文)」 2권

그림 8-2 ▣ 유수(柳宿)

※ 출처: 『삼재도회(三才圖會)』「천문(天文)」 3권

그림 8-3 ▣ 삼수(參宿)

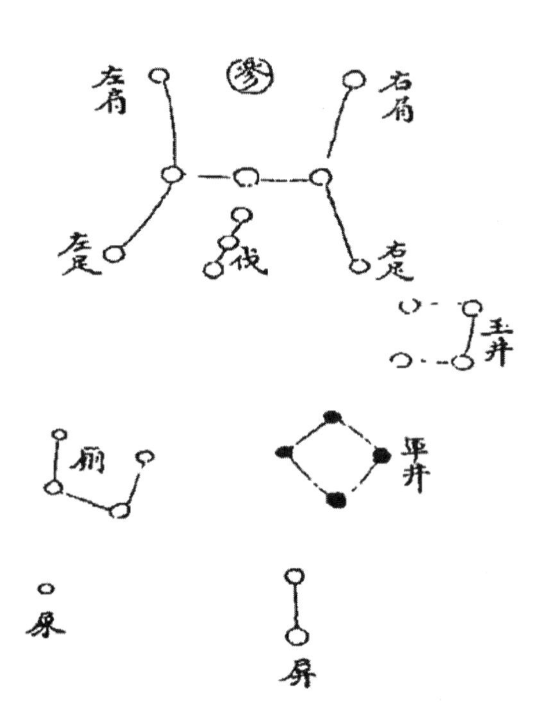

※ **출처:** 『흠정사고전서(欽定四庫全書)』「도서편(圖書編)」 17권

그림 8-4 ▣ 묘수(昴宿)

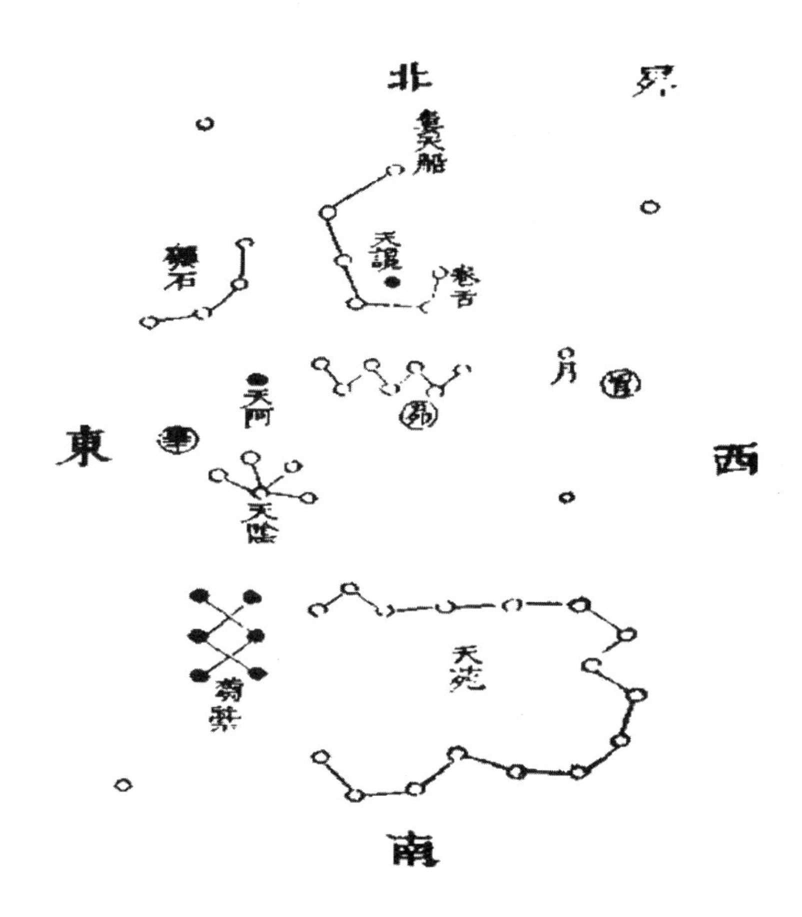

※ **출처:** 『삼재도회(三才圖會)』「천문(天文)」 2권

참고 『주례』「천관(天官)·궁인(宮人)」 기록

경문 宮人掌王之六寢之脩.

번역 궁인은 천자의 육침(六寢) 다스리는 일을 담당한다.

鄭注 六寢者, 路寢一, 小寢五. 玉藻曰: "朝, 辨色始入. 君日出而視朝. 退適路寢聽政. 使人視大夫, 大夫退, 然後適小寢, 釋服." 是路寢以治事, 小寢以時燕息焉. 春秋書魯莊公薨于路寢, 僖公薨于小寢, 是則人君非一寢明矣.

번역 '육침(六寢)'이라는 것은 노침(路寢)이 1개이며 소침(小寢)이 5개이다. 『예기』「옥조(玉藻)」편에서는 "신하들이 조정에 참관할 때, 동이 틀 때 비로소 응문(應門)[1]으로 들어가 군주를 기다린다. 군주는 해가 떠오른 뒤에 나와 조정에 참관하고, 물러나서 노침으로 가며 정사에 대해 들으며 가부를 판단하고, 사람을 시켜서 대부들이 퇴조했는지를 살피니, 대부가 퇴조를 한 뒤에야 소침으로 가서 조복(朝服)을 벗고 현단복(玄端服)으로 갈아입는다."[2]라고 했다. 이것은 노침이 정사를 돌보는 곳이고 소침이 때에 따라 휴식을 취하는 장소임을 나타낸다. 『춘추』에서는 노나라 장공이 노침에서 죽었다고 기록했고,[3] 희공이 소침에서 죽었다고 기록했으니,[4] 군주는 하나의 침(寢)만 가지고 있었던 것이 아님이 분명하다.

賈疏 ●"宮人"至"之脩". ○釋曰: 按守祧職: "其廟則有司脩除之, 其祧則守祧黝堊之." 鄭注云: "脩除黝堊, 互言之." 此雖不主脩, 亦是掃除.

---

1) 응문(應門)은 궁(宮)의 정문을 가리킨다. 『시』「대아(大雅)·면(緜)」편에는 "迺立應門, 應門將將."이라는 기록이 있는데, 이에 대한 모전(毛傳)에서는 "王之正門曰應門."이라고 풀이하였다.
2) 『예기』「옥조(玉藻)」【372d】: 朝, 辨色始入. 君日出而視之, 退適路寢聽政, 使人視大夫, 大夫退, 然後適小寢釋服.
3) 『춘추』「장공(莊公) 32년」: 八月, 癸亥, 公薨于路寢.
4) 『춘추』「희공(僖公) 33년」: 乙巳, 公薨于小寢.

번역 ●經文: "宮人"~"之脩". ○『주례』「수조(守祧)」편의 직무 기록을 살펴보면 "묘에서 제사를 지낼 경우 유사가 정비하고 청소하며, 조묘(祧廟)에서 제사를 지낼 경우 수조가 바닥은 검은색으로 칠하고 벽은 흰색으로 칠한다."[5] 라고 했고, 정현의 주에서는 "정비하고 청소한다는 말과 검은색과 흰색으로 칠한다는 말은 상호 호환이 되도록 말한 것이다."라고 했다. 이것은 비록 수리하는 일을 주관하지 않지만 청소를 하게 된다는 뜻을 나타낸다.

賈疏 ◎注"六寢"至"明矣". ○釋曰: 云"六寢者, 路寢一, 小寢五"者, 路寢制如明堂以聽政. 路, 大也, 人君所居皆曰路. 又引玉藻曰"朝, 辨色始入"者, 謂群臣昧爽至門外, 辨色始入應門. 云"君日出而視朝"者, 尊者體優, 故日出始出路門而視朝. "退適路寢聽政"者, 謂路門外朝罷, 乃退適路寢以聽政. 云"使人視大夫, 大夫退, 然後適小寢, 釋服"者, 朝罷, 君退適路寢之時, 大夫各鄉治事之處. 君使人視大夫, 大夫退還舍, 君然後適小寢, 釋去朝服, 服玄端. 又引春秋者, 左氏莊公三十二年: "公薨于路寢", 得其正; 僖公三十三年"公薨于小寢", 譏其卽安. 云"是則人君非一寢明矣", 言此者, 時有不信周禮, 故引諸文以證之. 若然, 所引者皆諸侯法. 天子六寢, 則諸侯當三寢, 亦路寢一, 燕寢一, 側室一, 內則所云者是也.

번역 ◎鄭注: "六寢"~"明矣". ○정현이 "'육침(六寢)'이라는 것은 노침(路寢)이 1개이며 소침(小寢)이 5개이다."라고 했는데, 노침의 제도는 명당(明堂)[6]과 같아서 정사를 처리하는 곳이다. '노(路)'자는 크다는 뜻이니, 군주가 거처하는 곳은 모두 '노(路)'라고 부른다. 또 정현은 『예기』「옥조(玉藻)」편을

---

5) 『주례』「춘관(春官)·수조(守祧)」: 其廟, 則有司脩除之; 其祧, 則守祧黝堊之.

6) 명당(明堂)은 일반적으로 고대 제왕이 정교(政教)를 베풀던 장소를 지칭하는 용어로 사용되었다. 이곳에서는 조회(朝會), 제사(祭祀), 경상(慶賞), 선사(選士), 양로(養老), 교학(教學) 등의 국가 주요 업무가 시행되었다. 『맹자』「양혜왕하(梁惠王下)」편에는 "夫明堂者, 王者之堂也."라는 용례가 있고, 『옥태신영(玉台新詠)』「목난사(木蘭辭)」편에도 "歸來見天子, 天子坐明堂."이라는 용례가 있다. '명당'의 규모나 제도는 시대마다 다르다. 또한 '명당'이라는 건물군 중에서 남쪽의 실(室)을 가리키는 용어로도 사용되었다.

인용해서 "신하들이 조정에 참관할 때, 동이 틀 때 비로소 응문(應門)으로 들어가 군주를 기다린다."라고 했는데, 뭇 신하들은 동이 틀 때 문밖에 있다가 하늘의 색깔이 변하면 비로소 응문으로 들어간다는 뜻이다. "군주는 해가 떠오른 뒤에 나와 조정에 참관한다."라고 했는데, 존귀한 자는 여유로워야 하기 때문에 해가 떠오른 뒤에야 비로소 노문 밖으로 나와 조정에 참관한다. "물러나서 노침으로 가며 정사에 대해 들으며 가부를 판단한다."라고 했는데, 노문 밖에서 시행된 조정의 회의가 끝나면, 물러나 노침으로 가서 정사를 처리한다는 뜻이다. "사람을 시켜서 대부들이 퇴조했는지를 살피니, 대부가 퇴조를 한 뒤에야 소침으로 가서 조복(朝服)을 벗고 현단복(玄端服)으로 갈아입는다."라고 했는데, 조정의 회의가 끝나 군주가 물러나 노침으로 갈 때, 대부들은 각각 자신이 정무를 처리하는 장소로 가게 된다. 군주가 사람을 시켜 대부들을 살펴보게 하는데 대부들이 물러나 자신의 숙소로 돌아갔다면, 군주는 그런 뒤에야 소침으로 가서 조복을 벗고 현단복을 착용한다. 정현은 또한 『춘추』를 인용했는데, 『좌전』 학자들은 장공 32년의 기록에서 "공이 노침에서 죽었다."라고 한 말은 예법에 맞는 것이라고 했다. 또 희공 33년의 기록에서 "공이 소침에서 죽었다."라고 한 말은 편안한 곳으로 나아간 것을 기롱한 것이라고 했다. 정현이 "이러하다면 군주는 하나의 침(寢)만 가지고 있었던 것이 아님이 분명하다."라고 했는데, 이러한 말을 한 것은 당시에는 『주례』의 기록을 믿지 않는 자들이 있었기 때문에 다양한 기록을 인용하여 증명한 것이다. 만약 그렇다면 인용한 것들은 모두 제후의 예법이 된다. 천자는 여섯 개의 침을 두니 제후는 마땅히 3개의 침을 두어야 하며, 또한 노침이 1개이고 연침이 1개이며 측실(側室)[7]이 1개로, 『예기』「내칙(內則)」편에서 한 말이 이러한 사실을 나타낸다.

참고 『주례』「동관고공기(冬官考工記)·장인(匠人)」 기록

경문 內有九室, 九嬪居之. 外有九室, 九卿朝焉.

---

7) 측실(側室)은 연침(燕寢)의 측면에 붙어 있는 실(室)이다.

번역 노침(路寢)의 안쪽에는 9개의 방을 두니 구빈이 그곳에 거처한다. 노문(路門)의 바깥쪽으로는 9개의 방을 두니 구경이 조회를 하는 곳이다.

鄭注 內, 路寢之裏也. 外, 路門之表也. 九室, 如今朝堂諸曹治事處. 九嬪掌婦學之法以敎九御. 六卿三孤爲九卿.

번역 '내(內)'는 노침의 안쪽을 뜻한다. '외(外)'는 노문의 바깥쪽을 뜻한다. '구실(九室)'이란 오늘날 조당의 각 관부들이 정무를 처리하는 장소와 같다. 구빈은 아녀자 가르치는 법도를 담당하여 구어를 가르친다. 육경(六卿)과 삼고(三孤)를 합해 구경(九卿)이라 한다.

賈疏 ◎注"內路"至"九卿". ○釋曰: 內外, 據路寢之表裏言之, 則九卿之九室在門外正朝之左右爲之, 故鄭據漢法朝堂諸曹治事處, 謂正朝之左右爲廬舍者也. 云"九嬪掌婦學之法以敎九御"者, 九嬪職文. 按內宰, 王有六宮, 九嬪已下分居之. 若然, 不得復分居九室矣. 此九嬪之九室與九卿九室相對而言之, 九卿九室是治事之處, 則九嬪九室亦是治事之處, 故與六宮不同. 是以鄭引九嬪職掌婦學之法, 則九室是敎九御之所也. 云"六卿三孤爲九卿", 孤同卿數者, 以命數同故也. 按昏義以夏之九卿, 謂三孤與六卿爲九, 此云九卿, 亦謂周之三孤六卿爲九卿.

번역 ◎鄭注: "內路"~"九卿". ○'내(內)'자와 '외(外)'자는 노침의 겉과 안을 기준으로 말한 것이니, 구경이 거처하는 구실이란 문밖 조정의 좌우에 설치한다. 그렇기 때문에 정현은 한나라 때의 예법에 근거하여 조당의 여러 관부들이 정무를 처리하는 장소라고 했다. 즉 노문 밖 조정의 좌우에 만든 방을 뜻한다. 정현이 "구빈은 아녀자 가르치는 법도를 담당하여 구어를 가르친다."라고 했는데, 이것은 『주례』「구빈(九嬪)」편의 직무 기록에 나타난 문장으로, 천자가 육궁을 두어 구빈으로부터 그 이하의 여자들이 각각 나눠어 거처한다. 만약 그렇다면 재차 9개의 방으로 나눌 수 없다. 그런데 이곳에서 구빈이 머무는 9개의 방이라고 한 것은 구경이 머무는 9개의 방과 서로 대비해서 말한 것이니,

구경이 머무는 9개의 방은 정무를 처리하는 장소이며, 구빈이 머무는 9개의 방 또한 담당하는 업무를 처리하는 장소이다. 그렇기 때문에 여섯 개의 궁과는 다른 것이다. 이러한 까닭으로 정현은 「구빈」편의 직무 기록을 인용하여 아녀자 가르치는 법도를 담당한다고 했으니, 9개의 방이란 곧 구어를 가르치는 장소를 뜻한다. 정현이 "육경(六卿)과 삼고(三孤)를 합해 구경(九卿)이라 한다."라고 했는데, 삼고를 육경과 동일하게 여겨 9로 셈하는 것은 명(命)의 등급이 동일하기 때문이다. 「혼의」편을 살펴보면 하나라 때의 구경은 곧 삼고와 육경을 합해 구경이라고 한 것인데, 이곳에서 구경이라 한 말 또한 주나라 때의 삼고와 육경을 합해 구경이라 한 것이다.

참고 『주례』「천관(天官)·내소신(內小臣)」 기록

경문 掌王之陰事陰令.

번역 천자의 음사(陰事)와 음령(陰令)을 담당한다.

鄭注 陰事, 群妃御見之事. 若今掖庭令晝漏不盡八刻, 白錄所記, 推當御見者. 陰令, 王所求爲於北宮.

번역 '음사(陰事)'는 뭇 비들이 천자를 시중들고 알현하는 일들을 뜻한다. 마치 오늘날의 액정령이라는 관리가 8각(刻)이 되지 않았을 때 백록의 기록에 따라 시중들고 알현할 자들을 뽑는 것과 같다. '음령(陰令)'은 북궁에서 천자를 위해 요구하거나 시행하는 것들이다.

賈疏 ◎注"陰事"至"北宮". ○釋曰: 云"陰事, 群妃御見之事"者, 謂若九嬪職後鄭所云者是也. 又云"陰令, 王所求爲於北宮"者, 王於北宮求爲, 謂若縫人·女御爲王裁縫衣裳, 及絲枲織紝之等, 皆是王之所求索, 王之所造爲者也. 言北宮者, 對王六寢在南, 以后六宮在北, 故云北宮也.

번역 ◎鄭注: "陰事"~"北宮". ○정현이 "'음사(陰事)'는 뭇 비들이 천자를 시중들고 알현하는 일들을 뜻한다."라고 했는데, 『주례』「구빈(九嬪)」편의 직무 기록에 대해 정현이 설명한 내용 등을 뜻한다. 정현은 또한 "'음령(陰令)'은 북궁에서 천자를 위해 요구하거나 시행하는 것들이다."라고 했는데, 북궁에서 천자를 위해 요구하거나 시행하는 것은 봉인(縫人)·여어(女御) 등이 천자를 위해 의복을 만들거나 생사나 마 등을 직조하는 것 등을 뜻하니, 이것이 바로 천자가 필요로 하는 것이자 천자를 위해 만드는 것들이다. '북궁(北宮)'이라 말한 것은 천자의 육침은 남쪽에 위치하고 왕후의 육궁은 북쪽에 위치한다. 그렇기 때문에 '북궁(北宮)'이라고 말한 것이다.

그림 8-5 ▣ 천자오문삼조도(天子五門三朝圖)

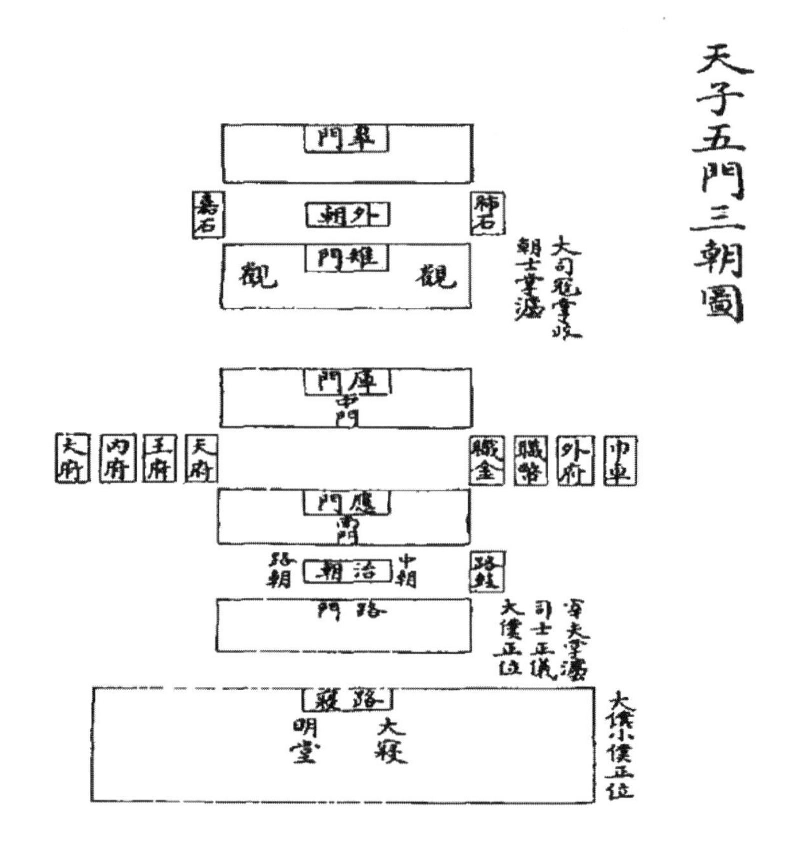

◎ 노침(路寢)의 앞마당=연조(燕朝)

※ 출처: 『주례도설(周禮圖說)』 상권

• 제 9 절 •

천자(天子)·후(后)와 남교(男教)·부순(婦順)

【695b】

是故, 男教不脩, 陽事不得, 適見於天, 日爲之食. 婦順不脩, 陰事不得, 適見於天, 月爲之食. 是故日食, 則天子素服而脩六官之職, 蕩天下之陽事. 月食, 則后素服而脩六宮之職, 蕩天下之陰事. 故天子之與后, 猶日之與月, 陰之與陽, 相須而后成者也. 天子脩男教, 父道也; 后脩女順, 母道也. 故曰天子之與后, 猶父之與母也. 故爲天王服斬衰, 服父之義也; 爲后服齊衰, 服母之義也.

직역 是故로, 男教가 不脩하면, 陽事를 不得하니, 適이 天에 見하여, 日이 之로 爲하여 食한다. 婦順이 不脩하면, 陰事를 不得하니, 適이 天에 見하여, 月이 之로 爲하여 食한다. 是故로 日食하면, 天子는 素服하고 六官의 職을 脩하여, 天下의 陽事를 蕩한다. 月食하면, 后는 素服하고 六宮의 職을 脩하여, 天下의 陰事를 蕩한다. 故로 天子가 后와 與함은 日이 月과 與함과, 陰이 陽과 與함에 猶하니, 相須한 后에야 成者라. 天子가 男教를 脩함은 父道이며; 后가 女順을 脩함은 母道이다. 故로 曰, 天子가 后와 與함은 父가 母와 與함과 猶라. 故로 天王을 爲하여 斬衰를 服함은 父에 服하는 義이며; 后를 爲하여 齊衰를 服함은 母에 服하는 義이다.

의역 이러한 까닭으로 남자들에 대한 교화를 다스리지 않으면, 양(陽)과 관련된 사안을 얻을 수 없어서 그 징조가 하늘에 드러나니 일식이 발생하는 것이다. 아녀자가 따르는 순종의 미덕을 다스리지 않으면, 음(陰)과 관련된 사안을 얻을 수 없어서 그 징조가 하늘에 드러나니 월식이 발생하는 것이다. 이러한 까닭으로 일식이 발생하면, 천자는 소복(素服)을 착용하고 육관(六官)의 직무를 다스려서 천하의 잘못된 양에 대한 일들을 씻어낸다. 또한 월식이 발생하면, 왕후는 소복을 착용하고 육궁(六宮)의 직무를 다스려서 천하의 잘못된 음에 대한 일들을 씻어낸다. 그래서 천자와 왕후의 관계는 해와 달의 관계와 같고 음과 양의 관계와 같으니, 서로를 기다린 뒤에야 완성되는 것이다. 천자가 남자에 대한 교화를 다스리는 것은 부친의 도리에 해당하고, 왕후가 여자의 순종을 다스리는 것은 모친의 도리에 해당한다. 그렇기 때문에 "천자와 왕후의 관계는 부친과 모친의 관계와 같다."라고 말하는 것이다. 그래서 천자가 죽었을 때, 천하의 모든 자들은 천자를 위해서 참최복(斬衰服)을 착용하는데, 이것은 부친을 위해서 참최복을 착용하는 도리에 해당하고, 왕후를 위해서는 자최복(齊衰服)을 착용하는데, 이것은 모친을 위해서 자최복을 착용하는 도리에 해당한다.

集說 鄭氏曰: 適之言責也. 蕩, 蕩滌其穢惡也.

번역 정씨가 말하길, '적(適)'자는 꾸중[責]이라는 뜻이다. '탕(蕩)'자는 더럽고 악한 것을 씻어낸다는 뜻이다.

集說 朱子曰: 王者修德行政, 用賢去姦, 能使陽盛足以勝陰, 陰衰不能侵陽, 則日月之行, 雖或當食, 不食也. 若國無政, 臣子背君父, 妾婦乘其夫, 小人陵君子, 夷狄侵中國, 則陰盛陽微, 當食必食. 雖曰行有常度, 實爲非常之變矣.

번역 주자가 말하길, 천자가 덕을 닦고 정사를 시행할 때에는 현명한 자를 등용하고 간사한 자를 제거하여, 양(陽)을 융성하게 만들어서 음(陰)을 이길 수 있도록 하고, 음이 쇠약해져서 양을 침범하지 못하게 한다면, 해와 달의 운행이 간혹 일식이나 월식의 주기에 해당한다고 하더라도 그 현상이 나타나지 않는다. 만약 나라에 올바른 정사가 없고 신하와 자식이 군주와 부친을 배반하며 처와 첩이 그 남편에 올라타고 소인이 군자를 업신여기며 오랑캐가 중국을 침범한다면, 음이 융성해지고 양이 미약해져서 일식이나 월식의 주기에 해당하면 반드시 그 현상이 나타난다. 비록 "해와 달의 운행에는 일정한 주기가 있다."

라고 하지만, 실제로는 일상적이지 않은 변고가 된다.

集說 葉氏曰: 日月之食, 理所常有也. 反之陰陽之事者, 躬自厚之道也. 天子以男教勉天下之爲子者, 其道猶父也, 故其卒也, 天下爲之服斬衰. 后以女順化天下之爲婦者, 其道猶母也, 故其亡也, 天下爲之服齊衰. 父母爲之服者, 報其恩也. 王與后爲之服者, 報其義也.

번역 섭씨가 말하길, 일식이나 월식은 이치상 일정하게 발생하는 것이다. 음양(陰陽)의 일들을 돌이켜보는 것은 제 자신을 두텁게 하는 도리이다. 천자는 남자에 대한 교화를 통해 천하의 자식된 자들을 힘쓰게 하니, 그 도리는 부친과 유사하다. 그렇기 때문에 천자가 죽었을 때 천하의 모든 자들은 천자를 위해서 참최복(斬衰服)[1]을 착용하는 것이다. 왕후(王后)는 여자가 따르는 순종의 미덕으로 천하의 아녀자들을 교화하니, 그 도리는 모친과 유사하다. 그렇기 때문에 왕후가 죽었을 때 천하의 모든 자들은 그녀를 위해서 자최복(齊衰服)을 착용하는 것이다. 부모가 돌아가셨을 때 그들을 위해 상복을 착용하는 것은 그들이 베풀어준 은정에 보답하기 위해서이다. 천자와 왕후가 죽었을 때 그들을 위해 상복을 착용하는 것은 도의에 보답하기 위해서이다.

大全 藍田呂氏曰: 男教陽事, 上應乎日, 婦順陰事, 上應乎月, 有不得則謫見於天, 爲之薄食, 日食則天子爲之變, 月食則后爲之變, 素服自責, 各正厥事, 以答天變, 明后與天子, 日月陰陽相須, 而后成之義也. 以人倫推之, 天子脩男教, 天下之父也, 后脩女順, 天下之母也. 其德之盛, 必能以天下爲一家, 爲天下父母, 然後天下以父服服天子, 以母服服后也.

번역 남전여씨가 말하길, 남자에 대한 교화는 양(陽)에 해당하는 일이므로 위로 해와 호응하고, 아녀자의 순종함은 음(陰)에 해당하는 일이므로 위로 달

1) 참최복(斬衰服)은 상복(喪服) 중 하나로, 오복(五服)에 속한다. 상복 중에서도 가장 수위가 높은 상복이다. 거친 삼베를 사용해서 만들며, 자른 부위를 꿰매지 않기 때문에 참최(斬衰)라고 부른다. 이 복장을 입게 되는 기간은 일반적으로 3년에 해당하며, 죽은 부모를 위해 입거나, 처 또는 첩이 죽은 남편을 위해 입는다.

과 호응하니, 얻지 못하는 일이 생기면 징벌이 하늘에 드러나서 그로 인해 가려지게 되니, 일식이 발생하면 천자를 그것을 변고로 여기고, 월식이 발생하면 왕후는 그것을 변고로 여겨서, 소복(素服)을 입고 제 스스로 책임을 묻고 각각 그 사안을 올바르게 하여 하늘의 변고에 대답하니, 이것은 왕후와 천자는 해와 달 및 음양이 서로 따른 이후에야 완성된다는 뜻을 나타낸다. 인륜(人倫)으로 미루어보면 천자는 남자에 대한 교화를 다스리니 천하의 부친이 되고, 왕후는 여자의 순종함을 다스리니 천하의 모친이 된다. 그 덕의 융성함은 반드시 천하를 한 가정으로 삼을 수 있어야만 천하의 부모가 되며, 그런 뒤에야 천하의 모든 사람들이 부친에 대한 상복으로 천자에 대해 복상하고, 모친에 대한 상복으로 왕후에 대해 복상한다.

大全 西山眞氏曰: 家人之卦曰, 女正位乎內, 男正位乎外, 男女正, 天地之大義也. 易言其理, 而禮述其法, 蓋相表裏云.

번역 서산진씨[2]가 말하길, 가인괘(家人卦)에서는 "여자는 안에서 그 자리를 바로하고, 남자는 밖에서 자리를 바로하니, 남녀가 올바르게 되는 것이 천지의 대의이다."[3]라고 했다. 『역』에서는 그 이치를 언급한 것이고, 『예』에서는 그 법도를 조술한 것이니, 서로 표리를 이룬다.

鄭注 適之言責也. 食者, 見道有虧傷也. 蕩, 蕩滌去穢惡也. 父母者, 施敎令於婦子者也, 故其服同. 資, 當爲"齊", 聲之誤也.

번역 '적(適)'자는 책무[責]를 뜻한다. '식(食)'이라는 것은 운행 상에 발생한 이지러짐이 드러난다는 뜻이다. '탕(蕩)'자는 더럽고 악한 것을 제거하고 씻

2) 서산진씨(西山眞氏, A.D.1178 ~ A.D.1235) : =건안진씨(建安眞氏)·진덕수(眞德秀). 남송(南宋) 때의 성리학자이다. 자(字)는 경원(景元)이고, 호(號)는 서산(西山)이다. 저서로는 『독서기(讀書記)』, 『사서집론(四書集論)』, 『경연강의(經筵講義)』 등이 있다.

3) 『역』「가인(家人)·단전(彖傳)」: 彖曰, 家人, 女正位乎內, 男正位乎外, 男女正, 天地之大義也.

어낸다는 뜻이다. '부모(父母)'는 처와 자식에게 가르침과 명령을 내리는 대상이다. 그렇기 때문에 상복을 동일하게 하는 것이다. '자(資)'자는 마땅히 '제(齊)'자가 되어야 하니, 소리가 비슷해서 생긴 오류이다.

釋文 適, 直革反, 下注同. 見, 賢遍反, 下及注同. 日爲, 于僞反, 下文皆同. 蕩, 徒浪反. 滌, 直歷反, 又杜亦反. 去, 起呂反. 穢, 紆廢反. 衰, 七雷反, 下同. 資, 依注作齊, 音咨, 注又作"▼((齋-示)/衣)"者, 同.

번역 '適'자는 '直(직)'자와 '革(혁)'자의 반절음이며, 아래 정현의 주에 나오는 글자도 그 음이 이와 같다. '見'자는 '賢(현)'자와 '遍(편)'자의 반절음이며, 아래문장 및 정현의 주에 나오는 글자도 그 음이 이와 같다. '日爲'에서의 '爲'자는 '于(우)'자와 '僞(위)'자의 반절음이며, 아래문장에 나오는 글자들도 모두 그 음이 이와 같다. '蕩'자는 '徒(도)'자와 '浪(랑)'자의 반절음이다. '滌'자는 '直(직)'자와 '歷(력)'자의 반절음이며, 또한 '杜(두)'자와 '亦(역)'자의 반절음이다. '去'자는 '起(기)'자와 '呂(려)'자의 반절음이다. '穢'자는 '紆(우)'자와 '廢(폐)'자의 반절음이다. '衰'자는 '七(칠)'자와 '雷(뇌)'자의 반절음이며, 아래문장에 나오는 글자도 그 음이 이와 같다. '資'자는 정현의 주에 따르면 '齊'자가 되니, 그 음은 '咨(자)'이고, 정현의 주에서는 또한 '▼((齋-示)/衣)'자로도 기록하는데, 그 음은 동일하다.

孔疏 ●"是故"至"義也". ○正義曰: 此以下說男女之教, 若其不得, 日月爲之適食. 又明天子與后是父之與母之義.

번역 ●經文: "是故"~"義也". ○이곳 구문부터 그 이하의 문장은 남녀에 대한 교화를 시행하지 못한다면, 해와 달에 일식이나 월식이 생긴다고 설명하고 있다. 또한 천자와 왕후는 부친과 모친의 관계와 같다는 뜻도 나타내고 있다.

孔疏 ●"是故日食則天子素服而脩六官之職, 蕩天下之陽事"者, 謂救日之食者素服蕩, 除天下之陽事. "有穢惡"者, 按左傳昭三十一年"十二月, 辛亥朔,日有食之", 庚午之日始有謫. 謫, 謂日之將食之氣, 氣見於上, 所以責人君也. 故詩云: "十月之交, 朔月辛卯. 日有食之, 亦孔之醜." 又云: "此日而食, 于何不臧?", 是君之不善而日食. 凡日食, 若壬午朔日有食之, 左傳云: "公問於梓愼, '禍福何爲?' 對曰: '二至二分, 日有食之, 不爲災也. 日月之行也, 分同道也, 至相過也. 其他月, 則爲災, 陽不克也, 故常爲水也.'" 然詩之十月, 則夏之八月, 秋分日食而爲災者, 以辛卯之日, 卯往侵辛, 木反克金, 故爲災. 昭七年夏四月甲辰朔, 日有食之, 而大咎衛君上卿. 四月, 夏之二月, 爲災者, 以其甲辰之日, 甲爲木, 辰爲土, 卯當克土, 今日食, 土反克木, 故爲災也. 昭二十一年秋七月壬午朔而日食, 壬爲水, 午爲火, 水應克火, 而日食, 火反克水, 不爲災者, 以秋七月, 夏之五月, 是壬午之時, 得有克壬之理, 故不得爲災. 杜預以爲假日食之異以戒懼人君, 其言若信若不信, 不可定以爲驗也.

번역 ●經文: "是故日食則天子素服而脩六官之職, 蕩天下之陽事". ○일식이라는 변고를 구원할 때에는 소복(素服)을 입고서 제거하니, 천하의 양(陽)에 해당하는 일들 중 나쁜 것을 제거하는 것이다. 정현이 "더럽고 악함이 있다."라고 했는데, 『좌전』 소공 31년의 기록을 살펴보면, "12월 신해 삭(朔)에 해에 일식이 생겼다."[4]라고 했으니, 경오(庚午)에 해에 비로소 현상이 나타난 것이다. '적(謫)'은 해가 사라지려는 기운을 뜻하니, 천상에 그 기운이 드러난 것은 군주를 책망하기 위해서이다. 그렇기 때문에 『시』에서는 "10월 초하루, 삭일인 신묘일에, 해에 일식이 생기니 또한 나쁜 조짐이다."[5]라고 한 것이고, 또 "이 해가 잠식되는 것은 이 얼마나 좋지 못한 일인가."[6]라고 했다. 이것은 군주가 선하지 않아서 일식이 발생했다는 사실을 뜻한다. 무릇 일식이라는 것은 임오인 초하루에 일식이 발생한 것과 같으니, 『좌전』에서는 "소공이 재신에게 묻기를, '재앙과 복 중 어떤 것이 내리겠는가?'라고 하자, 대답하길, '하지(夏至)와

---

4) 『춘추좌씨전』「소공(昭公) 31년」 : 十二月辛亥朔, 日有食之. 是夜也, 趙簡子夢, 童子贏而轉以歌, 旦占諸史墨, 曰, "吾夢如是, 今而日食, 何也?"

5) 『시』「소아(小雅)·십월지교(十月之交)」 : 十月之交, 朔月辛卯, 日有食之, 亦孔之醜. 彼月而微, 此日而微. 今此下民, 亦孔之哀.

6) 『시』「소아(小雅)·십월지교(十月之交)」 : 日月告凶, 不用其行. 四國無政, 不用其良. 彼月而食, 則維其常. 此日而食, 于何不臧.

동지(冬至), 춘분(春分)과 추분(秋分)에 일식이 생기는 것은 재앙이 되지 않습니다. 해와 달의 운행에 있어서 춘분과 추분은 궤도를 같이 하고, 하지와 동지는 서로 그 끝에 있습니다. 다른 달이라면 재앙이 되니, 양(陽)이 이기지 못하기 때문에 항상 수재(水災)가 발생하는 것입니다.'"[7]라고 했다. 그런데 『시』「십월지교(十月之交)」편에서 말하는 10월은 하(夏)나라의 역법으로 따지자면 8월이 되는데, 추분 때 일식이 발생한 것을 재앙으로 여긴 것은 신묘(辛卯)라는 날 때문이니, 묘(卯)가 가서 신(辛)을 침범한 것이며, 목(木)이 반대로 금(金)을 이겼기 때문에 재앙이 되는 것이다. 소공 7년 여름 4월 갑진인 초하루에 일식이 발생했는데, 위나라 군주와 노나라 상경(上卿)에게 큰 해가 될 것이라고 했다.[8] 그런데 4월은 하나라 역법에서는 2월이 되는데도 재앙이 되는 이유는 갑진(甲辰)이라는 날 때문이니, 갑(甲)은 목(木)이 되고 진(辰)은 토(土)가 되며, 묘(卯)는 마땅히 토(土)를 이기게 되는데, 현재의 일식은 토(土)가 반대로 목(木)을 이기는 것이다. 그렇기 때문에 재앙이 된다. 소공 21년 가을 7월 임오인 초하루에 일식이 발생했는데,[9] 임(壬)은 수(水)가 되고 오(午)는 화(火)가 되며, 수(水)는 마땅히 화(火)를 이기게 되는데, 일식이 발생하여 화(火)가 반대로 수(水)를 이긴 것이다. 그런데도 재앙이 되지 않았던 것은 가을 7월은 하나라 역법에서는 5월이 되니, 이것은 임오(壬午)의 시기로, 임(壬)을 이기는 이치를 포함하고 있기 때문에 재앙이 되지 않을 수 있었던 것이다. 두예[10]는 일식이라는 변고에 가탁하여 군주를 경계하는 것으로 여겼는데, 그 말에 신빙성이

---

7) 『춘추좌씨전』「소공(昭公) 21년」: 秋七月壬午朔, 日有食之. 公問於梓慎曰, "是何物也? 禍福何爲?" 對曰, "二至二分, 日有食之, 不爲災. 日月之行也, 分, 同道也; 至, 相過也. 其他月則爲災, 陽不克也, 故常爲水."

8) 『춘추좌씨전』「소공(昭公) 7년」: 夏四月甲辰朔, 日有食之. 晉侯問於士文伯曰, "誰將當日食?" 對曰, "魯·衛惡之. 衛大, 魯小." 公曰, "何故?" 對曰, "去衛地如魯地, 於是有災, 魯實受之. 其大咎其衛君乎! 魯將上卿."

9) 『춘추좌씨전』「소공(昭公) 21년」: 秋七月壬午朔, 日有食之.

10) 두예(杜預, A.D.222 ~ A.D.284): 서진(西晉) 때의 유학자이다. 경조(京兆) 두릉(杜陵) 출신이다. 자(字)는 원개(元凱)이다. 『춘추경전집해(春秋經典集解)』를 저술하였는데, 이 책은 현존하는 『춘추(春秋)』의 주석서 중 가장 오래된 것이며, 『십삼경주소(十三經注疏)』의 『춘추좌씨전정의(春秋左氏傳正義)』에도 채택되어 수록되었다.

있기도 하고 또 없기도 하여, 확정적인 증거로 삼을 수 없다.

訓纂 釋名: 月虧日蝕, 稍稍侵虧, 如蟲食草木葉也.

번역 『석명』에서 말하길, 달이 이지러지고 해가 잠식되는 것은 조금씩 침범하며 이지러지니 마치 곤충이 초목의 잎을 파먹는 것과 같다.

訓纂 方性夫曰: 服天子以父之義, 服后以母之義者, 言以其義而服之, 非服之正故也. 檀弓謂之方喪者以此.

번역 방성부가 말하길, 부친에 대한 도의에 따라 천자에 대해 복상하고 모친에 대한 도의에 따라 왕후에 대해 복상하는 것은 그 도의에 따라 복상하는 것이지 상복의 정복(正服)은 아니다. 『예기』「단궁(檀弓)」편에서 "견주어서 상을 치른다."[11]라고 말한 것도 이러한 이유 때문이다.

集解 爲天王服斬衰, 爲后服齊衰, 謂天子之臣及列國諸侯也. 諸侯之臣爲天子服繐衰, 旣葬而除, 爲后無服.

번역 천자를 위해 참최복(斬衰服)을 착용하고 왕후를 위해 자최복(齊衰服)을 착용한다는 것은 천자의 신하 및 제후국의 제후들을 가리킨다. 제후에게 소속된 신하는 천자를 위해서 세최(繐衰)[12]를 착용하고 장례를 마치면 제거하며, 왕후를 위해서는 상복을 착용하지 않는다.

11) 『예기』「단궁상(檀弓上)」【69a】: 事親有隱而無犯, 左右就養無方, 服勤至死, 致喪三年. 事君有犯而無隱, 左右就養有方, 服勤至死, 方喪三年. 事師無犯無隱, 左右就養無方, 服勤至死, 心喪三年.

12) 세최(繐衰)는 5개월 동안 소공복(小功服)의 상을 치를 때 착용하는 상복을 뜻한다. 가늘고 성근 마(麻)의 포를 사용해서 만들기 때문에, '세최'라고 부른다.

그림 9-1 ▣ 참최복(斬衰服)

※ **출처:** 『삼재도회(三才圖會)』「의복(衣服)」 3권

참고 『역』「가인괘(家人卦)」 기록

경문 彖曰, 家人, 女正位乎內①, 男正位乎外②.

번역 「단전」에서 말하길, 가인(家人)은 여자가 안에서 자리를 바르게 하고, 남자가 밖에서 자리를 바르게 하는 것이다.

王注-① 謂二也.

번역 이효를 가리킨다.

王注-② 謂五也. 家人之義, 以內爲本, 故先說女也.

번역 오효를 가리킨다. 가인괘의 도의는 안을 근본으로 삼는다. 그렇기 때문에 먼저 여자에 대해 설명한 것이다.

孔疏 ●"彖曰"至"男正位乎外". ○正義曰: 此因二·五得正以釋"家人"之義, 幷明女貞之旨. 家人之道, 必須女主於內, 男主於外, 然後家道乃立. 今此卦六二柔而得位, 是女正位乎內也. 九五剛而得位, 是男正位乎外也. 家人"以內爲本, 故先說女也".

번역 ●經文: "彖曰"~"男正位乎外". ○이효와 오효가 바른 자리를 얻은 것을 통해서 '가인(家人)'의 뜻을 풀이하고 아울러 여자가 곧다는 뜻을 나타내고 있다. 가인괘의 도는 반드시 여자가 안을 주관하고 남자가 밖을 주관해야 하니, 그런 뒤에야 가정의 도가 확립된다. 현재 가인괘의 육이는 부드러운 음이 제자리를 얻었는데, 이것은 여자가 안에서 자리를 바르게 한 것에 해당한다. 또 구오는 굳센 양으로 제자리를 얻었는데, 이것은 남자가 밖에서 자리를 바르게 한 것에 해당한다. 그렇기 때문에 가인괘에 대해서 "안을 근본으로 삼기 때문에 먼저 여자에 대해 설명한 것이다."라고 했다.

경문 男女正, 天地之大義也. 家人有嚴君焉, 父母之謂也. 父父·子子·兄兄·弟弟·夫夫·婦婦而家道正, 正家而天下定矣.

번역 남녀가 바르게 함은 천지의 큰 도의이다. 가인(家人)은 엄한 군주가 있으니, 부모를 말한다. 부친이 부친답고 자식이 자식다우며 형이 형답고 동생이 동생다우며 남편이 남편답고 아내가 아내다워서 가정의 도가 바르게 되고 가정을 바르게 하여 천하가 안정된다.

孔疏 ●"男女正"至"天下定矣". ○正義曰: "男女正天地之大義也"者, 因正位之言, 廣明家人之義乃道均二儀, 故曰"天地之大義也". "家人有嚴君焉父母之謂"者, 上明義均天地, 此又言道齊邦國. 父母一家之主, 家人尊事, 同於國有嚴君, 故曰"家人有嚴君焉父母之謂"也. "父父·子子·兄兄·弟弟·夫夫·婦婦而家道正, 正家而天下定矣"者, 此歎美正家之功, 可以定於天下, 申成道齊邦國. 旣家有嚴君, 卽父不失父道, 乃至婦不失婦道, 尊卑有序, 上下不失, 而後爲家道之正. 各正其家, 無家不正, 卽天下之治定矣.

번역 ●經文: "男女正"~"天下定矣". ○"남녀가 바르게 함은 천지의 큰 도의이다."라고 했는데, 바른 자리를 통해서 말한 것으로, 가인의 도의를 폭넓게 나타내며 양의를 고르게 하는 것이라고 했다. 그렇기 때문에 "천지의 큰 도의이다."라고 했다. "가인(家人)은 엄한 군주가 있으니, 부모를 말한다."라고 했는데, 앞에서는 가인의 도의는 천지를 고르게 하는 것이라고 했는데, 이곳에서는 재차 나라를 가지런하게 하는 것임을 말했다. 부모는 한 집안의 주인이고 집안 사람들이 존귀하게 섬기는 자인데 나라에 엄한 군주가 있는 것과 같다. 그렇기 때문에 "가인(家人)은 엄한 군주가 있으니, 부모를 말한다."라고 했다. "부친이 부친답고 자식이 자식다우며 형이 형답고 동생이 동생다우며 남편이 남편답고 아내가 아내다워서 가정의 도가 바르게 되고 가정을 바르게 하여 천하가 안정된다."라고 했는데, 이것은 집안을 바르게 한 공덕이 천하를 안정시킬 수 있음을 찬미한 것으로, 나라를 가지런하게 만드는 일을 거듭 말한 것이다. 이미 집안에 엄한 군주가 있다고 했으니, 부친은 부친의 도를 잃지 않은 것이며, 아내에 있어서도 아내의 도를 잃지 않은 것으로, 신분에 따른 질서가 있어 상하가 그것을 잃지 않은 뒤에야 가정의 도가 바르게 된다. 각각 그 가정을 바르게 하여 바르지 못한 가정이 없게 되면 천하가 안정된다.

程傳 彖, 以卦才而言. 陽居五在外也, 陰居二處內也, 男女各得其正位也. 尊卑內外之道, 正合天地陰陽之大義也.

번역 「단전」은 괘의 재질로 말한 것이다. 양이 오효에 머물러 밖에 있고 음이 이효에 머물러 안에 있으니, 남녀가 각각 바른 자리를 얻은 것이다. 존비와 내외의 도가 천지와 음양의 큰 뜻에 정확히 합한 것이다.

本義 以卦體九五六二, 釋利女貞之義.

번역 괘의 본체인 구오와 육이로 "여자가 바르게 함이 이롭다."는 뜻을 풀이하였다.

程傳 家人之道, 必有所尊嚴而君長者, 謂父母也. 雖一家之小, 无尊嚴則孝敬衰, 无君長則法度廢. 有嚴君而後家道正, 家者, 國之則也.

번역 가인의 도에는 반드시 존엄하게 여겨지는 군주와 존장자가 있어야만 하니, 부모를 말한다. 비록 한 집안처럼 작은 집단이라 하더라도 존엄한 자가 없다면 효와 공경은 쇠락하게 되며, 군주와 존장자가 없다면 법도는 없어질 것이다. 엄한 군주가 있은 뒤에야 가정의 도가 바르게 되니, 가정이란 나라의 모범이 된다.

本義 亦謂二五.

번역 이 또한 이효와 오효를 가리킨다.

程傳 父子兄弟夫婦, 各得其道則家道正矣, 推一家之道, 可以及天下, 故家正則天下定矣.

번역 부친 · 자식 · 형 · 동생 · 남편 · 아내가 각각 자신의 도리를 얻으면 가정의 도가 바르게 되니, 한 집안의 도를 미루어 천하에 미칠 수 있다. 그렇기 때문에 가정이 바르게 되면 천하가 안정되는 것이다.

本義 上, 父, 初, 子, 五 · 三, 夫, 四 · 二, 婦, 五, 兄, 三, 弟, 以卦畫推之, 又有此象.

번역 상효는 부친이고 초효는 자식이며, 오효와 삼효는 남편이고 사효와 이효는 아내이며, 오효는 형이고 삼효는 동생이니, 괘의 획으로 미루어보면 또한 이러한 상이 있다.

참고 『춘추좌씨전』 소공(昭公) 31년 기록

전문 十二月, 辛亥, 朔, 日有食之. 是夜也, 趙簡子夢童子羸而轉以歌①. 旦占諸史墨, 曰, "吾夢如是, 今而日食, 何也②?" 對曰: "六年及此月也, 吳其入郢乎, 終亦弗克③. 入郢必以庚辰④."

번역 12월 초하루인 신해일에 일식이 발생했다. 전날 밤에 조간자가 꿈을 꾸었는데, 어린아이가 발가벗고 나뒹굴며 노래를 불렀다. 다음날 아침 사묵에게 점을 치게 하며 "내가 이러한 꿈을 꾸었는데 오늘 일식이 일어난 것은 무슨 징조인가?"라고 하니, "6년이 지나 이달이 되면 오나라 군대가 초나라 수도인 영(郢)으로 진입할 것이지만, 끝내 승리하지는 못할 것입니다. 영으로 들어가는 일은 반드시 경진일에 일어날 것입니다."라고 대답했다.

杜注-① 轉, 婉轉也.

번역 '전(轉)'자는 몸을 이리저리 굴린다는 뜻이다.

杜注-② 簡子夢適與日食會, 謂咎在己, 故問之.

번역 조간자는 꿈을 꾼 다음 날 때마침 일식이 일어났으니, 자신에게 재앙이 닥칠 것으로 여겼기 때문에 물어본 것이다.

杜注-③ 史墨知夢非日食之應, 故釋日食之咎, 而不釋其夢.

번역 사묵은 조간자의 꿈이 일식에 호응하여 나타난 것이 아님을 알았기 때문에, 일식이 몰고 올 재앙만 풀이하고 조간자의 꿈 자체는 풀이하지 않은 것이다.

杜注-④ 庚日有變, 日在辰尾, 故曰以庚辰. 定四年十一月庚辰, 吳入郢.

번역 경일에 변고가 발생하고 해가 진미에 있기 때문에 "경진일로써 한다."라고 했다. 정공 4년 11월 경진일에 오나라 군대는 영으로 들어갔다.

孔疏 ◎注"庚日"至"入郢". ○正義曰: 於天文房·心·尾爲大. 辰尾是辰後之星也. 日在辰尾, 自謂在辰星. 庚辰入郢, 乃謂日是辰日. 二辰不同, 而以日在辰尾配庚爲庚辰者, 二辰實雖不同, 而同而同名曰辰, 以其名同, 故取以爲占. 此則史墨能知, 非是人情所測. 定四年十一月, "庚辰, 吳入郢", 是其言之驗也. 此十二月日食, 彼十一月入郢, 則是未復其月, 而云及此月者, 長曆定四年閏十月, 庚辰吳入郢, 是十一月二十九日. 杜云"昭三十一年傳曰六年十二月庚辰吳入郢", 今十一月者, 并閏數也. 然則彼是新閏之後, 且十一月二十九日又其月垂盡, 故得爲及此月也.

번역 ◎杜注: "庚日"~"入郢". ○천문에 있어서 방수(房宿)·심수(心

宿)·미수(尾宿)는 큰 별자리이다. 미수인 진미(辰尾)는 12지 중 진(辰) 다음에 오는 별자리이다. 해가 진미에 있다는 것은 미수에 걸쳐 있다는 뜻이다. 경진일에 영으로 들어간다면 그 날은 진일이 된다는 뜻이다. 2개의 진(辰)자는 본래 다른 것인데 해가 진미에 있고 12지를 10간인 경(庚)에 짝하여 경진(庚辰)이라고 했는데, 2개의 진은 실제로는 다르지만 동일하게 '진(辰)'이라 부르니, 이름이 같기 때문에 이러한 뜻에서 점을 친 것이다. 이러한 것들은 사묵만이 알 수 있었던 것으로 일반인들이 헤아릴 수 있는 것이 아니다. 정공 4년 11월에 "경진일에 오나라 군대가 영으로 들어갔다."라고 했는데, 이것이 그 말의 증험이다. 여기에서는 12월에 일식이 발생했다고 했는데 정공 4년에는 11월에 영으로 들어갔다고 했으니, 그 달이 된 것이 아닌데도 '이달이 되면'이라고 했다. 『장력』에서는 정공 4년에는 10월에 윤달이 있었으니 경진일에 오나라 군대가 영으로 들어간 것은 11월 29일이 된다. 두예는 "소공 31년의 전문에서 6년 12월 경진일에 오나라 군대가 영으로 들어갔다."라고 했는데, 여기에서 11월이라고 한 것은 윤달까지 계산한 수치이다. 그렇다면 정공 4년에는 새로이 윤달이 발생한 이후가 되며 또 11월 29일은 그 달이 거의 끝난 시점이기 때문에 '이달이 되면'이라고 말할 수 있다.

전문 "日月在辰尾."

번역 계속하여 사묵은 "그날에는 해와 달이 진미(辰尾)에 있기 때문입니다."라고 대답했다.

杜注 辰尾, 龍尾也. 周十二月, 今之十月, 日月合朔於辰尾而食.

번역 '진미(辰尾)'는 용미(龍尾: =尾宿)이다. 주나라 역법으로 12월은 지금의 10월이며, 해와 달은 초하루에 진미에서 만나 일식이 일어난다.

孔疏 ◎注"辰尾"至"而食". ○正義曰: 東方七宿: 角·亢·氐·房·心·尾·箕, 共爲蒼龍之體. 南首, 北尾, 角卽龍角, 尾卽龍尾. 釋天云: "大辰, 房·心·尾也." 是房·心與尾共爲大辰, 故言辰尾龍尾也. 周十二月, 今之十月. 月令: "孟冬之月, 日在尾." 是此時日月合朔於辰尾而日食也.

번역 ◎杜注: "辰尾"~"而食". ○동방7수는 각수(角宿)·항수(亢宿)·저수(氐宿)·방수(房宿)·심수(心宿)·미수(尾宿)·기수(箕宿)이니, 이러한 별자리들은 함께 창룡의 몸체를 이룬다. 머리를 남쪽으로 하고 꼬리를 북쪽으로 하는데, 각수는 용의 뿔이 되고 미수는 용의 꼬리가 된다. 『이아』「석천(釋天)」편에서는 "대진(大辰)은 방수·심수·미수이다."[13]라고 했다. 이것은 방수와 심수가 미수와 함께 대진이 됨을 나타낸다. 그렇기 때문에 진미를 용미라고 말한 것이다. 주나라 역법으로 12월은 지금의 10월이 된다. 『예기』「월령(月令)」편에서는 "맹동의 달에 해와 달이 만나는 일(日)이 미수에 있다."[14]라고 했다. 이것은 이 시기에 해와 달이 초하루에 진미에서 만나 일식이 일어남을 나타낸다.

전문 "庚午之日, 日始有謫. 火勝金, 故弗克."

번역 계속하여 사묵은 "경오일이 되면 해에 비로소 변화하는 기운이 생깁니다. 화(火)는 금(金)을 이기기 때문에 오나라가 승리하지 못하는 것입니다."라고 대답했다.

杜注 謫, 變氣也. 庚午十月十九日, 去辛亥朔四十一日. 雖食在辛亥, 更以始變爲占也. 午, 南方, 楚之位也. 午, 火; 庚, 金也. 日以庚午有變, 故災在楚. 楚之仇敵唯吳, 故知入郢必吳. 火勝金者, 金爲火妃, 食在辛亥, 亥, 水也. 水數六, 故六年吳入郢也.

번역 '적(謫)'은 변화하는 기운을 뜻한다. 경오일은 10월 19일이니 초하루

---

13) 『이아』「석천(釋天)」: 天駟, 房也. <u>大辰, 房·心·尾也</u>. 大火謂之大辰.
14) 『예기』「월령(月令)」【216d】: <u>孟冬之月, 日在尾</u>, 昏危中, 旦七星中.

인 신해일과는 41일의 차이가 있다. 비록 일식이 신해일에 발생했지만 재차 변화하기 시작하는 날로 점을 친 것이다. '오(午)'는 남쪽 방위이니 초나라의 자리에 해당한다. 오(午)는 화(火)가 되고 경(庚)은 금(金)이 된다. 해는 경오일을 기준으로 변화하기 시작한다. 그렇기 때문에 초나라에 재앙이 발생한다. 초나라의 원수는 오나라 밖에 없다. 그렇기 때문에 영에 들어가는 것은 분명 오나라임을 알 수 있었던 것이다. 화(火)가 금(金)을 이기는 것은 금(金)은 화(火)의 아내가 되기 때문이며, 일식이 신해일에 발생하는데 해(亥)는 수(水)가 되기 때문이다. 수(水)의 수는 6이기 때문에 6년이 지나 오나라가 영으로 들어간 것이다.

孔疏 ◎注"謫變"至"年也". ○正義曰: 昏義云: "陽事不得, 適見於天, 日爲之食." 謫, 譴責也. 人有咎責, 氣見於天, 故謫爲變氣也. 長暦: 此年十月壬子朔, 故庚午是十月十九日也. 從庚午下去十二月辛亥朔爲四十一日. 雖食在辛亥之日, 而更以庚午爲占, 舍近而取遠, 自是史墨所見, 其意不可知也. 午爲南方之辰, 楚是南方之國, 故午爲楚之位也. 午是南方之辰火也, 庚是西方之日金也, 日以庚午有變, 午在南方, 必南方之國當其咎, 故災在楚. 楚之仇敵唯有吳耳, 故知入郢必是吳也. 其日庚午, 庚金, 午火, 五行相剋. 火勝金, 金以畏火之故, 金爲火妃. 夫妻相得而彊, 是楚彊盛之兆. 雖被吳人, 必不亡國, 故知吳入郢, 終亦弗克, 言其不能滅楚也. 食在辛亥之日, 亥在北方水位也. 北方水數六, 故曰六年吳入郢也.

번역 ◎杜注: "謫變"~"年也". ○「혼의」편에서는 "양(陽)과 관련된 사안을 얻을 수 없어서 그 징조가 하늘에 드러나니 일식이 발생하는 것이다."라고 했다. '적(謫)'은 꾸짖음을 받는다는 뜻이다. 사람에게 꾸짖을만한 허물이 있다면 그 기운이 하늘을 통해 드러난다. 그렇기 때문에 '적(謫)'은 변화한 기운이 된다. 『장력』에 따르면 이해 10월은 임자일이 초하루이다. 그렇기 때문에 경오일은 10월 19일이 된다. 경오일로부터 12월 초하루인 신해일까지는 41일이 걸린다. 비록 일식이 신해일에 발생했지만 다시 경오일로 점을 친 것은 가까운 것을 버리고 먼 것을 취한 것인데, 이를 통해서는 사묵의 소견에 대해서 알 수 없다. 오(午)는 남방의 자리가 되고 초나라는 남쪽에 속한 나라이다. 그렇기 때문에 오(午)가 초나라의 자리에 해당한다. 오는 남방의 자리가 되어 화(火)가 되며 경은 서방에 속한 날이 되어 금(金)이 되는데, 해가 경오일로 변화의 기운이 발생하였고, 오는 남방이 되니 반드시 남쪽에 속한 나라가 재앙을 당하게 된다. 그렇기 때문에 재앙이 초나라에 발생한 것이다. 그리고 초나라의 원수는 오나라밖에 없다. 그렇기 때문에 영으로 들어가는 것이 반드시 오나라임을 알 수 있다. 그날은 경오일인데 경은 금(金)에 해당하고 오는 화(火)에 해당하니, 오행이 상극하는 관계이다. 화(火)는 금(金)을 이기므로 금(金)은 화(火)를 두려워하여 금(金)은 화(火)의 아내가 된다. 남편과 아내가 서로를 얻으면 강성해지는데 이것은 초나라가 강성하고 융성하게 되는 조짐이다. 비록 오나라의 침입을 받았지만 반드시 초나라를 패망시킬 수는 없다. 그렇기 때문에 오나라가 영으로 들어가지만 끝내 이길 수 없음을 알았던 것으로, 초나라를 멸망시킬 수 없다는 뜻이다. 일식은 경해일에 발생했고, 해는 북방에 해당하는 수(水)의 자리이다. 북방의 수(水)는 그 수가 6이다. 그렇기 때문에 6년이 지나면 오나라 군대가 영으로 들어간다고 했다.

그림 9-2 ▣ 방수(房宿)

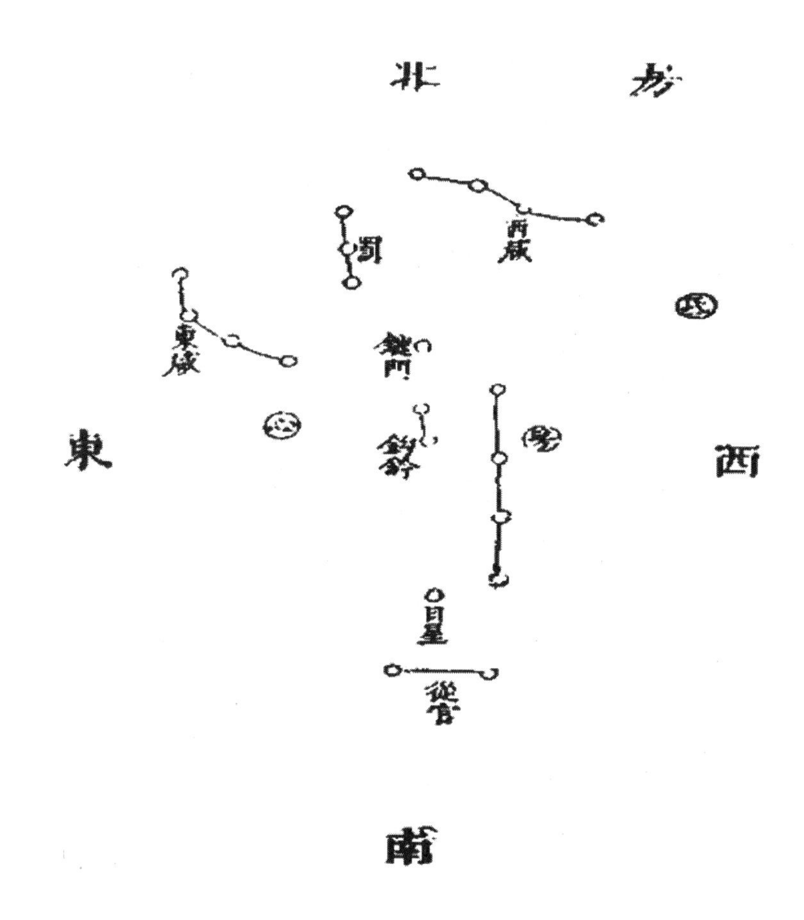

※ **출처:** 『삼재도회(三才圖會)』「천문(天文)」 2권

그림 9-3 ▣ 미수(尾宿)

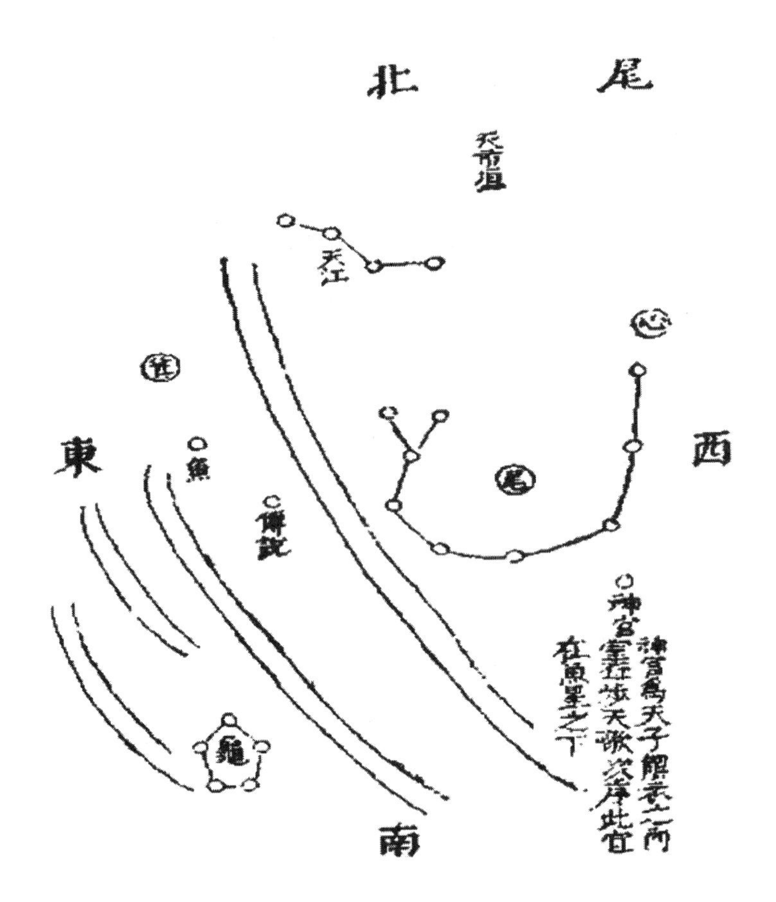

※ **출처:**『삼재도회(三才圖會)』「천문(天文)」 2권

그림 9-4 ▣ 각수(角宿)

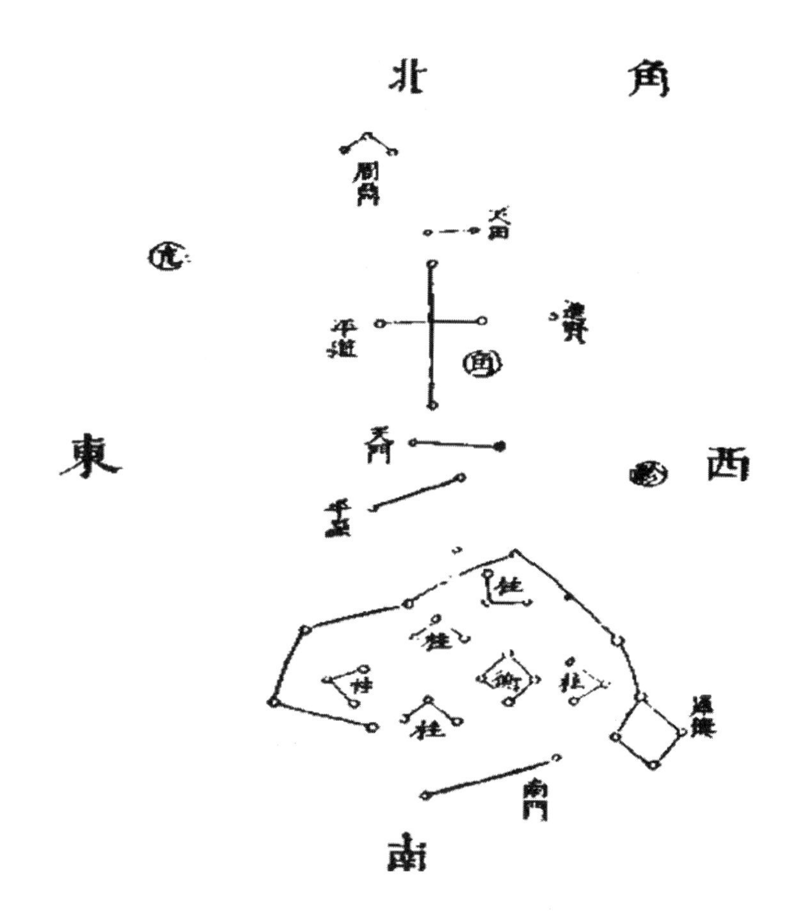

※ 출처: 『삼재도회(三才圖會)』「천문(天文)」 2권

그림 9-5 ■ 항수(亢宿)

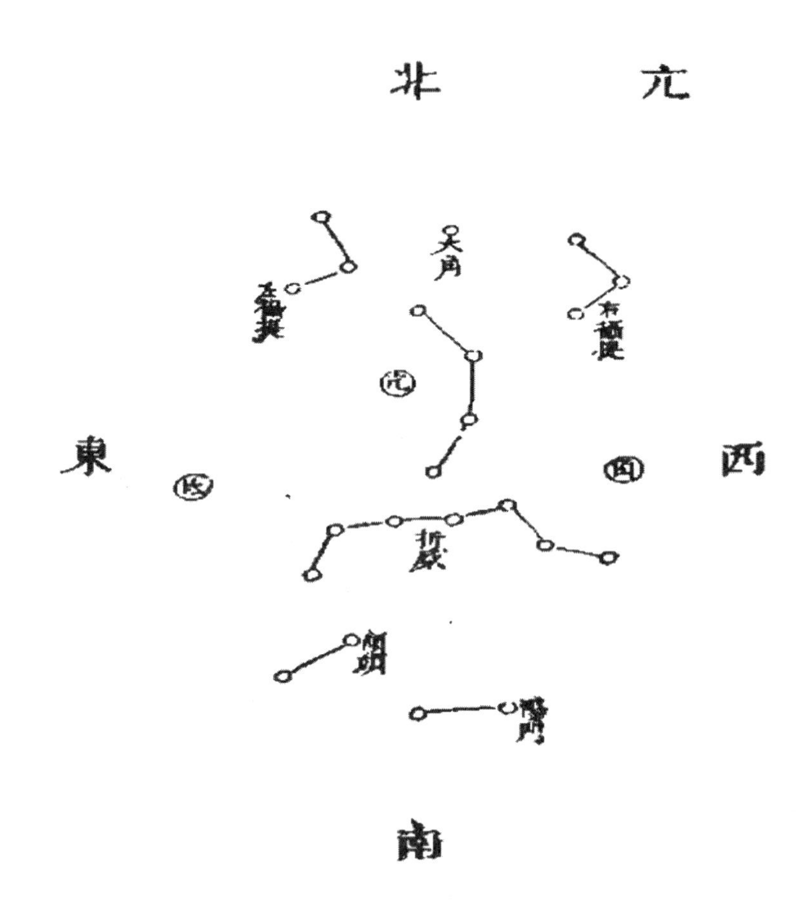

※ 출처: 『삼재도회(三才圖會)』「천문(天文)」 2권

그림 9-6 ▣ 저수(氐宿)

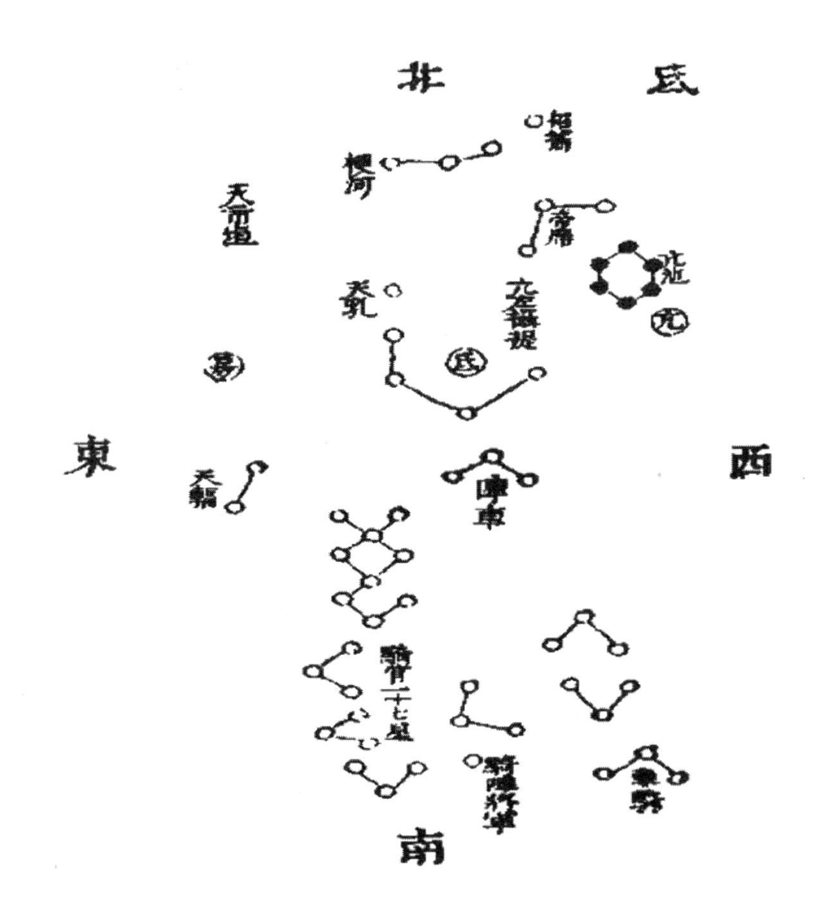

※ 출처: 『삼재도회(三才圖會)』「천문(天文)」 2권

그림 9-7 ▣ 기수(箕宿)

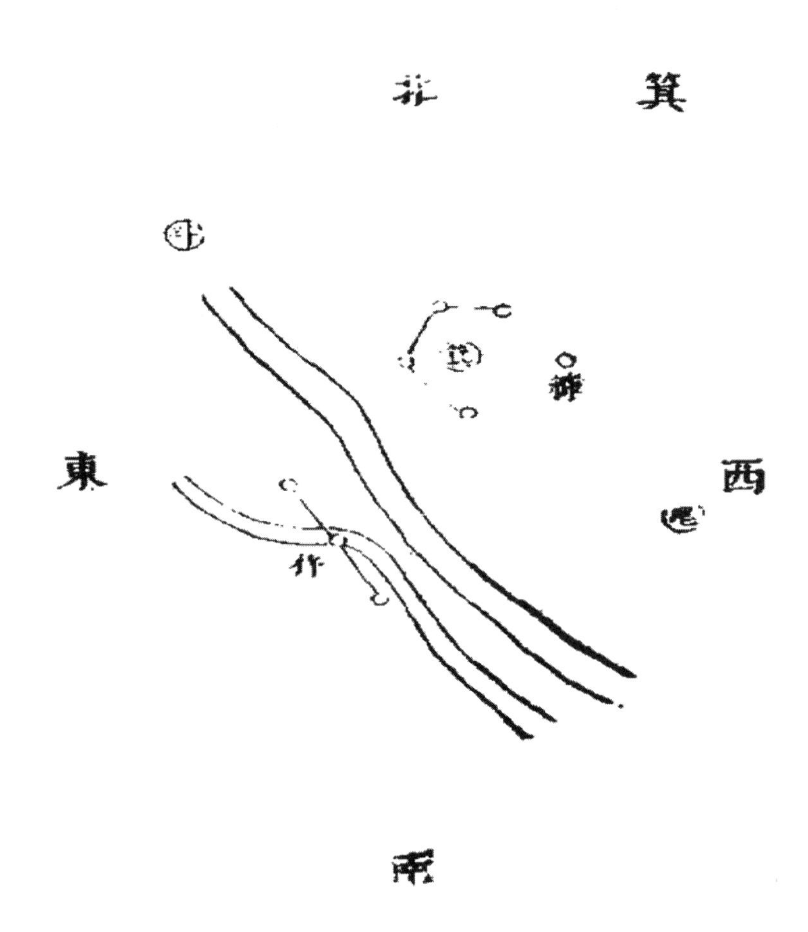

※ 출처: 『삼재도회(三才圖會)』「천문(天文)」 2권

참고 『시』「소아(小雅)·십월지교(十月之交)」

十月之交, (십월지교) : 10월 해와 달이 만나는 것은,
朔月辛卯. (삭월신묘) : 그달 초하루 신묘일이라.
日有食之, (일유식지) : 해가 잠식당하니,
亦孔之醜. (역공지추) : 또한 매우 악하구나.
彼月而微, (피월이미) : 저 달은 본래 밝지 못한데,
此日而微. (차일이미) : 이 해가 밝지 못하게 되었구나.
今此下民, (금차하민) : 이제 이 백성들이,
亦孔之哀. (역공지애) : 또한 매우 불쌍하구나.

日月告凶, (일월고흉) : 해와 달이 흉조를 알린 것은,
不用其行. (불용기항) : 그 길을 사용하지 않았기 때문이라.
四國無政, (사국무정) : 사방의 나라에 선정이 펼쳐지지 않는 것은,
不用其良. (불용기량) : 천자가 선량한 자를 등용하지 않았기 때문이리라.
彼月而食, (피월이식) : 저 달이 잠식되는 것은,
則維其常. (즉유기상) : 일상적인 일이로다.
此日而食, (차일이식) : 이 해가 잠식되는 것은,
于何不臧. (우하부장) : 이 얼마나 좋지 못한 일인가.

爗爗震電, (엽엽진전) : 진동하는 천둥과 번개는,
不寧不令. (불녕불령) : 편안치 못하고 좋지 못하도다.
百川沸騰, (백천비등) : 모든 하천이 범람하여,
山冢崒崩. (산총줄붕) : 산의 정상이 무너졌구나.
高岸爲谷, (고안위곡) : 높은 언덕이 계곡이 되고,
深谷爲陵. (심곡위릉) : 깊은 계곡이 구릉이 되었구나.
哀今之人, (애금지인) : 슬프구나, 지금 위정자의 자리에 있는 자여,
胡憯莫懲. (호참막징) : 어찌하여 일찍이 저지하지 않았단 말인가.

皇父卿士, (황보경사) : 황보는 경사가 되고,
番維司徒. (번유사도) : 번씨는 사도가 되었도다.
家伯維宰, (가백유재) : 가백은 재가 되고,
仲允膳夫. (중윤선부) : 중윤은 선부가 되었도다.
棸子內史, (추자내사) : 추자는 내사가 되고,
蹶維趣馬. (궤유취마) : 궤씨는 취마가 되었도다.
楀維師氏, (우유사씨) : 우씨는 사씨가 되고,
豔妻煽方處. (염처선방처) : 요염한 처 포사는 융성해지는구나.

抑此皇父, (억차황보) : 아, 황보여,
豈曰不時. (기왈불시) : 어찌 내가 행한 것이 옳지 않다 하는가.
胡爲我作, (호위아작) : 어찌 나를 위해 한 일이라 하며,
不卽我謀. (부즉아모) : 나에게 와서 상의하지 않는가.
徹我牆屋, (철아장옥) : 내 담장과 집을 부수고,
田卒汚萊. (전졸오래) : 경작지로 가지 못하게 하여 급기야 잡초로 우거졌구나.
曰予不戕, (왈여부장) : 그러면서도 내가 그대의 생업을 망친 것이 아니라,
禮則然矣. (예즉연의) : 예법상 당연한 것이라 하는구나.

皇父孔聖, (황보공성) : 황보는 스스로 매우 성인답다고 하며,
作都于向. (작도우향) : 상에 도읍을 세우는구나.
擇三有事, (택삼유사) : 삼경의 관직을 세우고,
亶侯多藏. (단후다장) : 재물을 탐하는 자들로 채우는구나.
不憖遺一老, (불은유일노) : 억지로라도 한 명의 노신을 남겨두어,
俾守我王. (비수아왕) : 우리 왕을 보호토록 하지 않는구나.
擇有車馬, (택유거마) : 수레와 말을 소유한 부유한 자들을 뽑아,
以居徂向. (이거조향) : 상에 거주토록 하는구나.

黽勉從事, (민면종사) : 억지로 힘써 왕의 일에 종사함에도
不敢告勞. (불감고로) : 두려워 감히 힘들다고 아뢰지 못하는구나.
無罪無辜, (무죄무고) : 죄가 없고 잘못이 없는데도,
讒口囂囂. (참구효효) : 참소하는 말이 많고도 많구나.
下民之孽, (하민지얼) : 백성들의 재앙은,
匪降自天. (비강자천) : 하늘로부터 내려오는 것이 아니다.
噂沓背憎, (준답배증) : 눈앞에선 친한 척 떠들다가 뒤돌아서 비방하니,
職競由人. (직경유인) : 다툼이 생기는 것은 사람 때문이니라.

悠悠我里, (유유아리) : 근심스러운 내 마을이여,
亦孔之痗. (역공지매) : 또한 매우 병들었구나.
四方有羨, (사방유선) : 사방의 모든 사람들은 여우롭거늘,
我獨居憂. (아독거우) : 나만 홀로 이곳에 거처하여 근심스럽구나.
民莫不逸, (민막불일) : 백성들 중 즐기지 않는 자가 없거늘,
我獨不敢休. (아독불감휴) : 나만 홀로 휴식조차 취하지 못하는구나.
天命不徹, (천명불철) : 하늘의 명을 따르지 않거늘,
我不敢傚, (아불감효) : 나는 감히
我友自逸. (아우자일) : 내 벗들이 떠나는 것을 따르지 못하겠구나.

毛序 十月之交, 大夫刺幽王也.

모서 「십월지교(十月之交)」편은 대부가 유왕을 풍자한 시이다.

참고 『춘추좌씨전』 소공(昭公) 21년 기록

전문 秋七月壬午朔, 日有食之. 公問於梓愼曰, "是何物也? 禍福何爲①?" 對曰, "二至二分②, 日有食之, 不爲災. 日月之行也, 分, 同道也; 至相過也③."

번역 가을 7월 초하루인 임오일에 일식이 발생했다. 소공은 재신에게 묻기를 "이것은 무슨 일인가? 재앙과 복 중 어떤 것이 일어나겠는가?"라고 하자 "하지(夏至)와 동지(冬至) 및 춘분(春分)과 추분(秋分)에는 일식이 발생하더라도 재앙이 되지 않습니다. 해와 달의 운행에 있어서 춘분과 추분이 되면 가는 길이 같아지고, 하지와 동지가 되면 서로를 지나치기 때문입니다."라고 대답했다.

杜注-① 物, 事也.

번역 '물(物)'자는 일을 뜻한다.

杜注-② 二至, 冬至·夏至. 二分, 春分·秋分.

번역 '이지(二至)'는 동지와 하지를 뜻한다. '이분(二分)'은 춘분과 추분을 뜻한다.

杜注-③ 二分日夜等, 故言同道. 二至長短極, 故相過.

번역 춘분과 추분에는 낮과 밤의 길이가 같아지기 때문에 길이 같다고 했다. 하지와 동지에는 낮과 밤 중 한쪽의 길이가 지극히 길어지고 다른 한쪽의 길이가 지극히 짧아지기 때문에 서로를 지나친다고 했다.

孔疏 ◎注"二分"至"相過". ○正義曰: 日之行天, 一日一周, 月之行天, 二十九日有餘. 已得一周, 日月異道, 互相交錯. 月之一周必半在日道裏, 從外而入內也. 半在日道表, 從內而出外也, 或六入七出, 或七入六出, 凡十三出入而與日一會, 曆家謂之交道. 通而計之, 一百七十三日有餘而有一交. 交在望前, 朔則日食, 望則月食. 交在望後, 望則月食, 後月朔則日食, 此自然之常數也. 交數滿則相過, 非二至乃相過也. 傳之所言以二分日夜等者, 春分之時, 朔則日在婁, 望則月在角. 秋分之時, 朔則日在角, 望則月在婁. 婁角是天之中道, 日月俱從中道, 故晝夜等, 似有體敵之理, 月可敵日. 冬至之時, 朔則日在斗,望則月在井. 夏至之時, 朔則日在井, 望則月在斗. 斗·井南北, 晝夜長短之極, 似若月之極長, 可以掩日然. 故云"至相過", 謂絶相縣殊也. 此至唯冬至耳, 言二至者, 全句以成文, 此皆假託以爲言也. 以日者, 天之大明, 人君之象, 不可虧損, 故於正陽之月, 其災爲重, 於分至之月, 其害爲輕, 於餘月之食, 其災爲水. 假之以垂訓, 非實事也.

번역 ◎杜注: "二分"~"相過". ○해가 하늘을 운행할 때 하루에 한 바퀴를 돌고 달이 하늘을 운행할 때 일주에는 29일이 넘게 걸린다. 이미 하늘을 일주했다면 해와 달이 운행하는 길은 달라져서 상호 교차하게 된다. 달이 일주할 때 반드시 그 반만큼의 주행거리는 해의 길 안쪽에 있어 밖으로부터 안으로 들어가게 된다. 또 나머지 반은 해의 길 바깥쪽에 있어 안으로부터 밖으로 나가게 되는데, 어떤 경우에는 6일이 지나 들어갔다가 7일이 지나 나오기도 하고 또 어떤 경우에는 7일이 지나 들어갔다가 6일이 지나 나오기도 하여, 총 13일 동안 출입하며 해와 한 차례 만나게 되는데, 역법의 학자들은 이를 '교도(交道)'라고 불렀다. 통괄적으로 계산해보면 173일보다 조금 넘는 기간 동안 한 차례 교차하게 된다. 교차하는 것이 보름 이전이라면 초하루에는 일식이 발생하고 보름에는 월식이 발생한다. 교차하는 것이 보름 이후라면 보름에는 월식이 발생하고 다음 달 초하루에는 일식이 발생하니, 이것은 자연의 순리에 따른 일정한 법도이다. 교차하는 수를 채우게 되면 서로를 지나치게 되니, 하지와 동지가 되어야만 서로 지나치는 것이 아니다. 전문에서는 춘분과 추분에 낮과 밤의 길이가 동일하다고 했는데, 춘분이 속한 시기 초하루에는 해가 누수에 있고 보름에는 달이 각숙에 있다. 추분이 속한 시기 초하루에는 해가 각수에 있고 보름에는 달이 누수에 있다. 누수와 각수는 하늘에 있는 가운데 길이며, 해와 달은 모두 가운데 길을 따르게 되므로 낮과 밤의 길이가 같아지니, 마치 지위가 동등해지는 이치가 있는 것과 같아서, 달이 해에게 대적할 수 있다. 동지가 속한 시기 초하루에는 해가 두수에 있고 보름에는 달이 정수에 있다. 하지가 속한 시기 초하루에는 해가 정수에 있고 보름에는 달이 두수에 있다. 두수와 정수는 남쪽과 북쪽 방위에 있어서 낮과 밤의 길이가 한쪽으로 지극해져서, 마치 달이 매우 길어진 것과 같아 해를 가릴 수 있다. 그렇기 때문에 "하지와 동지에는 서로를 지나친다."라고 말한 것이니, 서로 현격히 차이를 보이게 된다는 뜻이다. 여기에서 말한 '지(至)'는 동지만을 뜻할 따름인데, '이지(二至)'라고 말한 것은 구문을 채워서 문장을 완성시켰기 때문이니, 이 모두는 가탁해서 한 말에 해당한다. 해라는 것은 하늘에 있는 것 중에서 가장 밝은 것이니 군주의 상이므로 이지러지게 할 수 없다. 그렇기 때문에 정양의 달에는 그 재앙이 커지게 되고 춘분과 추분 및 하지와 동지가 있는 달에는 그 해악이 경감되며, 다른 달에 발생한 일식과 월식에 있어서 그 재앙은 수재가 된다. 이것은 이러한 내용을 가탁하여 훈계를 한 것이지 실제로 일어나는 일은 아니다.

孔疏 ●"分同"至"過也". ○正義曰: 日月之行, 交則相食, 自然之理. 但日爲君象, 月爲臣象, 陰旣侵陽, 如臣掩君, 聖人因之設敎, 制爲輕重. 以夏之四月純陽之月, 時陽極盛, 陰氣未作, 正當陽盛之時, 不宜爲弱陰所侵, 以爲大忌, 此月日食災最重也. 餘非陽盛之月, 爲災稍輕. 至於分至之月, 日食卽不爲災. 又解不爲災之意, 以二分晝夜等, 似其同一道, 二至長短極, 並行則相過, 以爲理必相侵, 故言不爲災. 劉炫云: 此皆假其事, 以爲等差, 其實災之大小不如此也. 且詩云, "十月之交, 朔月辛卯, 日有食之, 亦孔之醜". 先儒以爲周之十月夏之八月, 秋分之月也, 而甚可醜惡. 七年, 四月甲辰朔日食, 春分之月也, 而云"魯·衛惡之. 衛大, 魯小". 安在乎二分之食不爲災? 足明此是先賢寓言, 非實事也.

번역 ●傳文: "分同"～"過也". ○해와 달의 운행에 있어서 교차하게 되면 서로를 잠식하게 되는 것이 자연의 이치이다. 다만 해는 군주의 상이고 달은 신하의 상인데 음(陰)이 이미 양(陽)을 침범한 상태이니 신하가 군주를 가린 것과 같다. 성인은 이에 따라 가르침을 설파하고 경중에 대한 제도를 만들었다. 하나라 역법으로 4월은 순양의 달이니 그 시기는 양이 극성하고 음의 기운이 아직 일어나지 않았으므로, 양이 융성한 시기에 해당한다. 따라서 유약한 음에게 침식을 당해서는 안 되어 이것을 크게 꺼릴 것으로 여겼는데, 월식이나 일식으로 인한 재앙 중에서도 가장 무거운 것이다. 나머지 경우는 양이 융성한 달이 아니므로 재앙이 일어나도 보다 수위가 낮다. 춘분과 추분 및 하지와 동지가 속한 달에 있어서는 일식이 일어나도 재앙으로 여기지 않는다. 또한 재앙으로 여기지 않는 뜻을 풀이하여, 춘분과 추분에는 낮과 밤의 길이가 같아지니 하나의 길을 동일하게 따르는 것과 같고, 하지와 동지는 어느 한쪽의 길이가 지극히 길어지고 다른 한쪽의 길이가 지극히 짧아져서 함께 운행한다면 서로를 지나치게 되니 이치상 반드시 서로를 침범하게 된다. 그렇기 때문에 재앙으로 여기지 않는다고 했다. 유현은 이것들은 모두 그 사안에 가탁하여 동등하거나 차이가 난다고 여긴 것으로, 실제로 나타나는 재앙의 크기는 이와 같지 않다고 했다. 또한 "10월 해와 달이 만나는 것은 그달 초하루 신묘일이다. 해가 잠식당하니, 또한 매우 악하구나."라고 설명했다. 선대 학자들은 주나라 역법으로 10월은 하나라 역법으로 8월이 되어, 추분이 속한 달이이므로 매우 추하고 악할 수 있다고 했다. 7년 4월 초하루인 갑진일에 일식이 일어났는데, 춘분이 속한 달인데도 "노나라와 위나라는 재앙을 당할 것입니다. 위나라가 당할 재앙은 크고 노나라가 당할 재앙은 작습니다."라고 했다. 그렇다면 어떻게 춘분과 추분에 일어난 일식을 재앙이라 여기지 않을 수 있겠는가? 이것은 선대 학자들의 우언일 뿐이며 실제의 사실이 아님을 충분히 드러낸다.

전문 "其他月則爲災, 陽不克也, 故常爲水."

번역 계속하여 재신은 "다른 달이라면 재앙이 되니 양이 음을 이기지 못하기 때문입니다. 그래서 항상 수재가 발생했습니다."라고 대답했다.

杜注 陰侵陽, 是陽不勝陰.

번역 음이 양을 침범했는데도 양이 음을 이기지 못하기 때문이다.

孔疏 ●"其他"至"爲水". ○正義曰: 其他月, 非分至之月則爲災. 日食是陰侵陽, 是陽不勝也, 故日食常爲水災. 莊二十五年六月日食, 秋大水. 此二十四年五月日食, 梓愼曰"將水", 昭子曰"旱也". 其年"八月, 大雩, 旱也", 則亦不是常爲水也. 又七年四月甲辰朔日食. 春分之月而云"魯衛惡之". 常水之言, 旣無其驗, 足知是賢聖假託日食以爲戒耳.

번역 ●傳文: "其他"~"爲水". ○다른 달은 춘분과 추분 및 하지와 동지가 속하지 않은 달이며, 이러한 달에 발생하면 재앙이 일어난다는 뜻이다. 일식은 음이 양을 침범했는데 양이 이기지 못한 것이다. 그렇기 때문에 일식이 발생하면 항상 수재가 일어난다. 장공 25년 6월에 일식이 발생했는데 가을에 큰 수재가 발생했다. 소공 24년 5월에 일식이 발생했을 때 신재는 "수재가 발생할 것이다."라고 했고, 소자는 "가뭄이 들 것이다."라고 했다. 그해 기록에서는 "8월에 큰 기우제를 지냈으니 가뭄이 들었기 때문이다."라고 했다. 이것은 또한 항상 수재만 발생하는 것이 아님을 나타낸다. 또 7년 4월 초하루인 갑진일에 일식이 발생했다. 이달은 춘분이 속한 달인데도 "노나라와 위나라는 재앙을 당할 것입니다."라고 했다. 따라서 항상 수재가 발생한다는 말은 증험할 수 없으므로, 성현이 일식에 의탁해서 훈계의 뜻으로 한 것임을 충분히 알 수 있다.

전문 於是叔輒哭日食. 昭子曰, "子叔將死, 非所哭也." 八月, 叔輒卒.

번역 이때 숙첩은 일식이 발생한 것을 두고 곡을 했다. 소자는 "자숙(=숙첩)은 죽을 것이니, 곡할 대상이 아닌데도 곡을 했기 때문이다."라고 했다. 8월에 숙첩이 죽었다.

杜注 意在於憂災.

번역 그의 뜻은 재앙이 발생하리라 염려하는데 있었기 때문이다.

참고 『춘추좌씨전』 소공(昭公) 7년 기록

전문 夏, 四月, 甲辰, 朔, 日有食之. 晉侯問於士文伯曰, "誰將當日食?" 對曰, "魯·衛惡之①, 衛大魯小." 公曰, "何故?" 對曰, "去衛地, 如魯地②."

번역 여름 4월 초하루 갑진일에 일식이 발생했다. 진나라 후작이 사문백에게 묻기를 "누가 장차 일식의 재앙을 받게 될 것인가?"라고 하자 "노나라와 위나라가 모두 재앙을 당할 것이지만 위나라가 당할 재앙은 크고 노나라가 당할 재앙은 작을 것입니다."라고 대답했다. 진나라 후작이 "무엇 때문인가?"라고 하자 "일식이 발생했을 때 태양은 하늘의 방위 중 위나라 분야를 떠나 노나라 분야로 갔기 때문입니다."라고 대답했다.

杜注-① 受其凶惡.

번역 흉악한 재앙을 받게 된다는 뜻이다.

杜注-② 衛地, 豕韋也. 魯地, 降婁也. 日食於豕韋之末, 及降婁之始乃息, 故禍在衛大, 在魯小也. 周四月, 今二月, 故日在降婁.

번역 '위지(衛地)'는 12차(次) 중 시위(豕韋)를 뜻한다. '노지(魯地)'는 12차 중 강루(降婁)를 뜻한다. 일식은 시위의 끝에서 발생하여 강루의 초입에 들어서자 그쳤다. 그렇기 때문에 재앙에 있어서 위나라에는 크게 내리고 노나라에는 작게 내린다. 주나라 역법으로 4월은 지금의 2월에 해당한다. 그렇기 때문에 해가 강루에 있는 것이다.

孔疏 ◎注"衛地"至"降婁". ○正義曰: 周禮·保章氏: "以星土辨九州之地, 所封封域, 皆有分星." 是在地封域, 必當天星之分, 但古書亡失. 鄭注保章氏引堪輿云: 寅, 析木, 燕也. 卯, 大火, 宋也. 辰, 壽星, 鄭也. 巳, 鶉尾, 楚也. 午, 鶉火, 周也. 未, 鶉首, 秦也. 申, 實沈, 晉也. 酉, 大梁, 趙也. 戌, 降婁, 魯也. 亥, 娵訾, 衛也. 子, 玄枵, 齊也. 丑, 星紀, 吳越也. 秦漢以來, 地分天次. 娵訾, 衛也; 降婁, 魯也, 娵訾之次, 一名豕韋, 故云"衛地, 豕韋也". 三統曆: 娵訾初日在危十六度, 立春節在營室十四度, 雨水中終於奎四度也. 降婁初日在奎五度, 驚蟄節在婁四度, 春分中終於胃六度也. 此時周四月, 今二月, 故日在降婁, 但閏有前却, 不知日在何度而食也. 言"去衛地, 如魯地", 蓋始入降婁之初耳.

번역 ◎杜注: "衛地"~"降婁". ○『주례』「보장씨(保章氏)」편에서는 "별자리가 차지하는 영역으로 구주(九州)의 땅을 구분하니 분봉한 땅의 영역에는 모두 그에 호응하는 별자리가 있다."[15]라고 했다. 이것은 땅에 분봉한 영역이 있는데, 이것은 반드시 하늘의 별자리를 나눈 것에 해당한다는 뜻이다. 다만 이러한 기록을 담은 옛 문헌이 망실되어 전해지지 않을 따름이다. 정현은 「보장씨」편에 대한 주에서 『감여』라는 기록을 인용하여, 인(寅)은 12차(次) 중 석목(析木)에 해당하니 연(燕)나라의 분야이다. 묘(卯)는 대화(大火)에 해당하니 송(宋)나라의 분야이다. 진(辰)은 수성(壽星)에 해당하니 정(鄭)나라의 분야이다. 사(巳)는 순미(鶉尾)에 해당하니 초(楚)나라의 분야이다. 오(午)는 순화(鶉火)에 해당하니 주(周)나라의 분야이다. 미(未)는 순수(鶉首)에 해당하니 진(秦)나라의 분야이다. 신(申)은 실침(實沈)에 해당하니 진(晉)나라의 분야이다. 유(酉)는 대량(大梁)에 해당하니 조(趙)나라의 분야이다. 술(戌)은 강루(降婁)에 해당하니 노(魯)나라의 분야이다. 해(亥)는 추자(娵訾)에 해당하니 위(衛)나라의 분야이다. 자(子)는 현효(玄枵)에 해당하니 제(齊)나라의 분야이다. 축(丑)은 성기(星紀)에 해당하니 오(吳)나라와 월(越)나라의 분야라고 했다. 이것은 진나라와 한나라 이래로 땅의 영역에 대입한 하늘의 12차에 해당한다. '추자(娵訾)'는 위나라의 분야이고 '강루(降婁)'는 노나라의 분야인데, 12차 중 추자(娵訾)는 '시위(豕韋)'라고도 부른다. 그렇기 때문에 "위지(衛地)는 시위(豕韋)이다."라고 했다. 『삼통력』에서는 추자에 들어서면 해는 위수 16도에 있고 입춘의 절기(節氣)에는 영실 14도에 있으며 우수의 중기(中氣)가 되면 규수 4도에서 마친다. 강루로 들어서면 해는 규수 5도에 있고, 경칩의 절기에는 누수 4도에 있으며 춘분의 중기가 되면 위수 6도에서 마친다. 당시는 주나라 역법으로 4월이니 지금의 2월에 해당한다. 그렇기 때문에 태양이 강루에 있는 것인데, 윤월이 끼어들게 되어 해가 몇 도에 있을 때 일식이 발생했는지는 알 수 없다. "위지를 떠나서 노지로 갔다."라는 말은 아마도 강루의 초입으로 비로소 들어간 것을 뜻할 따름이다.

---

15) 『주례』「춘관(春官)·보장씨(保章氏)」: 以星土辨九州之地, 所封封域, 皆有分星, 以觀妖祥.

전문 "於是有災, 魯實受之①. 其大咎, 其衛君乎, 魯將上卿②." 公曰, "詩所謂'彼日而食, 于何不臧'者, 何也③?"

번역 계속하여 사문백은 "이에 재앙이 발생한다면 노나라는 실로 재앙을 받게 될 것입니다. 그러나 큰 재앙은 위나라 군주가 받을 것이며, 노나라는 상경이 받게 될 것입니다."라고 대답했다. 진나라 후작은 "『시』에 '저 해가 잠식되는 것은 이 얼마나 좋지 못한 일인가.'라고 한 말이 있는데 무슨 뜻인가?"라고 했다.

杜注-① 災發於衛, 而魯受其餘禍.

번역 재앙이 위나라에서 발생하더라도 노나라는 그 나머지 화근을 받게 되리라는 뜻이다.

杜注-② 八月衛侯卒, 十一月季孫宿卒.

번역 8월에 위나라 후작이 죽었고, 11월에 계손숙이 죽었다.

杜注-③ 感日食而問詩.

번역 일식이 발생한 것에 느낀 점이 있어 『시』의 내용을 물어본 것이다.

孔疏 ●"詩所"至"不臧". ○正義曰: 十月之交, 大夫刺幽王也. "十月之交, 朔月辛卯. 日有食之, 亦孔之醜." 注云: "日爲君, 辰爲臣. 辛, 金也. 卯, 木也. 又以卯侵辛, 故甚惡也." 又云: "彼月而食, 則爲其常. 此日而食, 于何不臧." 詩作"此", 此云"彼"者, 師讀不同也.

번역 ●傳文: "詩所"至"不臧". ○『시』「십월지교(十月之交)」편은 대부가 유왕을 풍자한 시이다. 그 시에서는 "10월 해와 달이 만나는 것은 그달 초하루 신묘일이다. 해가 잠식당하니, 또한 매우 악하구나."라고 했고, 주에서는 "10간은 군주가 되고 12지는 신하가 된다. 신(辛)은 금(金)에 해당한다. 묘(卯)는 목(木)에 해당한다. 또한 묘가 신해를 침범하기 때문에 매우 악한 것이 된다." 라고 했다. 또 그 시에서는 "저 달이 잠식되는 것은 일상적인 일이로다. 이 해가 잠식되는 것은 이 얼마나 좋지 못한 일인가."라고 했다. 『시』에서 '차(此)'자로 기록한 것을 이곳에서 '피(彼)'로 기록한 것은 사관이 읽었던 판본이 달랐기 때문이다.

전문 對曰, "不善政之謂也. 國無政, 不用善, 則自取謫于日月之災."

번역 사문백은 "선정을 시행하지 못한 것을 말합니다. 나라에 선정이 없고 선한 자를 등용하지 못하면, 스스로 해와 달이 만들어낸 재앙에서 견책을 초래하게 됩니다."라고 대답했다.

杜注 謫, 譴也.

번역 '적(謫)'은 견책을 뜻한다.

孔疏 ●"對曰"至"之災". ○正義曰: 士文伯緣公之問, 設勸戒之辭, 言人君爲政不善, 可以感動上天, 則自取譴責於日月之災. 以日食之災, 由君行之所致也. 昏義云: "天子聽男教, 后聽女順. 天子治陽道, 后治陰德. 是故男教不修, 陽事不得, 適見於天, 日爲之食. 婦順不脩, 陰教不得, 適見於天, 月爲之食." 此傳彼記皆是勸戒辭耳. 日月之會, 自有常數. 每於一百七十三日有餘, 則日月之道一交, 交則日月必食. 雖千歲之日食, 豫筭而盡知, 寧復由教不脩而政不善也? 此時周室微弱, 王政不行, 非復能動天也. 設有天變, 當與天下爲災, 何獨衛君·魯卿當其咎也? 若日食在其分次, 其國卽當有咎, 則每於日食必有君死, 豈日食之歲, 常有一君死乎? 足明士文伯言衛君·魯卿之死, 不由日食而知矣. 人君者, 位貴居尊, 志移心溢, 或淫恣情欲, 壞亂天下. 聖人假之神靈, 作爲鑒戒. 夫以昭昭大明, 照臨下土, 忽爾殲亡, 俾晝作夜, 其爲怪異, 莫斯之甚. 故鳴之以鼓柝射之以弓矢. 庶人奔走以相從, 嗇夫馳騁以告衆. 降物辟寢以哀之, 祝幣史辭以禮之. 立貶食去樂之數, 制入門廢朝之典. 示之以罪己之宜, 教之脩德之法. 所以重天變, 警人君也. 天道深遠, 有時而驗, 或亦人之禍釁, 偶相逢, 故聖人得因其變常, 假爲勸戒. 知達之士, 識先聖之幽情; 中下之主, 信妖祥以自懼. 但神道可以助教, 不可專以爲教. 神之則惑衆, 去之則害宜. 故其言若有若無, 其事若信若不信, 期於大通而已. 世之學者, 宜知其趣焉.

번역 ●傳文: "對曰"~"之災". ○사문백은 진나라 후작의 질문에 연유하여 권면하고 경계하는 말을 했으니, 군주가 정치를 시행함에 선하게 하지 못한다면 하늘의 마음을 움직일 수 있으니, 해와 달이 만들어낸 재앙을 통해 스스로 견책하게 된다. 즉 일식을 통해 나타난 재앙은 군주의 행위로 인해 불러온 것이다. 「혼의」편에서는 "천자는 남자가 따라야 하는 교화를 듣고 왕후는 여자가 따라야 하는 순종의 덕목을 듣는다. 천자는 양(陽)의 도리를 다스리고 왕후는 음(陰)의 덕을 다스린다. 이러한 까닭으로 남자들에 대한 교화를 다스리지 않으면, 양과 관련된 사안을 얻을 수 없어서 그 징조가 하늘에 드러나니 일식이 발생하는 것이다. 아녀자가 따르는 순종의 미덕을 다스리지 않으면, 음과 관련된 사안을 얻을 수 없어서 그 징조가 하늘에 드러나니 월식이 발생하는 것이다."라고 했다. 이곳의 전문과 『예기』의 기록은 모두 권면하고 훈계하는 말일 뿐이다. 해와 달이 만나는 것은 그 자체로 일정한 법칙이 있다. 173일보다 조금 넘어갈 때가 되면 매번 해와 달의 길이 한 차례 겹치고, 겹치게 되면 해와 달에는 반드시 잠식되는 현상이 발생한다. 비록 천 년 이후에 발생하는 일식이라 하더라도 미리 계산해보면 모두 언제 발생할지 알 수 있는데 어떻게 가르침을 다스리지 않고 정치가 선하지 못해서 발생한 것이겠는가? 이 시기는 주나라 왕실이 미약해져서 천자의 정치가 시행되지 않아 다시는 하늘의 마음을 움직일 수 없었다. 하늘의 변화된 기운이 나타났다면 마땅히 천하의 재앙으로 여겨야 하는데 어찌하여 유독 위나라 군주와 노나라 경만이 그 재앙을 당하게 되었는가? 만약 일식이 해당하는 분야에서 일어났다면 해당하는 나라는 곧 그 재앙을 받게 되어 일식 때마다 반드시 군주가 죽게 될 것인데, 일식이 발생한 해마다 항상 한 명의 군주가 죽었단 말인가? 따라서 사문백이 위나라 군주와 노나라

경이 죽게 되리라 말한 것은 일식 때문에 발생한 것이 아님을 알 수 있다. 군주는 지위가 존귀하고 높은 자리에 있어서 뜻과 마음이 넘치게 되면 간혹 음탕하고 제멋대로 굴며 정욕을 부려 천하를 무너트리고 혼란스럽게 만든다. 성인은 신령에 가탁하여 경계지침을 만든 것이다. 밝고도 밝은 태양이 대지를 비춰주는데 갑자기 그 빛이 사라져 낮이 밤이 되므로 괴이하게 여기는 정도가 매우 심하게 된다. 그렇기 때문에 북을 치고 활을 쏘는 것이다. 서인들은 분주히 서로를 따르게 되고 색부는 빨리 이 사실을 백성들에게 알린다. 의복의 단계를 낮추고 홀로 거처하며 이를 슬퍼하고 폐물과 축사를 통해 예우하게 된다. 조촐한 음식으로 낮추고 식사할 때 음악을 제거하는 법도를 만들고, 문으로 들어가 조회를 폐하는 규범을 제정하였다. 이러한 것들은 자신을 탓해야 하는 마땅한 이치를 드러내고 덕을 수양해야 하는 법도를 가르치는 것이다. 즉 하늘의 변화를 중시하여 군주를 경계한 것이다. 하늘의 도는 심원하며 때에 따라 증험이 드러나는데 간혹 사람들이 일으킨 재앙이나 허물에 들어맞게 된다. 그렇기 때문에 성인은 상도에서 변화가 일어난 것에 따라 권면하고 훈계하는 뜻으로 가탁한 것이다. 앎이 해박한 선비라면 선대 성인의 은미한 뜻을 알아차리는데, 그보다 못한 중수나 하수에 해당하는 주군들은 요상한 것을 믿어 자기 스스로 두려워 떨게 된다. 따라서 신의 도는 가르침을 도울 수 있지만 이것만을 가르침으로 삼을 수는 없다. 신령스럽게만 대하면 백성들을 미혹시키고, 완전히 없애버리면 항상된 이치에 해를 끼친다. 그렇기 때문에 그 말은 확실하지 않고 그 사안도 확실하지 않으니, 큰 범주에서 두루 통해 이치를 깨우치기를 바랄 따름이다. 세상의 학자들은 마땅히 그 본지를 깨우쳐야 한다.

전문 "故政不可不愼也. 務三而已, 一曰擇人①, 二曰因民②, 三曰從時③."

번역 계속하여 사문백은 "그러므로 정치에 있어서는 신중하지 않을 수가 없습니다. 따라서 세 가지에 힘쓸 따름이니, 첫 번째는 현명한 자를 가려내는 것이고, 두 번째는 백성들이 이롭게 여기는 것을 따르는 것이며, 세 번째는 각 계절에 맞게 따르는 것입니다."라고 대답했다.

杜注-① 擇賢人.

번역 현명한 자를 선택한다는 뜻이다.

杜注-② 因民所利而利之.

번역 백성들이 이롭게 여기는 것에 따라서 이롭게 해준다는 뜻이다.

杜注-③ 順四時之所務.

번역 사계절마다 힘써야 할 것에 따른다는 뜻이다.

참고 『예기』「단궁상(檀弓上)」 기록

경문-69a 事親有隱而無犯, 左右就養無方, 服勤至死, 致喪三年. 事君有犯而無隱, 左右就養有方, 服勤至死, 方喪三年. 事師無犯無隱, 左右就養無方, 服勤至死, 心喪三年.

번역 부모를 섬길 때에는 허물을 덮어두고 면전에서 허물을 직접적으로 지적함이 없으며, 좌우로 나아가 봉양을 함에 특별히 정해진 제한이 없고, 힘든 일에 복무하며 목숨을 바쳐서 하고, 부모가 돌아가셨을 때에는 상례의 법도를 지극히 하여 삼년상을 치른다. 군주를 섬길 때에는 면전에서 허물을 직접적으로 지적하고 허물을 덮어주는 일이 없으며, 좌우로 나아가 봉양을 할 때에는 특별히 정해진 제한이 있고, 힘든 일에 복무하며 목숨을 바쳐서 하고, 군주가 돌아가셨을 때에는 부모에 대한 상례에 견주어서 삼년상을 치른다. 스승을 섬길 때에는 면전에서 허물을 지적하는 일도 없고 허물을 덮어주는 일도 없으며, 좌우로 나아가 봉양을 할 때에는 부모에 대한 경우와 마찬가지로 특별히 정해진 제한이 없고, 힘든 일에 복무하며 목숨을 바쳐서 하고, 스승이 돌아가셨을 때에는 심상(心喪)의 방법으로 삼년상을 치른다.

鄭注 隱, 謂不稱揚其過失也. 無犯, 不犯顔而諫. 論語曰: "事父母, 幾諫." 左右, 謂扶持之. 方, 猶常也. 子則然, 無常人. 勤, 勞辱之事也. 致謂戚容稱其服也. 凡此以恩爲制. 旣諫, 人有問其國政者, 可以語其得失, 若齊晏子爲晉叔向言之. 不可侵官. 方喪, 資於事父. 凡此以義爲制. 心喪, 戚容如父而無服也. 凡此以恩義之間爲制.

번역 '은(隱)'자는 그의 과실을 드러내고 지적하지 않는다는 뜻이다. '무범(無犯)'은 면전에서 잘못을 지적하며 간언을 하지 않는다는 뜻이다. 『논어』에서는 "부모를 섬길 때에는 은미한 말로 조심스럽게 간언을 올린다."[16]라고 하였다. '좌우(左右)'는 부축을 한다는 뜻이다. '방(方)'자는 항상[常]이라는 뜻이다. 자식의 경우에는 이처럼 해야 하며, 부모의 곁에 고정적으로 두게 되는 사람은 없다. '근(勤)'은 수고로운 일을 뜻한다. '치(致)'자는 슬퍼하는 모습을 자신이 입는 상복의 수위에 맞춘다는 뜻이다.[17] 무릇 부모에 대한 이러한 규정들은 은혜로움[恩]을 기준으로 제도로 정한 것이다. 간언을 끝낸 뒤에, 사람들 중에 그 나라의 정사에 대해서 질문을 하는 자가 있다면, 그 득실에 대해서 말을 할 수 있으니, 제나라의 안자와 같은 자는 진나라의 숙향에게 그러한 말을 하였다. '유방(有方)'은 다른 관직의 직분을 침범할 수 없다는 뜻이다. '방상(方喪)'은 부모를 섬기는 규정에 바탕을 둔다는 뜻이다. 무릇 군주에 대한 이러한 규정들은 의로움[義]을 기준으로 제도로 정한 것이다. '심상(心喪)'은 슬퍼하는 모습이 부친에 대한 경우와 같지만, 상복을 입지 않고 치르는 것이다. 무릇 스승에 대한 이러한 규정들은 은혜로움과 의로움의 두 측면에 기준을 두고 제도로 정한 것이다.

孔疏 ◎注"方喪, 資於事父". ○正義曰: 方謂比方也, 謂比方父喪禮以喪君, 故云"資於事父". 資, 取也. 取事父之喪禮以喪君, 但居處飮食同耳, 不能戚容稱其服.

---

16) 『논어』「이인(里仁)」: 子曰, "事父母幾諫, 見志不從, 又敬不違, 勞而不怨."
17) 『예기』「잡기하(雜記下)」【509b】: 子貢問喪, 子曰, "敬爲上, 哀次之, 瘠爲下. 顔色稱其情, 戚容稱其服."

번역 ◎鄭注: "方喪, 資於事父". ○'방(方)'자는 "견주다[比方]."는 뜻이니, 이 말은 부친에 대한 상례에 견주어서, 군주에 대한 상을 치른다는 뜻이다. 그렇기 때문에 "부모를 섬기는 규정에 바탕을 둔다."라고 말한 것이다. '자(資)'자는 "취한다[取]."는 뜻이다. 즉 부모를 섬길 때의 상례에서 그 규정을 취하여, 군주에 대한 상을 치르게 되는데, 단지 거처지를 마련하고 먹는 음식 등이 같다는 뜻일 뿐이며, 슬퍼하는 감정에 따라 상복의 수위를 맞추는 일은 할 수 없다.

昏義 人名 및 用語 辭典

ㄱ

◎ **가공언(賈公彦, ? ~ ?)** : 당(唐)나라 때의 유학자이다. 정현(鄭玄)을 존숭하였다. 예학(禮學)에 조예가 깊었다. 『주례소(周禮疏)』, 『의례소(儀禮疏)』 등의 저서를 남겼으며, 이 저서들은 『십삼경주소(十三經注疏)』에 포함되었다.

◎ **가정본(嘉靖本)** : 『가정본(嘉靖本)』에는 간행한 자의 정보가 기록되어 있지 않다. 『십삼경주소(十三經注疏)』의 판본이다. 20권으로 구성되어 있으며, 각 권의 뒤편에는 경문(經文)과 그에 따른 주(注)를 간략히 기록하고 있다. 단옥재(段玉裁)는 이 판본이 가정(嘉靖) 연간에 송본(宋本)을 모방하여 간행된 것이라고 여겼다.

◎ **각(刻)** : '각'은 시간의 단위이다. 고대에는 물통에 작은 구멍을 내서, 물이 떨어진 양을 보고 시간을 헤아렸다. 하루를 100'각'으로 나누었는데, 한(漢)나라 애제(哀帝) 건평(建平) 2년(-5년) 때에는 20'각'을 더해서, 하루의 길이를 총 120'각'으로 정하였다. 『한서(漢書)』「애제기(哀帝紀)」편에는 "漏刻以百二十爲度."라는 기록이 있는데, 이에 대한 안사고(顏師古)의 주에서는 "舊漏晝夜共百刻, 今增其二十."이라고 풀이하였다. 그리고 남북조(南北朝) 시기 양(梁)나라 무제(武帝)는 8'각'을 1진(辰)으로 정하여, 낮과 밤의 길이를 각각 12'진' 96'각'으로 정하였다.

◎ **감본(監本)** : 『감본(監本)』은 명(明)나라 국자감(國子監)에서 간행한 『십삼경주소(十三經注疏)』의 판본이다.

◎ **강녀(姜女)** : =대강(大姜)

◎ **강복(降服)** : '강복'은 상(喪)의 수위를 본래의 등급보다 한 등급 낮추는

일에 해당한다. 예를 들어 자식은 부모에 대해 삼년상을 치러야 하지만, 다른 집의 양자로 간 경우라면 자신의 친부모에 대해 삼년상을 치르지 않고, 한 등급 낮춰서 1년만 치르게 된다. 이것은 상(喪)의 기간에만 해당하는 것이 아니라, 상복(喪服) 및 상(喪)을 치르며 부수적으로 갖추게 되는 기물(器物)들에도 적용된다.

◎ **개성석경(開成石經)** : 『개성석경(開成石經)』은 당(唐)나라 만들어진 석경(石經)을 뜻한다. 돌에 경문(經文)을 새겼기 때문에, '석경'이라고 부른다. 당나라 때 만들어진 '석경'은 대화(大和) 7년(A.D.833)에 만들기 시작하여, 개성(開成) 2년(A.D.837)에 완성되었기 때문에, '개성석경'이라고도 부르는 것이다.

◎ **건안진씨(建安眞氏)** : =서산진씨(西山眞氏)

◎ **경방(京房, B.C.77 ~ B.C.37)** : 전한(前漢) 때의 학자이다. 성(姓)은 이씨(李氏)이며, 자(字)는 군명(君明)이다. 역학(易學)에 뛰어났다.

◎ **경원보씨(慶源輔氏, ? ~ ?)** : =보광(輔廣)·보한경(輔漢卿). 남송(南宋) 때의 학자이다. 자(字)는 한경(漢卿)이고, 호(號)는 잠암(潛庵)·전이(傳貽)이다. 여조겸(呂祖謙)과 주자(朱子)에게서 학문을 배웠다. 저서로는 『사서찬소(四書纂疏)』, 『육경집해(六經集解)』 등이 있다.

◎ **고(孤)** : '고'는 고대의 작위이다. 천자에게 소속된 '고'는 삼공(三公) 밑의 서열에 해당하며, 육경(六卿)보다 높았다. 고대에는 소사(少師)·소부(少傅)·소보(少保)를 삼고(三孤)라고 불렀다.

◎ **고문송판(考文宋板)** : 『고문송판(考文宋板)』은 일본 학자 산정정(山井鼎) 등이 출간한 『칠경맹자고문보유(七經孟子考文補遺)』에 수록된 『예기정의(禮記正義)』를 뜻한다. 산정정은 『예기정의』를 수록할 때, 송(宋)나라 때의 판본을 저본으로 삼았다.

◎ **곤면(袞冕)** : '곤면'은 곤룡포와 면류관을 뜻한다. 본래 천자의 제사복장으로, 비교적 중요한 제사 때 입는다. 윗옷과 아랫도리에 새겨진 무늬 등은 9가지이다. 『주례』「춘관(春官)·사복(司服)」편에는 "享先王則袞冕."이라는 기록이 있다. 이에 대한 정현의 주에서는 "冕服九章, 登龍於山, 登火於宗彝, 尊其神明也. 九章, 初一曰龍, 次二曰山, 次三曰華蟲, 次四曰火, 次五曰宗彝, 皆畫以爲繢. 次六曰藻, 次七曰粉米, 次八曰黼, 次九曰黻, 皆希以爲繡. 則袞之衣五章, 裳四章, 凡九也."라고 풀이했다. 즉 '곤면'의 윗옷에는 용(龍), 산(山), 화충(華蟲), 화(火), 종이(宗彝) 등

5가지 무늬를 그려놓고, 아랫도리에는 조(藻), 분미(粉米), 보(黼), 불(黻) 등 4가지를 수놓았다.

◎ **공안국(孔安國, ? ~ ?)** : 전한(前漢) 때의 학자이다. 자(字)는 자국(子國)이다. 고문상서학(古文尚書學)의 개조(開祖)로 알려져 있다. 『십삼경주소(十三經注疏)』의 『상서정의(尚書正義)』에는 공안국의 전(傳)이 수록되어 있는데, 통상적으로 이 주석은 후대인들이 공안국의 이름에 가탁하여 붙인 문장으로 인식되고 있다.

◎ **공영달(孔穎達, A.D.574 ~ A.D.648)** : =공씨(孔氏). 당대(唐代)의 경학자이다. 자(字)는 중달(仲達)이고, 시호(謚號)는 헌공(憲公)이다. 『오경정의(五經正義)』를 찬정(撰定)하는데 중심적인 역할을 했다.

◎ **공씨(孔氏)** : =공영달(孔穎達)

◎ **공자가어(孔子家語)** : 『공자가어(孔子家語)』는 공자(孔子)의 언행 및 제자들과의 일화를 기록한 문헌이다. 전한(前漢) 초기에 공안국(孔安國)이 이 책을 편집했다는 학설도 있지만, 현존하는 『공자가어』는 일반적으로 왕숙(王肅)의 위작으로 인식된다.

◎ **과처(寡妻)** : '과처'는 자신의 본부인을 뜻하는 말이다.

◎ **관(祼)** : '관'은 육향(六享)의 첫 번째 제사에 속하는 것으로, 울창주를 땅에 부어 강신제를 한다는 뜻으로, 처음 시동에게 술을 따라 신이 강림하길 바라는 때를 의미한다.

◎ **관향(祼享)** : '관향'은 종묘(宗廟)의 제례 절차 중 하나이다. 땅에 향기로운 술을 뿌려 신(神)을 강림시키는 의식을 뜻한다.

◎ **광아(廣雅)** : 『광아(廣雅)』는 위(魏)나라 때 장읍(張揖)이 지은 자전(字典)이다. 『박아(博雅)』라고도 부른다. 『이아』의 체제를 계승하고, 새로운 내용을 보충하여, 경전(經典)에 기록된 글자들을 해석한 서적이다. 본래 상・중・하 3권으로 구성되어 있었지만, 수(隋)나라 조헌(曺憲)이 재차 10권으로 편집하였다. 한편 '광(廣)'자가 수나라 양제(煬帝)의 시호였기 때문에, 피휘를 하여, 『박아』라고 부르게 되었다.

◎ **광형(匡衡, ? ~ ?)** : 전한(前漢) 때의 학자이다. 자(字)는 치규(稚圭)이다. 『시(詩)』에 대해 해박하였다. 원제(元帝) 때에는 승상(丞相)에 오르기도 하였다.

◎ **교감기(校勘記)** : 『교감기(校勘記)』는 완원(阮元)이 학자들을 모아서 편차했던 『십삼경주소교감기(十三經註疏校勘記)』를 뜻한다.

◎ **교기(校記)** : 『교기(校記)』는 손이양(孫詒讓)이 지은 『십삼경주소교기(十三經注疏校記)』를 뜻한다.

◎ **구경(九卿)** : '구경'은 천자의 조정에 있었던 9명의 고위 관직자들을 뜻한다. 삼고(三孤)와 육경(六卿)을 합하여 '구경'이라고 부른다. '삼고'는 삼공(三公)을 보좌하며, 정책의 큰 방향을 잡는 자들이었고, 육경은 여섯 관부의 일들을 담당하였던 자들이다. 『주례』「동관고공기(冬官考工記)·장인(匠人)」편에는 "外有九室, 九卿居焉."이라는 기록이 있고, 이에 대한 정현의 주에서는 "六卿三孤爲九卿, 三孤佐三公論道, 六卿治六官之屬."라고 풀이했다. 『주례』의 체제에 따르면, '구경'은 소사(少師), 소부(少傅), 소보(少保), 총재(冢宰), 사도(司徒), 종백(宗伯), 사마(司馬), 사구(司寇), 사공(司空)이 된다. 또한 육경(六卿)에 삼공(三公)을 더하여 '구경'이라고도 부른다.

◎ **구빈(九嬪)** : '구빈'은 천자의 빈궁들이다. 『예기』「혼의(昏義)」편에는 "古者天子后立六宮, 三夫人, 九嬪, 二十七世婦, 八十一御妻, 以聽天下之內治, 以明章婦順, 故天下內和而家理."라는 기록이 있다. 즉 천자는 한 명의 왕후(王后)를 두고 6개의 궁(宮)을 두는데, 그 안에는 3명의 부인(夫人), 9명의 빈(嬪), 27명의 세부(世婦), 81명의 어처(御妻)를 두는 것이다.

◎ **구수(九數)** : '구수'는 고대의 아홉 가지 계산 방법이다. 방전(方田), 속미(粟米), 차분(差分), 소광(少廣), 상공(商功), 균수(均輸), 방정(方程), 영부족(贏不足), 방요(旁要)를 뜻한다. 『주례』「지관(地官)·보씨(保氏)」편에는 "六曰九數."라는 기록이 있는데, 이에 대한 정현의 주에서는 정중(鄭衆)의 주장을 인용하여, "九數, 方田·粟米·差分·少廣·商功·均輸·方程·贏不足·旁要."라고 풀이했다.

◎ **구어(九御)** : '구어'는 천자를 시중들던 81명의 여자들을 뜻한다. 9명씩 1개의 조를 이루어 천자를 모셨기 때문에, '구어'라는 명칭이 붙게 되었다. 『주례』「천관(天官)·내재(內宰)」편에는 "以陰禮敎九嬪, 以婦職之法敎九御."라는 기록이 있는데, 이에 대한 정현의 주에서는 "九御, 女御也. 九九而御於王, 因以號焉."이라고 풀이하였다.

◎ **국의(鞠衣)** : '국의'는 황색으로 만든 옷이다. 본래 '천자의 부인[王后]'이 입던 '여섯 가지 의복[六服]' 중 하나를 가리키나 구빈(九嬪) 및 세부(世婦)나 어처(御妻)들 또한 이 옷을 입었고, 경(卿)의 부인에게는 가

장 격식을 갖춘 예복(禮服)이 된다. 그 색깔은 누런색을 내는데, 뽕나무 잎이 처음 소생할 때의 색깔과 같다. 『주례』「천관(天官)·내사복(內司服)」편에는 "掌王后之六服. 褘衣, 揄狄, 闕狄, 鞠衣, 展衣, 緣衣."라는 기록이 있으며, 이에 대한 정현의 주에서는 "鄭司農云, 鞠衣, 黃衣也. 鞠衣, 黃桑服也. 色如鞠塵, 象桑葉始生."이라고 풀이하였다.

◎ **금로(金路)** : '금로'는 금로(金輅)라고도 부른다. 천자가 사용하는 다섯 가지 수레 중 하나이다. 금(金)으로 수레를 치장했기 때문에, '금로'라고 부르게 되었다. 대기(大旂)라는 깃발을 세웠고, 빈객(賓客)을 접대하거나, 동성(同姓)인 자를 분봉할 때 사용하였다. 『주례』「춘관(春官)·건거(巾車)」편에는 "金路, 鉤樊纓九就, 鉤, 樊纓九就, 建大旂, 以賓, 同姓以封."라는 기록이 있고, 이에 대한 정현의 주에서는 "金路, 以金飾諸末."이라고 풀이했다.

◎ **금로(金輅)** : =금로(金路)

◎ **기년복(期年服)** : '기년복'은 1년 동안 상복(喪服)을 입는다는 뜻이다. 또는 그 기간 동안 입게 되는 상복을 뜻하기도 하는데, 일반적으로 자최복(齊衰服)을 가리키는 용어로 사용된다. '기년복'이라고 할 때의 '기년(期年)'은 1년을 뜻하는데, '자최복'은 일반적으로 1년 동안 입게 되는 상복이 되기 때문이다.

◎ **기년상(期年喪)** : '기년상'은 1년 동안 치르는 상을 뜻한다. 일반적으로 자최복(齊衰服)을 입고 치르는 상을 뜻한다. '기년(期年)'은 1년을 뜻하는데, '자최복'은 일반적으로 1년 동안 입게 되는 상복이기 때문이다.

ㄴ

◎ **남송석경(南宋石經)** : 『남송석경(南宋石經)』은 송(宋)나라 고종(高宗) 때 돌에 새긴 『십삼경주소(十三經注疏)』의 판본이다. 그러나 『예기(禮記)』에 대해서는 「중용(中庸)」 1편만을 기록하고 있다.

◎ **남전여씨(藍田呂氏, A.D.1040 ~ A.D.1092)** : =여대림(呂大臨)·여씨(呂氏)·여여숙(呂與叔). 북송(北宋) 때의 학자이다. 이름은 대림(大臨)이고, 자(字)는 여숙(與叔)이며, 호(號)는 남전(藍田)이다. 장재(張載) 및 이정(二程)형제에게서 수학하였다. 저서로는 『남전문집(藍田文集)』 등이 있다.

◎ **납길(納吉)** : '납길'은 혼인과 관련된 육례(六禮) 중 하나이다. 납징(納徵)을 하기 이전에 남자 집안에서는 이번 혼인이 어떠한가를 종묘(宗廟)에서 점을 치게 되고, 길(吉)한 징조를 얻게 되면, 혼인을 최종적으로 결정하여, 여자 집안에 알리게 된다. 혼인은 이 시기부터 확정이 된다. 『의례』「사혼례(士昏禮)」편에는 "納吉用鴈, 如納采禮."라는 기록이 있는데, 이에 대한 정현의 주에서는 "歸卜於廟, 得吉兆, 復使使者往告, 婚姻之事於是定."이라고 풀이했다.

◎ **납징(納徵)** : '납징'은 납폐(納幣)라고도 부른다. 혼인과 관련된 육례(六禮) 중 하나이다. 혼인 약속을 증명하기 위해, 여자 집안에 폐백을 보내는 일을 뜻한다.

◎ **납채(納采)** : '납채'는 혼인과 관련된 육례(六禮) 중 하나이다. 청원을 하며 여자 집안에 예물을 보내는 일을 뜻한다.

◎ **납폐(納幣)** : =납징(納徵)

◎ **내명부(內命婦)** : '내명부'는 천자의 비(妃), 빈(嬪), 세부(世婦), 여어(女御) 등을 지칭하는 말이다. 『예기』「상대기(喪大記)」편에는 "夫人坐于西方, 內命婦姑姊妹子姓, 立于西方."이라는 용례가 있고, 『주례』「천관(天官)·내재(內宰)」편에는 "佐后使治外內命婦."라는 기록이 있는데, 이에 대한 정현의 주에는 "內命婦, 謂九嬪, 世婦, 女御."라고 풀이하였다.

◎ **녜묘(禰廟)** : '녜묘'는 부친의 묘(廟)를 뜻한다. 따라서 부묘(父廟)라고도 부른다. 한편 죽은 부친을 뜻하는 고(考)자를 붙여서 '고묘(考廟)'라고도 부른다. 『춘추좌씨전』「양공(襄公) 12년」편에는 "凡諸侯之喪，異姓臨於外，同姓臨於宗朝。同宗於祖廟，同族於禰廟."라는 기록이 있는데, 이에 대한 두예(杜預)의 주에서는 "父廟也."라고 풀이했다. 또한 『춘추좌씨전』「양공(襄公) 13년」편에는 "所以從先君於禰廟者."라는 기록이 있는데, 이에 대한 공영달(孔穎達)의 소(疏)에서는 "祭法云, 諸侯立五廟, 曰考廟·王考廟·皇考廟·顯考廟·祖考廟. 此云禰廟, 卽彼考廟也. …… 禰, 近也. 於諸廟, 父最爲近也."라고 풀이했다. 즉 『예기』「제법(祭法)」편의 기록에 따르면, 제후(諸侯)의 경우 5개의 묘(廟)를 세우게 되는데, 고묘(考廟)·왕고묘(王考廟: 조부의 묘)·황고묘(皇考廟: 증조부의 묘)·현고묘(顯考廟: 고조부의 묘)·조고묘(祖考廟: 시조의 묘)이다. '녜묘'라는 것은 곧 '고묘'에 해당한다. '녜(禰)'자는 "가깝다

[近].”는 뜻으로, 제후에게 있어서, 조상들 중 부친이 가장 가까운 존재이기 때문에, 부친의 묘를 ‘녜묘’라고 부르는 것이다.

◎ **노침(路寢)** : ‘노침’은 천자나 제후가 정무를 처리하던 정전(正殿)이다. 『시』「노송(魯頌)·민궁(閟宮)」편에는 “松桷有舃, 路寢孔碩.”이라는 기록이 있는데, 이에 대한 모전(毛傳)에서는 “路寢, 正寢也.”라고 풀이했고, 『문선(文選)』에 수록된 장형(張衡)의 ‘서경부(西京賦)’에는 “正殿路寢, 用朝群辟.”이라는 기록이 있는데, 이에 대한 설종(薛綜)의 주에서는“周曰路寢, 漢曰正殿.”이라고 하여, 주(周)나라에서는 ‘정전’을 ‘노침’으로 불렀다고 풀이했다.

ㄷ

◎ **단(端)** : ‘단’은 견직물에 대한 단위이다. 1단의 길이는 1장(丈) 8척(尺)이다.

◎ **단의(襢衣)** : =전의(展衣)

◎ **단의(褖衣)** : ‘단의’는 흑색의 천으로 상의와 하의를 만들고, 붉은색으로 가장자리에 단을 댄 옷이다. 『의례』「사상례(士喪禮)」편에는 ‘단의’가 기록되어 있는데, 이에 대한 정현의 주에서는 “黑衣裳赤緣謂之褖.”이라고 풀이했다.

◎ **대강(大姜)** : ‘대강’은 ‘강녀(姜女)’라고도 부른다. 주나라 태왕의 부인이자 문왕의 조모이다. 성(姓)이 강(姜)이라서 추존하여 ‘대강’이라고 부르며, 또한 주강(周姜)이라고도 부른다.

◎ **대갱(大羹)** : ‘대갱’은 조미료를 첨가하지 않은 고깃국이다. 『예기』「악기(樂記)」편에는 大饗之禮, 尚玄酒而俎腥魚, 大羹不和, 有遺味者矣.”라는 기록이 있고, 이에 대한 정현의 주에서는 “大羹, 肉湆, 不調以鹽菜.”라고 풀이했다.

◎ **대공복(大功服)** : ‘대공복’은 상복(喪服) 중 하나로, 오복(五服)에 속한다. 조밀한 삼베를 사용해서 만들지만, 소공복(小功服)에 비해서는 삼베의 재질이 거칠기 때문에, ‘대공복’이라고 부른다. 이 복장을 입게 되는 기간은 상황에 따라 차이가 생기지만, 일반적으로 9개월이다. 당형제(堂兄弟) 및 미혼인 당자매(堂姊妹), 또는 혼인을 한 자매(姊妹) 등을 위해서 입는다.

◎ 대대기(大戴記) : =대대례기(大戴禮記)

◎ 대대례(大戴禮) : =대대례기(大戴禮記)

◎ 대대례기(大戴禮記) : 『대대례기(大戴禮記)』는 『대대례(大戴禮)』·『대대기(大戴記)』라고도 부른다. 대덕(戴德)이 편찬한 예(禮)에 대한 서적이다. 당시 사람들은 그를 대대(大戴)라고 불렀고, 그의 조카 대성(戴聖)을 소대(小戴)라고 불렀기 때문에, 이러한 명칭이 생겨났다. '대성'이 편찬한 『소대례기(小戴禮記)』는 성행을 하였지만, 『대대례기』는 성행하지 못하여, 많은 편들이 없어졌다. 현재는 단지 삼십여 편만이 남아 있다. 정현(鄭玄)의 『육예론(六藝論)』에서는 그가 85편을 전수하였다고 기록하고 있는데, 현재 남아 있는 기록 중에는 1편부터 38편까지의 내용이 모두 없어져서 남아 있지 않다. 남아 있는 편들은 39번 째 「주언(主言)」편부터 81번 째 「역본명(易本命)」편까지인데, 그 중에서도 43~35편, 61편이 없어졌으며, 73편은 특이하게도 2편으로 구성되어 있다.

◎ 대종(大宗) : '대종'은 소종(小宗)과 상대되는 말이다. 소종과 '대종'은 고대 종법제(宗法制)에 따른 구분이다. 적장자(嫡長子)의 한 계통만이 '대종'이 되고, 나머지 아들들은 소종이 된다. 예를 들어 천자의 적장자는 '대종'이 되고, 나머지 아들들은 소종이 된다. 만약 소종인 천자의 나머지 아들들이 제후가 되었다면, 본인의 나라에서는 '대종'이 되지만, 천자에 대해서는 역시 소종이 된다. 제후가 된 자의 적장자는 본인의 나라에서 '대종'이 되고, 나머지 아들들은 소종이 된다.

◎ 대침(大寢) : '대침'은 노침(路寢)을 뜻한다. 천자나 제후가 정무(政務)를 처리하던 곳이다. 『주례』「하관(夏官)·태복(太僕)」편에는 "建路鼓于大寢之門外, 而掌其政."이라는 기록이 있고, 이에 대한 정현의 주에서는 "大寢, 路寢也."라고 풀이했다.

◎ 대향(大饗) : '대향'은 큰 연회를 뜻한다. 본래는 천자가 조회로 찾아온 제후들에게 베풀었던 성대한 연회를 가리킨다. 『예기』「중니연거(仲尼燕居)」편에는 "大饗有四焉."이라는 기록이 있고, 이에 대한 정현의 주에서는 "大饗, 謂饗諸侯來朝者也."라고 풀이했다.

◎ 동우(董遇, ? ~ ?) : 삼국시대 때 위(魏)나라의 학자이다. 자(字)는 계직(季直)이다. 저서로는 『주역장구(周易章句)』 등이 있다.

◎ 두예(杜預, A.D.222 ~ A.D.284) : =두원개(杜元凱). 서진(西晉) 때의 유

학자이다. 경조(京兆) 두릉(杜陵) 출신이다. 자(字)는 원개(元凱)이다. 『춘추경전집해(春秋經典集解)』를 저술하였는데, 이 책은 현존하는 『춘추(春秋)』의 주석서 중 가장 오래된 것이며, 『십삼경주소(十三經注疏)』의 『춘추좌씨전정의(春秋左氏傳正義)』에도 채택되어 수록되었다.
◎ **두원개(杜元凱)** : =두예(杜預)

◎ **마계장(馬季長)** : =마융(馬融)
◎ **마씨(馬氏)** : =마희맹(馬晞孟)
◎ **마언순(馬彥醇)** : =마희맹(馬晞孟)
◎ **마융(馬融**, A.D.79 ~ A.D.166) : =마계장(馬季長). 후한대(後漢代)의 경학자(經學者)이다. 자(字)는 계장(季長)이며, 마속(馬續)의 동생이다. 고문경학(古文經學)을 연구하였으며, 『주역(周易)』, 『상서(尙書)』, 『모시(毛詩)』, 『논어(論語)』, 『효경(孝經)』 등을 두루 주석하고, 『노자(老子)』, 『회남자(淮南子)』 등도 주석하였지만 현재 전해지지 않는다.
◎ **마희맹(馬晞孟**, ? ~ ?) : =마씨(馬氏)·마언순(馬彥醇). 자(字)는 언순(彥醇)이다. 『예기해(禮記解)』를 찬술했다.
◎ **면복(冕服)** : '면복'은 대부(大夫) 이상의 계층이 착용하는 예관(禮冠)과 복식을 뜻한다. 무릇 길례(吉禮)를 시행할 때에는 모두 면류관[冕]을 착용하는데, 복장의 경우에는 시행하는 사안에 따라서 달라진다.
◎ **명당(明堂)** : '명당'은 일반적으로 고대 제왕이 정교(政敎)를 베풀던 장소를 지칭하는 용어로 사용되었다. 이곳에서는 조회(朝會), 제사(祭祀), 경상(慶賞), 선사(選士), 양로(養老), 교학(敎學) 등의 국가 주요 업무가 시행되었다. 『맹자』「양혜왕하(梁惠王下)」편에는 "夫明堂者, 王者之堂也."라는 용례가 있고, 『옥태신영(玉台新詠)』「목난사(木蘭辭)」편에도 "歸來見天子, 天子坐明堂."이라는 용례가 있다. '명당'의 규모나 제도는 시대마다 다르다. 또한 '명당'이라는 건물군 중에서 남쪽의 실(室)을 가리키는 용어로도 사용되었다.
◎ **명부(命婦)** : '명부'는 고대 봉호(封號)를 부여받은 여자들을 뜻한다. 궁중에 머물며 비(妃)나 빈(嬪)의 신분을 가진 여자들은 내명부(內命婦)라고 부르고, 신하의 처가 된 자들은 외명부(外命婦)라고 부른다.

◎ **명사(命士)** : '명사'는 사(士) 중에서도 작명(爵命)을 받은 자를 뜻한다. 『예기』「내칙(內則)」편에는 "由命士以上, 父子皆異宮, 昧爽而朝, 慈以旨甘."이라는 용례가 나온다.

◎ **명의(明衣)** : '명의'는 가장 안쪽에 입는 내의를 뜻한다. 재계를 할 때 목욕을 한 이후에 명의를 착용하며, 시신에 대한 염습(殮襲)을 할 때에도 시신을 닦은 이후 명의를 입혔다.

◎ **모본(毛本)** : 『모본(毛本)』은 명(明)나라 말기 급고각(汲古閣)에서 간행된 『십삼경주소(十三經注疏)』의 판본이다. 급고각은 모진(毛晋)이 지은 장서각이었으므로, 이러한 명칭이 생겼다.

◎ **목로(木路)** : '목로'는 목로(木輅)라고도 부른다. 천자가 사용하는 다섯 가지 수레 중 하나이다. 단지 옻칠만 하고, 가죽으로 덮지 않았으며, 다른 치장을 하지 않았기 때문에, '목로'라고 부르게 되었다. 대휘(大麾)라는 깃발을 세웠고, 사냥을 하거나, 구주(九州) 지역 이외의 나라를 분봉해줄 때 사용하였다. 『주례』「춘관(春官)·건거(巾車)」편에는 "木路, 前樊鵠纓, 建大麾, 以田, 以封蕃國."이라는 기록이 있고, 이에 대한 정현의 주에서는 "木路, 不鞔以革, 漆之而已."라고 풀이했다.

◎ **목로(木輅)** : =목로(木路)

◎ **목록(目錄)** : 『목록(目錄)』은 정현이 찬술했다고 전해지는 『삼례목록(三禮目錄)』을 가리킨다. 『십삼경주소(十三經注疏)』에서 인용되고 있지만, 이 책은 『수서(隋書)』가 편찬될 당시에 이미 일실되어 존재하지 않았다. 『수서』「경적지(經籍志)」편에는 "三禮目錄一卷, 鄭玄撰, 梁有陶弘景注一卷, 亡."이라는 기록이 있다.

◎ **묵거(墨車)** : '묵거'는 별다른 장식을 하지 않고, 흑색으로 칠하기만 한 수레를 뜻한다. 주(周)나라 때에는 주로 대부(大夫)들이 탔다. 『주례』「춘관(春官)·건거(巾車)」편에는 "大夫乘墨車."라는 기록이 있고, 이에 대한 정현의 주에서는 "墨車, 不畫也."라고 풀이했다.

◎ **문명(問名)** : '문명'은 혼례와 관련된 육례(六禮) 중 하나이다. 여자의 이름 및 출생일 등에 대해서 묻는 절차를 뜻한다.

◎ **민본(閩本)** : 『민본(閩本)』은 명(明)나라 가정(嘉靖) 연간 때 이원양(李元陽)이 간행한 『십삼경주소(十三經注疏)』 판본이다. 한편 『칠경맹자고문보유(七經孟子考文補遺)』에서는 이 판본을 『가정본(嘉靖本)』으로 지칭하고 있다.

ㅂ

◎ **방각(方慤)** : =엄릉방씨(嚴陵方氏)

◎ **방성부(方性夫)** : =엄릉방씨(嚴陵方氏)

◎ **방씨(方氏)** : =엄릉방씨(嚴陵方氏)

◎ **방언(方言)** : 『방언(方言)』은 『유헌사자절대어석별국방언(輶軒使者絶代語釋別國方言)』·『별국방언(別國方言)』이라고도 부른다. 한(漢)나라 때의 학자인 양웅(揚雄)이 편찬했다고 전해지는 서적이다. 총 13권으로 구성되어 있었으며, 각 지방에서 온 사신들의 방언을 모았다는 뜻에서, 『유헌사자절대어석별국방언』이라는 제목으로 출간되었고, 또 이 말을 줄여서 『별국방언』·『방언』이라고 부르게 되었다. 현존하는 『방언』은 곽박(郭璞)의 주(注)가 붙어 있는 판본이다. 그러나 『한서(漢書)』 등의 기록에는 양웅의 저술 목록에 『방언』이 포함되어 있지 않으므로, 편찬자에 대한 의혹이 끊임없이 제기되었다.

◎ **백호통(白虎通)** : 『백호통(白虎通)』은 후한(後漢) 때 편찬된 서적이다. 『백호통의(白虎通義)』라고도 부른다. 후한의 장제(章帝)가 학자들을 불러 모아서, 백호관(白虎觀)에서 토론을 시키고, 각 경전 해석의 차이점을 기록한 서적이다.

◎ **번국(蕃國)** : '번국'은 본래 주(周)나라 때의 구주(九州) 밖의 나라들을 지칭하는 말이다. 후대에는 오랑캐 나라들을 범칭하는 용어로도 사용되었다. 주나라 때에는 구복(九服)으로 천하의 땅을 구획하였는데, 구복 중 육복(六服)까지는 중원 지역으로 구분되며, 육복 이외의 세 개의 지역은 오랑캐 땅으로 분류하였다. 이 세 개의 지역은 이복(夷服)·진복(鎭服)·번복(藩服)이며, 이 지역에 세운 나라를 '번국'이라고 부른다. 『주례』「추관(秋官)·대행인(大行人)」편에는 "九州之外, 謂之蕃國."이라는 기록이 있는데, 이에 대한 손이양(孫詒讓)의 『정의(正義)』에서는 "職方氏九服, 蠻服以外, 有夷·鎭·藩三服. …… 是此蕃國卽職方外三服也."라고 풀이했다.

◎ **별록(別錄)** : 『별록(別錄)』은 후한(後漢) 때 유향(劉向)이 찬(撰)했다고 전해지는 책이다. 현재는 일실되어 존재하지 않으며, 『한서(漢書)』「예문지(藝文志)」편을 통해서 대략적인 내용만을 추측해볼 수 있다.

◎ **보광(輔廣)** : =경원보씨(慶源輔氏)

◎ **보한경(輔漢卿)** : =경원보씨(慶源輔氏)

◎ **부인(夫人)** : '부인'은 제후의 부인을 뜻한다. 『예기』「곡례하(曲禮下)」편에는 "公侯有夫人, 有世婦, 有妻, 有妾."이라는 기록이 있다. 즉 공작과 후작은 정부인인 부인(夫人)을 두고, 그 외에 세부(世婦), 처(妻), 첩(妾)을 둔다. 또한 『논어』「계씨(季氏)」편에는 "邦君之妻, 君稱之曰夫人. 夫人自稱曰小童."이라는 기록이 있다. 즉 군주의 처를 군주가 직접 부를 때에는 부인(夫人)이라고 부르며, 부인(夫人)이 자신을 지칭할 때에는 소동(小童)이라고 부른다. 참고적으로 천자의 부인은 후(后)라고 부르고, 대부(大夫)의 부인은 유인(孺人)이라고 부르며, 사(士)의 부인은 부인(婦人)이라고 부르고, 서인(庶人)의 부인은 처(妻)라고 부른다. 그러나 이러한 구분은 일률적으로 적용되는 것은 아니다.

◎ **빙례(聘禮)** : '빙례'는 제후들이 서로 찾아가서 만나보는 예법을 뜻한다. 또한 제후 이외에도 각 계층에서 상대방에게 찾아가서 안부를 여쭙는 예법을 빙문(聘問)이라고 부르는데, '빙례'는 이러한 '빙문' 등의 예법을 총칭하는 용어이다.

◎ **빙문(聘問)** : '빙문'은 국가 간이나 개인 간에 사람을 보내서 상대방을 찾아가 안부를 묻는 의식 절차를 통칭하는 말이다. 또한 제후가 신하를 시켜서 천자에게 보내, 안부를 묻는 예법을 뜻하기도 한다.

ㅅ

◎ **사(肆)** : '사'는 육향(六享)의 첫 번째 제사에 속하는 것으로, 희생물의 몸체를 해체하여 바친다는 뜻으로, 익힌 고기를 바치는 때를 의미한다.

◎ **사도(司徒)** : '사도'는 대사도(大司徒)라고도 부른다. 본래 주(周)나라 때의 관리로, 국가의 토지 및 백성들에 대한 교화(敎化)를 담당했다. 전설상으로는 소호(少昊) 시대 때부터 설치되었다고 전해진다. 주나라의 육경(六卿) 중 하나였으며, 전한(前漢) 애제(哀帝) 원수(元壽) 2년(B.C. 1)에는 승상(丞相)의 관직명을 고쳐서, 대사도(大司徒)라고 불렀고, 대사마(大司馬), 대사공(大司空)과 함께 삼공(三公)의 반열에 있었다. 후한(後漢) 때에는 다시 '사도'로 명칭을 고쳤고, 그 이후로는 이 명칭을 계속 사용하다가 명(明)나라 때 폐지되었다. 명나라 이후로는 호부상

서(戶部尙書)를 '대사도'라고 불렀다.

◎ **사례(射禮)** : '사례'는 활 쏘는 예법을 가리킨다. 고대에는 활쏘기가 문무(文武)에 두루 관련이 있다고 생각하여서 중시하였다. 따라서 행사를 거행할 때에는 이러한 '사례'를 실시하였다. '사례'에는 대략 4종류가 있다. 즉 대사례(大射禮), 빈사례(賓射禮), 연사례(燕射禮), 향사례(鄕射禮)를 가리키는데, '대사례'는 제사를 지내고자 할 때, 제사에 참가하는 사(士)들을 선발하기 위해 실시하는 '사례'이다. '빈사례'는 제후들이 천자를 찾아뵙거나, 또는 제후들끼리 서로 회동을 할 때에, 활쏘기를 하며 연회를 베푸는 것이다. '연사례'는 연회를 즐기며 실시하는 '사례'를 뜻한다. '향사례'는 향(鄕)을 담당하는 향대부(鄕大夫)가 자신의 행정구역에서 관리로 등용될 사(士)들을 선발한 뒤에, 그들에게 연회를 베풀며 시행하는 '사례'이다.

◎ **사례(食禮)** : '사례'는 연회의 한 종류이다. '사례'는 그 행사에 밥이 있고 반찬이 있는 것이니, 비록 술도 두었지만 마시지는 않았다. 그 예법에서는 밥을 위주로 한 것이기 때문에, '사례'라고 부른 것이다. 『예기』「왕제(王制)」편에는 "殷人以食禮."라는 기록이 있고, 이에 대한 진호(陳澔)의 주에서는 "食禮者, 有飯有殽, 雖設酒而不飮, 其禮以飯爲主, 故曰食也."라고 풀이했다. 또한 연회를 범칭하는 말로도 사용된다.

◎ **사위(四衛)** : '사위'는 사방의 위복(衛服)에 속한 제후국을 뜻한다. 위복은 채복(采服)과 요복(要服: =蠻服) 사이에 있는 땅을 뜻한다. 천자의 수도 밖으로 사방 2000리(里)와 2500리 사이에 있었던 땅을 가리킨다. '위복'의 '위(衛)'자는 수호한다는 뜻으로, 천자를 위해서 외부의 침입을 막는다는 의미이다. 따라서 이 지역에 속한 제후국들을 '사위'라고 부르는 것이다.

◎ **사직(社稷)** : '사직'은 토지신과 곡식신을 뜻한다. 천자와 제후가 지냈던 제사이다. '사직'에서의 '사(社)'자는 토지신을 가리키고, '곡(稷)'자는 곡식신을 뜻한다.

◎ **삼가(三加)** : '삼가'는 세 개의 관(冠)을 준다는 뜻이다. 관례(冠禮)를 시행할 때, 처음에 치포관(緇布冠)을 주고, 그 다음에 피변(皮弁)을 주며, 마지막으로 작변(爵弁)을 주기 때문에, '삼가'라고 부른다.

◎ **삼고(三孤)** : '삼고'는 소사(少師)·소부(少傅)·소보(少保)를 가리킨다. 삼공(三公)을 보좌하는 역할이었지만, '삼공'에게 배속되었던 것은 아

니다. '삼고'는 일종의 특별직으로, 그들의 신분은 '삼공'보다 낮지만, 육경(六卿)보다는 높았다. 한편 '삼고'와 '육경'을 합쳐서 '구경(九卿)'으로 보는 견해도 있다. 『서』「주서(周書)·주관(周官)」편에는 "少師·少傅·少保曰三孤."라는 기록이 있고, 이에 대한 공안국(孔安國)의 전(傳)에서는 "此三官名曰三孤. 孤, 特也. 言卑於公, 尊於卿, 特置此三者."라고 풀이했다.

◎ 삼공(三公) : '삼공'은 중앙정부의 가장 높은 관직자 3명을 합쳐서 부르는 말이다. '삼공'에 속한 관직명에 대해서는 각 시대별로 차이가 있다. 『사기(史記)』「은본기(殷本紀)」편에는 "以西伯昌, 九侯, 鄂侯, 爲三公."이라는 기록이 있다. 즉 은나라 때에는 서백(西伯)인 창(昌), 구후(九侯), 악후(鄂侯)들을 '삼공'으로 삼았다. 또한 주(周)나라 때에는 태사(太師), 태부(太傅), 태보(太保)를 '삼공'으로 삼았다. 『서』「주서(周書)·주관(周官)」편에는 "立太師·太傅·太保, 茲惟三公, 論道經邦, 燮理陰陽."이라는 기록이 있다. 한편 『한서(漢書)』「백관공경표서(百官公卿表序)」에 따르면 사마(司馬), 사도(司徒), 사공(司空)을 '삼공'으로 삼았다는 기록이 있다.

◎ 삼왕(三王) : '삼왕'은 하(夏), 은(殷), 주(周) 삼대(三代)의 왕을 뜻한다. 『춘추곡량전』「은공(隱公) 8年」편에는 "盟詛不及三王."이라는 기록이 있고, 이에 대한 범녕(範寧)의 주에서는 '삼왕'을 하나라의 우(禹), 은나라의 탕(湯), 주나라의 무왕(武王)을 지칭한다고 풀이했다. 그리고 『맹자』「고자하(告子下)」편에는 "五覇者, 三王之罪人也."이라는 기록이 있고, 이에 대한 조기(趙岐)의 주에서는 '삼왕'을 범녕의 주장과 달리, 주나라의 무왕 대신 문왕(文王)을 지칭한다고 풀이했다.

◎ 상(庠) : '상'은 본래 향(鄕) 밑의 행정단위인 당(黨)에 건립된 학교를 뜻한다. 『예기』「학기(學記)」편에는 "古之教者, 家有塾, 黨有庠, 術有序, 國有學."이란 기록이 있는데, 이에 대한 공영달(孔穎達)의 소(疏)에서는 "庠, 學名也. 於黨中立學, 教閭中所升者也."라고 풀이했다. 또 '상'은 국학(國學)에 대비되는 향학(鄕學)을 뜻하는 용어로도 사용되었으며, 학교를 범칭하는 용어로도 사용되었다. 『예기』「향음주의(鄕飮酒義)」편에는 "主人拜迎賓於庠門之外"란 기록이 있고, 이에 대한 정현의 주에서는 "庠, 鄕學也."라고 풀이했다. 또 『맹자』「등문공상(滕文公上)」편에는 "夏曰校, 殷曰序, 周曰庠, 學則三代共之, 皆所以明人倫也."라는 기

록이 있다. 한편 학교를 뜻하는 용어로 '상'이라는 명칭이 생긴 이유는 '상'자에 봉양한다는 양(養)의 뜻이 포함되어 있기 때문이다.

◎ **상경(上卿)** : '상경'은 주(周)나라 제도에서, 경(卿) 중에서 가장 높은 자들을 뜻한다. 주나라 제도에서 천자 및 제후들은 모두 경을 두었으며, 상・중・하 세 등급으로 구분하였다.

◎ **상공(上公)** : '상공'은 주(周)나라 제도에 있었던 관직 등급이다. 본래 신하의 관직 등급은 8명(命)까지이다. 주나라 때에는 태사(太師), 태부(太傅), 태보(太保)와 같은 삼공(三公)들이 8명의 등급에 해당했다. 그런데 여기에 1명을 더하게 되면 9명이 되어, 특별직인 '상공'이 된다. 『주례』「춘관(春官)・전명(典命)」편에는 "上公九命爲伯, 其國家宮室車旗衣服禮儀, 皆以九爲節."이라는 기록이 있고, 이에 대한 정현의 주에서는 "上公, 謂王之三公有德者, 加命爲二伯. 二王之後亦爲上公."이라고 풀이하였다. 즉 '상공'은 삼공 중에서도 유덕(有德)한 자에게 1명을 더해주어, 제후들을 통솔하는 '두 명의 백(伯)[二伯]'으로 삼았다. 또한 제후의 다섯 등급을 나열할 경우, 공작(公爵)을 '상공'이라고 부르기도 한다.

◎ **상로(象路)** : '상로'는 상로(象輅)라고도 부른다. 천자가 사용하는 다섯 가지 수레 중 하나이다. 상아로 수레를 치장했기 때문에, '상로'라고 부르게 되었다. 대적(大赤)이라는 깃발을 세웠으며, 조회를 보거나, 이성(異姓)인 자를 분봉할 때 사용하였다. 『주례』「춘관(春官)・건거(巾車)」편에는 "象路, 朱樊纓, 七就, 建大赤, 以朝, 異姓以封."이라는 기록이 있고, 이에 대한 정현의 주에서는 "象路, 以象飾諸末."이라고 풀이했다.

◎ **상로(象輅)** : =상로(象路)

◎ **상제(喪祭)** : '상제'는 장례(葬禮)를 치른 이후에 지내는 제사들을 지칭하는 말이다.

◎ **서모(庶母)** : '서모'는 부친의 첩(妾)들을 뜻한다. 『의례』「사혼례(士昏禮)」편에는 "庶母及門內施鞶, 申之以父母之命."이라는 기록이 있는데, 이에 대한 정현의 주에서는 "庶母, 父之妾也."라고 풀이했다. 한편 '서모'는 부친의 첩들 중에서도 아들을 낳은 여자를 뜻하기도 한다. 『주자전서(朱子全書)』「예이(禮二)」편에는 "庶母, 自謂父妾生子者."라는 기록이 있다.

◎ **서산진씨(西山眞氏, A.D.1178 ~ A.D.1235)** : =건안진씨(建安眞氏)·진덕수(眞德秀). 남송(南宋) 때의 성리학자이다. 자(字)는 경원(景元)이고, 호(號)는 서산(西山)이다. 저서로는 『독서기(讀書記)』, 『사서집론(四書集論)』, 『경연강의(經筵講義)』 등이 있다.

◎ **석경(石經)** : 『석경(石經)』은 당(唐)나라 개성(開成) 2년(A.D.714)에 돌에 새긴 『십삼경주소(十三經注疏)』의 판본이다. 당나라 국자학(國子學)의 비석에 새겨졌다는 판본이 바로 이것을 가리킨다.

◎ **석량왕씨(石梁王氏, ? ~ ?)** : 자세한 이력이 남아 있지 않다.

◎ **석림섭씨(石林葉氏, ? ~ A.D.1148)** : =섭몽득(葉夢得)·섭소온(葉少蘊). 남송(南宋) 때의 유학자이다. 자(字)는 소온(少蘊)이고, 호(號)는 몽득(夢得)이다. 박학다식했다고 전해지며, 『춘추(春秋)』에 대한 조예가 깊었다.

◎ **석명(釋名)** : 『석명(釋名)』은 후한(後漢) 때의 학자인 유희(劉熙)가 지은 서적이다. 오래된 훈고학 서적의 하나로 꼽힌다.

◎ **설문(說文)** : =설문해자(說文解字) 판

◎ **설문해자(說文解字)** : 『설문해자(說文解字)』는 후한(後漢) 때의 학자인 허신(許愼, ? ~ ?)이 찬(撰)했다고 전해지는 자서(字書)이다. 『설문(說文)』이라고도 칭해진다. A.D.100년경에 완성되었다고 전해진다. 글자의 형태, 뜻, 음운(音韻)을 수록하고 있다.

◎ **섭몽득(葉夢得)** : =석림섭씨(石林葉氏)

◎ **섭소온(葉少蘊)** : =석림섭씨(石林葉氏)

◎ **성동(成童)** : '성동'은 아동들 중에서도 나이가 찬 자들을 뜻한다. 8세 이상이 된 아동을 뜻한다고 풀이하기도 하며, 15세 이상이 된 아동을 뜻한다고 풀이하기도 한다. 『춘추곡량전』「소공(召公) 19년」편의 "羈貫成童, 不就師傅, 父之罪也."라는 기록에 대해, 범녕(范甯)의 주에서는 "成童, 八歲以上."이라고 풀이했고, 『예기』「내칙(內則)」편의 "成童, 舞象, 學射御."라는 기록에 대해, 정현의 주에서는 "成童, 十五以上."이라고 풀이했다.

◎ **세최(繐衰)** : '세최'는 5개월 동안 소공복(小功服)의 상을 치를 때 착용하는 상복을 뜻한다. 가늘고 성근 마(麻)의 포를 사용해서 만들기 때문에, '세최'라고 부른다.

◎ **소공복(小功服)** : '소공복'은 상복(喪服) 중 하나로, 오복(五服)에 속한다.

조밀한 삼베를 사용해서 만들며, 대공복(大功服)에 비해서 삼베의 재질이 조밀하기 때문에, '소공복'이라고 부른다. 이 복장을 입게 되는 기간은 상황에 따라 차이가 생기지만, 일반적으로 5개월이 된다. 백숙(伯叔)의 조부모나 당백숙(堂伯叔)의 조부모, 혼인하지 않은 당(堂)의 자매(姊妹), 형제(兄弟)의 처 등을 위해서 입는다.

◎ 소종(小宗) : '소종'과 대종(大宗)은 고대 종법제(宗法制)에 따른 구분이다. 적장자(嫡長子)의 한 계통만이 대종이 되고, 나머지 아들들은 '소종'이 된다. 예를 들어 천자의 적장자는 대종이 되고, 나머지 아들들은 '소종'이 된다. 만약 '소종'인 천자의 나머지 아들들이 제후가 되었다면, 본인의 나라에서는 대종이 되지만, 천자에 대해서는 역시 '소종'이 된다. 제후가 된 자의 적장자는 본인의 나라에서 대종이 되고, 나머지 아들들은 '소종'이 된다.

◎ 소침(小寢) : '소침'은 '연침(燕寢)'을 뜻한다. '연침'은 천자 및 제후들이 휴식을 취하던 장소를 가리킨다. 천자에게는 6개의 침(寢)이 있었는데, 앞쪽에 있는 1개의 침은 정전(正寢)으로 노침(路寢)이라고 부르며, 뒤쪽에 있는 다섯 개의 침을 통칭하여 '연침'이라고 부른다.

◎ 속(束) : '속'은 견직물을 헤아리는 단위이다. 1'속'은 10단(端)을 뜻하는데, 1단의 길이는 1장(丈) 8척(尺)이 되며, 2단이 합쳐서 1권(卷)이 되므로, 10단은 총 5필이 된다. 『주례』「춘관(春官)·대종백(大宗伯)」편에는 "孤執皮帛."이라는 기록이 있고, 이에 대한 가공언(賈公彦)의 소(疏)에서는 "束者十端, 每端丈八尺, 皆兩端合卷, 總爲五匹, 故云束帛也."라고 풀이했다.

◎ 속백(束帛) : '속백'은 한 묶음의 비단으로, 그 수량은 다섯 필(匹)이 된다. 빙문(聘問)을 하거나 증여를 할 때 가져가는 예물(禮物) 등으로 사용되었다. '속(束)'은 10단(端)을 뜻하는데, 1단의 길이는 1장(丈) 8척(尺)이 되며, 2단이 합쳐서 1권(卷)이 되므로, 10단은 총 5필이 된다. 『주례』「춘관(春官)·대종백(大宗伯)」편에는 "孤執皮帛."이라는 기록이 있고, 이에 대한 가공언(賈公彦)의 소(疏)에서는 "束者十端, 每端丈八尺, 皆兩端合卷, 總爲五匹, 故云束帛也."라고 풀이했다.

◎ 수초(酬酢) : '수초'는 술을 마실 때 시행되는 의례 절차이다. 주인(主人)과 빈객(賓客)이 상호 공경스러운 태도로 술을 따라줄 때, 주인이 빈객에게 공경스러운 태도로 술을 따라주는 것을 '수(酬)'라고 부르며, 빈

객이 재차 공경스러운 태도로 주인에게 술을 따라주는 것을 '초(酢)'라 고 부른다.

◎ 수황(遂皇) : '수황'은 곧 삼황(三皇) 중 하나인 수인씨(燧人氏)를 뜻한다. 수(遂)자는 수(燧)자와 통용된다. 참고적으로 '삼황'은 수인(遂人), 복희(伏羲), 신농(神農)을 가리킨다. '복희'는 희황(戲皇)이라고 부르며, '신농'은 농황(農皇)이라고 부른다.

◎ 순상(荀爽, A.D.128 ~ A.D.190) : 후한(後漢) 때의 학자이다. 자(字)는 자명(慈明)이다. '순상'을 포함하여, 그의 형제 8명이 모두 재능이 뛰어나서, 당시 사람들은 '순씨팔룡(荀氏八龍)'이라고 칭송하였다. 『예(禮)』, 『역전(易傳)』, 『시전(詩傳)』 등에 대해 저술을 하였다.

◎ 습(襲) : '습'은 고대에 의례를 시행할 때 하는 복장 방식 중 하나이다. 겉옷으로 안에 입고 있던 옷들을 완전히 가리는 방식이다. 한편 '습'은 비교적 성대한 의식 때 시행하는 복장 방식으로도 사용되어, 안에 있고 있는 옷을 드러내지 않음으로써, 공경의 뜻을 표하기도 했다.

◎ 시마복(緦麻服) : '시마복'은 상복(喪服) 중 하나로, 오복(五服)에 속한다. 가장 조밀한 삼베를 사용해서 만든다. 이 복장을 입게 되는 기간은 상황에 따라서 차이가 있지만, 일반적으로 3개월이 된다. 친족의 백숙부모(伯叔父母)나 친족의 형제(兄弟)들 및 혼인하지 않은 친족의 자매(姊妹) 등을 위해서 입는다.

◎ 심상(心喪) : '심상'은 죽음에 대해 애도함이 상을 치르는 것과 같지만, 실제적으로 상복을 입지 않는 것을 뜻한다. 주로 스승이 죽었을 때, 제자들이 치르는 상을 가리킨다. 『예기』「단궁상(檀弓上)」편에서는 "事師無犯無隱, 左右就養無方, 服勤至死, 心喪三年."이라는 기록이 있고, 이에 대한 정현의 주에서는 "心喪, 戚容如父而無服也."라고 풀이했다.

ㅇ

◎ 악본(岳本) : 『악본(岳本)』은 송(頌)나라 악가(岳珂)가 간행한 『십삼경주소(十三經注疏)』의 판본이다.

◎ 양복(楊復, ? ~ ?) : 남송(南宋) 때의 학자이다. 주희(朱熹)의 제자이다. 『상제도(喪祭圖)』·『의례도(儀禮圖)』 등의 저서를 남겼다.

◎ 엄릉방씨(嚴陵方氏, ? ~ ?) : =방각(方慤)·방씨(方氏)·방성부(方性夫).

송대(宋代)의 유학자이다. 이름은 각(愨)이다. 자(字)는 성부(性夫)이다. 『예기집해(禮記集解)』를 지었고, 『예기집설대전(禮記集說大全)』에는 그의 주장이 많이 인용되고 있다.

◎ **여대림(呂大臨)** : =남전여씨(藍田呂氏)

◎ **여사(女師)** : '여사'는 고대에 귀족의 여식들을 교육했던 선생을 뜻한다.

◎ **여씨(呂氏)** : =남전여씨(藍田呂氏)

◎ **여여숙(呂與叔)** : =남전여씨(藍田呂氏)

◎ **연복(燕服)** : '연복'은 평상시 한가하게 거처할 때 착용하는 복장을 뜻한다. 또한 연회를 할 때 착용하는 복장을 뜻하기도 한다.

◎ **연상(練祥)** : '연상'은 소상(小祥)과 대상(大祥)을 뜻한다. '연상'에서의 '연(練)'자는 연제(練祭)를 뜻하며, '연제'는 곧 '소상'을 가리킨다. '연상'에서의 '상(祥)'자는 '대상'을 뜻한다. 소상은 죽은 지 13개월만에 지내는 제사이며, 대상은 25개월만에 지내는 제사이고, 대상을 지내게 되면 상복과 지팡이를 제거하게 된다. 『주례』「춘관(春官)·대축(大祝)」편에는 "言甸人讀禱, 付練祥, 掌國事."라는 기록이 있고, 이에 대해 가공언(賈公彦)의 소(疏)에서는 "練, 謂十三月小祥, 練祭. 祥, 謂二十五月大祥, 除衰杖."이라고 풀이했다.

◎ **연침(燕寢)** : '연침'은 본래 천자 및 제후들이 휴식을 취하던 장소를 가리킨다. 천자에게는 6개의 침(寢)이 있었는데, 앞쪽에 있는 1개의 침은 정전(正寢)으로, 이것을 노침(路寢)이라고 부르며, 뒤쪽에 있는 다섯 개의 침을 통칭하여, '연침'이라고 부른다. 『예기』「곡례하(曲禮下)」편에는 "天子有后, 有夫人"이라는 기록이 있는데, 이에 대한 공영달(孔穎達)의 소(疏)에서는 "周禮王有六寢, 一是正寢, 餘五寢在後, 通名燕寢."이라고 풀이하였다.

◎ **오경이의(五經異義)** : 『오경이의(五經異義)』는 후한(後漢) 때의 학자인 허신(許愼)이 지은 책이다. 유실되었는데, 송대(宋代) 때 학자들이 다시 모아서 엮었다. 오경(五經)에 관한 고금(古今)의 유설(遺說)과 이의(異義)를 싣고, 그에 대한 시비(是非)를 판별한 내용들이다.

◎ **오례(五禮)** : '오례'는 고대부터 전해져 온 다섯 종류의 예제(禮制)를 뜻한다. 즉 길례(吉禮), 흉례(凶禮), 군례(軍禮), 빈례(賓禮), 가례(嘉禮)를 가리킨다. 『주례』「춘관(春官)·소종백(小宗伯)」편에는 "掌五禮之禁令與其用等."이라는 기록이 있는데, 이에 대한 정현의 주에서는 정사농(鄭

司農)의 주장을 인용하여, "五禮, 吉·凶·軍·賓·嘉."라고 풀이했다.

◎ 오성(五星) : '오성'은 목성(木星), 화성(火星), 토성(土星), 금성(金星), 수성(水星)의 다섯 행성(行星)을 가리킨다. 『사기(史記)』「천관서론(天官書論)」편에는 "水火金木塡星, 此五星者, 天之五佐."라는 기록이 있다. 방위와 이명(異名)으로 설명하자면, '오성'은 동쪽의 세성(歲星: =木星), 남쪽의 형혹(熒惑: =火星), 중앙의 진성(鎭星: =塡星·土星), 서쪽의 태백(太白: =金星), 북쪽의 진성(辰星: =水星)을 가리킨다.

◎ 오제(五帝) : '오제'는 전설시대에 존재했다고 전해지는 다섯 명의 제왕(帝王)을 뜻한다. 그러나 다섯 명이 누구였는지에 대해서는 이설(異說)이 많다. 첫 번째 주장은 황제(黃帝: =軒轅), 전욱(顓頊: =高陽), 제곡(帝嚳: =高辛), 당요(唐堯), 우순(虞舜)으로 보는 견해이다. 『사기정의(史記正義)』「오제본기(五帝本紀)」편에는 "太史公依世本·大戴禮, 以黃帝·顓頊·帝嚳·唐堯·虞舜爲五帝.　譙周·應劭·宋均皆同."이라는 기록이 있고, 『백호통(白虎通)』「호(號)」편에도 "五帝者, 何謂也? 禮曰, 黃帝·顓頊·帝嚳·帝堯·帝舜也."라는 기록이 있다. 두 번째 주장은 태호(太昊: =伏羲), 염제(炎帝: =神農), 황제(黃帝), 소호(少昊: =摯), 전욱(顓頊)으로 보는 견해이다. 이 주장은 『예기』「월령(月令)」편에 나타난 각 계절별 수호신들의 내용을 종합한 것이다. 세 번째 주장은 소호(少昊), 전욱(顓頊), 고신(高辛), 당요(唐堯), 우순(虞舜)으로 보는 견해이다. 『서서(書序)』에는 "少昊·顓頊·高辛·唐·虞之書, 謂之五典, 言常道也."라는 기록이 있다. 또 『제왕세기(帝王世紀)』에는 "伏羲·神農·黃帝爲三皇, 少昊·高陽·高辛·唐·虞爲五帝."라는 기록이 있다. 네 번째 주장은 복희(伏羲), 신농(神農), 황제(黃帝), 당요(唐堯), 우순(虞舜)으로 보는 견해이다. 이 주장은 『역』「계사하(繫辭下)」편의 내용에 근거한 주장이다.

◎ 옥로(玉路) : '옥로'는 '옥로(玉輅)'라고도 부른다. 천자가 사용하는 다섯 가지 수레 중 하나이다. 옥(玉)으로 수레를 치장했기 때문에, '옥로'라고 부르게 되었다. 대상(大常)이라는 깃발을 세웠고, 깃발에는 12개의 치술을 달았으며, 주로 제사 때 사용하였다. 『주례』「춘관(春官)·건거(巾車)」편에는 "王之五路, 一曰玉路, 錫, 樊纓, 十有再就, 建大常, 十有二斿, 以祀."라는 기록이 있고, 이에 대한 정현의 주에서는 "玉路, 以玉飾諸末."이라고 풀이했다.

◎ 옥로(玉輅) : =옥로(玉路)

◎ 왕념손(王念孫, A.D.1744 ~ A.D.1832) : 청(淸)나라 때의 학자이다. 자(字)는 회조(懷祖)이고, 호(號)는 석구(石臞)이다. 부친은 왕안국(王安國)이고, 아들은 왕인지(王引之)이다. 대진(戴震)에게 학문을 배웠다. 저서로는 『독서잡지(讀書雜志)』 등이 있다.

◎ 왕보사(王輔嗣) : =왕필(王弼)

◎ 왕필(王弼, A.D.226 ~ A.D.249) : =왕보사(王輔嗣). 삼국시대 위(魏)나라의 학자이다. 자(字)는 보사(輔嗣)이다. 저서로는 『노자주(老子注)』·『주역주(周易注)』 등이 있다.

◎ 왕후(王后) : '왕후'는 천자의 본부인을 뜻한다. 후대에는 황후(皇后)라고 부르기도 하였다. 고대에는 천자(天子)를 왕(王)이라고 불렀기 때문에, 천자의 부인을 '왕후'라고 부른다. 또한 '왕'자를 생략하여 '후(后)라고도 부른다.

◎ 외명부(外命婦) : '외명부'는 내명부(內命婦)와 상대되는 말이다. 본래 천자의 신하들인 경(卿)·대부(大夫)들의 부인들을 지칭하는 말이다. 『예기』「상대기(喪大記)」편에는 "外命婦率外宗哭于堂上, 北面."이라는 기록이 있고, 이에 대한 정현의 주에서는 "卿大夫之妻爲外命婦."라고 풀이하였다.

◎ 요신(姚信, ? ~ ?) : 삼국시대 때 오(吳)나라의 학자이다. 자(字)는 원직(元直)이다. 저서로는 『역주(易注)』 등이 있다.

◎ 유사(有司) : '유사'는 관리를 뜻하는 용어이다. '사(司)'자는 담당한다는 뜻이다. 관리들은 각자 담당하고 있는 업무가 있었으므로, 관리를 '유사'라고 불렀던 것이다. 일반적으로 하위관료들을 지칭하여, 실무자를 뜻하는 용어로 많이 사용된다. 그러나 때로는 고위관료까지도 지칭하는 용어로 사용되기도 한다.

◎ 유현(劉炫, ? ~ ?) : 수(隋)나라 때의 학자이다. 자는 광백(光伯)이며, 경성(景城) 출신이다. 태학박사(太學博士) 등을 지냈다. 『논어술의(論語述義)』, 『춘추술의(春秋述義)』, 『효경술의(孝經述義)』 등을 저술하였다.

◎ 육경(六卿) : '육경'은 여섯 명의 경(卿)을 가리키는데, 주로 여섯 명의 주요 관직자들을 뜻한다. 각 시대마다 해당하는 관직명과 담당하는 영역에는 차이가 있었다. 『서』「하서(夏書)·감서(甘誓)」편에는 "大戰于甘, 乃召六卿."이라는 기록이 있고, 이에 대한 공안국(孔安國)의 전(傳)

에서는 "天子六軍, 其將皆命卿."이라고 풀이했다. 즉 천자는 6개의 군(軍)을 소유하고 있는데, 각 군의 장수를 '경(卿)'으로 임명하였기 때문에, 이들 육군(六軍)의 수장을 '육경'이라고 부른다는 뜻이다. 이 기록에 따르면 하(夏)나라 때에는 육군의 장수를 '육경'으로 불렀다는 결론이 도출된다. 한편 『주례(周禮)』의 체제에 따르면, 주(周)나라에서는 여섯 개의 관부를 설치하였고, 이들 관부의 수장을 '경'으로 임명하였다. 따라서 천관(天官)의 총재(冢宰), 지관(地官)의 사도(司徒), 춘관(春官)의 종백(宗伯), 하관(夏官)의 사마(司馬), 추관(秋官)의 사구(司寇), 동관(冬官)의 사공(司空)이 '육경'에 해당한다. 『한서(漢書)·백관공경표상(百官公卿表上)』편에는 "夏殷亡聞焉, 周官則備矣. 天官冢宰, 地官司徒, 春官宗伯, 夏官司馬, 秋官司寇, 冬官司空, 是爲六卿, 各有徒屬職分, 用於百事."라는 기록이 있다.

◎ 육덕명(陸德明, A.D.550 ~ A.D.630) : =육원랑(陸元朗). 당대(唐代)의 경학자이다. 이름은 원랑(元朗)이고, 자(字)는 덕명(德明)이다. 훈고학에 뛰어났으며, 『경전석문(經典釋文)』 등을 남겼다.

◎ 육서(六書) : '육서'는 한자의 구성과 형성에 대한 여섯 가지 이론으로, 상형(象形), 지사(指事: =處事), 회의(會意), 형성(形聲: =諧聲), 전주(轉注), 가차(假借)를 뜻한다. 『주례』「지관(地官)·보씨(保氏)」편에는 "五曰六書."라는 기록이 있는데, 이에 대한 정현의 주에서는 정사농(鄭司農)의 주장을 인용하여, "六書, 象形·會意·轉注·處事·假借·諧聲也."라고 풀이했다.

◎ 육원랑(陸元朗) : =육덕명(陸德明)

◎ 응문(應門) : '응문'은 궁(宮)의 정문을 가리킨다. 『시』「대아(大雅)·면(緜)」편에는 "迺立應門, 應門將將."이라는 기록이 있는데, 이에 대한 모전(毛傳)에서는 "王之正門曰應門."이라고 풀이하였다.

◎ 이거(貳車) : '이거'는 해당 주인이 타는 수레를 뒤따르는 수레이다. '부거(副車)'라고 부른다. 조회나 제사 등에 사용하는 부거를 '이거'라고 부르며, 전쟁과 사냥 등에 사용하는 부거를 '좌거(佐車)'라고 부른다. 『예기』「소의(少儀)」편에는 "乘貳車則式, 佐車則否."라는 기록이 있고, 이에 대한 정현의 주에서는 "貳車·佐車, 皆副車也. 朝祀之副曰貳, 戎獵之副曰佐."라고 풀이했다.

ㅈ

◎ **자림(字林)** : 『자림(字林)』은 고대의 자서(字書)이다. 진(晉)나라 때 학자인 여침(呂忱)이 지었다. 원본은 일실되어 전해지지 않고, 다른 문헌들 속에 일부 기록들만 남아 있다.

◎ **자성(粢盛)** : '자성'은 제성(齊盛)이라고도 부른다. 자(粢)자는 곡식의 한 종류인 기장을 뜻하고, 성(盛)자는 그릇에 기장을 풍성하게 채워놓은 모양을 뜻한다. 따라서 '자성'은 제기(祭器)에 곡물을 가득 채워놓은 것을 뜻하며, 제물(祭物)로 사용되었다. 『춘추공양전』「환공(桓公) 14년」편에는 "御廩者何, 粢盛委之所藏也."라는 기록이 있는데, 이에 대한 하휴(何休)의 주에서는 "黍稷曰粢, 在器曰盛."이라고 풀이하였다.

◎ **자최복(齊衰服)** : '자최복'은 상복(喪服) 중 하나로, 오복(五服)에 속한다. 거친 삼베를 사용해서 만들며, 자른 부위를 꿰매어 가지런하게 정리하기 때문에, '자최복'이라고 부른다. 이 복장을 입게 되는 기간에도 여러 종류가 있는데, 3년 동안 입는 경우는 죽은 계모(繼母)나 자모(慈母)를 위한 경우이고, 1년 동안 입는 경우는 손자가 죽은 조부모를 위해 입는 경우와 남편이 죽은 아내를 입는 경우 등이다. 그리고 1년 동안 '자최복'을 입는 경우, 그 기간을 자최기(齊衰期)라고도 부른다. 또 5개월 동안 입는 경우는 죽은 증조부나 증조모를 위한 경우이며, 3개월 동안 입는 경우는 죽은 고조부나 고조모를 위한 경우 등이다.

◎ **작변(爵弁)** : '작변'은 고대의 예관(禮冠) 중 하나로, 면류관[冕] 다음 등급에 해당한다. '작(爵)'자는 관의 모습이 참새의 머리처럼 생겼기 때문에 붙여진 명칭이다. 적색과 은미한 흑색이 나는 30승(升)의 포(布)로 만든다. 또한 '작변'은 작변복(爵弁服)을 지칭하기도 한다. 예복(禮服)의 경우 착용하는 관(冠)에 따라서 그 복장의 명칭을 붙이기도 하기 때문이다. '작변복'은 작변의 관, 분홍색의 하의, 명주로 만든 상의, 검은색의 대(帶), 매겹(韎韐)이라는 슬갑을 착용한다.

◎ **잔거(棧車)** : '잔거'는 나무로 만든 수레이며, 가죽 등을 붙이지 않고, 단지 옻칠만 한 것이다. 고대에는 사(士)가 이 수레를 탔다. 『주례』「춘관(春官)·건거(巾車)」편에는 "服車五乘, 孤乘夏篆, 卿乘夏縵, 大夫乘墨車, 士乘棧車, 庶人乘役車."라는 기록이 있고, 이에 대한 정현의 주에서는 "棧車不革鞔而漆之."라고 풀이했다.

◎ 장락진씨(長樂陳氏) : =진상도(陳祥道)

◎ 장상(長殤) : '장상'은 16~19세 사이에 요절한 자를 뜻한다. 『의례』「상복(喪服)」편에 "年十九至十六爲長殤."이라는 기록이 있다.

◎ 장자(張子) : =장재(張載)

◎ 장재(張載, A.D.1020 ~ A.D.1077) : =장자(張子)·장횡거(張橫渠). 북송(北宋) 때의 유학자이다. 북송오자(北宋五子) 중 한 사람으로 칭해진다. 자(字)는 자후(子厚)이다. 횡거진(橫渠鎭) 출신으로, 이곳에서 장기간 강학을 했기 때문에 횡거선생(橫渠先生)으로 일컬어지기도 한다.

◎ 장횡거(張橫渠) : =장재(張載)

◎ 적사(適士) : '적사'는 상사(上士)를 가리킨다. 사(士)라는 계급은 3단계로 세분되는데, 상사, 중사(中士), 하사(下士)가 그것이다. 『예기』「제법(祭法)」편의 경문에는 "適士二廟, 一壇, 曰考廟, 曰王考廟, 享嘗乃止."라는 기록이 있다. 이에 대한 정현의 주에서는 "適士, 上士也."라고 풀이했다.

◎ 적침(適寢) : '적침'은 정침(正寢)을 뜻한다. 가택에 있는 정옥(正屋)에 해당하며, 집무를 처리하던 곳이다. 군주의 경우에는 노침(路寢)이라고 불렀고, 대부(大夫)의 경우는 '적침'이라고 불렀으며, 사(士)에 대해서는 간혹 적실(適室)로 부르기도 했다. 『예기』「상대기(喪大記)」편에는 "君夫人卒於路寢, 大夫世婦卒於適寢."이라는 기록이 있는데, 이에 대한 정현의 주에서는 "君謂之路寢, 大夫謂之適寢, 士或謂之適室."이라고 풀이했다.

◎ 전수(奠酬) : '전수'는 술을 마실 때 시행되는 의례 절차이다. 주인(主人)이 공경스러운 태도로 술을 따라주면, 빈객(賓客)은 받은 술잔을 내려놓고 들지 않는데, 이것을 '전수'라고 부른다.

◎ 전의(展衣) : '전의'는 '단의(襢衣)'라고도 부른다. 흰색 비단으로 만든 옷이다. 본래 왕후(王后)가 입던 육복(六服)의 하나를 가리키나 대부(大夫)의 부인에게는 가장 격식을 갖춘 예복(禮服)이 된다. 일설에는 흰색이 아닌 붉은색 비단으로 만든 옷이라고도 한다. 『주례』「천관(天官)·내사복(內司服)」편에는 '전의'가 기록되어 있는데, 이에 대한 정현의 주에서는 "鄭司農云, 展衣, 白衣也."라고 풀이했다.

◎ 정강성(鄭康成) : =정현(鄭玄)

◎ 정복(正服) : '정복'은 본래의 상례(喪禮) 규정에 따른 정식 복장을 뜻한

다. 친족 관계에서는 각 등급에 따른 상례 절차가 규정되어 있으므로, '정복'이라는 것은 규정에 따른 상복(喪服)을 착용하는 것뿐만 아니라, 상(喪)을 치르는 기간과 각종 부수적 기물(器物)들에 대해서도 규정대로 따르는 것을 뜻한다.

◎ **정사농(鄭司農)** : =정중(鄭衆)

◎ **정씨(鄭氏)** : =정현(鄭玄)

◎ **정의(正義)** : 『정의(正義)』는 『예기정의(禮記正義)』 또는 『예기주소(禮記注疏)』를 뜻한다. 당(唐)나라 때에는 태종(太宗)이 공영달(孔穎達) 등을 시켜서 『오경정의(五經正義)』를 편찬하였는데, 이때 『예기정의』에는 정현(鄭玄)의 주(注)와 공영달의 소(疏)가 수록되었다. 송대(宋代)에는 『오경정의』와 다른 경전(經典)에 대한 주석서를 포함한 『십삼경주소(十三經注疏)』가 편찬되어, 『예기주소』라는 명칭이 되었다.

◎ **정중(鄭衆, ? ~ A.D.83)** : =정사농(鄭司農). 후한(後漢) 때의 경학자이다. 자(字)는 중사(仲師)이다. 부친은 정흥(鄭興)이다. 부친에게 『춘추좌씨전(春秋左氏傳)』의 학문을 전수받았다. 또한 그는 대사농(大司農) 등의 관직을 역임하였기 때문에, '정사농'이라고도 불렀다. 한편 정흥과 그의 학문은 정현(鄭玄)에게 많은 영향을 주었기 때문에, 후대에서는 정현을 후정(後鄭)이라고 불렀고, 정흥과 그를 선정(先鄭)이라고도 불렀다. 저서로는 『춘추조례(春秋條例)』, 『주례해고(周禮解詁)』 등을 지었다고 하지만, 현재는 전해지지 않았다.

◎ **정현(鄭玄, A.D.127 ~ A.D.200)** : =정강성(鄭康成) · 정씨(鄭氏). 한대(漢代)의 유학자이다. 자(字)는 강성(康成)이다. 『주역(周易)』, 『상서(尙書)』, 『모시(毛詩)』, 『주례(周禮)』, 『의례(儀禮)』, 『예기(禮記)』, 『논어(論語)』, 『효경(孝經)』 등에 주석을 하였다.

◎ **조근(朝覲)** : '조근'은 군주가 신하를 만나보는 예법(禮法)을 뜻한다. 군주가 신하를 만나보는 예법에는 조(朝), 근(覲), 종(宗), 우(遇), 회(會), 동(同) 등이 있었는데, 이것을 총칭하여 '조근'으로 부르기도 한다. 한편 '조근'은 신하가 군주를 찾아뵙는 예법을 뜻하기도 한다. 고대에는 제후가 천자를 찾아뵐 때, 각 계절별로 그 명칭을 다르게 불렀다. 봄에 찾아뵙는 것을 조(朝)라고 부르며, 여름에 찾아뵙는 것을 종(宗)이라고 부르고, 가을에 찾아뵙는 것을 근(覲)이라고 부르며, 겨울에 찾아뵙는 것을 우(遇)라고 부른다. '조근'은 이러한 예법들을 총칭하는 말이다.

◎ 조묘(祧廟) : '조묘'는 천묘(遷廟)와 같은 뜻이다. '천묘'는 대수(代數)가 다한 신주(神主)를 모시는 묘(廟)를 뜻한다. 예를 들어 天子의 경우, 7개의 묘(廟)를 설치하는데, 가운데의 묘에는 시조(始祖) 혹은 태조(太祖)의 신주(神主)를 모시며, 이곳의 신주는 다른 곳으로 옮기지 않는 불천위(不遷位)에 해당한다. 그리고 좌우에는 각각 3개의 묘(廟)를 설치하여, 소목(昭穆)의 순서에 따라 6대(代)의 신주를 모신다. 현재의 천자가 죽게 되어, 그의 신주를 묘에 모실 때에는 소목의 순서에 따라 가장 끝 부분에 있는 묘로 신주가 들어가게 된다. 만약 소(昭) 계열의 가장 끝 묘에 새로운 신주가 들어서게 되면, 밀려나게 된 신주는 바로 위의 소 계열 묘로 들어가게 되고, 최종적으로 밀려나서 더 이상 갈 곳이 없는 신주는 '천묘'로 들어가게 된다. 또한 '천묘'는 위에서 서술한 것처럼 신구(新舊)의 신주가 옮겨지게 되는 의식 자체를 지칭하기도 하며, '천묘'된 신주 자체를 가리키기도 한다. 주(周)나라 때에는 문왕(文王)과 무왕(武王)의 묘를 '천묘'로 사용하였다.

◎ 조복(朝服) : '조복'은 군주와 신하가 조회를 열 때 착용하는 복장을 뜻한다. 중요한 의식을 치를 때 착용하는 예복(禮服)을 가리키기도 한다.

◎ 종복(從服) : '종복'은 고대에 상복(喪服)을 착용했던 여섯 가지 방식 중 하나이다. '종복'은 남을 따라서 상복을 착용한다는 뜻으로, '종복'에도 속종(屬從)·도종(徒從)·종유복이무복(從有服而無服)·종무복이유복(從無服而有服)·종중이경(從重而輕)·종경이중(從輕而重)이라는 경우가 있다. '속종'은 친속 관계에 따라 상복을 착용하는 경우이다. '도종'은 공허하게 남을 따라서 친속 관계가 없는 자에 대해 상복을 착용하는 경우이다. '종유복이무복'은 상복을 착용해야 하는 자를 따라서 상복을 착용해야 하지만 실제로 상복을 착용하지 않는 경우이다. '종무복이유복'은 상복을 착용하지 않아야 하는 자를 따라서 상복을 착용하지 않지만 실제로 상복을 착용하는 경우이다. '종중이경'은 수위가 높은 상복을 입는 자를 따라서 상복을 착용하지만, 수위가 낮은 상복을 착용하는 경우이다. '종경이중'은 수위가 낮은 상복을 입는 자를 따라서 상복을 착용하지만, 수위가 높은 상복을 착용하는 경우이다.

◎ 종자(宗子) : '종자'는 종법제(宗法制)와 관련된 용어이다. 대종(大宗) 집안의 적장자(嫡長子)를 가리키는 용어이다.

◎ 좌식(佐食) : '좌식'은 제사를 지낼 때, 시동의 옆에서 시동이 제사 음식

을 흠향할 수 있도록 시중을 드는 사람이다. 『의례』「특생궤식례(特牲饋食禮)」편에는 "佐食北面, 立於中庭."이라는 기록이 있는데, 이에 대한 정현의 주에서는 "佐食, 賓佐尸食者."라고 풀이했다.

◎ **중의(中衣)** : '중의'는 조복(朝服)이나 제복(祭服) 등의 예복(禮服) 안에 착용하는 옷이다. '중의' 안에는 속옷 등을 착용하고, '중의' 겉에는 예복 등을 착용하므로, 중간이라는 뜻에서 '중의'라고 부르는 것이다. 또한 모든 복장에 있어서 속옷과 겉옷 중간에 입는 옷을 뜻하기도 한다. 『예기』「교특생(郊特牲)」편에는 "繡黼丹朱中衣."라는 기록이 있고, 이에 대한 공영달(孔穎達)의 소(疏)에서는 "中衣, 謂以素爲冕服之裏衣."라고 풀이하였다.

◎ **진덕수(眞德秀)** : =서산진씨(西山眞氏)

◎ **진상도(陳祥道, A.D.1159 ~ A.D.1223)** : =장락진씨(長樂陳氏)・진씨(陳氏)・진용지(陳用之). 북송대(北宋代)의 유학자이다. 자(字)는 용지(用之)이다. 장락(長樂) 지역 출신으로, 1067년에 과거에 급제하여 태상박사(太常博士) 등을 지냈다. 왕안석(王安石)의 제자로, 그의 학문을 전파하는데 공헌하였다. 저서에는 『예서(禮書)』, 『논어전해(論語全解)』 등이 있다.

◎ **진씨(陳氏)** : =진상도(陳祥道)

◎ **진용지(陳用之)** : =진상도(陳祥道)

◎ **진제(振祭)** : '진제'는 구제(九祭) 중 하나이다. '진제'는 본래 유제(擩祭)와 같은 것으로, '유제'는 아직 입에 대지 않은 음식을 젓갈이나 소금 등에 찍어서 제사를 지내는 것을 뜻하며, '진제'는 젓갈이나 소금 등에 찍은 음식에 대해 겉면에 묻은 젓갈이나 소금을 털어내어 제사를 지내는 것을 뜻한다.

ㅊ

◎ **참최복(斬衰服)** : '참최복'은 상복(喪服) 중 하나로, 오복(五服)에 속한다. 상복 중에서도 가장 수위가 높은 상복이다. 거친 삼베를 사용해서 만들며, 자른 부위를 꿰매지 않기 때문에 참최(斬衰)라고 부른다. 이 복장을 입게 되는 기간은 일반적으로 3년에 해당하며, 죽은 부모를 위해 입거나, 처 또는 첩이 죽은 남편을 위해 입는다.

◎ **청기(請期)** : '청기'는 혼례 절차 중 하나이다. 남자 집안에서 여자 집안에 예물을 보낸 뒤에, 혼인하기에 좋은 길일(吉日)을 점치게 된다. 길(吉)한 날을 잡게 되면, 여자 집안에 통보를 하며 가부(可否)를 묻게 되는데, 이 절차가 바로 '청기'이다.

◎ **초주(譙周, A.D.201? ~ A.D.270)** : 삼국시대(三國時代) 때의 학자이다. 자(字)는 윤남(允南)이다. 『논어주(論語注)』, 『삼파기(三巴記)』, 『초자법훈(譙子法訓)』, 『고사고(古史考)』, 『오경연부론(五更然否論)』 등의 저술을 남겼다.

◎ **측실(側室)** : '측실'은 연침(燕寢)의 측면에 붙어 있는 실(室)이다.

◎ **치녀(致女)** : '치녀'는 고대 제후가 딸을 시집보낸 이후, 대부를 파견하여 빙문을 하는 예법이다. 이 예법을 통해 혼인으로 맺은 우호관계를 다지게 된다.

◎ **치면(絺冕)** : '치면'은 희면(希冕)·치면(黹冕)이라고도 부른다. 치의(絺衣)와 면류관을 뜻한다. 천자 및 제후가 사직(社稷) 및 오사(五祀)에 대한 제사를 지낼 때 착용하던 복장이다. '치의'에는 쌀 모양의 무늬를 수놓았고, 다른 그림을 그려 넣지 않았다. 상의에는 1개의 무늬를 수놓고, 하의에는 2개의 무늬를 수놓게 되어, 총 3개의 무늬가 들어가게 된다. 『주례(周禮)』「춘관(春官)·사복(司服)」편에는 "祭社稷·五祀則希冕."이라는 기록이 있고, 이에 대한 정현의 주에서는 "希刺粉米, 無畫也. 其衣一章, 裳二章, 凡三也."라고 풀이했다.

◎ **친영(親迎)** : '친영'은 혼례(婚禮)에서 시행하는 여섯 가지 예식(禮式) 중 하나이다. 사위될 자가 여자 집에 가서 혼례를 치르고, 자신의 집으로 데려오는 예식을 뜻한다.

◎ **침문(寢門)** : '침문'은 침문(寑門)이라고도 부른다. 노문(路門)을 가리킨다. '노문'은 궁실(宮室)의 건축물 중에서도 가장 안쪽에 있었던 정문을 뜻하는데, 여러 문들 중에서도 노침(路寢)과 가장 가까운 위치에 있었기 때문에, '노문'이라는 명칭이 생겼다. '침문'이라는 용어 또한 '노침'에 가까이 있었기 때문에 붙여진 명칭이다. 한편 가장 안쪽에 있었던 정문이었으므로, '침문'을 내문(內門)이라고도 부른다.

ㅌ

◎ 태사(太姒) : '태사'는 '대사(大姒)'라고도 부른다. 유신씨(有莘氏)의 딸이며, 문왕(文王)의 처이자 무왕(武王)의 모친이다.

◎ 태호(太皞) : '태호'는 태호(太昊)라고도 부른다. '태호'는 복희(伏犧)를 가리킨다. 오행(五行)으로 구분했을 때 목(木)을 주관하며, 계절로 따지면 봄을 주관하고, 방위로 따지면 동쪽을 주관하는 자이다. 『여씨춘추(呂氏春秋)』「맹춘기(孟春紀)」편에는 "其帝, 太皞, 其神, 句芒."이라는 기록이 있고, 이에 대한 고유(高誘)의 주에서는 "太皞, 伏羲氏, 以木德王天下之號, 死祀於東方, 爲木德之帝."라고 풀이했다.

◎ 특생(特牲) : '특생'은 한 종류의 가축을 희생물로 사용한다는 뜻이다. '특(特)'자는 동일 종류의 희생물을 한 마리 사용한다는 뜻이며, 특히 소를 사용할 때 사용하는 용어이기도 하다. 『춘추좌씨전』「양공(襄公) 9년」편에는 "祈以幣更, 賓以特牲."이라는 기록이 있고, 이에 대한 양백준(楊伯峻)의 주에서는 "款待貴賓, 只用一種牲畜. 一牲曰特."이라고 풀이했다. 그런데 어떠한 가축을 사용했는가에 대해서는 주석들마다 차이가 있다. 『국어(國語)』「초어하(楚語下)」편에는 "大夫擧以特牲, 祀以少牢."라는 기록이 있고, 이에 대한 위소(韋昭)의 주에서는 "特牲, 豕也."라고 풀이했다. 또한 『예기』「교특생(郊特牲)」편에 대한 육덕명(陸德明)의 제해(題解)에서는 "郊者, 祭天之名, 用一牛, 故曰特牲."이라고 풀이했다. 즉 '특생'으로 사용되는 가축은 '시(豕: 돼지)'도 될 수 있으며, 소도 될 수 있다.

ㅎ

◎ 하휴(何休, A.D.129 ~ A.D.182) : 전한(前漢) 때의 금문경학자(今文經學者)이다. 자(字)는 소공(邵公)이다. 『춘추공양전해고(春秋公羊傳解詁)』를 지었으며, 『효경(孝經)』, 『논어(論語)』 등에 대해서도 주를 달았고, 『춘추한의(春秋漢議)』를 짓기도 하였다.

◎ 향대부(鄕大夫) : '향대부'는 주대(周代)의 행정단위였던 향(鄕)을 담당하는 관리이다.

◎ **향사례(鄕射禮)** : '향사례'는 활쏘기를 하며 음주를 했던 의례(儀禮)이다. 크게 두 가지로 나뉘는데, 하나는 지방의 수령이 지방학교인 서(序)에서 사람들을 모아서 활쏘기를 익히며 음주를 했던 의례이고, 다른 하나는 향대부(鄕大夫)가 3년마다 치르는 대비(大比)라는 시험을 끝내고 공사(貢士)를 한 연후에, 향대부가 향로(鄕老) 및 향인(鄕人)들과 향학(鄕學)인 상(庠)에서 활쏘기를 익히고 음주를 했던 의례이다. 『주례』「지관(地官)·향대부(鄕大夫)」편에는 "退而以鄕射之禮五物詢衆庶."라는 기록이 있는데, 이에 대한 손이양(孫詒讓)의 『정의(正義)』에서는 "退, 謂王受賢能之書事畢, 鄕大夫與鄕老, 則退各就其鄕學之庠而與鄕人習射, 是爲鄕射之禮."라고 풀이하였다.

◎ **향음례(鄕飮禮)** : '향음례'는 '향음주례(鄕飮酒禮)'라고도 부른다. 주(周)나라 때에는 향학(鄕學)에서 3년마다 대비(大比)라는 시험을 치러서, 선발된 자들을 천거하였다. 이러한 행사를 실시할 때 향대부(鄕大夫)는 음주 연회의 자리를 만들어서, 선발된 자들에게 빈례(賓禮)에 따라 대접을 하며, 그들에게 술을 따라주었는데, 이 의식을 '향음례' 또는 '향음주례'라고 불렀다. 『의례』「향음주례(鄕飮酒禮)」편에 대한 가공언(賈公彦)의 소(疏)에서는 정현의 『삼례목록(三禮目錄)』을 인용하여, "諸侯之鄕大夫三年大比, 獻賢者能於其君, 以賓禮待之, 與之飮酒. 於五禮屬嘉禮."라고 풀이했다. 또한 일반적으로 음주를 즐기며 연회를 하는 것을 뜻하기도 한다.

◎ **허신(許愼, A.D.30 ~ A.D.124)** : 후한(後漢) 때의 학자이다. 자(字)는 숙중(叔重)이다. 『설문해자(說文解字)』의 저자로 널리 알려져 있으며, 다른 저서로는 『오경이의(五經異義)』가 있으나 산일되었다. 『오경이의』는 송대(宋代) 때 다시 편찬되었으나 진위를 따지기 힘들다.

◎ **헌(獻)** : '헌'은 육향(六享)의 첫 번째 제사에 속하는 것으로, 단술을 따라서 바친다는 뜻으로, 희생물의 피와 생고기를 바치는 때를 의미한다.

◎ **혁로(革路)** : '혁로'는 혁로(革輅)라고도 부른다. 천자가 사용하는 다섯 가지 수레 중 하나이다. 전쟁용으로 사용했던 수레인데, 간혹 제후의 나라에 순수(巡守)를 갈 때 사용하기도 하였다. 가죽으로 겉을 단단하게 동여매서 고정시키고, 옻칠만 하고, 다른 장식을 하지 않았기 때문에, '혁로'라고 부르는 것이다. 『주례』「춘관(春官)·건거(巾車)」편에는 "革路, 龍勒, 條纓五就, 建大白, 以卽戎, 以封四衛."라는 기록이 있고,

이에 대한 정현의 주에서는 "革路, 輓之以革而漆之, 無他飾."이라고 풀이했다.

◎ **혁로(革輅)** : =혁로(革路)

◎ **현단(玄端)** : '현단'은 고대의 예복(禮服) 중 하나이다. 흑색으로 만든 옷이다. 주로 제사 때 사용했으며, 천자 및 제후로부터 대부(大夫)와 사(士) 계급에 이르기까지 모두 이 복장을 착용할 수 있었다. '현단'은 상의와 하의 및 관(冠)까지 포함하는 용어이다. 한편 손이양(孫詒讓)의 주장에 따르면, '현단'은 의복에만 해당하는 용어이며, 관(冠)은 포함하지 않는다고 주장한다. 그리고 천자로부터 사 계급에 이르기까지 이 복장을 제복(齊服)으로 사용했다고 설명한다. 『주례』「춘관(春官)·사복(司服)」편에는 "其齊服有玄端素端."이라는 기록이 있는데, 손이양의 『정의(正義)』에서는 "玄端素端是服名, 非冠名, 蓋自天子下達至於士通用爲齊服, 而冠則尊卑所用互異."라고 풀이하였다. 그리고 '현단'은 천자가 평소 거처할 때 착용했던 복장을 가리키기도 한다. 『예기』「옥조(玉藻)」편에는 "卒食, 玄端而居."라는 기록이 있고, 이에 대한 정현의 주에서는 "天子服玄端燕居也."라고 풀이하였다.

◎ **현면(玄冕)** : '현면'은 현의(玄衣)와 면류관을 뜻한다. 본래 천자 및 제후의 제사복장으로, 비교적 중요성이 덜한 제사 때 입는다. '현의' 중 상의에는 무늬가 들어가지 않고, 하의에만 불(黻)을 수놓는다. 『주례』「춘관(春官)·사복(司服)」편에는 "祭群小祀則玄冕."이라는 기록이 있고, 이에 대한 정현의 주에서는 "玄者, 衣無文, 裳刺黻而已, 是以謂玄焉."이라고 풀이했다.

◎ **협배(俠拜)** : '협배'는 고대에 절을 하는 방법 중의 하나이다. 여자가 먼저 남자에게 절을 하면, 남자는 답배를 하게 되고, 여자는 재차 절을 하는데, 이것을 '협배'라고 부른다.

◎ **후비(后妃)** : '후비'는 천자의 부인 또는 비빈(妃嬪)을 뜻한다. 『예기』「곡례하(曲禮下)」편에는 "天子之妃曰后, 諸侯曰夫人, 大夫曰孺人, 士曰婦人, 庶人曰妻."라는 기록이 있다. 즉 천자의 부인은 후(后)라고 부르고, 제후의 부인은 부인(夫人)이라고 부르며, 대부(大夫)의 부인은 유인(孺人)이라고 부르고, 사(士)의 부인은 부인(婦人)이라고 부르며, 서인(庶人)들의 부인은 처(妻)라고 부른다. 비(妃)에 대해서 『이아』「석고(釋詁)」편에서는 "妃, 媲也."라고 하였다. 즉 '비'는 남자의 배필이라

는 뜻으로, 신분적 구분 없이 일반적으로 부인에게 붙여 부르는 말이다. 한편 '후'자는 천자의 부인에게만 붙일 수 있는 명칭인데, 상하(上下)의 계층 구분 없이 사용할 수 있는 '비'자를 붙임으로써, '후비'는 천자의 부인과 비빈들을 통칭하는 말로 사용된 것이다.

번역 참고문헌

- 『禮記』, 서울 : 保景文化社, 초판 1984 (5판 1995) / 저본으로 삼은 책이다.
- 『禮記正義』 1~4(전4권, 『十三經注疏 整理本』 12~15), 北京 : 北京大學出版社, 초판 2000 / 저본으로 삼은 책이다.
- 朱彬 撰, 『禮記訓纂』 上·下(전2권), 北京 : 中華書局, 초판 1996 (2쇄 1998) / 저본으로 삼은 책이다.
- 孫希旦 撰, 『禮記集解』 上·中·下(전3권), 北京 : 中華書局, 초판 1989 (4쇄 2007) / 저본으로 삼은 책이다.
- 服部宇之吉 評點, 『禮記』, 東京 : 富山房, 초판 1913 (증보판 1984) / 鄭玄 注 번역에 대해 참고했던 서적이다.
- 竹內照夫 著, 『禮記』 上·中·下(전3권), 東京 : 明治書院, 초판 1975 (3판 1979) / 經文에 대한 이해에 참고했던 서적이다.
- 市原亨吉 외 2명 著, 『禮記』 上·中·下(전3권), 東京 : 集英社, 초판 1976 (3쇄 1982) / 經文에 대한 이해에 참고했던 서적이다.
- 陳澔 注, 『禮記集說』, 北京 : 中國書店, 초판 1994 / 『集說』에 대한 번역에 참고했던 서적이다.
- 王文錦 譯解, 『禮記譯解』 上·下(전2권), 北京 : 中華書局, 초판 2001 (4쇄 2007) / 經文 및 주석 번역에 참고했던 서적이다.
- 錢玄·錢興奇 編著, 『三禮辭典』, 南京 : 江蘇古籍出版社, 초판 1998 / 용어 및 器物 등에 대해 참고했던 서적이다.
- 張撝之 外 主編, 『中國歷代人名大辭典』 上·下권(전2권), 上海 : 上海古籍出版社, 초판 1999 / 인명에 대해 참고했던 서적이다.
- 呂宗力 主編, 『中國歷代官制大辭典』, 北京 : 北京出版社, 초판 1994 (2쇄 1995) / 관직명에 대해 참고했던 서적이다.
- 中國歷史大辭典編纂委員會 編纂, 『中國歷史大辭典』 上·下(전2권), 上海 : 上海辭書出版社, 초판 2000 / 용어 및 인명에 대해 참고했던

서적이다.

- 羅竹風 主編, 『漢語大詞典』 1～12(전12권), 上海 : 漢語大詞典出版社, 초판 1988 (4쇄 1995) / 용어에 대해 참고했던 서적이다.
- 王思義 編集, 『三才圖會』 上・中・下(전3권), 上海 : 上海古籍出版社, 초판 1988 (4쇄 2005) / 器物 등에 대해 참고했던 서적이다.
- 聶崇義 撰, 『三禮圖集注』 (四庫全書 129책) / 器物 등에 대해 참고했던 서적이다.
- 劉績 撰, 『三禮圖』 (四庫全書 129책) / 器物 등에 대해 참고했던 서적이다.

역자 **정병섭(鄭秉燮)**

- 1979년 출생
- 2002년 성균관대학교 유교철학과 졸업
- 2004년 성균관대학교 대학원 유학과 석사
- 2013년 성균관대학교 대학원 유학과 철학박사
- 현재『역주 예기집설대전』완역을 위해 번역중이며, 이후『의례』,『주례』,『대대례기』시리즈 번역과 한국유학자들의 예학 관련 저작들의 번역을 계획 중이다.

예기집설대전 목록

譯註

禮記集說大全 昏義

編 陳澔(元)

附 正義·訓纂·集解

초판 인쇄 2017년 6월 7일
초판 발행 2017년 6월 20일

역　　자 | 정병섭
펴 낸 이 | 하운근
펴 낸 곳 | 學古房

주　　소 | 경기도 고양시 덕양구 통일로 140 삼송테크노밸리 A동 B224
전　　화 | (02)353-9908 편집부(02)356-9903
팩　　스 | (02)6959-8234
홈페이지 | http://hakgobang.co.kr/
전자우편 | hakgobang@naver.com, hakgobang@chol.com
등록번호 | 제311-1994-000001호

ISBN 978-89-6071-668-1 94150
978-89-6071-267-6 (세트)

값: 32,000원

이 도서의 국립중앙도서관 출판예정도서목록(CIP)은 서지정보유통지원시스템 홈페이지(http://seoji.nl.go.kr)와 국가자료공동목록시스템(http://www.nl.go.kr/kolisnet)에서 이용하실 수 있습니다. (CIP제어번호 : CIP2017013454)